아르케
북스

113

김
상
현 金相賢 Kim Sang Hyun

현재 성균관대학교 러시아어문학과 교수로 재직 중이다. 러시아 역사, 문학, 문화, 민속, 예술 등의 분야에서 공통적으로 발견되는 러시아적인 요소, 이른바 '러시아성(Russianness)' 주제 연구에 집중하고 있다. 이를 토대로 러시아인의 국민의식 구조와 문화코드 분석 작업에 많은 결과를 보여주고 있다. 그 첫 열매는 『소비에트 러시아의 민속과 사회이야기』(2009), 두 번째는 『러시아 전통혼례 문화와 민속』(2014), 세 번째는 『레닌묘: 상징의 건축, 기억의 정치』(2017), 네 번째는 『러시아 문화의 풍경들: 러시아성과 문화 텍스트』(2017)가 있다. 그 외 번역서에는 『러시아 종교 사상사 1』(2009)과 『러시아인의 삶, 농노의 수기로 읽다』(2011)가 있다.

민속원 아르케북스 113　minsokwon archebooks

러시아 정교회 건축과 예술
Русская православная церковь：
архитектура и искусство

| 김상현 |

민속원

머리말

"역사 저술의 유한성은 그것이 본질적으로 과학인 동시에
예술이라는 두 가지 측면을 가진 데에서 비롯한다."[1]

"민족의 역사는 영토의 역사가 아니라,
문화의 역사이다. 문화의 가치는 결코 늙지 않는다."[2]

러시아의 수도 모스크바와 북유럽의 항구 도시이자 100여 년 전 수도였던 상트페테르부르크를 잠시라도 둘러보면 금세 눈에 들어오는 건축물이 있을 것이다. 바로 러시아 정교회 건물이다. 오랜 역사를 거치는 과정에서 정교회 건축물의 양식에도 변화가 찾아왔고, 그리하여 사원의 외관과 내부 역시 조금씩 다른 양상을 보여주었다.

시각적으로 우선 러시아 정교회 사원의 외형에서 눈에 띠는 것들은 둥근 천장 돔과, 각도가 크고 급하게 만들어진 첨탑 형식의 종루, 고색창연한 높은 성곽을 닮은 사원들이 있다. 그 명칭도 눈여겨 볼 만한데, 러시아 여러 지역에는 동일한 이름으로 불리는 사원들이 수없이 많다. 쉴 새 없이 창공에 흩어지는 사원의 종소리

또한 있으니, 이러한 모든 요소들은 러시아 정교회 건축물의 특징을 설명해 주는 중요한 표식들이라 하겠다. 어느 하나 빼놓을 수 없는 것들로, 러시아 정교회 건축물에는 이렇게 외형 및 내부의 구조적 특징과 가장 러시아적인 뭔가가 담겨 있다. 각각의 구성 요소와 특징은 러시아 정교회 건축물을 하나의 '문화 텍스트'로 보게 하는, 흥미 있는 재료들을 내재하고 있다.

여기에서 '문화 텍스트'로 명명하는 이유는 필자의 오랜 생각과 연구에서 비롯된다. 또 다른 연구『러시아 문화의 풍경들. 러시아성과 문화 텍스트』(성균관대학교출판부, 2017)에서 필자는 "한 나라의 정체성과 국민 의식구조를 아우르는, 그리하여 '~적이다'라는 확신을 가능하게 하는, 확정적 요소를 내포하고 있는" 텍스트를 광범위하게 이렇게 부른 바 있다.[3] 따라서 본인이 명명하는 텍스트가 의미하는 것은 좁은 의미에서 문학 작품 혹은 눈으로 보고, 읽을 수 있는 대상이라기보다는 분석의 대상 전반을 가리킨다. 그리하여 문화 텍스트라 함은 문학 장르의 범주를 넘어, "문화적 재현의 장에서 한 나라의 문화 및 역사적 현상과 정체성을 표상하는 것으로 자리매김 되는 중요한 문헌, 물질문화, 문화코드 등을 포괄하는 것으로 사용한다."[4] 이렇게 이 책은 문화 텍스트로서의 러시아 정교회 건축물을 시대예술로, 정치적 표상으로, 공학적 건축학으로, 문화적 거울로, 역사적 기념비 등으로 관찰하고 있다.

물론 지금까지 건축학 분야가 보여주었던, "가장 잘 확립된 학문적 전통은 건축을 예술로 바라보는" 이들에 의해 형성되어 왔다.[5] 본 연구 역시 예술로 정교회 건물을 관찰하고 있지만, 다양한 접근을 통해 러시아 정교회 건축물이 지닌 예술성과 아름다움, 종교 담론에서의 의미, 정치적 의미까지 입체적으로 점검할 것이다. 마찬가지로 『러시아 정교회 사원의 건축Архитектура русского православного храма』(2013)의 저자 쉔코프의 말대로, '사원건축храмовая архитектура'이 건축 형식의 기원 및 건축물 내부 시설에 대한 형식구조 분석에 대한 관점에서 주로 연구되었던 것이 사실이다.[6] 그러나 필자는 사원 건축의 역사가 이런 건축공학적 시각에서 연구되어 온 생리의 관성을 넘어 이미 위에서 언급하였듯이, 보다 입체적이고 종합적인 범주에서 러시아 정교회 건축을 살필 것이며, 포괄적인 언어, 문화 텍스트에 기초하여 이 주제를 다룰 것이다. 책의 이름을 『러시아 정교회 건축과 예술』로 지은 이유는 이러한 배경에서이다. 건축을 공학적 기념비로, 종교 문화적 현상을 아우르는 예술로 보고자 하는 노력들이 책 곳곳에 녹아 있다.

러시아 정교회의 여러 건축물 중에서도 특히 이 책은 모스크바 크렘린 궁 내에 있는 일명 성모영면사원 혹은 성모승천사원, 즉 우스펜스키 사원으로 알려져 있는 것을 집중적으로 조명한다. 가장 러시아적인 종교 역사적 발현이자, 종교 문화적 의미를 가장 농축적으로 함축하고 있기 때문이다. 또한 중세 유럽의 미술이 건축을 중심으로 서술되었고, 성당 건축이 모든 문화 예술 활동의 중심 역할을 했던 것을 고려하면, 러시아에서의 정교회 건축은 곧 러시아 미술을 포함하여 중세 러시아의 문화 예술 활동을 알아볼 수 있는 시금석이라 하겠다. 바로 이런 이유에서 우스펜스키 사원에 대한 조명은 러시아 문화 예술의 역사를 직접 이해할 수 있는 척도이자, 문화적 가치 판단의 기준이기도 하다.

중력을 거스르고 5개의 돔으로 하늘을 향해 우뚝 솟은 우스펜스키 사원은 러시아 천년 문화예술의 보물 중에서도 보물이다. 1713년 러시아의 수도가 모스크바에서 상트 페테르부르크로 옮겨지기 전까지 러시아의 황제들의 공식 거주지이자 관저 역할을 하였던 크렘린 궁 내에는 일명 '사보르 광장соборная площадь'이라고 하는 정교회 건축물의 복합체가 있었다. 총 아홉 채의 정교회 건축물 가운데, 가장 먼저 건축된 사원이 우스펜스키 사원이며, 1475년부터 1479년 동안 공사가 진행되었다.

1713년의 천도天道라는 역사적 전환의 시기를 통과하면서도, 전통적으로 러시아 황제들의 대관식은 상트 페테르부르크에서가 아닌 모스크바 크렘린 궁에서 거행되었다. 천도 이후에도 짜르의 대관식이 신생 도시에서 열리지 않고, 구 수도에서 개최되었다는 것은 무엇을 의미할까? 국가 의례와 해외의 대규모 사절 및 하객들을 수용할 사원이 부재해서일까? 아니면 다른 어떤 이유가 있어서일까? 예전 수도가 보여준 정치, 사회적 아이콘으로서 모스크바는 젊은 도시가 가질 수 없었던 권위와 전통을 가지고 있었다. 어디 이뿐이랴. 짜르가 공시할 중요한 황제 칙령을 위한 준비 위원회 소집도 모스크바에서 열렸으며, 러시아 최초의 대학도 페테르부르크가 아닌 구 수도에서 문을 열었다. 모스크바의 크렘린 내부에는 러시아 군주들뿐만 아니라, 사제 및 수도사들을 위한 도서관이 마련되어 있었고, 최상층 귀족 보야르의 회의인 두마, 각종 종교 회의들이 이 공간에서 소집되었다.

그리하여 크렘린 궁이라고 하는 상징적 공간은 모스크바를 대변하는 것으로, 정신문화에서부터 물질문화에 이르기까지 러시아 문화의 전 영역을 아우르는 실질적 중심지였다. 이에 19세기 초 러시아 역사가이자 작가였던 니콜라이 카람진은 희랍 신화에 등장하는 대형 희생 제물의 주인공을 상기하며 크렘린을 아테네에 비유한다: "크렘린 벽은 곧 [그리스 아테네를 수호하는] 우리의 팔라디움이다." 카람진에게 모스크바의 크렘린은 서유럽의 고전 신화에 등장하는 신적 위용과 영광의 상징인 팔라디움에 버금갈 정도로 그 상징성과 문화적 권위는 실로 대단하였다.[7]

이로써 모스크바 크렘린은 "러시아의 정신적 중심지"로 남게 되었고, 크렘린 궁의 정신적, 정치적, 역사적 권위는 신생 도시 상트 페테르부르크에 비해 결코 퇴색되지 않았다.[8] 이렇게 우스펜스키 사원은 러시아의 수도 한복판에 위치한 크렘린 궁 내에 있는 여러 종교 건축물 중에서도 가장 먼저 세워졌고, 중심을 차지하는 사원이다.

우스펜스키 사원은 러시아 중세 역사 전체의 자존심과 정치적 독립, 종교적 우월성, 문화적 위엄, 예술적 총합 모두를 아우르는 가장 대표적인 건축물이다. 여러 차례의 내외부 보수 공사와 장식 변경이 있었지만 사원은 오늘날까지도 그 자리에 건재하게 서 있으며, 앞으로도 러시아 정교회와 러시아 연방의 종교적 권위를 드높일 가장 중요한 '상징'으로 영속할 것이다.

우스펜스키 사원은 15세기 세계사의 흐름과 기독교 종교사와 밀접하게 관련되어 있다. 1453년 비잔틴 제국의 멸망과 그 여파로 생겨난 국제 정세의 호기 속에서 서구 제국의 정통성을 잇고, 정교의 세계 본산지로 자처하려는 움직임 속에서 세워진 우스펜스키 사원은 당대 모스크바를 상징하는 가장 대표적인 기념비이자 러시아 정교회의 모든 역사와 문화, 예술이 녹아 있는 살아있는 증거이기도 하다. 당대 모스크바가 중세 러시아 국가의 수도였고, 수도가 "국가의 자존심과 열망의 상징"이라는 명제에 동의할 때, 우리는 우스펜스키 사원을 수도 내에 있는 '종교 공간의 상징'으로 정의한다.[9] 그리고 무엇보다도 우스펜스키 사원이 만들어지던 15세기 말과 16세기 초의 경계 시기는 흔히 일컬어지는 "중앙집권화된 국가 형성기"와 일치한다.[10] 이로써 사원 건축을 통해 나타난 모스크바 공국의 주요한 정치 이념 및 역사적 전환기의 중요성은 우스펜스키 사원에서 벌어진 이후의 모든 연행과 행사에 훌륭하게 녹아있다고 하겠다.

정치 역사적 관점에서 보더라도 사원의 건축 배경에는 통치 이념과 종교적 표현의 의도가 함께 결탁되어 있음을 보게 된다. 313년 밀라노 칙령 Edict of Milano을 통해 비잔틴 제국의 콘스탄티누스 황제가 기독교를 공식 인정하면서, 기타 종교에 대해서도 자유를 보장하였고, 326년에는 동로마의 국교로 기독교가 정해진 후부터 기독교 예술에도 큰 변화가 생겨났다. 기독교 미술이 대규모 교회의 장식을 주도적으로 차지하게 됨에 따라 모자이크 양식이 도입되어 빛의 예술이 발달하게 되었다.[11] 성경인물의 창조와 재현은 조각이 등장하는 계기가 되었고, 이러한 기독교 미술의 특징은 비잔틴 제국의 예술을 결정짓는 주요 양식이기도 하였다.

같은 맥락에서 모스크바의 우스펜스키 사원도 모스크바 공국의 정치적 이념과 예술적 재현의 의도가 결합된 예이다. 비잔틴 제국의 패망으로 인하여 동방정교회 Eastern Orthodox Church의 본산지가 사라진 환경에서 모스크바의 러시아 정교회는 세계 정교회의 수장이라는 역할을 자처하게 된다.[12] 대규모 사원이 필요했고, 이에 따른 각종 종교 예술의 창조와 발전은 당연히 기대되는 것이었다. 우스펜스키 사원은 이렇게 15세기 후반에 등장하게 되었고, 정교회 예술의 꽃은 종교 성화, 즉 이콘으로 발현되었던 것이다.

기본적으로 하늘 왕국과 창조주, 예수, 성모 마리아를 경배하는 예배가 행해지는 종교 공간이지만 우스펜스키 사원은 국가의 주요 행사, 이른바 짜르의 혼례와 대관식이 거행되었던 국가 의례의 집전지이기도 하였다. 우스펜스키 사원의 규모와 행정적 기능의 집중력, 여타 교회를 대표하는 상징적 수반으로서의 역할 때문에 후에 우스펜스키 사원은 '카페드랄느이 사보르Кафедральный собор'란 명칭을 얻게 되었다.[13] 사실은 이 모든 것을 애초에 염두하고 건축하였던 것이 분명하지만, 이곳에서는 짜르의 대관식венчание на царство은 물론이고, 16세기 말부터는 대주교 및 총대주교들까지 임명하고, 직위를 수여하는 기능도 병행하였다. 그리하여 1473년에는 이반 III세와 비잔틴 제국의 황녀가 사원에서 최초로 혼례를, 1498년에는 이반 IV세의 짜르 대관식이 이 사원에서 성대하게 거행되었다.

이처럼 가장 중요한 권력자의 대관식을 비롯하여 사원에서는 정교회 축일의 여러 기념행사праздничные церковные обряды도 다양하게 거행되었다. 정교회의 전통상 신년 기념일인 매해 9월 1일의 축제, 1월 6일에 있었던 주현절과 물세례를 동반한 십자가 행렬, 당나귀를 탄 채로 예루살렘에 입성하였던 예수 그리스도를 상기시키는 종려나무 토요일 행사와 같은 것들이 바로 '종교적 연행'의 모습이었다.[14]

국가 위기 시에는 큰 전쟁의 출정 전 짜르와 군대 지휘자의 기도가 올려지던 곳도 우스펜스키 사원에서였다. 1812년 조국전쟁 당시 알렉산드르 I세는 우스펜스키 사원에 보관되어 있는 성자들의 유해로 다가가 적군 장수 나폴레옹을 격퇴시킬 것을 서약하였다고 역사는 전한다. 이미 크렘린 궁 안으로까지 쳐들어온 프랑스 군대는 대주교 표트르의 관을 열어 금은보화를 약탈하려 하였다. 이 사건을 계기로 이후부터 대주교의 관 뚜껑은 1917년 혁명 전까지 폐쇄되지 않고, 열어두어 보관하도록 하였다.

심지어 조국전쟁 당시 사원에서는 프랑스 적군의 만행과 불경스러운 작태를 예견하였던 사례들이 전해지는 일도 있었다. 일례로, 예카테리나 II세기의 사보르 카페드라를 책임지고 있던 총대주교 플라톤은 적군이 모스크바를 점령한다면 성 필립의 유해가 일어날 것으로 예견하였다. 그러나 예상과 달리 요나의 유해가 든 은제 관만이 약탈의 위기를 넘기고 훼손되지 않은 채 남겨졌다. 전승에 따르면, 프랑스 적군이 수차례 요나의 관을 열려고 시도하였으나, 매번 실패하여 실망에 빠졌다는 것이다. 이 소식을 전해들은 나폴레옹은 당장 우스펜스키 사원에 들어가 관을 열려 하였으나 그 역시 열 수 없었다.

또 다른 전설은 참으로 기이한데, 나폴레옹이 마침내 이 관을 여는 데 성공하였으나, 성자 요나의 유해가 나폴레옹에게 손가락으로 위협하는 듯한 시늉을 해 보였다는 것이다. 이에 놀란 나폴레옹은 이 관에 손을 대지 말도록 명령하면서 경계병을 배치하였다는 전설도 있다. 결국 나폴레옹은 우스펜스키 사원을 폭파시킬 것을 명령하였으나, 이번에도 폭파 도화선이 예기치 않은 비로 인하여 불이 붙지 않아 폭파의 불상사는 실제로 일어나지 않았다.

이렇게 하여 조국전쟁에서 나폴레옹을 모스크바에서 물리친 러시아 짜르는 이 기념으로 우스펜스키 사원에 거대한 샹들리에를 설치할 것을 명령하였다. 한편 침략 후인 1814년 4월 23일에는 적군 나폴레옹 군대를 파리까지 역추적 하여 파리 입성에 성공한 러시아 군대가 나폴레옹 퇴각을 기념하기 위해 만든 "주 찬미가хвалебная песнь Господу"가 우스펜스키 사원에서 웅장하게 울려 퍼지는 일이 있었다.

우스펜스키 사원은 국가의 중대한 선포가 이뤄지는 장소이기도 하였다. 1903년 2월에는 레프 톨스토이가 러시아 정교회로부터 영구 출교당하는 일이 있었는데, 이를 알리는 교서가 이 사원에서 발표되었다. 이 발표를 접한 혁명 지도자 레닌은 다른 곳도 아닌 크렘린 궁 내부에 톨스토이를 기리는 기념비를 세우려고까지 하였다.

이후 볼셰비키 정부는 혁명 후 1918년 3월 수도를 페트로그라드에서 모스크바로 이전해 오면서 크렘린 궁 내의 그 어떤 사원에서도 종교 행사가 개최될 수 없도록 하는 조치를 내렸다. 그러나 부활절에는 레닌의 특별 허가에 따라 우스펜스키 사원에서 예배가 거행되기도 하였다. 혁명 이후 무신정권으로 돌아선 볼셰비키는 정교를 비롯한 모든 종교 행위 및 종교 활동을 엄격하게 통제, 불허하였다. 그럼에도 한 가지 매우 아이러니한 사실이 전해지고 있는데, 이는 스탈린의 행동과 관련되어 있다. 세계 2차 대전 당시인 1941년 겨울, 독일 나치의 파시스트 군사들이 모스크바 인근까지 쳐들어왔을 때, 스탈린은 우스펜스키 사원에서 적군의 침입으로부터 소비에트를 구제해 달라고 비밀리에 구국기도회를 하도록 명령하였다는 사실이다. 이후 1991년, 소비에트 해체 이후 오늘날까지 우스펜스키 사원에서 정기적으로 예배가 거행되고 있다.

국가적 차원의 행사가 종교적 함의를 입고 수행되었던 우스펜스키 사원의 용도는 이렇게 정치와 종교의 경계 내에 들어 있었다. 여기에 가장 종교적인 본질로서의 이콘과 프레스코화, 이코노스타스, 그 밖의 종교적 의미의 장식물들이 들어 있는 우스펜스키 사원은 중세 이후 러시아 정교의 역사를 단적으로 훌륭하게 보여주는 보물창고나 다름이 없다고 하겠다.

1917년 공산주의 혁명 및 공산당이 세워진 이후 소비에트 시대에는 상상할 수 없었던 종교 탄압이 시작되었고, 급기야 교권은 공산당의 통제와 무신론 정책으로 거의 말살에 가까운 운명 속에 놓이게 되었다. 이런 환경에서 정교 역시 박해의 주 대상이 되었음은 물론이고, 여러 사원이 폐쇄되기에 이른다. 우스펜스키 사원이 있는 크렘린 궁은 스탈린 시대에 출입이 통제되는 수난을 겪기도 하였다. 그러다가 스탈린이 사망(1953년 3월)한 이후, 1955년 7월 20일부터 크렘린은 다시 국민들에게 입장이 허용되었다. 자연스럽게 1950년대 중반부터는 크렘린 궁 내 사원들이 박물관으로 지정되기에 이르렀고, 여러 사원들에 대한 보수 공사가 이후 꾸준하게 이뤄졌다. 크렘린 궁 내에 있는 사원들은 하나의 '복합체 앙상블'로서 국가의 감독과 자산 보호 하에 들어가게 되었고, 크렘린은 이 가운데 보호 대상 제1호로 지정되었다.[15]

1960년대의 재건 부흥 운동 속에서 우스펜스키 사원의 내부 이콘 및 프레스코화 복원 사업이 진행되었다. 구소련, 즉 소비에트가 해체된 1991년 12월 이후에는 종교의 자유 및 러시아 정교회 부활의 신호탄이 러시아 전역 곳곳에서 터지면서 사원 재건과 성물 복원이 눈에 띠게 나타나게 되었다. 일례로, 1931년 스탈린 시대에 종교 탄압의 상징으로 조준 사격의 포탄을 맞고 완파되었던 성 구세주 사원Храм Христа Спасителя이 2000년에 완벽하게 재건되어 봉헌 예배가 올려졌다.[16] 1979년은 우스펜스키 사원 건축 500주년이 되던 기념의 해였고, 1991년 8월 26일에는 성모승천일을 기념하기 위해 우스펜스키 사원에서 제1차 러시아 국회가 예배와 함께 성대하게 개최되기도 하였다.[17] 이 책이 출판된 2018년은 사원이 완성된 지 539주년이 되는 해이다.

이렇게 우스펜스키 사원은 러시아 정교회의 중요한 정신적 자산이자, 종교 상징은 물론 여러 의미가 녹아있는 살아 있는 역사 증거물이다. 1475년에서 16세기 말까지의 기간으로만 한정한다 하더라도, 우스펜스키 사원은 단순한 종교 건축물에 앞서 모스크바 공국 시대의 모든 문화를 선도하였던 러시아의 얼굴이었다. 미국의 러시아 건축학자 윌리엄 브룸필드William Brumfield의 표현을 빌리면, 이미 당대 "건축은 모스크바 문화를 표현하기에 가장 중요한 핵심 코드가 되었다."[18] 이 코드를 정교문화와 러시아 역사로 재해석할 때, 우리는 우스펜스키 사원이 간직하고 있는 다층적 의미장 안으로 들어갈 수 있을 것이다. 러시아 기독교화 1000년의 역사 가운데 530여 년간을 존재한 우스펜스키 사원에는 러시아의 역사와 정치, 문화, 예술, 종교, 민속 등 수많은 러시아적인 요소들이 농후하게 들어있다고 하겠다.

이 책은 우스펜스키 사원에서 발견할 수 있는 러시아 정교회의 문화와 예술, 역사를 한 눈에 알 수 있도록 도와주는 안내서이자 학술서로서 기획되었다. 2009년 이후 지금까지 매해 러시아 모스크바를 다니면서 얻은 귀한 자료와 본인이 직접 찍은 사진들을 선보인다. 사보르 광장에 서보니, 전에는 떠오르지 않던 생각들이 무리를 지어 큰 그림을 짓기 시작하는 것을 깨달았다. 여러 번 다시 방문했을 때 느껴지는 생각의 무늬들이 겹겹이 층을 이루더니 이제 하나씩 더 흥미 있는 그림을 완성할 수 있게 해 주었다. 시간의 퇴적이, 생각의 깊이를 낳았고, 또 다른 생각의 물꼬를 터 주었다.

이제 필자는 우스펜스키 사원이 사보르 광장을 넘고, 모스크바 공국의 시간도 넘어 유럽 전체의 종교 역사 속에 서 있음을 보게 된다. 서구 문명의 두 번째 보루였던 로마마저 이민족에게 넘어가고, 세 번째 로마이자 마지막 예루살렘으로 자처한 모스크바는 새로운 정교회의 독트린과 물리적 예배 공간, 이 둘을 합친 상징적 위엄을 표상할 거대한 사원이 필요했다. 이 모든 이념적, 종교철학적, 역사적, 문화적 대응의 결과가 바로 우스펜스키 사원이었으며, 이 사원은 그리하여 15세기 이후 지금까지 '러시아 문명'의 종교코드, '정교회 문화'의 건축코드를 동시에 보여주는 핵심이다.

『유럽의 형성The Making of Europe』(1932 초판본)을 쓴 크리스토퍼 도슨Christopher Dawson의 추천사에서 중요한 문장을 이 책의 에피그라프로 뽑았다. 여러 역사서를 읽다가 머리를 강하게 친 글귀를 보고 얼마나 반가웠던지 모른다. 도슨의 역작을 해제하는 추천사를 쓴 한 연구자는 '과학'과 '예술'의 두 측면에서 역사 저술의 유한성을 풀어낸다. 가장 본질적인 의미는 "역사는 세계에 대한 객관적 진실을 발견하기 위해 증거를 비판적으로 이용하기 때문에 과학"이란 논리이다.[19] 반면 사학자는 자신의 연구물에 대한 증거를 대기 위해, 또 독자를 염두에 두고, 또 어떤 자료를 버려야 하는지를 선별할 수밖에 없다. 이런 의미에서 이 추천사는 역사를 예술이라고 강조한다.

본인은 역사학자도, 예술가도 아니다. 러시아 문학과 문화를 지극히 사랑하여 오래도록 이 두 주제에 기초하여 '러시아성Russianness'(러시아어로는 루스코스티 Русскость) 연구에 수렴되는 것이 무엇인지를 놓고 씨름해 왔다. 나는 스스로 내가 연구해 온 저간의 주제에 국내 연구가들이 거의 관심을 보이지 않았던 것들에 족적을 남겼다는 의미에서 먼저 과학이라고 자부한다. 필자가 모은 수많은 사료와 자료들을 선별하여 배치하고, 저술에 활용할 땐 그 누구보다 연출자 혹은 예술가의 '플롯'을 가장 오래도록 생각하며 작업한다. 도슨의 추천사가 말하는 그 예술의 담론과 그리 다르지 않은 범주에서 말이다. 단순 나열의 스토리가 아닌, 전체적인 기획과 구조의 틀에서 나의 이야기를 들려주어, 독자가 스스로의 구조적 이해력을 가지고 판단할 수 있는 그런 의미에서의 구조를 말이다. 이 두 과정에서 너무 많은 나의 이야기를 넣었다고 독자가 느끼면 난 만족한다. 나의 역사적 상상력과 풍부한 플롯 구성력이 전달되었기에 가능했을 것이기 때문이다.

우스펜스키 사원에 대한 저술은 결코 러시아의 역사, 문화만의 작은 주제 속에 갇혀 있지 않다. 모스크바의 종교 및 정치 상황을 기술하기 위해 먼 길 돌아 같은 시기의 서유럽과 중유럽의 사원을 기웃거렸다. 비잔틴 제국의 기독교 예술의 흔적에서 모스크바를 읽을 수 있는 단초를 발견하였다. 인과적 연결력이 없어 보이는, 흐릿하고 떨어져 있는 시공간의 간극을 역사적 상상력으로 메꾸어보려고 노력했다. 연결고리를 발견하고, 이질적인 시공간의 차이에서도 놀라운 유사성을 발견하면서 러시아만의 특징과 차별성에 눈을 뜨게 되었다. 그 결과들이 하나둘씩 쌓여 이 책의 내용이 되었고, 하나둘 사료와 자료 검토를 통해 이제 본인은 과학과 예술을 넘나들며, 한편의 플롯을 짰고, 그 제목을 『러시아 정교회 건축과 예술』로 선보인다.

또한 본인의 인문학적, 역사적 상상력에 가장 큰 영향을 준 미르세아 엘리아데 Mircea Eliade(1907-1986)와 에른스트 캇시러 Ernst Cassirer(1874-1945)를 빼놓을 수 없다. 러시아의 종교와 문화연구와 아무런 관계가 없는 이들의 연구물에서 본인은 무한한 상상력의 힌트를 주어 담곤 하였다. 한마디로 지혜의 눈을 열어 주었고, 인문학적 배경과 그 밑바닥을 깊게 파면서 러시아의 영토에까지 이르러 그 근원을 볼 수 있는 인식의 틀을 제공해 준 사람이 바로 엘리아데와 캇시러이다.

이 중에서 캇시러의 인용문을 끝으로 이 책의 서문을 마무리하고자 한다. 『국가의 신화 The Myth of the State』(1946)에서 캇시러는 위에서 본인이 이 책을 구상하며 기술한 과학과 예술의 역할을 상기시키는 말을 들려준다. 인간의 사회생활에서 신화는 어떠한 기능을 하는지를 요약하면서 캇시러는 이렇게 말한다.

> 모든 인간 활동에서 그리고 온갖 형식의 인간 문화에서 우리는 "다양성 속의 통일"(uniform in the manifold)을 본다. 예술은 우리에게 직관의 통일(unity of intuition)을 주고, 과학은 사고의 통일(unity of thought)을 주고, 종교와 신화는 감정의 통일(unity of feeling)을 준다. 예술은 우리에게 "살아 있는 형상들"(living forms)의 세계를 열어 주고, 과학은 원리의 세계를 보여주며, 종교와 신화는 생명의 보편성과 근본적 동일성의 느낌에서 출발한다.[20]

그렇다, 어찌 이토록 명료하고 함축적인 문장이 있을까? 캇시러가 이야기하고 있듯이, "신화는 인간의 사회적 경험의 객관화이지 그 개인적 경험의 객관화가 아니다."[21] 보편적으로 한 지역민, 문화, 문명에서 공통으로 느낄 수 있는 영구불변의 항상체를 신화라고 할 때, 우리는 15세기 러시아 정교문화의 신화를 우스펜스키 사원에서 본다. 그리고 이 책은 우스펜스키 사원이 어떤 배경에서 흔들림 없는 러시아 정교의 신화적 건축물로 승격되어 자리매김 되었는지를 과학적으로 분석하고자 한다. 이 책의 에피그라프로 인용한 듀랜트나 신화에 대한 매력에서 언급한 바로 위의 캇시러나 필자의 생각에 합치된 부분이 바로 이 지점에서이다. 우스펜스키 사원이 차지하고 있는 정신적, 종교적, 문화적, 역사적, 철학적 맥락은 결국 신화에 대한 인간적 반응의 축소판이라 하지 않을 수 없다.

이 책이 우스펜스키 사원을 집중적으로 다루고 있지만, 러시아 정교회 건축과 예술이란 주제의 큰 틀에서 들여다보기 위해서는 다른 사원 건축물의 예를 빼놓을 수가 없다. 시기적으로도 우스펜스키 사원 건축이 완성되었던 15세기 말 이전과 이후의 역사적 연속성에서 다른 건축물들은 어떠한 양상을 띠고 있었고, 우스펜스키 사원으로부터 어떠한 영향을 받았거나, 또 독립된 양식을 발전시켜 나갔는지를 종합적으로 살펴보아야 한다. 그리하여 이 책에서 우리는 흔히 '러시아 건축의 백미'라고 언급할 수 있는 대표적인 예들을 함께 참조하면서 우스펜스키 사원의 특징과 예술성에 집중할 것이다. 이 책에서 주로 참고한 러시아 정교회의 다른 예들을 역사적 분기점과 통사적 맥락에서 열거하면 아래와 같다. 하지만 이 책에서 다루고 있는 정교회 건축물의 예는 20세기 초까지 전 범위를 다 포괄하지는 않는다. 오늘날에 증축되었거나, 개축되었던 최 현대 예들 역시 소개되어 있지 않거나 매우 부분적으로만 관찰되었음을 밝혀둔다. 대신 아주 기본적인 양식적 특징을 언급하면서 우리의 분석 초점은 주로 첫 번째의 것으로 [18세기 표트르 대제 사망 이전]까지로 한정하고자 한다. 이후의 정교회 양식은 사실 우스펜스키 사원이 보여준 '가장 러시아적인 정수'로부터 조금씩 이탈하였거나, 독립된 양상을 띠기 시작하면서 변주의 단계로 들어갔기 때문이다.

아울러 이 책에 소개되어 있는 정교회 사원 및 교회, 수도원들은 모스크바와 상트 페테르부르크 소재의 것들이 거의 대부분임을 밝혀 둔다. 이 두 도시에서 멀리에 떨어져 있는 북러시아, 남부 러시아 등의 주요 건축물들은 필자가 직접 촬영한 사진으로가 아닌 다른 방식으로, 간접적으로 기술되어 있다. 이 책이 다루고 있는 건축물의 예들은 아래의 목록 외에도 단행본 분량으로 훨씬 더 길어질 수 있으나, 아래와 같이 러시아 건축사의 흐름 내에서 압축하고자 한다.[22]

[10-17세기 고대 및 중세 루시의 건축]
Архитектура средневековой руси X - XVII вв.

- 키예프에 있는 소피야 사원 Софийский собор в Киеве (1037)
- 노브고로드에 있는 소피야 사원 Софийский собор в Новгороде (1045-1050)
- 블라디미르에 있는 우스펜스키 사원 Успенский собор во Владимире (1158)
- 네를리 강에 있는 성모 교회 Церковь Покрова на Нерли (1165)
- 세르기예프 포사드에 있는 성 삼위일체 수도원
  Свято-Троицкая Сергиева Лавра (1337)
- 모스크바에 있는 안드로니코프 수도원
  Спасо-Андроников монастырь в Москве (1357)
- 세르기예프 포사드에 있는 쥐보나찰리나야 삼위일체 사원
  Собор Троицы Живоначальной (1423)
- 모스크바 크렘린 궁 내에 있는 우스펜스키 사원
  Успенский собор Московского Кремля (1479)
- 모스크바 크렘린 궁 내에 있는 성모 수의 교회 Церковь Ризоположения (1485)
- 모스크바 크렘린 궁 내에 있는 성수태고지 사원
  Благовещенский собор в Москве (1489)
- 모스크바 크렘린 궁 내에 있는 접견궁 Грановитая палата (1491)
- 모스크바 크렘린 궁 내에 있는 아르한겔스키 사원
  Архангельский собор в Москве (1508)

－모스크바 크렘린 궁 내에 있는 이반 뇌제의 종루

　Колокольня Иван Грозного (1508)

－콜로멘스코예에 있는 성모 승천 교회

　Цековь Вознесния Господня в Коломенском (1532)

－모스크바 붉은광장에 있는 성 바실리 사원

　Покровский собор 또는 Храм Василия Блаженного в Москве (1561)

－세르기예프 포사드에 있는 성모 승천 사원

　Успенский собор Троице-Сергиевой лавры 또는

　Собор Успения Пресвятой Богородицы (1585)

－야로슬라블리에 있는 세례자 요한 교회

　Церковь Иоанна Предтечи в Ярославле (1609)

－모스크바 붉은광장 초입에 있는 성 쥐보나찰리나야 성삼위일체 교회

　Церковь Святой Живоначальной Троицы (1626)

－모스크바 크렘린 궁 내에 있는 열두 사도 교회와 총대주교 거처

　Патриарший дворец с церковью Двенадцати апостолов (1656)

－키쥐 섬에 있는 성변용 교회

　Церковь Преображения Господня на о. Кижи (1694)

[러시아 바로크] Русское Барокко

<모스크바 바로크> Московское барокко

－모스크바에 있는 노보데비치 수도원 Новодевичий монастырь в Москве (1524)

<표트르 바로크> Петровское барокко

－상트 페테르부르크에 있는 표트르 대제 요새 사원

　Петропавловский собор в Санкт-Петербурге (1712)

<엘리자베타 바로크> Елизаветинский барокко
- 상트 페테르부르크에 있는 스몰느이 사원
  Смольный собор в Санкт-Петербурге (1748)

[고전주의] Классицизм
- 모스크바에 있는 파쉬코프 저택 Пашков дом в Москве (1786)
- 상트 페테르부르크에 있는 타브리체스키 궁전
  Таврический дворец в Санкт-Петербурге (1789)

[반원형구조 암피르] Высокий классицизм - Русский Ампир
- 상트 페테르부르크에 있는 카잔 사원
  Казанский собор в Санкт-Петербурге (1811)
- 모스크바에 있는 볼쇼이 극장 Большой театр в Москве (1825)
- 상트 페테르부르크에 있는 이삭 사원
  Исаакиевский собор в Санкт-Петербурге (1858)

[유사 러시아 양식] Псевдорусский стиль 또는
[러시아-비잔틴 양식] Русско-византийский стиль
- 크렘린 대궁전 Большой Кремлевский дворец (1849)
- 키예프에 있는 블라디미르 사보르 Владимирский собор в Киеве (1882)
- 모스크바에 있는 성구세주 사원 Храм Христа Спасителя в Москве (1883)
- 상트 페테르부르크에 있는 피의 구세주 교회
  Церковь Спаса на Крови в Санкт-Петербурге (1883)
- 모스크바에 있는 국영백화점 굼 Здание ГУМа в Москве (1896)

－크론쉬타트에 있는 니콜스키 사원

　Морской Никольский собор в Кронштадте (1913)

[러시아 모던이즘] Русский Модерн 또는 [신러시아 양식] Неорусский стиль

－모스크바에 있는 야로슬라프스키 역 Ярославский вокзал в Москве (1870)

－상트 페테르부르크에 있는 회사《진저》사옥 (일명 서적 돔끄니기 입점 건물)

　Дом компании Зингер в Санкт-Петербурге (1904)

－상트 페테르부르크에 있는 호텔 아스토리아

　Гостиница《Астория》в Санкт-Петербурге (1912)

－모스크바에 있는 기적의 창조자 성 니콜라이 교회

　Церковь Николая Чудотворца (1914)

－모스크바에 있는 키예프 역 Киевский вокзал в Москве (1934)

[구성주의] Конструктивизм

－모스크바에 있는 신문사《이즈베스티야》사옥 Здание《Известий》в Москве (1925)

－모스크바 붉은광장에 있는 레닌묘 Мавзолей В. И. Ленина в Москве (1930)

－상트 페테르부르크에 있는 렌소베트 문화 궁전

　Дворец культуры имени Ленсовета в Санкт-Петербурге (1938)

[스탈린 양식] Сталинская архитектура 또는 Сталинский ампир

－모스크바에 있는 외무성 МИД в Москве (1946)

－모스크바국립대학교 본관

　Главное здание Московского государственного университета (1953)

끝으로 이런 류의 지극히 좁은 주제의 책을 맡아주신 민속원 홍종화사장님에게 깊은 고마움을 전한다. 흔히 학술서의 꼬리표가 붙는 순간, 서가의 먼지를 뒤집어 쓸 운명이거늘, 세상의 빛을 볼 수 있게 힘을 불어넣어주신 분들께 더불어 큰 인사를 올린다. 러시아를 알기 위해 동양 건축을 먼저 읽었고, 유럽을 통해 러시아를 볼 수 있었다. 러시아 안팎으로 꼭 필요한 자료와 선행연구를 검토하다가 느껴지는 약간의 두려움은 유럽의 중세 사원과 수도원, 대성당을 발품팔이로 섭렵도 하지 않은 채, 이렇게 겁 없이 책을 세상에 선보여도 되나 싶은 마음으로 이어졌다. 하지만 내 자신의 학문적 편력과 이후에 또 생겨날 열정이 식지 않게, 내 자신의 생각과 혹시나 유사할 수도 있을 독자들의 관심과 소통하고 싶은 마음에 이렇게 결단을 내렸다. 이 책에서 발견될 수 있을 지식의 오해나 부족한 글 솜씨는 모조리 필자의 몫이리라. 우스펜스키 사원을 연구하는 한국의 학자가 아직은 없는 환경에서 자그마한 위로와 격려를 내 자신에게 보낸다.

정교회 사원이라는 종교적 뉘앙스에 개인적 감성의 '뜨락'이란 말이 어울리는 말이 아니지만, 크렘린 궁의 사원 광장에 서 있는 40미터 높이의 우스펜스키 사원을 내 손바닥 가까이에 놓고 상상해 본다. 마치 제 집 드나들 듯이, 정겨운 마음으로 드나들던 광장의 사원을 마음으로 품고, 눈높이에 올려놓는다. 그리고 이렇게 느낀다. 손바닥 위에 놓인 현미경 안의 미니어처와 같다고. 이제 539년 역사의 우스펜스키 사원을 다시 천천히 들여다본다. 또 다른 감동과 몰랐던 감정과, 또 다시 깊이 있는 연구를 해 보겠다는 마음이 먹어지기를 고대하면서. 내 감성의 뜨락에서 달아나지 않고 머물러 있는 우스펜스키 사원이 독자 여러분에게도 고스란히 전달되고픈 마음 한량없다.

김상현
혜화동 퇴계인문관 좁은 연구실에서
모스크바 사원광장을 상상하는 것으로 너무 행복했다.
2018.8.

차례

머리말 • 4

서론 크렘린에 사원광장을
      짓다
      ─── 024

I. 러시아 정교회 사원과
     건축술의 기초
     ─── 040

II. 우스펜스키 사원의
      건축 역사
      ─── 090

    1. 사원 건축 이전의 역사 ·· 92
    2. 사원 건축의 경과 ·· 106
    3. 대관식 일지 ·· 123
    4. 혼례식 일지 ·· 148

Ⅲ. 우스펜스키 사원의
   구조
   —— 160

   1. 내부 구조 _ 압축된 정교회 역사를 보다 ·· 162
   2. 이콘과 벽면 프레스코화 _ 압축된 성경을 보다 ·· 196
   3. 외부 구조 _ 러시아 역사와 전통의 혁신을 보다 ·· 292
   4. 문 _ 러시아 역사와 성경의 메시지를 읽다 ··· 305

Ⅳ. 우스펜스키 사원의
   상징적 의미
   —— 358

   1. 크렘린 궁에서의 위치 _ 사보르 광장의 건축코드에 놀라다 ······················· 360
   2. 주변 환경과의 관계 _ 하늘의 도우심을 읽다 ·· 371
   3. 종교적 상징성 _ 건축물의 탈종교적 메시지를 읽다 ·································· 379
   4. 풍수지리적 상징성 _ 풍수의 원리를 깨우치다 ·· 380

결론 건축에서의
      러시아성Russianness을 말하다
      —— 390

부록
   —— 424

   1. 러시아 정교회의 주요 사원 목록 _ 전통과 혁신, 러시아성의 구현 ············ 426
   2. 모스크바 크렘린 궁 내에 있는 사보르와 교회, 종루 사진과 목록 ·············· 468

미   주 • 485
참고문헌 • 531
찾아보기 • 541

서론

크렘린에
사원광장을 짓다

—

서론

크렘린에 사원광장을 짓다

"러시아는 기타 유럽의 여러 나라와 비교할 때,
단 한 번도, 그 어떤 것도 공통된 것을 가지고 있지 않다.
러시아의 역사는 [전혀] 다른 사상과 형태를 요구한다."

알렉산드르 푸쉬킨

Россия никогда ничего не имела общего с остального Европою;
история её требует другой мысли, другой формулы.[1]

А. С. Пушкин

스위스 태생의 문명사학자 야코프 부르크하르트Jacob Burckhardt(1818-1897)는 이미 명저 반열에 오른 그의 『세계 역사의 관찰』 제11장, "국가의 제약을 받는 종교"에서 러시아 정교회가 걸어온 암흑의 이면을 노골적으로 이렇게 적은 바 있다.

안으로는 교회를 국가기관으로 가장 많이 바꾸고, 동시에 밖으로는 정치적 도구로 사용하는 국가가 러시아다 …(중략)… 비잔틴 교회(=그리스 정교회)는 투르크의 지배 안에서도 비잔틴 국민을 대체하고 지지한 그리스 사람들 사이에서 국가 없이 지속되었다. 하지만 러시아에 강제국가가 없었다면 종교와 문화는 어떤 모습이었을까? 종교가 흩어지면서 소수의 계몽사상과 다수의 샤머니즘으로 분리되었을 것이다.[2]

이는 러시아 정교회가 국가로부터 탄압과 통제를 받았다는 것을 의미하는 말이다. 이 메시지에 앞서, 같은 장에서 부르크하르트는 "종교는 국가에 맞서 고통 받고 항의하는 동안에 가장 열성적으로 그 이상적 특성을 지킨다"고 역설한다.[3] 즉 이러한 명제의 가장 대척점의 예를 그는 러시아 정교회에서 발견한 것이었고, 이를 교회가 국가에 의해 '전염'된 결과로 풀이한다.

988년 비잔틴에서 기독교를 받아들여 공식 기독교국가가 된 이후 이미 천 년이 넘는 역사를 보이고 있는 러시아가 과연 러시아 정교회를 부르크하르트의 분석처럼 한결같이 박해와 검열만 일삼았을까? 이로 인해 러시아 정교회는 늘 '열성적으로 이상적인 특성만' 보여주었을까? 국가의 제약에서 비롯되어 국가 권력의 수단으로 정치화되는 과정의 정교회와 같은 극히 협소한 관점과 이에 대한 의문을 뒤로하면서 우리는 러시아 정교회의 긴 역사 속에서 그 초기의 '정착화 단계'와 '의례정치적 과정'이라는 두 가지 측면을 집중적으로 살펴볼 것이다. 특히 러시아 정교회가 세계 동방정교회의 수장 역할을 자처하면서 세계사의 종교적 흐름에 진입해 들어온 15세기 이후에 관심을 기울일 것이다. 더불어 정교회에서 지은 이른바 정교회 사원 православный собор, 프라바슬라브니 사보르의 의미와 예술성, 정교회 건축의 내외관에 함축되어 있는 여러 의미를 해석하면서 러시아 정교회만이 지닌 문화적 특징을 '정교회 건축문화 코드'로 이해할 것이다.[4]

오늘날 러시아에는 얼마나 많은 정교회 사원이 있을까? 얼마나 많은 러시아인들이 스스로 자신을 정교도라고 생각할까? 가장 최근의 기록인 2013년도 조사에 따르면, 현재 러시아 연방에는 3만 개가 넘는 교구приход가 있고, 전 세계에 걸쳐서 871개의 수도원이 있으며 러시아에만 499개가 있는 것으로 집계되었다.[5] 1991

년 구소련의 해체와 더불어 종교 활동의 자유, 러시아 정교회의 부활이 꾸준하게 형성되어 왔음에도 불구하고, 기독교인의 수는 조금씩 줄어들고 있다. 그러나 이 같은 통계가 러시아 사회에서 정교회가 차지하는 정신적인 역할과 영적인 분위기의 약화를 반영하진 않는다. 오히려 최근, 러시아 연방에서 정교회의 영적인 역할에 대한 조명이 날로 늘어가고 있다. 나아가 그간 억눌렸던 종교 활동과 의사표현의 자유를 상대적으로 많이 용인하는 사회 움직임이 러시아 정교회의 도약을 예견하게 하고 있다.[6]

수도 모스크바 및 지방 도시 곳곳에서 볼 수 있는 러시아 정교회 사원 건물의 상당 부분이 현재 복원 혹은 보수 공사 중에 있는 것은 바로 이러한 종교 부흥의 한 단면이기도 하다. 이런 관점에서, 이 책이 초점을 맞추고 있는 모스크바 크렘린 궁 내의 우스펜스키 사원은 러시아 역사 속에서 차지하는 정교회의 상징적 위상과 그 역사적 형성 및 전개 과정을 추적해 볼 수 있는 중요한 기준이자 분석의 대상이 된다.

러시아의 모스크바 크렘린 궁 내부에는 러시아 정교회의 정수라고 일컬어지는 사원 건축물이 아홉 채 들어있다. 아래의 사진에서처럼 가장 먼저 건축된 성모영면사원(혹은 성모승천사원으로 불리며, 러시아어로는 우스펜스키 사보르 Успенский собор), 성수태고지사원(블라고베쎈스키 사보르 Благовещенский собор), 대천사 사원(아르한겔스키 사원 Архангельский собор), 이반 뇌제의 종루(콜로콜냐 이바나 벨리코보 Колокольня Ивана Великого), 성모수의교회(쩨르코피 리조빨로줴니에 Церковь Ризоположения), 12사도교회(파트리아르쉬 드보레쯔 이 쩨르코피 드베나짜찌 아포스톨로프 Патриарший дворец и церковь Двенадцати апостолов), 구세주예수그리스도사원(보통 베르호스파스키 사보르 Верхоспасский собор란 이름으로 알려져 있으나 Собор Спаса Нерукотворного Образа라고도 불림)이 있다. 그 외에도 아래 사진에는 보이나 표기를 달지 않은 성모탄생교회Церковь Рождества Богородицы на Сенях와 접견궁Грановитая Палата이 사보르 광장 주변에 추가로 있다.[7]

[삽도-1] 크렘린 궁 내의 사보르 광장 항공 사진   사진에 기초하여 필자가 재구성하였음.

이 같은 정교회 건축물들은 1475년, 우스펜스키 사원의 건축을 시작으로 본격적으로 이루어졌다. 이른바 사원 광장 내의 주요 사원 건축물들은 1453년 비잔틴 제국의 멸망에 따른 모스크바 공국의 국제적 위상과 정치 및 종교적 독립, 종교적 정체성 선포와 매우 밀접한 관계가 있다. 종교적 독립은 다른 무엇보다 모스크바 교회가 자치 독립 교회autocephaly로 성장하였음을 의미하는 것이었고, 외국의 간섭과 눈치를 볼 필요가 없게 됨을 말하는 것이었다.[8] 이 역사를 위해서는 서유럽의 종교사를 잠시 살펴 볼 필요가 있다. 매우 중요한 사건들 중심으로 설명하면 아래와 같다.

우선, 313년 로마 황제 콘스탄티누스 I세에 의해 반포된 밀라노 칙령을 통해 종교의 자유가 보장되었지만, 테오도시우스 I세(379-395)의 통치 기간에 이르러서는 교회가 국유화되었다.[9] 이후 니케아 공의회에서는 교회를 대교구로 나누었고, 각 지방에 있는 주교들을 관리하기 시작하였다. 그리하여 콘스탄티누스 황제가 제국을 5개의 집정 관할구로 나누게 되었고, 아래와 같이 5개의 수좌首座 주교主敎들은 다른 지역의 주교들보다 더 큰 권위와 위치를 공인받게 되었다.[10] 이때부터 생겨난 각 교구의 대표가 바로 서방 대교구의 로마, 비잔틴의 콘스탄티노플, 이집트의 알렉산드리아, 시리아의 안디옥이었고, 451년 칼케돈 공의회에서는 예루살렘을 총대주교구로 격상시켜 총 5개의 총대주교구가 만들어지게 되었다. 이 총대주교구들은 "제국 안에 있는 기독교 세계에서만 적용되는 것이었고, 제국 변경 밖에 있는 자치적인 교회들은… 전혀 상관이 없었다."[11] 이러한 시대적 환경 속에서 모스크바는 1453년 비잔틴의 콘스탄티노플이 이민족에 의해 침략과 패망을 당하자, 지방의 대주교구를 스스로 대신하여 총대주교구, 즉 수장의 역할을 자처하면서 정교회 최고의 자리를 넘보게 된 것이다.

뒤에서 자세하게 살펴볼 일이지만, 이 중에서도 우스펜스키 사원이 가장 먼저 이 터에 마련된 데에는 여러 가지 해석을 요하는 중요한 의미를 함축하고 있다. 서구 제국의 멸망은 곧 구 예루살렘의 종식을 의미하는 것이었고, 새로운 예루살렘이 아직 없는 공백의 상태에서 모스크바 공국은 정교회 건축을 가장 먼저 시작하였다. 1511년 모스크바 제3로마Москва - Третий Рим 독트린으로 보다 굳건해진 모스크바 정교회의 입장은 '정치적 이념화'의 성격을 띠면서 세계사적 흐름에 드디어 진입해 들어간다. 외교적 해법과 정치적 의도가 숨어 있는 이 같은 계획은 이후 사원 광장의 순차적 구조 완성으로 종결되었다.

이렇게 15세기 후반부터 형성되어 간 일련의 '문화 과정들'은 우스펜스키 사원 건축으로 비로소 촉발되었고, 우스펜스키 사원은 모스크바 공국의 종교적 정체성 확보의 중대한 '파동импульс'의 역할을 하게 된다.[12] 러시아 정교회의 공식 홈페이지에서도 "루시 통일의 상징"으로서 연합의 중심에 있는 우스펜스키 사원의 이와 같은 중요성이 강조되고 있다. 이로써 사원은 수도 모스크바를 중심으로 한 연합의 실질적인 주인공이자, 모스크바 크렘린의 신학 및 도시건축의 상징으로 자리 잡아 갔다.[13]

이렇게 하나의 집합체를 구성하고 있는, 커다란 정사각형 모양의 이 터는 흔히 '모스크바 크렘린의 사원 광장Соборная площадь в Московском Кремле'으로 불린다. 러시아 문화 연구의 대가이자 러시아 학술원의 학자 故 드미트리 리하초프는 "건축에 대한 단상Заметки о архитектуре"이란 짧은 에세이에서 필자의 해석과 상당부분 일치하는, 사원 광장의 의미를 짧게 피력한 바 있다.

오래된 건물은 정서적인 표현성으로 압도되어 있고, 최신식으로 잘 지어진 건물은 단지 디자인이 훌륭할 뿐이다... 건축가의 입장에서 가장 힘든 것은 광장을 짓는 일이다... 세상에는 훌륭한 광장들이 그리 많지 않다. 내가 알고 있는 광장이 어떠냐고? 물론 나는 상트 페테르부르크에 있는 궁전 광장을 안다.... 그러나 내가 알고 있는 가장 인상적인 광장이 있는데, 바로 모스크바 크렘린 안에 들어 있는 사보르 광장이다. 정말이지 경탄스럽다. 건물은 저마다 독립하여 서 있는 듯 하고, 또 자유로워 보인다. 하지만 [이곳에 와보면] 사람은 [뭔가] 닫힌 공간 속에 들어 있는 듯한

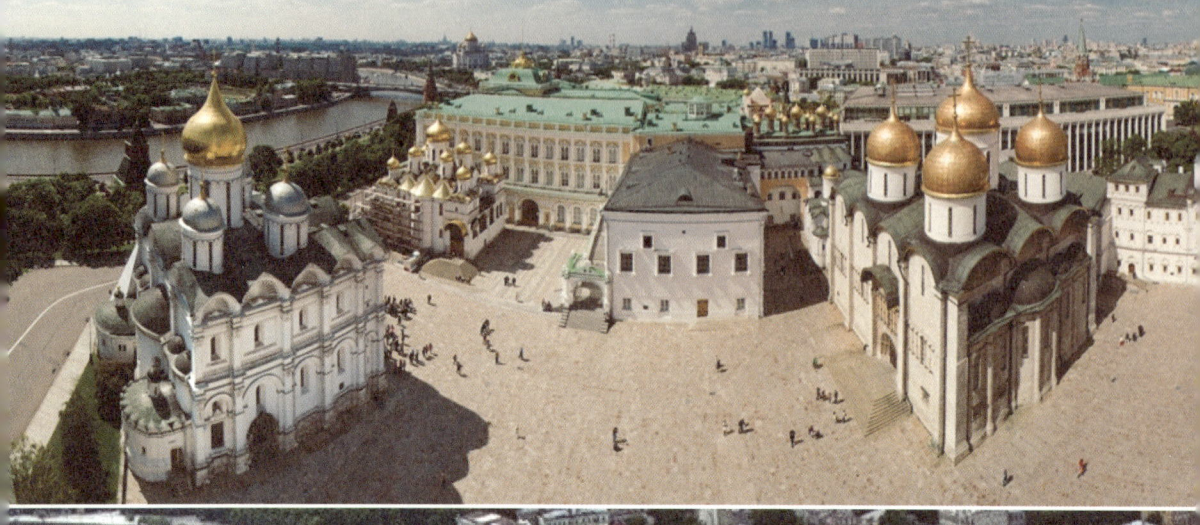

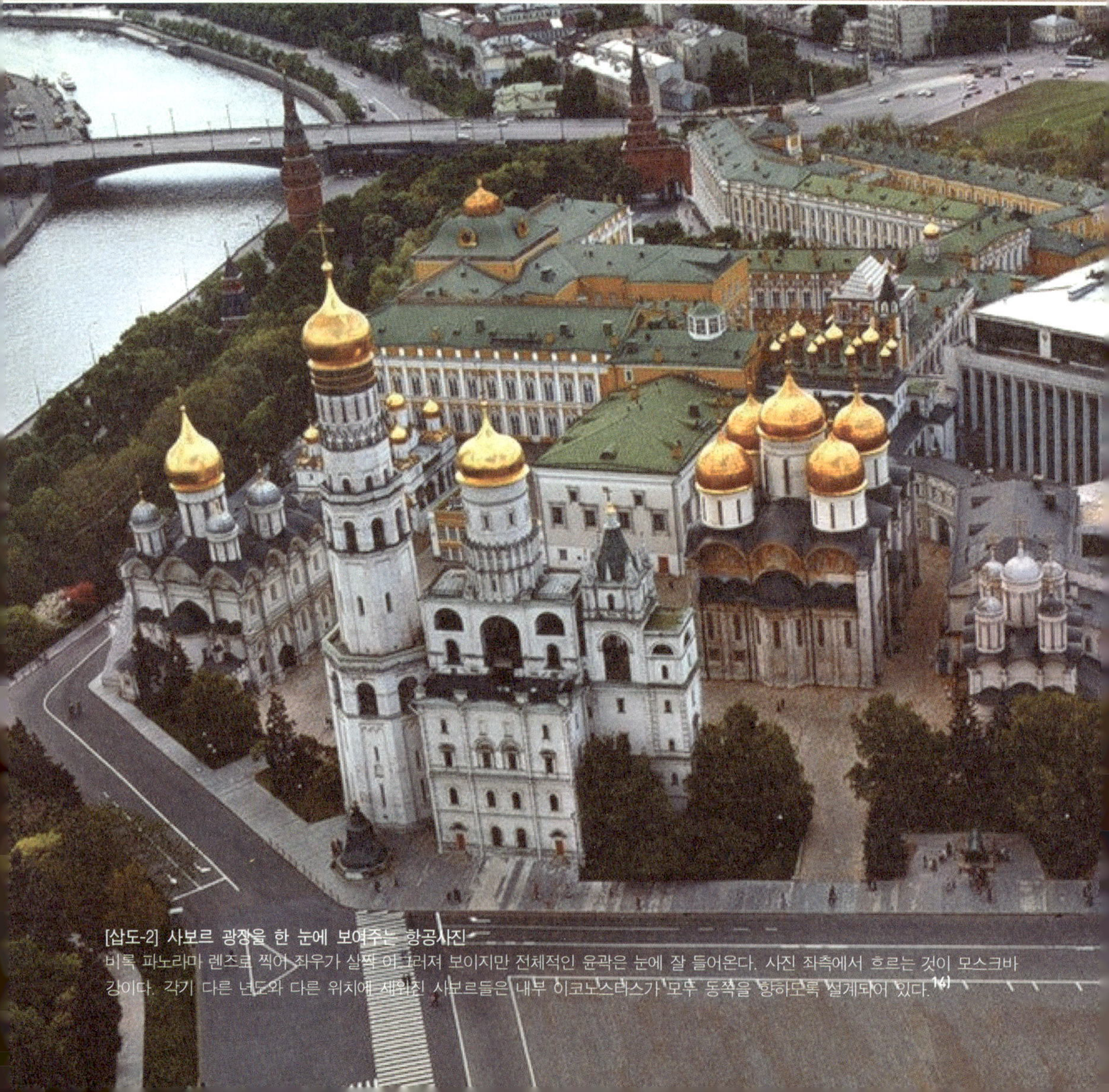

[삽도-2] 사보르 광장을 한 눈에 보여주는 항공사진
비록 파노라마 렌즈로 찍어 좌우가 살짝 이그러져 보이지만 전체적인 윤곽은 눈에 잘 들어온다. 사진 좌측에서 흐르는 것이 모스크바 강이다. 각기 다른 년도와 다른 위치에 세워진 사보르들은 내부 이코노스타스가 모두 동쪽을 향하도록 설계되어 있다.[16]

[삽도-3] 위 사진은 방향이 드러나도록 재구성한 사진
건축 년도와 방향은 모두 다르지만 내부의 제단 방향은 모두 동쪽으로 일정하게 향해 있음을 보여주기 위해 동방향으로 난 흰색 화살표를 삽입하였다. 제단이 동쪽을 향하고 있으니, 4방위 중 남문은 자연스럽게 남쪽인 모스크바 강을 향하고 있다. 우리식으로 이야기하면 집의 거실 창이 남향을 향하고 있다는 의미가 된다. 그러나 정교회 사원은 창문이 매우 작고 개수도 적어 실내가 어둡게 느껴지는 것이 특징이다.

느낌을 받는다. 닫힌 공간, 그러면서도 동시에 열려 있는 터, 주로 모스크바 강을 향한 공간이 그렇다... 이 광장에 서면 사람은 비천해지지 않는다. [광장이 살아온] 역사로 인해 인간은 고양되고 온통 감싸여진다... 광장의 장엄함은 결코 거만하지 않다. 광장과 관련된 러시아 역사는 우리를 압도하기보다는 우리를 그 역사 속에 넣어 역사에 참여하게 만든다. 그리하여 우리 인간은 우리의 키보다 더욱 커지게 된다.[15]

위의 사진 [삽도-3]에서 분명하게 드러나고 있듯이, 모스크바 강과 인접한 이 터는 위에서 보면 사방의 사원들로 인해 꽉 막힌 공간으로 보인다. 그러나 그 공간에 들어서면, 닫힌 듯 하면서도 앞의 강을 향하고 있는 지리적 향방 때문에 열린 공간으로도 해석된다. 그리하여 가장 먼저 건축된 우스펜스키 사원의 위치, 특히 건축 당시 의례의 가장 중요한 기능으로 출입이 잦았던 남문南門을 고려하면 사원의 얼굴은 모스크바 강을 대면하고 있다고 해도 과언이 아니다. 다시 말하여, 사원 광장은 그 자체로 크렘린 궁의 문화역사적 가치를 함축하고 있으면서, 동시에 건축공학적 견지에서도 다각적인 해석을 요구하는 중요한 터로서의 기능까지 간직하고 있다.

각각의 사원은 그 나름의 역사를 반영하듯, 내부는 국보급 문화유산으로 등재된 수없이 많은 문화예술품으로 장식되어 있고 주요 문화재들이 소장되어 있다. 나아가 이 사원들은 건축 당시부터 특별한 용도로 제작되었기에 이를 표현하는 여러 특징을 고스란히 담고 있다.

[삽도-4]의 연속 사진은 사원광장 한 구석인 이반 뇌제의 종루 1층에서 바라본 사원들의 파노라마를 보여준다. 1번부터 4번까지 시계방향으로 볼 때, 지면 기준에서 이 사원의 크기와 향방을 잘 볼 수 있다.

아르한겔스키 사원(1번 왼쪽 건물)에서 맞은편 성수태고지 사원(2번 가운데 건물), 우측에 정사각형 모양의 접견궁(2번 우측 녹색지붕 건물), 우스펜스키 사원(3번 정중앙 건물), 열두 사도 교회(4번 오른쪽 건물)가 차례로 보인다. 그리고 마지막으로 번호가 달려있지 않은 사진은 첫 번째가 이반 뇌제의 종루이며, 다른 하나는 광장을 다시 한 번 조망하고 있다. 모스크바 크렘린 궁 내의 사원광장은 이렇게 사원들의 밀집된 공간이자, 건축학적으로도 각기 다양한 시기의 서로 다른 양식과 의미를 보여주는 앙상블의 집합체이다.

이 책은 이러한 기본 배경과 역사적 지식을 바탕으로 하여 크렘린 궁 내에서 가장 먼저 건축된 우스펜스키 사원(1475-1479)을 집중적으로 조명한다.[16] 우스펜스키

[삽도-4] 이반 뇌제의 종루 1층에서 바라본 사원들

사원은 궁 내의 사원 중에서 가장 큰 규모일 뿐만 아니라, 건축사적 특징을 간직하고 있다. 성도들의 출입구에서 동쪽 제단 방향으로의 길이는 총 37미터이며 폭은 24미터, 높이는 약 40미터에 달한다.[17] 국가 차원의 의례와 주요 의식(혼례와 대관식)이 이곳에서 치러졌으며, 러시아 정교회 사제들의 주검과 관이 이 자리에 안치되어 있기도 하다.

건축이 시작된 1475년 이래로 러시아의 최고권자들은 이 사원에서 대관식을 치렀으며, 우스펜스키 사원은 프랑스 랭스에 있는 로마가톨릭교회의 대성당Cathedral of Reims과 견주어질 정도로 러시아 정교회의 중심지 역할을 하였다.[18] 그러나 우스펜스키 사원의 물리적 크기는 서구 유럽에서 볼 수 있는 유사한 용도의 다른 건축물에 비하여 다소 작은 편이다. 따라서 길이 37미터, 폭 24미터 규모의 우스펜스키 사원은 유럽의 대성당cathedral보다는 부속 예배당에 해당하는 작은 채플chapel에 비교될 만하다.[19] 예를 들어 파리에 있는 아미앵 대성당Amiens Cathedral은 중세에 세워진 건물 중 가장 큰 규모를 자랑하는데, 내부 길이가 133m, 외부길이는 145m, 대지는 7,770평방미터, 내부 공간은 20만m이다.[20] 파리의 노트르-담 대성당Norte-Dame Cathedral 역시 규모가 엄청난데, 길이 122.50m, 폭 12.50m, 높이 33m를 자랑한다.[21]

그러나 러시아 정교회의 사원과 중세 유럽의 성당을 외관의 크기로만 비교할 수는 없다. 더욱 중요한 것은 우스펜스키 사원이 왜, 어떤 사회적 환경에서 건축되기 시작했는가이다. 흔히 대성당이라고 부르는 유럽의 대규모 교회는 11세기 이후, 12세기에 꽃을 피웠던 로마네스크 양식과 고딕 양식의 도시풍 건물이자 "도시 예술"이었으며, "대성당의 도상은 도시 문화의 표현"이었다.[22] 즉, 서유럽식 대성당은 도시 성장의 전개와 그 맥락을 같이 하였던 도시적 현상이었지만 같은 시기 러시아의 도시 발전은 한참 뒤쳐져있었다. 도시와 인구 이동, 석재 사용이 서유럽에 비해 많이 늦었던 러시아에서는 이와 같은 대규모의 교회가 형성될 시대적 요건이 갖춰지지 않은 점을 원인으로 들 수 있다.

[삽도-5] 모스크바 크렘린 궁 내의 우스펜스키 사원과 프랑스 동북부 샹파뉴 지방에 위치한 랭스 대성당(Reims, 13세기, 1225-1299년경, 정통 고딕 양식의 가톨릭성당)[23]

보통 프랑스의 군주는 이 랭스 대성당에서 대관식을 치른다. 단, 나폴레옹은 1804년 12월 2일 랭스가 아닌 노트르-담 대성당(1163년에 착공, '우리의 부인'이라는 뜻으로 성모 마리아 Santa Maria를 의미한다)에서 황제의 대관식을 거행하였다.[24] '들려 올려짐', 곧 승천을 의미하는 러시아어 우스페니에(успение)에서 기원한 우스펜스키 사원은 러시아 정교회에서 성모 마리아가 얼마나 숭배되는지를 잘 말해주는 증거이다. 마찬가지로 가톨릭 국가인 프랑스에서도 파리 외에 다른 도시에도 노트르-담이란 동일 이름의 성당이 많다. 이렇게 성모 마리아는 예수의 어머니로서, 정교회뿐만 아니라 가톨릭 교회에서도 테오토코스(theotokos, 하나님의 어머니란 뜻)로 불리게 되었고, 431년 에페소스 공의회에서의 공포로 인정받기 시작하였다.[25]

그럼에도 우스펜스키 사원의 중요성과 의의는 수세기에 걸쳐 러시아 역사와 정치, 문화와 종교적 믿음 속에서 가장 숭배되고 중심을 이뤘던 종교 건축물이란 점으로 압축된다.

특히 이 책은 우스펜스키 사원의 건축학적 특징과 주요 의미들을 다른 사원과 비교하여 분석하되, 지리적 특이성을 서양식의 지오멘시geomency 혹은 동양식의 풍수지리학적 관점에서 충분히 고려하여 다룰 것임을 밝혀둔다.

러시아 정교회 건축술과 역사를 연구하는 석학 윌리엄 브룸필드William Brumfield는 우스펜스키 사원의 건축사를 정리하면서 이 사원에는 두 가지의 문화가 접합되어 있다고 기술하고 있다. 그 첫째는 비잔틴 유산이 녹아있는 러시아 문화이고, 다른 하나는 이탈리아 르네상스의 건축양식에 친밀했던 이탈리아 건축가에 의해서 건축되었기에 자연스럽게 서유럽의 문화가 녹아 있다는 것이다.[26]

사원 건축의 양식과 역사를 돌이켜 볼 때, 우리는 터키 이스탄불의 하기야 소피야 사원Hagia Sophia Cathedral(537년 완공)과 비교하면 분명한 하나의 역사적 교훈을 얻을 수 있다. 과거 비잔틴 제국이 함락되면서 초기 기독교 예술의 정수를 보여주었던 이 사원은 이후 4개의 미나레트minaret가 추가된 것을 시작으로 이슬람의 모스크로 탈바꿈 되었다. 벽면을 화려하게 장식했던 모자이크화 역시 오스만 투르크족의 점령을 통해 훼손되어 회반죽으로 발라지는 일도 있었다. 기독교 건축술의 아름다움이 이교적인 이슬람의 문화로 둔갑하면서 이질적인 종교 문화가 혼재하게 된 운명을 겪게 된 것이다. 사원을 방문한 한 건축가의 회상에서 잘 나타나듯이, 이 사원은 1931년부터 박물관으로만 남아 그 어떠한 종교적 제의와 문화적 연출을 볼 수 없는 박제된 공간으로만 남겨지게 되었다. "아무 것도 신봉하지 않는 비종교적 장소로 변하여 모든 것이 합하여져 중화된 인간 본연의 욕망과 신성성에 온전히 되비쳐진 종교적 공간으로 남았다"는 회고는 이 사원의 운명을 더욱 안타깝게 하고 있다.[27]

오늘날 우스펜스키 사원에서의 짜르 대관식은 없고, 역사적 정권이 교체된 지금 대관식의 화려한 종교적, 정치적 상징성은 이미 사라지고 없는 상태이다. 그러나 이곳에서 거행되었던 19-20세기적 대관식은 오늘날 대통령 취임식 같은 국가적 주요 행사와 러시아 정교회의 축일의례 등으로 대체되었다. 한마디로, 국가의 중요한 의례와 종교적 행사의 연출 공간으로 우스펜스키 사원은 러시아 국가성의 상징성과 존엄을 보여주는 중요한 '장소'로 여전히 현재 진행형의 영향력을 지니고 있다.

러시아 정교회 사원과 건축술의 기초

I

I
러시아 정교회 사원과 건축술의 기초

1147년 모스크바 인근의 수즈달이라는 공국의 공후였던 유리 돌고루키가 자신의 동맹자들에게 "형제여, 나에게로, 모스크바로 오시오Приди ко мне, брате, в Москов"라고 초청한 말은 러시아의 연대기에서 모스크바란 말이 처음으로 등장하게 된 배경이다.[1]

이후 1156년 유리 돌고루키가 "모스크바 시의 토대를 놓았다"고 한 언급이 연대기에 기록됨으로써 우리는 모스크바 도시 성벽이 마침내 건축되었음을 알게 된다.[2] 오늘날과 같은 모습의 도시 구조가 형성되기 시작한 이후로 모스크바는 올해 2018년 축성 871주년이 된다. 러시아에서 뿐만 아니라, 세계적으로도 고도古都라 하지 않을 수 없다. 이 도시 모스크바의 크렘린 궁 내에 어떻게 정교회 사원을 세웠을까? 어떤 의도와 목적이 있었을까? 이에 답하기 전에 먼저 도시로서의 모스크바를 다른 주요 고도와 비교해 볼만한 언급을 찾아보자. 『이콘과 도끼The Icon and Axe』의 저자 제임스 빌링턴James Billington은 모스크바의 생성 환경을 아래와 같이 소상하게, 매우 인상적으로 기술하고 있다.

몽골의 초반 공격을 받고도 살아남을 [러시아] 북부의 모든 정교회 도시 가운데 모스크바는 확언하건대 미래에 위대해질 가망성이 가장 없었던 도시 가운데 하나였다. 모스크바는 볼가 강의 한 지류를 따라 나무로 지어진 비교적 새로운 정주지였는데, 그나마도 초라하기 그지없던 방벽은 떡갈나무로도 지어지지 않았다. 모스크바에는 블라디미르와 수즈달에서 볼 수 있었던 대사원도, 키예프와 비잔티움에 관련된 역사적 접촉점도 없었을 뿐만 아니라, 노브고로드와 트베리가 지녔던 경제력과 서방과의 접촉도 없었으며, 스몰렌스크가 지닌 요새화된 진지도 없었다. 모스크바는 12세기 중엽까지도 여러 연대기에서 언급조차 되지 않았고, 모스크바에는 14세기 초까지도 오래도록 상주하던 모스크바 공후도 없었다. 게다가 모스크바에 세워진 애초의 건축물 중에는 17세기에 들어서도 무너지지 않고 남아있는 것이 단 한 채도 없다고 알려져 있다.[3]

이렇게 보잘 것 없던 모스크바가 역사에 본격적으로 등장하기 시작한 것은 15세기에나 가능했다. 물론 역사학자에 따라 다소 상이한 해석이 존재하지만, 모스크바의 등장을 이보다는 훨씬 빠른 14세기 초로 보기도 한다. 이후의 지면에 소개될 이반 칼리타(이반 I세)의 통치 시기에 모스크바가 '러시아의 종교적 수도'가 된 것이 그 근거이다. 그가 서거하던 1341년, 당시 러시아 교회의 수장인 표트르 수좌대주교가 성자로 숭배되어 시성된 바 있다. 그의 시신을 모신 것을 말미암아 모스크바가 신성한 터라는 생각이 널리 알려지게 된 것 또한 모스크바의 수도로서의 이미지 부상에 큰 기여를 하였다. 이후 드미트리 돈스코이 시절인 1367년에는 모스크바 크렘린의 목재 성벽이 석조로 교체되어 보다 본격적인 요새의 외관을 갖추면서 모스크바는 보다 굳건하고 정치적인 상징을 띠게 되었다.[4]

그러나 모스크바의 등장 시기를 한 세기 일찍 추정하느냐, 늦게 하느냐의 문제보다 더 본질적인 것은 필자의 주장대로, 모스크바의 우스펜스키 사원의 건축이 어떤 시점에서 시작되었고, 이것이 갖는 정치적 배경과 요인, 이후 러시아 역사와 문화, 건축, 예술에 끼친 영향력을 꼼꼼하게 살피는 일이다. 그리하여 필자는 모스크바 교회가 세계사적인 흐름에 진입해 들어간 시점에 더욱 주목하고 싶다. 이 분기점이 바로 1453년, 15세기 중반이기 때문이다.

모스크바가 세계사에서 주요한 도시로 부상한 시점은 비잔틴 제국이 이민족이자 비기독교인들이었던 오스만 투르크에게 함락되고(1453), 비잔틴의 황녀와 이반 III세가 결혼(1472)을 하면서 로마의 새로운 계승자이자 창시자의 역할을 자처하면서부터이다. 세계사적 흐름에 본격적으로 뛰어들면서 모스크바는 국내의 여러 분할 공국들을 통일하게 되었고, 정교회의 권세가 보다 강대해지게 되었다. 이런 일련의 역사적 전환기에 모스크바의 정치적 힘은 날로 확장되었고, 정교회 역시 서유럽으로부터의 완전한 독립과 종교적 자주성을 점차 확보해 나갔다. 우스펜스키 사원은 바로 이러한 역사적 배경에서 건축되었고, 그 의미는 상징성을 초월하여 역사적으로 각인될 정도였다.

이제 우스펜스키 사원의 건축 과정을 보다 구체적으로 살펴보자. 15세기 모스크바 크렘린 궁의 우스펜스키 사원의 건축술과 그 특징을 이해하기에 앞서 서유럽의 교회 건축의 역사와 비교해 볼 필요가 있다.

기독교 초기의 바실리카 양식, 로마네스크 양식, 고딕 양식, 비잔틴의 오리엔트적 요소, 서유럽의 르네상스 양식은 역사적 흐름대로 나타난 주요 건축 양식이다. 15세기 모스크바의 사원 건축 시기는 비잔틴과 르네상스 양식 시기 사이에 집중되며, 부분적으로 외래의 특징적 요소들이 발견되기도 하지만 본질적으로는 서유럽의 양식에서 상당히 벗어나 있다. 어떤 점에서, 어떻게 다른 점이 발견되는지 순서대로 알아보자. 그리고 이 자리에서 집중적으로 조명할 것이 있다. 사원 내부의 공간 분할 혹은 공간 설계의 비중이 시대와 양식에 따라 변화되면서 어떤 차이점을 보이는지, 이와 관련하여 러시아 정교회 사원의 내부 공간이 서유럽의 것과 어떤 차별적 요소를 함축하고 있는지를 중심으로 살펴볼 것이다. 이는 결국 서유럽의 가톨릭과 러시아 정교회가 보여준 신학적 차이일뿐만 아니라, 건축으로 드러난 상징적 재현의 변별적 요소나 다름없다.

교회 및 사원 건축의 양식만을 놓고 볼 때, 역사적 순서대로 하면 가장 먼저 등장하는 것이 로마 바실리카 양식일 것이다. 바실리카는 "서유럽 교회 건축의 전개에서 가장 기본적인 모델이 된 양식"으로서 서구 문명에서 교회라고 하는 건축물의 발달을 가장 먼저 보여주는 대표적인 예이다.[5]

아래의 그림 [삽도-6]에서 상단의 것은 초기 바실리카 양식에서부터 근본적으로 형성된 3단계 구조를 잘 보여준다. 전통적으로 이는 후에 러시아 정교회 사원의 구조와도 거의 일치하는 부분이기도 하다. 즉, 제단алтарь, 중앙부분의 회중석(혹은 신랑 身廊이라고도 하며, '배'를 의미한다. 러시아어로는 неф), 현관(혹은 출입구 배랑 narthex이라고도 불림, 러시아어로는 притвор-нартекс)으로 나누어 볼 수 있다. 양 옆의 낮은 천장의 복도는 측랑測廊(side-asile, 러시아어로는 боковой неф)이라고 하는 공간이 마련되어 있다.[6] 이 외에도 열주가 선 안뜰, 즉 아트리움atrium으로 불리는 공간이 출입구 전면에 있었으며, 이 자리에 세워진 캄파넬라campanile라고 하는 둥근 종탑이 중세까지 존재했었다. 중앙회당과 측랑에 직각으로 교차하는 익랑, 곧 트랜셉트trancept(러시아어로는 трансепт)가 별도로 설치되어 있기도 하였다.

[삽도-6]의 하단 그림에서처럼 현관이 넓은 형식은 고대 비잔틴 양식이며, 이 구조는 현대에 들어서는 점차 규모가 축소되고 중앙 회중석과 구분이 안 될 정도로 섞이는 특징을 보이게 된다. 회중석은 예배가 드려지는 곳으로 속세의 신자들이 모이는 장소를 말한다. 양 측면의 공간은 익랑 혹은 측랑이라 하며 러시아어로는 보코보이 네프라고 한다. 중앙의 가장 큰 공간인 네이브와 익랑의 공간 분할은 성도를 배려한 것으로서, 네이브는 오래된 신도를, 익랑에 해당하는 아일에는 초보 신도를 위한 공간으로 알려져 있다.[7]

그런데 아래의 그림 하단에서 우리는 트랜셉트라고 하는 공간이 바실리카 양식 이후 추가된 것을 보게 된다. 평신도와 엄격하게 구별된 성스러운 공간이자, 신이 임재하는 절대적 신성성의 공간이 트랜셉트의 추가로 제단의 공간이 넓어졌다는

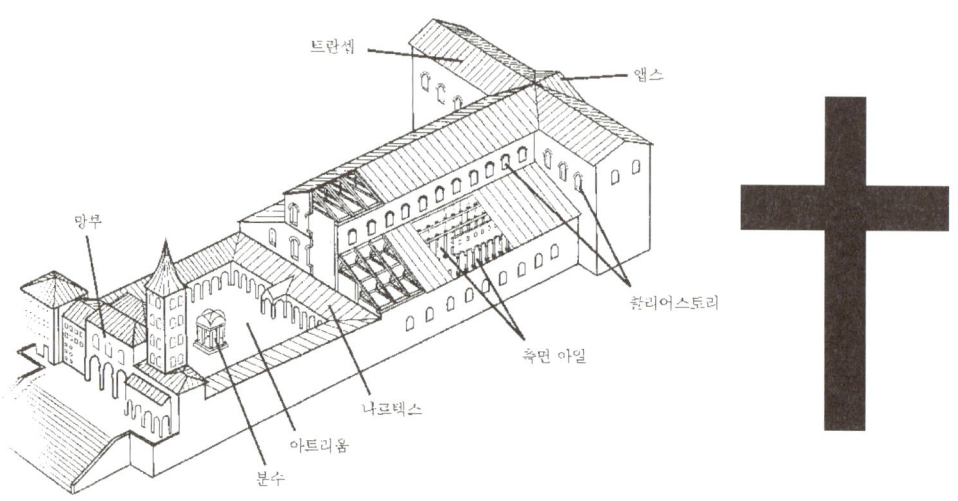

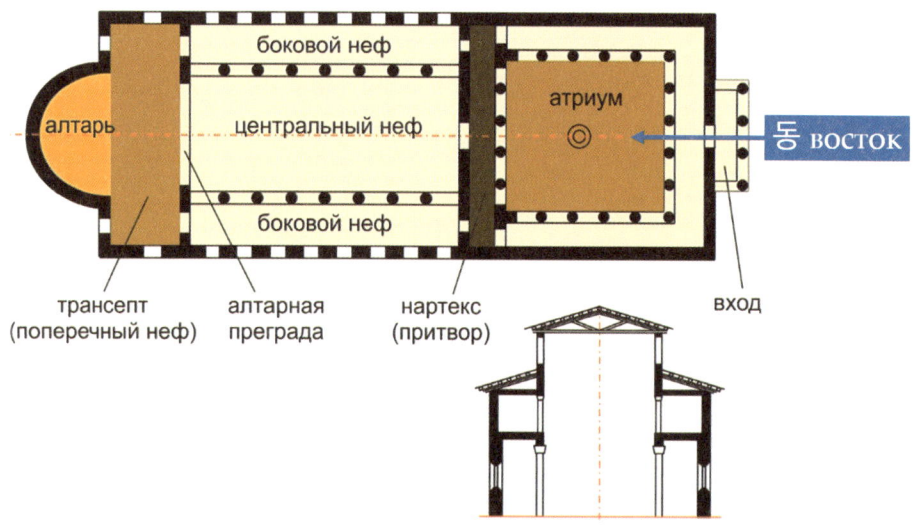

[삽도-6] 초기 기독교 건축의 대표적 양식인 바실리카 배치도[8]
바실리카 양식이 종식된 후에 비잔틴 제국 예술의 절정을 보여주었던 대표적인 성당은 오늘날 터키 이스탄불에 있는 하기아 성당이다. 아래 그림 참고. 바실리카 양식의 건축 구조물은 라틴 십자가 형상을 떠올리게 한다.

것은 그만큼 회중석, 곧 일반 신도들의 예배 활동 공간이 축소되었다는 것을 말해 준다. 이는 로마에서 기독교가 공식 국교로 인정된 후에 기독교의 교세가 크게 확장되어 그만큼 사람들을 많이 수용할 자리가 필요했지만, 반대로 예배를 집전하고, 신과 교통한다고 간주되는 사제직분자들의 권위적 공간이 점점 늘어났다는 것을 함축한다.

로버트 웨버Robert Weber가 말하듯이, 이는 교회가 점차 제도적이고 성직자 중심으로, 사회적 권세를 가지기 시작했음을 반영하는 것이다. 이 같은 교회의 사회 권력화, 제도화 과정은 비잔틴 제국 시기의 교회 구조에도 분명하게 드러났는데, 이것이 바로 제단 양측에 등장한 수랑 혹은 트랜셉트 구조 공간이다. 트랜셉트 공간은 [삽도-6]처럼 십자가 형 건축물을 만들어내는 효과를 창조하였다. 이른바 '라틴 십자가Latin Cross'의 모습이다.[9]

이 라틴형 십자가는 바실리카 양식의 교회처럼 세로 길이가 가로보다 훨씬 긴 구조를 띤다.[10] 사제들의 공간이 사원 내에서 그 비중을 차지하기 시작한 초기의 상태로, 회중석의 중간 공간은 여전히 크게 확보되어 있음을 보여준다. "바실리카에서 발전한 선형 공간의 대표 유형"으로서 라틴 십자가는 정 가운데의 구조적 모양이 정사각형을 띠고 있어서 '사각형적 중앙집중형'으로 불리는 그리스 십자가Greek Cross ([삽도-8])와 대별된다.[11]

조금은 지나칠 정도로 비판적인 입장으로 보이지만, 익랑의 구조를 상기하는 트랜셉트 공간 조성에 따른 라틴형 십자가 교회는 교회가 점차 수직적, 제도적, 성직자 중심적으로 이행해 가고 있음을 말해 준다. 기독교의 교세가 점차 눈에 띠게 발전해 가는 상황에서 비잔틴 제국 시기에 이 같은 흐름은 더욱 가속화 된다. 그리하여 제단을 위시한 성역의 공간은 회중석의 자리를 더욱 '침범'하여 내려왔고, 직사각형 구조는 거의 정사각형을 띠기 시작하였다. 이른바 비잔틴 양식이라고 하는 사원 건축은 정방향의 사각형에 가운데 돔 천장을 가진 구조물로 나타났다. 이는 정방향 구조의 사원에서 천장 처리는 반드시 중심 공간 바로 위쪽에 돔을 얹어야 한다는 원칙에서 비롯된 것이다.

아르놀트 하우저Arnold Hauser 역시 이 돔의 출현을 주시한다. "건물 전체의 관冠"으로 돔을 해석하는 하우저는 이 돔이 "내부 공간의 갖가지 부분 사이의 격차를 한층 강조하고 돋보이게 한다"고 결론 짓는다.[12] 다시 말하여, 로버트 웨버나 아르놀트 하우저 모두 바실리카 양식에서 비잔틴 초기의 건축 양식으로의 전환을 성직자 계급의 위계적 질서 확대 혹은 '귀족적인 취향'의 성립으로 간주한다.[13] 이는 성직자 전용의 콰이어choir를 포함하여, 거룩하게 구별된 처소 곧 '성소sanctuary' 및 하나님께 제사를 드렸던 곳에서 출발한 '제단altar'의 공간이 눈에 띄게 확장되었던 전례를 통해 극명하게 드러났다.[14]

여기에서 주목할 것은 아래의 우스펜스키 사원의 평면도가 잘 보여주고 있듯이, 그리스형 십자가 교회 구조가 동일한 크기의 정사각형을 실내의 공간으로 양분한다는 점이다. 비잔틴 건축의 그리스형 십자가 대부분이 이와 같이 내접형 방식의 건축 방식을 보여준다. 내접형inscribed type이라 함은 "중앙의 큰 정사각형을 종횡 양방향으로 각각 3등분하여 총 9등분하는 방식"이다.[15] 실내 전체 공간의 정사각형 안에 십자가가 내접한 형국이다. 이때 3등분되는 길이가 같을 수도, 다를 수도 있는데 같을 경우에는 보다 단순한 형태로 큰 정사각형이 모두 동일한 9개의 작은 정사각형으로 분할되는 것을 말한다. 이를 흔히 '균등 내접형 그리스 십자가형'이라고 부른다.[16]

반면 아래의 사진([삽도-7])에서처럼 모스크바 크렘린의 우스펜스키 사원은 이보다 더 큰 12개의 균등한 크기의 정사각형 구조를 띠고 있다. 비잔틴의 양식을 차용하고 있지만, 회중석의 공간이 더 크게 만들어져 있어서 성소 공간의 위계적 질서가 강조되어 있지 않다. 얼핏 눈으로만 보아도 성소가 자리한 성스러운 공간과 회중석의 예배 공간인 세속 공간이 2/3의 비율로 되어 있어서 성직자들의 공간 비중이 보다 적게 설계된 특징을 보인다.

하지만 그리스형 십자가 사원에서도 제단과 연단, 작은 공간의 채플, 성구소, 성가대석, 앱스 등이 조성되어 있는 동쪽의 면적이 넓게 만들어졌다. 이 지성소 동쪽의 공간과 그 외 반대편의 서쪽 공간, 즉 두 이질적인 공간 사이에 놓인 것이 이코노스타스이다.[17] 결국 그리스형 십자가 사원의 구조는 중앙집중형이며 정 가운데 천장에 돔이 올라가 있고, 라틴형 십자가 사원에 비해 위계적 질서가 덜 강조되어 있다. 초기 기독교의 건축 양식이었던 바실리카 양식 직후인 5세기경부터 등장한 그리스 십자가형 건축은 비잔틴의 정통 건축술로 자리매김되었다.

[삽도-8]에 등장하는 사진과 십자가는 비잔틴 양식으로 건축된 교회 건축물 구조가 얼마나 분명하게 정방향 십자가의 모습을 떠올리게 하는지를 잘 보여준다. 사원 내부에서 균질하게 배분된 공간의 정 중앙에 하늘

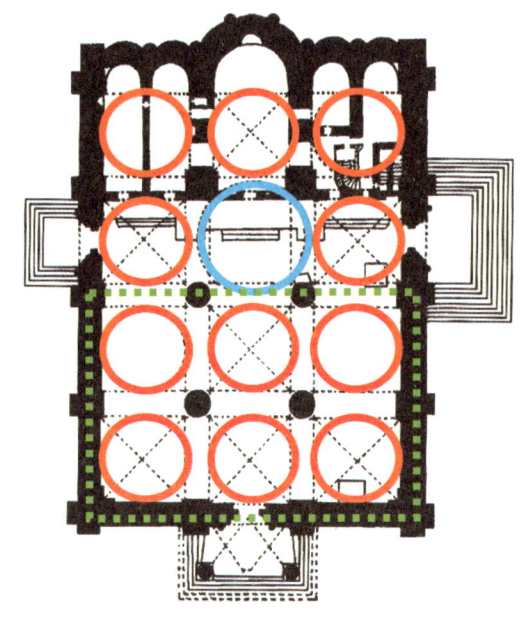

[삽도-7] 우스펜스키 사원의 내부 구조
위 평면도는 우스펜스키 사원의 내부 구조가 총 12개의 사각형 구역(quadrilateral bay)으로 분할되어 있음을 잘 보여준다. 이는 공간 분할 상의 조화와 일정한 규칙성을 특징으로 하며, 콘스탄티노플의 하기아 소피아 사원이나 그 밖의 러시아 중세 사원에서는 찾아보기 어려운 예이다.[18]

로 오른 둥근 돔이 자리하고, 제단의 공간은 더욱 확대되어 전체 내부의 거의 1/3을 차지할 정도이다. 실내의 공간 중간에 십자가가 있다고 상상하면 사진에서처럼 그리스 십자가의 확대된 공간성을 잘 이해할 수 있을 것이다. 그리하여 비잔틴 양식의 사원 건축에서 가장 발달된 개념은 '중심' 개념이고, 이 둥근 돔은 '천국'을 상징하는 것이었다.[19] 아래의 사진에는 모두 비잔틴의 영향을 받은 러시아 정교회 사원의 것으로, 모두 중앙의 돔을 중요한 구조물로 포함시키고 있는 특징을 잘 보여준다. 그러나 우스펜스키 사원을 비롯하여 정통 러시아 교회의 틀이 잡혀가기 시작했던 15세기 훨씬 전부터 이러한 모습이 발견된다. 즉, 우스펜스키 사원은 이미 지붕 5개 구조의 대형 건축물이었고, 내부 역시 아래의 사진보다 훨씬 넓게 만들어졌다.

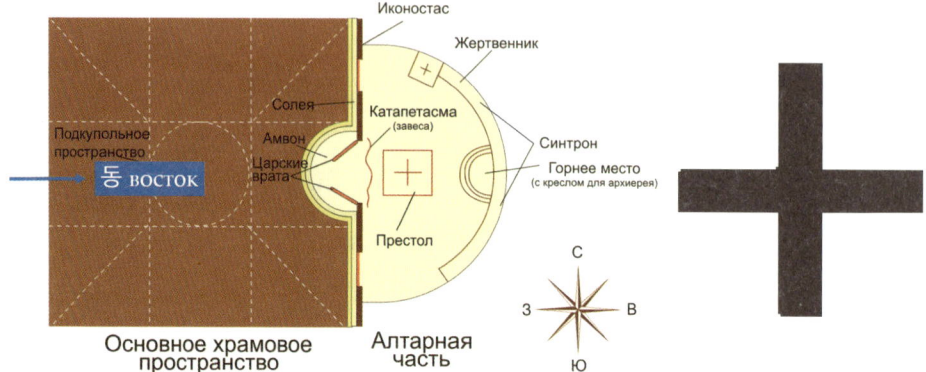

[삽도-8] 러시아 정교회 사원의 건축구조와 상징(устройства и символика православного храма)을 보여주는 내부 구조도[20]

앱스 부분, 즉 이코노스타스라고 하는 이콘벽(또 다른 문헌에서는 성상대(聖像臺)라고도 번역되어 있다)과 그 뒤편의 제단 등의 공간이 서유럽의 사원에 비하여 상대적으로 넓게 설정되어 있지 않다. 중앙 회중석과 비교할 때, 거의 반반씩 분할되어 있으며, 익랑이라고 하는 측면 공간이 거의 없는 것이 특징이다.[21] 이 칸막이는 "구약에서 지성소와 성소를 분리한 성전휘장을 상징한다."

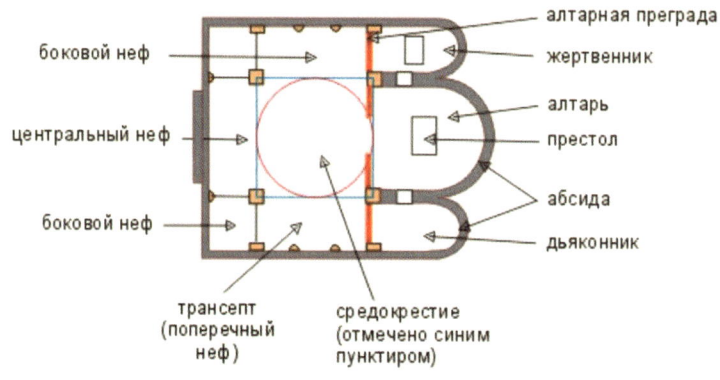

[삽도-9] 러시아 정교회 내부 평면도

위의 그림을 보면서 러시아 정교회 건축술의 주요 내용을 살펴보자. 사원 외부로 난 4방위의 문과 그 위에 장식되었거나 그려진 수많은 성화 역시 큰 특징을 지닌다. 보통 문의 위치와 방향의 상징을 언급할 때, 우리는 두 방향이 쌍을 이루고 있음을 발견한다. 즉, 동과 서, 남과 북이 그것이다. 위 그림의 오른쪽 끝부분은 반원형으로 돌출된 모양을 하고 있다. 이곳을 앱스apse라고 하며 교회 구조상 가장 성스럽게 생각하는 장소이다. 비잔틴 교회 건축에서나 러시아 정교회에서나 동일하게 언제나 동쪽을 향하고 있어야 하며, 여기에 지성소sanctuary가 위치한다.[22] "지상에 위치한 신의 거주지이자 성직자를 위한 공간으로서 교회 내부에서 가장 거룩한 공간"으로 간주되는 지성소는 이렇게 동쪽에 자리잡고 있다.[23] 앱스는 가장 신성한 공간으로 간주되기 때문에 '공적인 예배'를 의미하는 전례典禮(liturgy)에 참석하는 성도들의 시선이 집중되며, 그 효과를 위해 일반적으로 높게 만들어지며, 주교나 사제, 성가대의 찬양을 위한 용도로도 사용된다.[24]

그 명칭에서 '중앙집중식 교회당'이란 이름이 붙여진 앱스라는 공간은 초기 바실리카 양식의 교회당이 가지고 있는 큰 특징들 가운데 하나였다. 이와 같이 교회당의 원형 외에 팔각, 육각, 정방형 등의 중심을 갖는 다각형 평면의 중앙집중식 건축은 '죽음의 이미지'를 표상할 뿐만 아니라, 실제로도 순교자의 유골을 성소에 모시기 위해 세워졌다는 의미에서 마르티리움martyrium으로 불렸고, 이는 곧 순교자들의 무덤을 말하는 것이었다.[25] 다각형 기반의 중앙집중식 평면은 로마건축의 전통을 계승하였던 것으로, 특히 죽은 자를 기리는 기념비 혹은 영묘에 해당하는 마우솔레움mausoleum에 큰 영향을 끼쳤다.[26]

교회의 내부 공간은 이렇게 지성소, 회중석에 해당하는 네이브nave, 현관에 해당하는 나르텍스narthex의 세 부분으로 구성되어 있다. 그리고 이 세 부분, 즉 지성소와 회중석, 나르텍스는 각기 "창조된 피조물의 세계를 초월하는 공간으로 상징"되거나, "창조된 세계," 그리고 "구원받지 못하고 아직 죄 안에 머물고 있는 세계"를 의미한다.[27]

넓은 시각에서 보면 988년 고대 루시 시기에 러시아 땅으로 기독교가 전래된 것은 여러 방면에서 획기적인 사건이었다. 당대 목조 건축물밖에 없던 러시아 토양에 비잔틴으로부터 기독교를 받아들임으로써 건축 분야에서 새로운 전기가 마련되었다. 러시아 목조 교회 전통에 석조 교회가 건축될 수 있는 물질적 토대가 생겨났기 때문이다. 석조 건축물의 대부분은 '숭배의 성격культовый характер'을 간직하고 있었다. 당대 가장 기본이었으면서 오랜 시간 유지되었던 교회 건축의 양식은 십자가가 달린 둥근 지붕 쿠폴крестово-купольный тип храма을 가지고 있는 것이었다. 오늘날까지 전해 내려오는 몽고 침입 이전 당시의 잔재는 극히 미미하다.

십자가 쿠폴 양식 사원의 기초는 장방형 혹은 직사각형을 띠고 있으면서, 남북보다는 동서 축이 길게 설계되어 있다. 아래의 그림은 동서로 길게 설계된 사원 도면으로 우측이 동쪽, 반대쪽인 좌측이 서쪽이 된다. 이 서향에 난 문을 통해 사원 내부로 출입을 할 수 있게 되어 있다. 반대편 동쪽에는 제단과 이코노스타스가 가로 놓여 있어 일반 성도들은 동쪽 끝까지 갈 수 없게 구조적으로 되어 있다. 리투르기야라고 하는 정교회 예배가 이루어지고 있는 동안에는 물론이고, 이후에도 이 동쪽 제단 알타리 너머로 일반인은 들어갈 수 없다. 오로지 사제직분자들만이 예외적으로 통행이 가능하다.

이 책에서 반복적으로 등장하게 될 건축 도면과 기본 용어를 먼저 살펴보자. 텐트 모양에 각도가 매우 가파르게 형성된 샤쬬르шатёр, 십자가 바로 밑에 양파 모양을 한 둥근 천장 쿠폴купол(본래는 고대 러시아 전사들의 투구 모양임), 이 쿠폴을 지지하고 있는 긴 원통 모양의 바라반барабан(영어로는 드럼이라고 하는), 상층 부분 전체가 기둥 벽면과 횡으로 만나 연결되는 자코마르закомар, 오른편 동쪽에 둥글게 튀어나온 앱스(러시아어로는 압시다апсида하고 함), 정면에 난 출입문 포탈портал(방향상 아래 그림의 포탈은 남향임) 등이 정교회 구조물의 기본 요소이다.

보통 원통형 지지대인 바라반은 그 규모가 상당하여 매우 두터운 편이다. 상단 쿠폴은 그 모양이 꼭 양파를 닮았다고 이야기되지만 실은 고대 루시 시기 병사들이 머리에 쓰던 투구 쉴렘шлем에서 원용한 모티프라는 것이 정설이다. 그러다가 양파 모양луковичная форма으로 그 외관이 살짝 바뀌기 시작한 것은 16세기부터라고 알려져 있다.

즈본звон은 러시아식 종을 일컫는 말로, 하나에서부터 여러 개가 이층 이상으로 달린 것 등 다양한 형태가 있다. 아래의 그림에서는 단일 층으로만 형성된 세 개의 종을 보여주고 있는데, 15세기 전까지 일부의 사원에서는 이 자리에 발코니라고 하는 복수의 층이 삽입되기도 하였다. 그리하여 종에 다다르기 위해서는 보통 사다리를

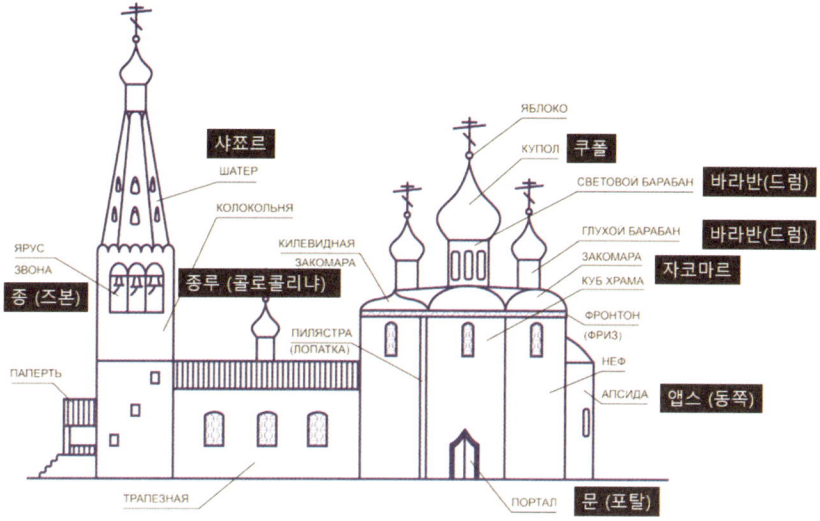

[삽도-10] 러시아 정교회 사원 구조(Устройство православного храма)[28]

[삽도-11] 러시아 모스크바 근교의 역사 유적지 황금고리(Золотое кольцо) 도시들 가운데 수즈달(Суздаль)에서 찍은 종루와 즈본 사제의 허락을 구하여 종탑 상부 끝까지 올라가 직접 촬영(2015.07.23)

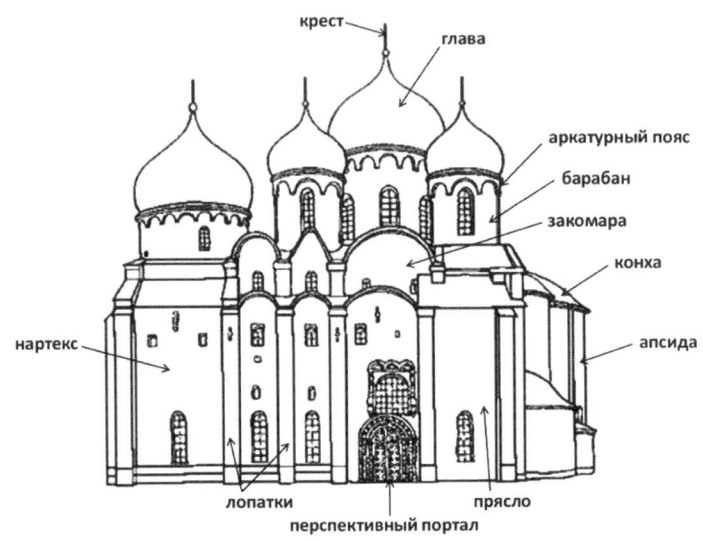

[삽도-12] 바라반, 자코마르, 로파트키, 포탈, 샤쬬르, 콜로콜리냐 등의 구조를 보여주는 사원 전체 그림[29]

이용하며, 종지기를 즈보나리zвонарь라 하는데, 이콘 화가와 마찬가지로 다년간 성직을 수행하던 사제가 전문적으로 맡아 타종을 시행한다. 높은 종탑을 일컫는 콜로콜리냐는 모스크바 크렘린 궁 내부의 사원 광장에 있는 이반 뇌제의 종루가 가장 높고 잘 알려져 있다.

위의 그림([삽도-12])에 기초하여 일부 구조를 설명해 보자. 두 사진 모두 남문 방향에서 바라본 도면이다. 따라서 우측이 동쪽이 되며, 좌측이 출입문에 해당하는 서쪽이 된다. 이 사진에서 보이지 않는 부분은 자연스럽게 북쪽이 되겠다.

이미 앞에서도 살폈던 기본 구조에서 문은 포탈портал이라 하여 제단 방향의 동쪽을 제외한 서, 남, 북에 총 3개의 문이 나있다. 문을 포함한 정면은 보통 포사드라고 불린다. 로파트키лопатки는 벽을 지지하는 내벽기둥과 기둥 사이의 간격을 말하며, 외관에서 볼 때 밖으로 돌출되어 있어 쉽게 육안으로 구별해 볼 수 있다. 우스펜스키 사원 사진에서도 로파트키가 외벽과 쉽게 구별된다. 자코마르закомар는 상단의 밑둥의 반원형 형태로, 지지대 역할을 하는 구조물이다. 내부 공간 분할과 밀접한 관련이 있는 기둥의 개수와 기둥 간의 간격에 따라 이 자코마르의 크기가 다소 다르게 적용될 수 있다. 트라페자трапеза는 일반적으로 사원 구조물 어디에서나 볼 수 있는 것은 아니다. 보통 사제들의 식사 공간으로 만들어진 것으로, 트라페자가 별채의 독립 공간으로 마련되어 있기 때문이다. 윗 그림은 편의상 트라페자라고 하는 구조를 설명하기 위해 이 공간이 들어 있는 건축물의 예를 보여줄 뿐, 건축물로서의 사원만을 놓고 보면 트라페자는 포함되어 있지 않다. 평면에서 보다 윗부분에 있는 샤쬬르шатёр는 가파른 모양의 첨탑과도 같은 형상을 하고 있다. 보통 눈이 많이 내리는 북러시아에서 관찰되는 구조물로, 본래는 목재 건축물 구조에서 시작되었다. 그러다가 모스크바의 붉은광장에 있는 성 바실리 사원에서 뿐만 아니라, 이반 뇌제의 종루에서도 재차 이 전통이 드러나 있을 정도로 일반화되었다. 콜로콜냐, 즉 거대한 높이의 종루колокольня를 뜻하는 이 구조물 역시 지역과 시대에 따라 그 모양이 천차만별이다. 또한 구조적으로 샤쬬르 밑 부분에 연결되어 있어 여러 각도와 모양으로 나타날 수 있다. 종이 하나일 수도 있고, 두 개 이상을 가질 수도 있어 각기 독립 공간을 차지하면서 연결된 구조를 띨 수도 있다.

   아래의 사진([삽도-13])에서 우리는 러시아 정교회 건축물의 다양한 외관을 확인할 수 있다. 5개의 전형적인 사원에서부터, 샤쬬르 구조만이 단독으로 보이는 종루 형식의 교회, 로파트키와 자코마르가 분명하게 보이는 사진에 이르기까지 앞서 언급한 모든 구조물을 한눈에 관찰할 수 있다.

   532년에 시작하여 537년에 건축된 하기야 소피야 사원Hagia Sophia Cathedral은 우스펜스키 사원 및 그 밖의 초기 기독교 건축 구조를 이해하는 데에 매우 중요한 기준을 제공한다. 395년 테오도시우스 I세가 로마제국을 동과 서로 나눠서 두 아들에게 물려준 이후 로마는 동과 서로 완전히 분리되었다. 이후 서쪽의 로마는 수도가 되었고, 동쪽의 콘스탄티노플은 동로마의 수도가 되었다. 동로마 제국은 유스티아누스 황제의 치세(527-565)기에 가장 강력한 국가를 경험하였고, 1453년까지 거의 1000년간

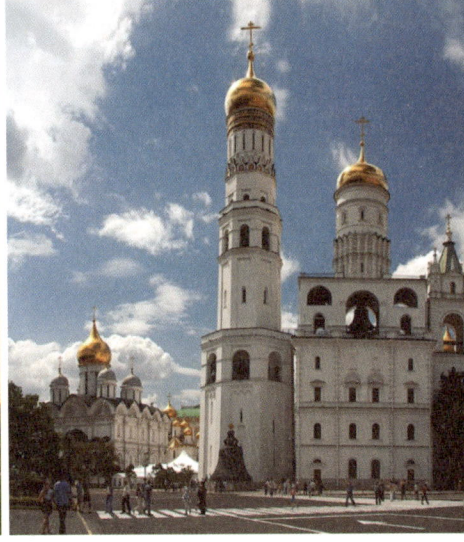

[삽도-13] 위 왼쪽에서부터 시계 방향으로
노브고로드에 있는 성 소피야 사보르(Собор Святой Софии в Новгороде),
모스크바 콜로멘스코예에 있는 성모승천교회,
모스크바 크렘린 내부에 있는 이반 뇌제의 종루,
모스크바 필랴에 있는 성모제 교회[30]

제국을 유지하였다. 여기에서 콘스탄티노플의 그리스식 이름인 비잔티움Byzantium 이란 말이 유래하게 되었고, 이 동로마를 중심으로 한 초기 기독교 건축 양식이 바로 비잔틴 양식이다.

이후 476년에 서로마는 게르만족의 의해 완전히 패망하게 되었고, 반면 동로마는 이보다 거의 천 년이 넘도록 오래 지속되어 1453년 5월 29일에 오스만 투르크의 아시아 이민족에게 함락되고 만다.[31] 이렇게 하여 러시아의 국교화(988)와 기독교적 전통에 가장 큰 영향을 준 비잔틴 제국의 역사는 15세기 중반에 이르러 중단되었다. 이후에는 당시 모스크바 공국이 세계사적 전개에 진입함으로써 정교회가 독자적인 노선을 행사하며 러시아 정교회가 '동방정교'의 본산지를 자처하게 되었다.[32] 보다 구체적으로 동방정교회라 함은 콘스탄티노플 총 대주교의 명예상의 권위를 인정하는 모든 단위의 교회를 통칭하는 것으로, 오늘날에는 15개 단위 교회가 있다. 터키의 이스탄불(콘스탄티노플 교회), 이집트의 알렉산드리아, 안디옥 교회(현재 시리아의 다마스쿠스에 본부), 예루살렘 교회, 러시아 교회 등이 여기에 속해 있다.[33]

러시아의 정교회 예술과 건축을 구체적으로 이해하기 위해서는 위와 같이 서유럽 교회의 분열의 역사를 알아야 한다. 동서 로마의 분열(330년 콘스탄티누스 황제의 수도 천도 이후)로 시작된, 즉 비잔틴 제국은 동로마의 등장과 함께 시작되었다. 아래의 인용문을 통해 우리는 교회의 분열로 고착화된 동서 유럽의 역사 및 기독교의 변화상을 정확하게 파악할 수 있다. 아울러 이는 서로마 가톨릭과 동로마 정교회의 차별적인 특징을 동시에 알 수 있는 핵심적인 내용이라 하겠다.

비잔틴 제국은 '로마 제국이 중세시대에 동방으로 옮겨가서 세운 기독교 문명'으로 정의될 수 있다. 비잔틴 제국 속에는 '로마', '중세', '동방', '기독교'의 네 가지 중요한 코드가 들어 있다. 이것은 비잔틴 제국이 복합적 문명이었음을 의미한다. '로마'는 비잔틴 제국의 현실적 출발점으로서, '중세'는 비잔틴 제국이 속했던 시대로서, '동방'은 비잔틴 제국이 속했던 지리적 위치로서, '기독교'는 비잔틴 제국을 유지했던 종교로서 각각 의미를 갖는다.

비잔틴 건축 역시 이런 여러 요소들이 혼합된 복합성을 특징으로 갖는다. 비잔틴 건축은 로마 건축과 기독교 건축을 이어받아 지속 발전 시켰다... 비잔틴 건축의 의미는 '로마 건축과 기독교 건축을 이어받아 동방의 지역 전통을 합쳐 중세 초기의 기독교 건축을 다양하게 발전시키며 지켜낸 것'으로 정의될 수 있다...

비잔틴 건축의 탈로마성은 비잔틴 문명을 구성하는 [위에서 언급한] 네 가지 코드 가운데 로마를 제외한 나머지 세 가지 모두에서 나타났다. 지리적 차원에서 동방으로의 고착화는 서방과 대별되는 대립축을 형성했다. 서로마가 멸망하고 서방과 지속적인 단절이 진행되면서 동로마에 남아 있던 로마적 요소나 전통은 점차 사라졌다...

중세 초기에 접어들면서 분리가 완결되고 두 문명의 개별화는 고착화되었다. 중세의 서방은 동방요소가 제거된 서방만의 기독교 문명으로 대표되었다. 중세의 동방은 로마의 잔재를 지워낸 비잔틴 문명으로 대표되었다...

서방은 인종 언어 지역성 등의 문화적 전통에서 동방보다 강한 통일성을 가졌다. 서방 기독교는 보수적 경직성을 보이고 세속적으로 권력화되긴 했지만 종교적 차원에서는 통일성을 유지할 수 있었다. 반면 동방 기독교에서는 많은 이방요소들이 더해졌다. 동방 기독교는 다양성과 융통성을 보였지만 종교적으로는 서방 기독교와 달라질 수밖에 없었다...[34]

1054년에 두 기독교 사이에 최종 분리가 일어났다. 서방 기독교에서는 동방 기독교에 대한 우위를 일방적으로 선언하면서 동서 교회의 대분리가 일어났다. 서방 기독교는 가톨릭으로, 동방 기독교는 동방정교회로 각각 대표되었다.[35]

러시아의 국교화에 직접적으로 영향을 준 초기 비잔틴 제국의 기독교 미술과, 특히 사원 건축에 대한 이해는 러시아 정교회 건축에 지대한 영향을 준다. 우스펜스키 사원 역시 기본적인 축조 기술과 종교적 세계관이 크게 다르지 않으며, 내외부 구조에서 점차 러시아적인 색채로 변화되어 갔다.

동로마와 서로마의 분열 이후 6세기부터 기독교 미술의 중심은 비잔틴 제국으로 이동한다. 아래에서 자세하게 살필 비잔틴 미술은 로마의 전통을 바탕으로 교회의 벽과 천장을 장식하는 모자이크, 돔의 모양으로 짓는 건축술, 그리스도와 성모, 성인 등을 그린 초상화 형태의 이콘 제작 등을 주요 특징으로 한다.[36] 그리고 무엇보다 '정교합일주의'를 지향하면서 건축과 미술에 지대한 후원과 물질적 뒷받침을 제공한 비잔틴 제국은 러시아 정교회에 큰 영향을 미친다. 초기 기독교 시절 지하 무덤, 즉 카타콤의 벽화로부터 시작된 "초기 기독교 미술이 민중적 성격을 가졌다면, 비잔틴은 궁정예술의 성격을 지녔다."[37] 이러한 양태의 변화는 러시아 정교회 사원, 특히 우스펜스키 사원 건축 과정에서 분명하게 드러나고 있었다.

다음의 그림은 초기 기독교 건축의 시초이자 정수를 보여주는 하기아 소피야 사원의 평면도이다. 직사각형 몸체에 어떻게 둥근 천장 돔이 만들어지게 되었는지를 잘 보여준다. 중앙에 기둥을 세우지 않고도 넓은 중앙 홀을 이용하면서 돔을 만들어내는 축조술은 기본적으로 팬던티브pendantive를 사용한다. "돔과 그 아래 사각형 전체가 만나는 비스듬하게 처리되는 부분"을 일컫는 팬던티브는 기둥 사용이 필요 없기 때문에 내부 회중석 홀에 장중함과 공간적 광활함의 효과를 만들어 낸다. 또한 "원형교회처럼 중앙 돔을 중심으로 한 건물이지만 반원 돔이 위아래로만 들어가 있고 좌우로는 들어가 있지 않아 전체적으로는 원이 아니라 타원형에 가깝게"[38] 축조된 형태를 보여준다. 팬던티브가 만들어내는 돔은 맨 왼쪽의 그림에서처럼 정사각형의 벽체 상단에 외접하는 반구형을 가정한 상태에서 네 벽면에서 튀어나온 부분을 수직으로 잘라서 생긴 반원형 꼭대기를 수평으로 잘라 이루어진 원을 기초로 반구형 돔을 올려 만드는 방식이다.[39] 당대 사람들 사이에서 "마치 아무것에도

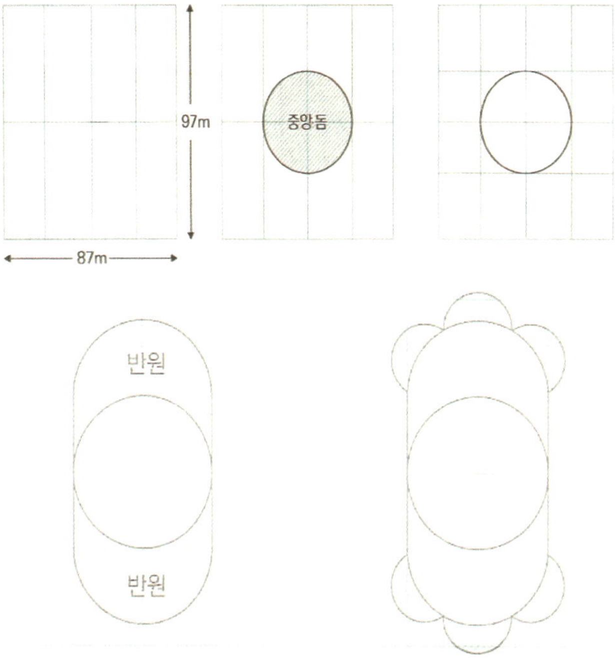

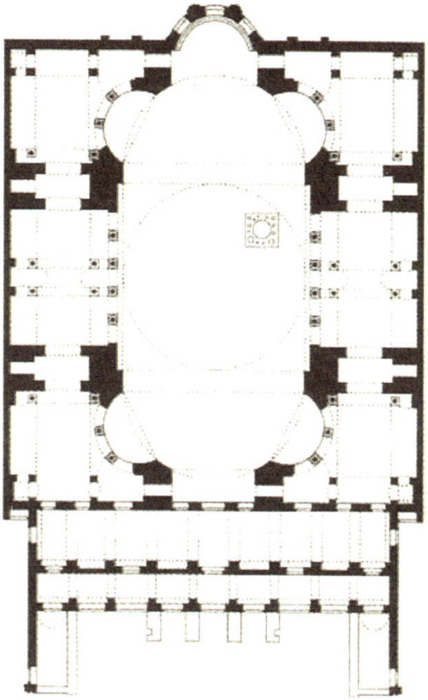

[삽도-14] 사원 정면 사진[40]
(하좌)하기아 소피야 사원의 제작순서와 (하우)설계도면[41]

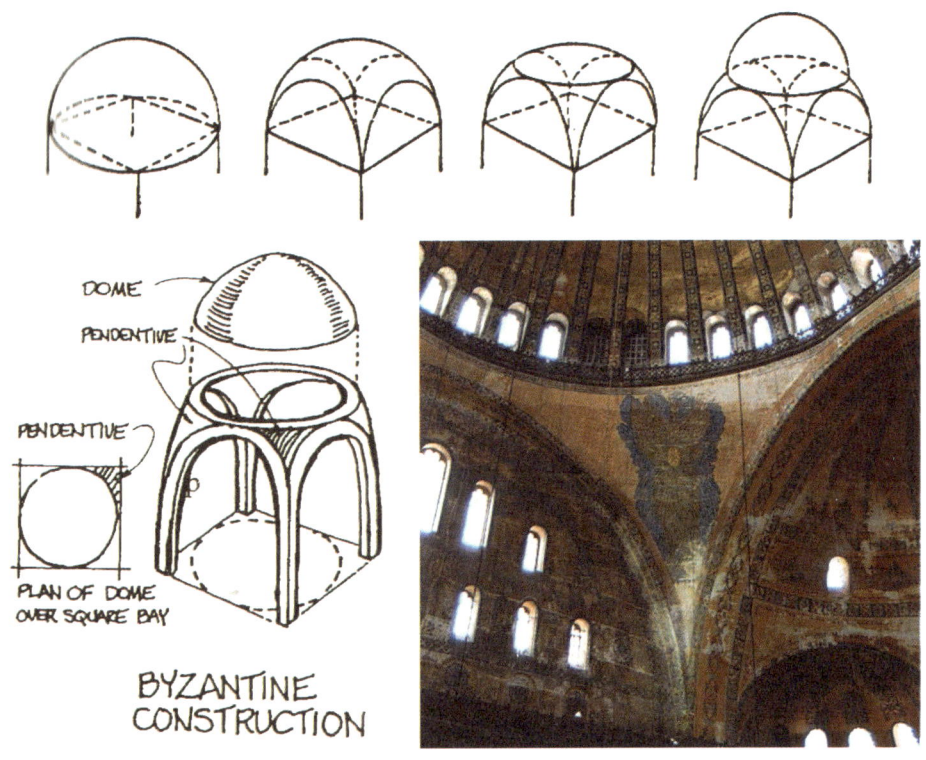

[삽도-15] (상)팬던티브에 의한 돔 구축과 (하)팬던티브가 사용된 하기아 소피야 사원의 실내 구조[42]

지탱되지 않은 것처럼," 혹은 "천상의 금사슬로 엮어 내려진 것처럼"이라고 흔히 묘사되었던 '성스러운 지혜'란 이름의 이 사원은 동방 기독교의 영원한 상징이 된다.[43]

팬던티브 방식 돔의 가장 큰 특징은 바로 최상단에 만들어진 넓은 개구부 때문에 형성되는 '빛'이며, 마치 창처럼 이곳으로 빛이 사원 내부로 쏟아져 모여 들어온다는 점이다. 그리고 여기에서 모인 빛은 사원 내부 벽에 장식된 모자이크화에 투영되어 화려한 빛의 환상을 만들어내면서 사원의 신비스런 분위기를 자아낸다. 돔 아래 40개에 이르는 이 채광창으로 들어온 빛무리 위에 돔이 떠 있는 듯한 착시현상을 일으켜서 "공중에 떠 있는 돔"이라고도 불린다.[44] 이와 더불어 "색유리나 대리석의 작은 조각을 맞붙여 한 장의 그림으로 완성한 것"이 모자이크인데, 이 방식은 러시아 정교회의 정적인 이콘화 혹은 프레스코화와 달리 빛의 마법을 재현하기에 훌륭한 방식이라고 하겠다.[45]

또한 모자이크화는 기본적으로 테세라에tesserae라고 알려진 작은 착색 유리조각이 재질로 사용되기 때문에 변색과 탈색으로부터 안전하며, 상대적으로 보전에 있어서도 이콘화가 사용하는 나무보다 내구성이 좋다.[46] 빛을 반사하는 유리의 특성 때문에 프레스코화를 기본으로 하고 있는 러시아 정교회의 내부보다 훨씬 화려하다고 할 수 있다.

여기서 잠시 비잔틴 시대의 모자이크 벽화의 변화과정을 알고, 러시아 정교회의 내부 건축 미학을 이해할 필요가 있다. 두 시기로 나뉘는 모자이크화 변천 과정은 그 발단이 726년 성상 금지령에서 비롯한다. 이 성상 제작 금지령은 거의 1세기 동안 지속되었고, 이 기간 동안 구축된 분위기는 '영원성과 신성'의 부각으로 요약할 수 있다. 반면 후반기에 해당하는 860-1200년경 사이에는 추가로 새로운 예술적 정신과 기법이 들어가게 되었다. 전반기의 '정신화된 인간미의 이상'에 이제는 고전주의를 훌륭하게 조화시킴으로써, 그리스·로마 미술의 인간성과 육체적 우아함이 덧붙여지게 되었다.

이렇게 직사각형 건축은 "공간의 위계질서를 명확"하게 하는 효과를 만들어 내면서, 내부 실내로 입장할 때, 전방의 가장 중요한 제단이 한눈에 들어오는 시야를 확보하는 장점이 있다. "제단이 강조되는 연출"이 곧 직사각형 구조라고 하겠다. 이 구조는 아래의 러시아 정교회 사원 건축법과 크게 다르지 않다.

그러나 가장 다른 방식은 아마도 빛의 사용 유무일 것이다. '빛의 모자이크'란 메타포로 비잔틴 건축 미술의 특징을 포착한 이덕형의 연구와 같이 김개천 역시 하기아 소피야 사원의 매력을 기독교의 철학과 공간론에 기초하여 다음과 같이 피력하고 있다. 바로 이 강조점이 우스펜스키 사원의 '빛 부재 공간'을 더욱 차별적으로 드러내주고 있다.

[삽도-16] (좌)세르기예프 포사드(Сергиев Посад)에 있는 성삼위일체 수도원(Свято-Троицкая Сергиева Лавра) 내, 우스펜스키 사원 벽면에 걸려 있는 모자이크화   필자 직접 촬영(2017.07.23.)
(우)상트 페테르부르크의 성 이삭 사원(Исаакиевский собор) 내에 있는 구세주 그리스도 모자이크화
(Мозаика «Христос Спаситель»)   필자 직접 촬영(2017.08.11.)

우주가 외부를 갖지 아니하듯 자신의 내면에서 자신을 넘어서라는 그리스도교의 철학처럼 스스로 무한한 내부를 가진 성소피야 대성당(하기아 소피야 사원)의 내부는 외부의 자연을 향해 열려진 다른 건물들과는 다르다. 빛을 끌어들이는 것 외에는 내부에서 외부 자연의 모습은 그 어디에서도 볼 수 없어 '외부 없는 내부'가 된다. 이곳의 금빛 색채는 존재를 파묻고, 빛으로 변모케 하는 형이상학적 빛이다.[47]

먼저 동은 러시아 정교회 건축술에서 한결같이 적용되는, 가장 중요한 원칙으로서 제단과 이코노스타스가 위치해 있는 방향이다. "정신적인 천국духовное Небо"을 상징하는 제단은 본래 "높이 치솟은 성찬대возвышенный жертвенник"를 뜻하는 외래

어였다.[48] 이로부터 제단은 하늘 혹은 하늘왕국의 아버지 하나님이 있는 공간의 메타포로 사용되기 시작하였으며, 빛과 탄생을 상징하는 곳으로서 동쪽과 연관된다. 이코노스타스 역시 신성한 공간과 세속의 공간을 나누는 상징적인 장벽이자 이콘화가 그려져 있는 그림벽으로, 제단 앞에서 신의 공간을 가리는 역할을 한다.

앞에서 이미 밝혔듯이, 대체로 러시아 정교회 사원의 방위 선정은 동쪽이 제단이 있는 곳, 즉 하나님의 왕국, 빛의 공간으로 설정되어 있는 반면 속세의 인간이 입장하는 출입구는 반대편인 서쪽에 자리하고 있다. 다음의 그림([삽도-17])에서도

[삽도-17] (좌)성수태고지사원과 (우)우스펜스키 사원을 비교한 도면
장방형 사각형 모양을 하고 있지만 자세히 보면 약간의 차이가 난다. 크렘린 궁 내의 사원 중에서 가장 먼저 건축된 우스펜스키 사원, 일명 성모영면사원에는 입구 1)번에 들어서자마자 정면 12시 방향에 이코노스타스가 있어 관람객이 직진하여 동을 향해 가는 구조로 되어 있다. 반면, 좌측의 성수태고지 사원의 구조는 약간 복잡하다. 입구가 측면에 있어, 사진에서와 같이 우측 하단 1)번 표시의 입구로 들어가서 'ㅁ'자로 빙 둘러 내부로 들어가야 8)번의 이코노스타스를 볼 수 있는 구조이기 때문이다. 그러나 결국 두 사원의 공통된 구조는 이코노스타스가 동쪽 방향에 있다는 점, 바로 이 장벽 너머의 공간이 신이 임재하는 곳으로 간주되어, 늘 동쪽에 위치하여 있다는 점이다. 따라서 동의 반대쪽인 서쪽으로 난 입구로 사람들이 입장하여 신을 향해 나아가는 구조는 공통적이다.[49]

화살표 방향 위쪽이 북을 향하고 있고, 오른편의 반원 방향(4번)이 동쪽을 가리킨다. 왼편의 화살표는 서쪽, 출입구를 가리키고 있다.

그러나 하기아 성당과 우스펜스키 사원의 앱스 위치를 비교해 보면 한 가지 분명한 차이점이 드러난다. [삽도-18]에서처럼 제단과 앱스가 위치한 동쪽이 정각 12시 방향이 아니라 거의 10시와 11시 사이에 있어 틀어진 모양새를 취하고 있다.[50] 콘스탄티노플에서 뿐만 아니라, 비잔틴 제국의 가장 위대한 종교 건축물이자 서구 종교 문명의 자랑인 하기아 소피야 사원의 건축술에는 지금처럼 향방의 원리가 엄격하게 적용되어 있지 않음을 알 수 있다. 하단의 방위 표시에 기초하여

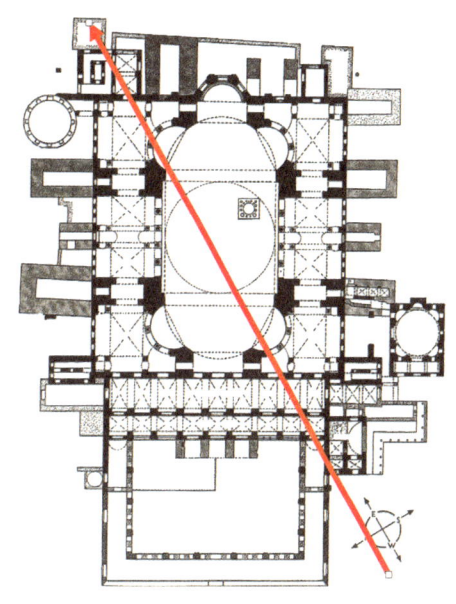

[삽도-18] 하기아 소피야 사원의 내부 평면도   동쪽 방향이 정 가운데 12시 방향에 위치하여 있지 않음을 잘 보여준다.

필자가 화살표를 삽입하여 재구성한 좌측의 평면도는 동쪽의 신성함과 건축의 엄격한 질서가 살짝 무시되어 있음을 보여준다.

또 한 가지 하기아 소피야 사원의 구조적 특징은 '대지 위에 하늘을 형성하는 일'의 형상을 띤다. 돔의 모든 하중이 가운데 분포되어 있는 양식상의 특징을 보이며, 이는 "시각적으로 분리된 반구를 찾아야 하는 건축기술의 해법에 따라 공간이 형성"되었던 애초의 고려 때문인 것이기도 하다. 그리하여 건축 당시의 황제였던 유스티아누스(집권기 527-565)가 돔 상층부의 마무리 공사에 대하여 기록하고 있는 내용은 비잔틴 양식의 사원에 있어서 상층 돔과 공간 형성의 기본 원리를 다시금 상기시킨다.[51]

이렇게 하여, 초기 기독교의 교회 건축이 바실리카 양식에서 출발하여 길고 텅 비어 보이는 내부 회당을 강조한 반면, 비잔틴 건축 양식은 중앙집권형 교회당과

돔의 도입한 특징을 보여준다. 즉, 회당 정중앙에서 수직으로 치솟아 오른 돔의 구축과 동쪽 방향에 있는 앱스의 설계는 비잔틴 건축 양식의 가장 기초이면서 동시에 러시아 정교회 건축에서 찾아볼 수 있는 유사한 특징이라 하겠다.

하기아 사원이 등장하기 전까지 교회 건축에는 바실리카 양식이 대세를 이루고 있었다. 본래 "대형 공민회관"으로서 "일반시민들의 일상생활이 이루어지는 다목적 집회시설"을 의미하던 바실리카는 직사각형 구조에, 경사진 지붕, 두 열의 콜로네이드가 길이 방향으로 3등분되어있다.[52] 돔과 둥근 천장 스보드가 개발되기 전에 가장 단순한 형태로 회중석의 네이브, 각 측면의 익랑에 해당하는 아일, 그리고 이후의 전통에서도 반복되어 사용되던 둥근 반원 모양의 동쪽 끝 벽 앱스를 기본 구조로 하고 있었다.

이밖에도 출입문 상단의 둥근 아치와 같은 프리즈 양식, 주랑 및 외부 장식에 치중하는 형태는 비잔틴 초기 사원의 오리엔트 풍을 환기한다. 둥근 천장과 실내의 화려한 장식은 모두 내부의 넓은 공간성을 확보하는 효과를 만들어 낸다. 그러나 보다 많은 인원 수용을 필요로 하고, 훨씬 화려한 내부 장식이 요구됨에 따라 사원의 크기는 점차 커져갔다. 지붕에 둥근 돔이 올라가면서부터 기독교의 건축 예술은 보다 권력의 모습을 띠기 시작했고, 종교적인 측면에서는 하늘을 향한 '눈'의 기능을 담은 상징적 의미로 해석되곤 하였다. 그러나 바실리카 양식의 단순한 구조는 하기아 소피야 사원의 등장으로 새로운 종교 건축 양식에 자리를 내어주게 된다.

하기아 사원은 그 구조와 크기에 있어서 바실리카 양식과는 비교가 되지 않을 정도로 장엄하고 대형이었다. 총 동원 인력 1만 명 이상, 공사기간 5년 10개월, 내부 천장 벽에 걸린 샹들리에 40개, 십자가 모양을 닮아 길게 설계된 하기아 성당은 가로 225피트(68.58미터), 세로 250피트(76.2미터), 중앙의 돔 높이 지면에서 180피트(54.86미터), 돔의 지름은 100피트(30.48미터)의 규모를 보여준다. "비잔틴 예술의 시작과 절정을 동시에 알려주는 건축물"로서 하기아 사원은 초기 기독교의 승리를 상징적으로 보여주었던 대표적인 성당이다.[53] 조각과 모자이크, 회화가 다시 융성하여 예술적 승화의 예술적 재현을 드러낸 이 같은 예술 장르는 사원 건축과 함께 비잔틴 예술의 극치를 잘 보여주는 것이었다.

하기아 사원 건축이 있은 후 약 500년이 지나, 오늘날의 우크라이나 수도인 키예프에는 비잔틴 제국 건축 스타일의 또 다른 사원이 축조되었는데, 이것이 바로 성 소피야 사원이다. 고대 러시아의 국가 건립 시기로, 흔히 루시 시기로 알려진 988년에 루시의 대공大公 블라디미르는 비잔틴의 콘스탄티노플로부터 기독교를 공식적으로 받아들인다. 이름하여 이교시대의 막을 내리고, 기독교를 루시의 공식 종교로 채택한 사건이 바로 988년에 있었던 것이다. 이후 키예프 루시 시대를 지나, 모스크바 공국시대를 거쳐 15, 16, 17세기 초에 이르기까지 러시아는 기독교 국가로서 그 입지를 점차 공고히 하게 되었다.

공사 기간 약 9년에 걸쳐, 1037년에 착공, 1046년에 봉헌식을 올린 키예프의 성 소피야 사원은 아래의 평면도가 보여주듯, 십자가 모양으로 약간 직사각형에 가깝게 설계되었다. 비록 1240년에 파괴되었다가 재건되었다는 기록이 전해지나, 성 소피야 사원은 러시아 정교회의 정통 사원의 모습이 정착되기 전까지 가장 유사한 모양을 보여주고 있다는 점에서 비교 고찰이 필요한 사원이다.

키예프에 있는 성 소피야 사원(1037-1046)을 포함하여 고대 러시아 시기에 가장 잘 알려진 정교회 건축에는 노브고로드(1045-1052)와 폴로츠크(11세기 중반)에 있는 동일 이름의 성 소피야 사원, 체르니고프에 있는 성 변용 사원(약 1036년경)이 있으며, 모두 야로슬라프 현공의 재임 시절에 건축되었다.

구조적인 측면에서 루시 시대 사원들의 건축은 비잔틴 제국의 교회들과 마찬가지로 제단이 동을 향하게 만들어졌다. 정 중앙의 가장 높게 지어진 돔은 사원 내부의 설계에서 가장 중요한 중심을 이루고 있었다. 각 기둥 사이의 간격 및 다른 공간과의 폭을 설정하고 있는 비율은 비잔틴 제국에서 수용한 건축 양식을 대부분 따르고 있다. 한편 건축 재료면에서 대부분의 건축물들은 벽돌을 사용하고 있었다.[54] 그럼 이제 러시아 건축 전통의 초기 양식을 좀 더 자세하게 알아보자.

[삽도-19] (상)키예프에 있는 성 소피야 사원의 평면도
(하좌)사원 내부의 천장 돔에 장식된 모자이크화로 147번의 위치에 있다.
(하우)'그리스도 판토크라토르'를 확대한 사진[55]

[삽도-20] (좌상하)하기아 소피야 사원에 장식된 테오토코스 성모 모자이크
(우)키예프의 소피야 사원에 있는 같은 이름의 모자이크화[56]

　내부의 장식은 모스크바의 우스펜스키 사원과 매우 흡사한 면이 있다. 중앙에 장식된 '그리스도 판토크라토르'는 러시아식의 이콘이 아니라, 색유리로 만들어진 모자이크화이다. 판토크라토르는 '만물의 지배자'란 의미이다. [삽도-19]의 윗그림에서 147번이 바로 '그리스도 판토크라토르Christ Pantocrator'가 장식된 지붕의 돔의 위치를 말해준다. 아울러 앱스 방면에 표시된 148번에는 성모가 손을

Ⅰ. 러시아 정교회 사원과 건축술의 기초　69

들고 기도하는 모양의 '오란트 테오토코스Virgin Theotokos'가 역시 모자이크로 들어가 있다.[57]

정교회가 서방의 가톨릭 사원과 다른 점이 몇 가지 존재한다. 위의 그림에서처럼 기독교 초기의 교회 건축양식은 로마 바실리카였다. 당시에는 제단의 방향이 동쪽으로 확정되어 있지 않았고, 대신 유대사원의 방식대로 제단의 위치가 서쪽을 향하고 있었다. 그러다가 유스티아누스 대제 때에 이르러 예루살렘이 위치한 동쪽을 향하게 된 것을 시작으로 오늘날처럼 사원의 제단이 동쪽으로 엄격하게 정해지게 되었다.[58]

이런 맥락에서 서유럽이든 동유럽 및 러시아의 교회 및 사원 건축에서 동쪽의 방향이 주는 상징성은 영구적인 해석에 근거하는데, 이것이 바로 성경의 핵심주제, 곧 구세주에 의한 세상의 창조와 구원이다. 때문에 신성한 공간은 이와 반대되는 세속적인 인간세상과 엄격하게 분리, 구별되는 공간이어야 했고, 당연히 이 자리는 평신도가 차지하는 공간이 되는 것이었다. 로버트 웨버가 보여준 인식구조의 틀이 잘 설명하고 있듯이, 사원건축 내부의 공간 분할은 "유형적인 물질이 영원한 진리를 전달하는 수단이 될 수 있는 원리"나 다름이 없게 된다.[59] 동서의 분리는 유사한 쌍으로 남북과 조응하며, 그리하여 사원 내에서 성스러움의 공간은 동쪽, 반대로 세속적인 공간으로 서쪽이 인식되었던 것이다.

제단과 일반 회중석 사이를 성별해 놓은 그림벽, 즉 이코노스타스도 서방 교회에서는 찾아볼 수 없는 것이다. 다만 서방교회에서는 회중석 네이브에서 제단에 이르는 중앙통로를 '구원의 길'이라 명하고, 제단이 시작되는 곳에 설치한 문을 '승리의 문(영광의 문)으로 간주한다. 이 같은 구도는 일종의 성경 주제 및 모티프를 연상시키는 알레고리이자 상징으로 이용되는데, 여기에서 "예수 그리스도가 임재하는 제단이 곧 골고다이며 죽음의 권세를 이기고 부활로써 승리한 것을 상징한다"고 알려져 있다.[60]

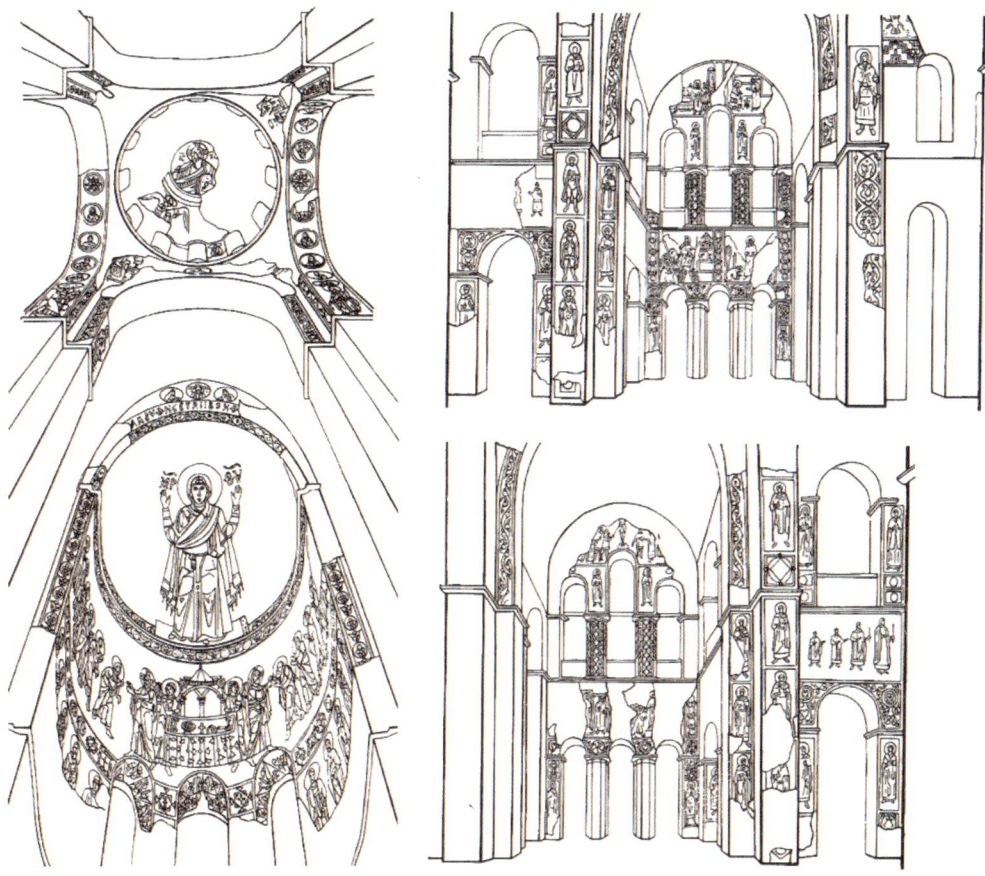

[삽도-21] (좌) 키예프에 있는 소피야 사원(Собор Св. Софии в Киеве)의 실내 천장화와 벽화를 스케치한 그림
(우) 북과 남쪽 벽에 그려진 프레스코화를 스케치한 그림
소피야 사원의 기둥은 사각이며, 모스크바 크렘린의 우스펜스키 사원과 달리 내부 구조가 다소 답답하게 설계되어 있다. 11세기 초에 완성된 소피야 사원은 블라디미르의 우스펜스키 사원과 내부가 매우 흡사하다(사각 기둥 및 제단 앞 구조). [61]

한편 로버트 웨버는 철저하게 사원 내의 공간 배치와 그 크기의 역사적 전개에 초점을 맞추면서 이코노스타스에 대한 전혀 다른 해석을 들려주기도 한다. 정교회 양식에서처럼 신학적 토대와 신비감을 기본적으로 고려한 상징적 장벽이기보다는 사원 내에서 평신도와의 거리감을 의도적으로 연출한 "교회 안의 교회"로 그 의미

를 비판적으로 보고 있다. 이코노스타스라고 하는 이콘 장벽은 제단 뒤편의 성직자들의 공간과 일반 평신도들의 회중석을 갈라놓았다. 인위적인 공간은 나름의 위엄과 숭고한 분위기를 연출할지는 모르나, 웨버의 비판처럼 이코노스타스는 "회중을 예배로부터 격리시키고 성찬이 성직자 중심으로" 되는 분위기를 조성하였다는 것이다.[62]

중세 역사의 대가 움베르토 에코의 해설에도 중세 서유럽의 교회 공간은 3등분되어 있다. 가장 중요시되는 제단, 수도사들이 서 있었던 코어, 신도들의 공간인 신랑이 그것이다. 그런데 초기 기독교 시기의 교회에서는 제단과 코어를 구분하기가 어려웠고, 이 공간 구분을 위해 '철장 혹은 낮은 담'을 설치했다고 전해진다. 움베르토 에코의 해석에 지나지 않긴 하지만, 러시아식 이코노스타스가 초기에는 전혀 다른 형식으로 그 원형이 있었던 것으로 보인다.[63]

지금까지 살펴본 두 양식이 발전하게 된 시대는 A.D.12세기까지의 일이었다. 그 사이, 레오 III세가 730년 교회 지도자들에게 성상을 제거하도록 명령한 것에서부터 시작된 성상 파괴 논쟁은 843년 성상 예찬론자들이 승리를 거두면서부터 다시 이콘 제작이 급속하게 증가하게 되었다. 그러나 이 사건은 1054년의 동서 교회 대분열을 낳은 결정적인 역할을 하게 되었고, 로마네스크 양식의 교회 건축은 800년부터 1150년경까지 약 350년 동안 지속되었던 것으로 전해진다.[64]

정리하면, 초기 기독교 시절 널리 유포되었던 관념 가운데 하나는 회화가 "신앙을 시각적으로 증언하는 가치를 지니고 있다"는 것이었다. 이런 종교적 문화의 배경에서 이콘은 단순한 묘사 혹은 서사이기보다는 '봉헌물로서의 상징성'을 띠게 되었다. 종교적인 이미지를 허용하던 787-815년 동안을 제외하고, 726-843년에는 성상 파괴 운동이 지속되었다.[65]

이미 이 시기에는 교회의 교세 확장이 두드러졌고, 이에 따라 교회 역시 수적으로나 외관상의 모습으로나 거대하고 화려한 면모를 띠기 시작했다. 사제직분자들의 영향력도 자연스럽게 증대되었다. 여기에 덧붙여, 11세기 이후부터 유럽의 도시들은 과거에 비해 눈에 띠게 발전하게 되었고, 로마적인 위용(로마네스크, Roman-esque)을 자랑하게 되었다. 순례자들이 유럽 대륙을 여행하면서, 새로운 건축양식의 전파에도 큰 기여를 하였는바, 로마네스크 양식은 프랑스, 독일, 스페인, 영국, 이탈리아 등지에 폭 넓게 확산되었다.[66] 일례로, 11세기의 한 수도사가 말하고 있는 한 짧은 기록은 당대 교회의 분위기를 잘 전달해 준다. 라울 글라베르Raoul Glaber 수도사는 "온 세상이 '교회의 흰색 망토'를 입고 있다"고 자랑스럽게 말할 정도였다. 그 만큼 주변에 교회가 엄청나게 늘어났던 것이다.[67] 하지만 이에 비례하여 예배의 영적인 분위기나 영적인 면을 추구하려는 신심 있는 자들이 동시에 확대되었다고는 말할 수 없다. 로마네스크란 이름에서 알 수 있듯이, '로마스러운' 교회 풍의 외관은 먼저 그 큰 특징으로 여러 조각과 우람하거나 중심부가 강조된 외관을 하고 있었다.

다음의 스페인 사원 평면도에서처럼, 평면성이 잘 드러나는 로마네스크의 사원 건축에서는 바실리카의 세로 경향과 비잔틴의 장방형 중심성이 통합된다. 제단 이남의 수랑 트랜셉트에 십자가 형상이 추가된 앞의 두 그림은 십자가 모양이 수직으로 교차한 지점(노란색 부분)이 추가로 형성된 것을 보여준다. 바로 여기에 성가대와 일반 성직자, 낭독자들의 자리로 구성되는 성소를 두고, 이 자리의 동쪽 방향에는

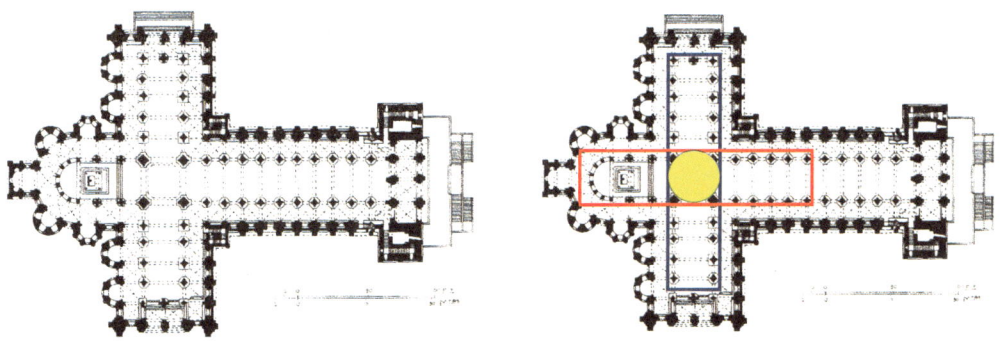

[삽도-22] **로마네스크 양식의 교회당 평면도**   스페인의 산티아고 콤포스텔라 대성당(Santiago de Compostela, 1078-1122)이다.[68]

Ⅰ. 러시아 정교회 사원과 건축술의 기초   73

제단과 주요 성직자들이 자리를 잡았다. 로버트 웨버의 주장처럼, 로마네스크 양식에서도 여전히 성직자들의 공간이 점차 비중을 차지하면서 사원 내의 위계적 공간 배치가 눈에 띄게 두드러지게 되었다. 다시 말하면, 이는 예배 도중이건, 그렇지 않건 일반 평신도와 성직자들의 동선이 분리되어 '격리'되었다는 것을 의미한다. 둘째, 이러한 분리된 공간은 '성직자 전용'의 무엇인가를 필요로 했다는 것을 상상할 수 있도록 하는 맥락으로, 그 결과 기도처가 사원 내부의 좌·우 측랑의 끝에 마련됨으로써 십자형 평면이 등장하게 되는 동기가 되었다.[69]

이렇게 예배 공간이 전개되었던 역사적 환경에서 우리는 무엇을 발견할 수 있을까? 회중석이 교회 내에서 차지할 수 있는 영역이 점차 줄어들었고, 반면 성직자의 공간은 예외적으로 확보되며 확대되었던 배경에는 '교회의 권력화' 현상을 결코 배제할 수 없다. 또한 교황과 영주 사이에 권력 투쟁이 발생했던 시기도 로마네스크 양식이 전개되었던 역사와 무관하지 않다. 같은 맥락에서 주요 성자들을 모셔둔 사원으로 떠나는 '순례 여행'이 이 시기에 크게 유행하였던 점과 십자군 전쟁의 최초 양상이 벌어진 때 역시 이때라는 점도 큰 의미를 던져준다.[70]

그러나 순수 건축학적 측면에서 고려할 점은 로마네스크 양식에서 역사상 최초로 아치와 볼트가 도입되었다는 사실이다. 바실리카와 같이 초기 기독교의 교회는 천장을 목조물로 구성하는 것이 일반적이었다. 로마네스크 형식에서는 목조를 석재로 대체시키려는 실험이 진행되어, 견고성과 하중을 동시에 고려하는 건축술이 논의되었다.[71] 이런 배경에서 로마네스크 건축 양식은 거대하고 두꺼운 벽, 둥근 아치, 십자형 볼트cross vault라고 불리는 교차 궁륭, 정방형 구조체계bay system, 큰 탑과 장식적인 아케이드와 같은 특징을 보였다.[72]

또한 탑의 형식 역시 이 양식에서 처음 발견되는 특징이었다. 탑은 초기 바실리카 양식에서 교회 전면에 있던 중정, 즉 아트리움이 있던 자리가 없어지면서 대체된 구조물이다. 수평의 넓은 공간이 수직으로 서게 된 이치이다.[73] 건축술의 발전은 교회 및 교황의 권력 강화와 비례하는 양상을 띠었다. 이러한 탑의 출현은 사원이 속세로부터 분리, 독립된 공간임을 더욱 분명하게 보여주는 역할을 하게 되었고, 세상의 중심으로 우뚝 서는 옴팔로스의 상징성도 동시에 재현해 냈다. 여기에 하늘과의 상징적 교통이라는 염원도 함축되어 있어, 로마네스크 양식은 자연스럽게 이후에 도래 할 고딕 양식의 첨탑 구조물을 상기시키는 역할을 하였다.

하늘로 치솟은 첨탑 모양의 양식은 단순히 종교적 열망을 표현한 메타포에 그치지 않았다. [요한계시록] 21장에 등장하는 천상의 예루살렘을 상기하는 상징들이 고딕 성당에 수없이 나타나기 때문이다. 그리하여 이 첨탑들은 높게 솟은 시온산을, 십자가 모양을 한 성당 전체의 설계는 그리스도의 몸을 상징하는 것으로 해석되었다.[74]

'로마적인 위용'을 의미하는 로마네스크 양식(1050년경~1200년경)은 육중하고 두꺼운 벽과 아치가 마치 고대 로마의 것과 유사하다고 하여 붙여진 용어이다. 아래의 사진에서 나타나듯이, 작고 빛이 내부로 적게 들어오게 설계되어 있는 것이 특징이다. 외관에서 발견되는 가장 두드러진 특징은 교회의 외형 자체가 십자가 형상을 띠고 있다는 점이다.[75]

1054년의 교회 대분열 이후, 서유럽의 교회는 다시 교권의 강세로 전환되어 13세기를 맞는다. 거룩과 숭고, 성스러움의 극치가 건축적으로 재현될 수밖에 없었던 고딕 양식에서 중심은 역시 점점 실내의 정중앙으로 모아진다. 1150년 이후는 중세의 건축 시기 거의 마지막에 해당한다. 보다 엄밀하게 말하면, 잰슨이 파악하고 있듯이, "위대한 성당의 시대였던 1150-1250년의 1세기 동안 건축은 중세 미술에서 주도적인 역할을 해 왔다." 그리하여 이 기간의 고딕 건축은 중세 말기의 최절정의 시기를 자랑한다.[76] 이푸 투안 역시 성당이 건축물에서 가장 고양된 형태로 표현되었다고 지적하면서 그 최절정의 시기를 유럽의 중세로 보고 있다.[77]

이때를 고딕의 시대라고 일컫는데, 보통 건축가뿐만 아니라, 이들이 사용한 기법 등에서 상당히 새로운 것들이 도입되었다. 어원상으로 고딕Gothic이란 말은

[삽도-23] 생 세르댕 성당(Basilica of St. Sernin, Toulouse, 1060년경)의 조감도 사진[78]

"5세기에 서로마제국으로 침입했던 고트족에서 유래하였다." 오늘날에는 그 해석과 말의 의미를 다르게 사용하고 이해하고 있지만, 당대에서 고딕 건축이라 함은 "그 옛날 야만적인 고트족이 지었던 끔찍스러운 건물과 같다"는 의미였고, 이런 배경에서 고딕은 "중세의 미술과 문화를 경멸하는 의미"를 담고 있다.[79] 16세기 조르조 바사리Giorgio Vasari(1511-1574)에 의해 시작된 고딕이란 말은 "로마 문명을 파괴한 고트족의 야만성을 조롱하고 생각하게 하려는 것"에서 비롯된 개념으로 알려지게 되었다. 본래는 12세기부터 고딕 양식의 건축물이 등장하기 시작했는데, 이때야말로 서유럽이 정치적으로 안정되어 미술과 건축이 재탄생하던 시기로 미술사에는 기록되어 있다.[80]

가치평가가 들어 있지 않은, 고딕 건축의 양식적 특징이 언급된 또 다른 문헌을 예로 들어보자. 『문명이야기』의 저자 윌 듀런트 역시 그의 저서에서 고딕 양식의 건축을 자세하게 설명하고 있다. 그는 "고딕 양식의 개화기 1095-1300"이라는 표제로 1050년 이후 지어진 유럽 각국의 대성당이 거의 예외 없이 전문 건축가에 의뢰되어 지어졌던 점을 강조한다. 그러나 아이러니한 것은 1563년까지 건축가라는 이름이 사용되지 않았다는 점이다. 즉, 건축가라는 말보다는 "건설 장인," "석조 장인"이란 이름으로 대신 불렸다. 한 통계에 의하면, 중세 스페인만 하더라도 고딕 양식 건축가가 137명이나 존재했다고 전해진다.[81]

[삽도-24]는 하늘을 향하여 치솟은 고딕의 첨탑이 서양의 중세 문화를 대표하는 프랑스의 아미앵 대성당의 평면도이다. 십자가의 형상은 이전보다 둔탁해질 정도로 눈에 띠지는 않지만, 정 중앙의 공간이 갖는 위계적 공간감은 극대화되어 있다. 이 대성당은 서구 교회의 대통일 시대를 상징하는 모습으로 각인되었다.[82] 로마네스크의 양식에서 등장한 '수직 효과'는 고딕 양식에서도 드러나는데, 이는 중세 사람들의 신앙심과 하늘 왕국에 대한 열망을 표현하였다. 비록 당시 인구 대비 교회 건물의 크기가 지나치게 육중하고 거대하였던 것을 고려하면 첨탑의 구조가 과할 정도였지만 말이다.

고딕 양식의 건축술에 나타난 신학적 의미와 상징성을 한마디로 표현한다면 "물질을 통해 신의 섭리와 원리를 체감하고 신의 존재를 실감하려는 것," 곧 데우스 프로핀퀴오르Deus propinquior이다. "신에 근접한 현현"이라는 의미가 바로 고딕 건축이 높은 수직성과 하늘을 향한 높은 각도의 첨탑이 세워질 수 있었던 시대적 배경을 잘 설명해 준다.[83]

이 말은 프랑스 파리의 생샤펠 경당Sainte-Chapelle의 수도원장이었던 쉬제르가 남긴 말에서 유래한 것이다. 그는 "어리석은 마음은 물질을 통해 진실에 이르고, 깊은 마음은 진리의 빛을 보고 다시 살아난다"고 하였는데, 이 말이 자신이 설계한 생드니 성당 내부의 중앙 현관 청동문에 지금까지 새겨져 있다.[84]

쉬제르 수도원장이 전하는 메시지의 초점은 앞서 이야기한 스테인드글라스 stained glass 기법의 혁신을 통해 잘 드러난다. 수직하중의 구조적 전달은 교각 피어pier에 집중되고, 주벽과 떨어져 있는 경사진 아치형 형태의 외벽 노출보인 플라잉버트레스flying buttress에 전달되므로 로마네스크 양식에서처럼 두꺼운 벽체가 필요 없게 되었다. 그 결과로 생긴 것이 바로 창문이었으며, 스테인드글라스와 창 혹은 개구부의 상부 장식 격자를 의미하는 트레이서리tracery가 발달하게 되었다.[85] 당시 이 유리창의 도입은 기술적인 측면에서 혁신이었다. 빛과 색의 절묘한 조화가 강조될 뿐만 아니라, 빛을 통해 성당 안으로 신을 모셔와 인간과 합일됨을 표현하고자 한 스테인드글라스는 고딕 양식이 추구했던 빛의 예술의 정수였다.

빛의 발견을 통한 사원 내부 장식은 이처럼 고딕 미술 및 건축의 근간이었다. 이미 스콜라철학Scholasticism의 대부인 토마스 아퀴나스Aquinas(1225-1274)에 의해서 정립된 미의 세 가지 원칙, 즉 비례, 완전성, 명료성(광채)에서 빛은 맨 마지막 요소와 직결된다. 사물을 보려면 근본적으로 빛이 필요하고, 따라서 모든 사물을 인지하게 하는 빛은 가장 근원적인 요소로 인식되었다.[86]

이미 이 당시에는 농촌에서 발달하였던 수도원의 문화보다는 도시 중심으로 형성된 교구의 대성당이 활발해지고 집중화된 도시 건축의 백미를 드러내고 있었다. 성당의 부설기관으로 만들어진 대학들이 도시 중심의 교육을 대신하여 맡게 됨으로써 성당을 중심으로 한 '종교적 권위'는 하늘로 높게 솟은 첨탑 구조의 고딕 양식으로 표출되었다.

이렇게 도시의 발달은 고딕 시대를 이해할 수 있는 중요한 열쇠이자 건축코드의 기반을 이루었다. 이전 시대에 만연하였던 전쟁과 민족 갈등이 사라지고 상대적인 안정과 지역 중심의 국가가 형성되던 이때에 도시가 그 거점의 역할을 하게 된 것이다. 도시로 모여든 부는 이제 자연스럽게 정치적 힘을 과시하거나 경제적 부를 상징하던 시장, 성城, 대성당의 건축으로 이어지게 된 것이다.[87]

그리하여 [삽도-24·25]에서처럼, 고딕 사원의 양식과 내부 평면도는 로마네스크 양식에 비해 훨씬 규모가 크며, 직사각형의 긴 축이 강조되어 있다.[88] 그 결과 트랜셉트와 회중석이 교차하는 지점의 정 가운데에는 견고함과 내적 통일성을 보여주면서 교회의 권위와 공간 배열의 구조가 정 가운데에 있음을 보여준다. 로마네스크 양식과 비교할 때, 고딕 양식은 거의 정 가운데에서부터 하늘로 오른 '수직성'의 양상을 보이며, 수평면에서 관측하면 훨씬 더 타원형에 가까운, 즉 십자가 형상을 다른 외관의 열로 감싸고 있는 구성미를 보인다.

지금까지 살펴 본 장대한 건축양식의 변화 양상을 여기에서 잠시 정리해 보자.
이미 로마의 패망이 만들어낸 사회 불안정의 분위기는 건축 양식의 입장에서 울타리, 장벽, 요새와 같은 안정적 영토 확보가 나타나는 현상을 연출하였다. 이때부터 나타나기 시작한 것이 바로 울타리 장벽과 탑과 같은 상징적 경계, 감시체계이다. 로마네스크 양식에서 수평적 공간의 울타리가 확산되고 수직적 성격의 탑이 특징으로 나타나는 이유가 바로 여기에 있다.[89]

반면 고딕의 시대는 이미 왕권의 권한이 약해지고 지방 귀족의 세력이 강해지면서 도시 문화가 분산되는 특징을 보이고 있었다. 기독교의 입장에서는 상대적

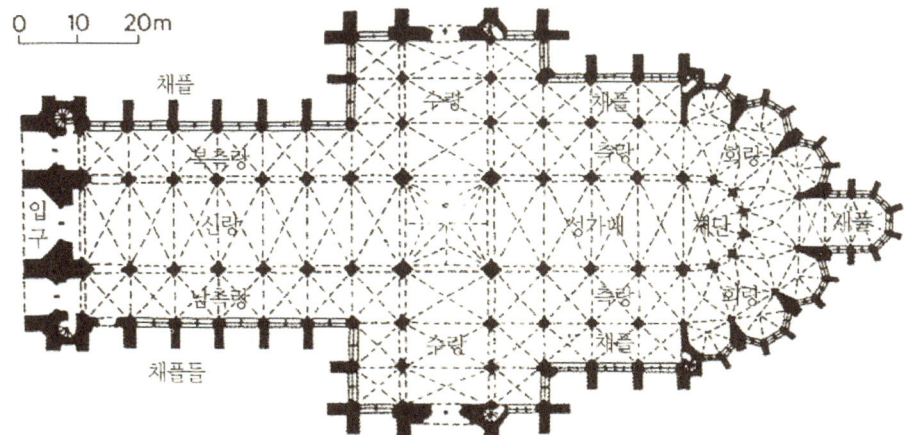

[삽도-24] (상)고딕 양식의 교회당 평면도   프랑스 아미앵 대성당(Amiens Cathedral)
(하)파리에 있는 노트르-담(Norte-Dame) 대성당   1163년에 착공된 이 성당은 '우리의 부인'이라는 뜻으로서, '성처녀 마리아'를 가리킨다.[90]

[삽도-25] 프랑스에서 가장 큰 아미앵 성당의 내부 사진
고딕 양식의 사원으로, 천장에 이르는 주간(柱間), 벽의 지주와 지주 사이 네이브에서의 4개 기둥의 공간이 되는 곳으로 베이bay라고 칭함)이라고 불리는 공간의 끝 기둥이 격자무늬 이미지가 되어 소실점을 만들어 냄으로써 '깊이감'을 창조하고 있다. 시점, 즉 관측하는 사람의 입장에서 볼 때, 고딕성당은 원근법적 이미지가 가장 분명하고 충실하게 재현될 수밖에 없는 구조를 띤다. 이로써 내부로 뻗은 일종의 '깊이감'을 만들어낸다. 반면 러시아 사보르의 구조는 고딕식의 천장도 아니고, 열주방식은 더더욱 아니어서 깊이감이 느껴지지 않는다. 대신 이코노스타스를 분기점으로 하여 성과 속의 공간이 이분법적으로 나뉘는 단순한 구조를 띠는 것이 특징이다.[91]

안정화와 복음 확산이 많이 이루어졌던 시기로 지방 고유의 사원 건축물이 폭발적으로 늘어나기 시작하였다. 그리하여 고딕 시대의 건축가들이 보인 자존심과 자랑은 사원 내에 하나님을 내려 앉게 했던 로마네스크 시대를 넘어 이제는 하늘과 보다 닿아보고 싶은 열정과 욕망을 공학적으로 표현하기에 이른다. 첨탑과 하늘로 치솟은 양식이 지배적으로 형성되기 시작하였고, 이전에 이룬 물질적 안정을 정신적으로 표현하려고 하였다. 로마네스크에서 나타났던 모자이크나 그림, 조각상 등이 연출해 낸 화려하고 환상적 효과는 내부 공간의 빛 그 자체와 외관에서 드러나는 수직적 고양감으로 대체되었다.[92] 내부 장식을 통한 장식적 효과는 외부 구조

물의 단순성과 초월적 표상성에 자리를 내 주면서 훨씬 단순한 자태를 보여주었다. 한마디로 로마네스크 양식에서보다 고딕 시대에 와서 사원의 크기는 놀랍게 비대해지면서 외관의 수직적 초월성이 특징인 구조물의 시대가 도래하였다. 돌로 만든 천장의 무게를 기둥의 공학적 활용을 통해 해결할 수 있었기에 사원의 수직성이 점차 두드러지게 된 건축공학적 혁신이 이때부터 생겨나게 되었다.

초기 기독교에서 고딕까지의 건축 양식의 변화와 그 의미를 그래픽으로 재현하면 다음과 같을 것이다. 한 연구가는 이를 설명하면서 다음과 같은 함축적인 말로 정리하고 있다.

> 로마네스크에서 발생한 순례자의 길은 새로운 도시를 연결하는 동기가 되었으며 도시와 도시의 간격이 하루의 일정을 소화할 수 있는 간격이라는 것도 이때 발생하게 된 것이다. 초기 기독교에는 자기를 나타내고 주변과의 융화보다는 과장적인 의미를 가졌으며 로마네스크는 울타리의 개념을 통하여 주변으로부터 보호하려는 욕구를 나타냈다. 그러나 고딕은 기독교의 안정을 통하여 물질적인 존재에서 정신적으로 승화하려고 하였기 때문에 자신의 존재를 부정하고 물리적인 상태에서 형태의 해체를 시도하였다. 지상으로 내려온 하늘의 개념이 있었기 때문에 환경과 상호작용을 통하여 이상적인 의미를 나타내려 했던 것이다.[93]

곰브리치Ernst H. Gombrich의 『서양미술사The Story of Art』에는 두 양식 간의 차이를 아주 명쾌하게 비교하고 있다. 로마네스크 교회당을 '전투적인 교회'란 화두로 풀이하고 있는 곰브리치는 "이 지상에서 최후의 심판날 승리의 여명이 밝을 때까지 암흑의 세력과 싸우는 것이 교회의 임무라는 관념을 표현하고 있다"는 견해를 보인다.[94] 여기에 덧붙여 곰브리치는 두 양식의 비교를 이렇게 함축적으로 정리하고 있다.

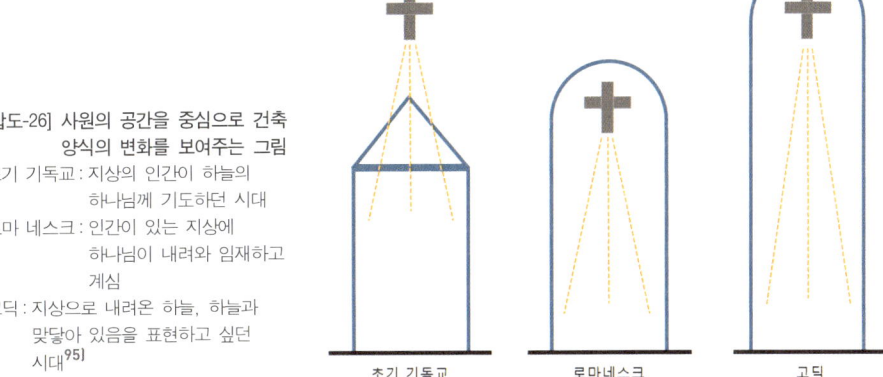

[삽도-26] 사원의 공간을 중심으로 건축 양식의 변화를 보여주는 그림
초기 기독교 : 지상의 인간이 하늘의 하나님께 기도하던 시대
로마네스크 : 인간이 있는 지상에 하나님이 내려와 임재하고 계심
고딕 : 지상으로 내려온 하늘, 하늘과 맞닿아 있음을 표현하고 싶던 시대[95]

과거의 로마네스크 양식의 교회들은 아마도 그 힘과 권세에 있어서 악의 공격에 대해 피난처를 제공해주는 '전투적인 교회'라는 느낌을 전해주었을 테지만 이 새로운 고딕 성당들은 신자들에게 전혀 다른 세계를 엿보게 해주었다. 신자들은 설교와 찬송가를 통해 진주로 만들어진 문, 값진 보석 및 순금과 투명한 유리로 된 천국의 예루살렘[요한계시록 12장]에 대한 이야기를 들었을 것이다. 이제 그러한 환상의 광경이 하늘로부터 지상에 내려온 것이다. 이 성당들의 벽은 차갑거나 가까이하기 어렵게 만들어지지 않았다. 성당의 벽은 루비나 에머럴드처럼 빛나는 스테인드글라스로 만들어졌다... 육중하고 세속적이고 단조로운 것은 모두 다 제거되었다. 이 모든 아름다움을 관조하는 데 넋을 잃은 신자들은 물질 세계를 초월한 별세계의 신비를 이해하게 된 듯한 느낌을 받았을 것이다.[96]

여기에서 한 가지 우리가 조심스럽게 점검할 일이 있다. 르네상스가 발현되기 전, 고딕의 예술과 건축을 어떻게 해석할까의 종합적인 문제이다. 왜냐하면 로마네스크와 르네상스에 비해 고딕 시대의 양식은 단독의 이론적 체계나 확고한 양식적 틀과 특징을 보존하거나 정해진 시간 속에서 완성되지 못했기 때문이다. 혹자가 비판하기를

고딕은 "원시적 본능이 세련되게 진화했을 따름"이며, "종합 계획에 따라 구상되고 건축된 성당이 거의 없다"는 증거에서 증명이 될 정도이다. 요약하면 고딕의 건축 양식은 일부의 예외를 제외하고는 예술적으로, 건축학적으로 뿌리를 내리지 못했다.[97]

이러한 분위기 속에서 대통일 이후, 즉 14세기 이후 서유럽은 드디어 르네상스를 경험한다. 십자군 운동이 끝나게 되는 13세기 말부터 군주국가들이 탄생하고, 다시 교황과 교회의 권위는 약화된다. 이러한 변화 속에서 학문과 사상은 자유롭게 발전하는 환경을 맞게 되었고, 자연스럽게 인문주의가 그 기틀을 마련하게 된다. 중세적 신 중심 개념에서 완전히 해방되었다기보다는 인간의 정체성과 창조력을 중심으로 신적인 것을 다시 이해하려 했던 노력이 르네상스에서 나타나기 시작하였다. 이에 중세 이전의 문화를 새롭게 재창조한다는 의미에서 Re(다시)와 naissance(만들다)가 결합되어 르네상스가 형성되었다. 19세기 말 쥘 마슐레와 야코프 부르크하르트가 15,16세기 유럽 문화를 가리키는 시대 개념으로 사용한 말이 바로 르네상스였고, 이는 중세예술을 대체하는 예술의 재탄생으로 넓게 해석되었다.[100]

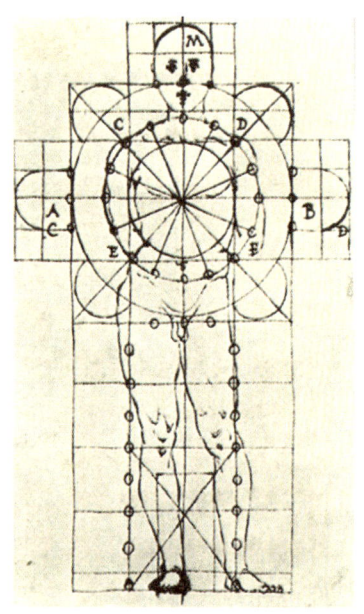

[삽도-27] 프란체스코 디 조르지오 마티나 (Francesco di Giorgio Martini)의 "교회와 인간"(Plan au sel d'une basilique)[98]
실제로 이 그림은 마티나가 산타마리아 노벨라 성당의 입면에 엄격한 비례를 적용하기 위해 그린 것으로 유명하다. 인간의 신체 구조와 비율이 건축에 적용될 수 있다는 시범적 사례가 바로 위 그림이며, 이로써 교회의 평면 비례를 인체의 것과 동일하게 맞추는 작업이 진행되었다.[99]

'고대 문예 부흥'을 의미했던 르네상스는 건축에서 특히 고대 로마의 건축과 조형법을 재발견하는 것으로 그 창조적 에너지가 수렴되었다. 그리하여 건축의 장인들은 새롭게 발견한 건축 기법을 신흥 갑부들의 저택인 팔라초(저택)나 교외의 빌라(별장), 교회당 등에 적용하였다. 바로 이 시기에 나타난 건축의 본질은 '철학과 수학'에 있었다.[101] "중세에 찾아내지 못한 인간의 정체성에 대한 연속"이었던 르네상스의 핵심은 "인간 스스로가 건물에 미를 부여하는 자발적인 존재로 참여"하는 것이었고, 이를 실현하기 위한 중요한 수단이 바로 비례와 기하학이었다.[102]

보다 구체적으로 말하면 '수와 비례에 기초한 아름다움'이 르네상스 예술의 핵심적 기초였다. 아래의 사진에서처럼 레오나르도 다 빈치가 그린 "비트루비우스 인체 비례도"는 건축가 비트루비우스가 그의 저서 『건축 10서 De Architectura』에서 "건물은 비례와 닮아 있어야 한다"고 말한 내용을 가장 잘 보여준다.[103]

로마네스크 양식의 사원 건축에서부터 도드라졌던 중앙집중식 십자가 형태의 공간 구성은 르네상스 건축에서도 주도적인 구조였다. 라틴 형 십자가 구조물은 점차 그리스 형 십자가를 띠게 되었고, 여기 위에 돔이 들어섰다. 그것도 점차 한 개에서 다수로 늘어났고, 이미 비잔틴 양식에서 나타났듯이 5개의 지붕도 일반적인

[삽도-28] 레오나르도 다 빈치의 비트루비우스 인체 비례도(Vitruvian Man, 1490)
르네상스 건축의 이상은 다 빈치의 인체 비례도에서 그 맹아적 단계이나 핵심이 표상되어 있다고 평가된다. 이 그림은 신이 내존하는 대우주와 그 반영인 인간 = 소우주의 수리적 조화를 상징하고 있는 것으로 알려져 있다.[104]

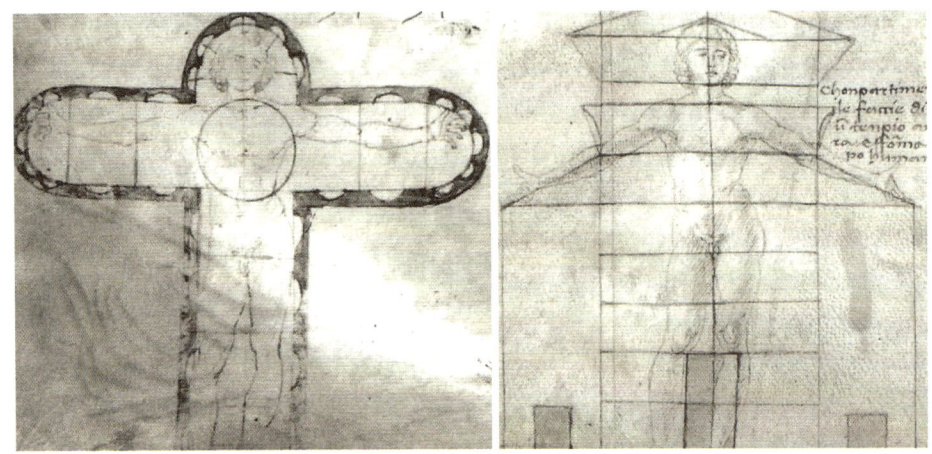

[삽도-29] 교회와 인체, 레오나르도가 소유했던 프란체스코 디 조르조 마르티니의 『건축, 공학, 전술에 관한 논문』(1481년 경-1484년)에서
프란체스코는 이 저서에서 원주에서부터 전체 도시들을 인체의 비율로 적용하였다. 그의 견해에 따르면, 인간은 곧 우주의 축소판으로서 "작은 세계라고 불리는 인간은 그 안에 전체 우주의 전반적인 완벽함을 모두 내포하고 있다."[105]

것이었다. 모스크바의 우스펜스키 사원 내부 구조에서처럼, '수학적 비례'를 고려한 균질적인 공간 배치와 분할은 이미 르네상스 건축의 대표적인 요소였다.

르네상스의 대표 건축물인 이탈리아 로마의 성 베드로 성당St. Peter's Cathedral in Rome(1546-1564)은 아래의 그림에서처럼 두 정사각형이 45도로 교차되어 있는 형상을 취하고 있다. 미켈란젤로에 의해서 마지막 건축이 완성되었는데, 내부의 실선이 잘 보여주고 있듯이, 내부 공간은 수학적 비례에 완벽하게 적용되어 있고, 이 같은 배치와 건축학적 의도는 철저하게 신을 위한 기념비 제작이었다. 적어도 13세기에 시작되었던 '척도와 중량의 표준화'는 고딕 양식의 건축에 으뜸으로 이용된 건축 기초였을 것이다.[106] 르네상스의 건축 미학은 한마디로 "수학적 비례, 기하학적 형태를 띤 형식과 이들의 완벽한 배열로 완성된다."[107]

사각형과 원이 만들어낸 기하학적 도형의 창조는 수학을 떠나서 상상할 수 없는 것이었으며, 이는 인간이 경험하는 성스러운 예배 의식이라기보다는 예배 양식에의 강조를 건축적 재현으로 표현한 것이 더 올바른 해석일 것이다.

이 같이 사원 내부의 건축학적 공간 구조 중심으로 살펴본 위의 내용은 15세기 말의 우스펜스키 사원이 서구의 것들과 비교하여 어떻게 차이가 나는지, 동시에 어떤 점에서 유사성이 발견되는지를 쉽게 이해할 수 있도록 해준다. 단, 본 지면에서

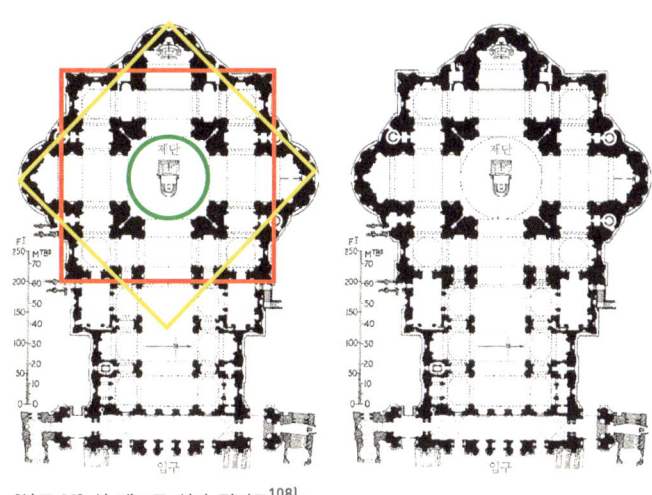

[삽도-30] 성 베드로 성당 평면도[108]

[삽도-31] 이탈리아 로마에 있는 성 베드로 성당과 실내 평면도[109]
중앙 회당과 정면 포사드는 카를로 마데르노(Carlo Maderno)가 설계(1607-1615), 열주랑은 잔로렌초 베르니니가 설계(1657)하였다.

는 16세기 초 마틴 루터의 종교개혁과 그 이후에 나타났던 건축 양식, 바로크, 고전주의 등은 다루지 않는다. 1479년에 완성된 모스크바 우스펜스키 사원을 전후로 한 분석 스펙트럼이 너무 넓을 경우 자칫 비교의 기준점과 그 여파가 흐릿해질 수 있기 때문이다.

이를 간략하게 정리하면 다음과 같다.

첫째, 가톨릭에서는 미사가 중요시되기 때문에, 제단이 주목을 받아 왔다. 교황 그레고리우스 I세는 베드로의 무덤 위에 제단을 세우게 함으로써 '제단의 성례'에 대한 강조를 성인의 유물에 대한 존중과 결합시켰다.

둘째, 동방정교회에서는 뒤에서 자세하게 살필 이코노스타스, 즉 제단과 회중석 사이를 분리하는 성상 칸막이를 특히 중시하였다. 후에는 이 칸막이가 중요하게 되어, 사실상 평신도의 시선에서 볼 때 제단 전체가 가려지게 되는 모습을 보였다. 그리하여 이코노스타스에 걸린 성상은 제단보다 훨씬 중요하게 받아들여졌다.

셋째, 앞선 논의에는 들어 있지 않으나 개신교 전통에서는 설교가 강조된다. 그 결과 설교단이 물리적으로나 강조의 강도에 있어서나 제단보다 높은 위치에 배치되는 결과를 초래하였다.[110]

그럼 이제 사원 건축물이 보여준 통사적 흐름과 공간성의 의미 및 기능 변화를 고려하면서 러시아 정교회의 사원을 살펴보도록 하자.

흔히 세계사에서 중세라 함은 기독교가 로마에서 공인된 4세기 후부터 르네상스 이전까지의 약 1000년 시대를 포괄한다. 러시아에서는 서유럽적 개념과 시기 구분상의 중세는 따로 존재하지 않는다. 그럼에도 러시아에서의 이 시기는 너무도 변화가 많았고, 시간의 폭이 지나치게 넓어 한 지면에서 모든 사조와 큰 그림을 다 열거할 수는 없다. 더군다나 러시아의 역사에서 비교적 사료가 증거하는 시대는 862년에 시작되어 서유럽에 비해 한참 뒤늦게 역사의 궤도 속으로 들어온 것이 사실이다.

세계사적 흐름에 매우 늦게 진입하였지만, 중세기 러시아는 종교와 예술 방면에서 괄목할 만한 일들이 있었고, 그것이 바로 지금 우리가 살피고 있는 것들이다.

일반적으로 서구의 중세 역사는 "완전히 독자적인 성격을 띤 세 시기의 문화"로 나뉘어져 있다. 서구 유럽의 예술과 문화를 논한 대가 아르놀트 하우저의 『문학과 예술의 사회사』에서 구분한 중세는 다음과 같이 세 시기로 나뉜다.

첫째, 자연경제에 바탕을 둔 봉건제도 시기인 초기
둘째, 궁정기사 시대인 중세 전성기
셋째, 도시 시민계급의 문화가 중심이 된 말기.[111]

서유럽의 중세 시기와 꼭 들어맞지는 않지만, 이 중세 기간의 끝 무렵에 우스펜스키 사원이 만들어졌고, 모스크바의 건축 문화는 서유럽 중세와 유의미한 접촉이나 영향 관계는 거의 없었다고 보는 것이 옳을 것이다. 이에 우스펜스키 사원 건축의 독창성과 러시아적인 특징을 조명하기 위해 서유럽 천년 사를 다 거론할 수는 없을 것이다. 다만 이 거대한 흐름을 짧게라도 일별하면 러시아 건축사에 쉽게 접근할 수 있을 것이며, 15세기 후반의 모스크바 상황도 소상하게 감상할 수 있는 여건은 분명히 마련될 것이다.

또한 15세기 이후 러시아의 역사는 별도의 지면이 필요할 뿐만 아니라, 우스펜스키 사원이 등장했던 배경과 그 이후의 역사적 전개 양상에서 16세기 이후 서유럽의 역사는 큰 영향관계에 있지 않기 때문이다. 달리 말하여, 이는 우스펜스키 사원 건축이 르네상스 이탈리아 건축가에 의해 시도된 걸작이긴 하나, 이미 이 사원의 양식과 그 종교, 정치적 의미는 독창적이어서 서구의 비교 대상을 찾을 수 없다는 것을 반증하는 것이리라. 러시아의 건축술은 이렇게 우스펜스키 사원에서 그 정점을 이루었고, 우스펜스키 사원은 역사적 분기점을 그었던 종교적 기념비였다.

그럼 이제 우스펜스키 사원의 건축 일지를 통해 사원의 역사와 특징을 보다 자세하게 알아보자.

II

우스펜스키 사원의
건축 역사

---

1. 사원 건축 이전의 역사
2. 사원 건축의 경과
3. 대관식 일지
4. 혼례식 일지

II
우스펜스키 사원의 건축 역사

1. 사원 건축 이전의 역사

러시아 정교회의 사원과 교회의 역사 연구는 크게 두 가지 흐름에서 진행되어 왔다. 첫째는 순전히 건축학 및 건축학사적 입장에서 각 사원들의 역사적 기원과 전개, 건축 구성요소들에 대한 자세한 연구를 시도하는 방식이다. 두 번째 경향은 사원들의 역사와 건축학적 관점 외에, 문화사적 특징 분석을 관련지어 당대의 역사 및 민속, 예술사적 특이성이 많이 녹아 있는 방식을 연구하는 특징을 보인다.

두 번째의 관점에서 보면 우스펜스키 사원의 건축시작년도인 1475년은 1453년 비잔틴 제국이 오스만 투르크족에 의해 패망하여 가장 먼저 서구의 역사 및 정신사적 전통이 끊기는 사건과 무관하지 않음을 알 수 있다. 동로마 제국의 계승자이자, 서구 역사의 마지막 보루였던 비잔틴 제국의 붕괴는 연쇄적으로 동방정교회에 크나큰 영향을 미쳤다. 모스크바 공국 시절이었던 당대 러시아의 이반 III세는 비잔틴 제국 마지막 황제의 질녀인 조야 팔레올로그Зоя Палеолог와 결혼(우스펜스키 사원에서 1472년 11월 12일, 수좌대주교 필립이 혼례 집전)을 함으로써, 서구 제국의 통치 정통성을 스스로 이양 받았음을 천명하는 기회로 이 역사적 사건을 이용하기까지 하였다.[1] 비잔틴 제국 멸망 당시 조야는 12-13살이었고, 혼례를 치르던 당시 1472년 이반 III세는 32살의 나이었다. 이렇게 서구 문명의 아내를 둘째 부인으로 맞이한 이반 III세는 비잔틴 제국의 정통성과 함께 스스로 서구 로마의 계승자임을 자처하고 나섰다.[2]

나아가 러시아 정교회는 서구 가톨릭과의 완전한 단절, 곧 러시아 정교회의 정치적 독립을 내세워 스스로 세계 정교회의 수장 역할을 자처하고 나서기 시작하였다. 비잔틴 제국의 마지막 황제 시절 사용되었던 쌍두독수리 문장이 이반 III세의 국제결혼을 통해 러시아로 넘어 오게 되면서, 더구나 이와 같은 정치색 짙은 상징 이양과 사용은 러시아 내부에서 정치, 종교, 예술 방면에서 큰 반향을 일으켰다.

이 같은 파장은 가장 분명하게 러시아에서의 사원 건축храмоздание에 엄청난 영향을 주게 되었는바, 급기야 사원과 교회의 수가 기하급수적으로 증대되는 결과를 초래하였다.[3] 여기에서 우리는 우스펜스키 사원의 건축 기원이 모스크바 공국의 권력이 증대된 역사적 사실과 매우 긴밀하게 연관되어 있으며, 러시아 정교회의 정치적 위상과도 맞물려 있다는 사실에 주목해야 한다.[4] 전 세계에서 정교회의 마지막이자 가장 중요한 수호자로 자처하게 된 모스크바 지부는 이반 III세(1463-1505) 시기에 자신의 권위와 정치 역사적 위상을 높이기 위해 크렘린(벽과 종탑을 포함하여) 궁의 재건 사업에 착수하였다. 이 야심찬 사업의 주요 부분을 이루고 있었던 것이 바로 우스펜스키 사원 건축이었으며, 당연히 이 계획은 당시 러시아 정교회의 수좌대주교였던 필립의 후원을 받고 있었다.[5]

이 같은 시대적 환경에는 정치적 독립이 야기한 '정신적인 고양'과 '국가적 자존심의 회복'이 큰 역할을 하였다. 이어 1480년 이반 III세 당시 몽고-타타르로부터의 압제를 영원히 끊음으로써 몽골 제국을 물리친 역사적 사건 역시 큰 동기를 제공하였다. 이는 1479년 우스펜스키 사원이 완공(1479년 8월 12일)된 후, 1년 만의 일이며,

16세기 초에 등장한 '제 3로마설'의 실질적 상징을 미리 보여주었던 역사적 사건이었다.

뒤에서 자세하게 살펴볼 테지만, 제3로마설의 가장 중요한 정치 이념은 러시아 정교회가 세계사적 궤도 속으로 진입하여 입장을 내세우는 계기에 있다. 나아가 이 이념은 동로마 제국, 즉 비잔티움이 멸망한 영적, 정치적 공백 상태에서 러시아가 스스로 서방 제국의 계승자요, 정신적 수장의 역할을 자처한 중요한 이념적 기초였다. 혹자는 이 이념을 두고 신약의 [마태복음] 20장 12절의 성경 구절에 비유하면서 '늦게 온 자'가 누리는 하나님의 은혜와 덕과 병치시킨다.[6]

프스코프의 수도사 필로페이Филофей의 서한에서 제3로마 개념이 단초적으로 피력되었다면, 보다 구체적인 사상은 1492년 모스크바의 수좌대주교 조시마 Митрополит Зосима가 "모스크바가 새로운 콘스탄티노플"이라고 한 언급에서 본격화되었다고 해도 과언이 아닐 것이다. 이미 콘스탄티노플의 함락이 야기한 일련의 종교적, 정치적 세태는 당대 모스크바 공국으로 하여금 "단일한 독립 정교국 единственное независимое православное государство"이 되었음을 스스로 주장할 수 있는 묘한 역사적 환경을 제공하여 주었다. 이에 꼬쉬만 Кошман 외 여타의 문화사학자들은 16세기 초의 러시아 상황에 등장한 이 같은 정치사적 문제를 '러시아 국가성의 정치 이론политическая теория Российского государства'으로까지 분명하게 정의내리고 있다.[7]

본래 필로페이의 편지는 짜르의 권위를 칭송하면서 정교국가로서의 모스크바를 이교적 로마제국과 차별적으로 부각시키는 내용의 서한이었다. 여기에는 러시아 황제를 찬양하는 송시 스타일의 문장도 들어 있고, 동시에 기독교를 지키지 못하면 선행한 두 개의 로마(수도 이전의 로마와 천도 이후의 콘스탄티노플)에게 닥친 비극적인 운명처럼 러시아도 멸망할 수 있다는 종교적 경고의 메시지도 담겨 있다. 이미 같은 세기를 전후로 하여 나타난 종교문학 텍스트들이 증거 하듯이, 러시아 정교는 가톨릭교와의 비교에서 하나님의 올바른 길로, 최종 승리를 안겨줄 믿음의 방주로 묘사

[삽도-32] 모스크바-제3로마 이념을 표현한 그림[8]

된다. 반대로 이교의 로마가 걸어간 가톨릭으로의 길은 곧 로마인들의 죄로 판정되어 멸망을 자초한 것으로 받아들여진다. 그들은 정교를 가톨릭교에로 넘겨주는 죄를 지어 하나님으로부터 최후의 심판을 받았고, 그 대가를 치른 것으로 필로페이는 해석한다.[9]

모스크바와 로마, 정교와 가톨릭교, 러시아 공후와 로마의 황제를 대비하면서 종말론적인 경고의 메시지 속에 전개된 필로페이의 서한은 이제 가장 중요해 보이는 본인의 확신을 비춘다. 이름하여 후대에 제3로마설로 공인되고 재해석되며, 여러 정치적인 이데올로기의 재현으로 재평가되는 이념이 소개된다.[10]

하나님을 경외하고 그리스도를 사랑하는 황제 폐하여! 그리스도교를 신봉하는 모든 왕국들이 멸망의 길에 이르렀고, 이제 우리 군주[가 통치하는]의 단일한 왕국에서

II. 우스펜스키 사원의 건축 역사   95

결합되어 있다는 것을 아시옵소서. 이는 예언서들에도 나와 있는 바입니다. 군주의 이 왕국은 로마 왕국이옵니다. 왜냐하면 두 개의 로마는 이미 멸망하였고, [현재] 세 번째의 로마가 서있기 때문입니다. 네 번째 로마는 나타나지 않을 것입니다.

다시 말하여 앞선 두 번의 로마는 모두 이민족에 의해 멸망하였고, 지금 세 번째 로마가 곧 러시아이며, 뒤이을 네 번째 로마는 없다는 것이 핵심이다. 결국 서방정교회의 세 번째 계승자이자 마지막 보루로서 러시아 정교회의 미션과 정치적 독립과 정신적 해방을 우리는 이 이념 속에서 찾아 볼 수 있는 것이다. 이는 중요한 종교철학적 독트린으로서 '정치와 종교의 수렴' 곧 신정神政국가의 구현이라 하겠다.[11] 러시아가 이제 "완벽해진 신정정치perfected theocracy" 형태의 정치체제 속으로 들어가게 되었고, 당대의 현실을 이상화하는 경향을 띠기 시작한 것은 모두 이 모스크바-제3로마 개념에서 기원하기 때문이었다고 볼 수밖에 없었다. 러시아 스스로도 이런 해석과 견해에서 정치적 인정을 희망하였기에, "비잔틴의 황제교황주의caesaropapism가 모스크바에 의해 수용되었고, 세 번째 로마는 완벽한 신정정치 체제가 되었다"는 평가에 우리는 동의할 수 있을 것이다.[12]

여기에서 말한 황제교황주의란 비잔틴 제국의 특징, 즉 러시아 정교회의 특징을 설명해주는 핵심이기도 하다. 황제를 뜻하는 카이사르Caesar와 교황을 뜻하는 파파Papa가 합성된 개념인 이 용어는 황제와 교황, 속권과 교권이라는 대립이 곧 그리스도 교회와 국가의 대립을 의미하는 것으로 사용되었다. 그러나 비잔틴 제국에서부터는 황제가 교회의 우두머리가 되어 결국엔 교황의 역할까지 한다는 독특한 정치 문화가 생성되었다. 이로써 황제가 교회 내의 문제까지도 결정하고, 최고의 권위자가 된다는 것은 정치권력과 종교권력이 분리되지 않고 황제 한 사람에게 복속되어 통솔된다는 것을 의미하는 것이었다.[13]

정리하면 제3로마 이념은 중세 모스크바의 종교 철학적 독트린이자, 러시아 국가성을 드러낸 기초적 토대였다. 이는 그 어떤 민족주의적 편향과 초점이라기보다는 서구 제국, 특히 동방정교회의 정통성을 계승하는 '자격 있는' 자로서 처신한 모스크바 공국의 등장을 알리는 신호탄이었다. 그리고 서구 비잔틴 제국의 후계자로서 러시아의 "정신적인 권리духовное право"를 주장하였던 근본적인 토대이기도 하였다.[14]

제3로마 개념에 대한 가장 분명하고 직접적인 언급이 드러나는 문헌은 흔히 16세기 전설의 구전으로 이어져 내려온 『흰 두건 이야기Повесть о белом клобуке』이다. 이 텍스트에서 '흰 두건'은 로마 황제 콘스탄티누스가 자신이 앓고 있던 병을 치유 받고 나서, 꿈에 본 계시에 대한 감사의 표현으로 교황에게 내린 특별 하사품을 의미한다. 당시 교황이었던 셀레베스트르가 죽었지만 이 하사품은 로마 교황들 사이에서 상당히 경배되었고, 마침내 동로마 제국 콘스탄티노플의 대주교인 필로페이(1353-1355)에게 보내졌다.

구전에 따르면 필로페이는 어느 날 꿈을 꾼다. 꿈에서 그는 자신에게 내려진 흰 두건이 대 노브고로드의 대주교 바실리에게 전해질 것임을 알게 된다. 그리고 교회 분열의 상대자였던 서로마 교황들은 자신들의 몰염치와 불순한 종교심 때문에 하나님의 복수를 받게 될 형편에 놓이게 된다.

또 꿈에서는 필로페이에게 나타난 두 사람 가운데 한 명이 콘스탄티노플이 맞게 될 도시의 운명에 대한 이야기를 들려준다. 이 꿈의 핵심은 도시가 곧 멸망하게 되며, 이는 이미 도시가 세워질 때부터 예정되어 있다는 것이었다. 바로 이 말을 끝내고 꿈속에서 한 사제는 다음과 같이 이어 나간다. 이 사제가 남긴 다음의 계시는 고대 및 중세 문학을 통틀어 제3로마설이 가장 직접적으로 드러난 문학의 증거라는 점에서 매우 중요하다.

> 고대 로마는 교만과 공명심 때문에 기독교 신앙과 영광으로부터 떨어져 나갔습니다. 새로운 로마인 콘스탄틴 시에서도 기독교는 역시 이슬람교도들의 박해로 사라질 것입니다. 제3로마인 러시아 땅에서만 성령의 은총이 빛날 것입니다. 필로페이님, 모든

기독교는 결국 러시아 국가의 정교 하나로 통일된다는 것을 알아야 합니다. 고대에 이미 지상의 황제 콘스탄틴의 의지에 따라 황제 도시의 왕관이 러시아 짜르에게 주어졌기 때문입니다. 그러나 이 '두건'은 하늘의 황제 그리스도의 명에 따라 대 노브고로드의 대주교에게 주어질 것입니다.[15]

같은 편지에서 필로페이는 러시아 짜르가 받게 될 축복과 러시아에게 다가올 명예로운 운명에 대해 낙관적으로 이렇게 기술하고 있다 : "하나님은 러시아의 황제를 모든 민족들 위에 내세우실 것이며, 다른 종족의 왕들이 그의 권력 밑에 놓이게 될 것입니다. 그리고 그 땅은 빛나는 러시아로 불릴 것입니다. 신의 은총으로 그 땅은 축복받을 것입니다. 러시아의 권위는 '정교' 신앙으로 강화되고, 러시아는 이전의 두 로마보다 더 명예로울 것입니다.[16]

바로 위에서 예로 든 두 인용문이야말로 제3로마 개념을 입증하는 문학 텍스트이자 귀중한 자료가 된다. 비록 이 텍스트가 장르상 만들어진 이야기, 전설로 규정되어 있어도 텍스트를 통해 드러나는 종교적 메시지는 너무도 뚜렷하다. 이 메시지를 요약하면 종교적 정체성의 문제, 러시아 정교의 입장, 하나님의 섭리로 모든 것을 규정하고 운명적 계시로 확증해 놓은 점 등일 것이다. 위의 텍스트는 모스크바가 이전의 로마제국과 결별하면서 15-16세기 러시아의 종교적, 정치적, 문학적 입장을 천명하는 중요한 자료가 되고 있다.[17]

여기에서 한 발 더 나아가서 『러시아 신학의 여정Пути русского богословия』을 쓴 게오르기 플로롭스키Георгий Флоровский의 입장에 귀기울여보자. 플로롭스키는 모스크바가 제3로마로 등장하는 배경 속에서 그 과정을 앞선 일반적인 논리보다 훨씬 더 강경하고 외교적인 수사로 분석하고 있다. 비잔틴 제국으로부터의 단순한 계승이 결코 아니라, 오히려 반대로 차별화된 노선 긋기로 해석하고 있는 것이다. 즉, "이전의 타락하고 멸망한 로마 대신 그것이 없어진 자리에 새로운 로마를 세우는 데 있는 것"이 바로 세 번째 로마의 과제로 보고 있는 것이다.[18]

플로롭스키의 이런 시각은 러시아의 입장을 오히려 세계적인 틀에서 스스로 시야를 좁히는 것이라는 자신의 부정적인 견해에 맞닿아 있다. 역설적이게도 서구 문명과 차별화를 걸으려는 모스크바의 선택은 일정 부분 "그리스와의 완전한 단절"로 연결되며, 이는 자연스럽게 다음과 같은 것으로 귀결되었다. 일찍이 20세기 초 러시아의 철학자 블라디미르 솔로비요프가 일갈한 바와 일맥상통하는 부분이기도 하다. "지역적인 전승을 가진 프로테스탄티즘"으로 이러한 현상을 해석한 솔로비요프의 날카로운 분석은 플로롭스키의 견해와 상충하지 않는다.[19]

아래의 견해가 바로 플로롭스키가 내린 최종 해석이자, 모스크바-제3로마의 독트린이 태생적으로 함유하고 있는 내부적 모순과 한계의 양상이기도 하다.

> 전 세계적인 교회 역사의 전승을 지역적이고 민족적인 것으로 대체함으로써 자신만의 지역적이고 민족적인 기억의 한계에 닫힐 위험이 발생했다.[20]

이반 III세의 시기는 또 비잔틴 제국이 사용하던 중요한 국가 상징이자 문장이었던 쌍두독수리двуглавый орёл를 국제결혼을 통해 러시아로 옮겨옴으로써 스스로 서구 제국의 정통성을 부여한 것으로 잘 알려져 있다. 비잔틴의 황녀 소피야와의 결혼은 "러시아에서 일어난 서구화의 시작"이었고, 니콜라이 카람진의 표현처럼 "유럽과 [러시아] 사이의 장막을 걷었다"고 평가받을 정도로 획기적인 사건이었다.[21] 결국 모스크바는 국제결혼을 통해 짜르의 존재감을 이국 문명에 드러낼 수 있었고, 몰락하였지만 동방정교의 마지막 문명을 쉽게 러시아로 가져올 수 있었다.

"그리스도 교회와 기독교를 믿는 러시아 권자 간의 끊을 수 없는 합일"을 상징하는 심포니 개념이 구현된 쌍두독수리 문장 외에 말탄 기사, 즉 "승리를 안겨주는 성자 세르게이Георгий Победоносец" 문장도 이 시기에 도입됨으로써 모스크바 공국은 종교-철학적 이념을 상징적 문양을 통해 선포하면서 정치적인 입장을 선보이는 데에까지 노력을 다하였다.[22]

 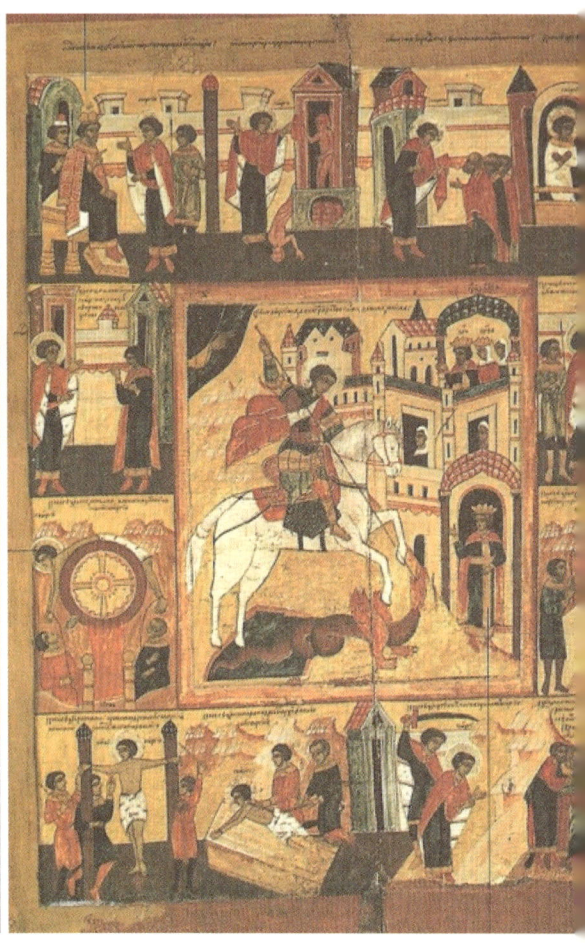

[삽도-33] (좌) "뱀을 퇴치하는 기적의 성 게오르기" 이콘(Чудо Святого Георгия о змие) 15세기 노브고로드 이콘 학파의 작품으로 현재는 상트 페테르부르크의 루스키 무제이(Русский Музей)에 소장되어 있다.
(우) "성자전의 여러 장면들 속에 들어 있는 성 게오르기의 기적"이란 이름의 이콘(Чудо Святого Георгия со сценами жития)으로 16세기 말에서 17세기 초의 작품 볼로그다 박물관(Вологда, музей-заповедник)에 소장되어 있다.[23]

[삽도-34] (상좌)스투르코프가 제작한 19세기 중반의 제정 러시아의 국기(Государственное знамя)
(상우)1797년에 제작된 것으로, "제국 러시아 황실 일가 확립(Учреждение об императорской фамилии)"을 기념하여 만든 국가 문장 자수
(하좌)15세기 당시 비잔틴 제국에서 사용되던 쌍두독수리 문장
(하우)오늘날 모스크바 시의 문장으로 사용되는 쌍두독수리 문장과 성 게오르기 상이 가슴에 들어가 있다.[24]

II. 우스펜스키 사원의 건축 역사　101

여기에서 한 가지 주목할 역사적 사건이 있다. 제3로마에 얽힌 최초의 이념적 단초가 과연 러시아에서 자생적으로 발생한 것인지, 그 기원에 대한 문제이다. 많은 역사적 증거에 따르면, 이는 러시아에서라기보다는 당시 이탈리아의 베니스에서 처음 등장하였다는 것이다. 비잔틴 황녀 소피야의 사절이었던 세묜 톨부진Semyon Tolbuzin 은 당시 이탈리아의 건축가들을 모스크바에 보내게 되는데, 이때 베니스의 원로원은 모스크바의 이반 III에게 서한을 전달했다는 것이다. 이 요청 서한에 따르면, 몰락한 제국의 운명이 드러나는데, 서한의 핵심은 이렇다: "동방 제국이 오토만 제국 사람들에 의해 포위당했고, 그리하여 [우리 비잔틴 제국] 우리는 '길한 결혼' 덕분에 막강한 권력을 쥔 당신에게 달려 있게 되었나이다."[25]

이 서한 내용의 행간을 읽어보면, 이렇게 해석할 수 있다. 비록 비잔틴 제국이 이민족에 의해 패망하는 마당이지만, 황녀와 모스크바 대공이 '의미 있는 결혼'을 한 이상, 아니 그 덕분에 모스크바를 동방 제국의 계승자로 생각하기에 스스로 자격이 충분하다는 점일 것이다. 오히려 제국의 승계를 황녀 쪽에서 부추기고 합법화하는 메시지를 먼저 보내왔다는 사실이다.

황녀 소피야와 그녀의 오라버니, 수행원들은 모두 이탈리아의 르네상스가 정점에 달하고 있을 때 이탈리아에서 살고 있었다. 이들은 이탈리아 현지에서 건축은 물론 당시의 인문부흥의 요소들을 충분히 알고 있었을 것이다. 혹자가 이야기하고 있듯이, 비잔틴 제국의 망명자들로부터 알 수 있는 것은 '모스크바 팔레올로그의 르네상스'였을 것이다. 러시아인들이 직접 경험한 이탈리아 르네상스가 아니라, 이탈리아에 거주하고 있던 황녀 소피야 팔레올로그를 통해 간접적으로 르네상스를 섭취했다는 논리인 것이다. 이 황녀의 소개를 받고 모스크바로 들어온 건축가 피에라반티의 건축가 경험과 예술적 안목에는 이탈리아 르네상스의 전통과 막 융성하던 그 흔적들이 없을 수 없을 것이다. 하지만 모스크바로 건너 온 이탈리아 건축가는 먼저 모스크바의 요청을 받아들여야 했다. 러시아 전통의 목재 건축 양식을 습득하고, 이 기초 위에서 우스펜스키 사원을 만들어 보라는 제안을 말이다.[26]

결과적으로 국제 혼사가 성사되었고, 러시아 내에서도 제3로마 이념의 기초적 증거들이 나오게 된 이상, 그 기원의 문제는 그리 중요해 보이지 않는다. 다만 러시아 내에서도 이와 같은 이념화된 독트린이 강력하게 필요했을 것이고, 이를 수용할 만한 타당하고 설득력 있는 문건이나 상징물이 필요로 했을 것이다. 바로 이러한 역사적 조건 속에서 제3로마는 탄생하였고, 우스펜스키 사원의 건축은 이념이 등장하기 전에 상징적인 기념물로 먼저 모스크바에 서게 되었던 것이다. 마치 미래에 있을 모스크바 공국의 정치적 운명을 예견하고, 미래에 있을 러시아 제국의 향방을 선취하고자 한 국가적 의도를 보여주기라도 하듯이 말이다.

이렇게 15세기 중반부터 형성되기 시작한 러시아의 정치 및 정신적 부활의 증거는 가장 먼저 정교회 사원의 건축에서 나타났고, 이 책이 살피고 있는 우스펜스키 사원은 이러한 사회적 분위기 속에서 가장 먼저 축조된 대표적인 예라 하겠다.[27]

제3로마 이념을 향후 표트르 대제가 등장하면서 본격적으로 드러난 러시아 제국주의 개념 혹은 그 이념적 유사성과 원천적으로 비교할 수는 없을 것이다. 그 어떤 행정적, 국가 구조적 체계가 갖추어지지도 않았고, 구체적인 정책이나 실천이 뒤따랐던 프로그램은 더더욱 아니었기 때문에 제3로마 이념은 제국주의 개념의 매우 단초적인 단계의 사상 정도에서 이해할 수 있다. 그럼에도 우스펜스키 사원이 건축되었던 배경에서 우리는 이러한 초기적 양상의 제국주의 이념을 읽을 수 있다. 건축으로 드러난 정교회의 권력화, 상징으로 드러난 정치적 의욕이 우스펜스키 사원에 녹아 있다고 보는 것이다. 그렇기 때문에 우스펜스키 사원은 15세기 모스크바 공국의 종교적 중심지에서 '정치적 제국의 본산지'로도 확대해 볼 수 있게 되는 것이다. 드미트리 리하초프 역시 "역사적 자기인식과 러시아 문화Историческое самосознание и культура россии"란 글에서 제3로마를 단적으로 "모스크바 제국주의 이론"으로 못 박고 있다. 비잔틴 제국이 폐망하고 황제가 부재한 상황에서 황제는 교회의 비호자였을 뿐만 아니라, 전 세계의 유일한 보호자이기도 하였다. 당대의 상황에서 모스크바가 바로 이런 황제의 역할을 수행하였다고 해석하는 리하초프는 "모스크바의 제국주의 이론 = 제3로마" 패러다임을 정당화한다. 나아가 리하초프는 이 맹아적 제국주의 이념이자 제3로마 담론은 지나치게 광범위한 의미를 띠었던 17세기를 제외하면, 19, 20세기에 이미 전 세계적인 의미를 확보하였다고 주장한다.[28]

이렇게 볼 때, "도시가 세계 어느 곳에서건 성스러운 장소라는 관념 없이도 발달할 수 있었을지는 의심스럽다"는 언급이 설득력 있게 다가온다.[29] 즉 거의 모든 도시의 축성과 창조 계획에는 성스러움의 개념을 염두하고, 이것의 정치 권력화 혹은 정치적 재현을 상상할 수밖에 없다는 논리를 우리는 읽을 수 있다. 그리하여 권력의 투영으로서 도시 창조는 곧 상징적 사원 건축의 재현으로서 정치 공간의 창조로 환언하여 볼 수 있고, 이는 역으로 사원 건축의 문법을 정치적으로 재해석해 볼 수 있는 코드의 역할을 한다고 할 수 있다.

그러나 다른 한편으로 우스펜스키 사원의 건축이 시도되었던 전후 당대의 시대적 분위기를 순전히 정신적이고 영적인 관점에서 재조명 하면 사원 건립은 결코 정치적 승리만은 아님을 알 수 있다. 베르쟈예프의 날카로운 비판이 말해주듯, 러시아의 전 역사 시기 가운데 "모스크바 시대는 최악의 시대"였고, "신성의 불마저 꺼진" 비영적인 시기였다. 통계도 입증하듯이, 이 시대에는 성자의 수가 그 어느 시대보다 적었다.[30] 몽고-타타르의 외침에서 이제 막 벗어나기 시작했고, 유럽식 르네상스의 인문학적, 예술적 유산을 결코 공급받지도 못하였다. 단지 새로운 모스크바의 정치적 정체성을 종교 사원으로 재현하고, 모스크바 공국의 통일 염원이 발현된 사원 건축이 절실하게 필요했던 것이지, 시대 자체가 영적인 갈급이나 신학적 해석으로 가득 차지는 않았던 것이다.

그럼에도 불구하고, 우스펜스키 사원 건축으로 비로소 촉발되었던 15세기 모스크바의 독립과 자유 정신의 구체화는 사원 건축의 양식으로 드러나게 되었다. 그리고 이 새로운 건축 양식은 러시아의 고대 전통 목조 건축기법을 버리지 않은 상태에서 서유럽의 르네상스 건축 유산을 부분적으로 접합한 결과였다. 한 연구가가 기록한 바대로, 1500년경의 모스크바는 "서유럽의 문화 궤도 속으로 이제 막 들어가 있었고, 르네상스 건축을 수용하게 되었다."³¹⁾ 앞서 인용한 브룸필드와 같이 우스펜스키 사원의 구성 요소들을 연구한 러시아의 건축학자 포드야폴스키C. C. Подъяпольский의 견해는 본래 브룸필드 해석의 원형을 이룬다. 두 이질적인 문화 층위는 첫째가 이탈리아 건축 전통에 기원하는 것이고, 다른 하나는 러시아 목조 건축 방식의 형식과 이를 활용하는 것과 관련되어 있다.

이탈리아 건축가 피에라반티가 우스펜스키 사원을 본격적으로 건축하기 전에 블라디미르의 우스펜스키 사원(1158년 완성)을 먼저 관측하고 러시아의 전통을 익숙하게 하였던 전례는 바로 모스크바의 새 사원 형성이 어떤 배경에서 완성되었는지를 설명해 준다. 즉, 모스크바 공국 초기 시절의 목재 건축 양식에는 이미 황금고리 도시들 중 블라디미르와 수즈달의 유산과 구별되는 전통들이 형성되고 있었다(이 책의 부록에서 고대 러시아 전통의 목재 건축 양식과 사진 참고).³²⁾ 러시아적인 토양에서의 새 전통이 르네상스라고 하는 이국적 전통을 누르고 우스펜스키 사원의 최종 모델에 더욱 의미 있는 기여를 보여주었다는 것이 우리가 발견해야 할 중요한 핵심이다.

요약하면 당시 이탈리아 건축가가 주도하고 러시아 건축가 및 장인들이 함께 작업한 우스펜스키 사원은 러시아의 전통 목재 건축 기법들에 르네상스 건축 양식들이 가미되어 러시아 전통에 전혀 낯설지 않고, 오히려 러시아적인 토양에 곧바로 적응된 건축 요소들이 들어가게 되었던 첫 번째 사례인 것이다.³³⁾ 이 모든 과정의 시작이 바로 이탈리아 건축가를 러시아로 초청하여 우스펜스키 사원 건축을 의뢰한 것에서 비롯되었고, 러시아 교회 건축에 새로운 바람을 불어 넣었다.³⁴⁾

뒤에서 자세히 살펴보겠지만, 다음 장에 소개된 우스펜스키 건축 일지는 사원의 성장기록이기도 하다. 여기에는 건축 관련 사건이 일목요연하게 정리되어 있을 뿐만 아니라, 사원에서 거행되었던 각종 국가 의례를 포함한 대관식 의례의 주인공도 들어 있다. 또한 황제의 혼례царская свадьба식이 이 공간에서 벌어졌으며, 이로써 우스펜스키 사원은 짜르 가문이 공식 권좌의 자리에 오르기 위한 관습적 의례의 공간이자, 결혼과 성직자 임명 등 그 외 세속과 종교적인 의례 모두를 관장하는 주요

장소였다.[35]

　시대 순으로, 대관식이라고 하는 거대한 의식이 15세기 말에서 19세기 말까지 근 400년 동안 이 사원에서 치러졌다. 처음으로 짜르의 권자에 오른 자는 요한 III세의 손자인 드미트리(1498년)이며, 맨 마지막으로 이 사원에서 대관식을 치른 자는 니콜라이 II세로 1896년에 있었다.[36]

　이들 외에도 우스펜스키 사원은 국가적으로 매우 중대한 의식과 의례가 거행된 장소로서 황실의 혼례가 있었다. 대표적인 예로 바실리 III세와 엘레나 글린스카야, 이반 IV세와 아나스타시야 로마노바가 이곳에서 혼례식을 치렀고, 알렉세이 I세는 이 자리에서 자신의 황태자 및 손들을 세례 받도록 하였다. 황실의 후계자는 10살의 나이에 이곳에서 후계자임이 천명되곤 하였는데, 1744년 독일 출신의 공주 소피야 폰 안할트-제르브스트Sophie von Anhalt-Zerbst, 즉 후에 예카테리나 여제가 되었던 인물이 이곳에서 러시아 정교를 자신의 종교로 받아들인 역사적인 일이 있었다. 1812년에는 짜르 알렉산드르 I세가 프랑스와의 조국전쟁 시에 성자들의 관에 입을 맞춤으로써 프랑스 군의 모스크바 퇴각을 다짐하는 서약식을 치르기도 하였다.

2. 사원 건축의 경과

　역사적으로 루시 땅에 우스펜스키 사원이 만들어지게 된 시기는 이미 고대 키예프 공국 시절로까지 그 기원이 거슬러 올라간다. 본래 '성모의 승천'을 기념하는 것에 봉헌된 것으로 붙여진 이름 우스펜스키 사원은 오늘날 모스크바 크렘린 궁 내에 있는 같은 이름의 사원이 건축되기 훨씬 이전에 러시아 땅에 세워졌다.

　러시아 정교회 공식 홈페이지에 게재된 기사에 따르면, 성 소피야 사원이 건축되던 것과 나란히 키예프-페체르스키 동굴 수도원Киево-Печерский монастырь 내에 우스펜스키 사원이 최초로 세워진 것으로 기록되어 있다. 이 사원을 건축한 주인공은 당시 러시아인이 아닌, 바랴그인 쉬몬варяг Шимон이었으며, 쉬몬은 당시 바랴그인으로 이민족인 루시의 야로슬라프 무드리이Ярослв Мудрый에게로 와서 공직을 맡은 인물이었다.[37] 그 기원에서 이민족이 세운 우스펜스키 사원은 이렇게 모스크바 공국이 권력을 잡고, 루시 땅을 통일하기 전에 루시 땅 여러 곳에 건축되어, 모스크바 외에도 블라디미르, 로스토프, 스몰렌스크, 그리고 그 밖의 대공 친족들이 통치하던 공국 중심지에도 세워졌다. 모스크바로 그 지역을 한정하여 말하면, 이반 칼리타(이반 I세)가 역사의 권좌에 오르기 이전에 드미트롭스키 사원Дмитровский собор은 모든 사원들 중에서 중심을 이루고 있었다.[38]

이미 14세기에 러시아의 수좌대주교들은 키예프가 아닌 블라디미르에서 거주하기를 희망하고 있었다. 하지만 블라디미르에 이미 살고 있던 공후들은 당시 수좌대주교였던 표트르와 사이가 좋지가 않았다. 반대로 모스크바 공국의 공후 이반 칼리타는 수좌대주교와의 관계가 좋았다. 수좌대주교 표트르가 이반 칼리타 맏형의 장례식에 참석차 모스크바에 방문할 당시 이반 칼리타는 수좌대주교에게 모스크바에 영원히 거주할 것을 제안하였다. 그리하여 1325년 마침내 수좌대주교 표트르가 모스크바에 와서 살게 되었다. 이를 계기로 수좌대주교의 후임 사제들이 대저 모스크바로 거처를 옮기게 되었고, 모스크바는 이제 루시의 명실상부한 교회 수도가 되었다. 이리하여 러시아 정교회 역사에서 흔히 거론되는 "러시아 교회 본부의 거처, 즉 총대주교의 레지던스"가 모스크바 크렘린에 14세기부터 마련되기 시작하였다.[39]

정교회 사제직분자들이 살 수 있는 주거가 공식적으로 마련되었다는 것은 그만큼 교회의 권한이 대폭 증가하고 있음을 반증하는 것이었다. 자연스럽게 14세기 말에서 15세기에 이르는 동안 교회의 세력이 증대하면서 교계의 인물 숫자 역시 늘어나게 되었고, 교회 건축에도 활력이 찾아들었다. 단적인 예로 보아도, 1325년에서 1366년에 이르는 기간 동안 모스크바에는 단 9채의 석조 교회(이것도 정교회 건물 동쪽 앱스 부분에 딸린 부속 건물로 작은 규모의 프리젤придел을 포함하여)와 1채의 목조 교회가 있을 뿐이었다. 프리젤의 사진은 아래의 [삽도-36]에 잘 살펴볼 수 있다.

위에서 조사된 총 10곳의 사원 중에서 또 두 곳은 수도원으로, 성변용 사보르 Спасо-Преображенский собор(1330)와 기적의 사제 미하일 사보르Чуда архистратига Михаила собор(1365)가 이에 해당한다. 이런 규모에서 1366년부터 1485년에 이르는 시기, 즉 앞서 언급한 14세기 후반에서 15세기 후반에 이르는 거의 100여 년 사이에 사원 건축이 증대하기 시작한다. 그리하여 흰돌벽의 크렘린 담벼락 내부에 이미 22개의 석조 교회가 세워졌고, 이 중 5채는 수도원이며, 3채는 숙사가 별도로 마련된 수도원이었다. 이로써 돌로 쌓아 올려진 크렘린 담벼락 경계 내부에만 총 32개의 교회(프리젤 포함)가 들어서게 되었다.[40]

이러한 수치는 결국 15세기 중·후반에 이르러 모스크바가 얼마나 커다란 정교회 집합체를 구성하고 있었는지를 극명하게 보여주는 증거라고 하겠다. 아울러 정교회의 세력이 비대해지는 것과 비례하여, 모스크바 공국의 정치적 입장 또한 강대해지는 결과를 나왔는데, 이 모든 역사적 추이가 우스펜스키 사원의 탄생과 매우 밀접한 연관이 있다는 점을 우리는 기억해야 할 것이다.

수좌대주교 표트르는 블라디미르에 머물고 있을 당시 같은 모스크바에 있는 것과 같은 이름의 우스펜스키 사원을 모델 삼아 모스크바 크렘린에다 우스펜스키 사원을 건축하도록 이반 칼리타 모스크바 대공을 설득하였다. 이 제안을 받아들인 이반 칼리타는 1326년 크렘린에다 우스펜스키 사원 착공을 명하였고, 처음 건축 당시에 이 사원은 매우 검소할 정도로 작았고, 지붕도 하나였다. 이듬해인 1327년에 이반 칼리타는 사원이 완공된 후에 몽고의 한으로부터 위대한 공후라고 하는 직위를 하사하는 내용의 칙령을 받았다. 이리하여 모스크바는 러시아의 수도가 되었다.

모스크바의 우스펜스키 사원은 성모 마리아와의 관계 속에서 이해되고 있었던, 이른바 키예프와 노브고로드, 폴로츠크 등지에 건축된 러시아 최초의 소피야 사원들의 전통을 유지하였다. 비잔틴 제국의 전통은 소피야를 성모가 아니라, 예수 그리스도

[삽도-35] 1326년 수좌대주교 표트르에 의해서 우스펜스키 사원의 주춧돌이 놓아지는 것을 그린 그림
(좌)14세기 연대기에 "Закладка Успенского собора в 1326"란 제목으로 이 역사적인 내용이 삽화로 그려져 있다.
(우)16세기의 『삽화가 들어간 그림 역사서』(리체보이 레토피스니 스보드, Лицевой летописный свод)에 삽입된 세밀화로 사원 건축 장면이 잘 드러나 있다.[41]

그 자체와 동일시한다. 콘스탄티노플에 있는 소피야 사원은 그리스도에 봉헌되어 있었다. 그리스도교 모든 사원들의 원형이자 그리스도교 사원의 우두머리이기도 한 예루살렘 소재 부활 주님 사원이 예수 그리스도의 공생애 기간 동안의 역사적 사건들이 있었던 장소에 세워졌기 때문에 이를 반복하는 일은 불가능하였다. 바로 이 같은 이유에서 사람들은 신학적 해석들에 귀를 기울이기 시작하였다. 그리하여 6세기, 세계에서 최초로 콘스탄티노플에 성 소피야 사원이 건축되었던 것이고, 이는 예수살렘에 있는 부활 주님 사원을 상징하는 것이었다.

그런데 러시아에서는 성 소피야에 대한 다른 설명, 즉 성모에 대한 해석이 형성되었다. 비잔틴의 전통이 성 소피야를 로고스인 예수 그리스도와 동일시하였다면, 러시아에서는 소피야의 형상이 성모 마리아의 관계 속에서 인식되었고, 구세주에 대한 신학적 의미 역시 성모를 통하여 구현되었다.

역사적 실제로 소피야 사원의 건축은 고대 목조 건축의 초기였던 10-13세기 경우에만 등장하였다는 사실이 흥미롭다. 이후 성 소피야의 러시아식 형상이었던 성모 마리아에게 봉헌된 여러 사원들의 건축 전통이 뿌리를 내리게 되었다. 이렇게 하여 모스크바 크렘린에서 우스펜스키 사원이 모스크바의 소피야로 자리매김 되었다.

동시에 우스펜스키 사원은 러시아 전통으로 재해석된, 이른바 콘스탄티노플의 소피야 사원의 신학 및 도시건축상의 상징이 되었다. 그리하여 모스크바는 우스펜스키 사원이라는 이름의 거대한 궁이 딸린, 성모의 집으로 인식되기 시작하였다. 마침내 1327년 8월 4일 우스펜스키 사원은 성모 마리아에게 봉헌되었지만, 당시 이 건축 제안의 실질적 주인공이었던 수좌대주교 표트르는 이 건축 사실을 보지 못하고 사망하였다. 생전에 완공을 지켜보지는 못했지만, 이 사원에서 그의 장례식이 거행되었다.

위에서 언급하였듯이, 우스펜스키 사원 건축은 본래 1475년보다 훨씬 이른 1326년, 모스크바 대공 이반 1세(칼리타)의 치세기에 시작되었다. 역사적인 첫 건축 공사가 시작된 해가 바로 1326년 8월 4일이었다. 1327년까지 계속된 이 공사는 오늘날 우리가 알고 있는 우스펜스키 사원의 전신이다. 현재처럼 돔이 5개가 아니고 하나였으며, '흰색 돌로 지어진 사원'이란 다른 이름으로도 불린 애초의 사원은 이렇게 하여 모스크바 수좌대주교 교구로 편입되게 되었다.

최초의 우스펜스키 사원이 완공된 후 2년째였던 1329년에는 표트르의 후임이자 수좌대주교였던 페오그노스트가 사원 내에 사도 베드로에 대한 충성된 결속이자, 그에 대한 경배의 기념으로 작은 예배당인 프리젤을 세웠다. 한편 1459년에 사제 요한 역시 사원 내부에 몽고 타타르 한이었던 세다아흐마트에 대항하여 거둔 모스크바 군대의 승리를 기념하기 위해 성모 찬미Похвалы Богородицы 프리젤을 만들기도 하였다.

[삽도-36] (상좌)모스크바 소재, 신 발현 사원(Богоявленский собор)의 남쪽 프리젤 모습
(상우)블라디미르에 있는 우스펜스키 사원의 동남쪽 방향에 있는 프리젤 모습
(하좌)1370년에 건축된 스타리 시모노프 소재 성모탄생사원(Храм Рождества Пресвятой Богородицы в Старом Симонове) 내부의 이코노스타스 좌측에 있는 프리젤
(하우)콜롬나의 곤차리에 있는 신 발현 교회(Церковь Богоявления в Гончарах в Коломне) 내부의 이코노스타스 좌측에 있는 프리젤 둘 다 이코노스타스의 좌측에 있기 때문에 위의 사진에서처럼 사원 외부에서 관찰해 보면, 둘 다 북문과 동문 사이쯤에 해당하는 것을 알 수 있다.[42]

여기에서 프리젤은 일반적인 구조의 정교회 사원 동쪽 방향에 지어진 보충, 부속 건물로 그 규모는 매우 작다. 앞의 사진에서처럼, 프리젤은 실내에서 보면 이코노스타스가 놓인 동방향의 좌우에 설치되어 있는 것이 일반적인 것으로, 이를 사원 외부에서 관찰하면 동쪽 앱스에서 측면으로 살짝 튀어나온 부분으로 보인다.[43]

15세기 말까지 우스펜스키 사원 내에서 가장 유명했던 성물은 바로 수좌대주교 표트르가 직접 그렸다는 성모 마리아 이콘Петровская икона Богоматери이다. 이 성화는 현재 모스크바에 있는 트레치야코프 미술관으로 이전되어 보관 중에 있다. 블라디미르의 우스펜스키 사원에 있었던 성모 마리아 이콘은 1395년에 모스크바 우스펜스키 사원으로 옮겨졌다.

피에라반티에게 제안되기 전, 처음에는 러시아 최초의 건축가였던 바실리 예르몰린에게 사원 건축이 의뢰되었다. 그러나 예르몰린은 이를 거부하였는데, 그 이유는 이반 골로바-호브리니와 같은 다른 장인들과 같이 일하는 조건이 그에게는 굴욕적으로 느껴졌기 때문이었다고 기록은 전하고 있다.

애초에 사원이 건축되고 있던 당시 이와 나란히 옆에는 예배가 중단되지 않도록 작은 목조 교회가 세워졌다. 1472년 이 작은 교회에서 이반 III세가 비잔틴의 황녀와 혼례를 올렸다. 그러나 이 결혼식 직후인 1474년 5월, 이전에 지어졌던 우스펜스키 사원이 붕괴되는 재해가 발생하였다.

마침내 1475년 이탈리아 건축가 피에라반티에 의해서 크렘린 궁 내에 우스펜스키 사원이 착공되었다. 건축 당시 전승에 따르면 이 터 지하에 깊게 파진 납골 묘지가 만들어졌다. 동쪽의 제단 자리에 만들어진 총 3개의 프리젤에는 각기 봉헌된 자가 다른데, 예를 들어 페트로베르기츠스키 프리젤은 사도 베드로와 바울을 기념하기 위한 것이고, 드미트롭스키 프리젤은 러시아의 황제들이 혼례식을 치르는 과정에서 의복을 갈아입던 장소이기도 하였다. 성모 찬미 프리젤은 러시아 수좌대주교와 총대주교들이 이 자리에서 선출되던 장소였다.

그러다가 1472년에 새 사원이 다시 건축되기 시작하였다. 1472년 4월 30일,

이반 III세의 친족 일가 및 대주교 필립이 참석한 상태에서 우스펜스키 사원의 새 건물 기공식이 거행되었다. 러시아 건축가 크리프초프Кривцов와 므이쉬킨Мышкин이란 장인에 의해서 시작된 우스펜스키 사원 건축은 불행하게도 벽이 붕괴되면서 완전히 내려앉게 되었다.[44] 결국 새로운 사원 건축이 필요하게 되었고, 당시 황제 이반 III세는 러시아 건축가 대신 눈을 해외로 돌려 이탈리아인 건축가를 초빙하기에 이른다. 초빙 당시 이탈리아인 피에라반티의 나이는 무려 60세였고, 자신의 아들 안드레아를 동반하고 모스크바에 들어온다.[45]

이에 이반 III세에 의해서 사원 재건축을 위해 초대된 이탈리아 건축가 피에라반티는 먼저 당대 블라디미르에 세워졌던 동명의 우스펜스키 사원(1158년)을 탐방할 것을 독려 받았다. 블라디미르 외에도 로스토프, 야로슬라블리 등 여러 다른 지역까지 돌아보았던 피에라반티는 모스크바에 있던 사원 대부분이 나무로 지어져 있고, 비잔틴 형식과는 거의 공통되는 건축학적 요소를 발견할 수 없었다. 더욱이 그가 발견한 흥미로운 것은 백해에서 본 수십 채의 고대 시기 목조 교회였다. 또한 모스크바로 돌아오는 길에 방문한 라도가 호수와 노브고로드의 고색 창연한 목조 교회 건축물은 이탈리아 건축가 피에라반티에게 큰 영감을 주었다고 전해진다. 이는 "러시아의 종교 건축물을 직접 경험할 수 있었던 기회를 그가 얻었다는 점과 러시아적인 전통의 본질을 이해할 수 있었다"는 점이었다.[46]

한편 이반 III세는 이탈리아 건축가만 초청한 것이 아니라, 이후 프스코프에서 러시아인 건축가를 대거 모스크바로 불러들여 사보르 광장에다 또 다른 사원들을 짓도록 하였다. 따라서 우스펜스키 사원 축조 이후, 프스코프 건축가들은 성수태고지 사원Благовещенский собор(1484-1485), 성모수의교회Ризоположенская церковь와 오늘날 성령 강림Сошествие Святого Духа으로 불리는 세르기예프 포사드 내에 위치한 성삼위일체 교회Церковь Троицы, 그리고 모스크바에 있는 스레쩬스키 및 즐라토우스트 사원Сретенский и Златоустовский храмы을 건축하기에 이른다.[47]

1504년에는 이탈리아에서 또 다른 건축가가 모스크바에 들어왔는데, 그의 이름은 알레비스 노브이였다. 사보르 광장의 우스펜스키에서 대각선에 위치하여 있고, 성모수태고지 사원과는 맞은편에 서 있는 대천사 사원, 즉 아르한겔스크 사원이 바로 알레비스가 제작한 사원이다. 그는 우스펜스키 사원이 지니고 있는 특징을 일부 반복하면서 몽고 강점기 이전 고대 러시아의 목조 교회 건축의 양식(6개 기둥 양식)을 사용하였다.[48]

알레비스 노브이를 이어 이탈리아에서 건축가들이 꾸준하게 모스크바로 들어왔다. 페트로크 말르이와 알레비스 프랴진 등이 이들인데, 이와 같이 외국 건축가들의 모스크바 진출 러시는 한동안 이십 년이 넘도록 지속되었다. 당대의 역사를 기록한 연대기 기록의 연구에서 드러난 바로는 총 28개의 건축물이 이탈리아 건축가들에 의해 건축되었다. 모스크바에만 이렇게 많은 정교회 사원들이 지어졌는데, 오늘날까지 남아 잔존해 있는 사원은 대부분 없다. 그럼에도 일부 대표적인 사원들은 티흐빈과 프스코프에 현존하여 있는 것으로 알려져 있다.[49]

[삽도-37] 블라디미르에 있는 우스펜스키 사원과 크렘린 궁 내에 있는 우스펜스키 사원의 비교 사진[50]

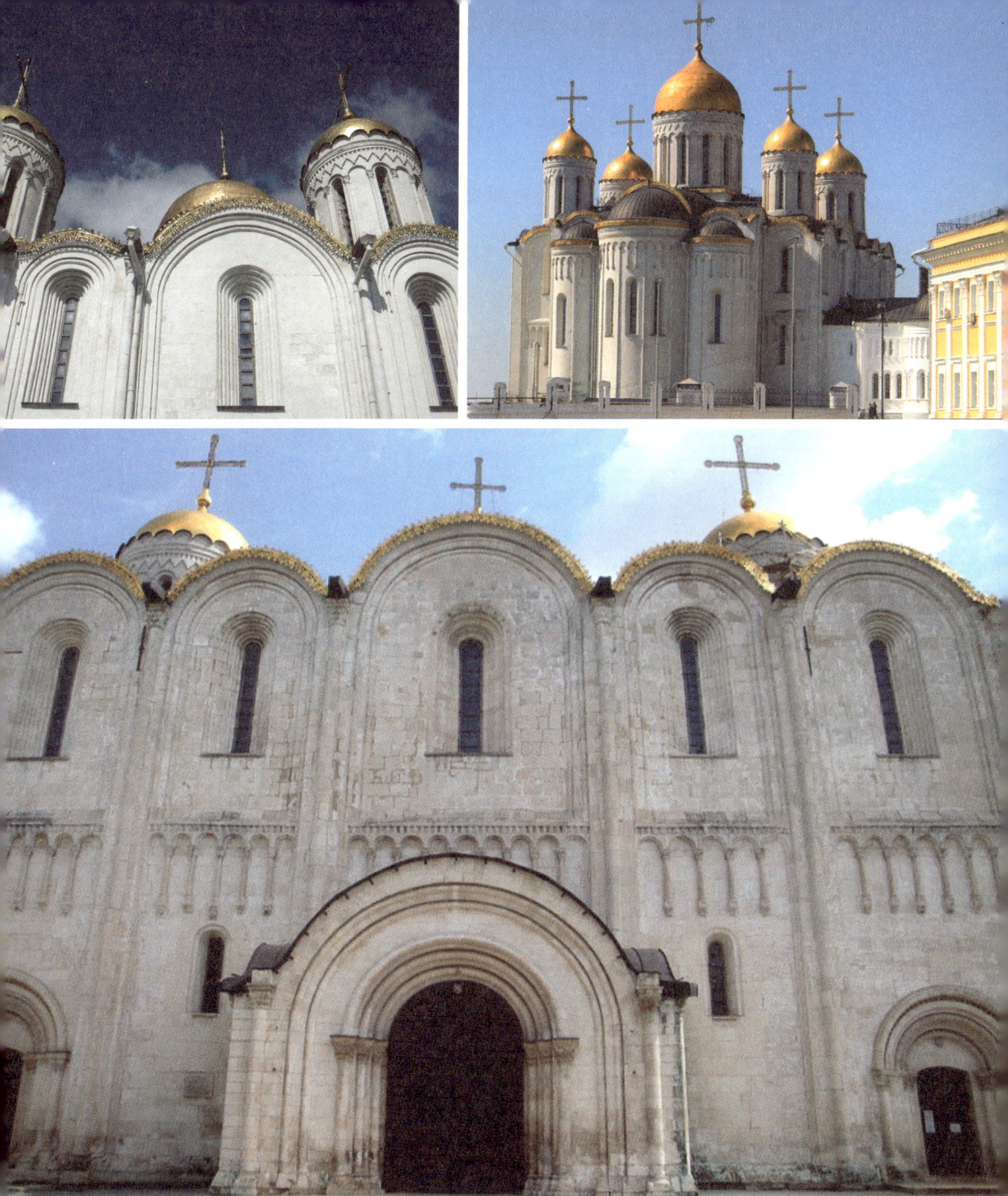

[삽도-38] 블라디미르에 있는 우스펜스키 사원의 외관 사진 하단 사진은 필자 직접 촬영(2015년 7월 25일)[51]

한편, 초기에 나무로 지어졌던 사원은 두 차례의 큰 재해로 수난을 겪기도 하였다. 끝임 없이 자주 발생했던 화재는 우스펜스키 사원의 역사에 지대한 영향을 주었다. 1471년부터는 이미 낡은 건물들에 대한 해체작업이 시작되었다. 1492년 7월 15일에는 번개로 사원이 손상을 입었고, 1547년의 모스크바 대 화재 중에는 사원의 상부 부분이 전소되기도 하였다.[52] 1682년과 1737년 두 해에 있었던 대화재는 사원의 개축을 야기하였다. 한편 예카테리나 II세 치세기에는 사원 내의 심각한 보수 공사가 진행되었고, 벽면에 그려진 프레스코화는 대대적으로 다시 그려지는 일이 벌어졌다.

1612년 모스크바 공국에 침입해 온 폴란드인들이 크렘린에 체류하던 동안에는 사원의 주요 성물들이 약탈당하거나 더럽혀져 개축과 재건이 불가피할 정도였다고 전해진다. 마찬가지로, 200년 후인 1812년 조국전쟁 당시 프랑스의 나폴레옹이 수도 모스크바에 침입해 왔던 당시에는 325푸드(약 5.3톤)의 은과 18푸드(약 294킬로그램)의 금이 도난당하는 일까지 있었다.[53] 1812년 9월 26일, 우스펜스키 사원에까지 진입해 온 나폴레옹과 그의 군대는 사원 내의 이콘과 종교화, 여러 성물을 파괴하거나 고가의 귀금속을 약탈해 간 것으로 잘 알려져 있다.[54]

오늘날 우리가 알고 있는 모스크바 크렘린 궁 내에 있는 우스펜스키 사원의 건축 완공 시기는 1479년이며, 궁의 외벽, 즉 크렘린 담벽 공사는 1485년부터 시작되었다. 외벽 공사보다 내부의 우스펜스키 사원이 먼저 완공된 셈이다. 드미트리 돈스코이(Дмитрий Донской) 치세기에 흰색 돌 재질의 벽돌로 만들어지기 시작한 크렘린 벽은 오늘날 총 길이 2.235km이며 전체 외벽이 한 번에 완공된 것은 아니다. 기존의 나무벽 전통에서 벽돌 사용은 당시 개혁이나 다름없었다. 이미 벽돌은 비잔틴 건축의 주된 건축 재료였고, 이로써 모스크바 크렘린 축조에 벽돌을 사용하고 있었다는 점은 러시아의 건축 양식이 여전히 비잔틴의 영향 하에 있었다는 것을 보여주는 것이기도 하다.[55]

1485년 공사 시작 첫 5년 만인 1490년에 완공된 벽은 크렘린 궁의 남쪽 부분으로 모스크바 강변을 향해 있는 것이 가장 먼저 완성되었다. 1493년에는 붉은광장을

[삽도-39] 크렘린 궁의 외곽 벽. 크렘린 궁의 외곽 벽을 따라 산책하는 데만 40분 이상이 소요된다. 위치에 따라 높이가 다소 차이가 나는데, 보통 5미터 이상으로 보인다. / 필자 직접 촬영(2017.07.26.)

[삽도-40] 크렘린 궁의 외곽 벽에는 위의 사진과 같이 높은 탑과 망루가 총 20개 있다.   필자 직접 촬영(2017.07.26.)

면하고 있는 탑과 그 밖의 벽들도 완성되었다. 당시에 완공된 탑의 숫자는 오늘날과 같은 20개에 달하였다. 네글리나야 강으로 향해 있는 외벽들은 1495년에, 1516년 바실리 III세 시절에는 이미 모스크바 강에서 네글리나야 강 사이 공간에 해자ров가 설치되었다.[56]

이렇게 하여 우스펜스키 사원은 크렘린 궁의 외벽 공사가 진행되기 전부터 먼저 건축되었고, 후에 외벽으로 빙 둘러 사보르 광장뿐만 아니라, 그 밖의 건물을 커다란 보호벽으로 둘러친 형식이 바로 크렘린의 벽이었다. 당시에 사용되었던 벽돌은 일종

	외관 형성 1단계	외관 형성외관 2단계	외관 형성 3단계	외관 형성 4단계
축조				
건축 시대	유리 돌고루키 (1156)	이반 칼리타 (1339)	드리트리 돈스코이 (1367)	이반 3세 (1485)
재료	소나무	참나무	백석회암	붉은 벽돌
파괴 및 훼손 원인	화재 3건 (년도): 1177, 1237, 1337	화재 3건 (년도): 1343, 1354, 1365	화재, 담 붕괴, 비내구성 자재 사용	증축, 및 개축 시기 (년도) 1817-1822 1866-1870 1931-1936 1946-1953

[삽도-41] 인포그래픽으로 보는 모스크바 크렘린의 축조 역사[57]

의 건축학적 개혁으로서, 이 공법은 오로지 석조만으로 이뤄졌던 초기의 공법을 대체하게 되었다. 따라서 애초의 목조에서 백석 재질의 사원으로 다시 서게 된 우스펜스키 사원의 외벽은 여전히 돌이 사용되었으나, 내부의 둥근 천장 스보드와 그 밖의 많은 부속 재질은 모두 벽돌을 사용하는 특징을 보여주었다. 이 벽돌 재료가 크렘린 궁 외벽 공사에 사용되었던 것은 이런 점에서 매우 자연스러운 것이었다.[58]

우스펜스키 사원이 건축된 이후, 모스크바에 단기 체류하였거나 모스크바에 입국한 외국의 대사 및 외교관들의 기록에 따르면 이 사원이 얼마나 웅장하고 장엄했는지가 잘 드러난다. 황금고리의 도시들 중에서 블라디미르와 수즈달에 세워진 일부 정교회 사원들에는 로마시대 건축양식의 흔적이 발견되곤 한다. 그러나 이탈리아 건축가들의 양식은 거의 나타나지 않는다. 다시 말하여, 피에라반티가 모스크바 땅에 오기 전까지 그보다 먼저 러시아에 들어와 활동한 건축가는 알려진 기록도 없을 뿐더러, 실제로도 그럴 가망성은 없는 것으로 간주된다.[59] 로마 양식의 흔적을 논외로 하면, 이탈리아 르네상스의 건축 양식을 상기시키는 여러 요소는 일부의 기록에서도 발견되는데, 일부 대표적인 예를 열거하면 아래와 같다.

1486년 6월, 이탈리아 밀란의 대공 갈레아조 스포르자Galeazzo Sforza는 그리스 출신으로 모스크바에 근무하는 특사 게오르그 페르카모트Georg Perkamot에게 이르기를 러시아에 대한 리포트를 작성하도록 분부한다. 이 기록에서 페르카모트는 "모스크바의 대부분 집들이 나무로 지어졌는데, 궁정관리 및 황제 일가의 식구들이 거처하는 집들은 예외적으로 돌로 지어졌습니다. 이 집들은 벽돌과 돌로 지어졌는데, 이탈리아 양식으로 건축되었습니다. 그리고 이 양식은 이탈리아 장인들과 공학자들에 의해서 도입된 것입니다"고 적고 있다.[60]

30년 후인 1516년 성스러운 로마 제국의 특사로 모스크바에 와 있던 지기스문트 헤르베르쉬타인Sigismund Herberstein 역시 유사한 인상을 남기고 있다. 모스크바에 도착하여 크렘린 궁에 당도한 그는 "거대한 거처를 발견하게 되었는데, 여기에는 이 나라의 절대 군주가 거처하는 곳이라 하며, 어마어마한 돌로 지어진 궁이었다. 정교회의 대주교 역시 이곳에서 산다고 한다"라고 적고 있다. 나아가 그 이전의 외국인이 남긴 바와 같이 헤르베르쉬타인 역시 "그 장엄한 벽과 돌로 지어진 궁과 탑은 이탈리아 상인들에 의해서 이탈리아 풍으로 지어진 것이었다"고 회고하고 있다.[61]

모스크바의 외국인들이 기록하고 있는 여러 사료들 가운데 비교적 가장 인상적인 것은 이탈리아에서 온 베네치아 출신 사절인 마르코 포스사리니Marco Foscarini가 1757년에 방문하여 적은 기록일 것이다. 포스사리니의 기록은 이렇다 : "[도시의] 각 구역에는 그 해당 영역에 맞는 교회가 들어 있는데, 구역 크기에 어울리는 규모로 숭고하게 지어졌다. 그러나 이들 교회는 그 이전에 없었다. 약 60여 년 전에 [이탈리아] 볼로그나에서 온 일부 건축가들에 의해서 놀랍도록 아름답게 만들어진 것들이다."[62] 여기에서 볼로그나에서 온 건축가는 바로 피에라반티를 지칭하는 것이었고, 그와 함께 온 이탈리아 장인들이 만든 교회가 모스크바에는 없던 것이었다는 점으로 이 기록을 정리할 수 있다.

[삽도-42] 지기스문트 헤르베르쉬타인이 남긴 모스크바 인상기 원본은 현재 모스크바 붉은광장 측면에 있는 성바실리 사원 내에 보관되어 있다. 필자 직접 촬영(2018.01.22.).

이렇게 15세기 말, 16세기 초 모스크바 특히 크렘린에 건축된 사원이 이탈리아 풍이란 것을 완전히 부정할 수는 없는 일이다. 1475년에서 시작하여 1539년까지 모스크바에 들어온 이탈리아 건축가들과 장인들은 모스크바에서 '영원토록' 거주할 것으로 종용받았거나 실제로 그렇게 살 수밖에 없었던 것으로 전해진다.[63] 이들이 이렇게 장기간 모스크바에 머물면서 이반 뇌제의 요구와 명령에 따라 가장 창조적이고 러시아적인 풍을 살린 건축물을 지으라는 명령을 받았다는 것을 우리는 고려해야 할 것이다.

때문에 이탈리아 건축가에 의해서 만들어진 건축물이 당연히 이탈리아 당시의 르네상스 영향의 흔적을 갖고 있지 않다고 볼 수는 없는 일일 것이다. 그럼에도 우스펜스키 사원에서 고려해야 할 것은 외국풍의 영향 속에서도 일찍이 러시아 고대에서 발달되어 전해진 목조 건축의 유산 또한 상당히 잔존해 있다는 점이다. 여기에 러시아의 황제가 피에라반티에게 특별히 주문한 바, 즉 블라디미르 우스펜스키 사원을 먼저 답사하고 난 후에 모스크바 우스펜스키를 지으라는 것에서 우리는 모스크바의 사원이 르네상스 시기 다른 서유럽의 것과 필적할 수 없을 정도로 독창적인 것을 포함할 수 있었던 이유인 것을 분명하게 이해할 수 있다.

아래의 목록은 러시아 역대 황제의 자리에 올랐던 자들의 연표이다. 재위 기간을 잘 살펴보면, 위에서 언급한 여러 주요 역사적 내용들이 일목요연하게 나타나있음을 알 수 있다. 그리고 이는 우스펜스키 사원 건축의 배경을 함께 이해할 수 있게 도움을 준다.

역대 짜르	통치 시기	
Иван Данилович Калита 이반 I세 (이반 다닐로비치 칼리타) 1288 – 1340	1331-1340	우스펜스키 사원 건축 시작 1327.8.24.
Семён Иванович Гордый 세묜 이바노비치 고르드이 (1317-1353)	1340-1353	
Иван II Иванович Красный 이반 II세 (이반 이바노비치 크라스느이, 1326-1359)	1353-1359	
Дмитрий Иванович Донской 드미트리 이바노비치 돈스코이 (1350-1389)	1359-1389 / 1363-1389	모스크바 공 / 블라디미르 대공
Василий I Дмитриевич 바실리 I세 (바실리 드미트리예비치, 1371-1425)	1389-1425	
Василий II Васильевич Тёмный 바실리 II세 (바실리 바실리예비치 쬼느이, 1415-1462)	1425-1434	
Юрий Дмитриевич 유리 드미트리예비치 (즈베니고로드의 유리, 1374-1434)	1434-1434	
Василий Юрьевич Косой 바실리 유리예비치 코소이 (1421-1435)	1434-1435	
Василий II Васильевич Тёмный 바실리 II세 (바실리 바실리예비치 쬼느이, 1415-1462)	1425-1462	
Дмитрий Юрьевич Шемяка 드미트리 유리예비치 쉐먀카	1446-1447	
Иван III Васильевич 이반 III세 (이반 바실리예비치, 1440-1505)	1462-1505	비잔틴 제국의 마지막 황제 조카딸과 결혼 1472.11.12. 우스펜스키 사원 완공
Василий III Иванович 바실리 III세 (바실리 이바노비치, 1479-1533)	1505-1533	제3로마 이론 1511
Иван Васильевич Грозный 이반 IV세 (이반 바실리예비치 그로즈니이, 1530-1584)	1533-1584 / 1547-1584	모스크바 및 전 루시의 대공 / 짜르
Симеон Бекбулатович 시메온 베크불라토비치	1575-1576	무슬림 출신, 과심 한의 후손
Фёдор I Иоаннович 표도르 I세 (표도르 이오아노비치, 1557-1598)	1584-1598	
Борис Фёдорович Годунов 보리스 고두노프 (보리스 표도로비치 고두누프, 1552-1605)	1598-1605	
Фёдор II Борисович 표도르 II세 (표도르 보리소비치, 1589-1605)	1605-1605	
Дмитрий Иванович (Дмитрий Самозванец) 드미트리 I세 (드리트리 이바노비치, 1581-1606)	1605-1606	참칭자 드미트리 Лжедмитрий
Василий IV Иванович Шуйский 바실리 IV세 (바실리 이바노비치 슈이스키, 1552-1612)	1606-1610	
Władysław IV Waza 블라디슬라프 I세 (블라디슬라프 와자, 1595-1648)	1610-1612	폴란드 출신
Михаил Фёдорович Романов 미하일 I세 (미하일 표도로비치 로마노프, 1596-1645)	1613-1645	로마노프 왕조 탄생
Алексей Михайлович 알렉세이 (알렉세이 미하일로비치, 1629-1676)	1645-1676	
Фёдор III Алексеевич 표도르 III세 (표도르 알렉세예비치, 1661-1682)	1676-1682	
Софья Алексеевна 소피야 알렉세예브나 (1657-1704)	1682-1689	
Иоанн V Алексеевич 요안 V세 (요안 알렉세예비치, 1666-1696)	1682-1696	
Пётр Велиикий 표트르 I세 (표트르 대제, 1672-1725)	1682-1721 / 1721-1725	표트르 대제와 러시아 제국

[삽도-43] 14세기 초 이반 I세(이반 칼리타)에서부터 18세기 초 표트르 대제까지의 황실 계보(Правители России)[64]

3. 대관식
일지

　　　　　　　　　러시아와 서유럽 모두에서 최고 권력자의 권좌에 오르는 대관식은 비잔틴 제국에서 도입된 것이며, 그 최초의 기원은 대략 5세기로 잡는다. 비잔틴 역사가들이 남긴 기록에 따르면, 비잔틴 황제들의 최초 대관식은 고대 로마 황제들의 의례를 모델로 삼았다. 10세기부터 비잔틴 제국의 대관식은 황제의 권위에 영적인 의미를 첨가하여 성직자로 하여금 대관식을 집전하도록 변화를 보이기 시작하였다. 이 같은 변화의 가장 대표적인 예가 바로 황제의 자리에 오를 자에게 성유를 붓는 의식, 곧 성유식 포마자니예миропомазание가 포함된 사례이다.[65]

아래의 표에서도 잘 나타나 있듯이, 우스펜스키 사원에서 있었던 최초의 대관식венчание на царство은 사원이 완공된 지 9년 후인, 1498년 2월 4일에 거행되었다. 이반 III세가 손자 드미트리 이바노비치를 황제의 계승자로 간택하여 대관식을 치른 것이다. 이때 화려하게 치장된 사원 안으로 이반 III세는 손자와 함께 입장하였고, 블라디미르 성모 이콘 앞으로 다가갔다. 이후 사제의 송가가 사원 내에서 울려 퍼졌고, 성모 마리아에게 축복을 간원하는 기도가 올려졌다. 그런 다음 수좌대주교는 황제의 자리에 오를 드미트리 이바노비치에게 십자가로 축복해주면서 다음과 같은 특별한 기도문을 낭송한다: "우리의 전능하신 아버지 하나님! 세상 만물을 관장하시고 다스리시는 아버지 하나님!" 그런 후, 드미트리의 조부, 이반 III세는 권좌에 오를 손자 드미트리에게 대관식에 입고 있던 예복의 어깨걸이를 손자에게 건네고, 이때 집전자 수좌대주교는 성부와 성자, 성령의 이름으로 십자가로 역시 드미트리를 축복한다. 그리고 나서 수좌대주교는 두 번째로 기도문을 읽는데, "단 하나뿐인 당신에게"란 말을 넣어 기도를 한다. 기도를 마치고 난 후에 집전자 수좌대주교는 이제 드미트리 머리 위에 황제의 관 샤프카шапка를 머리 위에 얹어준다. 샤프카가 머리 위에 얹어진 다음에 대관식 하객들은 젊은 짜르 드미트리에게 준비해 온

[삽도-44] 대관식에 착용한 짜르의 예복 바르므이와 목장식 오플리치예(оплечье)와 관 샤프카[66]

선물을 증정한다. 축복의 말을 건네며 선물 증정 시간이 끝나면 이제 모든 예식이 종결된다.[67]

대관식의 최절정은 권좌에 오를 대공 드미트리의 머리에 성유를 붓는 성유식, 포마자니예 예식이다. 이미 비잔틴 제국의 전례에서도 발견되는 전통으로 러시아에 유입된 이 의례는 신약성서 [사도행전] 제10장 38절 말씀에 기원하는 것으로 알려져 있다. [사도행전] 구절에는 이렇게 기록되어 있다: "하나님이 나사렛 예수에게 성령과 능력을 기름 붓듯 하셨으매 그가 두루 다니시며 선한 일을 행하시고 마귀에게 눌린 모든 사람을 고치셨으니 이는 하나님이 함께 하셨음이라." 즉 짜르 권력의 신성함과 정통성은 하늘에서 신이 부여하는 것이란 점이 강조된 이 의례를 끝으로 사원 실내에서 진행되는 모든 의식은 종결된다.[68]

이제 남은 의식은 짜르에 등극한 드미트리가 우스펜스키 사원 밖으로 나가서 인근의 성수태고지 사원과 아르한겔스키 사원을 차례로 방문하는 일이다. 남문을 통해 밖으로 나온 드미트리가 다른 사원으로 옮기는 과정에서 하객들은 금과 은화를 세 번씩 던지며 짜르의 앞날을 축복한다. 이때 새롭게 짜르의 권좌에 오른 드미트리 대공은 바르므이бармы라고 불리는 대관식 예복과 샤프카를 입은 채로 인근 사원 방문을 간다. 이런 식으로 사원 내에서의 짜르 대관식은 정교회 수좌대주교가 엄격하고도 위엄있게 종교회 예법에 따라 식을 관장하였고, 대귀족 보야르 일가는 물론이고, 기타 분할공국의 대표자 권력자들이 모두 참석하는 대규모 형태로 이뤄졌다.[69]

짜르의 대관식이 거행되는 동안 주요 의식의 시작과 종결, 흐름은 남문을 통해서 진행되었다. 남문은 오늘날 사보르 광장을 면해 있는 가장 넓은 문으로, 통행을 위해서나 의례의 원활한 진행을 위해 서문 대신에 사용되었다. 의식의 최절정인 성유식과 황제의 관을 머리에 씌우는 순서가 있기 전, 모든 성물 역시 이 남문을 경유하여 들어오고, 특별히 제작된 탁자와 주변 강대상 위에 모셔진다.

남문을 통해 들어오는 것은 이외에도 성유, 화려하게 차려진 음식도 포함된다. 중요한 것은 이 모든 성물과 필요한 식사 등이 들어올 때, 의례 집전자인 수좌대주교가 강대상аналой에 오를 수 있도록 직접 안내하는 것이다. 이 강대상에 올라가는 주요 물건에는 십자가를 올려둔 황금빛 접시, 황제의 의례복과 목장식대, 황제의 관, 홀 등이 있다. 한편, 그 외의 성물인 스키페트르는 강대상의 우편에, 황제권의 징표로 십자가가 달린 황금의 구球(держава)는 좌측에 올려둔다는 원칙을 지킨다.[70]

한편 이반 뇌제의 아들인 표도르 이바노비치 사후, 짜르의 자리에 오른 보리스

[삽도-45] 황제의 구인 제르좌바 사진   우편의 그림은 미하일 표도로비치의 대관식에 사용되었던 구리는 특별 언급을 새긴 우표로 2006년 발행한 기록이 우측 하단에 담겨있다.[71]

고두노프가 대관식을 치를 때, 러시아 역사상 새로운 황제 의복 레갈리아pегалия의 상징물이 등장하였다. 당대 연대기 기록에서 '사과яблоко'란 이름으로 언급된 이 성물은 대관식을 집전하던 수좌대주교 이오프가 보리스의 왼손에 쥐어준 것으로, "이 사과야말로 당신의 왕권을 드러내는 표식이오며, 이로써 당신은 이제 신에게서 부여받은 황제의 권한과 지배권을 소유하게 되었다"는 말과 함께 의식이 진행되었다. 그러나 기록 문헌의 신빙성에 따라 이 내용은 사실과 약간 다르기도 한데, 혹자는 황제의 사과가 처음 등장한 시기가 이보다 이른 1584년 이반 뇌제의 아들 표도르 이바노비치의 대관식이라고도 한다.[72] 이 사실은 위의 사진 우측의 우표에 적힌 문구에서 증명된다.

126   러시아 정교회 건축과 예술

[삽도-46] 로마노프 왕조의 황제권(황제의 권력을 상징하는 신성한 물건)으로서 황제의 관, 홀, 황제의 사과를 보여주는 사진 위의 설명에서처럼 황제의 사과는 보리스 고두노프의 대관식에서부터 사용되었다.[73]

[삽도-47] 러시아 황제 일가의 대관식을 기록한 최고의 문헌 의식에 사용된 각종 성물과 용품들 사진까지 시대별로 정리되어 있다. 16세기에서 20세기 초, 니콜라이 II세의 대관식까지 모든 기록이 망라되어 있다.

Ⅱ. 우스펜스키 사원의 건축 역사 127

[표-1] 우스펜스키 사원 건축 및 사원에서 거행된 국가 의례 연표[74]

년도	주요 일지 및 사건
1326	이반 I세와 표트르는 원형지붕 한 개의 성모영면교회의 기초를 놓음
1472	이반 III세의 명령에 따라 새로운 건축이 러시아 건축가들에게 위임됨
1474	5월, 건축 중에 있던 사원의 벽과 둥근 천장 볼트가 완전히 붕괴되는 사건 발생
1475-79	1475년 3월, 이탈리아에서 건축가 피에라반티(Aristotele Fieravanti)가 모스크바로 초빙되어 옴. 1475년 6월부터, 사원의 토대 공사 돌입
1489	2월 4일, 러시아 역사상 최초로 짜르의 대관식이 거행됨. 이는 오늘날까지 전해지는 공식 문건으로, 러시아 역사에서 처음으로 거행된 역사적 사건을 기록한 것임. 이반 III세가 자신의 손자 드미트리 이바노비치를 계승자로 권좌에 올림. 그러나 드미트리는 짜르라는 호칭을 사용하지 않고, '대공'(великий князь)을 사용. 즉, 드미트리 대관식의 공식 명칭은 "블라디미르, 모스크바, 노브고로드의 대공" 권좌에 오름이었음.[75] 한편 이반 III세나 그의 계승자 바실리 III세 어느 누구도 대관식을 치르지는 않았음
1547	1월, 이반 IV세가 16살의 나이로 러시아 황실의 역사상 최초로 "짜르"란 호칭을 사용하여 이 사원에서 대관식을 치름. 본래 라틴어로 국가의 수장이란 의미의 쩨자리(Цезарь)란 말에서 유래한 짜르는 이후 러시아의 최고 권력자를 지칭하는 말이 되었음.[76] 뿐만 아니라, 이반 뇌제의 대관식은 계승된 국가 수장의 의미로 "군주" 모노마흐(монах)란 말이 도입되기도 하였음. 이반 뇌제의 대관식이 각별한 것은 정교회의 칙서에 그가 루시의 짜르로 즉위했다는 점과 대관식의 모든 과정이 질서 있게 잘 기술되어 있다는 점
1598	9월, 보리스 고두노프가 짜르의 권좌에 오름. 그러나 고두노프의 대관식에서는 황제의 기도처에서 올리는 성유식 의례가 생략되었음
1605	7월, 참칭자 드미트리 I세의 대관식. 우스펜스키 사원에서 대관식이 거행될 때에는 이그나찌가 황제의 관을 머리에 씌어주었고, 이후 스키페트르와 황제의 구를 인계하였음. 사원 밖으로 나와 아르한겔스키 사원으로 옮긴 다음에는 사제장 아르세니이가 모노마흐의 샤프카를 참칭자에게 수여하는 의식을 치렀음
1606	5월, 이그나찌가 사제장 게르모겐의 뜻을 거역하면서 마리나 므니쉐의 대관식에서 성유식 의례를 집전하였음. 당시 놀라웠던 사실은 마리나 므니쉐가 정통 러시아 정교회식의 의례법에 따라 세례와 성찬을 거부하였다는 점
1606	6월, 노브고로드의 이시도르가 바실리 슈이스키의 대관식을 집전
1612	폴란드 군사들의 침입
1613	7월, 16세의 나이에, 미하일 I세(미하일 표도로비치 로마노프, 즉 로마노프 왕조의 첫 차르가 대관식을 치름 (1613년 7월 11일).[77] 이때 카잔의 수좌대주교 에프레이가 대신 대관식을 집전
1642-44	사원 내에 최초로 벽화 프레스코화가 장식되기 시작
1645	9월, 알렉세이 미하일로비치의 대관식 거행. 이오시프가 집전
1682	5월, 이반 알렉세예비치와 표트르 알렉세예비치 두 형제의 공동 짜르 대관식이 거행
1724	5월, 표트르 대제(표트르 I세와 두 번째 부인, 외국 소작농 출신의 예카테리나 알렉세예브나와의 대관식)
1730	5월, 안나 이오아노브나의 대관식
1742	2월, 엘리자베타 페트로브나의 대관식. 이때 러시아 역사 최초로 국가 인장, 기, 검(государственная печать, государственное знамя и государственный меч)이 사용되어 국가 의례의 구성요소가 완성.[78] 이 기에 '쌍두독수리'(двуглавый орёл) 문양이 황금색실크에 새겨짐

년도	주요 일지 및 사건
1762	9월, 예카테리나 II세의 즉위식. 이때 여제는 러시아 정교회 신자로 개종함
1797	4월, 파벨 페트로비치의 대관식
1829	5월, 니콜라이 I세의 대관식
1856	8월, 알렉산드르 II세의 대관식
1883	5월, 알렉산드르 III세의 대관식
1896	5월, 러시아제국의 마지막 황제 니콜라이 II세의 대관식
1918	사원에서의 정교회 의례가 막을 내림
1922	크렘린 박물관의 일부가 됨
1955	사원이 박물관으로 변형됨
1990	정교회 의례가 재개

위에서 이야기하였듯이, 대관식에 사용된 성물의 변천만을 요약하면 다음과 같다. 이반 뇌제의 대관식에는 모피가 달린 황금관 샤프카가 처음으로 절대권력을 상징하였다. 목재 트론деревянный трон, 즉 나무로 만든 황제의 기도처에서 황제의 관을 머리에 씌우는 의식이 도입되었다. 이후에는 목에 두르는 장식 바르므이가, 바실리 I세의 경우에는 십자가가 도입되기 시작하였다. 그리하여 대관식 과정의 최절정에 짜르에 오를 자가 십자가에 키스하는 의례крестное целование가 추가되기도 하였고, 이 모든 과정은 모스크바 크렘린의 수좌대주교에 의해서 거행되었다.[79] 1713년 러시아의 수도가 표트르 대제 시기에 상트 페테르부르크라는 신생 도시로 천도된 후에도 대관식의 장소는 전통적으로 모스크바 크렘린의 우스펜스키 사원이었다.[80]

짜르의 즉위식 의례 과정에서 비잔틴 제국 황제의 방식대로 최초로 가장 완벽하게 기술된 역사 기록은 1584년 이반 뇌제의 아들 표도르 이바노비치의 경우에서이다.

한편, 러시아 역사에서 제국의 시기는 1721년 10월 22일자로 시작되었다고 기술한다. 이 날은 바로 스웨덴과의 북방 전투에서 승리함으로써 전쟁 종식을 조국 러시아에 공표하였던 표트르 알렉세예비치, 즉 표트르 대제가 황제 임페라토르란

[삽도-48] 미하일 표도로비치 대공의 짜르 즉위식을 세밀하게 묘사한 책자의 한 페이지   이 책의 원제는 『위대한 러시아의 최고 권력자 짜르와 대공 미하일 표도로비치 러시아 절대군주의 최고 권좌 즉위식을 묘사한 책』(Книга о избрании на превысочайший престол великого Российского царствия великого государя царя и великого князя Михаила Федоровича России самодержца)으로 1672-1673년 사이에 제작되었다. 위 사진에서 소상하게 나타나있듯이, 대관식의 일정과 세부 사상이 빼곡하게 기록되어 있다.[81]

130   러시아 정교회 건축과 예술

호칭을 부여받은 사건으로 기록된다. 표트르 대제의 대관식이 러시아 역사에서 특이한 것은 그의 시대에서 영적인 신성함이 강조되기보다는 실용적이고 세속적인 측면이 훨씬 두드러지게 되었다는 점에서 찾을 수 있다.

서구화 정책으로 명명된 대제의 개혁 프로그램은 가장 먼저 궁 내에 행정 편의와 통제를 위한 14등급제를 비롯하여 계급과 서열, 일상의 의식주에 이르는 삶의 전면에서 비러시아적인 혁신을 도입한 것으로 요약할 수 있다.

절대군주가 짜르 권좌에 오르는 의례에서도 이 같은 혁신의 바람이 불었다. 가장 먼저 눈에 띠는 것은 수좌대주교가 집전하던 종교적인 분위기에서 탈피하여 유한한 인간의 절대권력을 신격화하면서, 신으로부터 내려받은 종교적인 권위와 위계가 사라졌다는 점이다. 일례로, 표트르 대제의 대관식에서는 고대 로마시대 대관식의 관습을 상기하는 일부 요소들이 배어 있다. '신의 가호가 임하고 짜르의 권력에 신성함을 부여하노라'와 같은 메시지가 아니라, 이젠 '임페라토르 황제시여 만수무강하시기를'과 같은 표현이 사용되었던 것이다. 라틴어로 Vivat, 즉 영어로는 long live를 의미하는 단어의 러시아식 표현법인 "Виват, император!"가 대관식 순서에서 우렁차게 울리게 된 것이다.[82]

표트르 대제의 대관식에서 눈에 띠는 또 다른 점은 이미 그가 수도를 모스크바에서 상트 페테르부르크로 1713년에 옮겼음에도 불구하고, 대관식은 전통적으로 모스크바 크렘린 궁 내의 우스펜스키 사원에서 거행되었다는 점이다. 대관식에 필요한 모든 일정과 행사 진행을 위한 대관식 준비 위원회가 출범하였고, 원로원이었던 톨스토이에게 모든 권한이 위임되었다. 그리고 대관식의 모든 행사 절차는 짜르가 직접 감독하고 관장하는 신성종무원에서 책임을 지게 되었다. 이로써 교권의 영향력은 거의 그 맥을 다하였고, 대신 세속 정권의 통솔을 받게 된 신성종무원에서 종교 및 각종 국가 의례를 주관하게 되어 속권이 교권 위에 오르는 결과가 빚어지게 되었다.

표트르 대제의 대관식에서 가장 충격적이라고 할 수 있었던 것은 대제가 스스로 자기 머리에 관을 씌운 일과 황제의 기도처 자리에 의례를 집전하는 수좌대주교와 나란히 서지 않고, 그 자리에 아내 예카테리나 I세를 앉힌 행실이다. 전통적으로 대관식의 최절정이자 가장 중요한 마지막 의식은 신의 대리자이자 대관식의 집전자인 수좌대주교가 황제의 권위를 상징하는 성물을 직접 다루면서 대관의 주인공에게 인계하는 단계이다. 이 과정에서 종교적 권위자인 수좌대주교는 덕담과 같은 유훈을 짧게 들려주는 것도 루시 시대로부터 내려왔던 러시아 황실의 관례였다. 그러나 이 황제의 기도처чертожное место에 표트르 대제는 자기 자신과 아내를 당당하게 앉히고, 자기 자신의 머리 위에 스스로 관을 씌우는 행동을 보였던 것이다.[83]

이때 사용된 왕관은 전통적으로 대관식에 쓰인 모노마흐의 샤프카가 아니라 여러 보석이 박힌 왕관으로 완전히 다른 디자인을 보여주었다. 당시 "비둘기 알보다 더 굵은 루비"가 들어간 보석 왕관은 표트르 대제의 대관식이 얼마나 화려하고 비전통적이었는지를 잘 증거하는 예라 하겠다.[84] 게다가 수좌대주교 페오도시와 피오판이 의례를 직접 집전하였음에도 아내 예카테리나 I세에게 어깨에 보석이 들어간 황제의 의례복 망토를 직접 입혀준 자는 다름 아닌 표트르 대제였다. 세속의 절대 권력자가 보일 수 있는 오만하고 영웅적인 행동이 아닐 수 없었다. 정통 정교회의 입장에서 볼 때, 이는 도저히 용납될 수도, 상상할 수도 없었던 일이었을 것이다. 이렇게 하여 표트르 대제는 역사의 등장 순간에서부터, 짜르의 자리에 오르기까지 세속 사회의 단면을 보여주면서 역대 러시아 짜르와 확연하게 구별되는 모습을 보여주었다.

표트르 대제의 서구화 정책 및 세속문화의 절정이 최고조로 달하는 과정에서 예카테리나 II세, 즉 예카테리나 여제의 즉위식은 표트르 대제 만큼이나 파격이었다. 대제의 경우에서처럼 여제 역시 자기 자신의 머리 위에 스스로 황제의 관을 씌운 최초의 여자 황제였기 때문이다.

표트르 대제 이후 4명의 여제들이 짜르의 자리에 등극하였다. 대제의 서구화 정책을 더욱 강하고 분명하게 정책적으로 보여주었던 이 여제들의 치세기 전체는 러시아의 역사에서 '상층 귀족 문화의 융성기'로 알려져 있다. 특히 프랑스 귀족의 세속

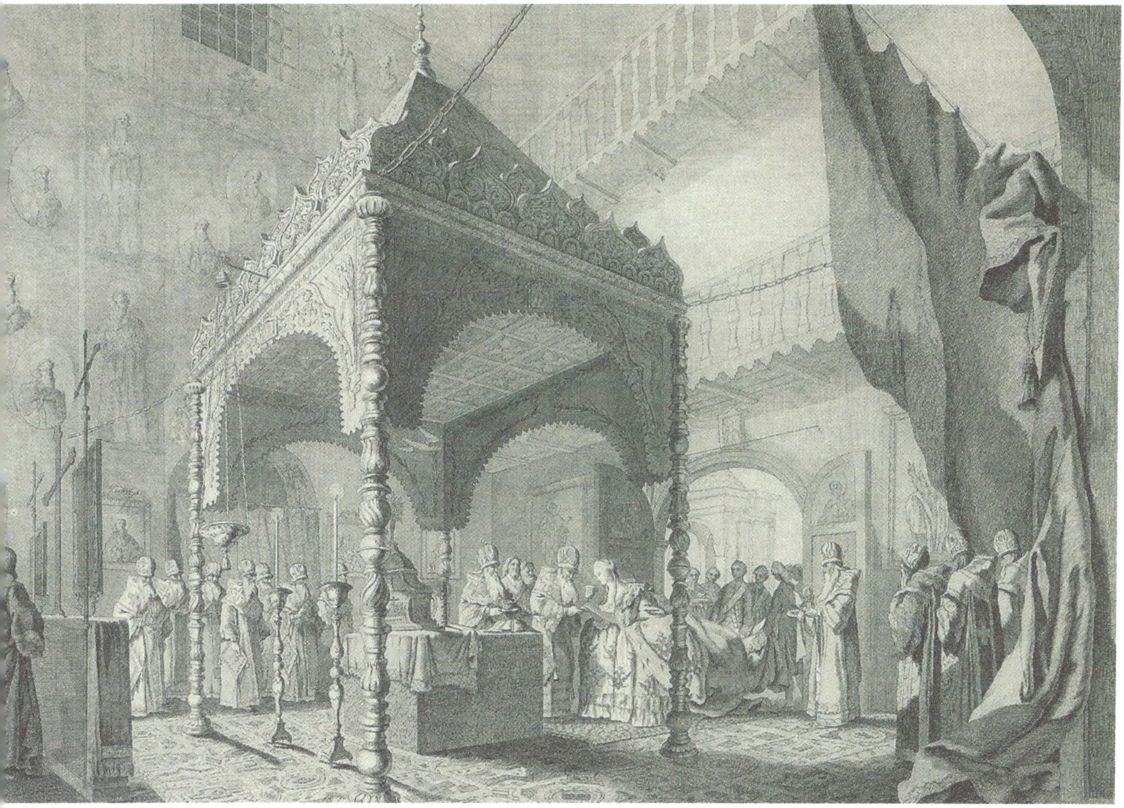

[삽도-49] (상)우스펜스키 사원에서 성만찬식을 치르는 예카테리나 여제를 그린 판화와 (하)베케로(Ж. Беккер)가 그린 알렉산드르 Ⅲ세의 대관식(1883년 5월 25일) 장면으로 1888년도 작품. 에르미타쥐 박물관에 소장되어 있다.

[삽도-50] 엘리자베타 페트로브나 여제의 대관식을 묘사하고 있는 에칭화 삽화와 여제
1742년 2월에 있었던 대관식을 기록한 기록집이 존재한다. 가죽 제본의 화려하기 그지없는 이 『여제의 대관식 기록 Обстоятельное описание...』은 18세기 중후반 서유럽의 귀족 세속문화의 모델에 기초한 흔적이 수없이 많다. 앨범 형식의 이 기록집은 보통 21쪽에서 무려 128쪽에 달할 정도로 방대했으며, 내용으로 보면 첫 페이지에 짜르의 자리에 오른 대관식 주인공의 전면 삽화, 특히 화려하게 성장한 차림의 모습이 등장하며 이후, 대관식을 경축하는 불꽃놀이, 축제, 송시 등의 다양한 그림들이 빼곡하게 들어있다. 위에서 간단히 『여제의 대관식 기록』으로만 표현한 이 사료의 원제목은 방대한데, 다음과 같이 긴 제목을 가지고 있다. 『1742년 4월 25일 짜르에 즉위한 전 러시아 제국의 군주 엘리자베타 페트로브나의 모스크바 행렬 전 과정 기록』. 16세기의 삽화가 들어간 리체보이 스보드에 비하면 불과 100년 후의 짜르 대관식 기록물은 비교가 안 될 정도로 화려하고 디테일한 것이 특징이다.[86]

문화를 모델 삼아 예술과 건축, 문학에서 서구지향적인 흔적이 지나치게 강하게 나타났다. 이런 이유에서 여제들의 대관식은 15세기 우스펜스키 사원에서 거행되었던 종교적 분위기와는 현격하게 다른 양상을 보여주었다. 대관식 이전과 이후의 전 과정을 기록한 사료를 보면 이점이 분명하게 드러난다. 이 중에서도 1742년 4월에 있었던 엘리자베타 페트로브나의 대관식은 『권력의 시나리오. 러시아 군주의 신화와 대관식 Scenarios of Powers. Myth and Ceremony in Russian Monarchy』(2006)이란 연구서에서 리차드 워트만 Richard Wortman이 지적한대로, "역대 러시아 황제의 대관식 전체를 통틀어 그 진화의 마지막 단계"를 보여주었다. 즉, 이후의 대관식은 더 이상 화려하지도, 대관식의 주요 내용과 의례에 있어서도 유사하지 않았을 정도로 유달리 특징적이었다.[87]

엘리자베타 페트로브나 여제의 대관식에는 러시아 대관식 최초로 여러 혁신적인 내용들이 추가되기도 하였다. 대표적으로 엑테니에ектение라고 하는 것이 등장하였다. "기도를 통한 간원молитвенное прошение"으로 표현되는 것이 추가되었고, 정교회력의 주요 축일을 기념하면서 소리내어 부르는 성가 트로파리тропарь, 그리고 성경 중에서도 특히 구약 성경의 여러 구절에서 격언과 같은 내용을 읽는 파레미야паремия, 복음서 몇 장을 읽어 내려가는 성경 낭송чтение Евангелия 등이 새롭게 추가되었다.[88]

18세기 계몽군주로 자처하면서 세속 귀족문화의 정점을 보여주었던 예카테리나 II세의 대관식 역시 여러 모로 주목을 받은 행사를 치렀다(1762년 9월). 무엇보다 절대군주의 권력을 알레고리로 재현한 여러 장의 신화적 내용의 그림과 인물들이 사용되었다고 전해지는데, 이 중에서도 특히 지혜의 여신인 미네르바 형상을 군주 자신의 이미지로 원용하였다는 기록이 전해진다.[89]

이후 1797년에는 파벨 페트로비치와 아내의 대관식이 동시에 거행되었고, 1826년에는 니콜라이 I세의 대관식이 있었다. 이때 니콜라이 황제는 표트르 대제가 폴타바 전투에 참전 중이었을 때 죽음에서 목숨을 구해주었던 그 십자가에 입을 맞추는 의식을 치렀다.

1825년 12월 데카브리스트 반란의 진압으로 러시아 사회가 부분적인 자유 사회에서 보수 억압의 탄압 정권으로 회귀하던 때에 러시아 정교회는 이 미완성의 반란에서 보여주었던 '혁명적이고 영웅적인 정신'을 황제에게 강조하는 태도를 취하기도 하였다.

1883년 알렉산드르 III세의 대관식에는 50만 명 이상의 군중들이 대관식에 참여한 것으로 유명하다. 엄청난 인파가 몰린 또 다른 대관식은 러시아 제국의 마지막 황제의 자리에 오른 니콜라이 II세의 대관식이다. 대관식은 구력 1896년 5월 14일에 거행되었고, 러시아 짜르의 대관식의 역사에 기록될 만한 참극이 모스크바의 호딘크 벌판Ходынское поле에서 벌어졌다. 참사는 4일 뒤늦은 18일에 일어났다. 당시

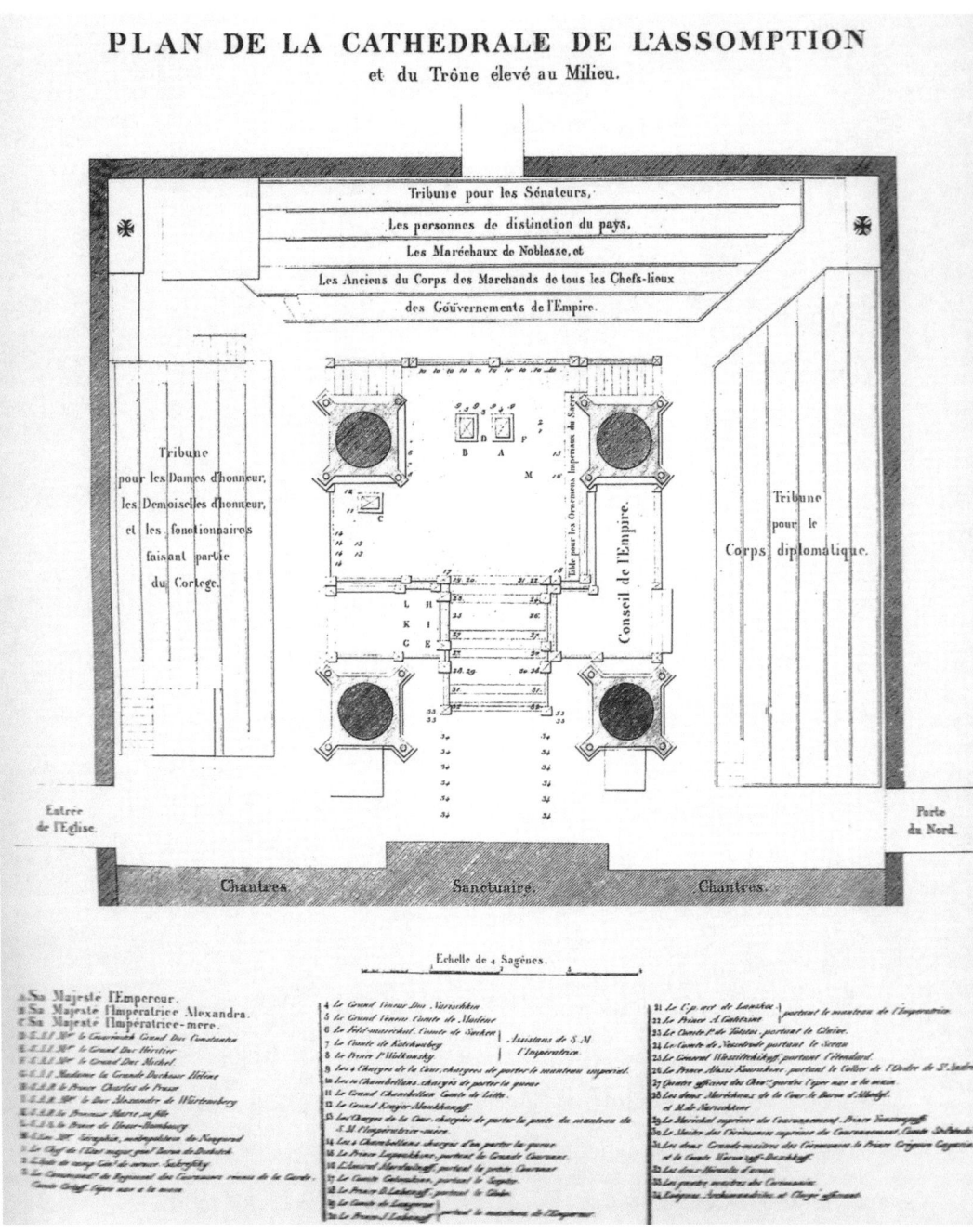

[삽도-51] (좌)니콜라이 I세의 대관식(1826)을 위한 우스펜스키 사원 내 의전 계획도　당시 짜르 니콜라이 I세의 대관식은 러시아인이 지닌 역사적 전통의 긍정적 측면을 반영해야 한다는, 일종의 '민족주의적 성격의 대관식'이 되어야 한다는 견해가 상당히 지배적이었다.[90]

(우)우스펜스키 사원 밖에 진을 치고 있는 의례 참석자들 모습　이곳 사원광장이 바로 우스펜스키 사원의 남문으로 나오면 연결되는 장소이며, 위 그림에서처럼 대관식 및 짜르의 혼례 시에 이와 같은 장관이 펼쳐졌다.[91]

II. 우스펜스키 사원의 건축 역사　137

[삽도-52] 19세기 중반 알렉산드르 II세의 대관식 장면   우편 그림에서 우스펜스키 사원이 정면에 선명하게 보인다. 좌측의 건물은 접견궁으로 피로연과 주요 의례가 있었던 장소였다.[92]

엄청난 인파가 몰린 혼잡 속에서 황제가 하사한 대관식 기념품 컵을 받으려다 한꺼번에 몰린 대군중들 사이에서 압사 사건이 발생하여 13,000명 이상의 사람들이 사망하는 비극이 벌어진 것이다. 또 다른 기록은 이보다 훨씬 많은 1,960명 사망에, 900명의 부상자가 있었다고 전하고 있다. 기념품 보급이 오전 10시부터 시작되었는데, 대규모 무리들 사이에서 번진 소문은 이보다 훨씬 일찍 기념품 컵이 나눠지고 있었다는 것이었다. 이에 마음이 급해진 거대한 무리가 컵을 나눠주던 곳으로 한꺼번에 몰리면서 사람들은 속수무책으로 땅에 쓰러졌고, 압사 사건은 단 30분 만에 벌어졌다.[93]

[삽도 53] 알렉산드르 3세와 황후 마리아 표도로브나의 대관식을 그린 그림 (1883년 베케르 작품)

[삽도-54] 1883년 알렉산드르 Ⅲ세의 대관식이 거행되었던 우스펜스키 사원 내부 화려하게 치장된 황제의 기도처 트론이 단상으로 꾸며져 있고, 양 옆의 원기둥과 프레스코화가 선명하게 보인다.[95]

신원을 다 확인해 볼 수 없을 정도로 많았던 시신은 바간코프 공동묘지Ваганьком ском Кладбище에 장례절차를 밟고 매장되었다. 희생자들을 위한 기념 묘비도 세워졌고, 오늘날에도 이 기념비를 찾아 볼 수 있다. 참사를 당한 희생자 유가족들에게 국가 보상 차원의 위로금이 지급되었다.

러시아 역사에서 그 유래를 찾아볼 수 없을 정도의 대 참사였던 호딘스크 벌판 사건은 후에 여러 작가의 작품 속에서 스토리와 주제로도 사용되었다. 레프 톨스토이는 이를 소재로 한 단편 "호딘카Ходынка"를, 20세기 초 대표적인 소비에트 작가 막심 고리키 역시 자신의 장편 『클림 삼긴의 생애Жизнь Клима Самгина』에서 호딘크 벌판의 참극을 주요 주제로 삼았다.

[삽도-55] 호딘크 벌판에서의 참사를 담고 있는 보도 사진   실제 사고 당시의 참극을 보여준다. 황실에서 준비한 무료 기념품 컵을 받으려다 단 30분 만에 사람들이 갑자기 몰려 압사하게 된 사건이다.[96]

[삽도-56] (좌)니콜라이 II세의 초상화   황제권의 상징인 스키페트르와 황제의 구(사과)를 손에 쥐고 있다.
(우)우스펜스키 사원에서 거행되는 대관식 후 거행되었던 피로연 티켓   1896년 5월 14일 날짜가 상단에 찍혀 있다.[97]

　이렇게 하여 제정 러시아 황제의 짜르 대관식은 1489년 최초의 의례에서 시작하여 1896년 니콜라이 II세의 대관식을 끝으로 407년의 역사로 막을 내렸다.[98] 초기의 의식에서는 비잔틴과 로마의 양식이 수용되었다가도 이후 시간이 흐르면서 러시아적인 정체성과 특징이 추가되었다. 황제의 권한과 권력의 상징성을 선포하고 과시하기 위해 여러 형식적인 측면의 의식들이 포함되기도 하였고, 일부는 수정, 생략되는 역사를 보여주었다. 최고 권력의 권좌에 오르는 일을 성대하게 주관하고, 나라 안팎으로 선보였던 대관식은 고대 루시 시기에서 모스크바 공국 시기를 거치고, 제정 러시아의 시대를 거치면서 여러 차례 양식의 변화를 거쳐 갔다. 하지만 종교적 의례의 가치와 중요성은 거의 변함이 없었으며, 짜르의 황제 계승과 그 정통성을 비호하는 역할에도 큰 이력은 없었다고 해도 과언이 아니다. 러시아 황실의 짜르 대관식은 이렇게 러시아 역사와 문화, 종교 철학적 세계관이 녹아있을 뿐만 아니라, 그 내면의 특징과 정수를 들여다볼 수 있도록 해주는 중요한 매개이자 표상이다.

위에서 살핀 대관식 일지에서 우리는 한 가지 흥미로운 사실을 접한다. 국가의 가장 중요한 의례로서 짜르의 대관식이 국민들과 상층 귀족 인사들에게 공표되는 순간이 왜 5월과 9월에 집중되었던가의 문제이다. 물론 다른 시기에 거행된 사례도 더러 있었지만, 대체로 9월에 집중되어 있는 것을 볼 수 있다. 시기상에 어떤 의미와 의도가 숨어 있는 것일까?

17세기 말, 표트르 대제가 짜르에 등극하여 그때부터 러시아 내의 모든 행정과 일상의 시스템을 새로운 기준으로 바꾸었을 때, 신년을 9월 1일에서 1월 1일로 제정하였다. 즉, 대제 이전까지는 새해가 1월이 아닌, 9월이었다. 그렇다면 신년 9월은 대관식과 어떤 관계에 있었던 것일까? 왜 신년에 대관식을 치르려고 했을까?

우리가 상상할 수 있는 위 문제들은 신화적 사이클의 관념 속에서 그 답을 찾을 수 있다. 세계의 갱신, 즉 새해가 도래하여, 만물의 새로운 도약과 갱생은 신년을 통해 발생하고, 가능하다는 생각은 상당히 오래된, 인류의 세계관에 관련되어 있다. 그리하여 엘리아데의 신화적 사고와 시간의 의례 해석에 의지하여 다시 풀어 이야기하면 대관식이 개최된 9월의 사이클은 곧 "우주 창조의 반복"으로 귀결된다.[99]

신년의례를 통하여 새로움, 곧 갱신이 가능해지는 것이고, 이는 매해마다 반복의 사이클 속에서 '우주 창조'의 개념을 더욱 내포하게 된다. 최고 권력자의 즉위식, 이른바 대관식은 우주 만물의 순환적, 반복적 사이클에서 창조의 리듬과 맞물려 갱생의 개념을 만들어 낸다. 짜르의 즉위는 이를 지켜보는 최상층 관리에서부터 국민에 이르기까지 함께 느끼는 창조 순간의 참여자가 되는 것이고, 이 드라마의 주인공은 바로 짜르, 곧 우주의 창조자 대리인에 해당하는 한 나라의 권력자가 되는 것이다. 매번 반복되는, 정해진 달 9월의 기준은 이리하여 '창조의 기준'이 된다. 이러한 세계 만물의 창조 기준은 짜르라는 관념이 만방에 유포되는 의식을 통해 발현되며, 이는 다시 성스러운 공간 우스펜스키 사원에서 반복적으로 거행됨으로써 불변의 신화로까지 굳어지게 된다. 우스펜스키 사원은 종교적 기념물이자, 세계 창조주의 인간적 표현인 짜르가 잉태되는 상징적 공간이 되는 것이다.

갱생의 원리를 은닉하고 있는 대관식의 본질은 기본적으로 '정치의례'의 범주에 들어간다. "정치적 권력을 실체화하고 유력하게 하는 권력의 본질 그 자체에 대한 정교한 논증"으로 이해되는 정치의례에서 권력 자체를 드러내는 가장 분명한 방법은 과시이다.[100] 앞서 우리가 살핀 대로, 공들여 연출된 의례와 상징은 짜르 권력의 최정상 이미지를 창출하는 데 가장 확실한 수단이었을 것이다. 단순히 과시에 그치지 않고, 짜르의 대관식은 특정 공간에서 이루어진 새로운 질서의 창출이기도 하였다. 새 질서는 마찬가지 의미에서 우주적 새 틀의 제시이고, 잘 짜여진 각본과 의례는 한편의 훌륭한 드라마 극장 효과를 만들어냈을 것이다. 이렇게 하여 신년 9월에 열리는 대관식은 새 날을 여는 '상징적 개선문'이자, 모스크바 공국 최고 질서의 앞날을 국민과 교회 만방에 알렸던 '정치적 신호탄'이기도 하였다.

중세 서유럽 문화 연구의 대가인 네덜란드 학자 요한 하위징아John Huizinga의 표현에 의지하여 위의 문제를 다시 언급하면 이는 '전례적인 요소'를 그 안에 갖고 있던 것으로, 삶의 이상적 형식을 모범적으로 제시하려 노력했던 중세 후기 문화와 크게 다르지 않다. 이미 프랑스의 기사도 문화에서 가장 분명하고 훌륭한 예로 드러난 이 영웅적 이상의 형식은 귀족 생활의 이상화와 같은 표적으로 나타났다. 무엇보다 "장엄한 궁정은 삶의 형식이라는 미학이 본격적으로 전개되는 무대"였다고 주장하는 하위징아의 지적은 곧바로 러시아 로마노프 왕조의 사례를 발견한다.[101] 그리하여 이 네덜란드의 문명사가는 삶의 수준에서 생활의 형식을 아름답게 만들려는 모든 수단이 거의 '전례적인 요소'를 그 안에 담고 있다고 주장한다. 그리하여 이 이상화된 형식은 종교적 영역으로까지 숭앙되었는데, 여기에서 우리는 이 부분의 또 다른 정치적인 속성의 재현으로 러시아의 대관식을 손꼽는 것이다. 하위징아가 예를 들고 있듯이, 중세 서유럽 국가에서도 찾아볼 수 없었던 현상이 바로 러시아의 로마노프 왕조에서 나타났기 때문이다. 국가의 의전을 관장하는 정규 부서를 국가 기구로 별도로 두었다는 것이 바로 그의 주장이다. 그만큼 대관과 혼례와 같은 의례 행사를 매우 중요시했다는 반증이리라. 아울러 이와 같은 부서의 존재는 짜르 일가

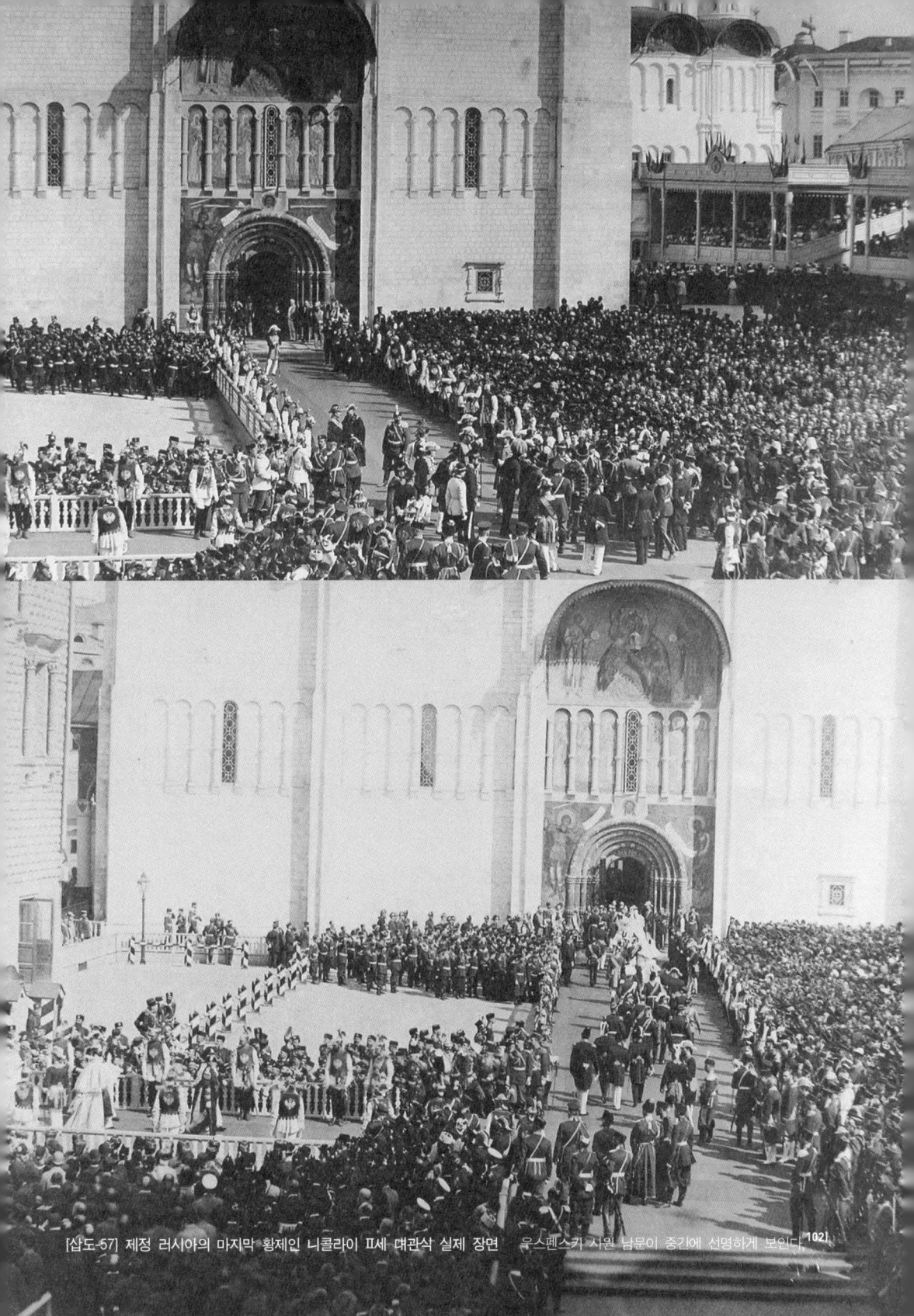

[삽도 57] 제정 러시아의 마지막 황제인 니콜라이 2세 대관식 실제 장면. 우스펜스키 사원 남문이 중간에 선명하게 보인다.

가 우스펜스키 사원에서의 전례에 얼마나 크고 상징적인 의미를 부여하고 있었는지를 가늠케 한다.

이 책의 탈고 시점인 2018년 5월 7일, 러시아에서는 제4기 집권기(2018-2024)에 들어선 블라디미르 푸틴의 대통령 취임식이 있었다. 크렘린 궁 내의 대궁전 안드레옙스키 홀에서 공식 취임식을 치른 후, 사보르 광장으로 자리를 옮긴 푸틴 대통령은 아래의 사진에서처럼 근위대 사열식을 받았다. [삽도-58] (상)은 과거와 같이 남문을 통해 대관식을 치른 주인공 짜르와 총대주교 일행이 나오는 방식은 아니었으나, 푸틴 대통령이 접견궁과 성수태고지 사원 중간에 마련된 붉은 카펫의 단상에서 사열식을 내려다보는 풍경을 보여준다. 아래의 두 사진 모두에서 붉은 원이 바로 사보르 광장의 위치를 말해주며, 좌측의 사진 상단 12시 방향에 위치한 것이 우스펜스키 사원이다. 우스펜스키 사원 측면에서 시작된 사열대 선두열은 푸틴을 우측으로 바라보고, 모스크바 강 방향, 즉 아르한겔스키 사원과 성수태고지 사원 사이 방향으로 퇴장하고 있다. 5월 7일은 역대 러시아 대통령이 취임식을 거행하는 날이기도 한데, 구 소련 이후 지금까지 총 6회에 걸쳐, 1991, 1996, 2000, 2004, 2008, 2012년에 취임식이 있었다.

[삽도-58] (하)의 네 사진은 위에서부터 시계 방향으로 푸틴 대통령 취임식 후, 모스크바 및 전 러시아 정교회 총대주교 키릴이 새로 선출된 푸틴에게 축복기도 благодарственный молебен를 하는 광경을 보여준다. 사보르 광장 한쪽에 있는 성수태고지 사원에서 거행된 이 의식을 보면 키릴이 축복기도를 한 다음, 푸틴 대통령이 성모 마리아 이콘에 먼저 성호를 긋고, 이후 입을 맞추는 연속 동작을 보여준다. 이 동영상을 소개하고 있는 러시아 타스통신의 자막 제목은 "취임식 당시 러시아 대통령 블라디미르 푸틴과 모스크바 및 러시아 총대주교 키릴이 성수태고지 사원에서 축복기도를 드리고 있는 중이다Президент России Владимир Путин и патриарх Московский и всея Руси Кирилл во время благодарственного молебна в Благовещенском соборе Московского Кремля по случаю инаугурации"로 되어 있다.

[삽도-58] (상)사보르 광장에서 있었던 푸틴 대통령 근위대 약식 사열식 광경(2018.5.7.) 타스통신 공개 비디오 챕처 사진
http://tass.ru/info/5180426(검색일 : 2018.05.07.)
(하)성수태고지 사원에서 있었던 키릴 총대주교의 축복기도 의례 장면 사진   http://go.tass.ru/CFJI(검색일 : 2017.05.08.)

4. 혼례식
일지

15세기에서 표트르 대제의 즉위 전, 즉 1682년 전까지 러시아 황실의 결혼식은 대체로 유사함과 동시에 대제의 서유럽 정책 이후와는 확연하게 다른 특징을 보인다. 16세기 중반 상층 귀족가정 내에서의 생활준칙을 문서로 마련, 반포한 일명 『도모스트로이Домострой』는 근세 러시아의 가정과 일상생활을 소상하게 보여주는 현미경과도 같다. 가정 내에서의 훈육과정이 총 63장으로 잘 요약되어 있는데, 이 중에서 결혼은 맨 마지막 장에 별도로 첨부되었을 정도로 혼례에 대한 근세 러시아의 규범은 매우 철저하게 지켜졌다고 볼 수 있다.[103]

최상층 귀족 가정 내에서 벌어졌던 혼인식은 당대 "혼례свадебный чин"란 명칭으로 불렸다. '친'이란 말이 계급 혹은 서열, 관등 등을 일컫는 어휘란 점을 고려하면 귀족층에서 지켜지던 혼인을 이렇게 부른 배경에는 아마도 '엄격한 규범과 서열'이 강조된 것임을 알 수 있다.

러시아 짜르들의 혼례에 대한 자세한 문헌 기록은 매우 드물 정도로 희귀하다. 고대 역사서에 아주 일부, 평민들의 혼례 문화가 간헐적으로 언급된 경우는 있다. 이후 12세기부터 혼례문화와 이에 대한 이야기들은 이제 귀족계급의 것으로 그 초점이 옮겨갔는데, 중세 및 표트르 대제 치세기와 이후의 근대에서도 마찬가지로 상층 귀족들의 혼례문화만 예외적으로 남아있다. 오늘날 중매와 합의를 통한 거래 형식의 혼인 문화는 중세 이후 귀족들의(이후에는 황실의 혼인까지도) 혼례문화의 잔재로 볼 수 있다.

가장 분명한 증거로서 코자첸코А. И. Козаченко가 기록하고 있듯이, 러시아 전통 혼례문화의 기원은 1500년, 이반 III세의 딸과 바실리 홀름스키 공작 간의 결혼에서 찾아볼 수 있다. 궁정 내 짜르의 혼례문화뿐만 아니라, 귀족들 사이에서 혼인은 기층 민중들의 것과는 그 형식과 의식 모두가 달랐다. 이미 혼인을 뜻하는 용어로 짜르의 혼례는 고대 루시 시대로부터 "군주의 기쁨государьева радость"이란 용어로 불렸다.[104]

1472년 모스크바 대공 이반 III세와 비잔틴 제국 마지막 황제의 질녀 소피야와의 혼례는 모스크바 크렘린의 우스펜스키 사원에서 거행되었고, 이 역시 황제 일가의 전통 혼례로 진행되었다. 코자첸코의 기록은 황실의 혼례라기보다는 상층 귀족들의 것을 언급하고 있어서 두 기록 간의 적잖은 차이가 존재한다. 그러나 황실의 혼례가 우스펜스키 사원에서 치러지기 전에는 사원 바로 옆에 있는 접견궁 Грановитая Палата에서 한동안 거행되었다. 이반 뇌제 치세기에는 "거대 황금궁 Большая Золотая"으로, 이반 뇌제의 아들 표도르 이바노비치 시절에는 "거대 황금 서명궁Большая Золотая Подписная"으로 불린 이 접견궁은 이후 화려한 벽그림으로 장식되기 시작하였다.[105]

러시아어로 '아우디엔쯔잘аудиенц-зал', 즉 접견을 위해 만들어 놓은 특별한 이 방은 1491년 이탈리아에서 온 건축가 피에트로 안토니오 솔라리에 의해서 만들어지기 시작하였다. 모스크바 공국의 국제적 위상이 높아짐에 따라 외국에서 러시아를 찾는 방문객도 늘어났고, 이들을 수용할 마땅한 규모의 방이 부족하였던 시절, 모스크바 크렘린 궁 내에 용도에 걸맞는 대규모의 방이 필요했던 것이다. 우스펜스키 사원 건축을 시작으로 이미 종교 건축물이 마련된 이후, 이와 같은 실용적이고 귀족 문화의 위상을 드러낼 또 다른 건축물이 요구된 시점에서 접견궁이 만들어지게 된 것이다. 따라서 접견궁은 당시부터 "수용거실приемная палата" 또는 "수용 대저택приемная хоромина"이란 이름으로 달리 불리기도 하였다. 외국의 귀빈들을 수용하고 접대할 목적에서 만들어진 이 방은 곧이어 황제 일가의 주요 대소사 시에 활용되었고, 주요 의례가 이곳에서 거행되었다. 따라서 접견궁이란 이름 외에 '황제의 의전궁церемониальный тронный зал'이란 이름이 붙여진 것도 자연스럽다.[106]

[삽도-59] 접견궁의 다채로운 내외관을 보여주는 사진
위의 사진에서처럼 우편의 우스펜스키 사원 바로 좌측 옆이 바로 접견궁이다(붉은색 네모 박스 안). 우스펜스키 사원에서 짜르 일가의 혼례가 있기 전에는 바로 이 장소에서 혼례기 거행되었나.[107]

짜르의 혼례는 보통 일요일 혹은 목요일에 시작하여 최단 2일, 최장 4일 간 진행되었다고 전해진다. 짜르와 대비가 이 접견궁에 도착하는 것으로 예식이 본격적으로 시작되었고, 이후 각자 맡은 역할에 따라 북치기, 등잡이, 들러리, 혼례를 집전할 수좌대주교 등이 입장하면서 본격적으로 식이 진행된다. 그러나 최종 혼례식은 접견궁이 아니라, 우스펜스키 사원으로 이동하여 거행되었다. 이때 신랑은 신부보다 먼저 신랑의 들러리 일행과 함께 혼인 서약이 이뤄질 사원으로 이동하고, 신부는 뒤를 따라 신랑보다 나중에 사원에 도착하는 것이 관례였다. 혼례가 모두 끝난 다음에는 다시 접견궁으로 이동하여 피로연을 개최하였다.[108]

[표-2] 짜르의 대관식 일지

년도	주요 일지 및 사건
1472	모스크바의 대공 이반 III세와 비잔틴 제국의 마지막 황제의 질녀인 소피야 팔레올로그(Софья Палеолог)의 혼례 거행(1472년 11월 12일). 당시 혼례식은 수좌대주교 필립(Филипп)이 집전
1498	러시아 역사상 최초로 짜르의 대관식이 거행됨. 이반 III세가 자신의 손자 드미트리 이바노비치를 계승자로 권좌에 올림. 그러나 드미트리는 짜르라는 호칭을 사용하지 않고, '대공'(великий князь)을 사용. 한편 이반 III세나 그의 계승자 바실리 III세 어느 누구도 대관식을 치르지는 않았음
1547	이반 IV세가 짜르 역사상 최초로 "짜르"란 호칭을 사용하여 이 사원에서 대관식을 치름
1598	보리스 고두노프가 짜르의 권좌에 오름(9월 1일)
1606	참칭자가 마리나 므니셰(Марина Мнишек)와 혼례를 치름
1613	미하일 I세(미하일 표도로비치 로마노프), 즉 로마노프 왕조의 첫 차르가 이 사원에서 대관식을 치름(1613년 5월 2일)[109]
1654	짜르 알렉세이의 황태자 알렉세이 미하일로비치의 세례식 거행

이반 IV세의 혼례에 대한 이야기 중에서 특히 신부 간택에 대해 전해지는 내용이 흥미롭다. 러시아 전역에서 가장 아름다운 신부감이 모스크바로 보내졌는데, 그 수가 무려 15,000명에 달하였다고 한다. 여러 번의 혼인을 치른 이반 뇌제가 세 번째 혼인을 치를 당시 진상된 신부 수는 이보다 적은 2천 명 이상이었던 것으로 기록

[삽도-60] (상좌)우스펜스키 사원에서 거행된 이반 뇌제의 황제 즉위식 준비와 (상우)설교대 안에 들어 있는 사제가 이반 뇌제에게 축복해 주고 있다. 황제의 권좌에 오른 이반 뇌제의 대관식 직후 장면으로 두 그림 모두 16세기의 『삽화가 들어간 그림 역사서』(리체보이 레토피스니 스보드, Лицевой летописный свод), 『황제의 서』(Царственная книга, 書)에 들어 있는 삽화이다.

(하)16세기의 것으로, 삽화가 들어간 『황제의 서』 일부 사진[110]

[삽도-61] (좌)러시아 로마노프 왕조 일대 황제 미하일 표도로비치의 황제 즉위식 장면
(우)1613년 7월 11일, 수좌대주교 예프레이(Ефрей)가 집전한 우스펜스키 사원의 황제 즉위식 장면을 그린 삽화[111]

Ⅱ. 우스펜스키 사원의 건축 역사   153

[삽도-62] 그리고리 세도프(Григорий Седов, 1836-1884)가 그린 "짜르 알렉세이 미하일로비치의 신부 선별(Выбор невесты царем Алексем Михайловичем, 1882)"이란 제목의 유화 총 6명으로 압축된 신부감의 얼굴 표정이 제각각인 것이 흥미롭다. 여기에서 짜르 알렉세이(1629-1675)는 바로 표트르 대제, 즉 표트르 I세의 부친을 말하는 것이며, 아마도 대제의 황후를 간택하고 있는 장면으로 보인다. 모스크바에 있는 트레치야코프 미술관 구관에 소장되어 있다. 필자의 직접 촬영(2018.07.19.)

은 전하고 있다. 짜르의 혼례를 위해 특별 구성된 혼례추진위원회에는 최상위 귀족 보야르와 신부 간택 경험이 풍부한 노파들이 들어 있다. 총 2천 명 중에서 다시 24명이 선발되고, 12명의 최종 신부감이 짜르에게 추천되었다. 신부감의 몸과 지성, 성품을 꼼꼼하고 오래도록 검사한 추진위원회는 마지막 1명을 최종 선발하였고, 짜르는 마침내 노브고로드의 상인 출신 신부 마르파 소바키나를 맞이하였다.[112]

보통 짜르 일가의 혼례는 삼 단계로 이뤄진다. 접견궁의 여러 방에서 벌어지는 준비 모임сборы в палатах, 혼인 행렬свадебный поезд, 사원에서의 혼인식과 피로연венчание в храме и пир이 바로 혼례의 주요 과정이라 하겠다. 일단 혼인식 날짜가 정해지면, 전날 밤 짜르는 보야르와 함께 우스펜스키 사원에서 식을 집전하기 위하여 준비하는 수좌대주교에게로 간다. 다음으로는 크렘린 궁 내에 있는 다른 사원들을 두루 돌면서 신의 보호하심과 축복을 구하러 간다.[113]

17세기에는 짜르의 혼례식을 우스펜스키 사원이 아닌 성수태고지 사원의 사제장이 맡아 하였다. 궁 내의 다른 사원 소속 사제가 예식의 주관자 역할을 하였던 것이다. 하지만 황실의 예식에는 변화가 없었다. 혼례 과정에서 관습에 따라 지켜지던 기본 흐름 중에는 다음과 같은 순서가 들어 있다.

우스펜스키 사원에 참석한 혼례의 하객들은 4개의 기둥 가운데 한 기둥에다 결혼하는 부부를 검은담비와 양탄자로 아름답게 덮은 의자에 앉힌다. 이제 사제장은 부부 앞으로 다가가 짧은 교훈을 들려주는데, 이때 건네지는 메시지는 평화 속에서 살 것, 우정으로 살 것, 신부는 남편에게 순종할 것, 신랑신부 쌍방은 신을 공경하는 마음으로 살 것, 마지막으로 교회에 정기적으로 나가 예배를 드릴 것을 포함한다. 주례사를 마치고 난 후, 사제장은 신부의 손을 이끌어 남편 짜르에게 건네고, 부부가 키스를 하도록 안내한다.

혼례가 끝나면 피로연은 다시 접견궁으로 돌아와서 한다. 오후가 되면 짜르는 이제 크렘린 궁 밖을 벗어나 여러 사원과 수도원을 일일이 방문하는 짧은 순례여행

богомолье을 다녀온다. 혼례 다음 날에는 짜르의 이름으로 접견궁에서 점심 식사가 제공되며, 사흘째에는 신부 측에서 식사를 차린다. 수좌대주교와 교계 인물을 위한 점심식사 준비는 나흘째 되는 날에 차려진다. 한편 정교회의 규범에 따르면 "첫 번째의 혼인은 법으로 규정된 것закон이고, 두 번째의 혼인은 용서가 될 수준прощение이며, 세 번째의 혼인은 법상 허용되지 않는 불법законопреступление"으로 되어 있다. 이런 기준에서 볼 때, 폭군으로 잘 알려진 이반 뇌제는 정교회의 혼례법과 인간 사회의 도덕을 모두 어긴 황제였다. 무려 7번이나 결혼을 하였기 때문이다. 아나스타시야 로마노바와의 첫 번째의 혼례만이 진정한 사랑과 가족의 행복을 경험한 것이었고, 그 외의 여섯 차례 혼인은 불행한 것이었다. 정교회법에 어울리지 않는 혼인을 여러 차례 하자, 모스크바 수좌대주교는 이반 뇌제에게 특별한 벌을 가하기까지 하였던 것으로 알려져 있다. 사원에 와서 자신의 죄를 고백하는 징계를 짜르에게 부과하였고, 사원 방문을 일시적으로 금하기까지 하였다. 전설에 따르면, 현재의 우스펜스키 사원 남동쪽 구석에 짜르를 감시하기 위한 장소가 특별히 만들어지기까지 하였다고 한다. 그럼에도 짜르 이반은 마지막 6, 7번째 혼인을 치렀지만, 이 두 마지막의 경우엔 식을 올리지도 않았다고 한다.[114]

　　황실의 혼례는 후계자 세자를 낳아 황실 가문의 대를 잇는 과정에서 너무나 중요한 의식이었다. 따라서 딸보다는 아들이 선호될 수밖에 없었을 뿐만 아니라, 실제로 딸을 자식으로 보았을 때, 황실은 여러 어려움을 겪어야 했다. 이반 III세와 혼인을 치른 비잔틴 제국 마지막 황제의 조카 딸이었던 소피야는 결혼을 통해 딸만 세 명을 두었을 뿐, 세자를 낳지 못하였다. 궁내에서의 압박으로 힘든 삶을 살아야 했던 소피야는 결국 성삼위일체 수도원(세르기예프 포사드)에 '걸어서 가는 순례길пешее паломничество'에 오르게 된다. 전설에 따르면, 이 수도원에서 소피야는 수도원의 창시자인 성자 세르게이 라도네쥐스키Сергей Радонежский의 이콘을 목도하게 된다. 효과가 있었는지, 소피야는 곧바로 아들을 줄줄이 낳았다고 전해진다.

이반 뇌제가 죽은 후, 그의 아들 표도르 이오나노비치가 권좌에 오른다. 그러나 이리나 고두노바와의 결혼을 통해서 표도르는 아무런 손을 얻지 못한다. 이렇게 표도르가 황태자를 만들지 못하고 1598년 1월에 죽고 나자 그해부터 600년을 넘겨왔던 류리크 왕손의 대가 끊기고 만다. 이 혼란한 틈을 타서 1598년 2월 젬스키 사보르에서 보리스 고두노프가 짜르에 선출되었고, 러시아 역사에서 일명 '수난의 시대cмутное время'가 시작되면서 러시아가 대 혼란의 시기 속으로 들어가게 되었다. 설상가상으로 1610년 모스크바로 침공한 폴란드 군사들은 1612년 가을경 모스크바에서 쫓겨나기 전까지 무려 2년을 체류하였고, 여러 심각한 위기를 만들어 냈다. 이후 비록 1613년 젬스키 사보르Земский собор에서 순수 러시아 혈통의 로마노프 왕조가 탄생하게 되었지만 약 20년 간 러시아에는 짜르가 부재하였던 혼란의 시대가 도래하였다.

한편 대관식과 혼례식과 별도로 짜르와 대귀족, 사제직분자들의 장례는 꼭 우스펜스키 사원에서만 단독으로 드려지지는 않았다. 즉 크렘린 궁 내의 우스펜스키 사원 외에도 여러 장지와 공동묘지, 매장터가 조성되어 있어서 장례식 공간 사용 문제가 그리 큰 문제가 아니었다. 사제들의 무덤은 별도로 마련되었기보다는 관 속에 안치되어 우스펜스키 사원 서,남,북쪽 벽 측면에 나란하게 모셔져 있다. 그 외 대공 및 이들의 친인척들의 주검은 관구 소속 가운데 가장 큰 원로 사제 수도원ктиторский монастырь에 안장되는 것이 일반적이었다.[115]

현재 우스펜스키 사원에 안치되어 있는 관들에는 블라디미르 출신의 주교(루카, 시메온, 미트로파니에)들의 주검이 들어가 있다. 러시아 교회의 초대 대표자이자 수좌대주교였던 막심의 장례식도 이곳에서 거행되었다. 그러나 우리가 잘 알고 있는 이반 I세, 곧 이반 칼리타의 주검은 우스펜스키 사원이 아닌 반대편에 위치한 대천사 사원인 아르한겔스키 사원에 안치되어 있다. 15세기 중반까지 모스크바 크렘린에는 이렇게 세 곳의 독립된 매장지가 나뉘어져 있었는데, 사제직분자들만을 위한 공간, 대공, 그리고 대공들의 부인들을 위한 매장지가 그것이다.[116]

우스펜스키 사원이 만들어진 이후, 이 사원은 적게는 모스크바 공국 최고 권력자들의 주요 의례를 거행하였던 공간으로 활용되었다. 보다 넓은 범위에서 우리가 깨닫게 되는 것은 이 사원이 짜르를 포함하여 다른 상층 귀족들의 출생과 세례, 혼례, 장례, 그 밖의 국가 주요 행사들을 위한 성대한 개최장소의 역할을 하였다는 점이다. 이 모든 의례들은 결국 최고 권위의 위신을 드높이고 위상을 보존하는 데에 더없이 훌륭한 기재 역할을 하였고, 점차 수도 모스크바의 영적이고 정치적인 중심지로서의 상징성을 꾸준하게 견지할 수 있었다. 이것이 바로 우스펜스키가 애초 건축될 당시부터 기대되었던 것이었을 것이고, 국가의 의례를 위한 '의례극장'으로 손색없는 공간으로 자리매김 되었던 배경이었다.

　인간사의 통과의례나 다름없는 출생과 혼례, 장례, 대관식을 위한 공간은 절대권력자 및 최상층 귀족 계층에게 '권력의 영원성'이 재현되고 '불멸의 권력'이 공고하게 되는 순간을 각인시킨다. 모스크바 수좌대주교의 상징적 입회와 집전으로 진행됨은 곧 이 같은 세속적인 행사의 증인이자 비호자가 정교라는 것을 암묵적으로 인정하는 것이었으리라. 짜르의 대관식 때마다 정해진 성스러운 공간에서 벌어지는 이와 같은 국가적 차원의 대규모 연행은 참여자 모든 이들에게 '불멸성의 감각'을 느끼게 하여준다고 하겠다. 반복되는 영원성의 사이클이 연출되는 곳, 신성함의 상징적 증표를 간직하고 있는 수좌대주교의 입회와 주관은 이제 모든 연행의 위엄을 보증한다.

　이미 살핀대로, 대관식이 거의 9월에 거행되었던 '시간적 고정성'은 우리에게 불변성의 보장, 곧 영원성의 심오한 의미를 환기한다. 그것은 인생사의 반복적 사이클 자체가 영원성의 특징에 있다고 주장하는 것이 아니다. 대신 "반복되는 것의 절대적 불변성이 완전히 고립된 시간 동안 존속하는 것 속에 있다"는 언급에서와 같이 거의 일정하게 확정된 국가 시간의 흐름 속에 대관식과 혼례라는 중요한 사이클이 고정되었다는 점에서 그 의의를 찾을 수 있겠다. 그리하여 반복되는 국가 연행의 연출은 우스펜스키 사원에서 종교적 함의를 얻게 되며, 이는 다시 시간이 흐르면서

러시아 국가 및 권력자에게 영원함의 신성성을 획득하고 있다는 인식을 안겨주었을 것이다.[117]

III

우스펜스키 사원의 구조

―

1. 내부 구조 _ 압축된 정교회 역사를 보다
2. 이콘과 벽면 프레스코화 _ 압축된 성경을 보다
3. 외부 구조 _ 러시아 역사와 전통의 혁신을 보다
4. 문 _ 러시아 역사와 성경의 메시지를 읽다

III
우스펜스키 사원의 구조

1. 내부 구조
_ 압축된 정교회 역사를 보다

11~13세기 비잔티움, 프랑스, 이탈리아, 남슬라브 및 고대 러시아의 거의 모든 사원들에 나타난 양식의 문제를 지적하면서 일찍이 드미트리 리하초프는 이 사원들의 각 부분들이 "그 자체로 우주와 교회의 조직과 교회의 기구와 인간의 본성을 상징"하고 있다고 말한 바 있다. 뒤에서 자세하게 살필 일이지만, 이 양식적 보편성 가운데, 사원 내의 벽화, 즉 프레스코화들은 "성경의 전 역사를 포괄하고 있으며, 과거, 현재, 그리고 미래를 다룬다."[1]

마찬가지로 "모든 건축양식은 형태, 공간적으로 정신적인 내용을 표현한다"는 언급은 러시아 정교회 건축물을 포함하여 일반적으로 건축에 대하여 설명할 때, 보편적으로 적용될 수 있는 말이다.[2] 어찌 정신적인 개념과 의미를 담지 않고 건축을 계획할 수 있을까? 건축물 내·외부 모든 요소에서 이 같은 함축적 메시지를 표현하려는 노력과 의도를 우리는 어렵지 않게 읽을 수 있을 것이다. 단, 구체적으로 어떤 요소와 구조가 정확하게 무엇을 재현하고, 표상하고 있는지를 알아보는 일은 일반적으로 건축물 해석, 보다 본질적으로는 건축물의 건축코드를 발견하는 일과 무관하지 않을 것이다. 그림 아래에서 우스펜스키 사원의 구조를 찬찬히 들여다보자.

먼저 5개의 지붕 쿠폴과 사원 내부의 기둥 간에 존재하는 구조상의 특징을 언급하지 않을 수 없다. 총 6개의 원통기둥 중에서 4개는 회중석 중앙에, 나머지 2개는 동쪽 방향, 특히 제단 안쪽에 위치한다. 기둥 구조의 상단부분인 중앙의 원개동 바라반барабан, 즉 둥근 지붕을 지탱하기 위한 드럼은 독경대амвон 위를 기준으로 사방에 배열된다. 중앙의 원개동과 같이 측면에 위치한 바라반 역시 그 간격이 일정하다. 5개의 쿠폴을 지닌 정교회 건축 양식은 흔히 모스크바-비잔틴 전통의 맥을 이은 것으로 기록되는데, 이미 블라디미르에 있는 동명의 우스펜스키 사원(1158-1161)에서 유래하는 것으로 알려져 있다.[3]

아래의 사진에서처럼 동쪽의 제단이 위치한 공간을 제외하고, 이코노스타스 너머의 회중석 전체 공간은 4개의 기둥으로 고르게 나뉘어 있다. 공간의 기본적인 리듬이 원기둥으로 분할되어 있는 것이 내부의 기본 특징을 이룬다. 길이와 폭이 30미터 이내인 공간이 4개의 기둥으로 나뉘어 있다는 것을 상상해 보라. 필자가 현지를 방문하였던 경험을 기억해 보면, 블라디미르에 있는 동명의 우스펜스키 사원이나 모스크바 근교의 돈스코이 수도원 내 사원이나 매우 좁고 답답한 느낌을 준다. 특히 블라디미르의 사원은 내부에 원형 아치가 곳곳에 만들어져 있어 앞 기둥 자체를 가리는 역할을 하여 훨씬 어둡고 좁은 느낌을 만들어 낸다. 세 곳의 사원에서 드러나는 차이는 기둥 설계의 공간 비율에서 모스크바의 우스펜스키 사원과 다르기 때문이다. 반면 모스크바의 우스펜스키 사원 내부는 같은 4개의 기둥으로 설계되어 있어도 다른 사원에 비해 보다 커 보이고 넓어 보이는 특징을 보인다.

사원 내부의 공간이 지니는 각 요소들은 각기 다른 상징을 띠는데, 앞서 언급한 원형의 쿠폴은 천국 혹은 하늘을, 기둥은 교부를, 그리고 실내로 들어오는 빛은 그리스도를 상징한다.[4] 고딕 양식으로 건축된 서유럽 사원들에서 흔히 볼 수 있는

[삽도-63] 우스펜스키 사원 내부의 기둥과 천장 사진   이코노스타스 이남쪽, 즉 성도들이 모여 예배할 수 있는 나르텍스 공간에는 위의 사진에서처럼 4개의 기둥이 보이고, 기둥과 기둥 사이 및 그 밖의 공간이 모두 동일하게 설계되어 있다.[51]

창문의 크기가 우스펜스키 사원을 비롯하여 러시아 정교회 사원에는 절대적으로 작다. 그 결과 빛의 투과를 현저하게 막는다. 반면 상대적으로 어두운 분위기는 영적인 효과를 창조하여 신비하고 신령한 분위기를 만드는 데 일조한다. 사진([삽도-63])은 내부 촬영이 허가되지 않기 때문에 웹사이트에서 구한 것들이다. 필자가 육안으로 본 실제 광경과 가장 흡사한 사진들만을 뽑아 보았다.

사원 내에 있는 기둥의 개수와 모양에도 특징적 요소가 분명하게 들어 있다. 사원 내부에는 아치 모양을 띠고 있는 천장 지붕 볼트vault 밑에 총 6개의 기둥이 서 있다. 볼트는 2차원적 개념의 아치에 비하여 "토압을 분산시킴으로써 기둥 없이 넓은 공간을 덮을 수 있는 축조방식"으로 우스펜스키 사원처럼 내부 공간이 넓은 곳에 아주 유용한 건축양식이다.[6] "아치가 길이방향으로 확장된" 형태가 볼트인데, 이는 "곡면 천장과 이것을 받치는 벽체로 이루어졌다." 본래 "로마 건축을 대표하는 상징성"을 지닌 볼트 구조는 중앙 부위가 높은 곡면 천장 구조에 적합하여 그 자체로 공간에 활력을 불어넣을 수 있을 뿐만 아니라, 중앙의 높게 치솟은 둥근 천장을 형성함으로써 공간의 '웅장함과 위엄'을 형성하는데 상당한 도움을 준다.[7]

이 가운데 4개의 기둥은 거대한 원통형으로, 중앙부의 쿠폴을 지지해 주고 있다. 그리고 이 중앙 부위의 쿠폴은 평편한 쿠폴 위에 놓여 있으며, 또 다시 보다 작은 크기의 쿠폴 4개로 감싸여 있다. 단순해 보이는 이 건축 구조는 우스펜스키 사원의 장중한 효과를 부여하고 있을 뿐만 아니라, 건축학적으로는 사원 몸체 전체에 큰 하중이 내려앉지 않게 하면서 안정감을 구축한다.[8] 둥근 천장 지붕 모양의 볼트 체계를 이용한 점과 쿠폴 지지대를 설계한 이 같은 구조는 이후 러시아 정교회 건축에서 하나의 전통으로 자리잡게 되었고, 이는 모스크바에 건축된 노보제비치 사원 내의 스몰렌스크 사원(1550년)과 자고르스크에 있는 세르게이 성삼위일체 사원(1585년) 건축의 모델이 되었다.[9]

블라디미르에 있는 우스펜스키 사원의 구조를 이해하고, 이에 러시아 목조 건축

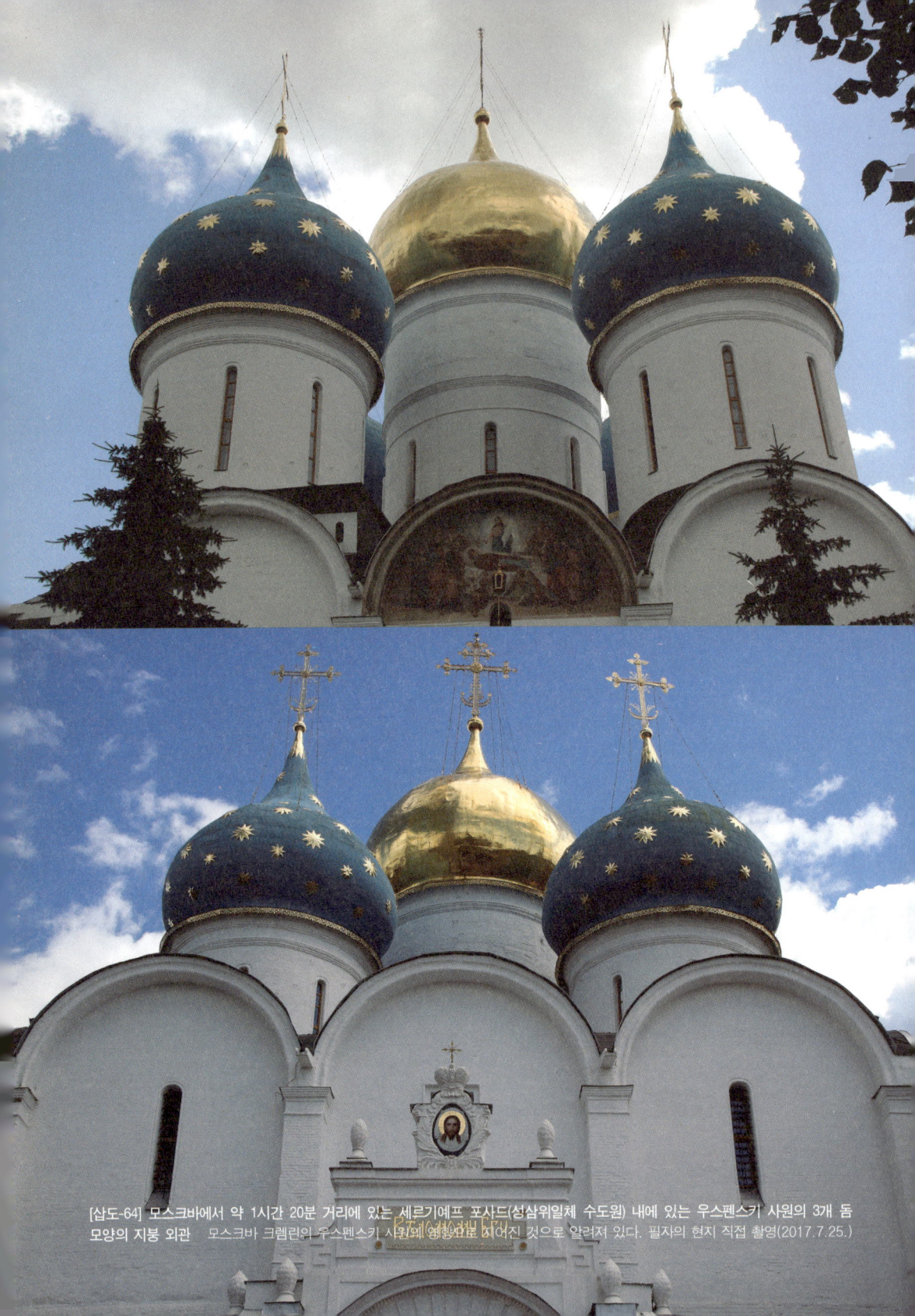

[삽도-64] 모스크바에서 약 1시간 20분 거리에 있는 세르기예프 포사드(성삼위일체 수도원) 내에 있는 우스펜스키 사원의 3개 돔 모양의 지붕 외관. 모스크바 크렘린의 우스펜스키 사원에 영향받아 지어진 것으로 알려져 있다. 필자의 현지 직접 촬영(2017.7.25.)

술의 기초를 터득한 피에라반티는 크렘린에서 전혀 새로운 방식으로 우스펜스키 사원을 축조한다. 5개의 지붕 가운데 정 가운데의 것이 가장 크게 설계하는 방식이 이미 고대 러시아의 목조 교회 건축방식이었다.[10]

한편 4개의 원통기둥은 제단 바깥쪽의 위치에 자리하고 있어, 회중석에 있는 일반 성도들이 볼 수 있는 공간에 있다. 반면, 나머지 2개 기둥은 사각형으로 각이 져있고, 제단 너머의 동쪽 방향에 자리하고 있다. 여기에서 말하는 동쪽 방향은 곧 이코노스타스가 있는 제단 안쪽의 공간을 말하며, 이 이콘 장벽 안쪽의 기둥은 사각형으로 이루어져있다.

이렇게 기둥 수가 균형을 이루지 않는 이유는 그 향방에서 찾을 수 있다. 제단 안쪽에는 대형 기둥 2개가 추가로 서 있는데, 이 모양이 동쪽 벽, 즉 이콘 안쪽으로까지 큰 아치 형태로 뻗어 있기 때문이다. 이탈리아 건축가 피에라반티는 타원 모양의 장축단, 즉 제단 동쪽 끝의 반원 모양의 둥근 구조부분을 일컫는 앱스를 고려하지 않을 수 없었을 것이다.[11] 앱스라고 부르는 이 반원형 모양의 돌출부위는 고대로부터 러시아 건축술의 특징이기도 하였고, 반드시 포함되었던 중요한 공간이었다. 그러나 피에라반티는 블라디미르 우스펜스키 사원의 경우에서보다 이 앱스의 돌출부분을 비교적 적게 다듬어서 사원 외관의 전체적인 구조에서 앱스를 약하게 처리하였다. 이리하여 연대기 기록자가 이를 일컬으며 기록하기를 "마치 한 개의 돌과 같다Яко един камень."고 말할 정도로 거의 정사각형에 가까운 새로운 형태의 사원이 만들어지게 되었다.[12]

정리하면 블라디미르와 모스크바에 각기 있는 동명의 우스펜스키 사원 사이에는 몇 가지 차이점이 있다. 먼저 크렘린 궁의 우스펜스키 사원은 넓고 웅장하게 조성된 실내 공간이 압도적이다. 비록 내부 회중석 공간에 4개의 대형 원통기둥이 있지만 이 기둥은 총 12개의 공간 구역으로 정확하게 나뉜 상태에서 정 가운데에 8개의 공간 내에 있기 때문에 안정감을 부여한다. 두 사원 모두 쿠폴이 5개로 동일하나 하부 구조가 전혀 다르기 때문이다.

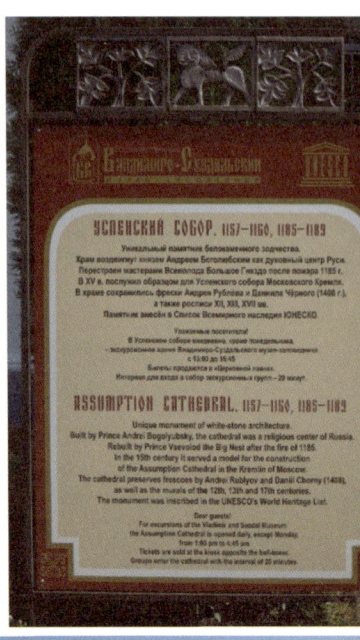

[삽도-65] 블라디미르에 위치한 우스펜스키 사원 전경   필자 직접 촬영(2015.7.28.)

[삽도-66] 블라디미르 우스펜스키 사원의 항공 촬영 사진

쿠폴이 5개인 것과 전체적인 외관이 모스크바의 우스펜스키 사원과 매우 흡사하다. 사진에서 맨 앞쪽, 즉 앱스 부분이 모스크바의 것보다 훨씬 동그랗게 설계되어 있는 것이 차이점이다. 모스크바 크렘린 궁의 우스펜스키 사원은 거의 사각형에 가까울 정도로 이 앱스 부분의 반원형돌출부가 눈에 띠지 않는다.[13]

아래의 오른쪽 그림에서 연두색 실선이 바로 회중석에서 우리가 볼 수 있는 공간이자, 4개의 기둥이 서 있는 전체 면적이다. 총 12개로 분할된 공간 중에서 절반만이 이코노스타스로 막힌 제단을 기준으로 나뉘어져 있어 볼 수 있는 공간이고, 나머지 6개는 제단 뒤편에 위치하여 있기 때문에 일반인들은 볼 수가 없게 되어 있다. 고도로 기하학적이고 치밀하게 설계된 사원의 내부 공간은 블라디미르 우스펜스키에 비하여 크고 넓게 보이는 효과를 보여준다. 실제로도 두 사원의 폭은 24미터로 동일하나, 길이에서 크렘린의 우스펜스키가 다소 길다. 세로 길이의 차이는 실내 공간의 더 큰 차이 효과를 만들어 낸다.

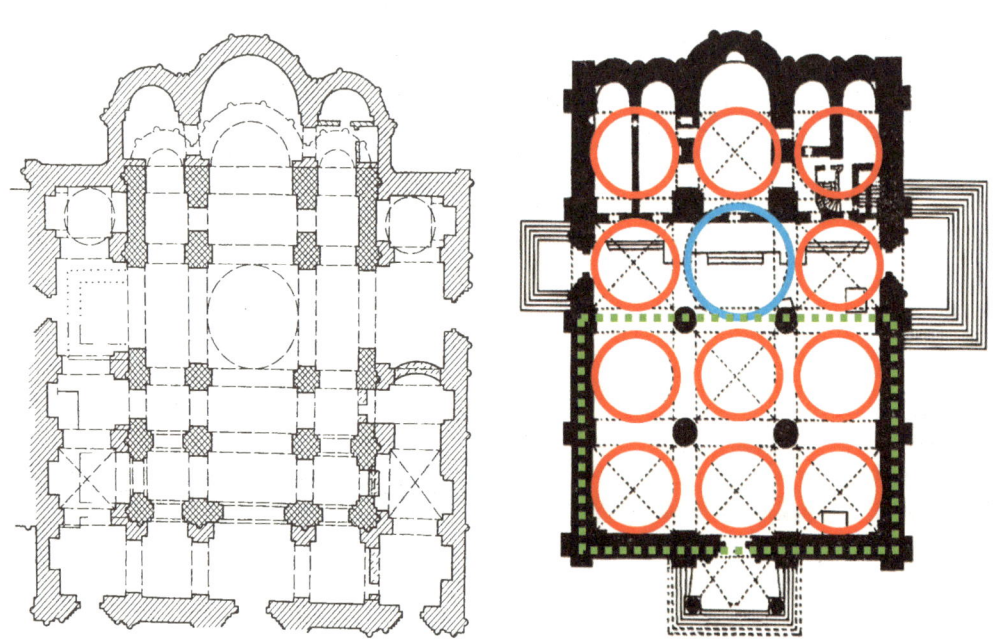

[삽도-67] (좌)블라디미르 우스펜스키 평면도 (우)모스크바 우스펜스키 사원 평면도
두 그림 사이에는 공간분할에서 큰 차이점을 보인다. 기하학적이고 수학적인 치밀한 분할 속에서 총 12개의 구역으로 나뉜 모스크바 우스펜스키 사원은 일정한 간격으로 벌어진 공간이 실내를 크게 보이는 효과를 보여준다. 반면 일관성 없는 공간 분할로, 불규칙한 실내 공간 활용을 보여주고 있는 블라디미르의 사원은 공간이 협소해 보이는 효과를 만들어 낸다.[14]

외관에서도 크렘린의 우스펜스키 사원은 동쪽 끝 부분의 둥그렇게 반원 크기로 튀어 나온 앱스가 5개인 데 반하여 블라디미르의 우스펜스키는 3개에 불과하다. 특히 출입문 머리 상단에 주름이 져서 안쪽으로 들어가도록 설계된 부분(아치볼트 arch vault)은 블라디미르의 사원에서부터 있었던 것으로 모스크바의 것에서도 발견된다. 오히려 이 부분만이 고대의 전통이 모스크바 건축술에 영향을 끼친 유일한 예가 된다.[15]

또 다른 차이점은 모스크바 우스펜스키 사원 실내에만 있는 역대 수좌대주교들과 사제들의 관이다. 블라디미르 우스펜스키 사원에는 관 자체가 없을 뿐더러, 이런 공간이 따로 마련되어 있지도 않다. 그러나 크렘린의 사원에는 모스크바의 대주교뿐만 아니라, 여러 낮은 직분의 사제들 관까지도 사원 내부에 안치되어 있는데, 주로 서북쪽의 벽 아래에 놓여 있다. 나아가 관은 지하동굴이 아닌, 실내 지상의 표면에 있어 일반인들 누구나 그 관의 주인과 이름을 확인할 수 있도록 '박물관화' 되어있다.

사원 내부의 기둥에서도 차이점이 드러난다. 12세기에 건축된 블라디미르의 우스펜스키 사원은 사각형의 각진 기둥인 반면에, 15세기의 모스크바 우스펜스키 사원은 원기둥 형태이다. 내부에서 직접 관찰해 보면, 각진 기둥이 만들어내는 공간은 보다 답답하고 고립되어 보일 뿐만 아니라, 전체 분위기가 막혀있는 느낌이 든다. 반면 크렘린 궁의 우스펜스키 사원 내부는 조화와 부드러움, 그러면서도 장중한 느낌이 압권이다.

우스펜스키 사원은 건물의 각 꼭지 부분 4방위가 5각형 형태의 각을 이루는 72도에 근사치로 설계되어 있다. 다음의 사진에서처럼 좌우 익랑, 정면 12시 방향의 이코노스타스가 놓여 있는 동쪽 방향, 그 정반대에 위치한 성도들의 출입구와 같이 네 방위가 5각형의 각도 내에 들어오게 구조되어있음을 알 수 있다.

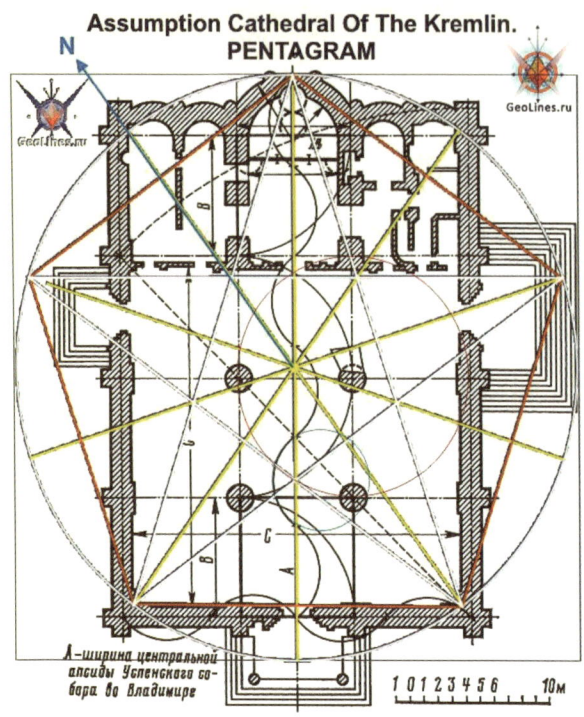

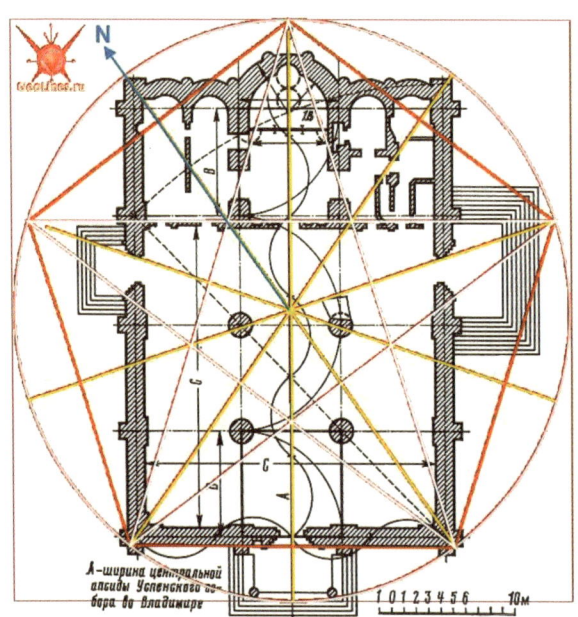

[삽도-68] 우스펜스키 사원 내부 공간의 비율과 구성 원리

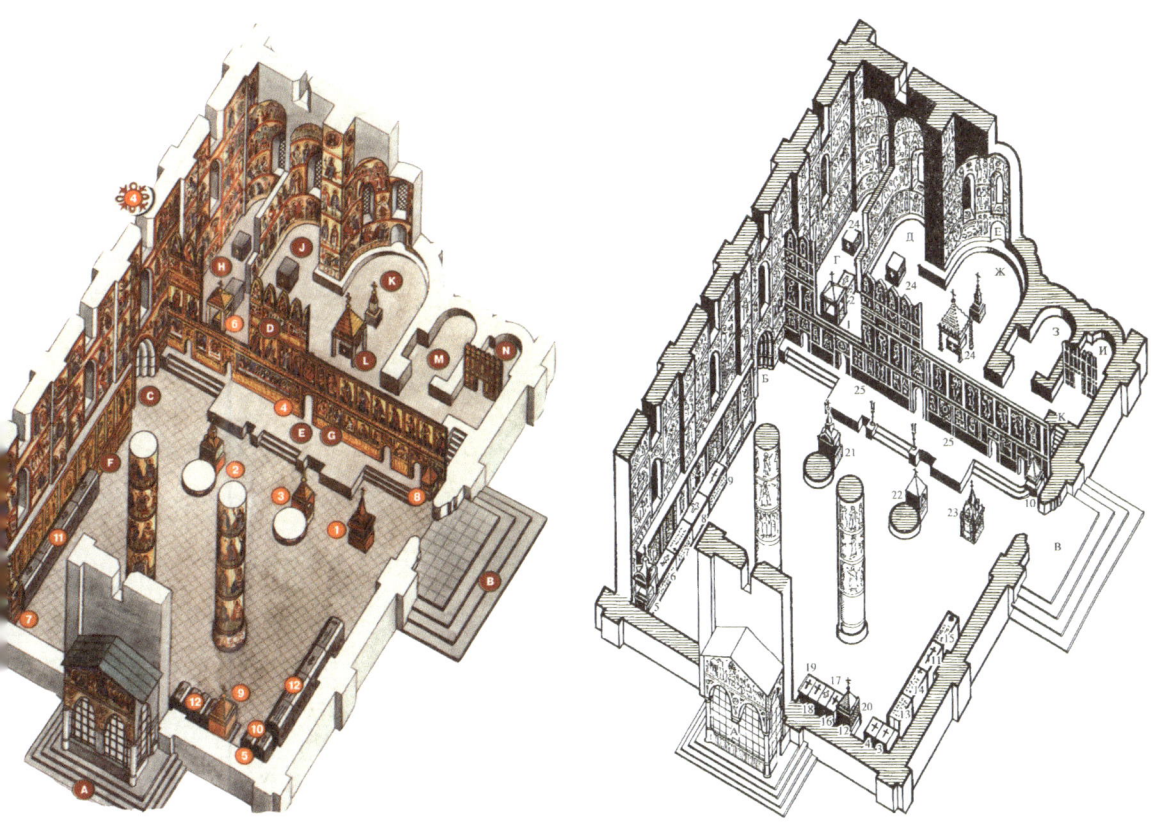

[삽도-69] 우스펜스키 사원 내부를 소상하게 알 수 있는 평면도[16]

A : 서문. B : 남문. C : 북문. D : 제단 경계와 이코노스타스. E : 이코노스타스 맨 하단열, 정 중앙의 황제의 문.
F : 북향 벽 앞에 설치된 이코노스타스. G : 이코노스타스 맨 하단열, 우측의 예수 그리스도 이콘과 그 외 다른 주요 성화.
H : 성 베드로와 사울 예배당. J : 성찬 준비 장소. K : 중심 제단. L : 성찬 식사 탁자 프레스톨(престолы).
M : 성물(의례시에 사용되는 기구와 의복 보관실 레즈니차(резница) 보관실.
N : 성 드미트리 솔룬수키(데살로니카 데메트리우스)를 기리기 위해 만들어진 작은 사이드 예배당 프리젤(придел).
1 : 짜르의 기도처(царское моленное место). 2 : 황후의 기도처(моленное место цариц).
3 : 수좌주교의 기도처(патриаршее место). 4 : 성모 마리아 이콘을 모셔두는 케이스 키오트(киот).
5 : 성모 마리아 이콘 및 수좌대주교 포티(Фотий 1409-1431)와 키프리안(Киприан 1378-1406)을 그린 이콘화 장소.[17]
6 : 수좌대주교 포트르(Митрополит Петр 1305-1326)의 유해를 안치한 관.
7 : 수좌대주교 요나(Иона 1439-1461)의 유해를 안치한 관.
8 : 수좌대주교 필립 II세(Филипп 1566-1568)의 유해를 안치한 관(гробница).
9 : 게르모겐(Гермоген)의 성골(реликваия)을 안치한 청동경대(Сень для хранения священных реликвий, 영어로는 tabernacle).
10 : 수좌대주교 포티와 키프리안의 관. 11 : 수좌대주교들의 유해를 안치한 관. 12 : 수좌대주교들의 유해를 안치한 관.[18]

사원 내의 주요 위치 및 주요 대주교들의 관을 언급하고 있는 위의 그림에서 6)번의 예를 들어 보자. 본래 블라디미르에서 봉직하던 수좌대주교 표트르는 그의 선종 직후 모스크바로 옮겨지게 되어, 이 자리의 관 속에 안장되었다. 우스펜스키 사원이 최초에 목재로 지어지던 1329년 8월 13일의 일로서, 페오그노스트 수좌대주교는 제단 뒤편 동쪽의 북벽에 성찬대실을 마련해 두었다. 당시 "성스러운 사도 베드로의 이름으로, 순결한 베드로의 믿음을 경배하며"라는 말로 이 특별한 자리를 조성한 이후로 수좌대주교 표트르에 대한 숭배가 그의 선종 직후 형성되었다. 그리하여 1339년에는 모스크바 정교회 최초의 성자первый московский святитель로 표트르가 시성諡聖되는 일이 있었다. 뿐만 아니라, 이 북벽 관 실을 조성한 수좌대주교 페오그노스트를 위한 관 역시 이후 만들어져, 표트르와 나란하게 북벽에 위치하게 되었다. 14세기 초의 이 순간부터 우스펜스키 사원은 러시아 주교들을 위한 사원 무덤хрaм-усыпальница이 되었다.[19]

러시아 정교회에서 언제부터 수좌대주교 및 주교의 시신을 관 속에 안치하여 사원 내에 보관하기 시작했는지는 더 연구가 필요하다. 위에서 살펴본 시신 안치 관례는 비단 러시아에서 뿐만 아니라, 중세 시기 서유럽에서도 상당히 일반적인 문화였다. 성인들의 유골에서부터 머리카락, 옷, 생존 시 사용하던 물건 등은 여러 교회에서 나누어 보관할 정도로 사회적 인기를 끌기까지 하였다. 유럽 문명사를 연구한 대가 윌 듀런트Will Durant의 기록에 의지하면, 10세기까지 시성된 성인만 2만 5천 명이 넘었다. 사람들 사이에서 성자의 유물은 초자연적인 힘과 영적인 치유의 능력을 가지고 있다고 간주되었기 때문에, 이 같은 '과잉된 물신 숭배'는 엉뚱하게 유물 소유권 쟁탈이나 거짓되게 부풀려진 전설과 일화가 양산되기에 이르는 경우도 허다하였다.[20]

앞서 이야기했듯이, 로마 시대는 철저하게 도시문명이었다. 동로마의 패망은 자연스럽게 도시 문명의 연쇄적 쇠퇴를 야기했고, 이미 공인된 기독교는 빠른 속도로 파급되었으나 초기 기독교의 파급은 도시문화에 변화를 안겨 주었다. 즉, 로마의 멸망 이후 불안한 사회 분위기는 기독교인들의 믿음 수행 생활에도 가변적이고 불안정한 상태를 만들었다. 따라서 하나님의 존재와 그 아들 예수의 복음을 전파하기 위해 당시 사람들에게 필요로 했던 것은 성인의 유해나 이들의 유품, 그리고 성물이었다. 믿음을 유지할 뿐만 아니라, 궁극적으로 복음을 전파하기 위해 무엇인가가 필요하다는 것을 절감한 자들이 바로 순례자들이었을 것이다. 이것이 순례가 애초에 형성되었던 근본 배경이자, 로마 후 로마네스크 시대에 '성골 숭배'가 나타나기 시작한 이유이다.

한마디로 로마네스크의 시작은 성유골 도둑질과 성물에 대한 사회문화적 가치 부여의 시대와 맞물려 있다고 하겠다. 그리고 순례의 의미는 왜곡되고 과열되어 '거룩한 도둑질furta sacra'이라는 현상을 만들어 낼 정도로 하나의 중세적 현상을 빚기도 하였다.[21] 11세기, 즉 로마네스크 시대였던 당대의 수도원은 "순례자의 호기심을 충족시키고자 성인들의 유해가 담긴 함을 제단 뒤쪽에 전시하곤 하였다.[22]

성인들의 유골에 대한 각별한 존중과 숭배 이전에 사실 우리가 살필 것은 성자 혹은 성인들에 대한 숭배 문화의 기원이다. 잘 알려져 있듯이, 성경에는 성인 공경에 대한 구체적인 기록이나 언급이 전혀 없다. 그럼에도 가톨릭교와 러시아 정교회에서 성자Saint란 호칭을 부여하기 시작한 때를 언제로 봐야 할까? 한 기록에 따르면, 성자를 'Sanctus'란 호칭을 사용하면서 이름 앞에 성聖자를 붙여준 시기는 5세기, 즉 그리스도교가 공식 국교로 인정을 받은 다음부터로 추정된다. 이런 배경에서 성자들이 죽은 다음에는 그 유골을 보관하는 전통이 생겨났고, 성자의 유골과 관을 보관하고 있는 사원이 크게 존경받는 문화가 형성되었던 것이다.[23]

더불어 살펴야 하는 것은 그리스도교의 공인이 이뤄진 391년 이후, 교회에서 나타난 수도원 운동이 성인 숭배와 성자 무덤 숭배와 어떤 관계가 있는지의 문제이다. 박해와 탄압 속에서 로마제국으로부터 공식 인정을 받던 그리스도교에는 아이러니하게도 국가교회적 요소들이 생겨나기 시작했고, 신앙의 세속화 현상이 나타났다. 이를 피하기 위해 4세기부터 나타난 것이 도시를 피해 사막이나 섬 등으로 지리적으로 인적이 드문 곳 깊숙하게 들어가 교회를 세우는, 이른바 수도원 운동이 발생하였다.

이렇게 시작된 운동과 자연스럽게 맞물린 것이 수도원을 창설하였던 수도사들의 시신과 이들에 대한 처리가 중요한 문제로 떠올랐다. 도시에서 멀리 떨어진 곳의 수도원에 영성이 뛰어나고 여러 기적을 보인 성자들이 유명해지기 시작하면서 이들의 주검과 무덤이 각종 전설과 소문으로 세인들 사이에서 퍼지기 시작하였다. 그리하여 도시 밖에 있던 애초의 무덤이 도시 안으로, 심지어 사원 안으로까지 들어오게 된 이유가 바로 여기에서 발생한다.

이제 사원 내의 무덤은 "죽은 자를 기념하는 소중한 공간"이자 "성인 공경의 중요한 표현"이 되었다. 심지어 성 베드로 대성당의 경우에서처럼, 순교자 성자의 주검 위에 교회를 세우는 일까지 생겨났다. 이처럼 기독교 공인 이후 200년이 좀 지나서부터는 주검의 매장소가 도시 밖에서 점차 도시 안으로, 성당 주변으로, 성당 내부로 이동하면서 성인 숭배 문화의 형성을 예고하였고, 이는 궁극적으로 성자의 유해, 유골 숭배로까지 연장되었다.[24]

관의 안치 장소에 따라 보통 순교자 혹은 성자의 무덤은 지상과 지하 두 곳이 있을 수 있다. 아래의 사진([삽도-70])에서처럼 일반인 누구나가 볼 수 있도록 사원 내 지표면에 노출되어 있기도 하고, 지하의 묘지에 특별히 안장되어 있기도 하다. 그 역사의 기원을 보면 지하묘지는 순교자의 시신이 있는 옆자리가 선호되다가, 6세기경부터는 카타콤이 순교자 기념 예배 장소로 확장되고 장식되었다. 그러나 10세기경부터는 성유골이나 유품을 교회 바닥에 안치하게 함으로써 카타콤이 버려지고 잊혀지는 수모를 당하기도 하였다. 그러다가 1578년 순교자의 유골과 유품이 우연하게 발견된 것이 계기가 되어 현재는 교황청의 주관으로 모든 카타콤을 유지 관리하고 있다.[25]

[삽도-70] 우스펜스키 사원 내, 북쪽 벽 구석 자리 7)에 위치한 대주교 요나(Иона, 1439-1461)의 유해를 안치한 관(Рака митрополита Ионы) 1585년에 조성된 것으로 기록은 전하고 있다.[26] 서구의 초기 기독교 장례문화에서 성자의 유해가 어떤 역사적 배경에서 숭배되기 시작했는지는 매우 오랜 역사를 들여다봐야 한다. 본래 도시 성벽 외곽에 공동묘지가 있어 죽은 자의 장지로 사용되었다가 성인의 시신은 이런 전통을 깨고, 도시 내부로 들어오기 시작했다. 성벽 안으로 유골이 안치되는 전통의 시작과 더불어 본격적으로 드러나기 시작한 '성인 숭배' 문화는 러시아에서도 별반 다르지 않았다.[27]

성인 숭배와 교회의 입장을 논하면서 『중세의 가을』의 저자 요한 하위징아는 두 가지로 이 전통의 핵심을 집어낸다. 즉 그는 "신앙을 물질화(구체화)시키는 효과"로뿐만 아니라, "종교가 외부적으로 발현된 형식의 하나"로 성인 숭배 문화의 결과를 해석하고 있다.[28] 이는 특히 중세 서유럽에서 성인의 초상화가 대유행처럼 제작되고 숭배되는 흐름을 해석한 것으로, 가톨릭교와 정교회에서 공통으로 나타나는 현상이기도 하였다.

그러나 유럽의 이 같은 문화가 러시아의 정교 문화와 어떤 맥락적 관계가 있는지는 더 따져볼 일이나, 이 자리에서는 여기에서 더 확대하여 다루지는 않기로 한다. 단, 성골 도둑질과 성유해 숭배 현상은 12세기부터는 상대적으로 위축되었고, 16세기부터는 더 큰 비판과 결정적 위기를 맞게 된다. 그 이유는 신학적인 논리에서 비롯되었는데, 종교개혁가들과 합리주의자들이 성인 숭배를 미신이나 우상숭배로 규정하고 비판적 논쟁을 일단락 하였기 때문이다.[29]

우리가 살피고 있는 우스펜스키 사원의 경우 지하 카타콤은 따로 없다. 대신 사제를 포함하여 정교회 성직자들의 일부 관들이 사원 내 구석에 안치되어 있는 것을 볼 수 있다. 우스펜스키 사원 대각선 방향의 대천사 사원, 일명 아르한겔스키 사원에는 짜르의 관이 측면과 구석에 자리해 있는 것을 볼 수 있다.

[삽도-71] (좌)돈스코이 수도원에서 모스크바 및 전 루시의 총대주교로 선정된 키릴이 관 속에 안치된 치혼의 유해
(우)세르기예프 포사드에 있는 우스펜스키 사원의 성자 인노켄티의 유해를 안치한 관[30]

[삽도-72] (상좌)성자 라도네쥐스키 이콘 (상우)세르기예프 포사드에 있는 성변용교회 본당에 안치된 성자 세르게이 유해가 든 관 (하)성자 세르게이의 유해가 안치된 사원에 엄청난 인원의 관광객과 순례자

세르게이 라도네쥐스키 성자는 몽고 타타르의 압제를 끊었던, 그리하여 러시아 민중들 사이에서 가장 숭배받는 러시아 성자이다. 또한 러시아 사람들의 "정신적이고 도덕적인 갱생의 원조상"으로 숭배되고 있다. 가장 많이 알려진 전설은 1380년 쿨리코보 전투가 벌어지던 당시에 기원한다. 성삼위일체 이콘에 무릎을 꿇고 기도하던 성자 세르게이는 이 이콘을 숭배할 것을 러시아 전역에 널리 알렸고, 성모 마리아가 계시해주는 환상을 보았던 러시아 성자들 가운데 한 명으로 기록된다. 때문에 성자 세르게이는 죽은 후에도 러시아인들에게 큰 사랑을 받고 있는바, 그의 유해는 관 속에 넣어져 현재 세르기예프 포사드의 성삼위일체 사원에 안치되어 있다. 위의 사진은 필자 직접 촬영(2017.07.25.). 사진에서처럼, 성자 세르게이의 유해가 안치된 이 사원에는 늘 엄청난 인원의 관광객, 순례자들로 넘쳐난다. 내부는 사진 촬영이 엄격하게 금지되어 있어 유해가 든 관을 찍을 수 없었다. 단 내부를 둘러보고, 관의 위치를 눈으로만 확인할 수 있다. 실내는 매우 협소하며, 창문 크기도 작아 빛이 아주 일부만 들어와 실내가 어둡다. 이런 어두운 분위기 때문에 사원의 실내는 더욱 신비한 분위기가 연출된다.[31]

한편 위의 우스펜스키 내부 안내 도면에서 언급되어 있지는 않지만 한 가지 중요한 장소가 제단 뒤편에 있다. 우스펜스키 사원에 얽힌 여러 전승 가운데 가장 많이 알려져 있고, 분명한 것으로 예수 그리스도의 처형과 깊은 관련이 있다. 이는 러시아에서 발견되는 몇몇 성물 혹은 신성한 종교적 기념물을 말하는 것으로 예

수와 성모 마리아의 수의риза Господня 일부, 예수 처형 당시에 사용되었던 처형 못подлинный гвоздь Господень을 말한다. 둘 다 17세기 그루지야(오늘날의 조지아)에서 모스크바로 옮겨진 성물로 알려져 있다.

우선 예수의 수의는 예수의 십자가 책형에 직접 가담하였던 한 병사가 옷의 일부를 그루지야로 옮겨 갔다는 전승에 기초해 있다. 그루지야에서 1625년까지 보관되어 있던 예수의 수의는 그루지야를 점령한 바 있던 페르시아의 장수 아바스Аббас에게서 기원한다. 17세기 초 그루지야 당시의 수도였던 므찌헤트를 점령하였던 아바스는 이 수도에서 한 사원을 약탈하였다. 페르시아의 군사들에 의해 전리품으로 획득된 이 수의는 장수 아바스에게 전달되었다. 그러다가 수의 일부를 가지고 있던 장수 아바스는 이 수의를 1624년 러시아의 짜르 미하일 표도르에게 선물로 주었는데, 이때 함께 곁들인 경고의 메시지도 상당히 잘 알려져 있다 : "믿음이 있는 연약한 자가 이 수의를 만지면 신이 그를 긍휼하게 여길 테지만, 믿음이 없는 자가 이 수의에 손을 댄다면 곧 눈이 멀게 될 것이다"란 내용이다.

이 수의는 한때 모스크바에 있는 또 다른 수도원인 돈스코이 수도원에 잠시 머물러 있다가 최종적으로 모스크바 우스펜스키 사원으로 옮겨지게 되었다. 당시 이 수의는 예수가 처형된 장소였던 골고다를 상징하는 청동 재질의 샤쪼르에 안치되어 있다가 현재는 대주교 성 예르모겐의 관을 일부 덮는 것으로 사용, 전시되어 있다.

한편 십자가 처형에 실제로 사용되었다고 전승으로 내려오는 못이 유명하다. 17세기 말, 우스펜스키 사원의 제단에는 예수 그리스도를 십자가에 못 박아 처형하던 당시에 사용하였던 못 하나가 놓여 있었다. 비잔틴의 황녀 엘레나가 골고다 언덕에서 취한 못들 가운데 하나로, 엘레나의 황태자 콘스탄틴은 이 못을 그루지야의 짜르 미리암에게 세례 선물로 준 바 있다. 1688년에는 그루지야의 황제 아르칠이 모스크바로 그 거처를 이동해 살게 되었는데, 이때 아르칠이 이 못을 가지고 왔던 것이다. 황제 아르칠이 사망한 후, 예수의 못은 그루지야를 떠나 다른 곳으로 다시 옮겨지게 되었다. 표트르 대제는 이 성물을 동반한 채로 그루지야 원정길에 오르는 것을 중단하고, 이 못을 우스펜스키 사원에 전해 줄 것을 명령하여 지금까지 보관되어 있다고 전해진다.

이런 전승을 지니고 있는 예수 못은 현재 이코노스타스 뒤편 제단에 보관되어 있다. 따라서 일반 사람이 예수 처형의 못에 다가가는 것은 불가능하며, 운 좋게 전시의 대상물로 공개될 때에 한하여 볼 수 있게 되어 있다. 그리하여 지난 17년 동안 단 두 차례만 전시되었을 정도로 극도의 보안과 성물 보호에 막혀 있는 실정이다. 아래의 사진에서와 같이 이 못은 지난 2000년에 열린 "모스크바 크렘린의 기독교 성물Христианские реликвии Московского Кремля"전에서, 2004년에는 "니콜로-우그레쉬스키 수도원 창립 625주년 기념Николо-Угрешском монасты" 전람회에 각기 전시되었다.[32]

1917년 혁명 전까지 이 못은 매해 7월 10일(신력 23일) "예수 수의의 날"에만 딱 한 차례씩 공개되었다. 2008년 7월 29일에는 모스크바 크렘린 박물관에서 러시아

[삽도-73] 예수 그리스도의 십자가 처형 시에 사용되었던 못 한 개와 수의 일부가 보관되어 있는 황금색 단자 사진 둘 다 우스펜스키 사원의 동쪽 제단 뒷편에 소장되어 있다.[33]

정교회 측으로 주 업무가 이관되었다. 러시아 기독교 전래 1020주년이었던 2008년 당시 대통령 미하일 메드베데프는 아홉 개의 그리스도교 성물을 총대주교 알렉세이 II세에게 관리를 위임하였는데, 이때 예수의 수의와 못이 포함되어 있었다.

뿐만 아니라, 사원의 여러 용도와 기능에 적합한 것으로 이 제단 뒤편의 가장 신성한 곳에는 '국가의 주요 문서'들이 보관되어 있는 함 코브체크ковчег가 모셔져 있다. 15세기 말, 우스펜스키 사원의 완공 이후로 러시아 제국의 역사에서 가장 중요하게 간주되었던 칙령, 문건, 보고문 등이 바로 이 함에 보관되게 되었던 것이다. 일례로 이 함에는 국가 교서, 주권자 짜르의 피선 교서를 포함하여 짜르가 어떻게 전 루시의 대공 미하일 표도로비치를 간택하였는지 등을 알리고 있는 여러 문건들이 보관되어 있다. 1598년부터는 보리스 고두노프가 젬스카야 두마의 교체를 지시한 교서가 여기에 보관되기 시작하였고, 이후에는 예카테리나 II세가 남긴 친필 교시로, 새롭게 지정된 지역 및 여제의 후계에 대한 내용을 언급하고 있는 문건들이 들어있다.[34]

국가의 중대한 법령과 포고를 적시한 문건이 보관되어 있는 것과 더불어, 이 우스펜스키 사원은 국가의 중대한 선포가 이뤄지는 장소이기도 하였다. 1903년 2월에는 레프 톨스토이가 러시아 정교회로부터 영구 출교당하는 일이 있었는데, 이를 알리는 교서가 이 사원에서 발표되었다. 이 발표를 접한 혁명 지도자 레닌은 다른 곳도 아닌 크렘린 궁 내부에 톨스토이를 기리는 기념비를 세우려고까지 하였다.

이후 볼셰비키 정부가 혁명 후 1918년 3월 수도를 페트로그라드에서 모스크바로 이전해 오면서 크렘린 궁 내의 그 어떤 사원에서도 종교 행사가 열릴 수 없도록 하는 조치가 내려졌다. 그러나 부활절에는 레닌의 특별 허가에 따라 우스펜스키 사원에서 예배가 올려지기도 하였다. 혁명 이후 무신정권으로 돌아선 볼셰비키는 정교를 비롯한 모든 종교 행위 및 종교 활동을 엄격하게 통제, 불허하였다. 그럼에도 한 가지 매우 아이러니한 사실이 전해지고 있는데, 이는 무신론 정책의 실질적 실행자였던 독재자 스탈린의 행동과 관련되어 있기 때문이다. 1941년 겨울, 독일 나치의 파시스트 군사들이 모스크바 인근에까지 쳐들어왔을 때, 스탈린은 우스펜스키 사원에서 적군의 침입으로부터 소비에트를 구제하여 달라고 비밀리에 구국기도회를 하도록 명령하였다. 적군에 의해 당시 소련이 위기에 처하자 인간적인 공포심이 들어서였을까? 스탈린 역시 인간적인 반응을 보이면서 구국기도회의 영적인 힘에 의존하려 했던 사실이 이 역사의 아이러니를 말해준다. 1991년, 소비에트 해체 이후의 오늘날에는 우스펜스키 사원에서 정기적으로 예배가 거행되고 있다.

위에서 언급한대로, 정교회에서 성자들의 유해를 사원 내부에 보관하는 일은 결코 이채롭지 않다. 중세 서유럽에서 이 같은 전통이 이미 오래 전부터 형성되었던 것과 마찬가지로, 러시아 정교회에서도 사원 내부의 평지 한쪽 벽면에 성자들의 관을 전시하거나, 유리 속에 안치하여 일반 성도들이 볼 수 있도록 마련해 놓은 것을 어렵지 않게 볼 수 있기 때문이다.

일부 매우 유명한 성자들의 유해는 순회 전시에 올려지기도 한다. 일례로, 이탈리아 땅을 넘어 러시아로 순회 전시에 오른, 일명 '기적을 일으키는 성 니콜라이' 유해의 러시아 전시가 바로 그 사건이었다.

흔히 기적을 일으키는 성 니콜라이Николай Чудотворец(본래 라틴어 이름은 니콜라우스)는 정교회는 물론, 기독교 전체 성자들 가운데 가장 숭앙되는 인물 가운데 하나일 것이다. 기원 후 270년 8월 11일, 소아시아의 리키아 지방 파타라에서 태어난 니콜라이는 자신이 태어난 지방의 주교로 임명되는 것으로 사제 직분에 들어선다.

니콜라이에게 늘 따라붙는 기적의 가장 오래된 기원은 이렇다. 니콜라이 성자는 303년 로마 황제 디오클레티아누스의 기독교 박해 때 투옥되어 심한 고문을 받았으나, 나중에 콘스탄티누스 I세에 의해 무사히 석방되어 그리스도인들의 쇄신과 선교 활동에 전력을 기울였으며, 제1차 니케아 공의회에도 참가하여 예수 그리스도의

[삽도-74] 성 니콜라이를 보여주는 다양한 이콘과 천장화[35]

신성을 부인하는 아리우스파 성직자를 구타한 사건에 연루되어 투옥된다. 기적의 사건은 바로 여기에서 시작된다. 옥중에 있던 니콜라이에게 예수 그리스도와 성모 마리아가 한밤중에 나타난 것이다. 이때 예수는 니콜라이에게 성서를, 마리아는 오모포리온을 어깨 위에 둘러주었다. 이튿날 아침, 감옥 경비병의 눈에 들어온 것은 다름 아닌, 니콜라이가 감옥 안에서 오모포리온을 두른 채 성서를 읽고 있는 장면이 아닌가. 사람들은 이 모습을 보고 기적이라며, 그에게 무릎을 꿇고 용서를 구했다고 전승은 전하고 있다.

정확한 연도는 여전히 논쟁거리이나, 345년 혹은 351년 사이(12월 19일)에 니콜라이는 사망한다. 사후 그의 명성은 곧 전 유럽에 널리 알려졌으며, 1087년에는 그의 유해가 바리Bari로 이전되어 이곳에서 예배당이 세워지는 일이 있었다. 그 후 그 예배당에서 여러 기적이 일어났다고 전해진다. 현재 니콜라이 성자의 유해는 이탈리아 바리에 보관되어 있다. 그러다가 2017년 5월 23일에 모스크바의 성 구세주 사원에 전시되는 일이 있었으며, 같은 해 7월 14-16일 동안에는 상트 페테르부르크에서 전시되기도 하였다. 모스크바에서보다 더 큰 호응을 끌었던 페테르부르크 전시회에서 당시 총 665,000명의 신자들이 유해를 보기 위해 사원을 방문하였던 것으로 신문은 보도한바 있다.

한편, 이보다 앞선 2017년 5월에는 유해가 모스크바의 성 구세주 사원에도 전시

[삽도-75] 2017년 7월 14-16일, 상트 페테르부르크에 있는 알렉산드르 넵스키 수도원에서 전시되었던 성 니콜라이 유해 사진[36]

되는 일이 있었다. 이 날에는 특별히 대통령 블라디미르 푸틴이 참석하여 이 행사의 의미를 더해 주었는데, 이 역사적인 전시회는 2016년 프란치스코 교황과 러시아 정교회 총대주교인 키릴의 회견이 성사된 후에 이행된 결과이기도 하였다. 5만 명 이상의 신자들이 유해를 참배하였고, 사원이 위치한 모스크바 강변에는 1킬로미터 이상의 줄이 늘어서는 장관이 연출되기도 하였다(아래 사진 참고).

[삽도-76] 늘어선 신자들

[삽도-77] 성 구세주 사원에 전시된 성 니콜라이 유해 사진   대통령 푸틴의 특별 방문이 있었으며, 사원 밖과 내부에서 이콘을 가슴에 안고 줄을 선 시민과, 유해가 안치된 관을 신기한 듯 바라보는 여성 신도의 풍경이 이채롭다.

    이렇게 가톨릭교에서와 마찬가지로, 러시아 정교회 역시 성자들의 유해를 사원 내부에 안치하여 성도들에게 전시하는 문화가 일반적이다. 오랜 전통으로 각인된 성인들의 유해 전시는 각종 이적, 이른바 병자 치유, 고통과 가난으로부터의 회복을 기본으로 하여 천년 이상 사람들의 종교관과 믿음에 커다란 영향을 끼쳐왔다. 이와 같이 애초의 본거지를 벗어나 타지방 혹은 해외로까지 유해의 관이 이송, 전시되는 일은 성지를 찾아 떠나는 순례 여행과 반대되는 개념일 것이다.

    한편, 성 니콜라이는 이교의 전통과 무관하지도 않다. 보통 서구의 기독교 도상 이미지에서 니콜라이는 산타클로스와 합치되기도 한다. 라틴어로 성 니콜라우스를 뜻하는 상투스 니콜라우스Sanctus Nicolaus를 당시 네덜란드어로 산터 클라스라 불렀는데, 이 발음이 영어식으로 변형되어 오늘날의 산타클로스가 되었다고 전해진다.

Ⅲ. 우스펜스키 사원의 구조   187

[삽도-78] 모스크바 외곽에 있는 세르기예프 포사드에 있는 막심 그레크(Максим Грек, 1470-1556)의 유해(상단 사진 네 장)와 모스크바 총대주교 인노켄티이(Иннокентий, 1797-1879)의 유해(하단 사진 두 장)가 안치되어 있는 관에 성도들이 경배의 키스와 존중의 예를 표하는 장면. 다른 사원에서 흔히 북쪽이나 서쪽 벽면에 위치하여 있는 것과는 달리 이곳에서 '관'은 동쪽 이코노스타스 제단 앞 바로 좌우에 나란히 놓여있는 것이 특징이다. 필자의 직접 촬영(2018.07.20)

다른 어떤 분야에서도 마찬가지일 테지만, 러시아 정교회와 특히 수많은 사원 건물은 러시아 혁명의 동란을 피할 수 없었다. 1917년 2월, 10월 두 번의 파괴적 혁명은 모스크바 도시의 역사에서 가장 비극적인 장면 가운데 하나였다.

사진의 방향 상 아래 첫 번째 사진은 사원 광장에 있는 아르한겔스키 사보르의 동쪽 앱스를 보여준다. 흑백 각도로 측정해 볼 때, 이 사진을 찍은 장소는 크렘린 궁으로 진입해 들어가는 탑문 가운데 가장 높은 니콜스카야 바쉬냐Никольская Башня의 중간 부분 어떤 방일 가능성이 매우 높다. 흑백 사진 정 가운데 벽에 크게 난 구멍과 바닥에 나뒹구는 온갖 벽돌 잔해와 유리 파편은 혁명의 소용돌이 속에서 무질서하게 짓밟힌 교회의 권위와 건물의 상처를 거부할 수 없는 암흑의 기억으로 보여주고 있다.

[삽도-79] **사원광장 내부에서 아르한겔스키 사원의 북면을 찍은 사진**　여기에서 좌측 반원형으로 볼록하게 나온 곳이 바로 동쪽의 앱스이자, 제단 방향이다. 위에서 언급한 흑백 사진에서 관측되는 부분이 바로 이 앱스이다. 필자의 직접 촬영 (2014.07.21.)[37]

[삽도-80] 오늘날 니콜스카야 탑문을 찍은 사진 상단에 있는 시계와 붉은 별 장식이 인상적이다. 필자 직접 촬영(2017.07.18.)

하단 흑백 사진 중 첫 번째 것이 바로 1917년 11월 3일에 촬영된 것으로 니콜스카야 탑문을 보여준다. 같은 날 촬영된 것으로 가운데 사진은 우스펜스키 사원의 남문을, 우측 마지막 사진은 열두 사도 사원으로, 모두 파괴된 사원 일부를 보여주고 있다.[38]

모스크바에서 벌어진 이러한 피해와 참혹한 교회 파괴 상태는 당시 수도였던 페트로그라드에서도 마찬가지였다. 특히 기념비 파괴와 각종 교회 상징(십자가, 쿠폴, 주요 성화 등)물 파괴와 같은 반달리즘적 사회현상이 만연해 있었다. 이를 반증이라도 하듯, 고등예술아카데미의 예술 분과 위원의 회원들은 대 국민 담화문 성격의 글을 발표한다. 이 내용을 보면, 당시 얼마나 교회 건물이 폭격과 파괴의 대상이 되었는지, 왜 이러한 반종교적 일탈행위가 일거에 일어났는지를 이해할 수 있도록 해준다. 『러시아 통보Русские ведомости』지, 11월 12일자에 게재된 "러시아 예술에 가해진 공격Об ударах русскому искусству"이란 제하의 기사는 이렇게 시작한다.

여전히 판명되지 않는 것은 이 위대한 보물과 같은 성물에 정확하게 왜 이런 일들이 가해졌는지 이다. 그러나 가장 분명한 사실은 러시아 국민의 보물이자 성물에 총탄이 향했다는 점이며, 이로 인하여 우리의 심장이 씻을 수 없는 고통으로 가득하다는 점이다. 우리는 결단코 이러한 행위에 항거하면서 우리의 분노를 이렇게 표현하는 바이다. 이는 죄스러울 뿐만 아니라, 문화적 자살행위라고(что это преступно, что это - культурное самоубийство).[39]

이하 사진들을 통해 혁명의 과정 속에서 피해를 입은 열두 사도 사원 및 그 내부 사진을 잠시 살펴보자. 오늘날 복구, 복원된 사진과 나란히 보면 1917년 혁명 당시에 벌어진 참상을 여실히 확인할 수 있을 것이다. 그나마 스탈린 정권에 들어 전파되었거나 예배 공간으로서의 정신적인 상징성이 거의 없어져버린 상황에 비해 오히려 이 정도가 보다 덜 비극적인 상황이란 것을 알 수 있다. 그만큼 스탈린 정권의 무신론 정책과 종교 억압은 정교회에 치명타를 안겨줄 정도였다.

[삽도-81] (상) 크렘린 궁 내의 열두 사도 사원의 좌우 비교 사진
(하) 우스펜스키 사원 내부   혁명 직후인 1917년 11월 3일에 촬영된 것이며, 바닥의 깨진 벽돌과 널브러진 돌 잔해가 생생하다.

여기서 잠시 1917년 러시아 혁명이 발발하기 전, 제정 러시아 시기에 러시아 각 지역에 얼마나 많은 교회와 간이 예배처가 있었는지 통계 자료를 살펴보자. 보통 이코노스타스가 따로 없어서 제단과 같은 공간이 마련되어 있지 않은, 비교적 아주

[삽도-82] 모스크바 아르바트 지하철역 인근에 위치한 보리스와 글렙 치소브냐 러시아 최초로 시성된 두 형제 순교자의 치소브냐는 도심에 위치한 것으로 비교적 규모가 크다. 하단의 사진은 세르기예프 포사드에 있는 성삼위일체 수도원 내의 치소브냐로 특이하게 성수를 담아갈 수 있는 식수대가 마련되어 있다. 관광단지로 조성되어 있어 그런지, 커다란 이콘화로 내부가 장식되어 있는 것이 인상적이다. 필자 직접 촬영(2014.07.28. / 2018.07.20)

작은 크기의 예배처를 치소브냐часовня라고 한다. 이 장소에는 대형 이콘화가 들어 있지 않으며, 무릎을 꿇고 혹은 서서 간단히 기도를 드릴 수 있도록 최소한의 공간과 방석이 마련되어 있다. 치소브냐는 수도에서 뿐만 아니라, 시골 구석구석에도 자주 발견될 정도로 그 수가 많다.

교구교회приходская церковь는 치소브냐보다는 규모가 훨씬 큰 것으로, 지역별로 행정단위가 크기에 따라 비례하여 그 수도 보통 많다. 가장 작은 단위 규모인 제레브냐деревня, 말 그대로 흔히 시골로 번역되는 곳에는 교회가 없고, 이러한 시골이 4-5개 이상 연합하여 큰 지역을 이루는 셀로село에서부터 교회가 들어 있다. 교구교회는 정식으로 정교회 예배가 거행되는 곳으로, 행정적 중심지에 위치한 주요 교회를 일컫는다. 아래의 두 표는 각각 19세기 중반(1861년)과 혁명 직전인 1914년에 조사된 데이터에 기초하여 여러 지역의 인구수 및 치소브냐와 교구교회의 수를 보여준다.

[표-3] 간이 예배처 치소브냐와 교구교회 수 (1861년)

지역	인구	치소브냐 Часовни	인구 대비 치소브냐 수	교구교회 Приходские церкви	인구 대비 교구교회 수
노브고로드	951,085	2,711		608	
코스트로마	1,069,676	1,256	851	948	1,128
상트 페테르부르크	662,246	1,169	566	252	2,627
페름	1,885,475	829	2,274	602	3,132
프스코프	673,157	765		382	
트베리	1,445,447	697		918	
볼로그다	927,592	596		687	
야로슬라블리	990,130	444		844	
아르한겔스크	256,269	266	963	229	1,119
모스크바	1,404,956	243	5,781	1,146	1,226
보로네쥐	1,818,241	21		723	
툴라	1,110,997	19		819	
블라디미르	1,224,064	8		1,034	
랴잔	1,381,560	6		833	
오를로프	1,433,567	4		832	
쿠르스크	1,683,118	0		905	

두 조사 년도 기간 동안 수도였던 상트 페테르부르크 및 페트로그라드와 1713년 수도 천도 이전에 구 수도였던 모스크바 간의 교회 수를 비교하면 위와 같이 뚜렷한 대비를 보여준다. 치소브냐에 있어서는 상트 페테르부르크가 모스크바보다 압도적으로 그 수가 많은 데 비하여, 모스크바에서는 교구교회가 인구 대비 훨씬 많은 것을 알 수 있다. 북러시아의 척박한 자연환경에 위치한 아르한겔스크는 겉으로 보면 교회 수가 매우 적어 보이나, 인구 대비로 풀이하면 오히려 다른 지역에 비하여 많은 축에 속한다. 몽고 타타르의 침입을 거의 받지 않았을 뿐더러, 러시아 전통의 민속과 문화가 온전하게 보존되어 있는 북러시아 지역에 이와 같이 교회 수가 많은 것은 쉽게 이해가 된다.

이와 같은 연관관계는 약 50년이 흐른 20세기 초에 조사해 보아도 유사한 결과로 나타난다. 19세기에 비해 인구수는 폭발적으로 늘었으나, 상대적으로 교회 수는

[표-4] 간이 예배처 치소브냐와 교구교회 수 (1914년)[40]

지역	인구	치소브냐 Часовни	인구 대비 치소브냐 수	교구교회 Приходские церкви	인구 대비 교구교회 수
노브고로드	1,517,032	3,264		753	
코스트로마	1,587,018	1,735		1,033	
상트 페테르부르크	1,057,846	1,638	645	301	3,514
페름	1,555,812	1,169		428	
프스코프	1,263,618	997		377	
트베리	1,931,457	1,031		926	
볼로그다	1,643,251	1,607		748	
야로슬라블리	1,168,643	790		861	
아르한겔스크	441,950	452	977	454	973
모스크바	1,639,186	513	3,195	1,228	1,334
보로네쥐	2,995,542	58		984	
툴라	1,629,142	257		836	
블라디미르	1,625,020	18		1,124	
랴잔	2,051,992	56	36,642	926	2,215
오를로프	1,995,989	58		882	
쿠르스크	2,421,692	18		1,053	

인구대비 크게 늘지 않은 것으로 나타난다. 스탈린 집권 시기인 1929년 이후, 특히 대숙청기간과 정교회 탄압기를 고려하면 정교회 수가 급감한다는 것을 알 수 있다. 이에 대한 연구는 별도의 지면을 요하기 때문에 이 정도에서 생략하기로 한다.

2. 이콘과 벽면 프레스코화
_ 압축된 성경을 보다

보통 이콘이라고 칭하는 것은 성화聖畫로 인식되는 것으로, 성스러운 이미지를 그린 그림이다. 보다 정확한 사전적 의미를 살펴보면 우선, 이콘이라는 용어가 그리스어로 에이콘eikon, 즉 "조각은 물론이고 심상까지 포함하는 것으로, 모든 종류의 이미지를 의미한다"는 것을 알 수 있다. 또한 이콘은

> 미술사에서 숭배를 위해 대상을 그린 나무 패널화를 가리키며, 좀 더 넓은 의미로는 벽화나 모자이크화, 그리고 다른 매체로 그린 세밀화를 포함하여 일반적으로 성스러운 이미지를 일컫는다.[41]

러시아의 이콘에 대하여 구체적으로 알아보기 전에 서유럽의 중세 및 르네상스, 비잔틴 시대의 성화에 대한 개관적인 역사를 먼저 점검해 보자. 러시아에서와 같이 성화 제작에는 매우 엄격하고 일관된 유형이 관철되고 있었다. 이른바 이콘화술 iconography이 적용되었고, 이를 그리는 화가 역시 수도원에서 사제직의 신분으로 오랜 시간 영적인 훈련을 거친 자들에 한하여 그릴 수 있는 자격을 얻은 자들이 그린 그림이 바로 이콘이다. 서구와 러시아에서 동일하게 지켜졌던 이러한 원칙을 정리해보자.

우선 성상화 묘사법에서 발견되는 '정형화된 틀'을 정리하면 크게 예수 그리스도와 성모 마리아, 천사, 사도들로 구분되며, 그 외 성인들에 대한 그림에서도 동일

한 원칙하에 성상화가 그려졌다는 것을 알게 된다. 엄격하게 지켜졌던 원칙의 예는 다음과 같다.

> 예수, 천사들, 사도들은 맨발이어야 하고, 성모 마리아와 성도들은 맨발이 아니어야 했다. 베드로는 곱슬머리에 짧고 무성한 수염을, 바울로는 대머리에 긴 수염을 해야 했다. 또한 성모 마리아는 처녀의 상징인 베일을, 유대인은 원추형의 모자를 써야 했다. …(중략)…
>
> 이러한 고착화는 중세 비잔틴 제국의 성상들의 경우도 마찬가지였다. 성상들이 얼마나 실제적인가의 기준은 성상이 실제 모델을 얼마나 사실적으로 재현했는가의 문제가 아니라 그것들이 그들의 위상이나 정체성에 얼마나 부합되는가의 문제였다. 일종의 "정의定義의 정확성"의 문제였던 것이다. 여기에는 개성화가 아니라 유형화에 따라 인간을 구별한 중세적인 인간관이 고스란히 반영되어 있다. 가령 복음전도자는 고풍의 튜닉과 외투를 입고 펼친 책을, 주교들은 예복을 입고 책이나 두루마리를 들어야 했다. 수사는 수도사의 복장을, 병사는 군인용 튜닉과 허리통 갑옷을 입어야 했으며, 의사는 의학서적과 수술기구를 들어야 했다. 주교와 수사는 주로 백발이나 갈색 머리카락의 노인으로, 의사와 병사는 젊은이로 묘사되었고, 여인도 좀 더 젊은 모습으로 유형화되어야 했다. 비잔틴인들이 숭배했던 성인들도 이러한 유형화, 일종의 규격화를 통해 재현되야만 했다. …(중략)…
>
> 사도 요한은 백발이나 대머리의 길고 물결치는 수염을 가진 존경스러운 노인으로, 사도 안드레이는 텁수룩한 백발의 노인으로, 사도 바울로는 대머리에 중간 길이의 뾰족한 수염을 가진 노인으로 묘사되었다. 주교들도 마찬가지였다. 가령 서방과 마찬가지로 비잔틴에서도 명망이 높았던 성 니콜라스는 언제나 하얀 머리카락과 움푹 팬 볼에다 짧은 수염을 가진 노인의 모습을 하고 있었다. 이 모든 성상은 기록이나

전언, 비전이나 계시에 따라 누군가가 애초에 재현한 "원형의 정확한 복사물"이었던 것이다.[42]

이콘의 발생 연대를 찾아보면, 보통 기독교가 공인되기 전인 200년을 전후로 하여 박해받던 신도들이 종교적 도상을 그리기 시작한 것에서 연유한 것으로 알려져 있다. 서로마 제국이 이민족들의 대이동으로 파멸의 위기를 겪는 동안, 동로마 제국, 즉 비잔틴 제국은 성상과 빛의 예술이라고 불리는 모자이크를 특징으로 하는 미술을 발전시켰다. 이것이 바로 이콘 발생의 역사이다.

그 한 예로, 많이 알려진 이콘에는 예수 그리스도의 형상을 그린 것이 있다. 가장 초기에 그려진 예수 그리스도 이콘은 아래의 "시나이 이콘"으로 6세기경에 제작된 것이며, 현재 이집트의 시나이 수도원에 소장되어 있다. 고대 그리스와 로마풍의 인물로 그려진 아래의 이콘은 비잔틴 제국에서 정착되었으며 대략 6세기로 추정한다.

또한 초기 비잔틴 예술에서 예수의 형상은 왼손에는 복음서를 들고 있고, 오른손으로는 축복을 하고 있는 모습이 대종을 이룬다. 이러한 유형의 예수가 바로 우스펜스키 사원의 천장에서 뿐만 아니라, 주요 서유럽 교회 및 대성당의 천장에서 볼 수 있는 판토크라토르 그리스도Christ Pantokrator, 즉 만물의 통치자 혹은 우주의 지배자 그리스도이다.[43]

정교회의 주요 신학을 그림이라고 하는 시각적 재현으로 형상화하는 것이 이콘인데, 이러한 종교화는 교회 내부에서 기도와 예배의 중심 대상이기도 하였다. 정교회 주석사전에 따르면, 이콘икона(icon)은 다음과 같이 정의되어 있다.

> 성서(священное писание)가 시각적 문자체계라면 이콘은 시각적 형상체계인 '그림의 신학'으로 하나님의 계시를 구현한다. 따라서 이콘은 정교회의 예배서로서 인지기능과 기도와 찬송의 기능을 함께 하는 또 다른 성서이다.[44]

[삽도-83] 이콘 "시나이 이콘"으로 알려진 이콘은 본래 "우주의 지배자, 판토크라토르 예수 그리스도"란 이름의 이콘이며 현재 이집트의 시나이 수도원(Monastery of St Catherine, Sinai)에 소장되어 있다.[45]

그리하여 이콘은 보통 다섯 가지의 배경에서 보다 구체적으로 정의할 수 있다. "복음 언어," "예배 언어," "찬양의 언어," "성인과 교부들의 언어," "교리 언어," "교육 언어," 마지막으로 "성당 건축 언어" 등이다.[46] 이중에서도 "귀로 듣는 모든 예배 내용들을 우리는 똑같이 이콘을 통해서 눈으로 본다"는 말은 이콘의 예배적 언어의 속성으로서 이콘이 얼마나 많은 신학적 요소를 시각적으로 담아내고 있는지 잘 말해준다.[47]

이콘은 성경의 인물이나 성경의 주제를 단순히 묘사한 성화를 의미하는 것이 아니다. 신학적인 진리가 엄격하고 일정한 원칙하에 색채와 구도로 표현되어 있는 것이 이콘이다. 그리하여 정교회에서 이콘은 단순한 성물이 아니라, 숭배의 대상이 되며, 이를 통해 일상의 경건한 신앙생활은 물론 그 밖에 의례의 중요하고 성스러운 물건으로 사용되기도 한다.[48]

'숭배의 대상과 이미지'를 창조함으로써 러시아인들의 종교생활에서 중요한 매개 역할을 하였던 이콘에는 여러 신학적 개념과 의미가 녹아 있다. 무엇보다 이콘은 기독교 예술이나 종교 예술로서 인식되었다기보다는 '종교 행위religious act'에 더 가까웠다. 기도와 금식을 통해 수도원의 사제들이 스스로를 경건하고 거룩하게 수행하는 삶의 실천 속에서 나타는 종교적 재현이 이콘이었던 것이다. 지상에서 인간들과 함께 있는, "신의 신비한 임재mysterious presence of God in the world"로 이해되기 때문에 이콘은 기도 생활의 가장 중요한 매개이다.[49]

동방정교의 여러 전통 가운데 분명한 특징을 이루는 신비주의는 이콘을 매개로 한 종교 생활에 앞서 신학적인 도그마에서 먼저 중요한 가치로 인정받는다. 교리와 개인의 체험을 결코 구분하지 않음으로써, 개인이 느끼는 신비체험은 정교회의 진리를 깨달아가는 과정에서 필수불가결한 과정으로 이해된다. 따라서 신학과 신비는 대립의 개념이기보다는 상호 보충적인 것으로 간주된다. 정교 신학자인 블라디미르 로스키Владимир Лосский는 이점을 일컬으며, "신학 없는 그리스도교 신비가 존재하지 않으며, 보다 본질적인 것으로, 신비 없는 신학은 존재하지 않는다нет христианской мистики без богословия и, что существеннее, нет богословия без мистики"고 정확하게 정리한다. 이 언급은 정교회 전통에서 신비주의가 얼마나 강조되는지를 잘 보여주는데, 이 같은 특징은 이콘을 통한 기도에서 더욱 분명해진다.[50]

이러한 배경에서 러시아에서 이콘은 신비주의적인 성격은 물론이고, 비이성적 측면과도 상통한다. 고대 서양 문명이 철학이라고 하는 이성적, 분석적 학문과 더불어 출발했던 것과 달리, 루시 시기에서부터 러시아 문화는 철학도, 고도의 신학적 담론도, 과학적 탐색도 그 시초의 출발점과는 거리가 멀었다. 이교적 배경이 선행한 다음, 비로소 가장 뚜렷한 러시아적인 속성과 본질을 보여주었던 장르가 바로 이콘이었다. 브이치코프가 간결하게 정리하듯이, "고대 러시아 문화에서 가장 분명하고 독창적인 표현은 '정신적인 활동'과 미학적 창조, 예술 문화에서 발현되었는데, 이 모든 것이 다 '비이성적인 형태들в иррациональных формах'로 드러났는바," 이 가장 명확한 증거가 바로 이콘이었다.[51]

사실 이콘이 정교회의 신앙생활에서는 물론이고 하나님과 일체가 되는 실제 전례를 통해서도 중요한 기능을 한다고 보는 견해의 바탕에는 인간이 육체와 영혼이라는 이중적 본성을 가지고 있다는 관념이 기초해 있다. 이러한 생각의 역사는 매우 오래된 것으로 "형상에 바쳐진 공경은 원형에게도 전달된다"는 입장, 즉 이콘의 신학적 가치를 옹호했던 초대 교부敎父(Fathers)들 가운데 한 사람이었던 바실리우스 Basilius of Caesarea(330-370)의 유명한 명제에서 비롯한다. 신플라톤주의적 미학을 강조하고 있는 바실리우스의 이론은 미학적 성찰을 통해 하나님에게로 나아가는 '상승의 길'을 이콘이 부여할 수 있다고 본다.[52] 그리하여 이콘을 바라보면서, 이콘을 매개로 한 전례의 신앙 수행이라고 하는 물리적 성찰은 사람으로 하여금 영적인 생활에 도달하도록 돕는다는 생각을 배태하였다. 그리고 인간의 이원적 속성 때문에 인간은 물리적인 것을 통하지 않고는 영적인 것들을 통할 수 없다고 보는 신학적 설명이 형성되었다. 바로 이 지점에서 정교식 '관상기도'의 수행 방식이 나타나게 되었다.

정교식 기도법 중에서 눈을 뜨고 이콘을 바라보며 하는 침묵의 관상기도는 매우 독특하다. 관상을 통해 성도들은 신의 인간적 이미지인 이콘에서 신과의 합일을 경험한다.[53] 성스러운 경지에 이르는 진입과 신비한 체험은 이콘을 통해서 가능해진다고 사람들은 인식한다. 블라디미르 로스키는 계속하여 이 절대 평안과 안식의 단계인 '헤시카즘исихазм'을 다음과 같이 명쾌하고 분명하게 설명한다.

하나님과의 연합은 기도 밖에서는 결코 실현될 수 없다. 왜냐하면 기도야말로 하나님과의 인격적 관계이기 때문이다…어떤 단계에 이르면 우리는 영이 활동 상태에 있게 되는 물리적 영역을 벗어나게 되고, 모든 운동은 정지하고 기도 또한 정지한다. **이것이 기도의 완전 혹은 영적인 기도요, 관상(созерцание)이다. 기도라 할 수 있는 모든 것이 정지하며 영혼은 기도 밖에서 기도한다. 그것은 절대 평화(абсолютный мир)요, 안식(покой)인 헤시카즘이다.**[54] (강조는 필자의 것)

14세기 러시아에서 불기 시작한 수도원의 부흥과정에서 나타난 헤시카즘은 "하나님에게 직접 이르는 길을 인간이 발견할 수 있다"고 주장하면서 그 수단으로 "어둠과 금식, 숨 멈추기와 같은 내적인 평강inner calm"을 제시하고 있다. 일종의 동방정교의 신비주의가 강조된 이 기도법은 내면을 정화inner purification하는 과정에서 경험할 수 있는, 이콘으로부터 나온다고 믿겨지는 '신비한 신의 광채'를 특히 강조한다. 왜냐하면 이 빛을 통해 사람은 하나님의 에너지에 접할 수 있다고 생각하기 때문이다. 헤시카즘의 이와 같은 독특한 기도 수련 방식은 예법이 엄격하고 어려우며, 사제들의 위계가 분명한 로마 가톨릭 교회와 더욱 멀어지는 계기가 되었다. 제임스 빌링턴의 언어로 다시 이야기하면 헤시카즘의 의의는 "권위에 도전하고, 사람이 하나님께 [누구의 도움 없이도] 직접적으로 이르는 길을 찾도록 권유함으로써 여러 부분에서 동방판 프로테스탄티즘을 예견하였다"는 데에 있다.[55]

이미 언급하였듯이, 눈을 뜨고 기도를 한다는 것은 눈을 막연하게 뜨는 것이 아니라, 이콘에 고정한 채로 눈을 열고 기도를 하는 것을 말한다. 그리하여 한 사제가 혼과 육을 통해 전심으로 기도한다면 이 사제는 스스로가 '영적으로 투명한 형상이 될 수 있다'고 믿겨지는데, 이 순간 형성되는 '신성한 빛'이 다른 이들에게 비추어진다. 한 사람의 성자가 되어가는 과정에서 사제는 '살아 있는 이콘'이 되어야 했다. 이와 같은 수준의 신성함을 갖춘 자를 사람들은 프레파도브니преподобный, 즉 성스러운 그림에서 탈물질화된 형상과 똑같은 자로 불렀다.[56] 따라서 성자를 뜻하는 러시아어 스뱌토이cвятoй가 빛cвeт이란 단어에서 그 기원을 같이한다는 것을 고려하면 러시아 정교회에서의 성자와 빛, 관상기도의 신비한 체험을 동일한 차원에서 이해할 수 있을 것이다.

그러나 더욱 본질적인 차원에서 성상을 바라보는 일은 신비체험만의 호기심도 아니고, 신과의 합일이라는 막연한 주장을 위한 예배 형태도 아니다. 기도에서 시작하여 기도로 이끄는 성상화 이콘의 매개 역할을 온전히 깨닫는 일이 중요한데, 신학적 근거를 여기에서 알아볼 필요가 있겠다.

에브도키모프의 분석이 말해주듯, "성상의 전제는 '봄의 단식', 즉 눈으로 보는 것을 멈추는 것이다." 단순히 눈을 들어 이콘을 바라본다는 수동적인 자세가 아니라, 성상화를 통해 "예수님의 얼굴을 올바르게, 그리고 그 안에 담긴 하나님 아버지의 얼굴을 똑바로" 봄으로써 신에게로 보다 가깝게 다가가는 적극적인 행동인 것이다.[57] 이렇게 기도하는 고행의 수행 과정을 통해 성상화가와 신도들은 이콘의 예술성만에 집중하는 것이 아니라, 이콘을 일상적인 예배를 위한 매개로 삼는 것이다. 그 본질은 러시아 정교회의 신학적 내용을 일상을 통해 체득하는 것이고, 예술에서 '성스러움'으로 옮겨가는 과정에서 이콘을 이용하여 하나님을 묵상하는 일이다.

이를 가장 분명하게 말하고 있는 성경의 대목은 [요한복음] 14:9일 것이다. 예수께서 대답하셨다 : "빌립아, 내가 이렇게 오랫동안 너희와 함께 지냈는데도, 너는 나를 알지 못하느냐? 나를 본 사람은 아버지를 보았다. 그런데 네가 어찌하여 '우리에게 아버지를 보여 주십시오' 하고 말하느냐?" 이콘은 단순한 예술작품이 아니라, 하나님을 묵상하고 하나님의 본질을 알아가는 수행의 도구이자 신학적 본질을 담고 있는 성체성사의 핵심이기도 하다. "그려진 존재가 실제로 그 그림 안에 현존한다는 생각"을 하면서 이콘 화가는 이콘을 제작하였고, 신자들은 이러한 이콘을 일상과 예배, 사원 안에서 만났던 것이다.[58]

이와 같이 이콘은 일상생활에서 뿐만 아니라, 정교회 사원 내에서의 의례 및 기도 수련을 통해 활용되는 것이 일반적이다. 제임스 빌링턴의 표현대로, 러시아의 이콘은 "모든 예술 가운데 러시아인들이 자신들만의 것으로 만든 최초의 예술"이면서 동방 교회로부터 도입되었지만, 러시아에서부터 전혀 다른 양식과 주제로 발전되어 갔다는 의미에서 러시아적인 양식의 대표적인 표현이었다.[59]

한편, 이콘은 성경의 주제와 모티프를 그림으로 단순히 묘사한 것이 아니다. 그보다는 "성경에 상응하고, 그것과 동등한 하나의 언어"로서 이콘은 "복음서와 마찬가지의 진리를 포함하고 선포"하는 것으로 간주된다.[60] 아래의 인용문은 이콘 연구의 석학 레오니드 우스펜스키Leonid Uspensky가 남긴 이콘에 대한 정석적인 언급이다. 여기에서 이콘은 전례의 한 살아있는 방식이지, 이것이 결코 단순한 예술적 묘사나, 이론적 가르침이 아닌 것이 강조되어 있다.

> 성경이 담고 있는 진리는 이콘 안에서 교회와 교회 전통의 영적 체험의 빛 아래서 전달된다. 그러므로 이콘은... 전례 본문들이 성경에 조응하는 것과 마찬가지의 방식으로 성경에 조응한다. 실제로 전례 본문들은 성경을 있는 그대로 재현하는 것에 그치지 않는다. 그것들은 성경을 가지고 마치 직물을 짜듯 한다. 성경의 여러 부분을 엇갈리게 하고 또 서로 조우하게 만듦으로써, 전례 본문들은 그 의미를 드러내고, 우리로 하여금 복음 설교를 삶으로 체험할 수 있는 방법을 지시해 준다. 이콘은 거룩한 역사의 여러 시점들을 표상함으로써 그것들의 살아있는 의미를 가시적인 방식으로 전달해 준다. 이렇게 전례와 이콘을 통해 성경은 교회 안에 그리고 교회의 각 지체들 안에 살아있게 된다. 이것이 바로 전례적인 형상과 전례적인 말의 일치가 핵심적인 중요성을 가지는 이유이다.[61]

레오니드 우스펜스키는 『이콘의 신학 Theology of Icon』의 이콘의 의미와 내용 장에서 정교회 전통에서 이콘이 차지하는 의미와 그 본질을 매우 소상하게 적고 있다. 가장 기초가 되는 핵심을 이해하기 위해서는 먼저 두 가지, 곧 '이콘의 승리를 기념하는 축일로서' 뿐만 아니라 '성육신 교리의 궁극적 승리를 기념하는 축일'로서 정교주일Triumph of Orthodoxy을 알아야 한다. 그리고 무엇보다도 정교주일에 행하는 일종의 찬송가라 할 수 있는 콘타키온kontakion, 즉 성자를 기리는 아주 짧은 성가를 이해해야 한다. 레오니드 우스펜스키의 표현에 따르면, 이 콘타키온이야말로 "진정한 언어적 이콘"이기 때문이다.[62]

고도로 압축적이고 간결한 단어로 이콘의 승리를 찬양하는 콘타키온의 가사에는 이콘 속에 함축되어 있는 신학적 기초와 의미가 들어있다. 그 대표적인 예로 아래의 가사를 음미하여 보자.

아무도 아버지의 말씀을 묘사할 수 없었습니다.
그러나 오 테오토코스여, 그가 당신으로부터 육체를 취하였을 때
그는 자신에 대해 묘사하는 것을 허락하셨습니다.
그리고 타락한 형상을 신적 아름다움과 연합함으로써 이전의 상태로 회복시키셨습니다.
우리는 말과 이콘으로 우리의 구원을 고백하고 선포합니다.

위 인용문에서 테오토코스는 성모를 의미하며, "그가 당신으로부터 육체를 취하였을 때"란 구절은 다름 아닌 교부들의 고백을 잘 드러내준다. 다시 말하여, 이는 "인간으로 하여금 하나님이 될 수 있게 하기 위해서 하나님께서 인간이 되셨다"는 것을 의미한다. 첫 줄의 "아무도 아버지의 말씀을 묘사할 수 없었습니다"는 바로 다음 줄에 등장하는 '하나님이 성모를 취한' 이유의 근거가 된다. 하나님의 어머니로부터, 즉 성모로부터 '완전한 인간 본성'을 취하였고, "육신으로 하여금 말씀이 될 수 있게 하기 위해서 말씀이 육신이 되셨다"는 말로 환원된다. 그리하여 인간의 능력으로는 도저히 표현도, 묘사도 할 수 없는 바로 그 하나님께서 '인간 육체를 취하심으로써' 묘사될 수 있고, 표현될 수 있는 토대가 마련되는 것이다. 이콘은 바로 이와 같이 하나님의 자기 비우심 혹은 '케노시스kenosis'의 결과이자, 그리스도의 신

성에 대한 굳은 믿음에서 근거한 것이기도 하다.[63]

그리고 역사를 거슬러 올라가 전승의 기록을 전하면, 일찍이 그리스도는 성 누가에게 자신의 초상을 그리도록 허용하였다고 전해진다. 그리하여 그리스도와 성모의 초상은 신의 허락을 받아 '마치 기적처럼' 이 땅에 현시되었다. 이 같은 성상화 제작을 찬성하는 자들은 "참된 신성의 이미지는 하나의 원본으로서 인간들이 만들어낸 화상의 기준이 될 수 있었다"고 주장한다. 이런 기준에서 볼 때는 물론이고, 그리하여 러시아에서도 정통 이콘 화가들은 엄격한 규칙을 준수하고, 세속으로부터 떨어져 사는 금욕적 수도사 생활을 했어야 했다. 자연스럽게 이러한 종교 문화 전통은 이콘 제작에 큰 영향을 끼쳐서, 대체로 성상화는 "예술적인 창의성보다는 장인적인 수련을 강조하는 방향으로 기울어지게 되었다."[64]

나아가 교회가 복음서를 통해 그리스도를 보고, 듣고 할 수 있는 것과 같이 교회는 이콘으로 그리스도를 표현할 때에 "지극히 굴욕적인 순간의 모습까지도 평범한 인간이 아니라 영광 중에 계신 신인(神人)으로 묘사한다"고 우스펜스키는 정리한다. 바로 이점이야말로 러시아 정교회에서 표현하는 그리스도의 이콘이 다른 서유럽의 그리스도 성화의 묘사법과 다른 이유이기도 하다. 러시아 이콘 속의 그리스도는 육체적으로 고통 받는 주제만 표현하지 않는 특징이 바로 이러한 전통에서 연유하고 있다.[65]

그 외에 러시아의 이콘은 전쟁 시에 깃발에 그려진 형태로 병사들과 함께 출정하는 운명을 겪었고, 따라서 이콘은 전쟁에서의 기적적인 승리와 애국심, 영적인 충만감과 단합과도 무관하지 않다. 고대 시기에서부터 이미 러시아 이콘은 여러 군사 및 통치자들에게 승리와 정체성 형성의 전 과정에 반드시 함께 하였던 '성스러운 그림'이기도 하였다. 이러한 전통 속에서 짜르들은 우스펜스키 사원과 같이 거대한 종교 건축물에서 십자가와 이콘 등으로 축복을 받으며 권좌의 자리에 오르거나 타국과의 출정 전, 신께 충성의 서약을 바치기도 하였다. 더러는 성화를 몸에 지닌 채로 전장에 나가거나, 스스로를 '성화 인물'로 묘사하기도 하였다.

이렇듯, 러시아에서 이콘은 단순한 종교화의 묘사에 그친 것이 아니라, 일상생활과 국가적인 의례, 전쟁, 종교 의례 등 많은 부분에서 중요한 기능을 담당하였다.[66] 우스펜스키 사원의 건축 직후에 시작된 이콘화의 장식은 이런 의미에서 지극히 자연스러운 움직임이었다. 사원의 내부는 아래에서 살피고 있듯이, 벽면에 직접 그린 형태의 프레스코화, 이코노스타스와 같이 나무 재질의 캔버스에 그려진 형태가 있다. 한편 러시아 정교회 내부보다는 서유럽의 가톨릭 성당에서 자주 보이는, 색유리를 이용한 그림은 모자이크화로 달리 불린다.

여기에서 한 가지 고려해 볼 것은 비잔틴 양식의 빛 예술에 가장 적합하고 화려했던 색유리를 통한 모자이크화가 왜 발달했을까의 문제이다. 흔히 '빛의 신학'이라고 불릴 정도로, 비잔틴 사원에서 빛은 "물질적인 것을 추상적이며 영적인 환영으로 변형시키는 매개 역할"을 한다.[67] 하기아 소피야 사원에서부터 시작된 빛의 강조와 천장 돔의 양식은 이런 의미에서 빛을 최대한 효과적으로 사용한 예가 되겠다.

빛이 천장의 유리문을 통과하여 내려올 때, 사원 내부의 바닥이 빛의 무리 위에 둥둥 떠 있는 효과를 창조한다는 것은 바로 돔과 빛이 만들어낸 환상적인 연출이라 하겠다. 그리하여 한 연구가가 비교하듯이, "빛에 의해 변화된 신비로운 공간은 밝은 천상의 돔이 그 창들을 통해 빛을 비추이는 어두운 바닥과 구별되어 땅과 하늘과의 대조를 드러낸다."[68]

우스펜스키 사원과 비교하기에 앞서, 비잔틴의 사원 건축 예술에서 화려함이 창출하는 효과와 그 이유를 좀 면밀하게 살펴볼 필요가 있다. 이 작업은 결국 모스크바 우스펜스키 사원의 차별적 특징을 이해할 수 있는 바탕이 될 수 있기 때문이다. 먼저 크리스토퍼 도슨Christopher Dawson이 날카롭게 분석하듯이, 이 문제는 "사람들의 생활에서 교회가 맡았던 기능"과 밀접한 관계에 있다. 풀어 이야기하면, 본인이 이미 앞서 언급한 사원의 '극장성'과 관련이 있다.

그리스 신정은 오늘날의 인도 사원과 마찬가지로, 신의 거처였고, 희미한 불이 켜진 신상 안치소에는 사제와 하인들만 들어갔다. 반면에 비잔티움 교회는 기독교도 전체의 집이었고, **교회력에 따라 전례가 1년 주기로 드라마처럼 거행되는 극장이었다... 전례는 극적인 신비였다. 모든 외면적 행동은 상징적 의미를 가졌고, 장엄한 의식은 신학적 개념을 예술적으로 표현한 것이었다.** (강조는 필자의 것)[69]

그런데 이러한 환상적인 빛의 효과와 모자이크로 극대화된 빛의 예술 양식이 왜 모스크바 우스펜스키 사원에서는 그 자취를 찾아볼 수 없는 것일까? 고대 루시 시절인 988년에 블라디미르 대공이 왜 로마가 아닌 비잔틴(오늘날 터키의 이스탄불이자 당시에는 콘스탄티노플)에서 기독교를 받아들였을까? 그 가장 중요한 이유 중의 하나가 비잔틴의 예배 장면이 남긴 '화려함과 아름다움의 극치'임에도 불구하고, 왜 이 수용의 역사가 지속되지 않았을까? 러시아 종교사 연구의 대가 게오르기 페도토프 George Fedotov 역시 비잔틴 문화에서 가장 아름답고 독창적인 창작물 가운데 하나를 '동방[교회]의 전례Eastern liturgy'로 손꼽고 있다.[70] 이런 오랜 역사와 그 기원이 분명함에도 988년에서 500년도 넘지 않아 러시아 정교회는 나름의 독특하고 차별적인 순수미를 창조해 냈다.

모스크바의 우스펜스키 사원 건축 당시 러시아의 어떤 사원에서도 모자이크화 흔적을 찾아볼 수 없지만, 이후 18세기 이후부터 바로크, 로코코 양식, 특히 상트페테르부르크에 있는 피의 구세주 사원과 이삭 사원, 카잔 사원 등지에서는 모자이크화를 종종 찾아볼 수 있다. 엄밀히 말하여 모자이크화 양식이 러시아 정교회 사원에서 전통으로 뿌리를 내리지는 못하였지만 결코 그 예가 하나도 없다고는 말할 수 없다. 아래의 사진에서처럼 모자이크화를 근접 촬영한 사진을 보면 색유리의 벽면 첨가가 빛을 만났을 때 얼마나 영롱하고 황홀한 신비감을 자아낼지 가히 상상할 수 없을 정도이다.

[삽도-84] (상) 이삭 사원 내부에 초대형 크기로 제작된 사도 바울 모자이크화. 얼굴을 확대하여 찍은 우측 사진을 잘 보면 색유리 조각이 조합을 이루어 전체 인물 형상을 마감하고 있는 것을 볼 수 있다.

(중) 상트 페테르부르크의 피의 구세주 사원 내부에 있는 기둥벽 프레스코를 잘 보면 이삭 사원에서와 같이 색유리로 완성된 모자이크화임을 알 수 있다. 두 사원 모두 모스크바의 우스펜스키 사원에 비해 채광 효과가 뛰어나 빛을 많이 수용할 수 있도록 설계된 것이 특징이며, 그 만큼 15세기 러시아 사원 건축과는 많이 다른 면모를 보여주고 있다.

(하) 상트 페테르부르크에 있는 알렉산드르 넵스키 수도원(표트르 대제 치세기인 1713년 완공되었으며, 정식 명칭은 Александро-Невская лавра이다) 내부의 여러 사원 입구 프리즈 상단에도 모자이크로 장식되어 있는 것이 발견된다.

필자 직접 촬영(2017.07.13.)

러시아의 최고最古 연대기인 『지난 세월의 이야기Повесть временных лет』에서조차 그 증거가 나타날 정도로 비잔틴 교회의 화려함은 기록으로 남아 있다. 각 나라에 사절을 보내어 어떤 방식으로 예배를 올리는지를 보고 오라는 대공의 분부에 파견된 사절들은 아래와 같이 대공에게 보고한다. 그리고 이를 듣고 난 대공 블라디미르는 기독교를 어디에서 받아들일지 결심한다. 러시아의 연대기는 이 장면을 이렇게 기록하고 있다.

> 우리는 불가리아 인들을 방문하여 여행하는 동안... 불가리아인들은 절하고 앉아서 귀신에 홀린 듯 사방을 바라보았습니다. 그곳엔 행복이란 없었고, 대신에 오직 슬픔과 지독한 악취뿐이었습니다. 그들의 종교는 훌륭해 보이지 않았습니다. 그 다음 우리는 독일인들에게 가서 그들의 사원에서 많은 예배 장면을 보았지만, 그곳 역시 아무런 영광이 없었습니다. 그 다음으로 우리는 그리스로 갔습니다... 우리는 우리가 천국에 있는지 지상에 있는지 알 수 없었습니다. **지상에는 그렇게 장엄하고 아름다운 곳이 없기 때문에 그것을 어떻게 표현해야 할지 모르겠습니다.** 우리는 다만 그곳에서 신이 인간들 사이에서 살며, **그들의 예배식은 다른 어떤 민족의 것보다 훌륭하다는 것을 알뿐입니다. 우리는 그 아름다움을 잊을 수 없습니다.**[71] (강조는 필자의 것)

화려함에서 수수함으로, 실내 분위기의 화려함과 장식적인 효과에서 왜 다른 곳으로의 중심 이동이 있었을까? 중세 시기 모스크바 건축 예술에서의 창조적 요소들은 같은 시기 서유럽의 것들에 비해 어떻게 다른가? 이 모든 문제들은 색유리 모자이크화라고 하는 소재를 채택하지 않은 모스크바의 선택과 깊은 관련이 있다. 그리하여 우리는 비잔틴의 기독교 예술에서 색유리를 통한 빛의 예술이 왜 러시아에서는 그 영향력이 줄어들었는지를 해석하고 추측해 볼 수 있다.

가장 분명해 보이는 설득력 있는 답은 대규모의 사원에서 빛의 황홀함보다는 영적인 숭고함과 종교적 상징성을 높이는 것이 더 중요하게 취급되었기 때문이었다는 해석일 것이다.[72] 비잔틴의 초기 기독교 예술에서 폭증하는 대규모 성당의 증가와 더불어 내부 공간을 화려하게 장식할 수 있는 가장 유용한 효과는 빛을 널리 분산시키고, 멀리에서도 눈에 들어오게 할 수 있는 장점을 지닌 색유리 기법이었을 것이다. 모자이크화는 바로 이런 배경에서 창조된 지극히 자연스러운 방식이었을 것이다.

이와는 달리, 비잔틴 제국에서보다 이미 일천 년의 시간이 흐른 시점의 러시아의 정교회 사원에서는 아마도 공간 활용의 실용적인 효과보다는 영적이고 종교적인 함의를 더욱 우선시 했었을 것이다. 따라서 빛이 창조해 내는 회화적 효과보다는 회화에 숨겨진 깊은 종교적 코드가 보다 값진 의미로 해석되었을 것이다. 이를 위해서 가장 적절한 방식은 이콘이었을 것이고, 우리가 앞서 살펴본 대로 이콘은 장식적 효과보다는 성경의 깊은 메시지를 시각적으로 재현한 시각적 메시지에 초점이 맞추어진 장르이다. 이런 관점에서 이콘이 러시아 정교회 사원이란 전통과 환경에 최적화된 표현 방식이라고 해석하는 것에는 큰 무리가 없을 것이다.

서유럽의 초기 사원 건축 양식의 변천사에서 우리가 살펴보았듯이, 교권의 확대와 더불어 실내 공간에서 성도가 차지하는 공간은 반비례하여 좁아졌고, 성사를 드리는 제단의 영역은 점점 확대되었다. 순수하게 영적인 범주에서 볼 때, 이러한 변천이 과연 인간의 종교적 성숙과 영적 깊이에 도움이 되었는지는 재고해 볼 일이다. 마찬가지로, 러시아 정교회에서는 왜 그렇게 많은 프레스코화를 장식했으며, 빈 공간이 없을 정도로 사원 내부를 치장하려 했을까? 단순히 이콘의 중요성만을 고려한 결과였을까? 아니라면, 겉으로 보이는 재현 예술이 과다했다고 판단할 수 있을까?

일찍이 중세의 표상들을 일컬어 문화사가 하위징아는 중세의 기독교 생활이 종교적인 표상들로 가득 찬 시대라고 말하면서, 이렇게 물질적으로 재현하려는 경향 속에서 '위험'을 읽어낸다. 그리고 이 경향의 근원에서 종교적 열망을 시각적으로 형상화하려는 시대 전체의 '불건전하고 비영적인 위험'을 이렇게 기술하고 있다.

죽음을 형상화하는 일은 중세말의 큰 특징을 이루는 생각을 이미지로 결정화하는 한 예를 보여준다... 그 시대는 신성한 것이라면 뭐든지 재현하고 싶어하며, 종교적인 것들에 일정한 형상화를 부여함으로써 조각처럼 강하게 부각시켜 정신에 새겨지게 하려는 거역할 수 없는 욕구를 느낀다. 이처럼 모든 것을 구체적이고 물질적으로 재현하려는 경향은 결국 종교적 사고를 과도하게 밖으로 드러내고 물질 속에 고정시키는 위험을 가져온다.[73]

하위징아의 언급은 중세 시대의 도상학적 지향과 내적 열광을 부정적으로 관찰하고 있다. 이러한 입장을 정교회 내부 실내 장식의 원칙과 이콘 제작의 전통에 기계적으로 대입할 수는 없다. 단, 정교회 이콘 및 프레스코화의 내부 장식을 다른 각도에서 점검함으로써 그 깊은 내면의 의미를 재발견하는 작업은 필요해 보인다.

지금까지 살펴본 이콘의 기원과 전통을 서유럽의 것과 동방 교회의 것으로 대별하여 정리해 보자. 아래의 인용문에는 이콘을 통해 우리가 반드시 이해해야 하는 핵심 내용이 잘 드러나 있다.

이콘은 세계 내재적이면서 동시에 세계 초월적인 양면성을 가진다. 넓은 의미에서 이콘은 6세기 말 교황 그레고리우스 I세가 말했듯 글을 읽지 못하는 문맹자에게 "책"의 교육적 기능을 대신할 수 있다. 이때 이콘은 교리적 가르침을 보다 쉽게 전달하여 신도들을 교화시키는 예술 매체라는 세계 내재적 도구성을 가진다. 동시에 동방정교회의 이해에서처럼 좁은 의미에서의 이콘은 보이는 물질적 세계와 보이지 않는 초월적 하나님, 말씀과 육신, 그리스도의 신성과 인성, 시간과 영원, 내재성과 초월성을 다리 놓는 예술적 "모순의 일치(coincidentia oppositorum)"라는 독특한 존재론적 위치를 지닌다. 이콘은 영원으로 열린 세계의 창문이며 영원으로 놓인 다리이다. 서방교회가 문맹자를 위한 책이라는 이콘의 보다 단순한 교육론적 기능에 집중하였다면, 동방교회는 은총의 통로로서의 예술의 계시성이라는 이콘의 존재론적 지위에 집중한 것이다. 신학이 계시의 언어성뿐만 아니라, 계시의 미학성에 주목해야 하는 이유도 여기에 있다.[74]

이렇게 러시아인들의 종교 생활에서 가장 중요한 매개 역할의 성물이 바로 이콘이다. 천지 창조주, 지상으로 내려온 신의 아들 예수 그리스도, 그리고 성모 마리아는 러시아 전통 이콘화의 가장 중요한 주인공이다.

그렇다면 비잔틴에서와 마찬가지로, 서유럽 가톨릭은 말할 것도 없고, 러시아 정교회에서 어떻게 마리아 숭배 전통이 생겨났을까? 그 깊은 신학적 근거를 알아보기 전에 우리는 가장 쉽게 떠올릴 수 있는 종교인류학적 해석에 주목할 필요가 있다. 인류가 상상할 수 있는 가장 연관성 있는 배경이기 때문이기도 하다.

이미 상당히 널리 받아들여지고 있는 독일의 종교사학자 월터 델리우스Walter Delius의 견해에 따르면, 인류의 시작과 함께 보편적 심성으로 자리를 잡게 된 어머니 신들, 이른바 이집트 왕 호루스의 지혜로운 어머니 이시스Isis, 신의 어머니 키벨레Cybele, 처녀였으며 동시에 어머니였던 다이아나Diana 등의 어머니 신앙이 복합적으로 작용하여 새로운 형태의 결합체로 마리아 신앙과 연관을 맺게 되었다는 것이다. 이렇게 어머니 신에 대한 숭배는 인류의 기원과 맞닿아 있는 아주 오래된 전통이라는 것이 가장 근원적인 배경이라고 하겠다.[75]

이외에도 순수 러시아적인 이교 배경에서도 대지모 숭배는 그 전통이 매우 깊다. 서구의 전통에서와 마찬가지로 마리아는 이교신앙적 배경에서 토지, 즉 대지모신Mother Goddess(러시아어로는 축축한 대지모 마찌-쓰이라 젬랴 мать - земля сыра)의 역할을 대신하는 것으로 간주되었다. 여러 학자들의 공통된 견해에 따르면, 고대 농경 공동체 문화에서 유목민족의 침입과 같은 외적인 요인으로 가부장 사회로의 전이가 빠르게 생성되었다. 하지만 대부분의 농경민들은 자신들의 지배자가 토지를 점령하고, 세상의 질서를 만들어가는 것을 받아들이지 못 했고, 대신 자신들이 전통적으로 지켜오던 땅에 대한 경외와 두려움을 동시에 표현하는 대상을 상상해 냈다는 것이다. 이런 배경에서 여신이라고 하는 이미지가 여러 민속에서 나타나기 시작하면서 이러한 필요를 채워주었던 것이다. 러시아를 포함한 슬라브 계열의 여러 민족들은 이와 같은 배경에서 동시에 조상 숭배의 관념을 길러 갔다. 일종의 친족이라고 하는 로드род 개념이 형성되었고, 여기에서 모코쉬мокошь와 관련 있는 여성 신성femine divinity이 표현되기에 이르렀다. 로드의 여성형 명사이자 여신으로 간주되는 로자니짜Рожаница는 조상숭배와 연관되는 여성 신성의 대표적인 신화 주인공으로 러시아 민속에서 자리를 잡았다. 이러한 전통에서 여성 신성이 결합된 형태의 모코쉬=대지모 숭배 개념이 탄생되었다.[76]

    신학적인 근거 또한 많이 연구되어 있고, 교리상으로도 그 출처는 상당히 많이 보고되어 있다. 즉, 위에서 언급한 이콘의 전통적인 세 주인공 중에서도 특히 성모 마리아가 각별한 사랑을 받으며 숭배되는 신학적 이유가 있다. 가장 중요한 근거는 인류의 원죄와 달리 성모에게는 이 원죄가 없다는, 구세주 예수의 어머니로 간택되었던 배경에서 성모가 '원죄 없으신 잉태'(무염시태, immaculate conception)란 점이 강조되기 때문이다. 다시 말하여 하나님의 어머니로서, 종신토록 동정이었으며, 원죄가 없이 잉태된 자이며, 하늘로 부름을 받고 올라간 피승천被昇天 자이기 때문이다.[77]

    하나님의 어머니로 공경되는 성모 마리아의 전통은 가톨릭교와 정교회 모두에서 발견된다. 이는 사실 오랜 역사를 지니고 있다. 먼저 431년에 열린 제3차 에페소 공의회는 마리아의 호칭이 이미 200년 전에 사용되었음을 공인하였다. 동정녀 마리아는 "거룩한 위격과 결합한 인간의 어머니가 아니라, 하나님인 동시에 인간이신 분의 어머니이다." 이 호칭에는 본질적으로 동정에 대한 강조보다는, 그리스도에 대한 강조가 함축되어 있으며, 에페소 공의회는 바로 이 '하나님의 어머니'를 강조, 선포하였다.[78]

    이후 451년 제4차 칼케돈 공의회는 예수 그리스도 안에 두 개의 본성이 있다고 선언하였는데, 하나는 신성이고, 다른 하나는 인성이다. 다시 말하여, "그리스도는 신적 본성에 따르면 아버지이신 하나님과 동일 본질이시고, 인간적인 본성에 따르

면 우리 인간들과 동일 본질이시다"는 개념이다.[79]

이 모든 일련의 공의회 판정과 공경의 전통은 가장 중요한 전제, '하나님을 낳으신 분'이 마리아이며, 이런 의미에서 동정녀 마리아를 '테오토코스Theotokos'로 부르기 시작하였다. 성모 공경의 전통은 431년 에페소 공의회부터 시작하여 17세기 개신교에서 발단이 된 성모 마리아 칭호 논쟁 전까지 지속되었다. 그러다가 개신교에서의 논쟁은 18세기 중반에 거의 사라졌다.[80] 오늘날 정교회에서는 물론이고 가톨릭교에서 기리고 있는 8월 15일 축일은 이미 에페소 공의회에서 제정된 것으로 '하나님의 어머니 축일'로 알려져 있다.

이같이 이교적인 측면의 배경은 매우 풍부한데, 성모 마리아 숭배의 배경을 윌리엄 듀런트가 제시하고 있는 흥미로운 자료에서 찾아보자. 이교적 배경은 이미 서유럽에 근간을 두고 있다. 앞서 성자들의 유품과 유골 등이 사후에 사람들 사이에서 영험이 있고, 치유의 능력을 보여주는 신비한 것으로 취급되었다는 점을 언급한 바 있다. "과잉 물신 숭배"란 개념으로 이 현상을 풀어쓴 듀런트에게 성모 마리아 숭배 현상은 동일한 근거를 가진다. 한마디로, 성모 마리아 숭배는 이교의 지모신地母神 숭배가 마리아에 대한 경배로 승화된 형태로 변형된 점이라는 것이다. 이런 배경에서 듀랜트의 계속되는 언급을 주시할 필요가 있다.

> 6세기에 교회는 성모승천대축일을 정식 확립하였고, 고대 이이스와 아르테미스의 축일이던 8월 15일을 그 기념일로 지정했다. 이렇게 마리아는 콘스탄티노플과 황실 가문의 수호성인이 되었다. 대대적인 행렬이 있을 때마다 마리아의 그림을 앞세웠고, 그리스 그리스도교 교회와 가정에서도 마리아의 그림을 내걸었으며 지금도 그렇게 하고 있다. 아마도 동방에서 서방으로 마리아에 대해 점 더 친숙하고 다채로운 예배 방식을 들여온 계기는 십자군 원정이었을 것이다.[81]

엘리아데도 듀랜트와 유사한 입장에서 유럽의 농민들 사이에서 이교의 뿌리가 얼마나 깊은지를 천착한다. 그리스도교가 신학적 순수성을 뿌리내리지 못하고, 반대로 이교의 뿌리가 '그리스도교화'된 사례를 들면서 어떻게 이교의 신들이 그리스도교의 성자로 둔갑, 변모해 갔는지 설명한다. 바로 여기에서 성모 마리아 숭배의 근원적 이유가 제시되는데, 엘리아데에 따르면 "많은 풍요의 여신은 동정녀 마리아나 성녀로 동화되었다."[82]

다른 어떤 종교보다도 동방정교회와 가톨릭교회가 이러한 이교적 요소를 수용했다고 해석하는 엘리아데는 유럽의 농민들이 생존양식을 위해 그리스도교를 형이상학적이거나 신학적인 바탕에서 받아들이는 태도를 취하지 않았다고 최종적으로 판단한다. 대신 농민들은 "우주적 의례로서" 그리스도교를 이해한 결과 이교의 잔재가 기독교화되어 변형된 형태로 공존하는, 이른바 '이중신앙'의 모습이 나타났다고 본다.[83] 러시아 정교회에서 각별히 숭배되는 성모 마리아는 이와 같은 오랜 역사 속에서 만들어진 형태의 문화요소라고 하겠다.

창조주, 예수, 성모가 이콘 예술의 가장 중요한 대상자인 것은 러시아 정교회만의 특징이라기보다는 초기 비잔틴 시기의 미술에서도 공통적으로 발견되는 요소이다. 따라서 정교회 내부의 벽과 기둥, 천장 돔 안쪽 전체에 그리는 장식으로서의 이콘화 제작으로 표현되는 '도상학적 창조'는 초기 비잔틴 시대부터 유래한 가장 중요한 구성 요소였다.[84]

마리아를 이렇게 테오토코스, 즉 하나님의 어머니라고 선포하기 전까지 마리아는 주인공이 아니라 어떤 행위의 참여자로, 혹은 한쪽 옆에서 아이를 안고 있는 여인으로 그려지거나 주로 기도하는 여인들과 섞여 있거나 동방박사들의 경배 장면 속에 등장하였을 뿐이었다. 이러한 초기 배경에서 마리아 이미지 및 마리아 숭배 문화에 결정적인 역할을 한 것은 바로 비잔틴에서의 성모 도상들이었다. 마리아의 모습을 점차 화려하게 그리기 시작한 비잔틴의 회화 전통은 이제 이탈리아로 옮겨지게 되었고, 이를 증명할 가장 분명한 예가 바로 6세기 제작된 이탈리아 라벤나에 있는 성 아폴리나레 누오보 성당 모자이크 도상이다.[85]

[삽도-85] 이탈리아 라벤나(Ravenna, Italy)에 있는 성 아폴리나레 누오보 성당(Sant' Appolinare Nuovo) 내부와 실내의 성모 모자이크 도상[86]

[삽도-86] 디오니시가 그린 것으로 알려진 이콘 대표작 3개[87]

러시아 우스펜스키 사원 내부의 기둥과 벽은 비잔틴 양식으로 그려진 각종 성화, 프레스코화로 장식되어 있다. 사원이 완공되고 2년이 지난 1481년부터 그려지기 시작한 이 프레스코화는 30여 년이 지난, 1513-1515년에 이르러서는 내부 전 공간에 차게 되어 완성되었고, 이 작업에 참여한 자는 이콘 화가이자 수좌대주교인 디오니시Дионисий와 그의 조수들이 있었다([삽도-86] 참고).[88] 그러나 관리가 매우 허술하여 벽그림들은 17세기 중반 이미 벽에서 벗겨져 떨어지는 수모를 겪는다. 이에 1642-3년에 걸쳐 프레스코화 보수 작업이 진행되었고, 1890년대와 1920년대 2차례에 걸쳐 사원 내부의 모든 벽그림들이 다시 공개되는 역사가 있었다.[89]

디오니시가 그린 진품의 프레스코화는 제단 뒤편의 위치에 있는 관계로, 이코노스타스 벽으로 가려져 있다. 디오니시가 그린 것으로 알려진 이콘화들에는 "성모승천," "성모로 인하여 기뻐하도다," "수좌대주교 표트르 생애전" 등이 있다.

벽면 이콘화가 완성된 후, 1642-1643년 동안에는 일부 그림들이 수정되는 일도 있었으나, 기본 주제에는 변함이 없었다. 짜르의 칙령에 따라 철저하게 지켜진 프레스코화 선정과 작업 기준은 오늘날까지도 15세기 말 사원에 처음 그림이 그려지기 시작했던 당시의 기준이 적용되어 지켜지고 있다.[90]

프레스코화 작업에 적용되는 화술의 기본 원칙은 성서의 주인공들뿐만 아니라, 여러 순교자들을 묘사하고 있다는 점이며, 이는 벽면과 기둥 모두에 동일하게 적용된다. 이 중에서도 둥근 기둥의 표면들에는 신약성서에 등장하는 여러 순교자들과 성경 인물들이 형상이 거대하게 그려져 있고, 벽에는 성모 마리아에 바치는 찬송가와 복음서에 등장하는 장면들을 묘사하고 있다.[91] 이 가운데, 가장 많이 알려진 이콘이 바로 "성모로 인하여 기뻐하도다 О тебе радуется"이다.

성경 인물들 가운데 유독 성모가 많은 이유는 러시아 정교회의 특징이기도 하다. 정교회 신학에서 성모는 "신화가 된 최초의 인간 동정녀"이기 때문이다. 성서 신학적 배경에서 보다 근본적인 이유는 성경의 여러 예언자들이 남기고 있는 상징들의 현실화가 "신약의 근본적인 두 형상 안에서, 즉 하나님이자 인간인 예수 그리스도의 형상과 신화된 첫 인간이자 거룩한 성모의 형상 안에서 완성"되었기 때문이다. 바로 이러한 배경에서 그리스도교의 출현과 거의 동시에 이콘들이 예수 그리스도와 동정녀 성모 이콘을 그리기 시작했던 것이다.[92]

성서적 배경과 기독교 종교사상을 표현함에 있어 서방의 가톨릭교와 러시아 정교는 서로 차이점을 보인다. 건축 예술의 세밀함을 강조하는 것이 가톨릭교에서는 벽화 로스피스роспись와 모자이크화мозаика라면, 정교회에서는 사원 내부의 전 공간을 다 벽화만으로 처리한다. 동시에 4방위의 벽면에는 각 공간에 저마다의 주제가 다르게 설정되어 있어, 한쪽 면에서 다른 쪽 면으로 이동하면서 그림의 대상과 묘사가 다르게 전개되어 나타난다. 그럼에도 러시아 정교회의 벽에 그려진 그림들은 단일한 주제로 엮이는 통합의 원칙이 아니라, 회화적 서술을 보여주는 다양한 시대의 순간을 병치соседство해 보여주는 것이 특징이다.

[삽도-87] 디오니시가 그린 이콘 "성모로 인하여 기뻐하도다 О тебе радуется"(200×158) 현재 이 그림은 트레치야코프 미술관에 소장되어 있다. 두 그림 모두 정 가운데 옥좌에 성모 마리아가 자리해 있고, 성모의 무릎 위엔 아기 예수가 앉아 있다.[93]

[삽도-88] (상좌)디오니시가 그린 대표적 이콘 중에서 "아디기트리야 타입의 성모 마리아"(Богоматерь одигитрия, 1482)
(상우)"지옥으로의 하강"(1502)
(하좌)예수의 십자가형(Распятие)
(하우)벨로제르스크의 성자 키릴(Кирилл Белозерский)[94]

III. 우스펜스키 사원의 구조   221

게다가 각각의 공간에 그려진 프레스코화의 주제는 한 특정시대에 국한된 것이거나 영원한 의미가 있는 것들로 채워진다. 이 경우 모티프 상의 일정한 규약과 상징은 비교적 제한적인 바, 예를 들어 둥근 천장 스보드는 천상, 곧 하늘을 상징하는 것으로 간주되어 가운데 가장 높고 중요한 쿠폴에는 그리스도가 늘 그려지게 된다. 천장 바로 밑의 둥그스런 아치벽에는 그리스도의 12 사도들의 그림이 들어가야 한다.[95] 성경에 등장하는 열두 제자라 함은 "예수님의 공생애 기간, 그리고 종말(심판)의 때에 예수님을 도와 인류 구원을 위한 하나님의 거룩한 역사를 이루도록 주께서 친히 선택하여 가르치고 또 파견하신 제자들의 무리"를 일컫는다. 이들에는 베드로, 세베대의 아들 야고보와 요한, 안드레, 빌립, 바돌로매, 마태, 도마, 알패오의 아들 야고보, 다대오, 가나안 사람 시몬, 가룟 유다 등이 속한다.[96]

성자들의 형상과 같이 지상의 땅과 천상의 하늘을 서로 연결시키는 매개로서 이 같은 기둥이 순교자들의 공간이란 것은 우연이 아닐 것이다. 특히 제단 뒤편의 기둥과 벽들에는 그리스 및 러시아 정교회의 사제들을 묘사한 성화들이 가득 그려져 있다.[97]

특히 서쪽 벽에는 무서운 심판Страшный Суд, 즉 인류에 대한 신의 심판을 그린 프레스코화가 장대하게 펼쳐져 있다. 그 중심에는 천상의 영광이란 후광을 띠고 있는 그리스도가 근엄하게 앉아 있고, 주변에는 사람들을 위해 기도하고 있는 성인들이 둘러싸고 있다. 바로 이 밑에는 또 인류의 원 조상인 아담과 이브가 그려져 있다.[98]

[삽도-89] (상좌)우스펜스키 사원 남쪽 벽에 그려진 프레스코화 (상우)북쪽 벽에 그려진 프레스코화와 내부 정경 원형 기둥 4개가 뚜렷하게 보이고, 여백이 없을 정도로 기둥과 벽이 온통 프레스코화로 덮여 있다.[99]
(하좌우)모스크바 근교 돈스코이 수도원에서 필자가 직접 촬영한 사진 황금빛으로 화려한 이코노스타스와 프레스코화가 가득한 기둥이다. 우스펜스키 사원에 비해 좀 더 답답한 느낌이고, 창문은 더 크게 나 있어 밝게 느껴졌다 (2018.01.20.).

그러나 가장 두드러진 인물은 우주의 지배자인 판토크라토르 예수 그리스도의 이미지로, 예수의 상은 사원 내에서 가장 높은 곳에 위치한 돔 천장의 중앙 부분을 차지하고 있다. 이코노스타스에 가려있는 또 다른 쿠폴 천장에는 '임마누엘 하나님'이란 이름이 붙여진 거대한 그림이 그려져 있다. 남서방향에 위치한 쿠폴 천장에는 8각형 모양의 형형색색을 이루고 있는 후광에 쌓인 '아버지 하나님, 사바오프Бог-отец - Саваоф'가 묘사되어 있다.[100] 그 외 다른 2개의 쿠폴 천장에는 손으로 그려지지 않은 구세주 상Спас Нерукотворный과 성모 즈나메니에Богоматерь Знамение가 그려져 있다. 이 중에서 성모의 기적, 즉 보고마쩨리 즈나메니에에서 즈나메이에란 말은 "기적чудак" 혹은 "증표знак"를 의미하는 단어에서 유래하였다.[101]

아래의 그림과 사진에서처럼([삽도-90]) 사원 내부에서 천장을 향해 위로 올려다보면 둥근 천장에 해당하는 스보드свод와 원형지붕인 쿠폴купол을 발견하게 된다. 총 12칸으로 구분해 놓은 아래의 그림에서 숫자 1~5는 총 5개에 해당하는 쿠폴을, 나머지 6~11은 둥근 천장 스보드에 그려진 성화를 보여준다. 원 안의 숫자 1~5에서 1번은 가장 핵심이 되는 쿠폴을 의미하며, 숫자가 따로 기입되어 있지 않은 부분은 동쪽을 향해 이코노스타스가 놓인 제단을 의미한다. 이를 다시 표로 정리하면 다음과 같다.

제단 뒤편의 성스러운 공간과 성도들의 세속 공간을 구별하기 위해 만들어진 '상징적인 가림막,' 곧 이코노스타스는 가시의 세계(현세)와 비가시의 세계невидимый горний мир(하나님이 임재하는 천상의 공간)를 구분하는 장벽이다. 파벨 플로렌스키П. Флоренский의 말을 인용하면, 이 가림막은 "성자와 천사들의 재현이라 할 수 있는 '안젤로파니아angelophania'이자 천상의 성스러움을 목격한 자들이 그림판 속에 출현한 그 자체"라고 설명할 수 있다.[102] 구약과 신약 전체를 관통하여 주요 성경 인물이 각 칸의 주요 인물로 들어가 있는 이코노스타스는 웅장한 크기일 뿐만 아니라, 그 영적인 권위의 압도감 때문에 우스펜스키 사원에서 독특한 분위기를 연출해낸다.

쿠폴 (купола)	스보드 (своды)
Господь Вседержитель 판토크라토르 예수 그리스도 (1)	Рождество Христово 그리스도의 탄생 (6)
Господь Еммануил 임마누엘 하나님 (2)	Сретение 주 봉헌축일 (7)
Богоматерь Знамение 성모 즈나메니예 (3)	Воскрешение Лазаря 나사렛 예수의 부활 (8)
Господь Саваоф 후광에 쌓인 아버지 하나님 (4)	Преображение 성변용 (9)
Спас Нерукотворный 손으로 그려지지 않은 구세주 상 (5)	Сошествие во ад 지옥으로의 하강 (10)
	Вознесение 승천 (11)

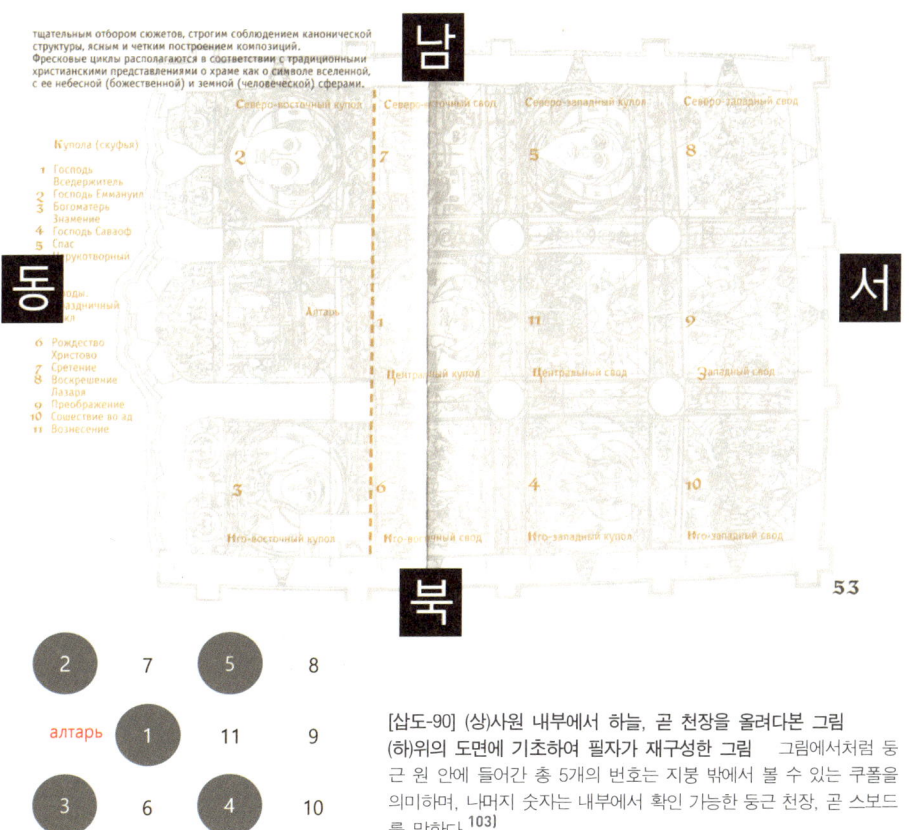

[삽도-90] (상)사원 내부에서 하늘, 곧 천장을 올려다본 그림
(하)위의 도면에 기초하여 필자가 재구성한 그림   그림에서처럼 둥근 원 안에 들어간 총 5개의 번호는 지붕 밖에서 볼 수 있는 쿠폴을 의미하며, 나머지 숫자는 내부에서 확인 가능한 둥근 천장, 곧 스보드를 말한다.[103]

III. 우스펜스키 사원의 구조   225

[삽도-91] 천장에 그려진 대형 프레스코화 사진
  (상좌)판토크라토르 예수 그리스도
  (상우)후광에 쌓인 아버지 하나님
  (하)손으로 그려지지 않은 구세주가 그려진 천장 그림

  위의 천장 스보드에 그려진 그림 가운데 1)은 판토크라토르로서 9세기 비잔틴 제국 시절의 하기아 소피야 사원에서 처음으로 그려지기 시작한 모델이다. 사원 내부의 지면에서 위로 가장 높고, 정중앙의 돔을 올려다 볼 때 만나게 되는 위 그림은 왼손에 성경을, 오른손은 가볍게 손가락을 마주 겹치고 있는 상태로 있다. 판토크라토르란 이름은 '만물의 통치자'로 흔히 번역된다. 매튜스의 해석은 이 용어의 역사적 변천과 깊은 의미를 설명해 준다.

[삽도-92] (좌)이집트 시나이 성 카타리나 수도원(6세기)에 있는 예수 성화상
(우)우스펜스키 사원의 천장 스보드 1)에 그려진 프레스코화[104]

판토크라토르 그리스도의 성화를 비교할 수 있는 두 사진. 얼굴 묘사법에 큰 차이가 있다. 이 두 그림에는 얼굴 형상에 큰 차이가 있다. 이집트의 성 카타리나 수도원에서 볼 수 있는 좌측의 그림은 현존하는 가장 유명한 예수의 성화상으로 '납화법'으로 그려진 것이다. 얼굴 표정과 입 모양이 좌우 대칭이 맞지 않게 그려진 이유는 "인성과 신성을 모두 가진 그리스도의 양면성을 표현"한 것으로 알려져 있으며, 이 시기부터 수염이 없는 깨끗한 어린 목자의 모습이 아니라, 오늘날 우리에게 친숙한, 수염을 기른 성인의 모습이 등장하였다. '은혜를 베푼다'는 뜻으로 한 손을 들고, 다른 한 손으로는 성경책을 들고 있는 상반신의 모습과 얼굴의 특징적 화법은 모두 콘스탄티노플에서 제작되었을 가능성이 큰 요소임을 보여주는 예이다.[105] 반면 우스펜스키 사원의 천장에 그려진 예수의 상에는 수염이 훨씬 더 많이 등장하고 있을 뿐만 아니라, 좌우 대칭에도 별반 차이가 없어 보인다. 이미 비잔틴의 영향이 대폭 사라졌음을 보여주는 것이라 하겠다.

> 그리스어 크라테오 krateo는 통치와 소유를 뜻하므로, 비잔틴 사람들은 판토크라토르를 대체로 하나님이 자연을 에워싸고 돌본다는 의미로 보아 '만물의 소유자'로 해석했다… 이 성상은 아래에 서 있는 자들을 위해 만들어진 이미지이다. 사람들은 그리스도에게 안기며, 그리스도로 변화하기 위해서 이 이미지의 우산 밑으로 들어간다. 왜냐하면 돔 아래, 즉 모든 것을 다 내려다보는 판토크라토르의 눈 아래에서 신자들은 그리스도로 변화하고자 하는 전례의식을 거행했기 때문이다.[106]

고대 루시 시기에 나타난 것으로, 러시아에서 가장 오래된 이콘 유형 가운데 하나인 즈나메니예 성모는 12세기 중반 노브고로드에서 제작된 것으로 일반적으로 알려져 있다. 노브고로드와 블라디미르-수즈달에 기반을 잡고 있던 공후들 사이에 있었던 친족 간 불화의 시기, 즉 12세기로부터 '기적의 창조자чудотворная'로 숭배되고 있었다. 즈나메니예라는 호칭을 얻게 된 것은 15세기 중반에서 16세기 초반의 시기와 관련이 있으며, 결정적으로는 17세기 후반에 들어서야 정착되었다.

정교회에서는 1169년 2월 25일에 발생한 것으로 노브고로드인들에게 드러난 성모 마리아의 기적이 있기 훨씬 이전인 11월 27일을 이 이콘의 날로 기념하고 있었다. 노브고로드에서 편찬된 최초의 연대기에는 "성스러운 성모의 십자가 힘에 힘입어" 수즈달에 거주하는 사람들이 이민족의 침입으로부터 도시를 막아낼 수 있었고, 역병과 같은 질병으로부터도 이겨낼 수 있었다고 기록되어 있다. 즉 성모 마리아의 이콘으로부터 나온 강력한 '십자가의 힘'을 의미한다는 의미에서 '성모의 기적'이란 이름이 붙여지게 되었다.[107]

아래의 그림([삽도-93])에서 노브고로드 즈나메니예 성모 이콘의 전설을 살펴보자. 1170년 2월 유리 돌고루키의 아들 이반 보고륩스키는 스몰렌스크, 폴로츠크, 랴잔, 무롬의 공후들과 연합하여 대노브고로드를 포위하였다. 이 같은 전략적 배경은 독립해 있던 노브고로드 땅을 수즈달 공국으로 복속시키기 위함이었다. 노브고로드가 이국 땅의 침입으로 인해 위기에 처해있을 당시 노브고로드의 수좌대주교 요한은 도시의 해방을 위해 삼일 밤 내내 기도를 드렸다고 한다. 마지막 사흘째 밤, 자비로운 구세주 이콘 앞에 서서 기도를 드리는 중에 수좌대주교 요한은 성모Пресвятая Богородица를 향해 서서 도움을 요청하라는 명령을 듣는다. 사제직분자들과 평신도들은 일리나 거리에 있던 구세주 교회로부터 자신들이 숭배하던 성모 이콘을 가지고 와 도시 벽면에 걸어놓고 기도를 드리기 시작하였다. 이를 알아차린 적군의 병사들은 벽에 걸린 성모 이콘을 과녁 삼아 여기에다 활을 쏘아댔다.

이 쏟아진 활 가운데 한발이 성모의 안면священный Лик에 닿았다. 그러나 기적은 바로 이때 나타났다. 성모 이콘이 활을 쏜 자를 향해 얼굴을 돌렸고, 이콘 안의 성모의 눈에서 눈물이 흐르기 시작했던 것이다. 이를 본 수좌대주교 요한은 "성모 당신께서 우리에게 표식을 주셨습니다, 천국의 여제시여!Ты даешь нам знамение, Царица Небесная!". 노브고로드 성모 즈나메니예 이콘은 바로 이러한 역사적 배경과 전설에서 붙여진 이름이자, 줄곧 기적의 성모, 전쟁의 위기로부터 사람을 구해주는 보호자의 역할을 담당하는 성스러운 어머니로 숭배되어 왔다.[108]

아래의 [삽도-93]은 즈나메니예 유형의 성모 이콘을 보여주는 대표적인 예들이다. 두 그림 모두 가슴에 판도라 혹은 님부스라고 하는 신성한 빛과 영광을 의미하는 것을 묘사하고 있고, 또 이 안에 임마누엘 그리스도가 한 손엔 두루마리를 다른 한 손으로는 축복을 하고 있는 형상을 하고 있는 특징을 보여주고 있다.

[삽도-93] (좌)12세기 노브고로드의 소피야 사원에 있는 성모 즈나메니예 이콘(Новгородская икона Божией Матери «Знамение» XII в. Софийский собор)
(우)16세기 코린의 이콘 작품집에 수록된 성모 즈나메니예 이콘(Икона Божией Матери «Знамение». Кон. XVI в. Собрание П.Д. Корина)[109]

이콘이 러시아 역사 속에서 러시아인들에게 어떤 정신적인 영향을 끼쳐왔는지를 살피는 일은 매우 중요하다. 이콘이 매개가 되어 국난의 위기 시에 조국의 승리를 안겨줄 수 있다는 굳건한 믿음과 애국심을 국민에게 심어준 이야기가 여러 문헌과 전승을 통해 전해지고 있기 때문이다. 몽고-타타르의 침입 시기에 있었던 블라디미르 성모의 기적이 그 대표적인 사례가 될 것이다. 나아가 1579년 카잔의 화재 사건과 관련된 기적의 카잔 성모 이콘의 이야기를 간단히 살펴보자.

카잔의 성모Казанская Богоматерь는 러시아 카잔의 수호성인으로서 성모 마리아를 그린 러시아 정교회의 가장 거룩한 성화상 가운데 하나이다. 본래 카잔의 성모 이콘은 13세기 콘스탄티노플에서 제작돼 러시아로 건너온 것으로, 모스크바 북동쪽으로 500마일 떨어진 볼가 강 유역의 카잔이라는 도시에 보관되고 있었으나, 1438년 타타르가 이 지역을 점령하면서 이 이콘은 사라져 한 세기 이상 그 행방을 알 수 없었다. 카잔의 성모에 얽힌 이야기는 도시 대부분을 초토화시킨 1579년의 카잔 대화재로 그 기원이 거슬러 올라간다. 화재가 있고 2주 후, 카잔의 성모가 마트로나 오누치나야Матрона Онучиная하고 하는 한 소녀의 꿈에 무려 세 번이나 나타나게 된다. 꿈에서 성모는 지정 장소를 일러주며 그 곳을 파볼 것을 소녀에게 말해준다. 그러나 당시 카잔의 한 사제로 봉직하고 있으면서 동시에 모스크바 및 전 루시의 총대주교로 있던 게르모겐Гермоген은 이 기적의 이콘 이야기의 신빙성을 확신하면서 이콘을 지정 장소에서 발견하게 된다.

이후 1612년 폴란드가 침입했을 때 이 성모 이콘을 앞에 들고 나아가 크게 승리할 수 있었고, 1613년 로마노프 황제 일가가 러시아에 탄생하여 러시아 제국의 짜르 가문으로 선출되었을 때에는 황제 미하일 표도로비치가 이 카잔 성모를 기념하는 두 개의 성모 축일, 즉 신력 7월 21일과 11월 4일을 제정하기까지 하였다.

표트르 대제 재임기인 1709년, 스웨덴이 침입했을 때에는 모스크바에서 기적을 일으키는 카잔 성모 이콘이 상트 페테르부르크로 옮겨지기도 하였다. 그리고 1812년 나폴레옹의 군대들이 모스크바를 점령 했을 때도 카잔의 성모에게 보호해 주심

[삽도-94] 카잔의 성모 이콘을 보여주는 그림과 카잔 사원(상트 페테르부르크 넵스키 거리)에서 직접 촬영한 사진   카잔 성모 이콘에 키스를 하며 기도를 하기 위해 길게 줄을 선 성도들의 모습이 이채롭다. 이 줄은 필자가 사원 내부에 있던 70분 동안 끊이지 않았다. 필자 직접 촬영(2018.07.13.)

III. 우스펜스키 사원의 구조

[삽도-95] 상트 페테르부르크 넵스키 대로에 있는 카잔 사원(Казанский кафедральный собор)의 조감도[110]

을 청하면서 이 이콘을 앞세우고 전투에 나아가 승리하였다. 이후 지금까지 카잔의 성모 성화는 러시아의 수호자로 크나큰 공경을 받고 있다. 이렇게 하여 19세기 초부터 카잔 사원은 황제 일가 로마노프 왕조의 부속 사원придворный храм이 되었을 뿐만 아니라, 카잔의 성모 이콘을 소장하게 된, 상트 페테르부르크 감독관구епархия 의 카페드랄느이 사보르Кафедральный собор가 되었다.[111]

그러나 이 이콘의 러시아어 명칭 가운데 즈나메니예를 위와 같이 기적이 아닌 표식, 증거로 해석해도 그 의미는 살아 있다. 즉 증거라 함은 예수 그리스도를 처녀인 성모가 잉태할 것이라는 계시란 점에서 이러한 의미도 가능하게 되는 것이다. 이 같은 해석의 배경은 신약성서의 [이사야] 7장 14절 말씀, "그러므로 주께서 친히 징조를 너희에게 주실 것이라 보라 처녀가 잉태하여 아들을 낳을 것이요 그의 이름을 임마누엘이라 하리라"에 기초하여 있다. 이렇게 볼 때, 성모 즈나메니에는 기적이라기보다는 성모에게 임할 신비로운 사건의 사전 암시, 곧 계시 혹은 징표라는 의미 해석도 가능해진다.[112]

[삽도-96] (상좌)키쥐 섬의 성변용교회에 소장되어 있는 성모 즈나메니에 이콘 (상우)15세기에 제작된 같은 이름의 이콘[113]
(하)성모 즈나메니에 이콘(13세기 후반) 현재 모스크바 트레치야코프 미술관에 소장되어 있다. 필자 직접 촬영(2018.07.22.)

Ⅲ. 우스펜스키 사원의 구조   233

[삽도-97](상좌)그리스도의 탄생과 (상우)주 봉헌을 주제로 한 천장 프레스코화 위 천장 배치도([삽도-90])에서 각각 6)과 7)에 해당하는 위치의 그림이다.[114]

[삽도-98](하좌) 지옥으로의 하강과 (하우) 예수 그리스도의 승천을 주제로 한 천장 프레스코화 위 천장 배치도에서 10)과 11)번에 해당하는 위치이다.[115]

한편 쿠폴의 지붕 안쪽면의 둥근 천장과는 별도로, 지붕의 밑받침 부분인 스보드에도 화려한 성화들이 빼곡하게 그려져 있다. 층막перекрытия이란 이름으로도 달리 불리는 이 공간에는 정교회력에서 쇠는 12일의 중요한 연중 기념일двунадесятый праздник의 복음 주제가 묘사되어 있다. 이 기념일은 주로 예수 그리스도의 공생애와 성모에 관련된 성경의 내용들이다.[116] 이 주제에는 아래의 시계 모양의 그림([삽도-100])에서처럼 총 12개의 주요 기념일이 들어 있는데, 다음과 같다. 시계방향으로 이는 "성변용Преображение", "승천Успение", "성모탄생Рождество Богородицы", "십자가 건립일крестовоздвижение", "그리스도의 사원 입성Введение во храм", "그리스도 탄생Рождество Христово", "주현절Крещение", "주 봉헌축일Сретение", "성수태고지Благовещение", "그리스도의 예루살렘 입성일Вход Господень в Иерусалим", "부활절Пасха", "그리스도의 승천Вознесение Христа", "성삼위일체Троица"과 같은 축일이 있다. 이를 다시 월별로 날짜와 함께 재정리하면 아래와 같다.[117]

그리스풍으로 돌아갈 것을 원하고, 구체적인 전례법을 개혁함으로써 종교 개혁을 외치고 나왔던 니콘이 12개의 연중 축일 이콘을 이코노스타스에 추가하자고 제의한 일은 그리 놀라운 일이 아닐 것이다. 가뜩이나 성례중심주의sacramentalism와 초월사상transcendentalism이 비잔틴 종교의 두 핵심이었으나, 니콘이 보여준 그리스식 전례로의 복귀 주장은 그 근본적인 이유에 있어서 정통 신학적이라기보다는 다른 곳에 있었다.[118] 니콘의 주장은 기독교 교리와 종교철학적 깊이로 천착해 들어갔다기보다는 예법 상의 다른 기준이 더욱 중요하게 간주되었다고 보는 것이 옳다. 이로 인하여 니콘은 교회력 내의 주요 축일과 이것들의 신비스런 중요성에 대한 의미를 드러내려는 목적에서 그리스식 설교를 주장하기까지 하였다. 이렇게 하여 니콘의 종교 개혁의 여파는 우스펜스키 사원 내부에 이르기까지 세세하게 영향을 끼치고 있었다.

니콘의 종교 개혁이 몰고 온 파장과 변화는 러시아 정교회사에서 너무도 중요하다. 이에 우리는 이 역사적 사건을 좀 더 자세하게 살필 필요가 있다. 니콘Патриарх Никон(1605-1681)은 17세기 러시아 정교회에서 큰 영향을 남긴 자로서 늘 극단의 평가 속에 존재한다. 노브고로드의 수좌대주교였던 그는 1652년 모스크바의 총대주교 자리에 오르면서 황제 알렉세이를 매료시킬 정도로 권력의 자리를 탐하기 시작하였다. 동시에 니콘은 종교적 입지가 부상했지만 여전히 혼란 속에 있던 당대 러시아에 체계적이고 훈육된 질서를 부여하고자 하였다. 그러나 니콘의 개혁적 노선은 결과적으로 러시아 교회를 돌이킬 수 없는 '분열'로 이끌었다. 이른바 '종교 분열'로 기록되는 라스콜раскол의 빌단이 바로 니콘의 개혁이 낳은 비극적이고 부정적인 여파였기 때문이었다. 그리고 이 최종적인 결과는 교권, 즉 종교계가 짜르의 정치권력 밑으로 복속되는 구조, 이름하여 교권이 속권 밑으로 관할, 통치를 받는 체계를 만들어냈다.

니콘의 종교 개혁 시점은 짜르가 외국과의 전투에 전념하고 있던 당시에 벌어졌다. 이 틈을 타서 실질적인 '신정정치' 구조를 세우려 했던 니콘은 모든 예배 양식과 규율을 러시아 정통이 아닌, 그리스 전통으로 돌아갈 것을 요구하며 그리스 정교회 양식을 선호하였다. 그도 그럴 것이, 러시아 정교회의 종교서적들은 오랜 시간을 거치면서 필경사들의 필사로 인하여 누락과 삭제를 포함하여 번역 상의 오류도 발견되었다. 그리스 복고주의의 취지는 이러하였으나, 니콘이 내세운 개혁적 방법은 너무도 급진적이었고, 독단적인 점이 문제였다. 짜르 권력자의 입장에서 볼 때, 더더욱 문제로 보였던 것은 "교회가 국가보다 우위에 있다는 주장을 제기하고, 교회에서 고압적인 태도로 개혁을 추진한 일" 때문이었다.[119] 이 결과, 단독처리 된 1653년의 전례개편안에서 니콘은 여러 전례에 관련된 수정을 주장하였다. 기존의 번역성경을 모두 재번역할 것을 시작으로, 일례로 성호를 그을 때도 다른 방식을 요구하였다. 두 손가락으로 하던 종례의 방식을 세 손가락으로 할 것과, 두 번 외치던 알렐루야도 세 번 부를 것을 주장하였다. 예배서 텍스트인 슬루제브니키служебники와 전례 리투르기야를 전면 수정하는 것이 니콘 개혁의 골자였다.

전례의 실제 양식을 그리스 정교회 것으로 변경하자는 그의 복고주의 주장은 러시아 정교회에 엄청난 반발을 일으켰다. 이미 1658년 니콘은 짜르와 결별의 수순을 밟았다. 짜르의 속권을 인정하지 않았던 니콘의 태도가 황제의 총애를 잃었던 것은 당연한 결과였을 것이다. 이러한 갈등의 사태가 격화되면서, 니콘은 기존의 러시아식 예법과 전통을 따르던 무리와도 큰 마찰을 점차 빚어갔다. 니콘의 개혁을 따르지 않겠다고 들고 일어선 자들은 1667년 정교회의를 통해 분리파교도(라스콜리니키 раскольники)란 호칭을 얻게 되었다. 그리하여 니콘의 개혁적 바람을 신교라고 하였고, 반대파는 구교라는 틀에서 상호 배타적인 이름으로 불리게 되었다. 옛 의식을 고수한다는 의미에서 구교는 러시아어로 스타로오브랴드찌 старообрядцы라고 불렸고, 이들을 대표한 자가 바로 주사제 페트로프 아바쿰 Петров Аввакум(1620-1682)이었다. "니콘이 그리스 양식에 집착함으로써 러시아 정교회의 권위를 높이려 했다면, 아바쿰은 러시아 양식에 집착함으로써 신앙을 수호하려 했다"는 말이 함축적으로 지적하고 있듯이, 17세기 초 러시아 정교회의 대분열은 여기에서 끝나지 않고, 정교회 예술(이콘, 건축, 문학 장르에서) 전반에 큰 영향을 남겨 놓았다.

양분된 러시아 교회의 분열은 1670년대에 들어 구체적인 모습으로 드러나기 시작하였다. 이전까지 정통으로 간주되던 이콘 제작술에 일대 변화의 바람이 분 것이었다. 이콘은 점차 실물과 유사한 리얼리티를 띠기 시작하였을 뿐만 아니라, 장식적인 효과가 포함되기도 하였다. 심지어 짜르 알렉시스는 모스크바 크렘린의 무기고에 장식할 이콘을 그리기 위해 러시아의 이콘 제작 사제들이 아니라, 외국의 장인들을 초청하기까지 하였다. 러시아의 정통 이콘 화가가 배제된 사태가 벌어진 것이다. 당시의 이콘 제작에 찾아든 변화의 바람을 가장 대표하는 그림이 바로 아래([삽도-99])의 시몬 우샤코프 Симон Ушаков가 그린 세속화된 이콘이다. 로마노프 왕조의 가계도를 나무 가지에 비유하여 그린 것으로, 그 원형은 블라디미르 성모이다. 현재 트레치야코프 미술관에 소장되어 있는 이 그림은 모스크바 공국 최초의 공후인 이반 칼리타가 모스크바 공국의 알레고리인 나무에 물을 주고 있는 형상이다. 블라디미르 성모를 떠올리게 하는 가운데 성모의 얼굴은 매우 사실적으로 처리되어 있으며, 성모는 20명에 달하는 러시아 교회 및 권력자들에 둘러싸여 있다.

다시 교회 축일로 돌아가자. 아래와 같이 12대제기 기념일 외에 추가로 5개가 더 있는데, 구력기준으로 1월 1일(주 할례일, 혹은 바실리 성자일), 6월 24일(세례 요한 탄생일), 6월 29일(사도 베드로와 바울의 날), 8월 29일(세례 요한 참수일), 10월 1일(성모제) 등이 있다. 특히 이 축일 중에서 성모제는 파크롭 프레스뱌토이 보고로지찌Покров Пресвятой Богородицы라고 불리는데, 이는 7세기 이민족의 포위로부터 성모 이콘의 힘을 빌어 성모가 콘스탄티노플을 보호해 준 것을 기념하기 만든 찬양가 가사와 관련되어 있다. 이후부터 간단히 '파크롭' 혹은 '성모 보호 축일'이 기념되기 시작하였고, 가장 오랜 역사를 지닌 교회 축일 가운데 하나가 되었다. 절기상으로 파크롭은 동절기, 즉 겨울이 시작되기 전의 마지막 축일로서 인간의 적, 즉 이민족의 침입만큼이나 중요했던

[삽도-99] 시몬 우샤코프(Симон Ушаков)가 그린 "블라디미르 성모. 모스크바 나무 심기"(Владимирская икона Божьей Матери. Насаждение древа Московского, 1668) 이콘[120]

자연의 불가항력적인 요소로부터 인간을 보호해 주는 성모를 기리는 의미가 들어있다.[121] 계절의 순환상, 파크롭은 '겨울의 시작'으로 사람들에게 받아들여졌다. 그리하여 파크롭 축일부터 집집마다 페치카에 장작불이 지펴지고, 가축들에게는 겨울을 나기 위해 충분한 여물이 제공된다. 이날, 집의 안주인 아낙들은 "장작이 없어도 우리 집을 따뜻하게 하여 주옵소서"란 말을 되풀이하면서 축일을 맞이한다고 전승은 기록하고 있다.[122]

러시아에서 이 파크롭 축일이 상당히 많이 알려지게 된 역사적 배경이 있다. 콘스탄티노플을 향해 순례 여행을 다녀온 러시아 사람들에게서 생겨난 이 교회력 풍속은 당시 이들이 비잔틴에서 목격한 일로부터 연유하였다. 여기에서 비잔틴 사

람들은 예루살렘으로부터 가지고 온 성모의 유골과 겉옷мафорий, 특별한 가사 реликвия가 보관되어 있는 것을 본다. 매년 금요일에서 다음 주 토요일까지 지속되는 일주일간의 기념일의 예배로부터 사람들은 성모가 손을 들고 기도하는 모양의 오란타 타입의 성모가 묘사된 천을 러시아로 가지고온 것이다. 바로 이 시점부터 러시아에서는 성모 축일, 다른 말로는 성모 보호제의 축일을 기념하기 시작하였고, 그 시기는 대략 15세기경으로 추정된다.[123]

뿐만 아니라, 정교회력에는 부활절인 파스하Пасха의 날짜에 따라 변동되는 대제기가 있는가 하면, 날짜에 상관없이 늘 고정된 날에 축일을 쇠는 경우도 있다. 변동 축일(또는 이동 축일)을 러시아어로는 포드비즈니예 프라즈드니크подвижные праздники라고 칭하며, 불변동 축일은 네포드비즈니예 프라즈드니크неподвижные праздники라고 부른다. 아래의 표에서 불변동 축일은 총 9개에 달하며, 1)에서 9)까지가 이에 해당한다. 따라서 맨 하단의 세 축일인 10)에서 12) 축일은 매해 바뀌는 부활절 주간에 따라 조금씩 변동이 생기기 때문에 변동 축일로 분류된다.[124] 이 변동 축일을 고려하여 12개의 연중 전례주기는 이코노스타스의 제3열을 구성하나, 이 콘벽이 높고 큰 사원에는 12개에서 16~17개까지 축일이 그려지는 경우도 있다. 이 12개 전례주기는 "궁극적으로는 교회의 종말적 완성의 길로 가는 진로를 표시하며, 좌측에서 우측으로" 그리는 순서가 정해있다. 가장 많이 포함된 전례 축일은 아래의 표에서처럼 총 17개에 달한다.[125]

아래의 제의 연표는 중세적 사고의 본질적인 특징을 보여주는 것으로, 성경적 내용을 바탕으로 하고 있다. 그러나 잘 들여다보면 8월 15일 성모승천일만 제외하면 그 어떤 축일도 농민들의 농번기에 들어가 있는 것이 없음을 알 수 있다. 이는 중세적 종교·성직자의 시간 사이클이 그 본질에 있어서는 "자연적 시간에 강하게 매여 있다"는 점을 암시할 뿐만 아니라, 종교 대축일의 대부분이 "자연적 시간과 직접적으로 관련되어 있는" 것임을 말해준다. 결론적으로 제의 연표 역시 "농촌 노동의 자연적 리듬에 맞춰졌다"는 것이 자연스럽게 드러난다.[126]

[표-5] 정교회력 12대제기

	기념일 이름	구력	신력
1	Рождество Пресвятой Богородицы The Nativity of the Theotokos 성모 강탄절(성모탄생)	9월 8일	9월 21일
2	Воздвижение Креста Гоподня The Exaltation of the Cross 성 십자가 현양 축일	9월 14일	9월 27일
3	Введение во храм Пресвятой Богородицы The Presentation of the Theotokos 성모 입당(성모 마리아의 성전 봉헌제)	11월 21일	12월 4일
4	Рождество Христово The Nativity of Christ / Christmas 예수 그리스도의 거룩한 탄생	12월 25일	1월 7일
5	Крещение Господне The Baptism of Christ / Epiphany 주현절(또는 그리스도의 공현제) * 세례자 요한으로부터 예수가 세례를 받은 날[127]	1월 6일	1월 19일
6	Сретение Господне The Presentation of Jesus at the Temple 주님 봉헌 축일(주 예수 그리스도 입당) * 아기 예수를 성전에 바친 날 * 성탄절 후 40일째 되는 날	2월 2일	2월 15일
7	Благовещение Пресвятой Богородицы The Annunciation 성모 수태고지절(또는 성모영보/성모회보)	3월 25일	4월 7일
8	Преображение Господне The Transfiguration 성 변용일	8월 6일	8월 19일
9	Успение Богородицы The Dormition (Falling Asleep) of the Theotokos 성모승천절(성모안식일)	8월 15일	8월 28일
10	Вербное воскресенье The Entry into Jerusalem (Palm Sunday) 그리스도 예루살렘 입성절(버드나무 일요일)	부활절 일주일 전의 일요일	
11	Вознесение Господне The Ascension of Christ 그리스도 승천절	부활절 후, 40일째의 목요일	
12	Праздник Святой Троицы (Пятидесятница) Pentecost 오순절 / 성령강림절	부활절 후, 50일째의 일요일	

위의 표는 정교회가 채택하여 사용하고 있는 율리우스력에 기초한 날짜이다. 예수 그리스도의 탄생 45년 전, 즉 BC 45년에 황제 율리우스가 도입한 달력을 러시아 정교회에서도 사용하고 있는 것이다. 이 역법에 따르면, 9월 1일이 새해로 간주되기 때문에 정교회 내에서의 모든 전례, 즉 리투르기야 역시 9월을 기준으로 시작한다. 따라서 위의 표에서도 9월 8일 성모강탄절이 가장 앞에 기록되어 있는 것은 바로 이러한 배경에서 기초한 것이다.[128]

[삽도-100] 정교회의 12절기를 그림으로 표현한 사진 12시 정각의 성변용에서 1시 승천에 이르기까지 총 12개의 중요한 정교회력 축일이 잘 기록되어 있다. 우측의 그림은 아침기도 시간과 저녁 기도시간을 보여주며, 일일 기준으로 기도 시간대를 시계 모양을 잘 보여주고 있다.[129]

III. 우스펜스키 사원의 구조   241

[삽도-101] 정교회의 12절기이자 성경의 주요 사건을 표현한 12주제 이콘[130]

[삽도-102] 12절기 이콘[131]

예수는 자신이 십자가형을 받을 것이고, 사흘 만에 부활할 것이라는 것을 제자들에게 미리 예언하였다. 이후 8일째 되는 날, 예수는 베드로, 야고보, 요한을 대동하고 기도를 드리기 위해 산으로 올라간다. [삽도-103] 성변용 이콘에서 보이듯이, 예수 좌우에 신약의 선지자 엘리야와 구약의 모세가 있는 것을 알 수 있다. 이 세 사람 밑에는 잠에서 깨어 놀라 어리둥절해하는 베드로와 야고보, 요한의 모습이 보인다. 우편의 모세의 모습을 잘 보면 가슴팍에 법전을 들고 있다. 신학적으로 풀이하면 이 법전의 모티프와 좌측의 인물로 엘리야를 선택한 것은 모두 '예수 예언의 신빙성'에 연관되어 있다. 요약하면, 이 그림은 "예수가 십자가에 못 박혀 세상을 구원하게 될 것이라는 말을 모세를 통해서는 법적으로, 엘리야를 통해서는 예언으로서 뒷받침한다는 뜻이다."[133]

이 같은 설정은 위의 러시아 이콘이나 라파엘로의 그림에서나 동일하게 나타나는데, 단 한 가지 예수가 처음에 대동한 세 인물은 러시아 이콘에서 사라져있다. 성변용 혹은 현성용顯聖容이라고 불리는 이 주제는 서유럽에 영향을 끼친 비잔틴 미술의 가장 대표적인 예로 알려져 있다. 이미 동방에서는 6세기경부터 성변용을 경축하는 전통이 있었지만, 서유럽에는 한참 뒤인 15세기에 이르러 교황 칼리스투스 Calixtus(1455-1458 재위) III세에 의해 1457년 교회의 축제로 공포되었고, 달력으로는 8월 6일에 해당한다.[134]

성변용 이콘의 소재가 된 신약성경의 지문 속으로 들어가 보자. 개역개정 [누가복음] 9장 27-49절 말씀을 인용하여 보자. 특히 29절에는 성변용이란 이콘의 제목에서 이 변용이 무엇을 의미하는지 소상하게 나와 있다. 바로 예수가 "기도하실 때에 용모가 변화되고, 그 옷이 희어져 광채가 났다"는 사실이다.

27. 내가 참으로 너희에게 이르노니 여기 서 있는 사람 중에 죽기 전에 하나님의
    나라를 볼 자들도 있느니라
28. 이 말씀을 하신 후 팔 일쯤 되어 예수께서 베드로와 요한과 야고보를 데리고

기도하시러 산에 올라가사

29. **기도하실 때에 용모가 변화되고 그 옷이 희어져 광채가 나더라**(강조는 필자의 것)
30. 문득 두 사람이 예수와 함께 말하니 이는 모세와 엘리야라
31. 영광중에 나타나서 장차 예수께서 예루살렘에서 별세하실 것을 말할새
32. 베드로와 및 함께 있는 자들이 깊이 졸다가 온전히 깨어나 예수의 영광과 및 함께 선 두 사람을 보더니
33. 두 사람이 떠날 때에 베드로가 예수께 여짜오되 주여 우리가 여기 있는 것이 좋사오니 우리가 초막 셋을 짓되 하나는 주를 위하여, 하나는 모세를 위하여, 하나는 엘리야를 위하여 하사이다 하되 자기가 하는 말을 자기도 알지 못하더라
34. 이 말할 즈음에 구름이 와서 그들을 덮는지라 구름 속으로 들어갈 때에 그들이 무서워하더니
35. 구름 속에서 소리가 나서 이르되 이는 나의 아들 곧 택함을 받은 자니 너희는 그의 말을 들으라 하고
36. 소리가 그치매 오직 예수만 보이더라 제자들이 잠잠하여 그 본 것을 무엇이든지 그때에는 아무에게도 이르지 아니하니라
37. 이튿날 산에서 내려오시니 큰 무리가 맞을새
38. 무리 중의 한 사람이 소리 질러 이르되 선생님 청컨대 내 아들을 돌보아주옵소서 이는 내 외아들이니이다
39. 귀신이 그를 잡아 갑자기 부르짖게 하고 경련을 일으켜 거품을 흘리게 하며 몹시 상하게 하고야 겨우 떠나 가나이다
40. 당신의 제자들에게 내쫓아 주기를 구하였으나 그들이 능히 못하더이다
41. 예수께서 대답하여 이르시되 믿음이 없고 패역한 세대여 내가 얼마나 너희와 함께 있으며 너희에게 참으리요 네 아들을 이리로 데리고 오라 하시니
42. 올 때에 귀신이 그를 거꾸러뜨리고 심한 경련을 일으키게 하는지라 예수께서 더러운 귀신을 꾸짖으시고 아이를 낫게 하사 그 아버지에게 도로 주시니

43. 사람들이 다 하나님의 위엄에 놀라니라 그들이 다 그 행하시는 모든 일을 놀랍게
여길새 예수께서 제자들에게 이르시되
44. 이 말을 너희 귀에 담아 두라 인자가 장차 사람들의 손에 넘겨지리라 하시되
45. 그들이 이 말씀을 알지 못하니 이는 그들로 깨닫지 못하게 숨긴 바 되었음이라
또 그들은 이 말씀을 묻기도 두려워하더라

이쯤에서 성변용을 주제로 한 러시아의 이콘과 서유럽의 회화를 잠시 비교해 보자. 이콘과 아래 라파엘로 산지오가 그린 동일 제목의 그림 간에는 큰 차이가 난다. 동일한 성경의 모티프를 이용하고 있지만 화필에 여러 상이한 점이 발견된다. 채색과 색감이 확연하게 다르지만 기본적인 구도와 인물 배치는 반대로 매우 유사하다.

그림에는 인물의 배치가 상하 수직으로 구분되어 있다. 특히 하단에는 귀신들린 아들을 가슴에 안고 있는 한 아버지의 사연을 엿볼 수 있는 인물이 등장하고, 예수의 제자들은 '귀신들린 아들을 자신들이 치유할 수 있는지' 어쩔 줄 몰라 당황해한다. 바로 이때 예수는 그 유명한 말을 꺼낸다. 개역개정 [마태복음] 17장 20절 말씀은 이렇게 기록하고 있다.

이르시되 너희 믿음이 작은 까닭이니라 진실로 너희에게 이르노니 만일 너희에게 믿음이 겨자씨 한 알 만큼만 있어도 이 산을 명하여 여기서 저기로 옮겨지라 하면 옮겨질 것이요 또 너희가 못할 것이 없으리라.[135]

이코노스타스 역시 화려하기 그지없다. 사원이 완성되던 1479년 직후인 1482년에 '처음으로 세워진' 이코노스타스는 이후 1690년에 다시 그려졌다. 제임스 빌링턴의 표현을 빌리면, "그림으로 표현된 신앙의 백과사전"으로서 이코노스타스는 당대 러시아가 보여준 '혁신적 예술'이었다.[136]

[삽도-104] 라파엘로 산지오(Raffaello Sanzio)가 그린 성변용(Transfiguration, 1516-1520).[137]

[삽도-105] 젊은 예수와 사원 노서제와의 조우

[삽도-106] 예수 탄생 이콘[139]

[삽도-107] 네루카트보르니 이콘[140]
손으로 그려지지 않은 그리스도 이콘으로 이는 하나님 육화의 부정할 수 없는 증거물이다. 다시 말하여, "사람이 되신 하나님의 아들 그리스도의 얼굴을 사람의 손이 아닌 그리스도 자신이 직접 천에 찍어 주신 것"을 말한다. 787년 제2차 니케아 공의회는 "성상을 좋아하는 자는 그것을 통해 그에 표현되는 인물을 존경하고 있다"고 가르친다.[141]

[삽도-108]. 지옥으로의 하강[142]

그리고 19세기에 들어서는 1813년과 1881-1883년 두 차례에 걸쳐 보수 공사를 거치게 되었다. 한편 1920년대에는 사원 내부의 18세기 제작 이콘화들에 대한 대대적인 보수 및 개작이 시행되었다. 이 과정에서 17세기에 그려진 프레스코화 일부가 훌륭한 보관 상태로 발견되는 일이 있었다. 이렇게 수세기에 걸쳐 사원 내부의 이콘화들은 개작과 보수의 손길을 거치게 되었지만 여전히 15세기 이후 러시아 전통의 예술 미학은 변함없이 그 숭고함과 장엄함을 자랑하고 있다.[143]

[삽도-109] (좌)1896년에 촬영된 사진으로 우스펜스키 사원 내 이콘과 프레스코화 복원 및 보수 공사에 참여한 자들의 기념사진 (우)혁명 직후인 1918-1919년 사이 러시아 고미술 보전 및 복원 위원회 소속의 전문가들 사진(좌측부터 유킨, 수슬로프, 키리코프)[144]

아래 [삽도-112]와 [삽도-113]의 이코노스타스가 잘 보여주고 있듯이, 일반적으로 이코노스타스는 5열пятиярусный иконостас로 구성되어 있다. 맨 하층의 열(I)은 주권자의 자리를 의미하는데, 정 가운데 문은 황제의 문으로 칭해지며, 예배가 진행되는 과정에서 집도자인 주교가 통행하는 문이기도 하다. 이 문을 중심으로 일반 성도의 기준에서 좌측, 제단이 있는 하늘나라의 방향에서 보기에 우측에는 가장 숭배되는 인물인 성모 이콘이 그려져 있다. 그 반대 우측(하늘나라에서 볼 때에는 좌측에 해당)에는 마리아의 아들 예수 그리스도를 묘사한 이콘이 배치되어 있다.

또한 이코노스타스의 우측에는 성모 마리아의 이콘이 케이스 키오트에 보관된

III. 우스펜스키 사원의 구조 253

채로 장식되어 있는데, 이 장소 앞에서 짜르 및 황후의 혼례는 물론, 여러 성직자의 임명식이 거행되었다는 것은 성모 마리아의 정신적 위상과 중요성을 잘 말해주는 예가 되겠다.[145]

이미 설명하였듯이, 사원의 오른편 동쪽은 제단의 방향이다. 하나님의 공간이요, 해가 떠오르는 자리로 빛이 주인인 공간이다. 이 제단 뒤편이 하나님 왕국을 의미하며, 이곳을 속세의 인간들이 서서 예배하는, 중간부분의 회중석과 구별하기 위한 상징적 벽이 곧 이코노스타스이다.

12세기 초 비잔틴에서는 찾아볼 수 없었으나, 러시아에 사원건축양식이 전래되면서 러시아의 특징들이 나타나기 시작하였다. 그 한 예가 바로 제단과 회중석의 거대 공간을 구별하고 있는 이코노스타스 배치이다. 러시아에서 이코노스타스는 점차 그 높이가 높아지는 특징을 보였다.[146] 순전히 건축물 내부의 특징적 요소만 놓고 이야기할 때, 이코노스타스를 꼽을 수 있다. 루시 시대에 이코노스타스는 다른 문화권의 교회 내부 장식과 확연하게 다른 장식적 특징을 보여주기 때문이다. 몽고-타타르의 침입 이후에 복수의 층으로 구조된 이코노스타스 건축이 널리 퍼지게 되었다. 세기가 거듭될수록 이와 같이 이코노스타스 숫자가 증대되는 현상이 두드러지게 되어, 15세기에는 3열의 이코노스타스가, 16세기에는 4열, 17세기에는 5열, 6열, 심지어 7열에 달하는 것도 등장한 것으로 기록은 전하고 있다.[147]

이하의 사진이 보여주듯, 이코노스타스의 모습과 크기는 시대와 사원에 따라 많이 다르기도 하다. 자작나무 판넬 크기의 작은 것이 있는가하면, 각 열 자체 크기가 상당히 커서 이콘화 자체가 크게 그려진 것이 있고, 프레임이라고 할 수 있는 각 열의 모양도 상이하다. 온통 금박으로 장식된 것이 있는가하면, 소박하게 처리된 것 역시 존재한다.

[삽도-110] 위에서부터 시계방향으로 세르기예프 포사드 중심에 있는 우스펜스키 사원의 이코노스타스, 모스크바 콜로멘스코예 성변용 교회에 있는 이코노스타스, 상트 페테르부르크의 카잔 사원 내 이코노스타스 사진   모두 필자의 직접 촬영으로 완성된 것으로 시기는 조금씩 다르다. 특히 맨 하단의 사진에서처럼 카잔 사원 내의 이코노스타스는 그 모양이 많이 다를 뿐만 아니라, 3열의 정 가운데에 위치해야 할 이콘의 주제도 '권좌에 오른 구세주 예수'상이 아니라 '신비스런 만찬(Тайная вечеря)'이 들어가 있어 많은 점에서 다른 면모를 보여주고 있다.[148]

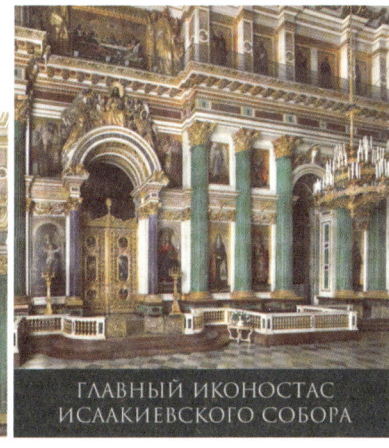

ГЛАВНЫЙ ИКОНОСТАС ИСААКИЕВСКОГО СОБОРА

러시아 사원의 구조를 연구한 쉔코프에 따르면, 세르기예프 포사드에 있는 성삼위일체 사원에 높은 크기의 이코노스타스를 세우기 시작한 것이 러시아식 전통의 기원이었다. 여기에서 높은 크기라 함은 이콘이 들어가는 칸칸의 열 자체가 복수, 즉 2개 이상의 열을 형성하는 것으로 러시아어로는 다층 이코노스타스многоярусный иконостас라고 부른다.[149] 따라서 모스크바에 있는 우스펜스키 사원의 장대한 이코노스타스는 14세기 성삼위일체 사원의 전통이 구현된 예라고 할 수 있으며, 두 그림막 사이에는 약 140년의 차이가 존재한다. 근거는 세르기예프 포사드가 성 세르게이 라도네쥐스키에 의해서 축조된 해가 1337년이고, 우스펜스키 사원 건축 완성 시기가 1479년이기 때문이다.

성도들이 이용하는 출입구가 서쪽 방면에 나있어, 사원 내부로 들어가 제단을 향해 직진하게 되면, 정면 반대편 동쪽의 이코노스타스를 향해 시선이 맞추어질 수밖에 없다. 다시 말해, 동쪽은 하나님의 공간, 성스러운 공간, 그리하여 속세의 인간이 쉽게 드나들 수 없는 거룩한 공간이므로 오로지 하나님만이 임재하는 공간으로 구별되어 있다. 이는 곧 정교회 구조가 건축학적 의미에서 세상 속세의 공간과 성스럽게 구별되어 있을 뿐만 아니라, 신학적 교리를 방향과 상징적 공간분할을 통해 보여주고 있는 것이다. 이렇게 하여 방위에 따른 공간 설정은 정교회 사원에서 엄격하게 지켜지던 원칙이자 오랜 시간 동안 축적된 '신학적 지리'의 소산이기도 하다.[150]

이코노스타스에 그려지도록 엄격하게 규정된 원칙에 따르면, 이 성화벽은 곧 "예수 그리스도와 구속의 모든 역사에 대한 기억"일뿐만 아니라, 성경의 내용과 역사에 기초하여 있다.[151] 그렇다고 모든 성경의 모티프나 주인공들이 다 묘사되어 있는 것은 아니다. 이코노스타스를 구성하는 인물 선택의 핵심은 우선 "예수 그리스도와 사도 혹은 제자들 간의 신비스러운 만찬тайная вечеря Христа с учениками"이며, 이 성화벽에 들어 있지 않은 내용은 신약성서의 [요한 계시록]에 등장하는 '최후의 심판'의 내용들이다.[152]

[삽도-111] (상좌)상트 페테르부르크에 있는 피의 구세주 사원 내에 있는 이코노스타스
(상우)크렘린 궁 내에 있는 우스펜스키 사원의 이코노스타스
(하좌)성수태고지 사원에 있는 이코노스타스
(하우)아르한겔스키 사원에 있는 이코노스타스 비교 사진

이처럼 같은 정교회 사원이라도 그 내부의 이코노스타스는 크기와 이콘 개수에 따라 천차만별이다. 작게는 황제의 문이 위치해 있는 1열만이 있는 사원도 있고, 높게는 5개 열이 갖추어져 있는 규모 있는 사원도 있다.[153]

Ⅲ. 우스펜스키 사원의 구조   257

Схема иконостаса:

V – праотеческий ряд / forefather raw
IV – пророческий ряд / prophets raw
III – деисусный ряд / deesis raw
II – праздничный ряд / festival raw
I – местный ряд: / sovereign raw
1) царские врата 황제의 문
2) икона Спасителя 구세주 이콘
3) икона Богоматери 성모 이콘
4) северные врата 북방의 문
5) южные врата 남방의 문
6) главная храмовая икона 주사원 이콘

[삽도-112] 이코노스타스 배치도와 설명   하단부터 I) 주권자의 열, II) 교회력의 열, III) 예수 권자의 열, IV) 예언자의 열, V) 선조, 조상의 열로 구성되어 있다. III열 정 가운데가 예수 그리스도이고, 최하단 제I열의 가운데 문 우측에도 예수가 자리하고 있다. 이 순서와 배열만큼은 지방 혹은 사원을 불문하고 공통이다.[154]

258   러시아 정교회 건축과 예술

또 다른 한편에서 이코노스타스의 묘사 대상 인물로 포함될 수 없는 자들은 죄인이다. 이 성화벽 자체는 제단을 통해 일반 성도들의 세속공간과 거룩한 하나님 임재의 공간을 구별하기 위해 설치된 것이기 때문에 이코노스타스의 인물은 성자급의 반열에 있는 자, 예수 그리스도의 제자들이다. 이러한 신학적 배경을 고려할 때, 이코노스타스가 "천상의 교회Небесная Церковь"라고 칭해지는 것은 자연스러울 뿐만 아니라, 충분히 이해가 되는 내용이다.[155]

이 벽은 사원의 규모에 따라 제각기 다르며, 그 높이 역시 상이하다. 그러나 우스펜스키 사원과 같은 규모의 크기에 들어가 있는 이코노스타스는 그 높이가 5미터 이상이다. 이 같은 건축공학적, 물리적 위압감과 규모, 장대한 높이 때문에 그 앞에 섰을 때의 영적 위압감과 분위기는 실로 말로 표현할 수 없을 정도이다. 5미터나 되는 벽 높이에 묘사된 이콘 속의 성자와 예수 그리스도의 시선이 그 앞에 낮은 위치에 있는 성도를 내려다보고 있는 구조이기 때문에 이코노스타스가 만들어내는 영적인 분위기는 결코 무시할 만한 것이 아니다. 이렇게 러시아 정교회 사원 내부에서 이코노스타스는 전례의 중요한 일부이자, 정교회 예배와 교회 내 건축 구성 요소를 이루는 중요한 부분이기도 하다.

이코노스타스를 해석하는 또 다른 입장으로서 우리는 신학적, 즉 성경의 주요 주제와 등장인물을 한 편의 대서사시로 이해할 수 있다. 좌측에서 우측으로, 맨 상단에서 제1열 하단으로 이콘을 그리는 원칙과 순서가 있듯이, 이는 초월자이신 하나님이 아래로 낮아지면서 복음과 구원의 신비를 그림으로 증거하는 것이다. 그리하여 장긍선 신부가 적고 있듯이, 이코노스타스는 "미와 예술을 통해 피조물을 구원하는 정신적인 힘의 현현"이기도 하고, "타락했던 피조물이 속량되어, 획득해야 할 승리에 대한 증거이며, 창조주에게로 회복되어 가는 증거"이기도 하다.[156] 본질적으로 이 상징적인 이콘벽이 함축하고 있는 신학적 핵심은 "신의 아들이 사람이 되고, 사람의 아들이 신의 아들이 되는, 하나님의 육화肉化이다."[157]

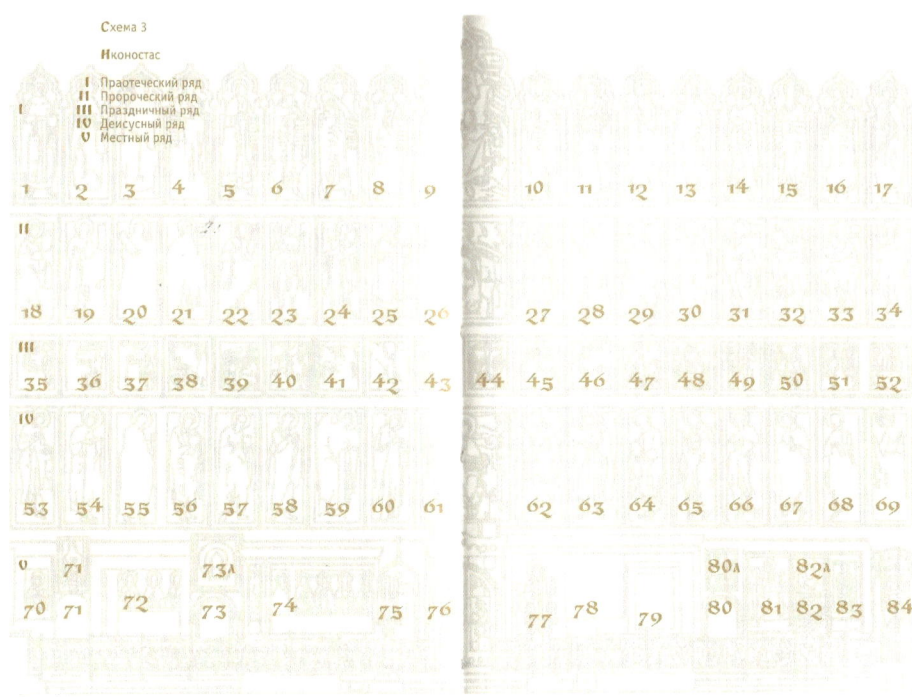

[삽도-113] 우스펜스키 사원에 있는 이코노스타스를 간략하게 보여주는 그림 각 칸에 들어간 성상화 주인공과 총 5열의 84개 이콘이 배치된 기본 구조가 잘 나타나 있다.[158]

　　우스펜스키 사원의 이코노스타스는 니콘의 명령에 따라 1653년 제작되었다. 즉 오늘날 우리가 보고 있는 5열 이코노스타스는 17세기 중반에 완성된 것이다. 총 5열에 84개의 이콘이 그려져 있다. 윗 그림에서처럼 최상층 1열의 성경 조상열에서부터 맨 하층 제5열에 이르기까지 각 층에는 각기 다른 성서 주인공들을 기리는 이콘이 자리해 있다. 사원이 건축되었던 초기에는 이코노스타스의 높이가 그리 높지 않았으나, 시간이 흐르면서 열이 추가되었고, 더 많은 이콘들이 장식됨에 따라 오늘날의 높이까지 올라가게 되었다.[159] 이코노스타스 내의 이콘 분할의 원칙принципы размещения икон은 이미 이 시기 무렵에 형성되어 있었다.[160]

　　위에서부터 차례로 제1열은 구약성경에 등장하는 믿음의 조상들을 주인공으로 묘사하고 있으며, 구약성경의 교회를 상징한다. 정 가운데를 기점으로 '믿음의 조상'으로 불리는 아브라함의 손자 야곱이 포진해 있고 좌측에는 홀수에 해당하는 아들, 우측에는 짝수에 해당하는 총 12명의 아들이 이콘의 주인공으로 들어가 있다.

제2열 선지자들의 자리에는 제1열과 같이 총 17개의 이콘이 배열되어 있다. 구약성경의 모세에서부터 시작하여 예수 그리스도로 이어지는 교회를 상징한다. 이 열의 주인공들 가운데 유독 구약의 인물 이사야만 빠져 있다는 것이 특징이다. 한편 이 열의 정 가운데에는 아기 예수를 무릎에 앉히고 있는 성모 마리아가 팔을 벌리고 있는 형태의 유형, '즈나메니예 성모Богоматерь Знамение'가 그려져 있다. 이 이유는 구약성서 [이사야] 7장 14절 말씀에서 그 단서를 발견하게 된다.

> 그러므로 주께서 친히 징조를 너희에게 주실 것이라 보라 처녀가 잉태하여 아들을 낳을 것이요 그의 이름을 임마누엘이라 하리라.

위의 인용문에서처럼 이는 예언의 완성을 표시하는 방식으로 중앙에 그려진 이콘의 성모 자체가 예언의 완성과 이사야 예언서와 그 자신을 나타냈기 때문에 이사야가 이 열에서 빠진 것이 이해가 된다.[161] 또 다른 해석에 따르면 성모의 손이 하늘을 향해 들려 올려진 것은 곧 하늘과 땅의 인간들을 매개하면서 인간의 기도를 하늘에 전달하는 중보자의 이미지라고 본다.

정 가운데의 성모를 기준으로 좌측과 우측에 각기 여러 명의 예언자들이 그려져 있다. 좌측 순서대로 다윗, 즈가리야(세례자 성 요한의 아버지), 모세, 사무엘, 나훔, 다니엘, 하박국의 7인, 그리고 성모의 우측엔 솔로몬, 에제키엘, 하가, 엘리아, 말라기, 엘리시아, 즈가리야의 7 예언자들이 있다. 여기에서 흥미로운 것은 각 예언자들이 취하고 있는 모습이 전부 다르며, 사도들처럼 주님을 향하고 있지 않다는 점이다. 한마디로 각기 다른 방향을 향해 있는데, 그 이유 역시 성경적 바탕에서 유래하는 것으로 알려져 있다. 개역개정 [히브리서] 1장 1절의 말씀으로 이렇게 적혀 있다

: "옛적에 선지자들을 통하여 여러 부분과 여러 모양으로 우리 조상들에게 말씀하신 하나님이."162)

제3열은 정교회 축일에 이름이 올라 있는 성자들의 열이다. 정교회의 교회력이 주요한 기념일로 제정한 종교 축일의 주인공들로서, 이 그림들의 주제는 대체로 성경에 등장하는 주요 사건과 스토리가 중심이 된다. 대체로 예수의 공생애에서부터 성모 마리아의 승천에 이르기까지 총 18편의 이콘은 복음과 관련된 사건들 евангельские события을 잘 기록하고 있다. "성모탄생," "성수태고지," "세례," "예수 그리스도의 예루살렘 입성," "그리스도의 십자가 처형," "관 안으로의 안치," "포마의 증언," "부활" 등과 같은 소재들이 이 열의 중심을 이룬다. 이 중에서 "성수태고지"와 "십자가에서 내려짐"은 1812년 조국전쟁 당시 프랑스 군대의 사원 점령 동안 유실되어 전후에 유화로 그린 이콘으로 대체되었다.163)

정 가운데의 제4열 '데이시스열'은 이콘벽 이코노스타스에서 가장 중요시되는 위치로서, 성경의 핵심인물, 즉 성모 마리아, 예수, 세례 요한을 포함하고 있다. 그리스어로 '기도' 혹은 '간원'과 '중보'를 의미하는 데이시스열 공간에는 판토크라토르 예수 그리스도 면전에서 벌어지는 최후의 심판에서 성자들이 보여준 간절한 기도의 장면이 묘사되어 있다. 최후의 심판일에 복음서를 손에 쥐고 펼친 채로 옥좌에 앉은 모습을 묘사한 그리스도 이콘이 정 가운데 자리에 위치해 있다.164)

과거 이 데이시스열에는 단 두 개의 이콘이 묘사되어 있었다. 베드로와 바울이 그 주인공들이었다. 정 가운데에 있는 전지전능한 구세주Спас в силах 이콘은 가운데 예수 그리스도를 중심으로 좌우에 총 네 명의 사도가 포진하고 있는 형상이다. 여기에서 숫자 4는 바로 네 명의 사도이자 복음주의자였던 마태, 요한, 마가, 누가를 지칭하는 것이다. 또한 이 네 사도가 각기 상징하는 것은 요한이 상상으로 본 것을 기록한 일명 [요한계시록]에서 차용한 것이기도 하다. [요한계시록] 4장의 6~9절에는 다음과 같은 구절이 나온다.

6. 보좌 앞에 수정과 같은 유리 바다가 있고 보좌 가운데와 보좌 주위에 **네 생물**이 있는데 앞뒤에 눈들이 가득하더라 7. **그 첫째 생물은 사자 같고 그 둘째 생물은 송아지 같고 그 셋째 생물은 얼굴이 사람 같고 그 넷째 생물은 날아가는 독수리 같은데** 8. 네 생물은 각각 여섯 날개를 가졌고 그 안과 주위에는 눈들이 가득하더라 그들이 밤낮 쉬지 않고 이르기를 거룩하다 거룩하다 거룩하다 주 하나님 곧 전능하신 이여 전에도 계셨고 이제도 계시고 장차 오실 이시라 하고 9. **그 생물들이 보좌에 앉으사 세세토록 살아 계시는 이에게 영광과 존귀와 감사를 돌릴 때에** (강조는 필자의 것)

여기에 등장하는 네 마리의 동물(사자, 송아지, 인간, 독수리)은 '묵시록의 주제'이기도 하여, 신이 창조한 '네 방위를 가진 세상'의 우주만물, 곧 '생명세계тварный мир'를 의인화한 것으로 간주된다. 성경 상징 및 이콘화 제작의 모티프에 따르면 이 네 동물은 네 명의 복음주의자들, 이른바 세계의 4방위에 예수 그리스도가 인간 구원을 위해 이 땅에 태어났고, 이 반가운 소식, 곧 복음Благая весть을 전하는 데 평생을 바친 4명의 사도 제자들을 아울러 표상한다.

또한 이 위치가 러시아 정통의 이코노스타스에 추가된 배경에는 17세기 후반 종교개혁을 일으킨 니콘과 무관하지 않다. 니콘에 의해 도입된 이 새 전통에 따르면, 데이시스열에는 단순히 성자들이 배치되는 것이 아니라, 예수의 12사도들이 들어 있다. 나아가 이 전통은 그리스 전례를 엄격하게 따르며 수호할 것을 강하게 주장하였던 니콘의 종교 개혁에 따른 결과이기도 하였다.[165]

이후 18세기 말 러시아에서 계몽주의 철학 사조가 융성하여 전개될 때 즈음에서는 고딕 양식의 건축이 러시아에서 나타나기 시작하였다. 더불어 사원 내의 이코노스타스 높이에 변화가 생겨났는데, 흔히 5열의 높은 형태에서 1단 혹은 2단의 매우 낮은 이코노스타스, 일명 '니스키 이코노스타스низкий иконостас'가 큰 유행이 되기도 하였다.[166]

[삽도-114] 우스펜스키 사원의 대각선 건너편에 있는 성수태고지 사원의 이코노스타스 배치도 이콘화 배치와 구조는 동일하다. 음영으로 처리된 그림이 확연하게 드러나, 각 위치에 어떤 주인공이 들어가 있는지가 잘 나타나있다.[167]

[삽도-115] (상)우스펜스키 사원의 데이시스열 정 가운데에 들어가 있는 판토크라토르 예수 그리스도와 좌우의 성모 마리아, 요한의 성화[168]
(하)데이시스열 중앙에 들어있는 세 주인공을 그린 성화는 러시아 이코노스타스에서는 빼놓을 수 없는 필수 항목이다.
따라서 다른 사원에서도 이 성화의 위치와 배열은 고정되어 있다. 이 이콘은 현재 모스크바 트레치야코프 미술관에 소장되어 있으며, 필자가 직접 촬영한 것이다(2017.07.28.).

[삽도-116] 데이시스열의 핵심 주인공을 보여주는 또 다른 이콘   모스크바 트레치아코프 미술관에 소장되어 있으며, 필자가 직접 촬영한 것이다 (2017.07.28.).

가장 낮은 자리에 있으나 가장 고귀하고 중요한 의미를 담고 있는 제1열에는 천국으로의 진입을 상징하는 총 3개의 문이 있는 것이 특징이다. 전통적으로 이 문들에 묘사된 성경 인물에는 성모, 대천사 가브리엘, 예수, 그리고 4명의 복음주의자 마가, 마테, 누가, 요한 등이 포함되어 있다.

또한 주요 성화들에 보호틀, 즉 오클라트oклад로 씌어 있는 것 역시 다른 열들에서는 찾아볼 수 없는 특징이다. 은 재질의 오클라트 속에 들어가 있는 이콘 수는 총 84개 중 69개에 달하며, 이러한 작업은 1653년경에 나타나기 시작했다.[169]

한편, 제1열의 성화들은 다른 네 열들에서와 달리, 어떤 통일된 단일 주제로 연결되어 있지는 않다. 16세기에 들어서 비로소 이코노스타스의 기본 자리에 들어서게 된 제1열은 정 가운데 천국을 상징하는 황제의 문이 만들어져 있다. 이 황제의 문 좌측에는 성모 마리아, 우측에는 예수 그리스도의 이콘이 장식되어 있다.

[삽도-117] 디오니시가 그린 이콘으로 "전지전능한 구세주 예수(Спас в силах)"란 이름이 붙여 있다. 현재 모스크바에 있는 트레치아코프 미술관에 소장되어 있다. 필자 직접 촬영(2018-07-23)

제1열의 이콘들 중에서 한 가지 특이한 것은 예수를 그린 이콘의 예수 형상이다. 보통 성모 마리아처럼 기도하는 손이 들려져 있지 않고, 옥좌에 앉은 채로 성경을 가리키며 손가락으로 방향을 표시하고 있기 때문이다. 이름하여 "금빛 가사를 입고 있는 예수Спас Златая риза" 혹은 "권좌에 앉아 있는 예수Спас на престоле"란 이름으로 불리는 이 이콘에서 예수가 오른손 둘째 손가락으로 성경을 가리키는 모양을 취하고 있는 것에는 17세기 모스크바 종대주교였던 니콘과 연관되어 있다고 전해진다. 그러나 또 다른 문헌에는 이 구세주 예수 그리스도의 형상이 이반 뇌제의 치세기인 1561년, 짜르가 수도 모스크바에 정교회에서 숭앙되는 성물을 모으라는 명령에 따라 다른 지방에서 수도로 옮겨진 것으로 기록되어 있다. 사료의 신빙성도 중요하겠지만, 구세주 형상에 얽힌 이콘의 출처는 그 기원이 11세기까지 거슬러 올라가기도 하며, 모스크바가 아닌 곳으로부터 유입된 것만은 확실해 보인다.[170]

가장 기본이 되는 역사를 보면, 이것은 11세기경으로까지 거슬러 올라갈 정도로 러시아에서 가장 오래된 이콘에 해당하며, 노브고로드의 소피야 사원에서 1561년 이반 뇌제의 명령에 따라 모스크바로 유입된 것으로 기록된다. 본래 노브고로드에 보관되어 있을 당시 "황금빛 가사를 입고 있는 예수" 이콘은 그리스의 황제 마누엘 콤닌(1143-1180)이 그린 것으로 알려져 있다. 그러나 수도승이 그리지 않고 세속의 권력자가 성화를 그린 것을 알고 난 천사가 황제의 경솔한 처신을 두고 진노하였다. 교회의 일에 간섭을 한 죄묶으로 이 천사는 황제 콤닌에게 처벌을 내렸는데, 이런 배경에서 그 후 축복을 내려주는 예수의 오른손 손가락 모양이 이콘에 새롭게 묘사되게 되었던 것이다.

이러한 전통을 이용하여 이콘의 화법에 혁명적인 변화를 몰고 온 장본인이 바로 러시아의 니콘이었다. 노브고로드의 전승을 이용한 니콘은 당대 러시아 전통의 전례로부터 이탈하여 그리스 정교의 전통으로 복귀하기를 강렬하게 열망하였던 자신의 바람을 드러냈다. 다시 말하여, "황제의 권한보다 성스러움이 더 높고 위대

[삽도-118] (좌)제5열 맨 하단의 정중앙 황제의 문 우측에 장식되어 있는 "황금빛 가사를 입고 있는 예수" 이콘의 사진과 (우)그 확대 그림   좌측의 파란색 안에 들어 있는 이콘을 우측에서 확대하였다.[171]

[삽도-119] 황제의 문 좌측에는 성모 마리아 이콘이 장식되어 있다. 파란색 틀 안에 그려진 그림이 바로 러시아에서 가장 오래된 '블라지미르의 성모 마리아' 이콘이다.   앞서 이야기했듯이, 블라디미르의 우스펜스키 사원에 보관되어 있던 것이 모스크바 크렘린의 우스펜스키 사원으로 옮겨지게 된 것이며, 현재 이 그림은 모스크바의 트레치야코프 미술관에 영구 소장중에 있다. 우측의 사진은 필자가 현지 미술관에서 직접 촬영한 것이다.[172]

하다священство превыше царства"고 말하면서 이콘에 변화를 줄 것을 강력하게 주장하였다. 이로써 1700년에는 황실 소속의 이콘화가였던 키릴 울라노프에 의해서 복음서에 손가락을 가리키는 모습의 예수 이콘이 새롭게 등장하게 되었다.[173]

이렇게 총 5열의 각 칸에 들어 있는 이콘화의 주인공들을 일목요연하게 표로 만들어 아래와 같이 재구성하여 보자.

[표-6] 우스펜스키 이코노스타스에 장식된 총 84개 이콘과 그 주인공 해설

	Ⅰ. Праотеческий ряд (믿음의 조상 열)	
1	Праотец Иосиф	요셉 (야곱의 11번째 아들)
2	Праотец Иссахар	잇사갈 (야곱의 9번째 아들)
3	Праотец Гад	갓 (야곱의 7번째 아들)
4	Праотец Дан	단 (야곱의 5번째 아들)
5	Праотец Левий	레위 (야곱의 3번째 아들)
6	Праотец Рувим	르우벤 (야곱의 큰 아들)
7	Праотец Иаков	야곱 (아브라함의 손자이자, 이삭의 작은 아들)
8	Праотец Адам	아담
9	Отечество	성삼위일체로서의 주 하나님
10	Праотец Авель	아벨 (아담과 이브의 2번째 아들)
11	Праотец Ной	노아 (아담의 9대 손, 라멕의 아들)
12	Праотец Симеон	시므온 (야곱의 2번째 아들)
13	Праотец Иуда	유다 (야곱의 4번째 아들)
14	Праотец Невфалим	납달리 (야곱의 6번째 아들)
15	Праотец Ассир	앗수르 (야곱의 8번째 아들)
16	Праотец Завулон	스블론 (야곱의 10번째 아들)
17	Праотец Вениамин	베냐민 (야곱의 12번째 아들)
	Ⅱ. Пророческий ряд (선지자의 열)	
18	Пророк Аввакум	아바쿰
19	Пророк Елисей	엘리사 (선지자 엘리아의 후계자)
20	Пророк Исайя	이사야
21	Пророк Аарон	아론
22	Пророк Моисей	모세
23	Пророк Даниил	다니엘
24	Пророк Илия	엘리아
25	Пророк Давид	다윗

26	Богоматерь Знамение с Младенцем на престоле	옥좌에 앉은 성모의 수태 계시
27	Пророк Соломон	솔로몬
28	Пророк Иаков	야곱
29	Пророк Софония	스바냐
30	Пророк Иезекииль	에스겔
31	Пророк Иона	요나
32	Пророк Иеремия	예레미야
33	Пророк Гедеон	기드온
34	Пророк Захария Серповидец	스가랴
	III. Праздничный ряд	
35	Рождество Богоматери	성모탄생
36	Введение во храм	사원 입성
37	Благовещение	성수태고지
38	Рождество Христово	예수 탄생
39	Сретение	주 봉헌축일
40	Крещение	세례
41	Воскрешение Лазаря	나사로의 부활
42	Вход в Иерусалим	예루살렘 입성
43	Преображение	성변용
44	Распятие	십자가에 못 박힘
45	Снятие с креста	그리스도의 십자가 강하
46	Положение во гроб	관 안으로 시신 안치
47	Сошествие в ад	그리스도의 황천 강하
48	Уверение Фомы	포마의 증언
49	Вознесение	승천
50	Троица Ветхозаветная	구약성서의 성삼위일체
51	Сошествие Святого Духа	성령강림
52	Успение	승천
	IV. Деисусный ряд	
53	Апостол Фома	사도 도마
54	Апостол Анрей	사도 안드레
55	Апостол Варфоломей	사도 바르톨로메오
56	Евангелист Лука	복음사가 누가
57	Евангелист Иоанн Богослов	복음사가 요한
58	Апостол Петр	사도 베드로
59	Архангел Михаил	대천사 미하엘
60	Богоматерь	성모
61	Христос Вседержитель (Спас в силах)	팬테크레이터 예수 그리스도(전지저능한 구세주)

62	Иоанн Предтеча	선지자 요한
63	Архангел Гавриил	대천사 가브리엘
64	Апостол Павел	사도 베드로
65	Апостол евангелист Марк	사도 복음사가 마가
66	Апостол евангелист Матфей	사도 복음사가 마태
67	Апостол Иаков Зеведеев	사도 야고보
68	Апостол Симон	사도 시몬
69	Апостол Филипп	사도 빌립보
	V. Местный ряд	
70	Алексей Человек Божий. Фреска алтарной преграды. Конец XV – начало XVI в.	로마 사제 알렉시우스 (15말 – 16세기 초 프레스코화)
71	Вход в Петропавловский придел. Иконы 《Богоматерь Владимирская》 Середина XVI в. 《Успение Богоматери》 XIX в.	페트로파블롭스크 프리젤 입성 16세기 중반, 블라디미르 성모 이콘 19세기, 성모 승천 이콘
72	Парфений Лампсакийский, Иоанн Лествичник, Иоанн Кущник, Фреска алтарной преграды. Конец XV – начало XVI в.	람프사코스의 파르테니오스 주교, 요한 클리마쿠스, 요한 칼리비타, 15-16세기 초, 제단 경계의 프레스코화
73	Вход в жертвенник	제단 안으로 입장
73A	Спас Нерукотворный. Икона. Новгород (?). Конец XIV в.	14세기 말, 노브고로드 네루카트보르누이 이콘
74	Павел Фивейский, Моисей Мурин Феодосий Великий, Исаак Сирин, Ефрем Сирин, Фреска алтарной преграды. Конец XV – начало XVI в.	테베스의 바울, 프레파도브느이 모이세이 무린, 시리아인 이삭, 시리아인 에브라임 (요셉의 아들) 15세기 말, 16세기 초 제단 경계의 프레스코화
75	Киот для иконы 《Богоматерь Владимирская》	블라디미르 성모 이콘 보관을 위한 키오트
75A	Богоматерь Владимирская. Икона. Москва. 1514	1514년 모스크바. 블라디미르 성모 이콘
76	Царские врата	황제의 문
77	Спас на престоле(Спас Златая риза). Икона. Новгород, XI в. XV – XVI вв.; 1700	옥좌에 앉은 구세주(황금 옷을 입은 구세주) 11세기, 15-16세기 노브고로드 이콘
78	Успение Богоматери. Икона. 1470-е гг.	성모 승천 이콘. 1470년대
79	Спас на престоле. Икона. Новгород, конец XIV – начало XV в. Москва, 1698	옥좌에 앉은 구세주 이콘 14세기 말, 16세기 초 노브고로드 이콘 1698년 모스크바
80	Вход в дьяконник	제구실 리즈니챠로 입실
80A	Богоматерь Тихвинская. Икона. Москва, конец XVI в.	티흐빈의 성모 이콘. 16세기 모스크바
81	Предста царица. Икона. Новгород, конец XIV в.	옥좌에 서 있는 구세주 이콘. 14세기 말, 노브고로드
82	Вход в придел Дмитрий Солунского	드미트리 솔룬스키 프리젤로의 입실
82A	Спас Ярое око. Икона. Москва, середина XIV в.	밝은 눈의 구세주 이콘. 14세기 중반 모스크바
83	Дмитрий Солунский. Икона. Конец XII в. Москва, 1701	드미트리 솔룬스키 이콘. 12세기 말. 1701년 모스크바
84	Митрополит Филипп. Икона. XVII в.	수좌대주교 필립 이콘. 17세기.

[삽도-120] (좌) 12세기 후반 노브고로드에서 그려진 것 (우) 14세기 후반 야로슬라블리에서 제작된 것
손으로 그리지 않은 이콘은 여러 이본으로 존재한다. 현재 모스크바 트레치야코프 미술관에 소장되어 있는 이콘이다. 필자 직접 촬영(2018.07.23.).

    한편 숭배열에는 이미 몰락한 공후에게서 받은 이콘들과 가장 신성하게 간주되는 이콘들이 들어 있다. 황제의 문 우측에는 예수 그리스도의 이콘이 걸려있다. 1479년 우스펜스키 사원 완공 기념(1479년 8월 12일)을 위해 제작된 성모 영면 이콘은 성모의 영면을 맞으려 구름 위로 오르는 12명의 사도들을 묘사하고 있다. 가장 오래된 형태의 이콘 가운데 하나인 엘레우사 형식의 성모 마리아 이콘은 15세기 말엽

Ⅲ. 우스펜스키 사원의 구조   273

노브고로드에서 모스크바로 이관되었다. 이 이콘에서 마리아는 청색 윗옷을 입고 있고, 금보라빛 수건을 두르고 있다. 사원에서 가장 오래된 이콘은 성 게오르기 이콘으로, 11세기 말에 제작된 것이며 추측하건대 이 이콘 역시 노브로로드에서 옮겨진 것이다. 성 게오르기는 이상적인 기사도이자 전쟁의 군사상을 하고 있다. 성삼위일체 이콘은 14세기 중반 우스펜스키 사원 내의 장식을 위해 제작되었다가, 1701년에는 짜르의 황실 이콘화가였던 찌혼 필라티예프에 의해서 개작된다. 한편 성 베드로와 성 바울 이콘은 그리스의 무명 화가가 그린 것으로, 이 그림에서 성 베드로는 하늘에 오르는 홀과 열쇠를 쥐고 있는 모습을 취하고 있으며, 성 바울은 성경을 손에 쥐고 있는 모습으로 묘사되어 있다.

5열의 형식적 측면 외에도 이코노스타스에 그려져 있는 성화는 크게 "교회와 국가"라고 하는 두 주제를 다루고 있다. 첫째 종교적 주제는 "구약과 신약의 결합, 즉 보편적 교회의 이상을 강조"하고 있다. 둘째 "국가 주제는 러시아 내의 모든 국가들이 모스크바를 중심으로 연합하는 것의 중요성"에 표현되어 있다.[174]

위에서 설명한 이코노스타스의 이콘들 중에는 안드레이 루블료프(1360-1430)가 그린 그림이 들어 있다. 이콘화가 디오니시보다 이른 시기에 활동한 루블료프는 성삼위일체와 구세주 등의 걸작을 남긴 러시아 최대의 이콘화가이다.

루블료프의 작품에는 일찍이 블라디미르에 있는 우스펜스키 사원을 위해 그린 헌정 이콘이 다수 있다. 아래의 그림에서와 같이 "성모," "성직자 그리고리," "세례자 요한," "영광의 구세주," "대천사 미하엘과 가브리엘" 이콘이 바로 루블료프가 그린 대작들이다. 한편 모스크바 크렘린 궁 내의 성수태고지 사원에도 두 점의 대표작 이콘이 존재한다.

[삽도-121](상) - (좌)예수 탄생 (우)예수 세례　성수태고지 사원의 이코노스타스에 있는 루블료프의 대표작 이콘. 둘 다 1405년도 작품으로 알려져 있다.
[삽도-122](하) - 안드레이 루블료프의 이콘이 들어 있는 성수태고지 사원(블라고베셴스키 사보르)의 내부 사진　이곳 역시 내부 촬영이 금지되어 있다. 맨 왼쪽부터 서문 포탈, 이코노스타스와 기둥이 있는 내부 사진, 출입구를 내부에서 바라본 방향 사진.[175]

Ⅲ. 우스펜스키 사원의 구조

[삽도-123]
(상좌) 1408년 작으로 블라디미르 성모란 이름이 붙여져 있다.
(상우) 성직자 그리고리와 세례자 요한
(하좌) 1408년도 작품으로 영광의 구세주
(하우) 대천사 미하엘과 가브리엘을 그린 이콘

블라디미르 우스펜스키 사원에 소장되어 있는 루블료프의 대표작이다.

[삽도-124] 안드레이 루블료프의 대표작으로 가장 널리 알려진 것 가운데 하나인 "성삼위일체"와 "구세주" 이콘
두 작품 모두 현재 모스크바 트레치야코프 미술관에 소장되어 있으며, 좌측의 성삼위일체는 1411년에, 구세주 예수그리스도는 1410년도 작품으로 알려져 있다.

14세기 후반에서 15세기 초반을 살았던 이콘 화가 안드레이 루블료프Андрей Рублёв는 아래의 현판사진에서처럼 안드로니코프 구원 수도원Спасо-Андроников монастырь에서 동료인 다니일 쵸르니Даниил Чёрный(1350경-1428)와 15세기 초에 이콘 작업을 함께 하였다. 그리고 1430년에 이 수도원에 묻혔다고 현판은 적고 있으나, 실제로 어떤 위치에서 죽었는지는 여전히 알려져 있지 않다고 한다. 1357년 모스크바의 총대주교 알렉시이Алексий에 의해서 문을 연 이 수도원의 이름이 안드로니코프 구원으로 붙여진 것은 이 수도원에서 나온 첫 순교자였던 안드로니코프를 기념하기 위해 만들어진 배경에서 유래한다. 그리하여 이 수도원의 명칭이 더러 다른 이름으로 불리는 이유가 여기에 있다. 간단하게 안드로니코프 수도원, 혹은 성자 안드로니코프 수도원, 안드로니코프 구원 수도원이 그것이다. 루블료프가 오랜 시간 이 수도원에서 이콘화 작업을 하였던 것을 기념하기 위해 붙여진 정식 명칭은 안드로니코프 수도원 외에 다음과 같은 것이 있다. 안드레이 루블료프 고대 러시아 문화 및 예술 중앙 박물관Центральный музей древнерусской культуры и искусства им. Андрея Рублёва이 바로 그 공식 이름이다. 또한 이 수도원에서는 손으로 그려지지 않은 구세주 예수 그리스도 이콘 여러 점을 관람할 수 있고, 특별히 이 이콘의 이름을 따서 세워진 사원Храм в честь иконы Спаса Нерукотворного образа이 있다.

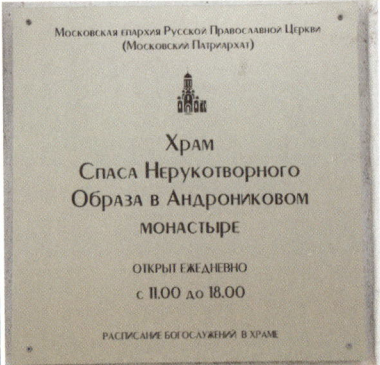

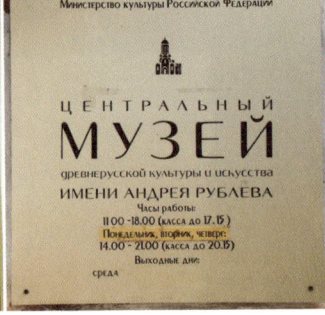

[삽도-125] 안드레이 루블료프의 이름이 들어가 있는 박물관 공식 명칭의 현판 사진 그 출생 연도가 1340-1350년대 어딘가로만 알려져 있을 뿐이다. 그러나 탄생일로 추정되는 7월 17일에는 이 수도원에서는 물론이고, 곳곳에서 추모 전시회와 학술대회가 열리곤 한다. 하단의 좌측 포스터에서도 "고대 루시의 위대한 예술가 안드레이 루블료프 추모일"이란 제하의 특별 전시회 알림이 선명하게 기재되어 있다. 필자 직접 촬영(2018.07.25)

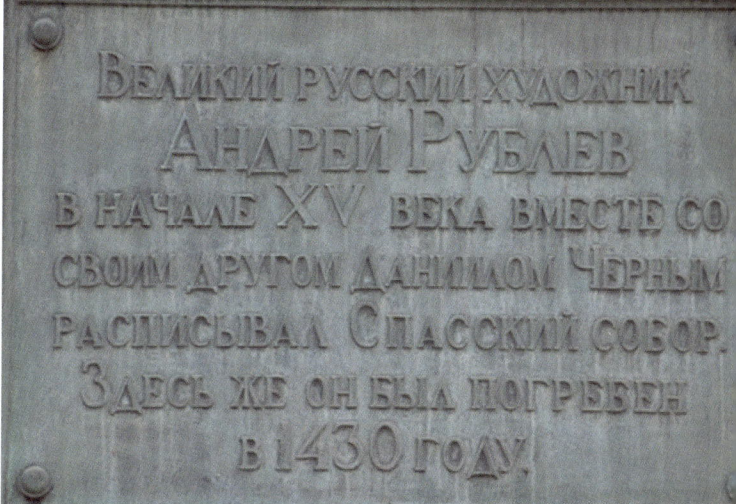

[삽도-126] 왼쪽사진부터 시계방향으로 안드레이 루블료프 동상(사원 밖, 산책로), 수도원 내의 구원 사원(Спаский собор) 서문 입구 벽에 걸린 현판, 사원 내에 있는 안드레이 루블료프 기념비 루블료프 동상에서 양손에 쥐어진 이콘 화판, 즉 자작나무 판넬이 인상적이다. 필자 직접 촬영(2018.07.26.)

Ⅲ. 우스펜스키 사원의 구조 279

안드레이 루블료프가 남긴 걸작 목록을 정리하면 다음과 같다. 가장 초기에 그린 것으로는 "사도행전의 대천사 미하엘Архангел Михаил в деяниях(1399)"이 있는데, 현재 모스크바 크렘린 궁 내 아르한겔스키 사원에 걸려 있다. 1405년에 그린 "성수태고지Благовещение" 이콘과 "성변용Преображение" 이콘은 모두 아르한겔스키 사원의 맞은편 성수태고지 사원에 보관되어 있고, 이 역시 초기 작품에 해당한다. 같은 해에 완성된 이콘으로 "신비한 저녁 만찬Тайная вечеря(1405)"은 세르기예프 포사드에 있는 성삼위일체 수도원에 소장되어 있다. 모스크바의 트레치야코프 미술관에 소장되어 있는 1405년 작품으로는 "그리스도의 탄생Рождество Христово"이 있다.

이 외에도 정확한 완성 연도가 불분명한 "블라디미르의 성모Богоматерь Владимирская"와 "세례자 요한Иоанн Предтеча(1408)", "권좌에 오른 구세주Спас в Силах(1408)" 모두 현재 트레지야코프 미술관에 전시되어 있다. 한편 모스크바 크렘린 궁 내의 우스펜스키 사원에도 루블료프가 그린 "권좌에 오른 구세주", "성모Богоматерь(1408)", "대천사 가브리엘Архангел Гавриил(1408)"과 같은 이콘이 보관되어 있다. "마지막 심판Страшний суд(1408)"이란 제목의 프레스코화 역시 우스펜스키 사원 내에 그려진 루블료프의 작품이다.

사원 내에는 여러 가지 형식과 주제의 이콘이 들어있지만 한 프레임에 하나씩 그림의 대상이 들어가 있는 경우도 있고, 아래의 예([삽도-129])에서처럼 10개 이상의 그림이 복잡하게 삽입되어 있는 경우도 많다. 이런 경우, 이콘화법에 따르면 엄격한 규칙이 있어 그림을 넣는 순서가 정해져 있다. 상단 좌측에서부터 시작하여 우측으로 향하고, 끝에 도달하면 그 다음 순서는 아래 열로 향하며, 다시 좌측에서 우측 방향으로 그림의 진행 순서가 이어진다.

[삽도-127] 안드로니코프 수도원 내부에 자리하고 있는 구원 사원의 4방위를 찍은 사진으로 상단에서부터 시계방향으로 동쪽 앱스 방향, 출입구에 해당하는 서문, 수도원 정문을 향하여 있는 남문, 마지막 북문을 보여준다. 서문 우측 벽에 걸린 현판에는 "여기에서 안드레이 루블료프가 일하였고, 매장되었다"고 적혀있다. 필자 직접 촬영(2018.07.26.)

[삽도-128] 안드레이 루블료프가 1405년에 그린 "그리스도의 탄생"이란 제목의 이콘 현재 모스크바 트레지야코프 미술관에 소장되어 있고, 작품을 소개하는 작은 현판에는 트베리에서 만들어진 것으로 적혀 있다. 필자 직접 촬영 (2018.07.17.)

1	2	3	4	5	6
7					8
9					10
11					12
13					14
15	16	17	18	19	

1	2	3	4/5	6	7	8	9	10
11	12	13	14	15		16	17	18
19	20						21	22
23	24						25	26
27	28						29	30
31	32						33	34
35	36						37	38
39	40						41	42
43		44	45	46	47		48	49
50	51	52	53	54		55	56	57

[삽도-129] (상)이콘 화가 디오니시가 그린 "수좌대주교 표트르의 생애 이콘"(1480년대) 크기는 197×151이다. (하)작자 미상의 이콘으로 제목은 "복음서의 잠언 내용이 들어가 있는 예수 그리스도의 십자가 형 이콘" 1560-70년대로 제작년도가 추정되며, 이콘 보호틀인 오클라드 속에 들어 있다. 크기는 176×126이다.[176]

위의 성상화의 예에서처럼 가장자리에 한편의 이야기 구조의 그림이 연속하여 배치된 복잡한 형태의 이콘은 특히 '생애전 형식'에서 두드러지게 나타난다. 이른바 성자의 일대기를 그림으로 제시하고 있는 형식으로, 그 자체로 마치 한편의 이야기를 조형적으로 서술하고 있는 양식인 것이다. 구조와 형식적인 측면에서 이러한 이콘을 우리는 화폭의 중심과 가장자리로 이원화하여 분석할 수 있다.

드리트리 리하초프가 『고대 러시아 문학의 시학』에서 고대 러시아 문학이 지니는 조형예술적 특징을 언급하는 대목에서 가장자리 구조를 지닌 성화의 특징이 기술되어 있다. 리하초프에 따르면, "중심부가 좀 더 예식적이라면, 가장자리 그림에는 리얼리즘적 요소들이 스며들어 있다. 중심부의 성자가 정적이며, '초지상적'이라면, 가장자리 그림의 성자는 좀 더 일상적이며, 자신의 삶의 구체적 계기들과 그 움직임 속에서 묘사된다."[177]

우스펜스키 사원을 비롯하여 러시아 정교회 건축물 내부에 이와 같이 기둥과 벽 전체에 걸쳐 이콘 및 프레스코화로 덮여 있는 까닭은 무엇일까? 위에서 언급한 4방위와의 관련 이외에 다른 어떤 비밀이 숨어 있는 것일까? 이콘은 "신학적 의미를 함축하는 일정한 질서를 가지고 배치되어 그려져 있음"을 우리가 이해할 때만이 건축과 관련된 이콘의 언어적 의미를 해독할 수 있을 것이다. 정교회에서 가르치는 이콘에 대한 정통 해설에 따르면, 이콘은 기본적으로 "하나님의 섭리와 관련된 신학적, 예술적 가치에 그 바탕을 둔다....[나아가] 예배와 찬양과 설교 말씀을 통해 가르쳐지는 모든 것은 침묵의 이콘으로 아주 잘 서술되고 있다."[178]

사원 내부 중, 남쪽 문 주변에는 "블라디미르 모노마흐의 권자Мономаховый трон" 혹은 "황제의 처소Царское место"라고 이름이 붙여진 특별한 공간이 자리하고 있다.[179] 짜르의 개인 기도처이자 모노마흐의 권자로 알려진 이 장소는 1551년 이반 뇌제가 황제 짜르라는 칭호를 사용한 직후에 제작된 것으로 알려져 있다. 이 자리는 짜르의 대관식 의례에서 관을 머리에 쓰기 위해 황제가 앉았던 곳이기도 하다.[180]

중세 러시아의 목각공예의 수작으로 간주되는 이 기도처는 호두나무와 석회로

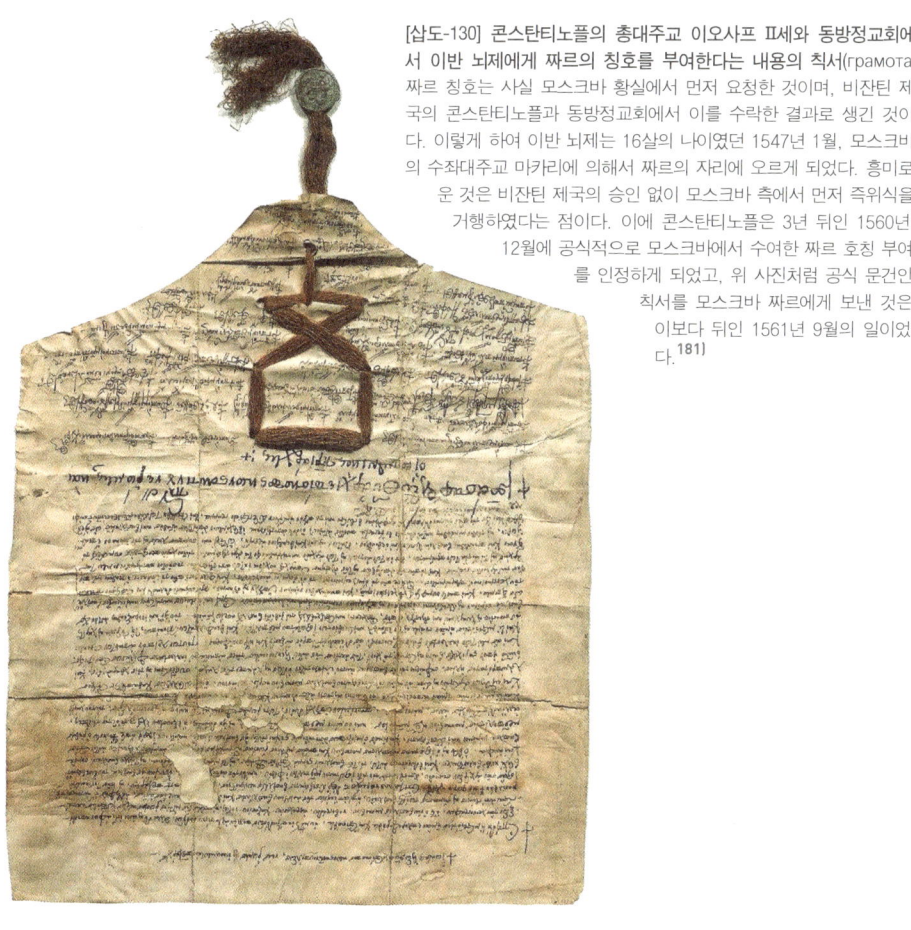

[삽도-130] 콘스탄티노플의 총대주교 이오사프 II세와 동방정교회에서 이반 뇌제에게 짜르의 칭호를 부여한다는 내용의 칙서(грамота) 짜르 칭호는 사실 모스크바 황실에서 먼저 요청한 것이며, 비잔틴 제국의 콘스탄티노플과 동방정교회에서 이를 수락한 결과로 생긴 것이다. 이렇게 하여 이반 뇌제는 16살의 나이였던 1547년 1월, 모스크바의 수좌대주교 마카리에 의해서 짜르의 자리에 오르게 되었다. 흥미로운 것은 비잔틴 제국의 승인 없이 모스크바 측에서 먼저 즉위식을 거행하였다는 점이다. 이에 콘스탄티노플은 3년 뒤인 1560년 12월에 공식적으로 모스크바에서 수여한 짜르 호칭 부여를 인정하게 되었고, 위 사진처럼 공식 문건인 칙서를 모스크바 짜르에게 보낸 것은 이보다 뒤인 1561년 9월의 일이었다.[181]

만들어졌고, 여러 부조浮彫가 사면에 장식되어있다. 기도처 공간의 사방 외벽에 새겨진 부조는 러시아 황제권царские регалии의 여러 역사를 담고 있다. 아래의 사진 ([삽도-134]) 네 컷에서 잘 드러나는바, 이 네 면에는 (1)비잔틴 제국의 황제 콘스탄틴 모노마흐가 키예프의 대공 블라디미르 프세볼로도비치에게 보낸 황제의 관에 대한 이야기, 즉 모노마흐의 황제관 샤프카Шапки Мономах를 포함하여 (2)비잔틴 제국의 사절 일행이 바다를 건너 러시아로 들어온 이야기, (3)블라디미르 대공에게 전달되어 온 비잔틴 황제의 선물을 받는 이야기, (4)대주교 네오피트가 블라디미르 대공에게 황제의 관을 씌우는 이야기 등이 묘사되어 있다.

이렇게 하여 황제의 기도처 공간과 새겨진 부조에는 비잔틴의 황제 관이 어떻게 러시아로 들어오게 되었는지, 그 정통성의 계승과 상징이 어떻게 만들어지게 되었는지의 과정이 농축되어 있다고 하겠다. 네 그림 중에서도 4)번의 마지막 그림이 아마도 가장 중요하면서도 상징성을 많이 내포하고 있을 것이다. 흔히 황제의 일가에서 전해져 오는 이야기 가운데, "이렇게 하여 지금까지 블라디미르 대공의 일가 귀족들은 짜르의 관을 통해 권좌에 올랐다и доныне тем венцом царским венчаются великие князья владимирские"는 말이 있는데, 이 표현이 바로 부조에 새겨진 내용의 기원을 함축하고 있기 때문이다. 또 다른 측면에서 이 부조가 중요한 것은, 이 그림이 러시아 황제의 역사 최초로 짜르가 된 이반 뇌제의 대관식 장면을 묘사하고 있다는 점에서이다.[182]

[삽도-131] 모노마흐의 관과 여자의 머리장식 코코쉬니크 황제의 기도처 상층 문양이 꼭 이 머리장식을 닮았다고 하는 언급이 많다. 하지만 기도처를 처음 제작한 자의 의도 속에 러시아 전통 문양을 넣고자 했던 기록을 찾는 일은 쉽지 않아, 이 문제는 여전히 연구의 대상이다.[183]

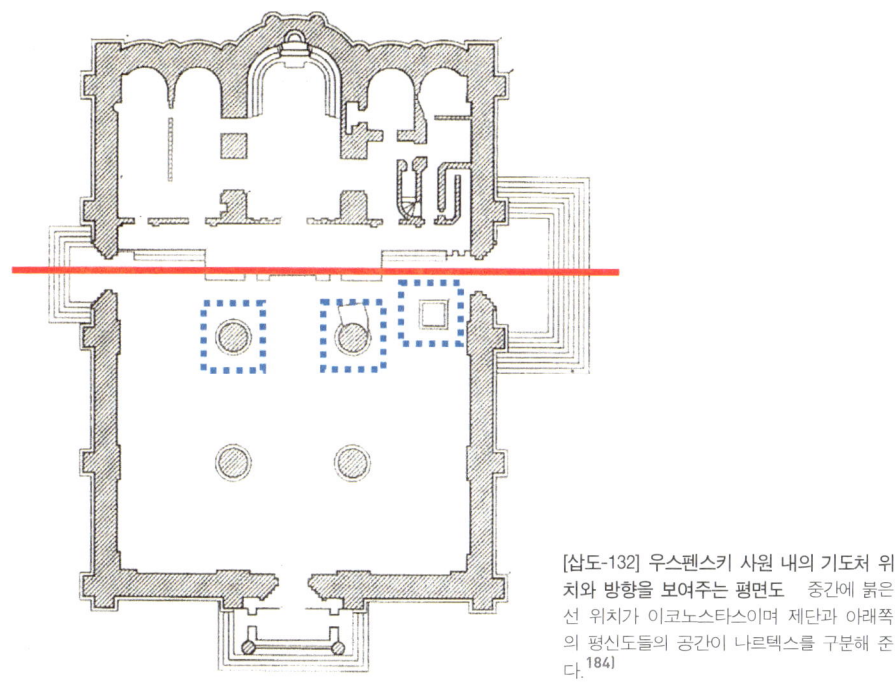

[삽도-132] 우스펜스키 사원 내의 기도처 위치와 방향을 보여주는 평면도 중간에 붉은 선 위치가 이코노스타스이며 제단과 아래쪽의 평신도들의 공간이 나르텍스를 구분해 준다.[184]

위 평면도에 나타나 있듯이, 우측이 남문, 아래가 서문, 좌측이 북문에 해당하고 상단 12시 방향이 바로 동쪽이다. 붉은 선으로 표시한 것이 이코노스타스가 놓인 자리로, 3개의 기도처는 바로 이 선 아래에 위치하여 있다. 중간에 2개, 우측의 남문 바로 옆에 또 하나의 작은 기도처가 있다. 3개 중 가운데가 바로 수좌대주교가 사용하는 공간이다. 자세하게 보면, 맨 우측의 것이 일렬로 정렬이 맞지 않다는 것을 알 수 있고, 가운데 대주교의 기도처는 사각형 모양의 추가 구조물이 입구에 붙어 있는 것을 발견하게 된다. 아래의 사진 [삽도-135]에 붉은 색 빌로드 재질로 입구를 처리해 놓은 사진이 이에 해당한다. 이렇게 세 기도처는 각각의 모양이 조금씩 다르지만, 모두 제단을 향하여 입구가 마련되어 있다. 짜르와 황후, 수좌대주교는 이 자리에서 각자 기도를 드렸다.

[삽도-133] 모노마흐의 권자   위 사진에서처럼 이코노스타스 맨 하단 황제의 문 좌측면에 모노마흐의 권자가 위치하여 있다. 붉은 네모 칸 안이 바로 4면의 부조가 새겨진 기도처 공간의 외벽을 잘 보여준다.[185]

[삽도-134] 사진 속의 붉은 네모 칸을 확대한 사진   모노마흐의 권자로 이름 붙여진 이 기도처 외벽에는 사진과 같이 네 컷의 러시아 황제의 역사 그림이 부조로 새겨져 있다.[186]

지붕이 달린 덮개 모양의 이 기도처는 고대 러시아의 블라디미르 모노마흐의 왕관을 닮아 있다. 이 권좌는 사방에 세계의 네 왕국을 상징하는 네 마리의 수호동물이 포즈를 취하고 있다. 한편 기도처의 측벽면에 새겨진 12개의 부조는 군사원정과 전투, 그 밖에 신원이 파악되지 않은 고대 러시아의 대공들이 보여준 활동들을 묘사하고 있다.[187]

본래 이 장소에는 예수 그리스도의 옷, 즉 가사Христовая риза 일부가 보관되어 있었다고 믿겨졌는데, 오늘날에는 게르모겐 총대주교의 법의рака가 안치되어 있다. 또한 장방형 기도 공간 그 위로 사각형 지붕 위에 올라 서있는 구조는 앞의 [삽도-131]에서도 나타나듯이, 여자들의 머리장식 코코쉬니크кокошник를 상기시킬 정도

[삽도-135] 붉은 빌로드 재질로 감싸인 기도처   이 기도처는 3곳 중에서 가운데 위치한 것으로 수좌대주교가 들어가는 자리이다. 이코노스타스의 하단 1열 황제의 문 바로 앞에 자리하고 있다.[188]

로 각이 가파른 모양새를 띠고 있다. 이는 북러시아의 목조교회에서 그 형태를 모방하여 제작한 것으로 샤쪼르шатёр 기도처라고 불리는데, 이는 후에 제작된 모든 기도처의 모양을 결정지었던 원형의 역할을 하게 된다.[189]

한편 황후의 기도처는 본래 테렘이라고 하는 건물 최상층의 아기예수탄생교회 내 개인 공간에 있었으나 알렉시스 I세의 첫 아내였던 마리야를 위해서 우스펜스키 사원 내로 옮겨지게 되었다. 기도처 위에 지붕이 달린 덮개는 아기예수 탄생을 묘사하고 있는 세 장면, 즉 그리스도의 탄생, 성모 마리아의 탄생, 세례 요한의 탄생을 담고 있다.

모스크바의 우스펜스키 사원에서 볼 수 있는 위의 사진 기도처와 아래의 사진은 그 모양이 거의 동일하나 쓰임새와 명칭이 모두 다르다. 아래의 사진은 상트 페테르부르크에 있는 피의 사원 내부에 있는 것으로, 바로 이 자리에서 1881년 3월 1일 폭탄 테러 사건으로 알렉산드르 II세가 피를 흘리며 사망하였다. 본래 공식 명칭은 그리스도 부활 성당Собор Воскресения Христова인 이 피의 사원은 황제의 사망 이후 1883년부터 1907년에 이르기까지 공사가 진행되었고, 1907년 8월 6일에 문을 열었다.

모스크바 사원에 있는 기도처 트론의 모양을 하고 있으나, 페테르부르크에 있는 이 동일한 모양은 세니сень라는 다른 호칭으로 불린다. 그리하여 보통 이를 일컫는 말은 "알렉산드르 II세의 사망 터 위에 세워진 세니Сень над местом убийства Александра II"라고 한다. 트론을 연상시킬 수 있는 이 세니는 역대 짜르가 총대주교와 함께 기도를 드렸던 장소가 아니라, 짜르의 시신이 매장된 위치를 기념하는 자리로 그 용도가 바뀐 것이다. 그러나 기도처 트론이 간직하고 있는 문양과 모티프에는 변화가 없어 여성의 머리장식인 코코쉬니크를 원용하고 있다. 그리고 이 코코쉬니크 문양은 뒤에서 보다 자세하게 살피겠지만 정교회 사원의 본체, 즉 건물 외곽의 상단 모티프에 반복적으로 원용된다.

[삽도-136] 상트 페테르부르크에 있는 피의 사원 내부 서쪽 방면에 있는 알렉산드르 II세의 무덤 위치를 보여주는 토론
기도처가 아니라 매장된 관의 위치를 보여준다. 필자 직접 촬영(2018.07.14)

3. 외부 구조
_ 러시아 역사와 전통의 혁신을 보다

비잔틴의 영향이 결코 없었다고 볼 수는 없지만, 커다란 쿠폴과 이보다는 작은 여러 개의 쿠폴이 사방에 위치하여 제일 큰 중앙의 것을 지지해주는 양식은 고대 러시아와 비잔틴의 건축양식에서 뚜렷하다. 이탈리아 건축가 피에라반티는 블라디미르에 있던 우스펜스키 사원을 모델로 삼아 러시아 전통의 기법과 비잔틴 양식을 결합하였던 것이다.

여기에 크렘린의 우스펜스키 사원에 처음으로 도입된 혁신적 양식 또한 있었다. 당시에는 없었던 실험적 스타일로, 바닥 기초 공사에 사용되었던 견고한 떡갈나무, 철로 된 구조 결착재, 둥근 천장 볼트 및 쿠폴 지지대 구축을 위해 돌 대신에 사용된 벽돌 등이 이에 해당한다. 특히 바닥 기초 공사를 위해 판 땅 깊이만 해도 무려 4미터나 되었다. 당시의 건축 기공술을 고려할 때, 이 깊이는 전례가 없을 정도로 파격적인 것이었다. 또한 매우 얇았던 석회암 벽 대신에 단단하고 잘 구워진 벽돌을 대신함으로써 프스코프에서 온 러시아 건축가들이 당시 사용하던 모르타르의 결점을 보강할 수 있게 되었다. 이러한 공법은 블라디미르 우스펜스키 사원에 사용된 석재 골조식보다 훨씬 가벼우면서도 견고한 특징을 보여주었다. 모스크바의 우스펜스키 사원이 중량감을 줄이면서 건축될 수 있었던 이유는 벽돌 사용에서 비롯하였고, 구조결착재라고 하는 것을 볼트를 가로질러 삽입함으로써 돌이 해결할 수 없는 공학적 효과를 만들어냈다.[190]

아래의 사진([삽도-137])에 잘 나타나 있듯이, 석회석 재질의 사원 외벽은 일정한 간격으로 벌어지도록 배치되어 있어, 외벽 간격의 완벽한 비율을 반영하고 있다. 거대한 지지대 원형 기둥이 사용된 내부 디자인은 모스크바에 세워진 그 어떤 사원들보다도 내부가 넓고 탁 트인 공간이 확보되는 효과를 만들어 냈다.[191]

[삽도-138]의 좌측 측면 벽을 보면 파란색 외벽기둥пилястры(pilasters)이 균등하게 나뉜 것을 볼 수 있다. 길이 37미터, 폭 24미터의 구조를 띠고 있는 사원에서 앞면

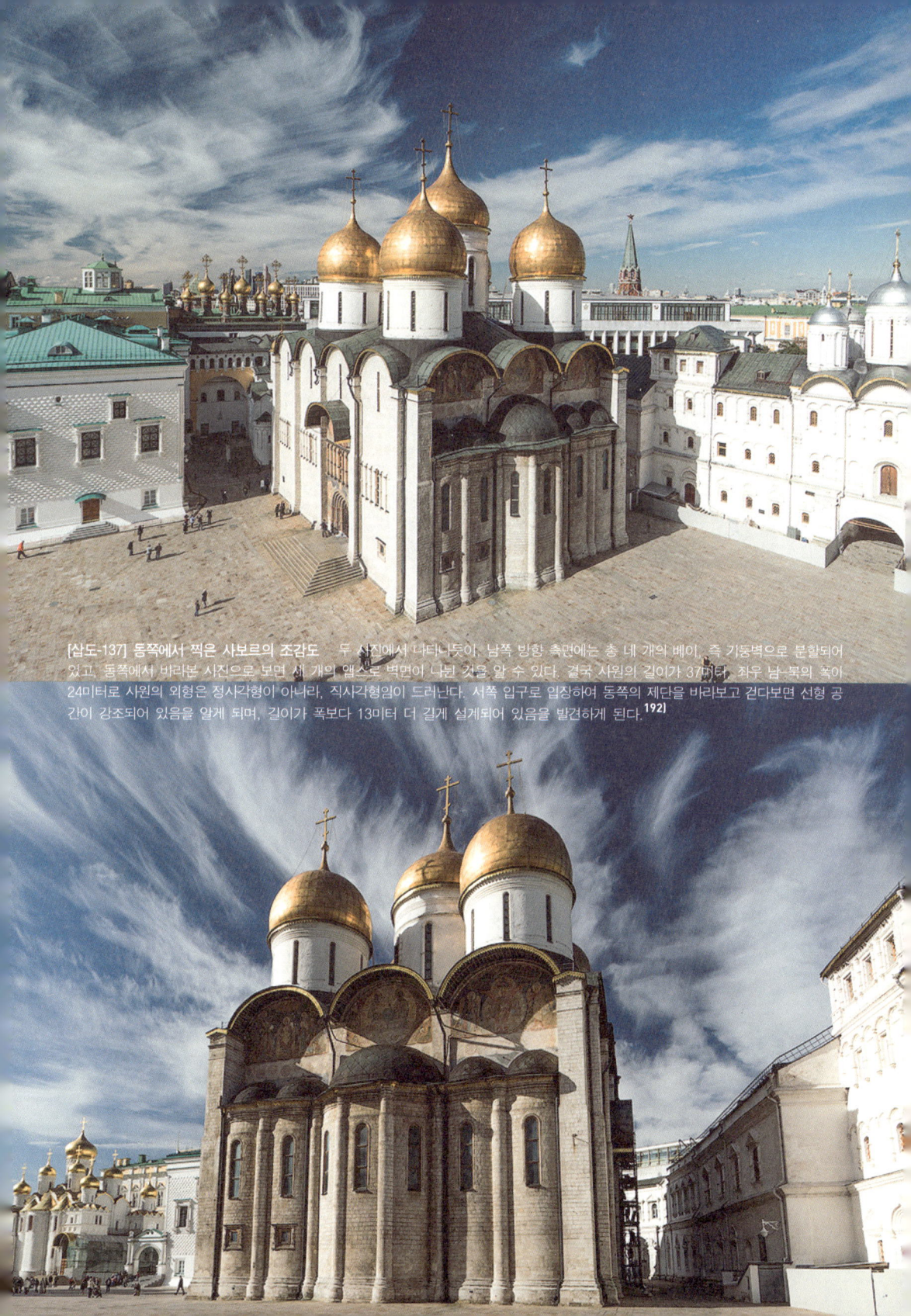

[삽도-137] 동쪽에서 찍은 사보르의 조감도 두 사진에서 나타나듯이, 남쪽 방향 측면에는 총 네 개의 베이, 즉 기둥벽으로 분할되어 있고, 동쪽에서 바라본 사진으로 보면 세 개의 앱스로 벽면이 나뉜 것을 알 수 있다. 결국 사원의 길이가 37미터, 좌우 남-북의 폭이 24미터로 사원의 외형은 정사각형이 아니라, 직사각형임이 드러난다. 서쪽 입구로 입장하여 동쪽의 제단을 바라보고 걷다보면 선형 공간이 강조되어 있음을 알게 되며, 길이가 폭보다 13미터 더 길게 설계되어 있음을 발견하게 된다.[192]

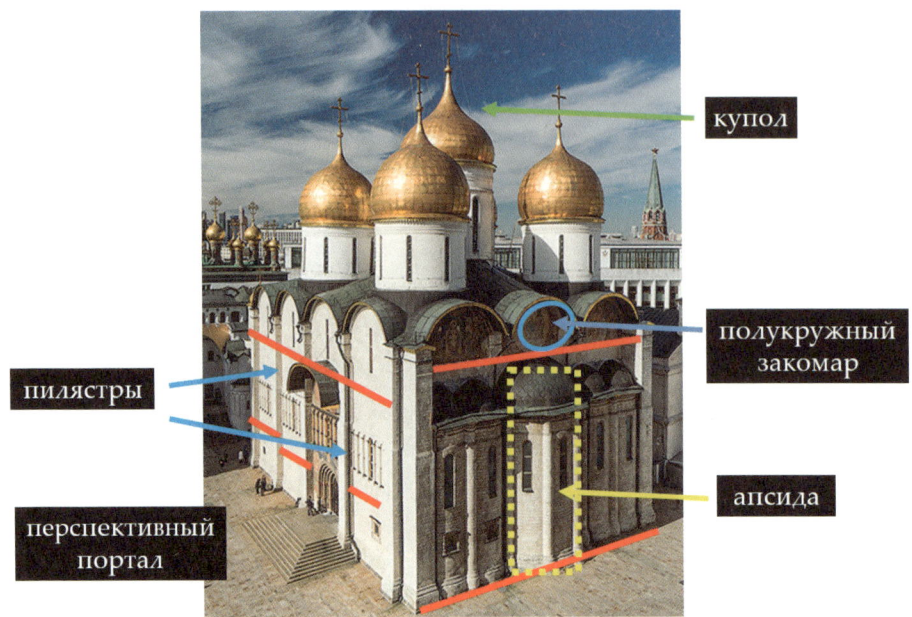

[삽도-138] 우스펜스키 사원의 외관 구조와 도해

[삽도-139] (좌)네모 칸 안의 장식처럼 문 상단에 내부로 주름이 지게 들어간 원형 돋을새김 메달리온(medaillon) 기법은 15세기 정교회 건축에서는 획기적인 것이었다. (우)프랑스 샤르트르 대성당(1194-1250)의 팀파눔에 새겨진 문양과 요한 계시록의 여러 모티프들[193]

의 둥근 돌출부위가 바로 동쪽이며 앱스апсида(영어로는 apse라고 하는 공간이다)라고 한다. 반원형 모양으로 튀어나온 모양을 하고 있고, 이 형태를 바닥에서 위로 올라갈 때 상부 모양 역시 반원형의 둥근 모양을 띠는데, 이 부분은 자코마르закомар라고 한다. 자코마르는 특히 출입구 상단에 위치한 반원형의 장식 아치аркатура 부분을 말하는데, 황금고리 도시들 중, 블라디미르와 수즈달에 세워진 사원에서 이미 사용되었던 대표적인 양식 가운데 하나였으나, 모스크바의 우스펜스키 사원에서도 재차 응용되었다.[194] 특히 아래 그림의 붉은 네모칸의 장식에처럼, 사원의 북문 상단에 여러 겹의 줄이 안쪽으로 들어간 모양의 아치볼트는 서유럽 중세의 대성당에서 나타나는 출입문 장식의 대표적인 방식을 상기시킨다. 일명 팀파눔typanum이라고 불리는 이 장식은 문 상단에 새겨진 반원형 모양을 하고 있다. 프랑스 샤르트르 대성당의 팀파눔을 보여주는 아래의 사진에서처럼 이 반원형 장식은 대체로 신약성경의 [요한계시록]의 내용을 묘사하고 있으며, 그리스도의 12사도, 복음서의 네 가지 상징물(사자, 황소, 인간, 독수리)을 포함하고 있다. 이러한 점은 모스크바 우스펜스키 사원의 서문에서도 그대로 반복되어 나타난다.

겉으로 드러난 측벽 공간 분할은 사진에서처럼 남과 북은 4개로, 동과 서쪽의 벽은 3개씩으로 나뉘어 설계되어 있다. 사진의 하단 앞부분 동쪽을 제외한 3개의 문(서, 남, 북문)은 모두 위 사진에서와 같이 반원형의 둥근 문에 원근법에 기초한 형태를 취하고 있다.

우스펜스키 사원의 건축학적 특징은 그 외형과 내부 모두에서 기본 건축양식과 다른 모습을 보여준다. 일반적으로 지붕 형태는 여러 개의 기둥과 밑받침이 하나의 구조로 통합 연결되고, 그 모양은 십자가를 띠면서 둥근 지붕의 쿠폴 형식крестово-купольная система을 갖고 있다. 그러나 우스펜스키 사원은 여러 개의 쿠폴 구조라기보다는 하나의 커다란 장방형 지붕 밑받침이 지붕을 떠받치고 있는 구조를 띠고 있기 때문에, 여러 개의 십자가 형상을 만들어내지 못하고, 하나의 모양에 모든 지붕 구조물이 부속되어있는 모습을 보인다.[195]

[삽도-140] 우스펜스키 사원 외관과 구조를 설명하는 그림[196]

　내부의 6개 기둥 사이에 존재하는 '엄격한 간격 리듬строгий мерный ритм'은 러시아의 건축술 그 어디에도 전례가 없을 정도로 독특한 양식을 띠면서 우스펜스키 사원 구조 전반에 반영되어 있다. 이러한 일관된 공간 활용과 건축학적 통일성은 위 사진의 표기부분에서 나타나듯이 외관에서도 식별이 가능하다. 공간 분할과 지지대 기둥들의 간격 사이에 존재하는 거리는 위의 하얀색 표시와도 같이 일정하다.
　반면 외관은 내부에 비해 상대적으로 더욱 분명한 전통 러시아 정교회 건축술을 따르고 있다. 위의 사진에서처럼 사원의 정면은 여러 개의 가래보습, 즉 로파트키 лопатки로 구분되어 있으며, 이 중에서도 북과 남쪽 방향의 출입구는 4개로, 서쪽과 동쪽에 난 출입구는 3개의 가래 보습 모양으로 나뉜 것이 특징이다. 또한 4방위 정면 벽면 상단은 반원 형태의 자코마르полукружием закомары로 완성되어 있으며, 새겨진 문양들은 대체로 매우 검소하다.[197]

쿠폴과 제단 상단의 외벽 지붕은 모두 함석 재질의 골조로 덮여 있다. 이 지붕 바로 밑부분에는 천장과 지붕 사이의 공간чердак이 따로 있으며, 1547년 대 화재 발생 이후, 5개의 쿠폴에는 모두 구리로 도금된 덮개가 씌어지면서 전면 재공사에 들어갔다. 오늘날 금빛을 발하고 있는 형체의 모습을 갖추게 된 역사가 바로 이런 과정에서 비롯되

[삽도-141] 우스펜스키 사원 측면 단면도   가운데 남문이 기준으로 되어 있다.[198]

었던 것이다. 도금된 구리 덮개 방식의 지붕 처리는 이렇게 우스펜스키 사원에서 뿐만 아니라, 그 밖의 사원에서도 적용된 전통이 되었다. 이후에는 금빛 도금 전통이 자리를 잡아갔다. 가장 최근에 있었던 대대적인 보수공사는 1970년대에 진행되었다.[199]

피에라반티가 우스펜스키 사원을 건축하면서 보여준 혁신에 가까운 건축공학술은 이미 상술하였듯이, 건축 자재에서 뿐만 아니라, 내부 도면 설계에서도 잘 드러난다. 내부 공간은 총 12개의 사각형 구역으로 나뉘어져 있고, 정 가운데의 쿠폴로 연결되는 공간은 보다 크게 마련되어 무게중심이 모여지는 중심부 쿠폴로 연결되도록 설계되었다.

또한 가운데 들어 있는 4개의 검은색 점은 4개의 원기둥을 보여주는 것으로,

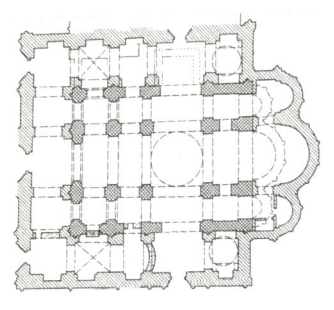 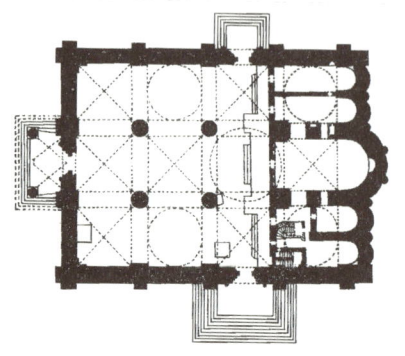 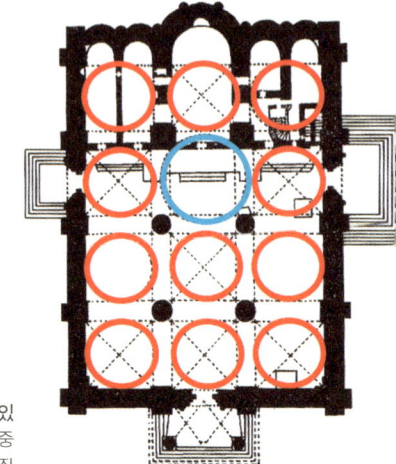

[삽도-142] (좌)블라디미르와 (중)모스크바에 있는 같은 이름의 우스펜스키 사원 평면도
(우)위 평면도를 기초로 사원의 내부 구조가 총 12개의 사각형 구역으로 분할되어 있음을 잘 보여준다. 이는 콘스탄티노플의 하기아 소피아 사원이나 그 밖의 러시아 중세 사원에서는 찾아보기 어려운 예로서, 공간 분할 상의 조화와 일정한 규칙성을 특징으로 하는 것이다.[200]

내부 공간 역시 최대한 넓게 확보된 것이 특징이라 하겠다. 일정한 균등미는 내부가 조화로운 공간 분할에 엄격하게 기초해 있음을 보여주면서, 무엇보다 안정감을 만들어낸다. 제단 뒤편에 들어 있는 나머지 2개의 기둥은 이코노스타스로 인해 가려 보이지 않게 설계됨에 따라 회중석의 공간은 정사각형의 안정감을 극대화한 효과를 창출한다. 이렇게 모스크바의 우스펜스키 사원은 16세기 전까지 러시아 종교문화의 중심 코드로 격상되면서 모스크바의 정신적, 정치적 독립의 상징으로 자리매김되었다. 아울러 건축학적 견지에서도 우스펜스키 사원은 블라디미르와 프스코프, 수즈달 등지에 보존되어 있는 러시아 정통 목재 건축양식의 단점을 보강, 극복하여 러시아 정교회 건축의 최절정의 예를 보여주게 되었다.[201]

건축 비율 계산에 기초하여 컴포지션을 통해 드러나는 건축물의 이념 표현을 연구한 피셔의 견해에 따르면, 우스펜스키의 규모(37대 24 비율)는 중립적이고 안정된 조화에서 살짝 높은 단계에 속한다. 가로×세로가 1:1, 즉 정사각형에서 10:6.5의 비율을 보이고 있는 우스펜스키 사원은 3:4의 '강력하고 능동적인' 비율의 피셔 계산법에서 약간 차이를 이루며, '안정성 〈 강력함', '중립적 〈 능동적'의 결과를 보여준

다.²⁰²⁾ 비록 이 비율이 피서 스스로 주관적인 해석에 바탕하고 있지만, 우스펜스키 사원을 육안으로 관측해 보아도 우리는 이 사원이 안정감과 중립성의 비역동적인 외관에서 벗어나 있음을 감지할 수 있다.

　우스펜스키 사원의 외형적 구조의 특징을 언급할 때, 가장 눈에 띠는 부분은 바로 원형 지붕 쿠폴일 것이다. 비잔틴 교회의 중앙집중형이 만들어낸 정사각형 구조 및 팬던티브 원형 천장과 다른 우스펜스키 사원의 '복수 쿠폴 구조'는 러시아의 건축 양식에서 발견되는 새로운 혁신이나 다름이 없었다. 회중석 중앙 공간에 위치한 4개의 원형기둥과 이곳의 정사각형 구조를 고려하면 언뜻 비잔틴의 교회와 유사해 보인다. 그러나 제단 이후의 공간과 앱스를 모두 고려하고, 여기에 추가로 있는 사각형 기둥 2개를 계산하면 우스펜스키 사원은 결코 정사각형의 외관도 아니며, 비잔틴 양식과 르네상스 양식 둘 다 고려한 흔적은 발견되지 않는다.

　쿠폴의 수는 각기 여러 다른 의미로 해석된다. 일례로 지붕 위의 쿠폴이 하나인 경우 이는 유일신에 대한 믿음으로 해석된다. 두 개인 경우는 두 개의 자연계, 즉 신이 창조한 세계와 인간의 세계를 말한다. 세 개인 경우는 신성한 성삼위일체의 비밀을, 다섯 개는 예수 그리스도와 복음주의자들을 상징한다. 일곱 개는 선지자 이사야가 예언하고 있는 성령의 일곱 가지 은사를 의미한다. 아홉 개는 천사들의 수를, 열세 개는 예수 그리스도와 열두 사도를 각기 의미한다.²⁰³⁾

　쿠폴의 수에 따른 이와 같은 다른 상징의 해석은 우스펜스키 사원의 쿠폴을 이해함에 있어 중요하다. 5개의 쿠폴은 정 가운데 가장 높은 지붕이 예수 그리스도를 상징하고, 나머지 4개의 쿠폴은 각기 네 명의 사도(요한, 베드로, 마가, 바울)를 표현하고 있다. 즉 예수 그리스도를 중심으로 성경의 가장 중요한 예수의 네 제자들을 배치시킨 구조인 것이며, 이 건축학적 배치 이면에는 신학적 배경이 함축되어 있다. 단순히 외형적 구조로만 보아도, 아래의 사진([삽도-143])에서처럼 쿠폴 지붕은 정통 러시아의 '투구шлем'모양을 하고 있다.

[삽도-143] 알렉산드르 넵스키 공과 이반 뇌제가 사용하였던 투구와 우스펜스키 사원의 원형지붕(маковица)의 닮은꼴을 보여주는 사진[204]

[삽도-144] 중세 러시아 군인의 투구 　이 사진은 우스펜스키 사원의 다섯 지붕을 닮았다고 전해진다. 몽고 타타르의 러시아 점령기 러시아 군대를 상기시키는 이 투구 모양이 어떻게 사원 건축의 모티프로 연결되었는지는 더 연구가 필요하다. 필자 직접 촬영(2018.01.20.)

　　이 두 해석을 당대의 역사적 상황과 결부시켜 종합해 보면 우리는 다음과 같은 결론에 다다른다. 1479년 8월에 완공된 시점은 모스크바 공국이 주변의 다른 공국들을 하나의 국가로 규합하면서 모스크바로 그 권력이 집중되는 중요한 시기였다. 이는 이듬해인 1480년에 몽고-타타르의 압제로부터 러시아가 해방된 것과 결코

[삽도-145] (좌)우스펜스키 사원의 외곽을 보여주는 항공 사진 좌측의 계단이 있는 방향이 바로 남문이며, 우측에 둥그렇게 나온 부분은 동쪽의 앱스이다.
(우)5개의 쿠폴 중에서 하나를 확대 투구 모양의 돔이 선명하다.[205]

Ⅲ. 우스펜스키 사원의 구조   301

무관하지 않다. 종교적으로 다른 이민족을 그 경제적, 정치적, 문화적 굴레로부터 축출시키고, 독립을 이룩한 러시아가 그 상징으로 '국가적 기념비'를 세웠다는 점이다. 둘째로, 이 기념비적 사원의 외형 구조는 매우 신학적이고 정신적인 의미를 담고 있어서, 내적으로는 성모 마리아의 승천과 영면에 봉헌되었지만 외적으로는 예수 그리스도를 머리 정점에 두면서 지극히 신학적인 배경에 뿌리를 두고 있다는 점이다.

마지막으로 투구를 닮은 모양의 쿠폴은 러시아 군사의 상인한 힘과 이민족으로부터의 해방을 상시키시면서 활활 타오르는 촛불의 불꽃пламя 형상 혹은 천상의 힘 огненные небесные силы 모두를 상징하는 것으로 해석할 수 있다. 또 다른 문헌에 따르면, 비잔틴의 쿠폴이 "지상의 땅으로 내려가는 하늘 왕국"을 상징하는 것에 비하여, 러시아의 쿠폴은 "타오르는 초горение свечи"를 상징한다고 한다. 그리하여 이러한 정교 상징의 영향으로 러시아 전쟁에서 사용하던 군사들의 투구가 촛불 형상을 취하게 된 이유가 되었다.[206]

그러나 뭐니뭐니 해도 우스펜스키 사원 외관의 절정은 중앙과 동쪽 부분 지붕에 올려진 도금된 다섯 개의 쿠폴이다. 애초에 건축된 돔은 노브고로드에서 준비한 '독일산 철'로 만들어졌지만, 이 역시 1547년의 모스크바 화재 이후 도금한 동판으로 재건되었다. 이렇게 하여 사원의 지붕은 오늘날 우리가 보는 것과 동일한 도금한 동판으로 제작되었다.

여기에서 정교회 건축물 돔에 세워진 십자가를 알아봐야겠다. 러시아 정교회식 '8점 끝 십자가'восьмиконечный крест가 만들어지기 시작한 역사도 우스펜스키 사원과 관련이 있다고 전해지기 때문이다. 전설에 따르면, 이반 뇌제가 이 사원에서 최초로 이 모양의 십자가를 사용한 이후부터 우스펜스키 사원에 8점끝 십자가를 안치하게 되었고, 정교회 사원 전체에서 사용되도록 반포되었다는 것이다. 이는 정통 그리스식 4점 끝 십자가와 현격하게 다른 모양을 띠고 있다. 비잔틴 제국의 패망과 더불어 시작된 일련의 러시아의 자기 길 모색은 정치와 사회, 문화, 종교 등 각 분야에서 광범위하게 나타나게 되었고, 이 같은 현상의 중심은 곧 러시아의 정체성 모색

[삽도-146] 러시아 정교회 십자가 모양을 보여주는 사진   '여덟 끝' 형태가 특징적이다. 필자 직접 촬영(2017.06.28. 세르기예프 포사드에서)

이자, 자신의 새로운 길을 발견하여 대내외적으로 다른 주변국과의 차별성을 확보하는 일에 있었다. 심지어 십자가 모양에서부터 러시아 정교회는 다른 길을 가기 시작한 것이었고, 1511년에 등장한 '제3로마설'은 이 같은 일련의 '러시아 길' 모색의 토대이자, 이데올로기적 정체성 확보의 가시적 신호였다.

위의 사진에서처럼 정교회의 십자가는 횡목이 가운데를 중심으로 상, 하에 추가로 2개가 더 들어가 있어서 일반적인 십자가에 비해 끝이 4개나 더 많은 셈이 된다. 때문에 4개의 끝점으로 이루어진 가톨릭과 개신교의 십자가에 비해 많은 8개가 되는 것이다. 가운데 양 끝의 좌우 팔에 못이 박혀 죽은 예수 그리스도의 십자가 처형에서 윗부분에 더해진 추가 횡막은 그리스도의 '머리'를, 그 아래의 사선 횡막은 예수 그리스도가 죽음에 임할 때, 그의 양편에 서있던 병사를 상징한다. 또한 8개의 끝점은 신학 교리 측면에서 인류의 역사에 들어 있는 8개의 기본 시기를 의미하는데, 이 가운데 여덟 번째의 시기는 곧 도래할 미래 세기에 펼쳐질 삶, 즉 하늘나라를 의미하는바, 어떻게 이 마지막 8끝이 하늘을 향하고 있는지를 설명해 준다.

반면 아래의 사진은 일반적인 십자가 밑에 초생달 모양이 추가로 들어가 있는 형태의 십자가를 보여준다. 두 사진 모두 크렘린 궁 내부, 성모수위 사원 뒤편에 있는 건물에 세워진 지붕의 십자가를 각기 다른 방향에서 촬영한 것이다. 여러 문헌에 따르면 이와 같은 초생달 십자가의 출현은 이미 러시아에서 12세기에 등장하였던 것으로 보고 된다. 블라디미르의 네블리 강가에 있는 성모 사원에서도 관찰되는 이 십자가는 사실 이슬람 전통과의 관련성 속에서 의혹을 사기도 한다. 그러나 이 같은 해석은 사실 무근이자 러시아 정교회 역사를 부정하는 결과를 초래할 뿐이다. 더군다나 혹자가 제기하듯, 이슬람교에 대한 기독교의 승리를 재현하는 방식은 더더욱 아니다.

초생달 십자가는 이미 비잔틴 제국의 상징으로 사용되고 있었다. 즉, 비잔틴 제국의 권력자를 상징하는 것이었다. 이후 1453년 비잔틴 제국이 이민족인 터키족에 의해서 함락되었을 때, 초생달 상징 역시 오토만 제국의 상징이 되었던 것이다. 초생달 십자가는 이미 고대 러시아의 이콘과 세밀화폭에서도 발견된다. 무엇보다 성경적 기반과 의미에서 초생달 십자가는 "배로 간주되는 교회의 상징성과 마찬가지로 구원의 상징"이자, "꽃으로 만개한 십자가, 성배 혹은 짓밟혀진 뱀의 상징"이기도 하다.[207] 이렇듯 정교회 건축물에서 일반적인 8끝 십자가와 함께 자주 발견되는 초생달 십자가는 이슬람의 이교적 배경 및 전통과는 관계가 없으며, 다양한 시기에

[삽도-147] 크렘린 궁 내부의 성모 수의 사원 뒤편 건물 지붕에 설치된 십자가를 찍은 각기 다른 방향의 사진 필자 직접 촬영(2016.07.26.)

펼쳐진 러시아 역사와 관계가 있는 것이다. 따라서 두 다른 형태가 혼재하여 보존되어 있는 상황은 역사적 해석과 설명이 뒤따라야 할 것으로, 보다 구체적인 연구가 필요하다고 하겠다.

4. 문
_ 러시아 역사와 성경의 메시지를 읽다

성서적 배경이 들어 있는 그림들은 내부의 프레스코화와 이코노스타스 외에도 사방에 위치해 있는 문 위의 배경을 장식하기도 한다. 그럼 이제 사원의 사대문에 대해 알아보자. 동쪽 제단 방향의 문은 잠겨 있는 관계로 반대편인 서, 그리고 남, 북문에 대해 살펴보자.

아래의 첫 사진([삽도-148])은 사보르 광장 방향으로 나 있는 남문을 보여준다. 대관식과 국가적 의례가 거행되었던 과거에 남문은 오늘날 서문이 주된 기능이었던 출입구로 사용되었다. 또한 '황제의 문Царский вход' 혹은 '붉은 문Красные двери'이란 별칭을 얻었었고, 여러 종교 의례 시에 특히 많이 사용되었다. 십자가 순례를 포함하여 짜르의 대관식과 혼례 과정에서 이 문을 통해 출입을 하여 붙여진 이름이다. 연대기 기록에 따르면, 이 황제의 문짝은 1401년 수즈달에 있는 로줴스트벤스키 사보르Рождественский собор에서 공수된 것으로 알려져 있다.[208] 양쪽에서 열게 되어 있는 이 문은 구리로 만들어져 있으며, 전설에 따르면 12세기 코르슨Корсун(그리스어로는 헤로소네스 Херсонес로 불리는)에서 옮겨온 것으로 알려져 있다.[209]

남문 출입구 위에는 러시아에서 가장 숭배될 뿐만 아니라, 기적을 일으킨다는 것으로 잘 알려져 있는 성모 마리아 상이 그려져 있다. 이 성화는 블라디미르의 우스펜스키 사원에 보관되어 있던 블라디미르 성모 형상을 크게 확대하여 그린 것이기도 하다. 또한 이 그림에는 좌우로 대천사 미하엘과 가브리엘이 손을 뻗치고 성모를 향해 서 있는 모습이 묘사되어 있다.

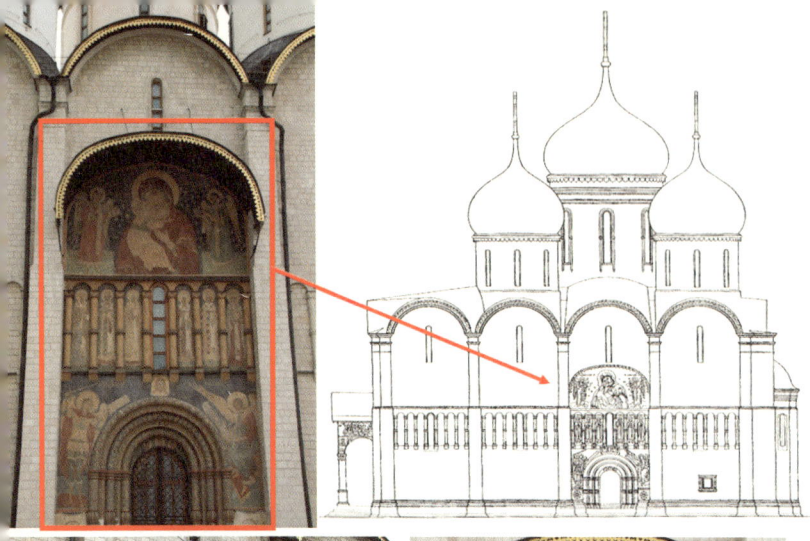

[삽도-148] 남쪽 출입구와 상단의 프리즈(фриз) 구조이고, 오른쪽 사진은 좌측의 실제 사진을 단순화하여 스케치한 그림이다.[210]

[삽도-149] 우스펜스키 사원의 남문 사진
당시 비잔틴 건축 양식에 이미 사용되었던 벽돌이 우스펜스키 사원에서도 응용되었다. 이 건축을 본 러시아의 연대기 기록자는 "돌이 마치 나무처럼 조각되어 있다"고 할 정도로 벽돌 외벽은 나무의 촘촘한 질감을 떠올리게 한다.[211] 벽돌의 사이즈도 그리 크지 않, 나무 질감의 외벽은 웅장하기보다는 아담하고, 차갑기보다는 따스한 느낌을 자아내기까지 한다. 필자 직접 촬영 (2017.07.28.)

  문 위 최상단에는 정 가운데에 성모 마리아가 아기 예수를 품에 안고, 뺨을 대고 있는 모습의 성화가 그려져 있다. 이콘화의 유형 네 가지 가운데 가장 일반적인 형태로 자비와 사랑의 표현을 전하고 있는 이 거대한 성모 마리아 상은 보통 그리스어에서 차용하여 '엘레우사Елеуса'라고 불리고 러시아어로는 '우밀레니에Умиление' 타입, 즉 '자비의 성모'라고 불린다. 또한 전설에 따르면, 이 그림은 그리스의 예술가이자

의사였던 루카가 그린 것으로 알려져 있다.[212] 한편, 이 유형의 이콘은 서유럽에서 성상 파괴 논쟁 이후 약 3세기 동안 유행하였던 것으로서 비잔틴 도상학 레퍼토리의 가장 중요한 예이기도 하다.[213]

[삽도-150] (좌)엘레우사 타입의 성모 마리아 이콘 테오판 그렉(Феофан Грек)이 그린 "돈스코이 성모 마리아"(Икона Донской Божьей Матери)란 이름의 성화로 현재 트레치야코프 미술관에 소장되어 있다.
(우)블라디미르 우스펜스키 사원의 성모(Богоматерь Владимирская)로 알려진 이콘 이 역시 엘레우사 유형에 속한다. 12세기 전반기 작품으로 현재 트레치야코프 미술관에 소장되어 있다.[214]

11세기 말, 12세기 초경에 그려진 것으로 알려져 있는 블라디미르 성모 이콘은 러시아에 현존하는 가장 오래된 이콘 가운데 하나이다. 비잔틴 제국의 콘스탄티노플의 총대주교인 루카 흐리소베르그가 키예프 루시의 유리 돌고루키에게 선물로 보내준 것으로, 1136년에는 키예프 소재 브이쉬고로드 수도원에 걸리게 되었다. 이후 1155년에는 블라디미르에 거처하고 있던 유리 돌고루키의 아들 안드레이 보고륩스키에게로 옮겨졌다. 이러한 연유에서부터 이 성모 이콘은 도시명을 따서 블라디미르 성모라는 이름으로 불리게 되었다.

놀라운 일은 이때부터 성모 이콘이 이 수도에서 기적을 일으키기 시작하였다는 점이다. 성모 이콘이 몰고온 기적은 주로 전쟁에서의 승전보로, 러시아 군대의 보호자 역할과 관련된다. 1164년 볼가 강 원정 당시에는 안드레이 공후에게 승리를 안겨주었고, 이후에도 수도 모스크바 수호에도 성모 이콘은 여러 차례 보호자 역할을 하였던 것으로 전해진다.[215]

하지만 1395년, 몽고 타타르의 티무르가 블라디미르로 침입해 들어왔을 때에는 모스크바로 옮겨지는 수난을 겪기도 하였다. 모스크바가 위기에 처해있을 때에는 피해와 훼손을 피하기 위해 북러시아의 깊은 숲 속으로 옮겨지기도 하였다. 이후 모스크바로 다시 오게 된 해는 1395년이었으며, 오늘날의 크렘린 궁 내 우스펜스키 사원으로 옮겨지게 된 해는 1480년이었다. 1451년과 1480년에 타타르가 재차 러시아로 침공해 왔을 때에도 사람들은 우스펜스키 사원에 모셔져있는 성모 이콘을 매개로 하여 승리를 염원하는 간절한 기도를 드렸다.

이렇게 블라디미르 성모 이콘은 사람들 사이에서 러시아를 보호하고, 승리를 안겨줄 뿐만 아니라, 여러 기적을 안겨다주는 중보자의 이미지, 보호자의 이미지로 자리잡아 나갔다. 일례로 전설에 따르면, 1395년 8월 26일, 티무르가 블라디미르에 침입해 들어왔을 때, 종교계의 사제직분자들과 사람들은 모스크바 근교에서 벌어진 쿨리코보 전투Куликовская битва에서 이 성모 이콘을 보고나서 나라를 위기에서 구원해 달라는 기도를 간절하게 드렸다고 한다. 그러자 갑자기 타타르의 장수가 자신의 군대를 돌려 퇴각하였다고 전해진다. 그리고 최종적으로 티무르는 해를 보고나서 러시아 땅에서 벗어나라는 계시를 받았다고 전설은 말하고 있다.[216]

그러다가 블라디미르 성모 이콘은 러시아 혁명이 발발한 후인 1918년까지 우스펜스키 사원에 보관되어 있다가, 현재는 모스크바의 트레치야코프 미술관으로 최종 이송되었다. 1991년 구소련이 해체되고 포스트소비에트 시기인 1991년 8월

26일에는 성모승천일을 기념하기 위해 우스펜스키 사원에서 제1차 러시아 국회가 예배와 함께 성대하게 개최되기도 하였다.[217]

블라디미르 성모 이콘에 얽힌 이와 같은 역사와 의미로 인하여 러시아 정교회에서는 이 성모 이콘을 가장 숭배하며 사랑하고 있다. 그 증거로 정교회력에 따라 일 년에 세 차례, 즉 5월 21일(신력 6월 3일), 6월 23일(신력 7월 6일), 8월 26일(신력 9월 8일)을 블라디미르 성모의 날로 지정하여 기념하고 있다. 한편 16세기 러시아 중세문학의 백미라고 할 수 있는 『블라디미르 성모 이콘 이야기 Сказание об иконе Владимирской Богоматери』에는 이콘으로부터 야기된 여러 기적과 이를 증거하고 있는 사도 누가의 이야기가 기록되어 있다.[218]

신학적인 배경에서 '마리아의 순결성'과 '예수의 어머니'라고 하는 조건은 마리아가 하나님(성부)과 아들(성자)의 관계를 설명해 줄 수 있는 중요한 연결고리 역할을 한다. 마리아의 순결성은 "예수가 인간의 아버지를 전혀 가지고 있지 않음을 의미"하기 때문에 예수가 곧 하늘나라에서 내려온 신의 아들이란 점을 뒷받침해준다. 또한 이 성부-성자의 관계는 역으로 "예수의 독특한 존재의식"을 설명한다.[219] 남문 상단에 그려진 블라디미르 성모 상 밑에는 네 명의 모스크바 공국 대주교들과 노브고로드 공국의 주교 니키타와 요한의 프레스코화가 장식되어 있다. 또한 남문 상부는 예수 그리스도와 성모 마리아, 세례자 요한의 그림으로 장식되어 있다.

반대편 북문은 교회의 수장, 즉 '수좌총대주교실'이란 이름으로 불리는 곳으로 벽면에는 주로 사제들의 관이 한쪽에 안치되어 있는 것이 특징이다. 북문 상단에는 여섯 명의 숭배되는 사제들의 상이 그려져 있는데, 보롭스크의 성 파뉴티Пафнутий, 주교 이사야Исайя, 로스토프의 레온티Леонтий와 이그나티Игнатий, 그리고 드미트리 프리루츠키Дмитрий Прилуцкий와 세르게이 라도네쥐스키Сергей Радонежский가 이에 해당한다. 그러나 사실 15-16세기에 이와 같은 성자들을 선택하여 벽에 그리는 전통은 남문 벽에 그리던 프레스코화의 주인공 인물 목록보다 모스크바의 기념비 건축 예술에서 훨씬 더 전통적으로 지켜지고 있었다.[220] 예를 들어, 이들 형상은

[삽도-151] 우스펜스키 사원의 북문 사진 ― 필자 직접 촬영(2017.07.28.)

모스크바 공국의 영역이 횡적으로 넓게 포진되어 있었음을 보여주는 것으로, 특히 로스토프 출신의 세 성직자들이 이 프레스코화에 포함되어 있는 것은 이들이 이반 III세의 수호 사제였음을 잘 보여준다. 뿐만 아니라, 로스토프 출신으로 이곳에서 모스크바 우스펜스키 사원 건축에 참여하였던 건축가 바시안Вассиан의 영향이기도 하였다. 그 위의 반원 띠모양을 하고 있는 장식 프리즈에는 예수 그리스도와 성모 마리아, 세례자 요한 그리고 12사도들의 형상이 그려져 있다.

북문 바로 위에는 '손으로 그려지지 않은 구세주 그리스도 이콘Спас Нерукотворный'이 걸려있다. 그리고 이 성화 바로 밑에는 "성모 마리아가 우리 인간에게 천국의 문을 여셨다Милосердия двери отверзи нам, Благословенная Богородица"는 문구가 새겨져있다.

한편 북문과 서문 사이 구석에는 매우 독특한 구조물이 서 있다. 필자가 직접 촬영한 아래의 사진은 북문의 측면 구석에 자리한 것으로, 이는 십자가를 보관해 놓은 처마 및 키오트киот-навес이다. 이 장소가 바로 수좌대주교 요나를 기념하는 돌 십자가가 안치된 곳이다.

[삽도-152] 우스펜스키 사원 북문의 벽면 구석에 안치된 돌십자가
대주교 요나(Иона 1439-1461)를 기념하는 십자가가 이렇게 외부 처마 밑의 키오트에 보관되어 있어 매우 인상적이다. 사원의 내부 구조로 볼 때, 이 위치는 우측 그림의 왼쪽 북쪽 벽의 파란색 원 안의 바깥에 해당한다. 필자 직접 촬영(2017.07.24.).

[삽도-153] 사진에서 보이는 계단과 문이 바로 우스펜스키의 북문에서 가장 빠르고, 가깝게 연결되는 수좌대주교의 거처로 연결되어 있다. 커다란 4층 높이 구조의 이 승방 바로 앞이 우스펜스키 사원이며, 두 건물 간의 이동은 사원의 북문과 승방의 남문 사이에서 이루어짐을 알 수 있다. 1627년 기준, 당시 우스펜스키 사원 뒤편의 주교 거처에는 여러 명의 사제직 임명자들이 살고 있었는데, 사제장(протопоп) 1명, 최하위 성직자(протодьякон) 1명, 성물보관원(ключарь) 2명, 사제(попоп) 5명, 부제(дьякон) 5명, 사원시종(пономарь) 2명으로 총 16명이 기거하였고, 별도로 16명의 경비원(сторож)들이 함께 살고 있었다. 필자 직접 촬영(2018.1.20.)[221]

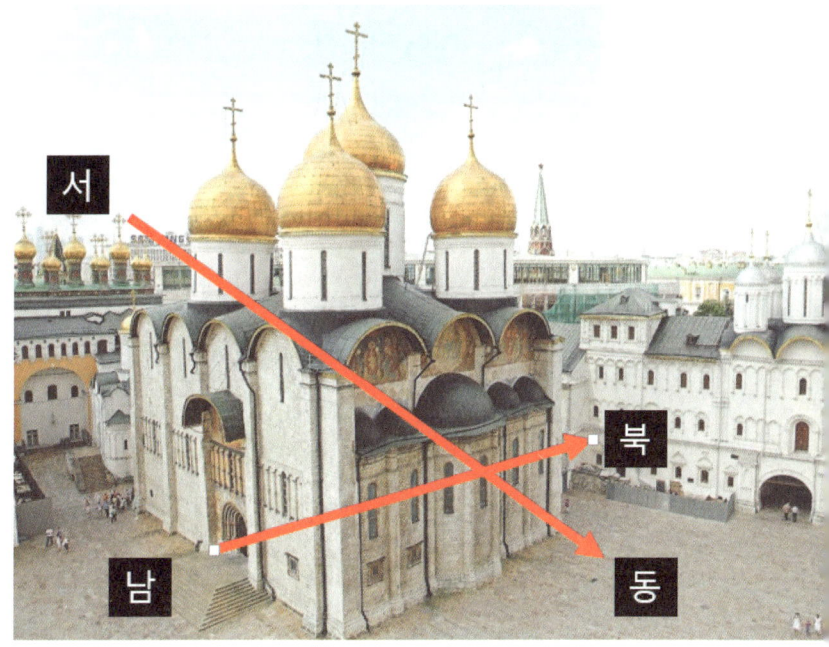

[삽도-154] 우스펜스키 사원의 북문은 바로 앞의 수좌대주교 거처 팔라타의 입구로 바로 연결된다. 그러나 평상시 이 북문은 자물쇠로 잠겨 있어 통행은 불가능하다. 남문 역시 국가적으로나 종교적으로 큰 행사와 축일이 있을 때에 한하여 개방하고, 사진에서처럼 문은 잠겨 있다. 따라서 유일한 출입구는 서문이며, 앱스로만 구조되어 있는 동쪽엔 문이 있을 수 없다. 사진 재구성은 필자가, 출처는 다음의 책에서 인용하였다.[222] 아래 사진은 같은 각도에서 필자가 직접 촬영한 것이다(2018.01.20.).

III. 우스펜스키 사원의 구조　313

[삽도-155] 사원의 동쪽에서 찍은 장면   가운데 둥그렇게 돌출된 부분이 바로 앱스이다. 필자 직접 촬영(2017.07.28.)

[삽도-156] 앱스가 더욱 잘 보이도록 찍은 필자의 사진

    북문은 우스펜스키 사원의 세 문 가운데 사제들의 승방이라고 할 수 있는 수좌 대주교의 거처патриаршая палата 방향을 향해 있고, 거리상으로도 거처 팔라타에 가장 근접해 있는 문이다.
    반대편 서쪽 문은 오늘날 우스펜스키 사원을 관람하기 위해 입장할 때 통과하는 출입구의 역할을 하는 곳이다. 오늘날처럼 입구 측면이 유리문으로 되어 있고, 난방 장치가 도입된 시기는 1858년의 일이다.[223] 크렘린 궁의 다른 여러 건물에 가장 근접해 있으면서 다소 덜 중요하다. 서문은 신약의 [요한계시록]에 나오는 여러 장면과 성모 마리아의 승천을 묘사하는 프레스코화로 장식되어 있었다. 서문 현관 상단 벽에 그려진 프레스코화는 1547년 모스크바 화재 시에 손상을 입었다가, 17-19세기에 여러 차례 복원되어 오늘날에 이르게 되었다.

III. 우스펜스키 사원의 구조   315

[삽도-157] 서문　성도들의 출입구에 해당하는 문으로 서쪽에 나 있다. 입구 상단에는 신약성서의 [요한계시록]에 등장하는 최후의 심판을 묘사하고 있는 수많은 프레스코화들이 있다.[224]

서문 상단에 묘사되어 있는 성경 주제의 그림을 자세하게 보면 최상단에 성모 마리아의 승천, 바로 밑에는 [요한계시록]의 최후의 심판이 자리하고 있음을 알 수 있다. 유한하고 죄 많은 인간이 피해갈 수 없는 주 앞에서의 심판은 평범한 성도가 출입하는 문의 방향인 서쪽과 결코 무관하지 않다. 죄로 인한 대가는 인간이면 누구나 대신할 자가 없고, 인간의 구원 역시 인간이 아닌 신의 몫이자, 하늘나라의 하나님 외엔 대리자가 있을 수 없다. "하나님의 진노에 대한 신학적 개념은 모든 악에 대한 하나님의 확고한 적대감"일뿐만 아니라, "사람은 이 죄로부터 스스로를 구원할 수 없다"는 성경적 맥락의 증거이기도 하다.[225]

이 모든 것을 마치 드라마로 보여주기라도 하듯이, 하늘의 심판은 이런 점에서 위에서 평신도의 머리 위로 떨어져 내리듯이 위에 걸려 있다. 그러나 죄는 죄로 끝나는 것이 아니라, 하늘의 신과 죄 많은 인간 사이에 중보하여 구원의 역사를 매개할 자가 필요한데, 이 중개자가 바로 성모 마리아인 것이다. 성모의 신성한 역할과 도움이 있기에 인간의 천국입성이 가능해지는 것이다.[226] 따라서 사원으로 출입을 하면서 수시로 깨닫게 되는 이 근본적인 죄의 문제와 구세주의 구원 역사는 그리하여 늘 평신도들에게 상기되는 주제이자 신학의 핵심이 되는 것이다.

다시 말하여, "형상화한 신의 가르침을 제일 먼저 보여주는 중요한 곳"이자 "성당의 얼굴"로서 이 입구의 심판 모티프는 기독교의 가장 핵심 가운데 하나인 창조와 구원, 종말의 세계관적 파노라마를 늘 상기시키는 도덕적인 역할을 한다.[227] 이 상징적 출입을 지켜보면서 회개를 가능하게 하고, 결국 천국행으로 인도하는 중보자가 역시 성모란 점이 강조되고 있는 것이다. 아기 예수를 가슴에 끌어안고 있는 엘레우사 타입의 성모 이콘이 서문에는 없다는 점이 또한 이런 점을 증명해 준다. 다시 말하여, 서문은 철저하게 평신도들의 일상적 죄의 문제와 정교 신학의 근본인 구원의 가능성을 동시에 보여주고 있는 복합한 주제를 프레스코화로 다루고 있다고 하겠다.

위에서 이야기한 모든 것들을 종합해 보면, 우스펜스키 사원의 세 문 가운데 서문이 가장 '서사적 내용이 많은' 출입구라는 것을 알게 된다. 성경 스토리라는 점은 절대 불변의 요소이지만, 특히 [요한 계시록]에 언급되어 있는 최후의 심판이 가장 큰 골격이기 때문에 이를 설명하지 않을 수 없다.

한 연구자가 말하고 있듯이, 성경에는 "심판과 관련해서 '최후'라는 단어가 직접 나오지는 않는다." 단, '마지막 때'라는 것을 암시하거나 알레고리를 환기하는 말들이 반복적으로 나타나고 있을 뿐이다.[228] 구약과 신약을 통틀어 최후의 심판은 크게 두 갈래로 소개된다. 성경에 등장하는 심판의 예들은 신약에 편중되어 있고, 다음과 같이 여러 장에 나뉘어 들어가 있다. 구약의 [다니엘] 12장, [마태복음] 20장 31-46절, [요한복음] 3장 20~21절, [로마서] 2장 16절, [마태복음] 25장 31절, 그리고 [요한계시록] 곳곳에서이다. 각 장에서 드러난 핵심 메시지만 정리하면 아래와 같다. 이 중에서 마지막 때에 일어날 심판의 절정은 [요한계시록] 20장 7절로부터 15절까지이다.[229]

[표-7]

신약	메시지
요한복음 3장	20. 악을 행하는 자마다 빛을 미워하여 빛으로 오지 아니하나니 이는 그 행위가 드러날까 함이요 21. 진리를 따르는 자는 빛으로 오나니 이는 그 행위가 하나님 안에서 행한 것임을 나타내려 함이라 하시니라
로마서 2장	16. 곧 나의 복음에 이른 바와 같이 하나님이 예수 그리스도로 말미암아 사람들의 은밀한 것을 심판하시는 그 날이라
마태복음 25장	31. 인자가 자기 영광으로 모든 천사와 함께 올 때에 자기 영광의 보좌에 앉으리니 32. 모든 민족을 그 앞에 모으고 각각 구분하기를 목자가 양과 염소를 구분하는 것 같이 하여 33. 양은 그 오른편에 염소는 왼편에 두리라 34. 그때에 임금이 그 오른편에 있는 자들에게 이르시되 내 아버지께 복 받을 자들이여 나아와 창세로부터 너희를 위하여 예비된 나라를 상속받으라
요한계시록 1, 6, 20장	7. 볼지어다 그가 구름을 타고 오시리라 각 사람의 눈이 그를 보겠고 그를 찌른 자들도 볼 것이요 땅에 있는 모든 족속이 그로 말미암아 애곡하리니 그러하리라 아멘 10. 큰 소리로 불러 이르되 거룩하고 참되신 대주재여 땅에 거하는 자들을 심판하여 우리 피를 갚아 주지 아니하시기를 어느 때까지 하시려 하나이까 하니 11. 각각 그들에게 흰 두루마기를 주시며 이르시되 아직 잠시 동안 쉬되 그들의 동무 종들과 형제들도 자기처럼 죽임을 당하여 그 수가 차기까지 하라 하시더라 12. 내가 보니 여섯째 인을 떼실 때에 큰 지진이 나며 해가 검은 털로 짠 상복 같이 검어지고 달은 온통 피 같이 되며

신약	메시지
	13. 하늘의 별들이 무화과나무가 대풍에 흔들려 설익은 열매가 떨어지는 것 같이 땅에 떨어지며 14. 하늘은 두루마리가 말리는 것 같이 떠나가고 각 산과 섬이 제 자리에서 옮겨지매 15. 땅의 임금들과 왕족들과 장군들과 부자들과 강한 자들과 모든 종과 자유인이 굴과 산들의 바위틈에 숨어 16. 산들과 바위에게 말하되 우리 위에 떨어져 보좌에 앉으신 이의 얼굴에서와 그 어린 양의 진노에서 우리를 가리라 17. 그들의 진노의 큰 날이 이르렀으니 누가 능히 서리요 하더라
	7. 천 년이 차매 사탄이 그 옥에서 놓여 8. 나와서 땅의 사방 백성 곧 곡과 마곡을 미혹하고 모아 싸움을 붙이니 그 수가 바다의 모래 같으리라 9. 그들이 지면에 널리 퍼져 성도들의 진과 사랑하시는 성을 두르매 하늘에서 불이 내려와 그들을 태워버리고 10. 또 그들을 미혹하는 마귀가 불과 유황 못에 던져지니 거기는 그 짐승과 거짓 선지자도 있어 세세토록 밤낮 괴로움을 받으리라 11. 또 내가 크고 흰 보좌와 그 위에 앉으신 이를 보니 땅과 하늘이 그 앞에서 피하여 간 데 없더라 12. 또 내가 보니 죽은 자들이 큰 자나 작은 자나 그 보좌 앞에 서 있는데 책들이 펴 있고 또 다른 책이 펴졌으니 곧 생명책이라 죽은 자들이 자기 행위를 따라 책들에 기록된 대로 심판을 받으니 13. 바다가 그 가운데에서 죽은 자들을 내주고 또 사망과 음부도 그 가운데에서 죽은 자들을 내주매 각 사람이 자기의 행위대로 심판을 받고 14. 사망과 음부도 불못에 던져지니 이것은 둘째 사망 곧 불못이라 15. 누구든지 생명책에 기록되지 못한 자는 불못에 던져지더라

신약성서의 [요한계시록]에 등장하는 묵시록의 주제는 남쪽 벽에 걸린 아포칼립스 이콘(아래 사진 [삽도-158])에 잘 드러나 있다. 이미 16세기 무렵 이 묵시의 주제는 러시아 회화 특히 이콘화에 상당히 보편화된 주제 가운데 하나였다. 이 주제를 다룬 그 밖의 이콘에는 모스크바 크렘린의 성수태고지 사원의 프레스코화로, 야로슬라프의 구세주 사원의 성스러운 문에 그려진 프레스코화, 그리고 아래의 그림에서처럼 모스크바 우스펜스키 사원 내의 남쪽 벽에 장식되어 있다. 현존하는 아래 사진의 이콘은 약 1500년경에 제작된 것으로 알려져 있다.

[삽도-159]에서 좌측의 사진은 실내에서 실제 촬영된 장면이고, 우측의 것은 이콘을 기초로 하여 공간 분할을 시도해 본 것이다. 이콘의 구성이 위에서부터 아래로 총 3단계로 나뉘어 있고, 각기 전달하는 메시지가 공간마다 다르게 되어 있기 때문이다. 그림에서처럼 이 이콘은 세 개의 층으로 구분되어 각 열마다 성경의 다

른 이야기를 들려주고 있다.

"최후의 심판"의 구성을 환기시키는 "묵시록" 이콘은 모두 3단계의 공간 분할에 기초해 있다. 최상단부터 천국에서 일어난 일, 가운데층은 지상의 땅과 땅에서 일어난 재앙을, 맨 하단에서는 성경이 전달하는 주요 메시지로서, 선과 악 간의 투쟁, 정의로움의 승리에 대한 이야기를 들려준다.[230]

헬라어로 아포칼립시스는 "덮개를 빗기다, 감추인 것을 드러내 보이다, 비밀을 폭로하다"란 뜻이며, 이는 "하나님께서 감춰진 뜻을 성령을 통해 알려주시는 것"을 의미한다. 이런 이유에서 계시啓示라고도 한다. 하지만 계시의 일반적인 의미 속에서 묵시는 매우 구체적이고 특별한 메시지를 담고 있는 것으로 해석된다. 이를 테면, 묵시는 세상의 끝, 곧 종말을 암시하는 개념으로 이해되며, "미래에 도래할 하나님 나라와 관련된 사건을 회화적으로 묘사한" 양식으로 볼 수 있다.[231] 따라서 아래의 이콘이 보여주듯, 묵시 이콘은 이와 같은 성경적 배경에 철저하게 기초한 그림으로 세상의 종말을 비전으로 본 요한의 꿈을 회화적으로 표현한 것이라 하겠다.

비록 아래에서 인용한 묵시록 이콘이 [요한계시록]의 환상적, 신비적인 세계를 그림으로 재현한 것을 보여주고 있지만, 묵시록의 내용은 그림으로 그려질 수 있는 것이 아니다. 러시아 이콘 외에도 서유럽의 여러 화가들이 저마다 이 내용을 화폭에 담아보려고 시도하였으나, [요한계시록]의 특징은 어떤 그림도 회화적 표현으로의 완성을 허락하지 않는다는 점이다. 이로써 "반회화적nonpictorial" 경향을 간직하고 있는 [요한계시록]은 상징적 이미지의 원형을 함축하는 보고라고 하겠다.[232]

우스펜스키 사원의 서문 상단에 그려진 묵시록의 주제는 서유럽의 대성당(스페인의 레온 성당, 파리의 샤르트르 대성당)이 스테인드글라스의 기법으로 사용하고 있는 서문의 장식과 상당히 유사하다. 모스크바의 것이 벽에 직접 그린 프레스코화인 것에 반하여, 스페인과 프랑스의 예는 빛을 받으면 화려한 신비감을 자랑하는 스테인드글라스로 만들어진 것이 차이점이다. 그려진 그림들의 주제와 내용에 있어서 공통점은 모두 신약성서의 [요한계시록]에 기초하여 있다는 점이다. 즉, 세상의 마지막 날과

[삽도 158] 우스펜스키 사원 내 남쪽 벽에 걸린 "묵시록" 이콘의 확대 사진[233]

[삽도-159] (상좌)우스펜스키 사원의 남쪽 벽에 걸려 있는 "묵시록(Апокалипсис, икона)" 이콘
(상우)좌측의 이콘을 중심으로 공간 분할을 시도해 본 분석   이콘은 위에서 아래로 3단계의 공간 분할 및 주제가 나뉘어 있다.[234]
(하)생-드니 성당의 서쪽 정면의 팀파눔에 새겨진 최후의 심판과 문 구조[235]   러시아 정교회의 우스펜스키 사원에서나 프랑스의 성당 서쪽문에서나 동일하게 팀파눔의 구조는 세 공간으로 분할되어 있고, 종교적 위계질서, 즉 천상에서 지옥으로의 수직성이 늘 나타나 있는 것이 특징이다.

최후의 심판의 내용, 구원받은 자와 그렇지 못한 자들이 받게 되는 최후의 결과, 무서운 장면들이 가득하다. 최상단의 옥좌에는 그리스도가 앉아 있는 형상을 취하고 있다.

이렇게 '최후의 심판'과 '묵시의 주제'가 서유럽과 러시아의 서로 다른 시기, 건축양식 속에서도 공통적으로 등장하는 이유는 무엇일까? 성경의 중요한 한 주제로서 이 묵시록은 그림의 주요 소재가 되었고, 사원 및 성당 문의 외벽화로 자주 반복적으로 등장하게 되었다. 그리하여 중세 비잔틴 도상에서도 중요한 자리를 차지하는 최후의 심판 모티프는 11세기 말에 가서는 그 구도와 주제가 거의 완성 단계에 이른다.[236] 즉, 이 주제와 유형의 그림이 '체계적인 구성'을 가지고 처음으로 등장하기 시작한 바탕이 바로 비잔틴 미술에서였고, 주요 요소는 심판자 예수, 천국과 지옥, 천사이다.[237]

또 다른 연구에 따르면 '최후의 심판' 모티프는 9세기에 교회 서쪽의 내벽에 이미 그려지고 있었다. 뮈슈타이르의 성 요한 교회의 서쪽 내벽에 800년경으로 추정되는 심판 그림이 발견된 이후로, 포르미스의 산 탄젤로 교회의 예는 1080년경으로 추정된다. 미술사에서 로마네스크 시대를 1050년경에서 시작된 것으로 볼 때, 이미 11세기 말에는 최후의 심판 모티프가 한창 완성되어 가던 것으로 판단해 볼 수 있겠다. 그리고 로마네스크 미술에서 주로 사용된 소재는 이것 외에 '부활한 그리스도', 이른바 '하나님의 영광'이었다.[238]

그런데 이 주제가 서쪽 문의 출입구 상단에 공통적으로 나타난다는 것은 또 어떻게 해석해야 할까? 기독교 예술과 교회 건축술이 상이하여도, 천지 창조자인 하나님 성부와 그의 아들 성자 예수 그리스도는 하나의 위격을 갖는 성삼위일체자로서 기독교 신학의 가장 중요한 뼈대를 이룬다. 세상의 창조와 죄 많은 인간의 구원, 그리고 최종적으로 세상의 심판과 새천년의 기독교 왕국이란 주제는 그리스도를 믿는 자들이 반드시 알고 이해해야 할 핵심일 것이다. 왜냐하면 천년왕국은 중세인들에게는 물론이고, 그 이후에까지 영원히 지상에 하늘나라의 왕국이 세워진다는 것으로 부활의 꿈이 실현된다는 희망과 꿈을 내포하기 때문이다. 그리하여 구원에의 열렬한 갈망이 환상과 계시로 표현된 이 천년왕국의 도래는 세계 창조 섭리와 구원의 역사가 신학적인 주제로서나 인간에 대한 종교적 교육의 입장에서도 늘 상기되어야 할 것이 아닐 수 없었다. 이에 [요한계시록]의 신학적 비전과 모티프들이 표현의 대상으로, 평신도가 출입을 하면서 가장 빈번하게 볼 수밖에 없는 위치에 그려졌을 것이다.

이미 위에서 수직성의 공간 배열을 이야기할 때 언급되었듯이, 계시록의 메시지가 서문의 팀파눔에 반복적으로 등장하는 이유의 가장 근간은 바로 기독교가 가지고 있는 직선적 시간관에서 찾아야 할 것이다. 정 가운데 심판자 예수 그리스도의 상이 묘사되어 있고, 좌측에서 우측, 하단으로 옮겨올 때 중요한 모티프는 바로 성경의 [창세기]에서 시작된 '우주의 창조'에서 [요한계시록]으로 끝이 나는 세상의 종말, 즉 세상의 시작과 끝에 대한 설정이다. 목적을 가지고 끝을 향해 달리는 시간은 신화적인 시간이라기보다는 역사적 시간에 가깝다. 그리고 이 시간은 역사의 몰락이라는 분명한 '하강'의 공간 감각도 내포하고 있다. 그리하여 우리는 중세사학자 쟈르 르 고프Jacques Le Goff가 남긴 다음의 말을 먼저 주시할 필요가 있다.

> 역사가 시작과 끝을 갖는다는 것, 이것은 매우 중요한 주장이다. 이러한 시작과 끝은 실증적인 동시에 규범적이고, 역사적인 동시에 신학적이다. 그렇기 때문에 중세 서양의 모든 연대기는 창조, 즉 아담에서 시작한다 ...(중략)... 그것은 최후의 심판을 사실상의 결론으로 삼는다 ...(중략)... 그러므로 중세 사제들과 이들의 청중에게 시간은 역사고 이 역사는 하나의 방향을 가진다. 그러나 역사의 방향은 몰락이라는 하강선을 따른다.[239]

그 다음 우리가 살필 두 번째 중요한 문제는 사원의 서문과 계시록의 메시지, 마지막 때에 대한 경고가 오로지 교회만이 구원을 책임진다, 즉 "교회 밖에는 구원이 없다"는 슬로건과 무관하지 않다는 사실이다. 이 역시 일반 평신도를 염두에 둔 반복적인 메시지의 주입이자 경고의 선포이다. 위에서 살핀대로, 서유럽의 중세는 곧 교회 건축의 황금기였고, 교회가 강조된 연유에는 "구속의 중재자요 보증자로서 교회의 역할"을 떼어놓고 생각할 수 없는 문제가 들어있다.[240] 이처럼 사람들의 삶과 공동체에서 교회는 점차 구속의 섭리를 독점하게 되었는데, 이것의 가장 대표적인 건축양식으로의 표현이 바로 로마네스크식 교회의 '출입구'였다. 거의 대부분 이 출입구들에는 하늘의 영광을 묘사하는 정교한 조각이 장식되었고, 이것이 만들어낸 효과는 "오직 교회로 들어감으로써만 이 소망이 성취될 수 있다는 것을 촉각으로 확인"하는 것이었으리라.[241]

다시 말하여, 서쪽 문에 장식된 성경 스토리는 "오직 교회로 들어감으로써만 천국을 얻을 수 있다는 것을 선포하는 내용"일뿐만 아니라, 이 문을 통과해야만 주님 앞으로 나아갈 수 있는 '상징적 생명의 문'을 상기하는 일종의 알레고리나 다름없다. 덧붙여, 12세기에는 마리아 숭배가 점차 늘어나면서 그리스도를 묘사한 형상에서 마리아를 묘사한 형상으로 변화되는 양상이 나타나기도 하였다. 일례로 프랑스 랭스 대성당의 서쪽 중간 문에는 아기예수를 안고 있는 거대한 마리아 입상이 실물 크기 모양으로 잘 부조되어 있다.[242]

신약성경 [요한복음] 10장 이하의 말씀은 이를 소상하게 설명하고 있는데, 주님을 "양의 문"으로 비유하고 있다.

1. 내가 진실로 진실로 너희에게 이르노니 문을 통하여 양의 우리에 들어가지 아니하고 다른 데로 넘어가는 자는 절도며 강도요
2. 문으로 들어가는 이는 양의 목자라
3. 문지기는 그를 위하여 문을 열고 양은 그의 음성을 듣나니 그가 자기 양의 이름을 각각 불러 인도하여 내느니라
4. 자기 양을 다 내놓은 후에 앞서 가면 양들이 그의 음성을 아는 고로 따라오되

5. 타인의 음성은 알지 못하는 고로 타인을 따르지 아니하고 도리어 도망하느니라
6. 예수께서 이 비유로 그들에게 말씀하셨으나 그들은 그가 하신 말씀이 무엇인지 알지 못하니라
7. 그러므로 예수께서 다시 이르시되 내가 진실로 진실로 너희에게 말하노니 나는 양의 문이라
8. 나보다 먼저 온 자는 다 절도요 강도니 양들이 듣지 아니하였느니라
9. 내가 문이니 누구든지 나로 말미암아 들어가면 구원을 받고 또는 들어가며 나오며 꼴을 얻으리라.[243]

위의 성경 인용문과 마찬가지로, 985년에 세워진 베네딕트 수도원 교회의 출입구에도 묘사된 그리스도가 요한복음에 기술되어 있는 문을 연상시킨다 : "통과하는 너희여 / 죄 때문에 울려고 오는 너희여 / 나를 통과하라 / 내가 생명의 문이니라."[244]

이제 사원의 문과 관련하여 이야기해 보자. 종교사학자 엘리아데Mircea Eliade의 견해 역시 눈여겨 볼만하다. 엘리아데는 '거룩한 건물의 우주론적 구조'를 밝히면서 사원의 네 방위가 지니는 의미를 들려준다. 앞서 우리가 살핀 대로 거의 동일한 분석인데, 엘리아데는 "Temple, Basilica, Cathedral(사원, 바실리카, 대성당)"이란 소제목의 항목에서 서쪽을 "어둠, 슬픔, 죽음의 영역이며, 육신의 부활과 최후의 심판을 기다리는 죽은 자들의 영원한 거처가 되는 영역"으로 규정한다.[245] 여기에서 '최후의 심판'을 기다리는 자, 즉 유한한 인간은 세상의 종말 후 세계의 창조자 앞에서 죄에 대한 심판을 피할 수 없는 운명임을 말해준다. 러시아 정교회뿐만 아니라, 서유럽 중세 시기 거의 모든 사원에서 동일하게 발견되는 양상이 아닐 수 없다.

4방위가 지니는 상징성을 논한 또 다른 문헌의 연구 역시 살펴볼 필요가 있다. 자연의 현상에서 포착할 수 있는 일반적인 관념과 성경적 배경의 이야기가 혼합된 아래의 인용문은 상당히 보편적으로 적용 가능해 보인다. 따라서 우스펜스키 사원의 4방위 해석은 물론, 다른 종교 건축물의 방위 상징에도 적용해 볼 만하다.

추운 북쪽은 죽음, 불운, 과거를 의미하고, 밝은 남쪽은 미래를, 서쪽은 악과 전투 그리고 악마들의 세계와의 경계를 의미한다. 그래서 제대[제단]를 중심으로 남쪽에는 프로테시스(Prothesis, 그리스 정교회 전통에 따른 성찬 준비소), 즉 수난절을 위한 준비미사를 행하고, 제단을 향한 대행렬이 시작되는 곳이며, 북쪽에서는 주로 죽은 사제를 위한 장례미사가 행해지는 공간이 자리하였다 ...(중략)... 동쪽은 영광의 주인인 성부(Maestas Domini)를, 서쪽은 최후의 심판자, 북쪽은 십자가 고행의 그리스도를 그리고 남쪽은 타보르 산에서의 현현을 상징하였다. 특히 북쪽에서는 과거의 역사를, 남쪽은 앞으로 다가올 구원의 역사를 보여주는 것으로 하였다.[246]

성경 속의 예를 더 찾아보면 동-서의 의미상 간극과 상징성의 격차가 보다 분명해진다. 한마디로, "성경에서 서쪽은 네 가지 방향 중 가장 불길한 징조를 나타낸다"는 언급은 4방위 가운데 서쪽이 내장하는 여러 신학적, 신화적, 역사적 증거를 하나의 정의로 잘 보여준다.[247] 성경에는 서쪽은 물론이고 동, 남, 북에 대한 언급과 이에 얽힌 납득할 만한 이야기들이 풍부하다. 이 중에서 서쪽에 대한 '도덕적 차별성'을 드러내는 문장은 [시편] 139 : 8-10절에 잘 나타나 있다 : "8. 내가 하늘에 올라갈지라도 거기 계시며 스올에 내 자리를 펼지라도 거기 계시니이다 9. 내가 새벽 날개를 치며 바다 끝에 가서 거주할지라도 10. 거기서도 주의 손이 나를 인도하시며 주의 오른손이 나를 붙드시리이다." 여기에서 주 하나님이 나를 인도하시되 왼손이 아닌 "오른손으로 나를 붙드시리이다"가 그 증거라 하겠다.

같은 [시편] 104 : 19-23절에서는 동과 서가 빛과 어둠의 대조 속에서 등장한다 : "19. 여호와께서 달로 절기를 정하심이여 해는 그 지는 때를 알도다 20. 주께서 흑암을 지어 밤이 되게 하시니 삼림의 모든 짐승이 기어나오나이다 21. 젊은 사자들은 그들의 먹이를 쫓아 부르짖으며 그들의 먹이를 하나님께 구하다가 22. 해가 돋으면 물러가서 그들의 굴 속에 눕고 23. 사람은 나와서 일하며 저녁까지 수고하는도다." 즉, 해가 동쪽에서 떠오르고, 반대편인 서쪽으로 해가 짐에 따라 어둠과 인간 활동의 끝이 서쪽과 관련되어 있음을 이 인용문은 잘 보여주고 있다.

[이사야] 11:14절에는 할례를 받지 않았던, 당시에 이방인으로 취급받았던 불경한 유다 족속의 팔레스타인들이 서쪽에 거주하였다는 정황을 보여준다 : "그들이 서쪽으로 블레셋 사람들의 어깨에 날아 앉고 함께 동방 백성을 노략하며 에돔과 모압에 손을 대며 암몬 자손을 자기에게 복종시키리라."

성경에는 이렇게 방향에 대한 언급이 단순히 지리적 위치의 의미보다는 도덕적, 윤리적 뉘앙스가 배어있는, 이른바 '하나님의 섭리가 함축된 상징적 향방코드'의 기능을 하고 있다. 서쪽은 이런 의미에서 인간이 늘 일상생활에서 접하게 되는 불길과 어둠, 사악함과 죽음의 공간과 관련되어 있어, 이것과 정반대 방향인 하늘 왕국의 공간, 하나님이 임재해 있는 공간인 동쪽과 뚜렷하게 대비된다.

정교회 신학과 4방위 간의 관련을 풀이하면, 우리가 알고자 하는 방위의 상징성을 보다 분명하게 알게 된다. 초기 기독교 시절부터 십자가를 매개로 하여 동쪽을 바라보고 기도하며 예배를 드렸던 전통의 기원이 바로 여기에서 유래하였기 때문이다. 다음의 전문을 읽어보자. 이는 서문 프리즈에 그려진 최후의 심판 주제와 너무도 밀접하게 연결되기 때문에 신학적으로도 중요하다.

> 떠오르는 태양이 그리스도를 상징한다는 사실은 다른 한편으로 '종말론적 그리스도론'을 나타내기도 한다. 그 태양이 다시 오실 주님, 역사상 최후의 일출을 상징하기 때문이다. 그리고 동쪽을 향한 기도는 재림하시는 그리스도를 마중하며, 동쪽을 향한 전례는 그러한 미래를 향해 나아가는 역사적 과정으로 그리스도 안에서 새 하늘과 새 땅으로 함께 들어서는 것이다. 그것은 희망의 기도이자 그리스도의 생명, 그분의 수난과 부활이 가리키는 방향으로 나아가는 여정에서 드리는 기도이다. 초기부터 그리스도교의 여러 부분에서 십자가를 통해 기도를 드리는 동쪽 방향을 강조한 것은 바로 그런 까닭이다.[248]

교황 베네딕토 16세(요셉 라칭거)의 해설에 따르면, 위의 맥락은 십자가와 동방의 상징체계가 가지는 "하나이자 동일한 신앙의 표현"이다. 그리스도교를 포함한 러시아 정교의 본질을 형성하는 전례로서 이는 "궁극적으로 우주와 구원사가 하나로 통한다는 사실을 의미"한다.[249] 따라서 일반적으로 건축물의 구조가 정신적인 측면과 이념을 표상하도록 설계되었듯이, 정교회 건물 안에 담겨진 종교적 메시지는 가장 신학적인 본질에서 벗어날 수 없는 것이다. 이런 점에서 서문의 출입을 통해 신자들이 거의 무의식적으로 깨달을 수밖에 없는 것이 바로 예수 그리스도의 구원사와 부활, 재림이 아닐까? 세상의 창조가 있듯, 그 마지막인 최후의 종말이 있을 것이고, 태초와 종말의 주관자는 다름 아닌 창조주 하나님이란 것, 그리고 그의 아들 예수 그리스도는 이콘을 매개로 신자들의 예배와 일상의 기도 자리에서 늘 함께 하며 이들의 삶을 주관하고 있다는 믿음이 자연스럽게 자리하게 되었을 것이다. 서문을 통한 사원 출입과 이콘에의 관상기도, 촛불을 켜는 행의를 매개로 한 예배를 통해 사람들은 어려운 신학적 개념을 자연스럽게 터득하게 되었을 것이다.

한편 러시아 고대문학 연구의 대가인 드미트리 리하초프는 『고대 러시아 문학의 시학*Поэтика древней русской литературы*』에서 중세의 상징학에는 서유럽이든 러시아이든 표상하는 상징은 그 본질상 동일하다고 전제하면서 사계절의 보편적 상징을 설명한다. 리하초프의 견해에 따르면, 서문 상단에 묘사되어 있는 최후의 심판은 사계절 가운데 가을에 해당한다. "가을은 모든 사람이 그 자신이 뿌린 대로 거두게 되는 세상의 종말에서 그리스도가 소집하는 송사의 사건"으로, 반대쪽에 있는 동쪽의 표상과 정반대에 해당한다. 앱스와 제단이 있는 동은 리하초프에게 "삶의 문턱에서 삶을 새롭게 해주는 세례의 시간"과 관련된다.[250]

리하초프의 사계절 상징을 응용하여 우스펜스키 사원의 4방위 문의 장식 및 그림의 주제와 연결지으면 흥미로운 결과가 나온다. 앱스의 동쪽부터 시작하여 시계 방향으로 회전한 아래의 그림([삽도-160])에서 동쪽은 봄에 해당한다. 빛과 새생명의 상징인 봄은 빛과 가장 잘 조응하는 방위가 된다. 여름은 영생의 상징으로, 남문에 가까운데, 모든 의례의 시작과 종결이 이루어지는 주요 통로로서 남문은 이코노스타스의 황제의 문에 버금가는 인간 속세의 출입문이다. 남쪽과 동쪽이 한 쌍을 이루고, 북과 서가 또 다른 한 쌍을 이루는 것은 순전히 빛과 어둠, 신의 성스러운 공간과 인간의 세속적인 공간이 형성하는 일종의 알레고리와도 같다. 그리하여 남문은 동쪽에 가장 근접하게 비교될 수 있는, 세속 인간 최고의 문으로 인간적 세속 영생의 상징이다. 서문은 위에서 말했듯이, 거부할 수도, 회피할 수도 없는 죽음의 통로가 세상의 끝에서 마주하는 최후의 심판과 자연스럽게 연결된다. 순서상 마지막인 겨울은 북문으로 연결되면서, 동쪽에 있는 하늘나라 혹은 그리스도가 임재해 있다고 상상되는 공간의 바로 직전 단계이다. 따라서 겨울이 "그리스도의 세례에 앞서는 시간을 상징한다"는 리하초프의 견해에 우리는 어렵지 않게 동의할 수 있게 된다.

리하초프가 상상한 사계절의 표상과 상징에 기초하여 우스펜스키 사원의 네 문을 서로 비교해 보았다. 기계적으로 정확하게 들어맞지는 않아도, 상당부분 이 같은 상상은 사원구조의 상징성과 성경적 배경 간의 조응 관계를 이해하는 데에 있어 유익한 접근방법이 아닐 수 없다.

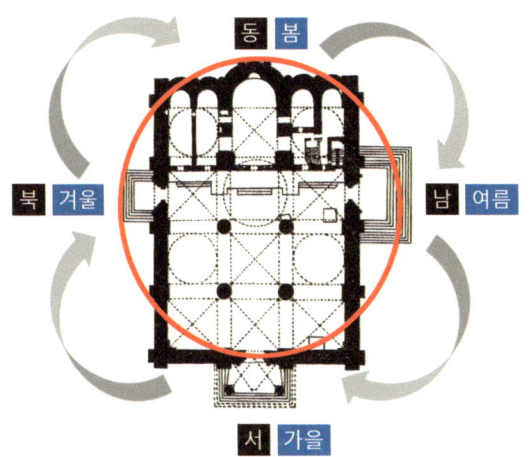

[삽도-160] 중세 사계절의 상징과 우스펜스키 사원 네 문 간의 상징적 유사성을 비교 봄은 동, 여름은 남, 가을은 서, 겨울은 북문에 각기 해당한다.

리하초프가 피력한 사계절의 상징은 고대 러시아 문학을 연구한 학자에게서 단순한 메타포에 지나지 않는다. 그러나 이 세계관적 상징은 고대 문학의 틀을 초월하여 다른 문학과 문화의 영역에서 적용 가능한, 혹은 유사한 접근방법을 환기시킨다. 이런 관점에서 중국의 4방위와 사계절 인식 간에는 놀라운 연관관계가 들어 있다.

아래의 표에서처럼 목에서 수로 이어지는 상생의 우주 원리 구도는 각 계절마다 이에 상응하는 4방위가 연결되어 있다. 봄은 동, 여름은 남, 가을은 서, 겨울은 북, 즉 우리가 이미 살핀 대로 성도가 출입하는 서쪽 문은 가을에 해당하고, 이 계절적 내용은 성경의 [요한계시록]에 가장 적합하다는 결론이 다시 도출된다.[251]

[표-8]

목(木)	봄	동
화(火)	여름	남
토(土)	-	중심
금(金)	가을	서
수(水)	겨울	북

이러한 계절 상징과 방위와의 관련을 색цвет으로 연결지을 수도 있다. 상당히 흥미로운 것은 고대 슬라브의 인식 체계에서 동서남북의 4방위가 표상하는 색채가 위의 맥락과 상관성을 지니고 있기 때문이다. 2014년에 집대성된 『러시아인의 의식구조 사전』에 따르면, 동쪽은 비둘기색 혹은 녹색을, 서쪽은 흰색을, 남쪽은 붉은색을, 북쪽은 검정색을 상징한다고 기술되어 있다.[252]

아이콘 제작법에 기초하면 이러한 색채 상징이 가지는 의미의 수수께끼가 풀리는 듯하다. 왜냐하면 신성과 세속이 명확하게 구별되는 이콘화의 공간 분할에서 동쪽과 남쪽은 빛, 곧 신성의 공간으로서 황금색이나 성령을 상징하는 비둘기색, 성삼위일체를 의미하는 녹색이 주를 이루고 있기 때문이다. 유사한 맥락에서 어둠 혹은 악마의 공간이자 빛이 부재하는 서쪽과 북쪽은 각각 흰색과 검정색으로 표현된다. 여기에서 우리가 뚜렷하게 인식하게 되는 색채 심리와 상징적 표상의 원리는 '색 цвет = 빛свет'이다. 이를 다시 표로 정리해 보자.

[표-9]

동	비둘기색 혹은 녹색	голубой / зеленый
서	흰색	белый
남	붉은색	красный
북	검정색	черный

색채 상징이 가지는 종교적 테마를 좀 더 살펴보자. 위의 표에서 동쪽은 비둘기색과 녹색을 아우른다. 이것의 가장 분명한 증거로는 초록색이 삼위일체의 색 가운데 하나라는 점이다. 중세에 기원을 둔 종교 색채 상징학에서 "붉은 색이 성부를, 푸른색이 성자를 상징한다면 초록색은 성령의 색이다."[253] 일반적으로 통용되었던 색채 상징성과 성경의 이야기를 대입하면 다음과 같이 정리된다.

> 중세 기독교 회화에서 성령은 주로 하얀 비둘기의 모습으로 표현되지만 이 비둘기가 위치한 영역은 주로 초록색으로 그려졌다. 또한 기독교에서 초록색 종려나무 잎은 부활과 영원한 생명의 상징으로서 구원자 예수를 대변하기도 한다. 이러한 맥락에서 예수가 못 박힌 십자가는 주로 초록색으로 채색되었다.[254]

색채 상징이 러시아의 이콘화에 적용된 사례를 보면 안드레이 루블료프가 그린 "성삼위일체Троица"의 색감이 가장 먼저 떠오른다. 아래의 그림에서처럼 이 그림의 지배적인 색은 황금색과 옅은 청색이다. 예로부터 금색은 "영원히 변치 않는 고귀

[삽도-161] 안드레이 루블로프가 그린 "성삼위일체" 이콘. 현재 모스크바의 트레치아코프 미술관에 소장되어 있다. 1420년대에 제작된 것으로 추정되며, 크기는 142×114cm이다.

[삽도-162] 성배를 중심으로 좌측부터 성부, 성자, 성령의 인물이 커다란 동심원 안에 모두 들어오게 그린 것이 이 이콘의 구성적 특징이다.   필자 직접 촬영(2017.07.26.)

한 신의 색"으로 간주되어 왔고, 푸른색은 "천국의 색"으로 여겨졌다.[256] 중세 유럽에서 일반적으로 성모 마리아의 옷을 표현하던 색으로 자주 등장하였던 푸른색이 여기에서는 세 인물의 옷 색깔로 공통적으로 사용된 것이 다르다.

본래 붉은색이 그리스도의 피와 순교를, 흰색이 부활과 영생을, 검은색이 금욕과 회개를 상징하는 것으로, 푸른색은 상대적으로 늦게 성화에 사용되기 시작하였다. 그 결정적인 계기는 12세기 중세의 성화나 스테인드글라스에 묘사된 성모 마리아의 옷 색깔에서이다. 나아가 인간적인 원죄가 전혀 없는 성모의 순결과 무염시태를 상징하는 색으로 푸른색이 수용되기 시작한 기원은 꽤 알려져 있는 사실이다.[257]

파란색은 동양의 오행사상에서 동쪽을 가리킨다. 그리하여 고대로부터 "천지개벽의 첫 순간 빛깔로 파란색을 묘사하는 것"도 바로 이와 같은 이치에서이다.[258] 그 외 서쪽과 북쪽의 방향이 각기 흰색과 검정색을 상징하는 것은 쉽게 이해된다. 비록 바로 위에서 예수의 생애가 보여주는 상징성의 맥락과는 다소 차이가 나지만 일반적으로 색채가 함축하고 있는 유사관계에서 빛이 부재한 서와 북의 공간이 죽음과 암흑을 연상시키는 흰색과 검정색을 상징한다는 것은 그리 어려운 유추가 아닐 것이다.

비잔틴 초기 미술의 이콘에서 발견되는 세계 인식 가운데 빈번한 예는 위와 아래의 예에서 같이 수직적 질서 속에서 표현된 우주이다. 사다리가 등장하기도 하고, 천국의 집과 반대의 지하 세계 곧 악마의 공간 혹은 악마 형상이 모티프로 나온다. "마지막 심판"이 인류에 대한 우주 창조자 신의 최종적 판단이자 새로운 천년왕국 창조의 예견이라면, 하늘나라로 올라가는 사다리와 악마의 출현은 그 이전 단계에서 필수불가결하게 나타나는 신학적 재현 요소이다. 즉, 마지막 심판이 내려지기 전의 예견이자 전이적 단계의 상징이다.

위 그림에서처럼, 13세기 들어서는 "심판에 대한 사상이 주도권을 차지하게 되었고, 그 심판을 상징하는 것은 바로 법정이었다." 예수 그리스도는 이 그림에서 핵심을 차지하는데, 그를 둘러싸고 재판관 곧 사도들이 위치하고, 예수를 심판석에 앉게 한다. 이 그림에는 등장하지 않지만 서유럽 사원의 [요한계시록] 내용을 그린 그림을 보면 두 개의 중요 모티프가 발견된다. 첫째는 영혼의 무게를 재는 저울이며, 다른 하나는 성모 마리아와 성 요한의 중재 광경이다. 이 둘은 두 손을 포갠 채 무릎을 꿇고서 예수 곁에 앉아 있다.[259] 최후의 심판에 대한 표상은 이렇게 비잔틴 요소의 전통이 잘 보전되어 있는 러시아의 이콘과 이와는 다소 다른 요소들을 담고 있는 서유럽의 성상으로 존재한다.

성경학자 스콧에 따르면, [요한계시록]의 목적은 "믿음을 촉구하는 나팔소리" 이다.[260] 총 22장으로 구성되어 있는 신약성경의 마지막 책 [요한계시록]은 지금까지 살핀 '최후의 심판'과 '새로운 세상', '하나님의 도성'을 정점으로 하면서 끝이 난다. 묵시의 절정이라 할 수 있는 심판 내용은 제20장 11-15절에 등장하며 다음과 같이 전개되어 있다. 개역개정 번역으로 알아보자.

[삽도-163] 서문 입구 단에 묘사된 '최후의 심판'의 이콘 원형[261]

초기 비잔틴 미술에서 타나는 수직적 위계 구성의 "최후의 심판" 서도 위 이콘과 같이 개 달린 천사가 두 으로 등장한다. 날개 여섯 개 달린 천사로 사되는 세라핌과 네 날개가 있는 케루빔이 것이다. 맨 위에서부 심판자 예수 그리스 그 밑에는 데이시스, 밑에는 천상의 법정이 심원처럼 앉아 있는 도들이 자리하고 있 "최후의 심판"에 나 공간구도와 의미, 성 스토리는 일정한 패 반복으로 재차 등장 있으며, 서유럽 및 아 정교회 사원에서도 일하다.[262]

11. 또 내가 크고 흰 보좌와 그 위에 앉으신 이를 보니 땅과 하늘이 그 앞에서 피하여 간 데 없더라
12. 또 내가 보니 죽은 자들이 큰 자나 작은 자나 그 보좌 앞에 서있는데 책들이 펴 있고 또 다른 책이 펴졌으니 곧 생명책이라 죽은 자들이 자기 행위를 따라 책들에 기록된 대로 심판을 받으니
13. 바다가 그 가운데에서 죽은 자들을 내주고 또 사망과 음부도 그 가운데에서 죽은 자들을 내주매 각 사람이 자기의 행위대로 심판을 받고
14. 사망과 음부도 불못에 던져지니 이것은 둘째 사망 곧 불못이라
15. 누구든지 생명책에 기록되지 못한 자는 불못에 던져지더라

제20장에 바로 이어 21장은 "새 하늘과 새 땅"을 메타포로 하는 '새 예루살렘'의 모습이 나타나면서 하나님이 보여주고자 하는 계시의 가장 중요한 광경이 묘사된다.

에필로그에 해당하는 마지막 제22장에는 [요한계시록]이 담고 있는 세 가지 주제가 모두 녹아 있다. 요한이 본 상황의 진실됨, 즉 진술된 환상의 진정성(6,7,16,18,19절), 그리스도가 임박했다는 점(6,7,10-12,20절), 다가온 완성에 비추어 필수적으로 갖추어야 할 거룩함(10-15절)이 바로 그것이다. 그리고 이제 마지막 4절(18-21절)에서는 경고와 함께 하나님 메시지의 승리와 격려, 그리고 약속에 대한 요한의 호소가 이어진다.

그 첫 구절인 18절은 이렇게 시작된다 : "내가 이 두루마리의 예언의 말씀을 듣는 모든 사람에게 증언하노니 만일 누구든지 이것들 외에 더하면 하나님이 이 두루마리에 기록된 재앙들을 그에게 더할 것이요." 그런 후에, 20절과 마지막 21절은 요한의 강렬한 요청으로 성경의 대단원이 종결된다. 다음에서 요한이 뱉은 "주 예수여 오시옵소서"는 '마라나타'에 일치한다 : "21절 이것들을 증언하신 이가 이르시되 내가 진실로 속히 오리라 하시거늘 아멘 주 예수여 오시옵소서 22절 주 예수의 은혜가 모든 자들에게 있을지어다 아멘."

성경이 전하는 최후의 심판은 하나님의 정의로운 평가이다. 이것이 중요한 신학적 원리는 "영광스러운 변호"라는 점에서이다. 풀어 이야기하면, 하나님의 심판은 두 가지 측면에서 살펴볼 수 있다. 하나는 인간이 맞이하게 될 불가피하면서도 공포스러운 소식이란 사실이고, 다른 한 가지는 '좋은 소식'이다. 브루스 밀른이 해설하고 있듯이, "하나님의 정의롭고 즐거운 통치를 확립하고, 잘못된 것을 바로잡으며, 악의 반역적 다스림에서 만물을 해방한다는 의미에서 심판에는 영광스럽고 긍정적인 측면이 있다."263)

신약성경의 마지막 장을 묘사하고 있는 프레스코화를 서문에 그리는 것이 서방 교회건 러시아 정교회건 이렇게 동일하게 적용된 원칙에는 공통된 이해가 기초해 있다. 기독교적 세계관과 창조 원리, 그리고 구원관이다. 세상이 하나님 유일자에 의해서 창조되었고, 이 세상이 다시 종말을 고한 후에는 애초의 창조주가 다시 등장하여 이 땅의 사람들을 심판한다는 순환고리가 최후의 심판이 간직하고 있는 가장 원초적인 원리이다.

심판에 대한 공포와 동시에 정의로운 판단을 통해 자신이 받게 될 보상과 구원에의 확신은 사람으로 하여금 인내를 길러줄 것이다. 따라서 "인내와 극복에 대한 윤리적 요구"는 이 책에서 우리가 발견하게 되는 필연적인 요소이기도 하다. 신학적으로도 이 [요한계시록]은 "미래 사건을 밝혀주는 사례집이 아니라, 미래 예언을 통해 현재의 교회를 다루기 위한 신학적 지침서로 저술된 예언적 서신"이기도 하다.264) 이런 의미에서 우리는 서문 프리즈 상단에 마치 필수 항목으로 새겨진 최후의 심판을 해석할 수 있다. 그리하여 최종적으로 우리는 마지막 심판에 대한 막연한 불안과 공포가 예수 재림에 대한 확신과 믿음, 희망으로 대체되는 성경적 윤곽을 이해할 때, 교회 건축물이 재현하는 상징적 의미를 깊게 받아들일 수가 있다. 아래의 인용문은 지금까지 우리가 앞서 논한 내용의 거의 모든 것을 포괄할 정도로 핵심에 가까워 보인다.

요한계시록의 근본적 관점은 미래의 주인이신 하나님에 대한 굳은 믿음을 갖고, 하나님 나라의 초월적 실재를 토대로 박해를 견뎌내라는 권면이다. 그러므로 하나님이 "이제도 계시고 전에도 계셨고 장차 오실 이," 곧 과거, 미래 그리고 현재의 주인이시라는 것을 깨닫게 될 때(비록 그렇게 보이지 않을 지라도) 우리는 세속적 요구에 부응하라는 세상의 일시적 유혹과 압박을 견뎌낼 수 있다.[265]

사원으로 들어가는 입구는 출구와 마찬가지로 서문이 유일하다. 단일한 창구를 통해 하나님의 집 안으로 들어가는 신자들은 이러한 사실을 서문의 그림을 통해 끊임없이 주입하면서 되새겼을 것이 분명하다. 마음속에 각인되어 적어도 사원을 가까이 하는 신자들에게는 이러한 성경적 원리와 스토리가 미래에 벌어질 확실한 약속일 것이다. 시작과 끝이라고 하는 직선적 세계관을 상정하고 있는 기독교가 그 신학적 바탕을 신자들에게 가장 직접적으로 재현하고 있는 것이 다름 아닌 최후의 심판 주제일 것이다. 이런 배경에서 서문의 상징적 의미를 해석하는 것이 큰 무리는 아닐 것이다.

정리하면 최후의 심판에 들어 있는 내용들은 [요한계시록]에 기초하여 있다. 도상학적으로 예수 그리스도는 성모 마리아와 세례자 요한을 양 옆에 둔 채로 옥좌에 앉아 있다. 모든 천사들, 예언자들, 사도들은 그리스도를 에워싸고 있다. 천사들이 나팔을 불면 죽은 자들이 모두 무덤에서 일어나고, 이 순간 죽은 영혼들은 육신과 재결합한다. 그리고 신학적 설명에 따르면, 이때 각 영혼은 이승에서 쌓은 자신의 행실에 따라 저울질당하며, 그 결과에 따라 하늘나라와 지옥으로 보내어진다.

또 다른 측면에서 서문 위에 [요한계시록] 그림을 그려 넣었던 '강박관념적' 종교 모티프는 빛에 대한 해석에서 풀이될 수 있다. 12세기 전부터 서유럽에서는 "색을 감각 세계에서 유일하게 가시적이면서도 비물질적인 빛으로 보았다"는 말에 우리가 동의한다면 충분히 러시아 정교회의 환경에 적용해 볼 수 있을 것이다.[266] 다시 말하여, 빛은 곧 신, 혹은 신적인 속성을 의미하는 것이었고, 사원 안으로 빛을 받아들여 이것이 발산하는 효과를 모자이크화나 스테인드글라스 등으로 활용하려는 예술적 의도가 신학으로 포장되어 나타났기 때문이다. 일명 빛의 모자이크화가 발달했던 비잔틴 미술과 사원의 높은 천장과 돔에 창을 내어 빛을 유입하는 것이 중요한 건축 양식이었던 로마네스크와 고딕 양식은 바로 이러한 종교적 염원을 잘 반영한다. 이렇게 서유럽에서는 일찍부터 색에 대한 윤리적 해석이 가미되었거나, 색에 대한 규범적 가치 평가가 형성되어 나름의 관습과 전통으로 굳어지게 되었다.[267]

지극히 세속적이고 인간 사회의 공간을 표상하는 어둠의 서쪽은 인간이 늘 출입해야 했던 서문의 통상적 기호에 딱 맞는다. 자신들의 일상생활과 친숙한 서문을 통과해 들어갈 때, 거의 대부분의 평신도들은 천국에의 소망, 하늘나라를 직접 보고 경험하는 환상을 꿈꾸며 예배의 자리로 나갔을 것이다. 이것이 지극히 구복적이었거나 반대로 고도로 영적인 수준의 염원이었건 간에 분명한 것은 서문으로 통과해 사원 안으로 들어가는 것은 '공포의 세계'에 살던 인간이 성스러운 공간으로 진입해 들어가는 가장 기본적인 통과행위이다. 이때 필요했던 것이 바로 초свечи를 가지고 '빛свет'을 만들어 입장하는 것이 아니었을까?

사원 내에서 인간에게 유일하게 허용된 창조주 하나님의 질서는 창조된 빛을 인간이 인위적으로 '만드는 일'이었을 터인데, 초를 켜는 행위가 이를 의미한다고 필자는 생각한다. 보이지 않던 빛을 보이게 함으로써 하나님께 나아가고자 하는 신도들의 염원을 읽을 수 있는 대목이다. 그리하여 초를 비유하기를 "보이지 않는 불невидимый огонь"이라고 한 블라디미르 로스키의 신학적 이해에 우리는 다가갈 수 있다.[268] 인공적인 조명 = 촛불의 빛은 "하나님께서 자신을 알려 주시는 은총의 가시적 특징"이기에 이를 갈구하는 신자들이 사원 내부로 들어가면서 가장 먼저 구하게 되는 것이라는 해석이 로스키가 주장하는 핵심이다. 풀어 이야기하면, "하나님께서 자신과의 합일 안에 들어온 자들에게 자신을 계시하시고 자신을 나누어 주시는 창조되지 않은 빛"이라는 측면에서 보아야 할 것이 초 혹은 조명인 것이다.[269] 이러한 관계를 현실 속에서 실천하고 목격할 수 있는 공간이 사원 내부의 서문 초입이다.

러시아 정교회 사원의 출입구를 지나치자마자 보통 문 우측에 있는 자그마한 크기의 안내대에서는 초, 서적, 기념품, 향, 십자가 등 성물을 판매한다. 사원 내부 공간으로 들어온 거의 모든 예배자는 반드시 초를 구입하여 성모 마리아 이콘 앞으로 이동한다. 서유럽의 사원 내부에 화려한 프레스코화와 모자이크화, 이것의 숭고미와 화려한 색감을 감상할 수 있게 해주었던 사원벽 혹은 천장의 '창'은 빛을 유도한다. 그러나 러시아 정교회 사원 내부는 상대적으로 창문이 매우 적거나 그 크기조차 작아 전반적으로 상당히 어둡다. 이 어둠을 예배자가 가지고 들어온 '빛 = 양초'로 물리치고, 예배의 자리에 서게 되는 것이다.

신학적 지식을 굳이 동원하지 않는다 해도, 이 행위 자체는 초의 빛을 통해 암흑과 세속의 오염에서 자신의 정화를 경험하고, 이러한 상태에서 신을 영접하고자 하는 인간의 종교적 염원을 읽을 수 있도록 해 준다. 이로부터 암흑의 서쪽 공간은 인간이 통과해 들어가는 출입구로서의 기능을 하게 되었을 것이고, 정반대의 동쪽 공간은 애초부터 신이 임재하는 공간으로서 빛과 색이 충만해 있는 곳으로 상상되었을 것이다. 그리하여 초에 빛을 밝히는 행위는 예배 공간으로 들어가서 제일 먼저 하게 되는 최소한의 기본예절이었을 것이고, 이는 제단 저편에 있다고 상상되는 신의 임재를 상징하는 동쪽과 대립되는 서쪽의 관성적 특징을 보여준다고 하겠다. 이런 관계에서 보면 "희생과 희망의 상징이 곧 초"라는 인식이 결코 낯설지 않다.[270] 예배를 위해 사원 내부로 들어가는 것은 결국 죄 많고 악한 인간의 영혼이 신 앞에서 정화되기를 원하는, 인간의 원초적인 감정과 종교적 열망을 상기시킨다. 자신을 버림으로써, 산 제물로 신께 드리는 예배자의 마음과 경배의 기본적인 자세는 역설적으로 인간 스스로는 할 수 없는, 구원에의 기본적인 자세이자 또 다른 의미에서의 희망을 간직하고 있다.

서유럽의 대성당들에 비해 우스펜스키 사원을 비롯한 러시아 정교회 사원 내부가 이렇게 어두운 것에는 나름의 이유가 있다. 이미 위에서 살펴보았듯이 서, 남, 북 벽 밖으로 난 창문의 폭과 길이가 매우 협소한 것이 그 첫째 이유이다. 우스펜스키 사원만을 예로 들어보면 제단의 동쪽은 이코노스타스로 가려져 외부로 난 창문이 총 7개이나 내부에 있는 이코노스타스로 인하여 제단 너머의 창문을 실내에서는 볼 수가 없게 되어있다. 게다가 이콘화벽이 설치되어 있어, 이것이 일종의 빛 차단 효과를 주기 때문에 회중석에 있는 성도가 사원 내부로 들어오는 빛을 느끼기엔 힘들어 보인다.

한편 외부에서 보았을 때([삽도-164]), 남쪽과 북쪽 벽에는 창문이 동일하게 상단에 4개, 하단에 4개씩 총 16개가 나 있다는 것을 볼 수 있다. 그러나 [삽도-164]가 보여주듯, 연두색 줄이 쳐진 이코노스타스가 설치되어 있기 때문에 내부에서는 실제로 창문의 수가 더 적게 관측된다. 반면 출입구에 해당하는 서문 벽에는 입구를 고려하여 상단에 상하 3개씩 총 6개가 나 있어야 하나, 입구 때문에 창문을 낼 수가 없어 개수 상 하나가 부족한 5개의 창문이 만들어져 있다.

쿠폴 천장에 나 있는 창문은 총 40개이다. 둥근 천장 하나당 8개씩이며 총 5개의 쿠폴이 있기 때문에 총 개수가 40개가 되는 것이다. 이 역시 창문 수는 많아 보이나 크기가 워낙 작게 설계되어 있어 실내에서 성도가 충분한 빛을 느끼기엔 매우 부족하다. 그리하여 정교회 사원 내부는 대체로 매우 어둡고, 빛을 유입하여 화려하게 꾸민 서유럽 대성당들과 확연하게 구별되는 특징을 보인다.

지금까지 살핀 초에 대한 상상의 해석을 보다 신학적인 성경 지식의 바탕에서 들여다보자. 천지창조를 이야기하고 있는 [창세기] 1장 3절에는 하나님에 대한 가장 분명한 표식인 빛의 속성을 담고 있는 구절이 나온다: "하나님이 이르시되 빛이 있으라 하시니 빛이 있었고."

이를 확대하면, 암흑의 공간인 사원 내부에 하나님이 허락하신 빛과 함께 입장하는 일반 신자들은 빛의 등가물이라 할 수 있는 초를 켜고 예배의 자리로 나아간다. 반복하지만, 초를 켜는 행위를 우리는 두 가지 단계로 볼 수 있다. 첫째, "촛불은 인류를 구원하신 그리스도의 상징"이란 점과 또한 촛불은 "그리스도의 빛을 따라 어둠을 멀리하겠다는 신자들의 의지를 상징한다."[271] 뿐만 아니라, 촛불과도 같이

"자신의 몸을 녹여 불빛을 발하겠다는 희생과 봉사의 정신을 상징"하기도 하고, 가장 중요해 보이는 것으로 "인간의 자아와 하나님의 궁극적인 합일을 표상한다"고 볼 수 있겠다.[272]

이 네 가지의 상징적 해석에 간과할 수 없는 것이 초와 향과의 관계이다. 촛불의 상징이 그리스도를 배제할 수 없듯이, 향에서 우리는 하나님을 상기해야 할 것이다. 이로써 "향을 피운다는 것은 곧 하나님을 찬양하는 것"이란 언급이 잘 이해된다.[273] 시편 기자에서 확인할 수 있듯, "나의 기도가 주의 앞에 분향함과 같이 되며 나의 손드는 것이 저녁 제사같이 되게 하소서"([시편] 141편 2절)란 구절 속에는 분향을 통해 인간이 염원하는 것이 무엇인지가 잘 드러나 있다. 기도의 속성과 마찬가지로, 분향을 통하여 성도들은 자신이 드린 기도의 내용이 향처럼 하늘로 올라가 하나님에게로 당도하기를 바라는 것이다. 따라서 초-초를 켜는 행위-촛불-분향-기도는 하나도 빼뜨릴 수 없는, 유기적인 구성요소이자, 빛이 매우 부족한 사원 내부에서 비성직자, 곧 일반 성도들이 할 수 있는 가장 기초적인 예배 행위라고 하겠다.

재차 강조하지만, 사원 내부의 어두운 환경을 의례적으로 극복하고, 빛을 만들어 낼 수 있는 종교적 행위는 '초에 불을 켜는 행위'이다. 이는 입구 우편에 마련된 데스크에서 판매하는 밀랍 초를 성도가 준비하여 입장함으로써 해결되는 문제이기도 하며, 사원 내부로 들어올 때 성도가 지켜야 하는 기본예절 가운데 가장 중요한 것이기도 하다. 남녀 상관없이 보통 초를 준비하여 사원 내부로 들어오고, 촛대 앞에 불을 켜서 꽂고 자신이 사랑하는 이콘, 주로 성모 이콘 앞에 가서 키스를 한 후에 개인기도에 들어가는 것이 일반적이다. 이 과정을 일련의 연속 동작으로 찍은 사진을 아래에서 살펴보도록 하자.

여성이라면 머리에 플라토크платок라는 수건을 반드시 쓰고 입장해야 하며, 더러는 유프키юбки라고 하는 치마를 둘러야 한다. 간혹 이 용품을 준비하지 못한 내국인 여성들 혹은 외국인 방문객들을 위해 실내 출입구 한쪽 벽면에 머리수건과 치마가 비치되어 있다.

내부에 이코노스타스가 놓인 실제 위치

남,북면 창문은 상하 8개씩 16개. 내부에서 보이는 창문은 6개씩 총 12개

동쪽 방향에 난 창문 7개, 내부에서는 관측 불가

서문 방향에 난 창문은 5개

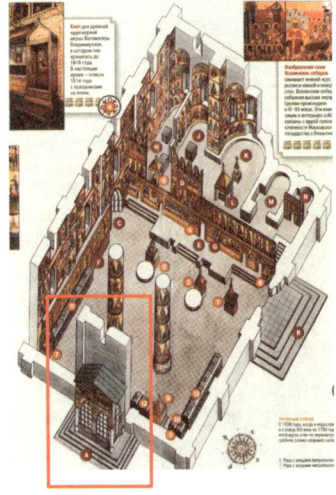

[삽도-164] 창문의 구조와 개수로 본 우스펜스키 사원의 구조   정교회 사원 내부가 어둡게 설계될 수밖에 없는 구조적 특징이 발견된다. 아울러 빛의 부족이 어떠한 전례 행위로 상쇄되고 상징적으로 대체될 수 있는지의 여부는 '초에 불을 켜는 행위'에서부터 마련된다. 이는 예배의 시작이자, 빛의 부족을 빛의 창조와 충만함으로 대체하여 나아가는 성도의 자세가 중요함을 의미한다고 하겠다.

344   러시아 정교회 건축과 예술

[삽도-165] (좌)모스크바 근교에 있는 세르기예프 포사드의 우스펜스키 사원 내부와 (우) 상트 페테르부르크에 있는 피의 사원 내부 창문 비교 사진   필자 직접 촬영(2018.07.14.)

    위의 네 사진에서 보면 사보르의 창문 크기와 개수, 그 모양이 각기 다른 것을 볼 수 있다. 좌측 사진 두 장은 세르기예프 포사드에 있는 성삼위일체 수도원 내의 중심이라 할 수 있는 우스펜스키 사원 실내에서 촬영한 것이다. 14세기 후반에 지어진 건축물로, 모스크바 크렘린의 우스펜스키 사원과 흡사한 것은 창문의 크기와 위치이다. 반면 우측 사진 두 장은 모두 상트 페테르부르크의 피의 사원 내부에서 찍은 것으로 벽에 난 창문의 구조와 배치, 수가 모두 모스크바의 것과 다르다. 피의 사원은 19세기 후반의 것으로 이미 두 사원 간에는 거의 500년의 시간 차이가 존재한다. 그 사이에 창문은 연이은 두 개 구조에서 세 개로 병렬, 확대 되어 채광 효과가 훨씬 개선된 것을 확인할 수 있다. 당연히 사원 내부는 빛이 보다 많이 유입되는 결과로 이어지면서 상대적으로 밝아졌다. 또 다른 차이점은 19세기 후반에 지어진 페테르부르크의 피의 사원에는 색유리로 만든 모자이크화가 거의 대부분이라 빛을 발하는 탁월한 효과가 있어, 실내가 프레스코화만으로 장식된 모스크바의 우스펜스키 사원에 비해 훨씬 밝다.

[삽도-166] 머릿수건 플라토크를 쓴 여인이 사원 내부로 들어간다. 보통 입구 우편에 있는 데스크에서는 기도 제목을 적는 메모지에 각자의 기도 내용을 쓰고, 밀랍 초를 구입한다. 데스크도 찍었다. 필자 직접 촬영(2016.07.19.)

[삽도-167] 상트 페테르부르크에 있는 피의 구세주 사원(Спас на Крови)과 스몰느이 사원(Смольный Собор) 내부 위에서부터 시계방향으로 보면, 첫째 사진은 사원 내에서 입장할 때 보통 구매하여 가지고 들어가는 밀납초를 보여준다. 크기에 따라 다른 가격표가 붙어 있는 것을 볼 수 있다. 두 번째 사진은 초가 꽃인 촛대의 광경을 보여준다. 세 번째 사진은 성수를 담고 있는 수조로, 꼭지를 틀어 성수를 받아갈 수 있도록 만들어 놓은 것을 보여준다. 마지막 네 번째 사진은 보통 사원 내 데스크에서 판매되는 각종 의례용품과 십자가, 손바닥보다 작은 크기의 이콘화 등 각종 기념품이 즐비하게 진열되어 있는 모습을 보여준다. 필자 직접 촬영(2018.07.10.).

[삽도-168] 상트 페테르부르크에 있는 피의 구세주 사원과 크론쉬타트에 있는 해상 니콜라이 사원(Морской Никольский Собор) 정교회 사원 입구 왼쪽 벽면 혹은 데스크, 벤치 위에는 위의 사진과 같은 푯말과 함께 간이용 치마와 머릿수건이 비치되어 있는 경우가 많다. 사원 출입시 이 중요한 물품을 잊고 온 여성신도를 위한 배려이기도 하지만, 엄밀하게는 관광객과 같은 이방인들도 최소한 예의를 갖추라는 경고의 메시지이기도 하다. 여성들은 어린아이까지도 거의 머릿수건 플라토크를 머리에 두르고 들어가는 것이 가장 기본이자 중요한 예절로 간주되어 있다. 필자 직접 촬영(2018.07.13.).

[삽도-169] 상트 페테르부르크 소재 카잔 사원에서 찍은 사진   기적의 성모 이콘 앞에서 키스를 하는 여인, 촛대에 불을 밝힌 초를 끄고 기도 준비를 하는 사람들. 필자 직접 촬영(2017.07.20.)

[삽도-170] 돈스코이 수도원의 주 사원 내부 어두운 내부를 샹들리에와 초가 유일하게 밝히고 있다. 좁고 작은 창문은 빛을 실내로 충분히 유입하기에 부족하다. 이코노스타스와 기둥 사이사이에 박힌 금도금이 촛불에 반사되어 영롱한 분위기를 만들어 내고 있다. 필자 직접 촬영한 사진(2018.01.20.)

    촬영 시기가 각기 다른 위의 사진([삽도-170])들은 특별 허가를 받고 촬영한 것들이며, 특히 코스크바에 있는 돈스코이 수도원에서 촬영한 사진은 매우 각별하다. 오랜 역사를 지닌 이 돈스코이 사원은 우스펜스키 사원과 같이 촬영이 엄격하게 금지되어 있으나 특별 허락을 받고 촬영하였다.

[삽도-171] 상트 페테르부르크에 있는 카잔 사원 내부에서 찍은 사진   이콘 및 예수 십자가 앞에 켜 있는 초를 보며 기도하고 있는 장면이다. 보통 입구 데스크에서 판매되는 초를 직접 구입하여 위 사진과 같이 신자가 기도하고 싶은 자리와 성화 앞 촛대에 초를 꽂고 기도를 시작한다. 필자 직접 촬영(2018.07.13.)

다시 빛으로 돌아가면, 빛의 메타포는 엄밀하게 말하면 중세에서 시작되었다고 해도 과언이 아닐 것이다. 쟈르 르 고프가 함축적으로 언급하고 있듯이, "빛은 중세 문학과 미학의 암호를 푸는 열쇠"였으며, 이 모티프가 내포하는 의미는 "아름답고 선하다"였다.[274] 다시 말하여, 빛을 품고 있는 것은 그것이 사물이건, 표상이건, 인물의 묘사이건 아름답고 선할 뿐만 아니라, 이상적으로 그려지는 모델의 형상을 가장 잘 표현하는 도상학적 지시체라고 하겠다.

러시아 정교회의 서문과 [요한계시록], 그리고 초를 들고 입장하는 모든 행위를 종합해 보면 우리는 다음과 같은 결론에 다다를 수 있다. 첫째, 성경의 마지막 장이 서문에 묘사되어 있는 것은 인간이 늘 염두하고 있는 천년왕국에의 염원과 이것의 지상에서의 실현을 상기시키기에 충분하다는 점이다. 둘째, 이것과는 역설적인 반대를 보여주는, 즉 지상 세계의 속됨과 무질서, 악함과 공포의 강박관념은 늘 존재하지만 서문의 입구를 일단 들어가 반대편 동쪽의 제단을 향해 나아가는 동선의 구조는 이러한 불안감을 해소하는 역할을 한다. 셋째, 평신도가 켜는 초의 빛은 이러한 [요한계시록]의 신학적 내용과 인간의 실천적 대응을 해석해 줄 수 있는 가장 중요한 행위이다. 그리고 무엇보다 초는 "빛의 기원"으로서, 사원 내에 빛을 인도하는 예배의 시작이자 신에 대한 존경과 숭배의 인간적 표현이다.[275] 사원 벽에 난 창문이 건축학적 설계로서 빛을 유입하는 공학적 의도라면, 손에 든 초는 인간의 예배 행위로 유한한 인간 존재의 겸손한 자기 겸양으로도 볼 수 있을 것이다. 이 모든 일련의 행위와 공간 상징이 서쪽 문의 출입과 관련된다는 것 자체가 우리가 이해해야 할 내용들이다.

서문의 공간적 상징성은 이렇게 성경적 바탕과 분리될 수 없고, 그 함축적 의미 역시 신학적인 내용을 고려할 때 유지될 수 있는 것이라고 하겠다. 빛을 둘러싼 중세의 형이상학은 색에 대한 기준과 가치를 만들어냈고, 건축에 있어서는 서문 출입구 및 초를 켜는 행위를 결과적으로 만들어냈다.[276]

다음에 연속되는 사진과 그림은 러시아의 우스펜스키 사원과 서문의 "최후의 심판" 그림을 서유럽의 것과 비교할 수 있도록 배치해 놓은 것들이다. 시기는 조금씩 달라도 기본 모티프는 동일한데, 어떠한 특징들이 나타나는지 알아보면 러시아의 예가 간직하고 있는 특징을 보다 분명하게 이해할 수 있을 것이다.

[삽도-172] 성 요한 클리마코스 (John Climacus)가 상상하여 그린 "하늘의 사다리"(Ladder of Divine Ascent 혹은 Ladder of Paradise)   12세기 말의 이콘으로 시나이의 성 카테리나 수도원(St. Catherine's Monastery) 수도사들이 하늘로 올라가는 사다리를 타고 오르는 장면이다. 사다리 밑에서 하늘로 오르는 성인을 잡아 내려끄는 검은색 악마의 무리들이 분명하게 묘사되어 있다. 아울러, 7세기의 "시케온의 성 테오도로스의 전기" 는 비잔틴 악마들에 대한 정보를 알려주는 가장 좋은 자료 중 하나로 알려져 있다.[277] 러시아 이콘화가들이 그린 이콘과는 여러 면에서 다른 것이 드러난다. 심판의 성경적 내용을 수직 공간 분할을 통해 보여주고 있는 것 외에 색감, 선명도, 채색 원리 등은 전부 현격하게 차이를 드러낸다.

[삽도-173] 서문을 찍은 사진   출입구 벽면 동판에는 상단의 사진에서처럼 우스펜스키 사원의 역사와 간단한 정보가 적혀 있다. 하단의 사진은 사원을 관람하기 위해 입장하는 관광객들 사진으로, 현관은 지금처럼 유리문으로 되어 있고, 인접한 성모수의교회와 마주하고 있어 입구 앞 공간이 매우 협소하다. 서쪽문의 공간은 매우 협소할 뿐만 아니라, 유리 입구문을 만들어 놓아, 상단의 프레스코화를 볼 수조차 없게 만들고 있다. 필자 직접 촬영(2017.07.25.)

[삽도-174] (좌)(중)레온의 장미창(Rose Window of the Cathedral of Leon, Spain)   스페인의 레온 대성당(1849)의 서문 벽 상단에서 볼 수 있다. 사진에서처럼 빛을 받지 않았을 때의 모습에는 아름답고 신비한 색채가 드러나지 않는다. 그러다가 빛을 받았을 때 나타나는 영롱한 색의 잔치를 맛볼 수 있다. 스테인드글라스 기법으로 만들어진 레온의 장미창은 우스펜스키 사원처럼 서쪽 문 상단에 [요한계시록] 내용을 담고 있는 성경적 모티프의 문양을 달고 있다. 옥좌에 앉은 성모 마리아가 장미창의 전형적인 주제이며, 제일 안쪽의 12개 꽃잎 모양에는 12사도를 의미하며, 그리스도를 안은 마리아를 둘러싸고 있는 형상을 보여준다. 1200년경 프랑스에서 처음 나타난 장미창은 이후 영국과 스페인, 독일, 이탈리아로 퍼져 나갔다. 모스크바의 우스펜스키 사원에서처럼 최후의 심판과 묵시록의 주제를 담고 있는 이 스테인드글라스는 서문 상단에 자리잡고 있다.

(우)프랑스 샤르트르 대성당(The Cathedral of Notre Dame de Chartres, 13세기)   레온의 장미창과 마찬가지로, '최후의 심판'을 주제로 삼고 있는, 장미꽃 모양의 스테인드글라스 기법의 출입문 상단 양식이다. 미술사가 잰슨에 따르면, 고딕 성당 가운데에서 스테인드글라스 창문의 원형을 온전히 간직하고 있는 건물은 샤르트르 성당뿐이다. 고딕 양식의 대표 성당으로 샤르트르 대성당 역시 우스펜스키 사원의 서문과 마찬가지로 [요한계시록]의 여러 장면들을 상기하는 그림들로 가득하다. 1194년의 화재로 대성당의 거의 대부분이 파손되었으나, 기적적으로 성모 마리아가 아기 예수를 낳았을 때 입었다고 전해지는 옷 조각만 그대로 남았다.[278] 한편 고딕 양식이 추구하던 빛의 예술이 가장 인상적으로 표현된 곳은 1248년에 완성된 파리의 생샤펠(Sainte-Chapelle) 경당이다. 이 경당은 콘스탄티노플에서 선물 받은 그리스도의 가시관과 십자가 조각을 모시기 위해 세워졌다. 벽에 그려진 스테인드글라스에는 성경책의 1,134가지 장면이 생생하게 묘사될 정도로 장엄하고 화려한 묘사가 압권이다. 한편 장미창 중심에 위치한 그리스도를 주변으로 다시 동그랗게 감싸고 있는 장미 모양은 인간을 대표하는 성모 마리아를 형상화하고 있는 것으로 알려져 있다.[279]

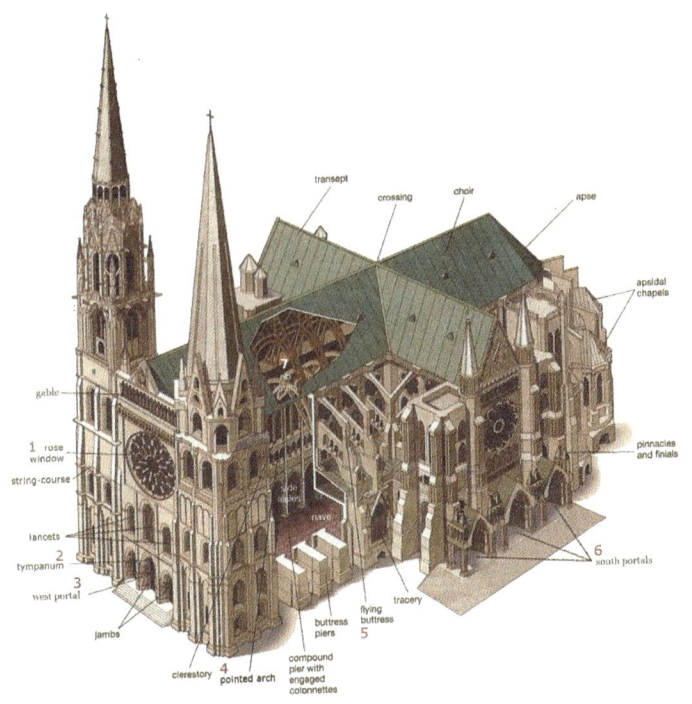

[삽도-175]
샤르트르 대성당 도면과 주요 구조 용어
1. 장미창(rose window)
2. 팀파눔(tympanum)
3. 서쪽 현관(west portal)
4. 첨두아치(pointed arch)
5. 부유 버트레스(flying buttress)
6. 남쪽 현관(south portal)
7. 리브 볼트(rib vaults)[280]

    총 400명이 넘는 인물을 그려 넣은 아래의 미켈란젤로의 "최후의 심판" 역시 우스펜스키 사원의 서문에 그려진 프레스코화와 마찬가지로 위에서 아래로의 수직적 공간분할의 구조를 띠고 있다. 맨 위는 천국의 모습을, 심판자 예수를 중심으로 한 중심은 연옥으로, 너무 젊게 묘사되어 있는 예수 그리스도가 자리해 있고, 맨 하단은 지옥이다. 맨 하단의 좌측에는 마리아가 조용한 자세로 앉아 아래를 바라보고 있고, 양 옆으로는 예수를 수행한 여러 성자, 성 베드로, 성 사울, 성 바르톨로메오 등 순교자들이 함께 있다. [마태복음] 24 : 30~31의 기록, 즉 "30 : 그때에 인자의 징조가 하늘에서 보이겠고 그때에 땅의 모든 족속들이 통곡하며 그들이 인자가 구름을 타고 능력과 큰 영광으로 오는 것을 보리라 31 : 그가 큰 나팔소리와 함께 천사들을 보내리니 그들이 그의 택하신 자들을 하늘 이 끝에서 저 끝까지 사방에서 모으리라"처럼 천사들이 나팔을 부는 장면도 들어있다. 맨 하단 우측에는 죄인들이 지옥으로 내몰리는 장면이 등장하는데, 중세 도상학의 상징인 배가 그 운송수단으로 묘사되어 있다.[281]

[삽도-176] 미켈란젤로가 그린 시스티나 성당(Sistine Cathedral)의 "최후의 심판"(1537-1541)   로마 바티칸에 있는 시스틴 소성당은 교황 식스투스 IV세(1471-1484 재위)가 명하여 1473년에 착공하여 1481년에 완성되었다. 역대 교황의 기일 미사, 교황과 추기경의 특별 미사를 드리는 곳이었으며, 새 교황을 선출하기 위한 추기경들의 회의(콘클라 Conclave)가 개최되는 장소로서 교황청의 권위를 드러내기 위해 건축되었다. 바로 이 성당에 미켈란젤로는 그의 나이 33살부터 37살에 이르기까지 4년 동안 조수를 쓰지 않은 채로 명작을 남겼다. 그 연작은 "빛의 창조," "해.달.초목의 창조," "아담의 창조," "하와의 창조," 그리고 "최후의 심판"이다. 우스펜스키 사원 건축의 완성 년도인 1479년과 거의 비슷한 시기에 로마에서는 미켈란젤로가 인본주의 사상에 기초한 명화들을 제작하였다.[282] 인체에 대한 관심과 긍정은 르네상스 미술의 대표적인 특징으로 화폭에서 자연 풍경은 이미 사라지고 없다. 대신 미켈란젤로가 그린 "최후의 심판"에서처럼 예수와 성자, 성녀들은 거의 알몸을 그대로 노출시키고 있다. 교회측은 24년의 시비 끝에 미켈란젤로가 죽기 한 달 전에 성기 노출 등의 수정 작업을 요구하여 그의 제자들이 이를 관철시킨다. 그러나 그 후 500년이 지난 1994년 복구 때, 이들의 몸에 걸쳐진 성기가 가려진 옷이 상당부분 사라졌지만, 여전히 예수와 마리아를 비롯한 여성들은 옷을 걸친 채로 등장하고 있다.[283]

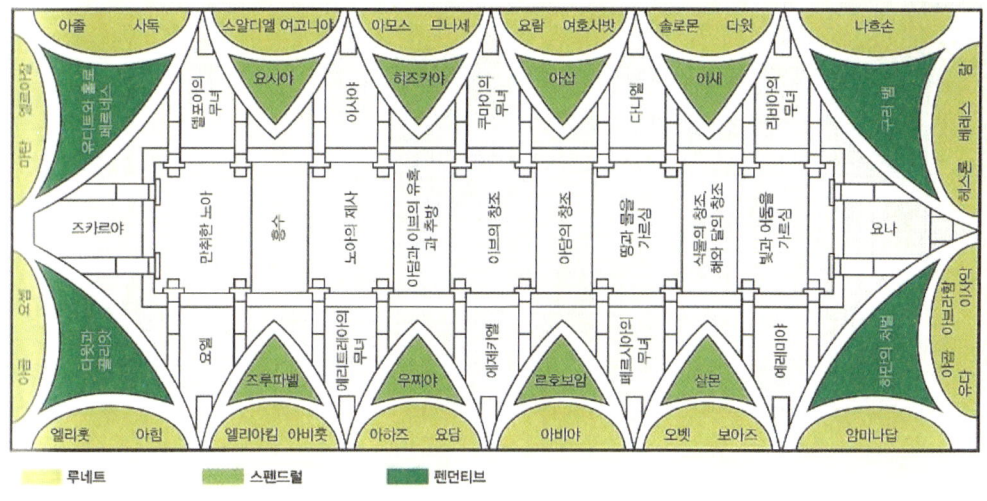

[삽도-177] 시스티나 성당 천장화 배치도　미켈란젤로가 그린 성당 천장화 중앙에는 총 9개의 프레스코화가 있다. 위 천장화가 그려진 곳의 장소는 제단 쪽에서 성당 출입구에 이르는 긴 공간이다. 위 그림에서 중앙의 9개 그림은 구약성경의 '창세기' 장면에서부터 '대홍수', '노아의 제사', '만취한 노아', '아담과 이브의 유혹과 추방', '이브의 창조' 등을 포함한다. 1512년 잠시 중단된 그림 작업 네 구석의 팬던티브에는 예언서에 언급된 이스라엘 민족의 구원과 관련된 장면들이 담겨 있고, 청동 조각 같은 누드상이 좌우 대칭으로 세워져 있다.[284]

IV

우스펜스키 사원의
상징적 의미

---

1. 크렘린 궁에서의 위치 _ 사보르 광장의 건축코드에 놀라다
2. 주변 환경과의 관계 _ 하늘의 도우심을 읽다
3. 종교적 상징성 _ 건축물의 탈종교적 메시지를 읽다
4. 풍수지리적 상징성 _ 풍수의 원리를 깨우치다

IV

우스펜스키 사원의
상징적 의미

1. 크렘린 궁에서의 위치
_ 사보르 광장의 건축코드에 놀라다

　　　　　　　　　　주지하다시피, 크렘린 궁 내에는 우스펜스키 사원을 중심으로 총 9개의 크고 작은 교회와 사보르가 자리하고 있다. 사원의 남문이 향해 있는 광장은 이름하여 '사로브 광장Соборная площадь'으로 불린다. 그렇다면 15세기 후반 왜 이 터에 그것도 가장 먼저 우스펜스키 사원을 건축하였을까? 정교회에서 가장 숭앙되는 성모 마리아의 승천을 기념하기 위해 축조된 이 사원을 왜 이 자리에 만들었고, 무엇을 표현하기 위해 세웠을까? 사원의 기하학적 설계는 말할 것도 없고, 내부의 인테리어 및 외부 경관과의 조화를 철저하게 고려한 우스펜스키 사원의 존재감은 일종의 '원형적 위대함'마저 들게 한다.

　　모스크바의 우스펜스키 사원이 들어선 이 공간상의 터가 주는 상징성은 과연 무엇일까? 다른 서유럽 국가들의 교회 건축 양식 및 그 터잡기의 관습과 모스크바의 예는 어떻게 다른가? 우리가 알고 있는 상식적인 차원에서 서유럽 대부분의 사원 혹은 교회는 순교자의 죽음과 관련이 있는 그 터에 세워진다. 혹은 특정한 지역에서 평생을 활동했던 고매한 성자가 숨을 거둔 곳에 기념비적 사원을 건립하는 것

이 통상적인 관례이기도 하다.[1]

그러나 우스펜스키 사원의 이 터는 모스크바에서 러시아 역사상 최초로 사원이 지어진 장소이기도 하면서, 동시에 고고학적 발굴에 따르면 무덤이 존재했던 것으로 추정된다. 대체로 12세기경의 것으로 보이는 고가의 황금색 직물 쪼가리, 검게 색이 변한 황금 팔지, 부유한 신분의 것이 분명해 보이는 여러 부장품이 발견된 것으로 보아 이 터가 당대 목재 교회가 세워졌던 장소가 분명해 보인다.[2] 사원이 자리한 이 장소가 무덤이기도 하였던 것을 결코 배제할 수 없는 이 같은 추정에서 우스펜스키 사원의 터가 서유럽 사원의 것과 비교할 때 전혀 다르지 않다는 결론을 얻게 된다. 하지만 12세기 기록에 대한 연대기적 언급이 그리 자세하지도 않고 이에 대한 아주 구체적인 연구가 미비한 실정에서 어떤 종류의 무덤이었는지를 확언하는 것은 무리가 따른다. 이에 우스펜스키 사원의 터가 당대 도시 구조 내에 있던 교회 부속 무덤이었을 것으로만 추정해 볼 수 있겠다. 그 기원과 역사적 배경에서 결국 우스펜스키 사원은 서유럽의 예와 견줄 때 상당히 다른 입지 조건이었을 것으로 보인다.

이렇게 볼 때, 모스크바의 우스펜스키 사원의 건축 배경은 서유럽의 것과는 뭔가 다른, 지극히 정치적이고, 의도적이었을 것으로 판단할 수 있다. 순교자 혹은 성직자의 죽음과 전혀 관련이 없기 때문이다. 어떤 점에서 모스크바의 예는 지극히 세속적이라고도 할 수 있고, 순수 건축학적인 의미를 담고 있다고 해석할 수 있겠다. 그러나 다른 어떠한 배경과 이유를 고려한다 해도, 우스펜스키 사원의 터잡기에서 최고 권력자의 야심과 정치적 의도성을 배제할 수 없다.

한 건축 사학자의 언급에서와 같이 기하학적 요소를 고려하는 가장 중요한 이유는 "건축에 영원불멸의 완벽함"을 부여하려 한 의도에서이다.[3] 1453년 비잔티움이 이교도의 아시아 투르크족에게 멸망당한 서구의 수모는 반대로 동방정교회의 입장에서는 정신적 승리를 외칠 수 있는 역설의 호기나 다름없었다. 서구의 정신적 토대가 붕괴된 현실 속에서 이를 계승하면서 동방의 '새로운 예루살렘'(제3로마)이 필요했

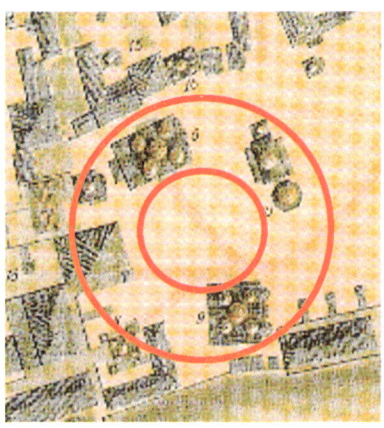

[삽도-178] 1533~1685년 사이의 모스크바 크렘린 설계 도면　멀리서 보면 크렘린 구조가 거의 삼각형에 가깝다. 왼쪽 하단의 네모난 구석을 제외하면 삼각형에 흡사하다. 궁을 따라 칠해진 자주색은 크렘린 벽을 의미하고, 좌측의 긴 벽 뒤편이 모스크바 강이다. 우측의 시냇물 길 모양의 표시 부분이 해자이며, 오늘날 붉은광장 자리이다. 그 한쪽 끝에 성바실리사원과 단두대 로브노예 메스토가 선명하게 보인다.[4]

을 것이다. 바로 이러한 이념적 바탕이 깔린 건축 작업이 우스펜스키 사원 건축의 동기가 되었음은 말할 것도 없다.[5]

　서구의 로마와 예수살렘이 사라진 현실 속에서 몽고-타타르의 압제에서도 벗어난 정치적 독립은 종교적 이념의 표상 문제와 맞물려 매우 중요한 시대적 사안이었다. 모스크바 공국이 일개 국가성을 구축하려는 초기 단계에서 종교적 버팀목의 사원 건축은 한 나라의 종교적 표상일뿐만 아니라, 종교적 심상을 표출하는 가장 적절한 표현 방식이었을 것이다. 원형을 표현하는 매개물이 곧 장소의 기능이라고 할 수 있는 대목으로, 여기에서 장소가 바로 사보르 광장이 되는 것이다. '장소 만들기' 개념은 이런 의미에서 무의미하던 터가 신화적 가치와 원형을 표상하는 의미 있는

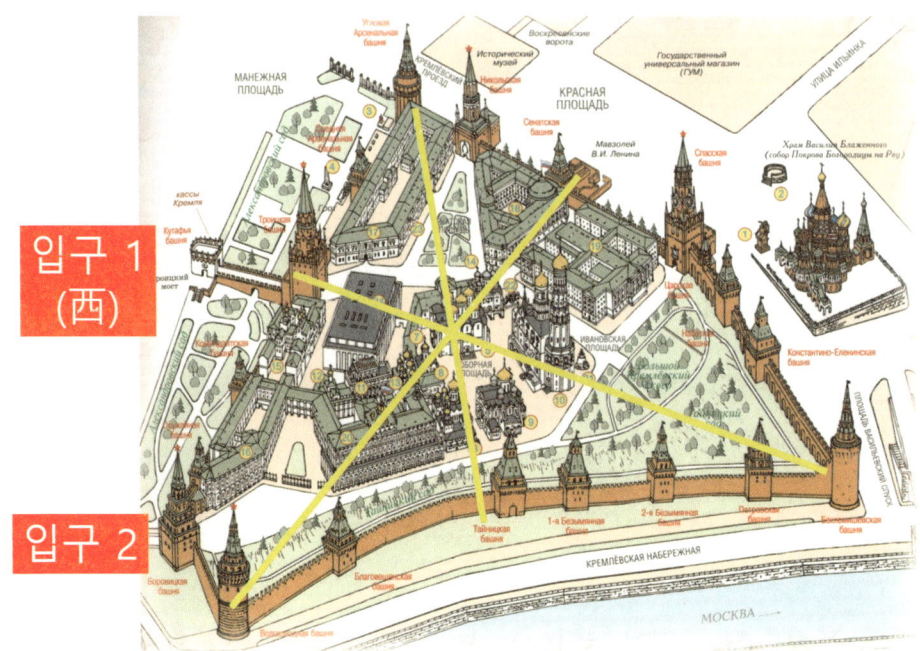

[삽도-179] 크렘린 궁 조감도 입구 1에서 입장하여 시계 반대 방향으로 돌아 사원들을 관람하고 나가는 구조이다. 입구 2로 들어오면 가장 먼저 하단의 측면 산책로를 따라 성수태고지사원(9번)을 만나게 된다. 입구 1 관문에는 금속탐지기가 설치되어 입장객의 소지품을 철저하게 조사하고 최근에 입구 2에서 1로 옮겨진 상태이다.

공간으로 격상, 고착되는 것을 말한다. 우스펜스키 사원의 건축을 계기로 형성되었던 사보르 광장은 결국 부활의 시초를 만방에 알리려 했던, 모스크바 정교회의 종교적 심상이 드러난 장소 만들기 유형의 가장 적절한 예가 되는 것이다.[6]

특히 장소를 지정하고, 이 위치에 사원을 건축하기 시작한 당대 건축가의 설계에서 우리는 또 다른 중요한 환경적 요인이 함축하는 상징성을 분석할 필요가 있다. 위의 그림에서 잘 드러나듯이, 지도에서 나타나는 사보르 광장은 삼각형 모양의 크렘린 궁 한중간에 위치하여 있다. 나아가 이 중심자리에 우스펜스키 사원이 가장 먼저 건축됨으로써 이후 사원 건축의 기틀을 마련하게 되었다. 이런 식으로 축조된 교회와 사보르는 총 7개에 이르며, 이를 두 개의 동심원 틀 안에 넣거나 외접시키면 아래와 같은 그림([삽도-180])이 나타난다. 이 그림은 커다란 동심원 안에 7개의 사원이 들어가 있고, 사보르 광장 안을 기준으로 할 때도 역시 동심원이 내접하는 구조를 보여주고 있다. 이로써 우스펜스키 사원을 비롯한 광장 안의 사원건축은 철저한 기하학적, 건축학적 계산을 제외하고는 상상할 수 없을 정도로 치밀하게 완성되었다고 할 수 있겠다.

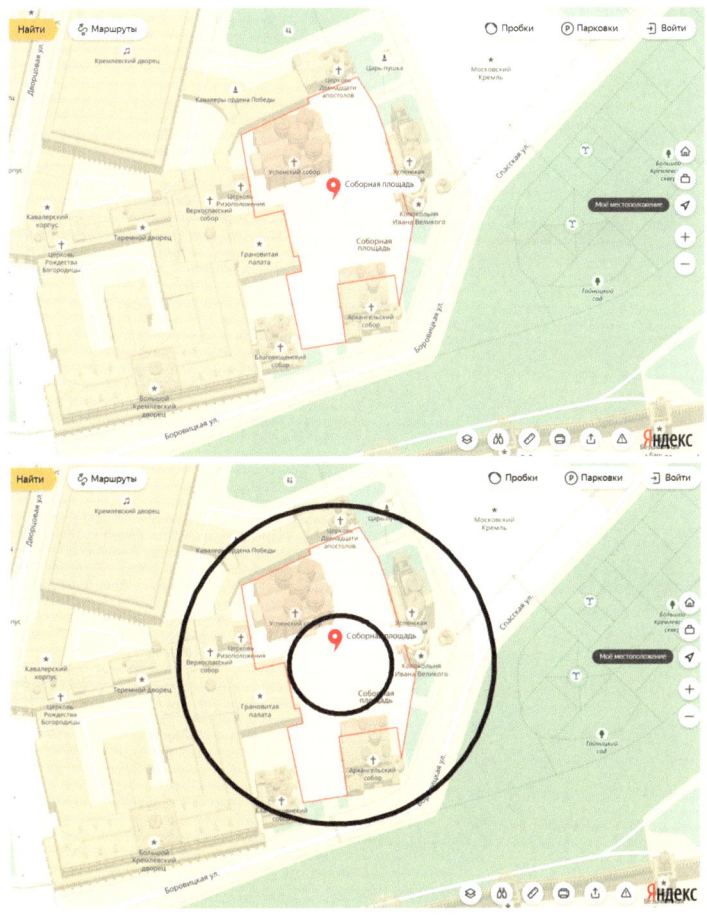

[삽도-180] 러시아 포탈 웹사이트 얀덱스 지도에서 '사보르 광장'을 검색해 나온 그림 일부 이 그림의 내부 첫 번째 동심원은 사보르 광장 사방위에 걸쳐 있음을 보여준다.[71]

IV. 우스펜스키 사원의 상징적 의미 365

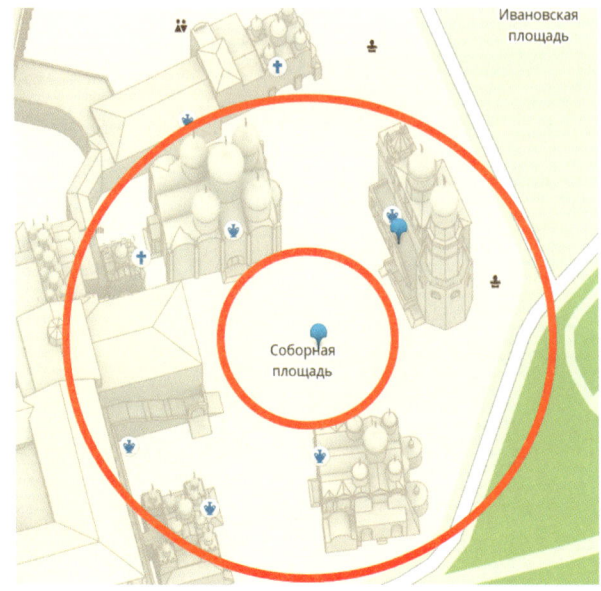

[삽도-181] 2gis.ru에서 검색한 '사보르 광장'의 터와 동심원 측정 사진   가장 안쪽의 원이 광장의 중심에서 동일하게 외접함으로써, 광장의 중심이 다른 사원과 일정한 간격의 지름 길이 안에 위치하여 있음을 보여준다.

한편 크렘린 궁 내부의 사보르 광장은 기하학적이고 기독교 도상학적인 관점에서 또 다른 매우 흥미 있는 해석을 요구한다. 이른바 비잔틴풍 미술 도상에서 흔히 발견되는 '3원 도식'이 그것이다. 이집트 및 그리스의 비례이론이 기본적으로 길이의 비례에 초점을 두고 있다면, 3원 도식은 세 개의 동심원 간격, 즉 동일한 지름의 원이 3겹으로 확대된 형상을 띠고 있다. 아래의 그림([삽도-182])에서처럼 예수의 얼굴을 그리는 미술상의 원칙은 미간에서부터 코의 맨 하단까지의 일직선 길이가 원의 반지름이 된다는 것에 기초하여 있다. 따라서 이 길이는 미간 중간에서부터 머리 최상단까지의 일직선 길이와 정확하게 동일해야 한다. 이로써 코의 길이는 예수 얼굴 길이의 1/3에 해당하며, 코 길이가 반지름이 된 원은 총 3개가 그려질 수 있는 것이다. 여기에서 원칙으로 형성된 것이 일명 '비잔틴의 비례이론'이며, 이는 '코의 길이'(얼굴길이의 1/3)를 1단위로 삼는 것을 마련해 놓은 것이다. 이로부터 코의 길이는 "관례적 단위"가 되었고, 비잔틴 미술에서 인체 및 그 밖의 성화를 제작할 때 지켜지던 미학적 원리로 사용되었다.[8]

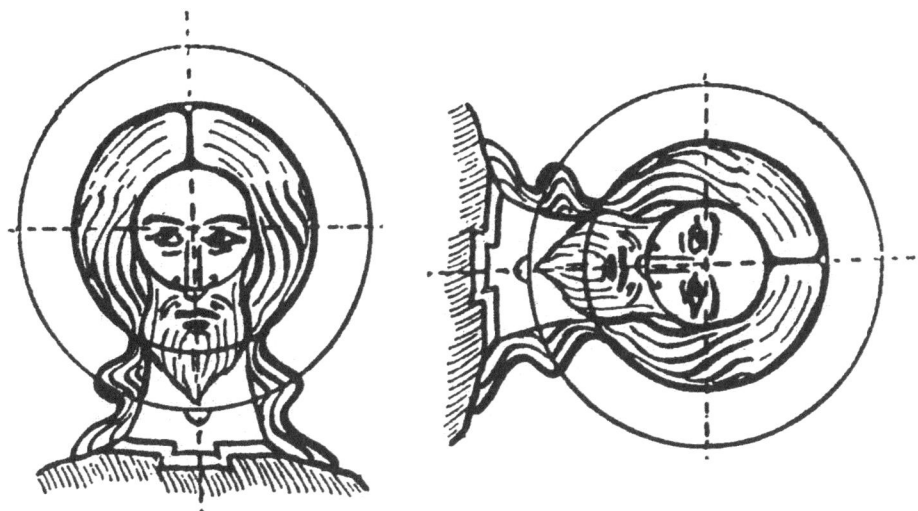

[삽도-182] 비잔틴 미술과 비잔틴 풍 비술의 '3원 도식'[9]

    예수의 얼굴을 그리는 중요한 비잔틴의 도상 원칙을 적용하여 예수 그림을 90도 우회전시키면 아래의 우측 사진과 같이 나타난다. 예수의 머리 방향을 동쪽으로 상상하면 정 가운데에 위치한 원의 시초가 바로 사보르 광장으로 상상해 볼 수 있다. 러시아 정교회의 건축술 가운데 가장 기본이 되는 것으로 이코노스타스가 향해 있는 동쪽을 예수의 머리 부분으로 겹쳐 놓으면 예수의 코 길이 반지름이 외접하여 만들어 내는 공간, 즉 첫 번째 원이 바로 사보르 광장에 해당함을 자연스럽게 도출해 볼 수 있다. 한마디로, 이는 사보르 광장의 건축 설계에 숨어 있는 종교적 코드이자 정신적 배경을 읽을 수 있는 것이 기독교 도상학과 무관하지 않다는 것의 반증이기도 하다.[10] 비잔틴식 3원 도식이 기계적으로 들어맞지는 않지만, 예수의 코를 기준으로 할 때 얼굴이 아닌, 머리 전체의 길이는 1/3이 아닌 1/4의 4배로 동심원 두 개가 생성된다. 이 두 개의 원이 사보르 광장의 크기에 비율적으로 일치하는 것을 우리는 알게 된다. 이는 이 광장을 조성할 때, 이탈리아 출신 건축가 피에라반티

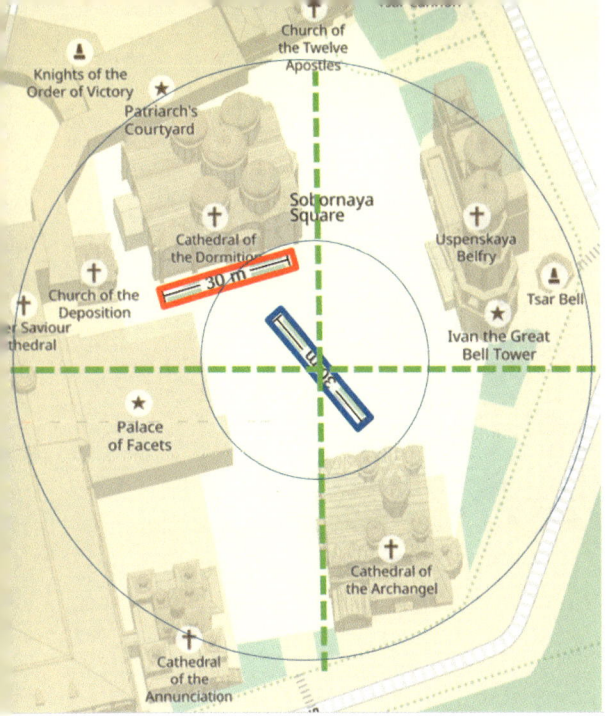

[삽도-183] 구글의 지도 검색에서 검색한 '사보르 광장'의 터와 동심원 측정 사진에 기초하여 실측 거리자로 광장 지름과 반지름을 계측해 본 그림

가 이점을 고려하였는지는 별도의 연구 주제일 수 있다. 하지만 본 연구에서는 이 같은 사료를 찾아 규명하는 것보다는 미학적 상상력을 동원하여 비잔틴식 2원 도식이 충분히 사보르 광장의 종교적 코드를 해석하는 데 도움이 된다는 것을 밝히는 것에 만족한다.

[삽도-183]은 구글의 지도 검색 창에서 사보르 광장을 검색하여 나온 결과를 필자가 재구성하여 그린 그림이다. 검색된 지도 화면 하단에는 해당 지역을 '30미터 측정 길이 단위'가 기재되어 있고, 이를 위의 그림에서는 붉은색 직사각형으로 표현하였다. 이러한 시도는 우스펜스키 사원의 길이가 37미터이고, 폭이 24미터인 것을 고려하여 실제 사보르 광장의 크기와 다른 인근 건축물과의 조화와 간격을 알아보기 위함이다. 위 그림에서처럼 붉은색 사각형은 구글이 애초에 기준으로 삼은 30미터 단위이다. 이를 측정단위 삼아 내부의 1차 원을 그리고 다른 인근 건물과의 관계를 재어보니 원 중심의 푸른색 직사각형 지름을 상상할 수 있다. 같은 30미터 길이의 지름을 상상하면서 1차 원의 지름을 재조정하면 약 50.7미터가 계산된다. 즉 우스펜스키 남문에서 아르한겔스키 사원의 측면 벽까지는 지름 원으로 내접하면서 연결되기 때문에 측정 거리가 약 50.7미터가 되는 셈이다. 이 지름을 이용하여 1차 내부 원을 그리면 이반 종루의 탑과 성수태고지 사원 역시 내접하면서 거의 동일한 거리 내에 들어온다. 이는 사원광장 내에 총 7개의 건물이 들어가 있으나, 정 가운데 4채의 건물을 서로 연결시키는 최소 지름, 즉 길이는 50.7미터 이내란 것을 알 수 있다.

2차 원의 지름을 계산하면 1차원의 지름이 50.7이기 때문에 111.4미터가 된다. 이렇게 하여 더 커다란 2차 원을 그리고 그 안쪽으로 내접하는 건물을 보면 사보르 광장 안의 거의 모든 건물이 포함되고 있음을 알 수 있다. 그리하여 지름이 111.4미터에 해당하는 커다란 원 안에 광장 안의 주요 건축물이 들어오는 '물리적 사보르'의 효과를 만들어 낸다. 이 물리적 혹은 계측적 사보르는 모스크바 건축문화가 형성되던 시기에 이미 건축가들에 의해 깊게 고안되고 실행되었던 의도에 들어 있었을 것이다.

　사보르 광장이란 말이 구체적으로 어떤 시기에, 어떤 문헌에 기록되어 사용되었는지의 문제 역시 사료적 측면에서 고려되어야 할 문제이다. 그러나 이 책에서는 논외의 문제라고 해도, 이 사보르 광장의 설계와 건축학적 해석은 이 자리에서 충분히 논의해 볼 만하다. 앞서 우스펜스키 사원이 건축된 역사적 시점과 그 이후의 문화적 상징 효과는 결국 이 물리적 사보르의 해석과 무관하지 않기 때문이다.

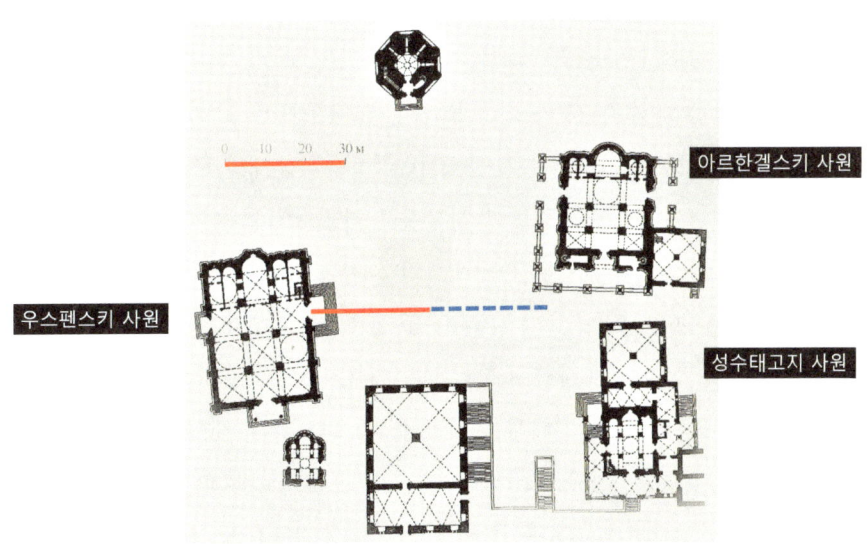

[삽도-184] 1329년에 제작된 사보르 광장의 평면도를 재현한 그림　광장 내의 세 주요 사원의 위치와 실측 측량 단위인 30미터 길이 표시가 상단에 선명하게 들어있다.[11]

Ⅳ. 우스펜스키 사원의 상징적 의미　369

위의 도면은 이반 칼리타 당시인 1329년 요안 레스트비치니크Иоанн Лествичник가 제작한 사보르 광장의 도면을 재구현한 것이다. 이반 뇌제의 종루 제작 당시 "천상의 계단небесная лествица"이란 이념을 구현하고자 했던 성 요안의 평면도에는 광장 내에 있는 우스펜스키 사원, 성수태고지 사원, 대천사 사원(아르한겔스키 사원) 역시 포함되어 있다.[12] 이 도면에 기초하여 해석해 보아도, 그림에서와 같이 좌측의 우스펜스키 사원의 우측 남문에서 광장을 횡단하여 반대편 대천사 사원까지의 직선거리는 계측좌 30미터의 약 2.3배에 달하는 60.6m에 달하는 것으로 보인다. 파란색 실선으로 처리된 부분은 붉은색 막대와 구별하기 위해 한 것으로 30미터 길이의 2배가 된다는 것을 보여주고 있다. 위에서 말한 내접을 기준으로 하면 이보다 짧은 50.7m이지만 아르한겔스키 사원의 현관 계단까지를 고려하면 약 10미터가 더 긴 셈이다. 이로써 우리는 광장의 규모를 파악할 수 있고, 내접과 그 밖의 다른 조건을 고려할 때, 광장의 규모와 제작 원리 속에 어떠한 기하학적, 건축공학적 계산이 들어있었는지를 상상해 볼 수 있겠다.

원 안에 건축 구조물이 포함되어 들어오고, 외접한 둘레 역시 건축물의 위치와 원으로 연결되게 하였던 구조적 특징 속에서 우리는 '하나된' 조화, 즉 사보르노스찌соборность 개념을 환기해 볼 수 있다. 연합을 이루었거나, 하나 속에 들어 있는 상태를 말하는 사보르노스찌야말로 정교회 이념에서 중요하게 생각하는 구성요소이자, 가장 러시아적인 정신을 표현한 정수라고 하겠다. 이 철학적이고 신학적인 개념이 바로 사보르 광장의 기획과 우스펜스키 사원을 건축할 당시에 충분히 고려되었을 것으로 상상하는 것은 그리 놀라운 일이 아닐 것이다.

러시아 역사와 실제 구체적인 문화의 내면에서 사보르라는 개념은 정신 및 철학적 단면을 들여다보게 해주는 매개 역할을 한다. 그리고 러시아 역사 문화의 정신 구조상의 특징은 또 다시 사보르노스찌라는 추상 개념으로 코드화되어, 해석과 적용의 보편적 타당성을 확보해간다. 이런 전 과정에서 우스펜스키 사원을 통한 사보르노스찌 개념의 코드화 및 이에 대한 해석이 바로 우리가 앞서 점검해 온 내용들이다.

첫 완공 이후 여러 차례의 보수와 개축을 하였지만, 1479년 우스펜스키 사원이 건축된 이후 벌써 539년(2018년 기준)이 지나고 있다. 러시아의 1천년 역사의 절반을 살았고, 러시아 문화예술의 1천년 역사를 증거한 중요한 상징물이 우스펜스키 사원이다. 그리하여 우스펜스키 사원은 러시아의 문화코드가 내재해 있는 상징적인 기념물이자, 반대로 이 건축물을 통해 러시아를 읽을 수 있는 가늠좌이자 러시아 문화를 읽어낼 수 있는 건축 문법이라 하겠다.

이와 같은 의미를 함축하고 표상하고 있는 우스펜스키 사원이 위치한 곳이 바로 사보르 광장이며, 이는 명실상부 러시아 수도 모스크바의 가장 중심, 곧 심장에 해당함으로 보여준다. 그리하여 광장을 소개하는 가장 핵심적인 내용이 러시아어로 다음과 같이 기술되어 있음을 보면서 우리는 지금까지 살펴본 우리의 주장이 본질에 닿아 있음을 재차 확인한다.

사보르 광장은 수도의 한 중심이자, 심장이다.
Соборная площадь - это самый центр столицы, её сердце.[13]

2. 주변 환경과의 관계
_ 하늘의 도우심을 읽다

건축의 중요성을 설파한 현대 건축계의 주요 학자인 폴 골드버거는 건축과 환경과의 관련을 이렇게 적고 있다.

건축은 절대 홀로 존재하기 않는다. 모든 건물은 옆이나 뒤, 길모퉁이 너머, 길 위쪽에 있는 다른 건물들과 어떤 연결이 되어 있다. 건축가가 의도했던 의도하지 않았든 상관없다. 또한 건물은 근처에 다른 건물이 없더라도 그것을 둘러싼 자연 환경과 연결되어 있으며, 자연 환경도 건물 못지않게 많은 것을 말해 줄 수 있다.[14]

골드버거의 주장처럼 건축은 주변 환경에 직간접적으로 영향권 하에 놓여 있다. 의도적인 설계가 아니어도, 환경이 건축에 미치는 영향과 그 반대로, 건물이 주변에 끼치는 영향은 결코 무시할 수 없는 문제이다. 우리가 지금까지 살핀 우스펜스키 사원은 일차적으로 사보르 광장의 주요 구성 요소이다. 크렘린 궁을 넘어 이 사원은 주변의 다른 건물과 어떤 연관을 맺고 있고, 어떤 건축학적 관점에서 이를 해석해야 할까? 아래에서 보다 자세하게 살펴보자.

크렘린 궁 내부에 있는 우스펜스키 사원의 위치는 모스크바 강 측면을 따라 다른 곳에 위치한 성 구세주 사원과 비교해 볼 필요가 있다. 그 규모로 보나, 상징적인 의미에서 가장 잘 어울릴 뿐만 아니라, 비교의 대상이 되기 때문이다.

1812년 프랑스와의 조국전쟁에서 승리한 사건을 기념하기 위해 1883년에 건축된 성 구세주 사원Храм Христа Спасителя(영어로는 Christ the Savior라고 불림)은 "러시아와 유럽의 구원을 기념하는 축하 공간"의 의미를 담고 있다. 반면 크렘린 궁에 있는 우스펜스키 사원은 "모스크바의 구원에 바쳐진 온갖 종류의 경축 의례의 중심지"였다.[15] 러시아-비잔틴 양식으로 지어진 이 사원 건축물은 상트 페테르부르크에 있는 성 이삭 사원보다 1.5미터가 높아, 지금까지 러시아 전체에서 가장 높은 정교회 건물임을 자랑하고 있다.[16]

모스크바 강의 흐름에 따라 강변에 위치한 크렘린 궁과 성 구세주 사원의 터는 직선거리로 약 800미터 가량 떨어져 있다. 아래의 항공촬영 사진에서처럼 구세주 사원에서 직선 방향, 즉 남쪽에서 북쪽을 바라보고 있는 위치에 크렘린 궁의 사보르 광장이 자리해 있다(아래의 하단 지도 참고). 반대로 성 구세주 사원에서 크렘린을 바라보면 북쪽에서 남향을 바라보게 되는 셈이다. 이렇게 볼 때, 두 위치 모두를 기준으로 하면 모스크바 강은 남쪽 방향에 위치하여 있고, 물의 흐름 역시 남쪽에서 이루어지고 있음을 발견하게 된다.

그러면 모스크바가 축성될 당시의 15세기 사료를 통해 우스펜스키 사원의 위치를 포함하여 주변의 주요 거점을 확인하여 보자. 이를 통해 우리는 사원의 위치가

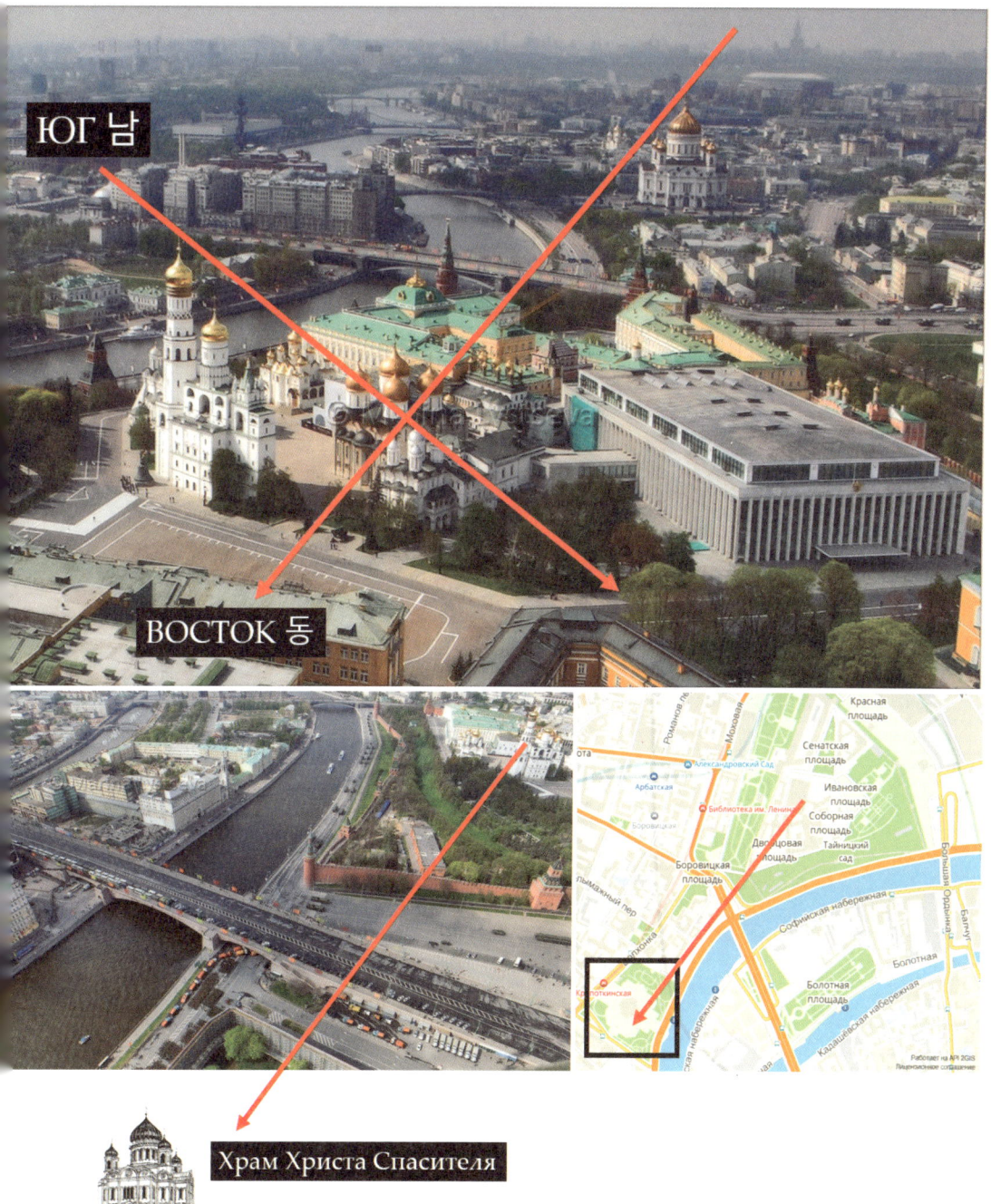

[삽도-185] 사보르 광장 내에 있는 우스펜스키 사원과 저 뒤편 멀리에 보이는 성 구세주 사원이 모스크바 강을 따라 연결되어 있음을 보여준다. 남쪽에서 흐르는 모스크바 강을 따라 강변에 위치한 크렘린 궁과 성 구세주 사원 간의 지리적 의미에는 정교회 건축 상의 향방 원리가 숨어 있다.[17]

[삽도-186] 1365년 모스크바 도시 계획 당시 작성된 평면도를 중심으로 다시 제작된 그림. 정 가운데 I(크렘린)을 중심으로 지역 분할을 보여주고 있다. 차례대로 II는 키타이-고로드(Китай-город), III은 중앙 광장지대(Центральные площади), IV는 벨르이 고로드(Белый город), V는 젬랴노이 고로드(Земляной город), VI은 자모스크바레치예(Замоскворечье), VII은 18세기 당시의 모스크바 경계, VIII은 구 모스크바 근교를 각기 보여준다.

얼마나 중요한 자리를 차지하고 있으며, 그 지리적 의미를 어떻게 해석할 수 있는지를 분명하게 이해할 수 있다.

위의 지도에서처럼 러시아어로 도시를 뜻하는 고로드город라고 하는 것은 크렘린으로 둘러싸인 것을 말하며, 위에서는 나오지 않지만 인접한 포사드посад는 크렘린의 동쪽 구역을 지칭하는 것으로, 장사꾼과 장인들이 모여 사는 거주지역이었다. 또한 이 지역은 1534-1535년 기간 동안 키타이-고로드Китай-Город로도 알려지게 된 장소로서 돌벽으로 둘러싸였다. 키타이-고로드는 모스크바 도시 전체에서 가장 번화한 상업지대였으며, 외국인 상인 및 해외 방문객들이 밀집해 있던 장소였다. 볼쇼이 포사드Большой посад라고 하는 주 행정구역이 바로 인접해 있다. 자고로지예загородие라고 불리는 구역은 크렘린 넘어 멀리 네글리나야 강의 북서쪽으로까지 뻗어있던 장소를 말한다. 마지막으로 자례치예заречие라고 하는 구역은 모스크바 강 남쪽의 거주지역이었다. 슬로보디слободы는 현대어로 자유를 의미하지만, 표트르 대제 이전 당시에는 도시의 특별 거주지역으로 사용되었다. 젬랴노이 고로드Земляной город는 스코로돔Скородом이라는 다른 이름으로도 불렸고, 주로 수공업자들 및 장인들이 밀집하여 살던 지역으로 잘 알려져 있었다. 마부, 짐승가죽 거래업자, 정원사, 직공, 총병 등의 특별 거주지역으로 모스크바 강 이남을 생활무대로 하고 있었다.

중세 도시들 대부분이 그러했듯이, 이 같은 정착지들은 구심적 벨트concentric belts를 형성하면서 성채 주변을 둘러싸고 있었다. 동맥과도 같은 여러 도로들이 인근의 도시와 지방, 공국들로부터 중심으로 연결되어 있었다. 도시들이 발달함에 따라 이 같은 옛 도로들은 도시의 주요 거리가 되었다.[19] 위 지도에서도 확인되고 있듯이, 정중앙의 크렘린, 붉은광장, 상업주거래지역 키타이-고로드가 몰려있는 동심원 구조의 모스크바 중심지 안에 우스펜스키 사원이 들어 있는 것이다. 위 사진을 통해 우리는 우스펜스키 사원의 지리적 위치가 얼마나 수도 모스크바의 중심을 차지하고 있는지를 분명하게 확인하게 된다. 우스펜스키 사원은 이렇게 이미 그 장소적 위치

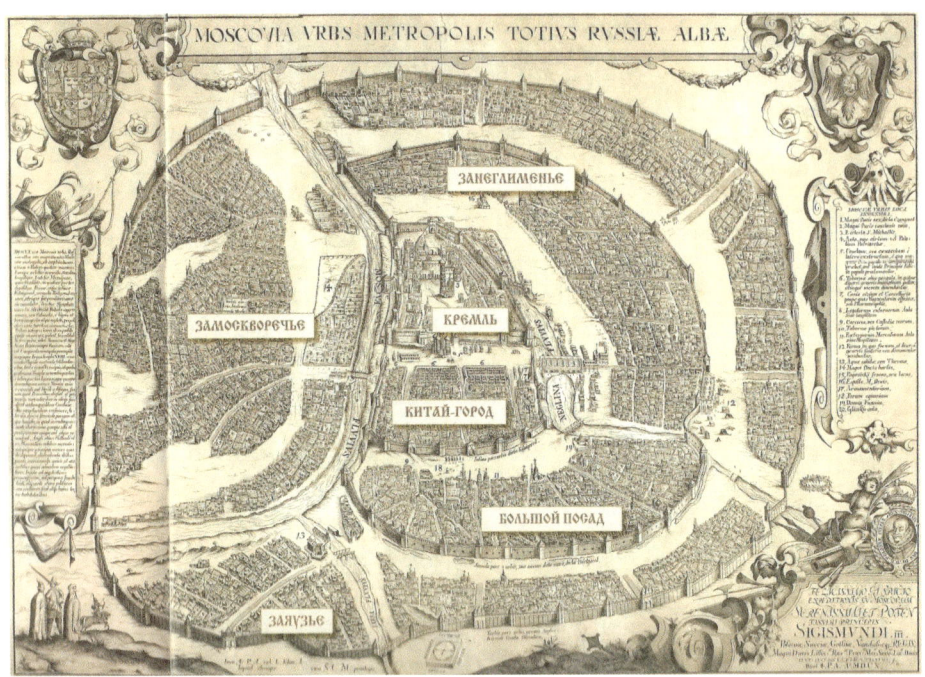

[삽도-187] 3] 1610년대 모스크바 지역 및 행정 분할도(Территориально-административное деление Москвы в XVI – XVII вв. 《Сигизмундов》 план 1610 г. Издание XIX в.)[20]

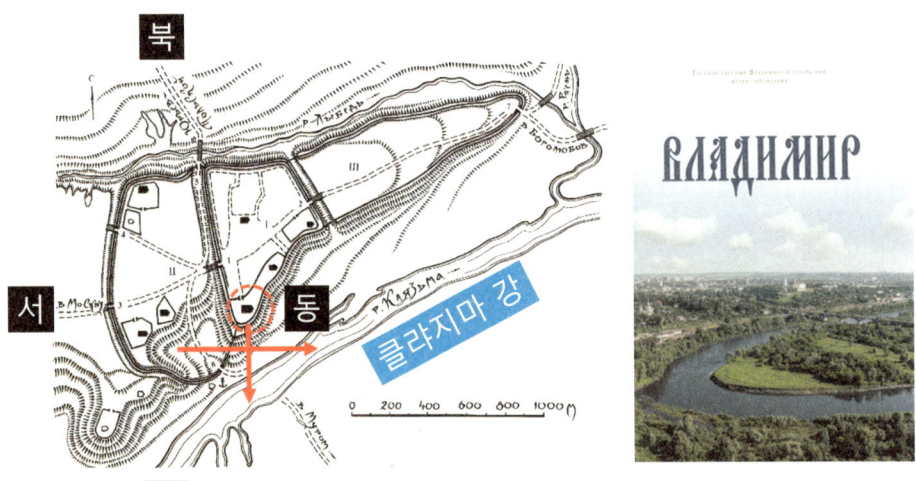

블라디미르에 있는 우스펜스키 사원 역시 동쪽에 이코노스타스, 남문은 강을 향해 있다

[삽도-188] 모스크바 외곽의 황금고리라고 하는 역사 도시 가운데 블라디미르에 형성된 크렘린의 지형적 특징을 한 눈에 보여주는 항공 사진과 필자가 현지를 방문(2015.07.17)하여 입수한 안내 책자 표지   위에서 언급한 크렘린이 형성되는 환경적 조건을 훌륭하게 보여준다.[21]

에서 뿐만 아니라, 역사적 배경에서도 드러나는바 15세기 모스크바의 정치 및 종교적 권력화의 핵심이라고 하겠다.

위의 사진 왼쪽 그림에서 분명하게 나타나듯이, 황금고리 도시들 가운데 하나인 블라디미르의 우스펜스키 사원(붉은 점선 안) 역시 강을 끼고 있는 거대한 성채 크렘린 내부에 들어 있다. 모스크바의 크렘린 궁 내에 위치하여 있는 것과 같이 요새와 같은 보호벽 안에 조성되어 있는 것이 고대로부터 내려온, 러시아의 마을과 사원 형성의 원칙이라 하겠다.

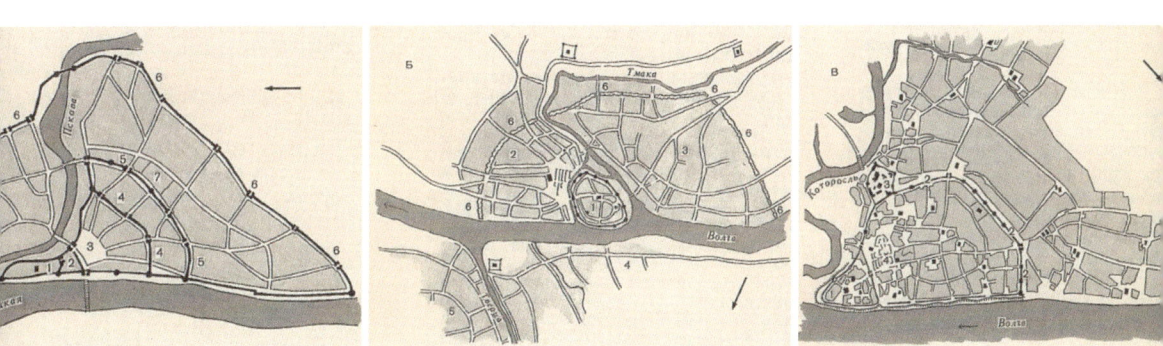

[삽도-189] 황금고리 고도 중에서 위로부터 17세기 당시의 프스코프, 트베리, 야로슬라블리의 크렘린과 사원 배경을 설명하고 있는 사진[22]

위의 사진에서처럼 고대 및 중세 시기 러시아의 도시 형성과 크렘린 축성에는 매우 밀접한 관련이 있다. 바로 강변, 즉 생존을 위한 수원을 끼고 있다는 점이다. 크렘린이란 용어의 기원은 성곽구조에 관련되어 있다. 거의 거대한 원에 가까운 높은 성벽이 둘러있고 그 내부에 사원이 지어졌는데, 이 외벽을 크렘린이라고 한다. 따라서 높은 성채를 포함하는 이와 같은 크렘린은 모스크바에만 있는 것이 아니라, 주요 거점 도시에는 어디에서나 발견되는 구조물인 것이다. [삽도-189]에서 특히 첫 번째의 프스코프 크렘린 구조는 모스크바의 삼각형 구조와 너무도 흡사한 것을 알 수 있다. 가운데 트베리의 크렘린 구조는 원형에 가깝고, 야로슬라블리의 크렘린 구조는 밑의 볼가 강을 면해 성벽이 일렬로 건축된 흔적을 볼 수 있다.

몽고 타타르의 침입 이전 고대 루시 시기에 러시아 사원의 규모를 알 수 있는 흥미로운 데이터에 기초하면 당대 사원이 도시 형성 과정에서 얼마나 큰 비중을 차지하고 있었는지 가늠해 볼 수 있다. 그 규모로만 볼 때, 가장 큰 사원에는 단연 키예프에 있는 사원을 들 수 있다. 키예프, 체르니고프, 노브고로드에 세워진 사원들은 대체로 200헥타르 혹은 그 이상의 크기를 보인다. 1헥타르가 10,000제곱미터, 즉 가로, 세로 길이가 각 100미터씩의 규모이니 200헥타르는 이것의 200배 크기로 2제곱킬로미터나 된다. 이런 계산으로 하면, 위의 세 도시 사원이 러시아 역사에서 가장 큰 규모를 보이며, 그 다음 크기의 사원이 들어선 도시에는 우리가 이미 살펴본 블라디미르와 수즈달, 로스토프가 대표적이다. 이른바 황금고리 내의 여러 고도 가운데 세 곳이 이 규모에 해당한다. 그리하여 블라디미르의 우스펜스키 사원이 조성된 크렘린은 80헥타르 크기를 보인다. 그 외, 더 작은 규모의 사원 크기는 30헥타르, 가장 작은 단위에는 10헥타르도 있다.[23]

지금까지 살펴본대로, 이코노스타스와 제단이 향한 방향은 늘 동쪽이었고, 이렇게 확정된 사원의 중요한 방향 때문에 자연스럽게 남문의 방향 역시 고정될 수밖에 없다. 모스크바의 우스펜스키 사원과 같이 블라디미르의 사원도 남문 방향이 강을 바라보고 있어서, 풍수지리의 가장 기본인 배산임수 원칙이 여기에서 재차 확인된다. 하늘색 칸의 설명처럼 사원의 남문은 클랴지마 강을 향하고 있어, 동쪽으로 길게 누워있는 형상을 보여준다. 일조량의 조건으로 볼 때, 이렇게 사원에는 창문 자체가 매우 적고 작아 빛이 부족한 부분을 남문이란 향방의 원리를 이용해 극복하고 있는 것이다.

아래 툴라 현의 크렘린Тульский кремль 구조에서도 중세 크렘린의 조성이 어떤 근거에서 마련되었고, 그 건축적 특징은 어떤 점에서 이전과 전통의 맥을 같이 하는지 극명하게 드러난다. 가운데 네모칸이 바로 외곽에 둘러친 높은 성벽 크렘린 내부를 보여주며, 오른쪽 상단 구역에는 사원이 자리하고 있음이 나타난다. 아래

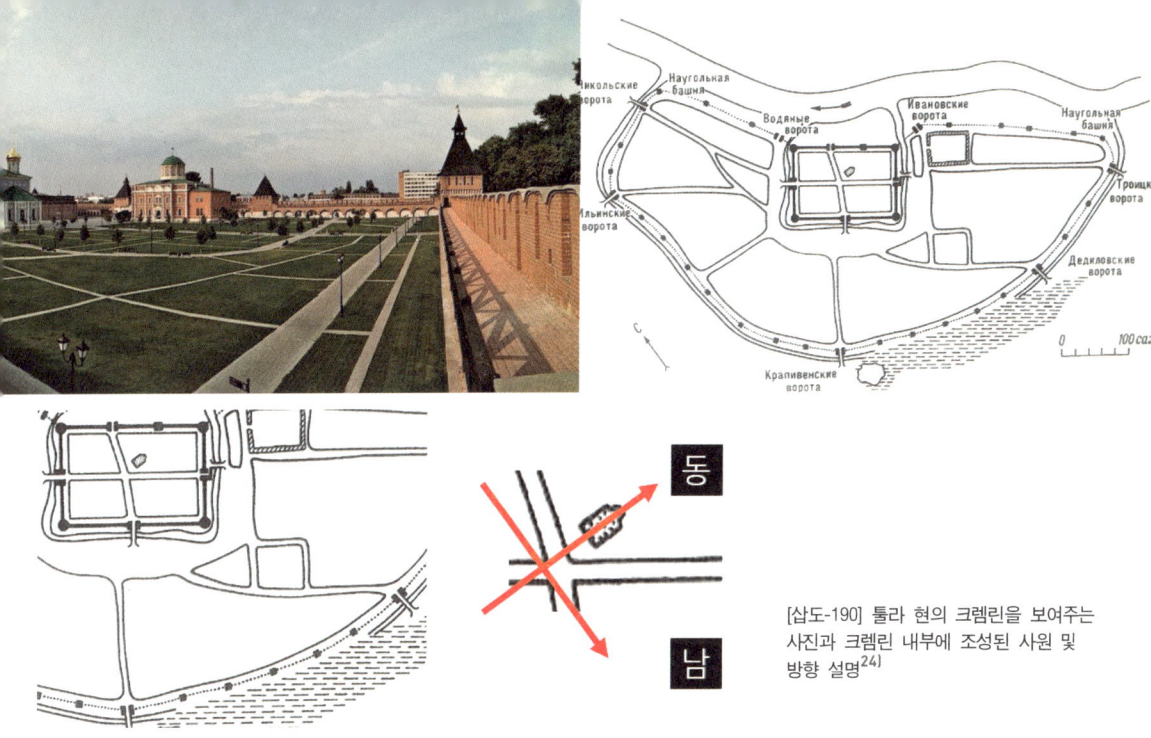

[삽도-190] 툴라 현의 크렘린을 보여주는 사진과 크렘린 내부에 조성된 사원 및 방향 설명[24]

[삽도-190]의 하단 그림에 나타나있듯이, 동을 향해 있는 사원의 앱스가 이를 증명해 주며, 자연스럽게 남을 향한 곳은 수원, 즉 물이 흐르는 위치를 보여준다. 모스크바의 사원광장에 위치한 우스펜스키 사원의 남문 방향이 모스크바 강, 즉 남쪽을 향하여 있는 구조적, 지리적 향방의 원칙이 여기에서도 동일하게 적용되어 있음을 알게 된다.

3. 종교적 상징성
_ 건축물의 탈종교적 메시지를 읽다

우스펜스키 사원의 종교적 상징성을 이해하기에 앞서 우리는 건축이 어떤 심미적 원칙으로 세워지는지를 간략하게 알 필요가 있다. 피셔가 말하고 있듯이, "건축은 무기적인 자연을 이상화시킨다." 여기에서 무기적인 자연이라 함은 건축이 "세계를 지배하는 힘들의 변화무쌍한 작용의 예감 이상의 구체적인 어떤 것도 표현할 수 없기 때문"이라는 전제 조건을 의미한다. 이렇듯 건축은 일반적으로 주변 환경의 자연을 이상화한다는 것이다.[25]

이러한 이상화 작업에 고도의 종교적 상징성이 추가되고 이는 다시 최고도의 신학적 요소를 포함시키기 위한 열정과 의도를 야기한다. 종교 건축물은 이러한 이유에서 더욱 상징적인 함의를 띨 수밖에 없으며, 이 건축의 상징성은 기본적으로 건물의 내외부를 모두 포함하고 있기 마련이다. 이러한 내외부의 종교적 함축성을 파악하고, 신학적인 외피의 작용 속에서 한 건축물이 지니고 있는 '종교적 상징성'이 판독될 수 있는 것이다.

4. 풍수지리적 상징성
_ 풍수의 원리를 깨우치다

보통 풍수지리라 함은 동양, 특히 중국과 한국에서 인간의 거주지와 죽은 자의 묘자리를 위해 가장 좋은 터를 잡기 위한 이치로 활용하는 학문 정도로 이해된다. 보다 구체적으로 풍수는 "산줄기 물줄기의 형태, 방향 등의 특성을 통해 인간에게 생기와 살기가 되는 바람과 물을 구별하는 방법을 논리적으로 정리해 놓은 학문"으로 정의할 수 있겠다.[26]

지형과 물줄기의 흐름으로 좋은 땅의 기운을 판별하는 전통적 독법을 크렘린 궁의 건축과 우스펜스키 사원의 위치에 적용해 보는 일은 많은 무리가 따른다. 모스크바의 지형적 특징이 산맥을 포함하고 있지도 않으며, 크렘린 궁이 강의 흐름에 크게 영향을 받을 만한 위치에 있지도 않기 때문이다. 이른바 배산임수의 기본 판별법이 러시아의 경우에 적용되지 않기 때문이다.

사실 모스크바가 융성했을 수 있었던 여러 요인 가운데 지리적 위치의 중요성은 가장 많이 언급된다. 20세기 초 철학자 솔로비요프도 그랬거니와, 『러시아의 역사』

를 집필한 랴자놉스키의 역사서에도 이 부분에 대한 설명이 잘 나와 있다. 랴자놉스키는 모스크바의 등장 배경과 지리적 환경을 논한 지면에서 두 가지의 중요한 요소를 지적한다. 첫째는 모스크바가 유럽 러시아를 가로지르기도 하고 통합하기도 했던 하상 교통로의 교차점에 위치하였다는 점이다. 둘째는 네 개의 주요 강, 이른바 오카 강, 볼가 강, 돈 강, 드네프르 강의 상류 근처에 위치하였다는 점이다.[27]

이 외에도 수도 모스크바가 아래의 지도에서 나타나듯이, 사방을 중심으로 원형을 이루고 있다는 점은 외부로부터의 침입을 당해도 그 충격이 직접적이지도 않았고, 상당한 시간이 요할 정도로 내부에 있었다는 점도 중요하다. 모스크바 강을 앞에 두고, 구릉 위에 위치한 요새와 같은 기능으로 지어진 모스크바와 크렘린 외벽의 등장은 도시 모스크바의 지정학적 특징과 강점을 가장 잘 설명해 준다.

옆의 사진은 크렘린 궁 좌우측에 세워진 두 기념비의 위치와 의미를 통해 수도 모스크바의 중심 지역이 어떤 지리적 중요성을 지니는지, 우스펜스키 사원의 장소가 함축하는 입지적 조건이 얼마나 고도의 계획 속에서 지어졌는지를 해석하는데 매우 중요한 단서를 제공한다. 여기에서 살필 것은 크렘린 궁 좌우측에 세워진 두 개의 대형 기념비이다. 둘 다 종교적 의미를 담고 있는 것으로 마치 궁을 수호하고 있는 듯한 인상을 떨쳐버릴 수 없다.

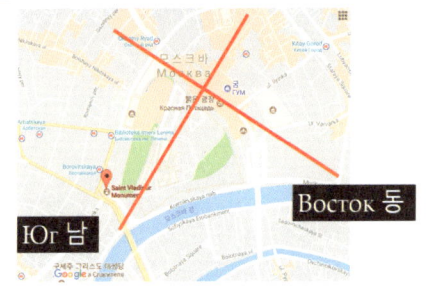

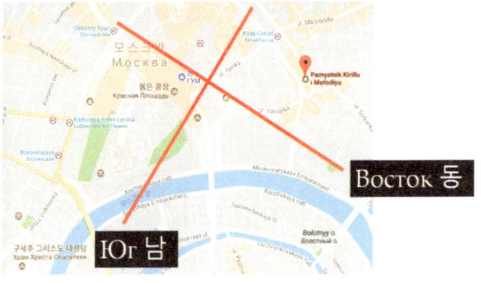

[도-191] 모스크바에 있는 두 거대 기념비를 지도에서 그 위치를 인한 그림   위는 988년 비잔티움에서 기독교를 받아들여 키예프시가 공식 기독교국가로 되는 데에 기여한 블라디미르 대공 기념비가 워진 곳을 보여준다. 하단은 키릴과 메포디 기념비가 세워진 위치를 겨준다. 키릴과 메포디 형제 선교사는 고대 루시 시절 러시아에 기독복음을 전달하였을 뿐만 아니라, 키릴문자를 창제, 보급한 자들이다.

Ⅳ. 우스펜스키 사원의 상징적 의미   381

모스크바 강을 남향으로 하고 있는 모스크바 심장부는 위의 지도에서와 같이 삼각형 모양의 크렘린 궁 남쪽에 강이 흐르고 있다. 삼각형 형상의 크렘린 궁의 좌·우측 양끝에는 위에서와 같이 두 개의 커다란 기념비가 자리하는데, 좌측엔 블라디미르 대공 기념비가 우측 끝에는 키릴과 메포디 형제 선교사의 기념비가 세워져 있다. 둘 다 러시아로의 기독교 전래와 밀접한 관련이 있는 역사적인 기념비이다.

여기에서 흥미로운 것은 두 기념비 모두 남향의 강을 바라보고 있다는 점이다. 기독교 국가에서 생명의 강을 바라보며 서 있는 두 기념비의 주인공이 마치 수도 모스크바를 '주술적으로 보호'하고 있는 듯한 느낌을 지울 수 없다. 따스한 양지의 공간 남향을 향해 있기 때문에 두 장소 모두 늘 빛이 많이 드는 곳에 위치하여 있음을 더불어 알 수 있다. 수도 모스크바의 크렘린 궁의 위치, 이것의 삼각형 모양, 그리고 주변에 서있는 기념비의 위치가 상징하는 의미는 결코 무시될 수 없다. 이는 우스펜스키 사원의 입지적 조건을 선택할 때에 이미 건축가들에 의해서 충분히 고려되었을 것이다. 이에 대한 문헌적 자료 보강이 절대적으로 필요하며, 또 다른 방대한 연구의 주제인 이유가 여기에 있다. 아래의 사진([삽도-192])은 필자가 찍은 것들로 두 기념비를 잘 보여주고 있다.

필자가 이 책의 탈고 과정에서 마지막으로 모스크바를 방문하던 기간에 마침 러시아 기독교 수용 1030주년이 되는 해이자 기념 달이 찾아왔다. 7월 28일에 그 기념일 행사가 거행되었는데, 이 장소가 바로 블라디미르 대공 기념비 앞이었다. 전국에 생중계된 이 날의 행사에는 모스크바 총대주교 키릴과 푸틴 대통령이 동석하였고, 푸틴 대통령은 자신의 집무실이 있는 크렘린 궁에서 이곳까지 직접 '십자가 행렬крестный ход'에 올랐다.

기념식 축사로 "루시의 세례는 [러시아] 역사의 전환점이었다"고 분명하게 강조한 푸틴은 이 기념 행사에 참석함으로써 러시아 전 국민에게 정교회국가로서 러시아가 감당해야 할 사명과 이미지를 동시에 훌륭하게 연출한 것으로 평가된다.

[삽도-192] 위는 블라디미르 기념비, 아래는 키릴과 메포디 기념비   둘 다 남쪽의 모스크바 강을 향해 있으며, 크렘린 궁을 기준으로 한다면 각기 좌측과 우측 끝에 있어서 마치 궁을 보호하고 있는 듯한 형상을 취하고 있다.

푸틴 대통령의 공식 홈페이지인 '블라디미르 푸틴 오늘Владимир Путин сегодня'에서 캡쳐한 사진과 연설 낭독 순간을 포착한 사진은 아래와 같다.

[삽도-193] 루시의 기독교 수용 1030주년 기념해인 올해 2018년 7월 28일에 수용자였던 블라디미르 대공의 기념비 앞에서 푸틴 대통령과 키릴 모스크바 총대주교가 참석한 가운데 대규모의 축하 행사가 거행되었다.[28]

이 같은 설명 외에도 러시아의 크렘린 궁과 우스펜스키 사원의 지형적 위치가 지니는 지리적 함의와 상징성은 다른 접근방법으로 해석이 가능하다. 이것이 바로 러시아 정교회 건축의 일반적인 고려 사항들이며, 기하학적 요소들이다. 상술하였듯이, 사보르 광장 안에 있는 여러 사원은 제각기 성도들의 출입구가 다르다. 그 중에서도 특히 성수태고지 사원의 입구는 동방향에 나 있어서 역방향으로 돌아 '디귿 자'를 향하면 이코노스타스가 있는 동쪽으로 연결된다. 그 밖의 아르한겔스키 사원과 우스펜스키 사원은 모두 서문을 통해 반대편인 동쪽을 향해 나아가도록 방향이 위치되어 있다. 이리하여 사원 광장 안의 모든 사원은 아래의 그림([삽도-194])에서와 같이 한결같이 동쪽을 향해 있음을 알 수 있다.

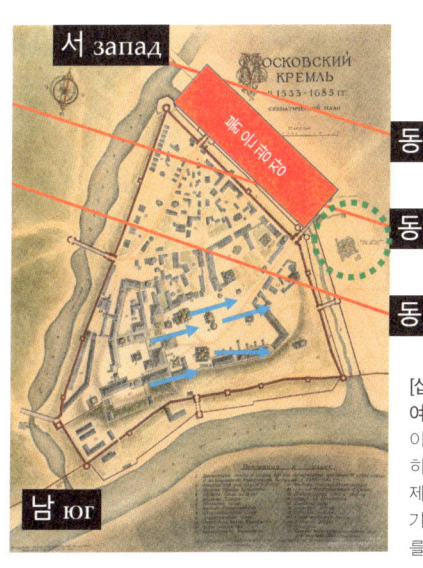

[주요 분석 포인트]
1. 5개 사원의 방향이 모두 동을 향해 있음
2. 사원 내의 이코노스타스가 모두 동을 향해 있음
3. 녹색 점선 안의 바실리 사원은 동쪽에 위치
4. 붉은 광장은 서에서 동쪽을 향해 있음
5. 레닌묘는 광장 중앙에, 시신의 머리는 남향에
6. 결론적으로, 붉은광장의 구조는 정교회 건축술을 세속적으로 모방하고, 우주론적으로 축소한 형국이며, 서쪽의 <역사박물관> 방향에서 동을 향해 나아가는 정교회 내부 구조의 축소판인 셈.

[삽도-194] 1533~1685년 당시 모스크바 크렘린의 전체 외관을 보여주는 평면도로, 내부의 메모와 기호는 모두 필자가 삽입한 것
이 그림은 크렘린 궁 내에 있는 사원 5개가 모두 일정한 방향을 향하고 있다는 건축학적 원리를 보여준다. 즉 사원들의 건축 시기가 제각기 다르고, 그 출입구 역시 조금씩 달라도, 결국 이코노스타스가 위치하여 있는 동쪽을 향해 있다는 점이다. 파란색 화살표가 이를 보여준다.[29]

이 광장에서 가장 먼저 건축된 사원이 우스펜스키 사원이란 점에 주목할 필요가 있다. 그 이유는 사원을 중심으로 거의 3각형 형상의 크렘린 궁 삼면의 선분 정 중앙을 관통하고 있기 때문이다. 뿐만 아니라, 이 관통한 선분은 레닌묘로 직선으로 연결

[삽도-195] 사보르 광장이 내려다보이는 항공사진   4방위 표시를 통해 어떠한 항방의 원리에 따라 사원들이 건축되었는지 가늠해 볼 수 있다.

되어 크렘린 궁 정중앙이 곧 우스펜스키 사원인 것을 알게 된다. 모스크바 정중앙의 원 안에 위치한 크렘린 궁, 삼각형 크렘린 궁 내에 위치한 원 안의 우스펜스키 사원은 기하학적으로 원과 삼각형이 동시에 겹치며 에너지를 만들어내고 있다.

　기하학적 중심에 자리잡은 우스펜스키 사원의 중심축은 에너지를 발산함과 동시에 응축하고, 끌어 모으는 역할을 한다. 예수 얼굴 세 개가 만들어내는 동심원의 원리에서처럼 이 사원 광장은 중심에서 사면으로 퍼져나가는 핵을 이루고, 이 핵의 위치가 바로 우스펜스키 사원인 것이다.

　성모 마리아의 승천을 기념하며 봉헌된 우스펜스키 사원의 상징성은 생명을 탄생시키는 성모의 여성신격과 땅의 기운이 합쳐져 신화적 장구함과 영속성을 창조해 낸다. 우주의 배꼽이자, 탄생의 중심, 종교 문화적 활동의 중심지 역할을 수행할 우스펜스키 사원의 위치는 이런 모든 요소들을 통해 볼 때 핵심 가운데 핵심이 아닐 수 없다.

　16-17세기 오롤 지방의 크렘린과 목재 건축의 위치도를 그린 [삽도-196]의 그림

과 16세기 초 모스크바 크렘린 궁의 사진을 비교해 보면, 그 모양이 매우 흡사한 것을 알게 된다. 높은 성채의 외곽 벽을 지칭하는 크렘린의 모양이 거의 삼각형을 띠고 있다는 점이 가장 분명하게 드러난다. 나아가 이 크렘린 내에는 애초에 시작된 목조 교회, 후에는 석조 교회가 들어가 있고, 이것이 바로 크렘린의 중심을 구성하는 가장 중요한 요소가 된다. 그리고 두 사진의 왼쪽은 모두 강이 흐르고 있어서 삶의 터전인 수원水原이 크렘린 인근에 자리하고 있다는 사실이 드러난다. 이로써 우리는 모스크바의 크렘린이나 여기에서 멀리 떨어진 다른 지역의 크렘린이건 모두 강 인근에 뿐만 아니라, 높은 지대 위에 위치한 것이 크렘린이며, 이 내부의 중심엔 교회, 즉 종교 건축물이 자리해 있다는 것을 확인할 수 있다.

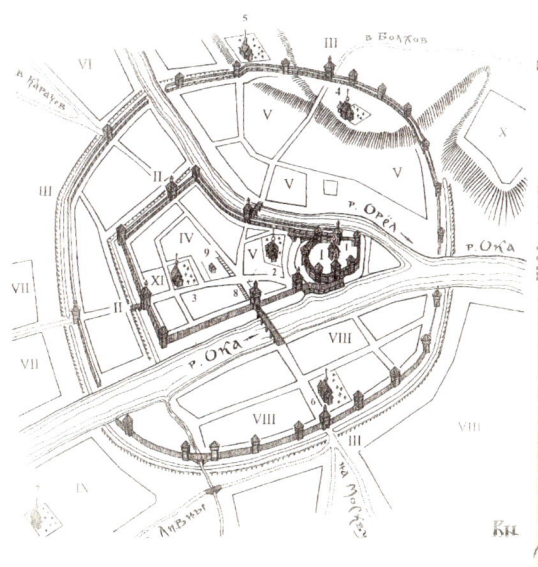

[삽도-196] (좌)16-17세기 오룔지방에서 발견된 크렘린의 구조 및 목조 교회 위치도
(우)1533년 이반 Ⅲ세 당시에 제작된 크렘린 궁 조감도 사진   우측 붉은색 안이 바로 해자이며, 이 해자길 위에 건축된 것이 성바실리사원이다.[30]

Ⅳ. 우스펜스키 사원의 상징적 의미   387

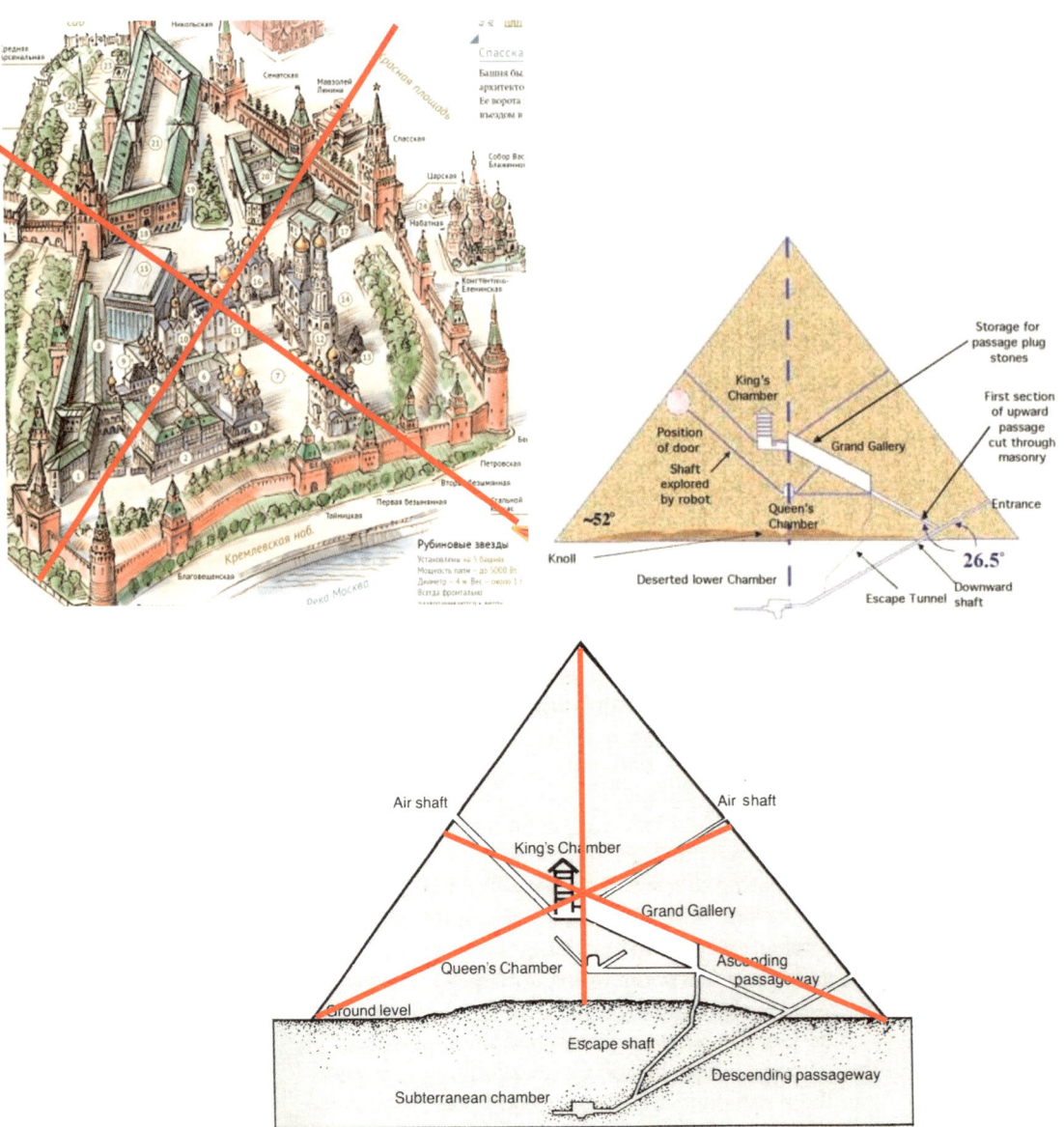

[삽도-197] (상)크렘린 궁의 조감도에서 발견된 삼각형 피라미드의 원리와 실제 이집트 피라미드의 도면에서 나타나는 유사성
(하)피라미드 구조에서 세 선분의 정중앙 지점에서 시작된 3개의 선들이 만나는 지점이 곧 수직 높이의 1/3 지점이 되며, 이 자리가 명당, 곧 왕의 시신이 안치되어 영면과 불멸의 신화를 꿈꾸는 위치이다. 구조의 재구성을 위해 필자가 붉은 선을 삽입하였다.[31]

그리고 위에서 지도를 통해 여러 차례 관찰해 왔듯이, 모스크바의 외관이 원형의 방사형 구조란 사실 자체는 훌륭한 지리적 입지조건을 나타낸다. 해자垓字(ров, moat)를 이용한 건축 구조법이 이른바 "요새화 축성법fortification"에 기초한 중세 도시의 물리적 배치를 상기하기 때문이다.[32] 따라서 유럽 대륙에서 흔히 발견되는 요새 축성법과 유사한 모스크바의 외형 구조는 그 내부의 중심에 크렘린 궁과 레닌묘를 내포하고 있는 형상을 띠게 되는 것이다. 이로써 신화적으로나, 지형적으로나, 그리고 건축학적으로나 레닌묘의 지리적 위치와 그 의미는 풍수지리적 입장과 논리를 접목시키지 않을 수 없게 한다. 주술적 보호자로서 뿐만 아니라, 물리적 지리경관의 실질적인 권력자로서 모스크바의 구조는 행정 및 정치 권력자를 비호하는 '내적 동심원'을 최고의 강점으로 가지고 있게 된 것이다.[33]

결론

건축에서의
러시아성Russianness을 말하다

결론
건축에서의 러시아성Russianness을 말하다

"건축은 공동체의 이념을 상징하는 가장 큰 물리적 실체이고,
우리가 공동의 기반을 가지고 있다는 믿음을
구체적 형태로 가장 확실하게 표현하는 방법이다."[1]

"위대한 러시아 정교회의 가장 특징적인 면모는 사보르노스찌에 대한 숭배다."
Культ соборности - характернейшая черта великорусского Правосдавия.[2]

"16세기 중반은 고대 루시 시대에 운명적인 단계였다."
роковая грань в жизни Древней Руси.

Г. П. Федотов[3]

러시아 정교회의 건축을 살핀 이 책은 이제 한 가지 분명하고 매우 중요한 정의를 내리고자 한다. 다른 서유럽 국가의 그 어떤 경우에서보다 러시아 정교회의 사원은 그 자체로 '돌로 지어진 성경'이었다. 사원 내부에 온갖 성서적 내용(문헌)과 성서적 성화(시각적 이콘)로 가득 차 있기 때문만이 아니라, 사원 외부에도 성서에 기반한

내용들로 장식되어 있기 때문이다. 그리하여 우리는 정교회 사원을 '돌로 지어진 성경'으로 확증하면서, 우스펜스키 사원의 중요성과 특징을 구체적으로 살펴보았다. 마치 도상학자가 회화를 단순히 바라보는 것이 아니라, "읽어야 하는 것"으로 규정하듯이, 필자는 우스펜스키 사원과 특히 그 내부의 이콘을 '읽고 분석해야 할' 텍스트로 이해하였다.[4]

우스펜스키 사원은 이처럼 단순한 종교건축물이기보다는 러시아 정교회사를 증거하는 영원한 성경건축물이자, 그 자체로 여러 그림을 내장하고 있는 성경이라고 하겠다. 그 안에서 우리가 몇 번이고 읽으며 해독을 필요로 하는, 사원이 안고 있는 종교사적, 건축학적, 도상학적 다가치성을 우리가 읽어내야 하는 중요한 시대적 기념비이기도 하다.

움베르토 에코의 말에 의지하여 이를 다시 표현해 보자. 기호학자이자 중세사 연구의 대가였던 에코는 성경의 중요성을 이렇게 적고 있다.

> 성경은 정전을 정의 내리고 가장 올바른 텍스트를 연구하는 데 필요한 언어학적 연구의 대상이자 위대한 번역 사업의 대상이기도 했다.[5]

여기에서 우리는 '언어학적 연구의 대상'과 '위대한 번역 사업의 대상'이었던 성경을 건축 기념물로 대체해 보았다. 이미 위에서 필자가 말한대로, 문헌적 의미에서의 성경과 시각적 이콘의 견지에서의 성경은 정교회 사원이 함축하고 있는 모든 종교문화적 특징을 보여주고 있다. 바로 이 장소에서 러시아 국민(성도)과 지배계급, 종교계 인사들이 종교적 행위와 정치적 행위라고 하는 '의례적 드라마'의 주인공이 되었다. 15세기 후반부터 시작하여 20세기까지 지속된 그 지난한 역사를 종교, 정치, 문화, 역사, 민속, 문화의 의미에서 자세하게 점검해 본 작업이 이 책의 핵심이었다.

러시아 정교회 건축사를 집필한 센코프 역시 러시아 정교회 건축의 전범적 특징의 모델каноническое творчество이 15세기에 기원하였음을 분석하면서 러시아 종교 인식 내에서의 '이성주의рационализм'와 '교훈주의дидактизм'를 그 주요 요소로 연결시키고 있다.[6] 셴코프가 정리하고 있는 이 두 가지 본질적인 속성은 곧 15세기 후반 우스펜스키 사원이 등장하였던 역사적 맥락 속에 만연하였던 정치문화적 배경과 연결된다. 그러나 그 배경은 우리가 지금까지 강조하여왔듯이, 종교적이거나 정신적이고 영적인 배경이라기보다는 정치적이고 이성적인 함의가 훨씬 더 짙게 들어 있었다. 때문에 정신적 경험보다는 종교적 세계화, 개인적인 영적 체험보다는 국가성 하에 놓여 있는 교회의 정치성을 고려한 건축물의 창조야말로 우스펜스키 사원이 등장하게 된 가장 중요한 맥락이란 사실이다.[7]

이렇듯, 우스펜스키 사원은 러시아 모스크바의 정 가운데에 해당하는 '상징적 배꼽'의 자리에 건축된 종교 기념물로서, 15세기 후반 모스크바 공국의 정치적, 종교적, 문화적 승리의 표현이다. 이후 100년이 지난 16세기 후반 한 번의 국가적 위기를 거치며 '혼란의 시대смутное время'를 통과하였지만 모스크바 공국 시대에서 정교회 건축, 특히 우스펜스키 사원 건축은 결코 빼놓을 수 없는 일대 중요한 역사적 사건이었다.

그리고 다른 무엇보다도 우스펜스키 사원 건축에 얽힌 일련의 역사적 사건을 종합해 볼 때, 가장 본질적인 것은 이 사원이 러시아 정교회의 신학과 실질적 활동의 과정 속에서 '러시아적인 정신의 총합', '러시아인들 사이에서 요구되는 합일의 열망', '신학적, 정치적, 정신적 구현의 통일성'이라고 하는 주요 이념을 모두 구현하고 있는 성물聖物(святыня)이자 성지聖地라는 점이다. 그리하여 위에서 에피그라프로 인용한 문장에서처럼 사원의 건축이 보여준 장구한 세월의 의미는 러시아 역사와 러시아인 사이에서 '사보르노스찌соборность'의 구체적인 구현으로 해석될 수 있다.

나아가 러시아의 위대한 종교사학자 게오르기 페도토프가 간결하게 정리하고 있듯이, 우스펜스키 사원의 건축 이후 모스크바 공국에서 벌어진 일련의 종교, 역사, 문화적 양상의 전개는 단 하나의 흐름으로 요약된다. 바로 그것이, 이후 또 다른

400년 이상의 역사 속에서 가장 운명적이고, 결정적인 역사적 전환기를 맞이하였다는 해석이다. 이로써 16세기 중반부터 러시아는 제3로마 이념과 『스토글라프』, 『도모스트로이』 등의 편찬을 통해 전혀 다른 국가성과 종교철학적 이념을 만방에 드러내기 시작한다. 아울러 1497년, 15세기 끝자락에 있었던, 러시아 최초의 법전 『루스카야 프라브다 Русская Правда』와 프스코프의 『수데브니크 Судебник』의 편찬 역시 모스크바의 국가법 체계와 기강을 잡는 데에 있어 중요한 기여를 하였다.[8] 이러한 역사적 배경에서 탄생한 우스펜스키 사원은 러시아 역사에서 국가성과 종교적 이념이 건축물로 재현된 첫 사례의 신호탄이자, 건축상의 위대한 기념비였다.

덧붙여, 리체보이 스보드 лицевой свод라고 하는 삽화 형식의 연대기 선집, 『스테펜나야 크니가 степенная книга』라고 하는 황제 계보서 등이 모두 16세기에 등장하게 된 역사적 배경을 고려할 때, 우리는 중요한 또 다른 한 가지를 일반화할 수 있다. 바로 '문화 및 양식의 규범화와 전범 제시'이다. 이름하여 16세기 '보편화의 기획' 속에서 고대 러시아는 이제 모스크바 공국을 중심으로 한 구심적인 정치적 맥락과 통일된 정권 창출을 가장 중요한 화두로 선택한다. 행정과 법, 건축과 조형예술, 정교회와 예법의 강화가 모두 이러한 '통합'의 맥락에서 이행되었고, 이는 궁극적으로 16세기 러시아가 "전체 러시아 문화의 통합"의 시작을 알리는 서곡이었다.[9]

지금까지 우리는 우스펜스키 사원이 함축하고 있는 역사, 종교, 문화적 의미와 가치를 살펴보았다. 앞장에서 논한 바대로, 우스펜스키 사원은 순수하게 건축학적 관점에서 분석해 보더라도 매우 중요한 의미를 지니고 있다. 15세기 후반 우스펜스키 사원이 건축되었던 시대는 한 마디로 모스크바 공국의 세계사적 진입에 착수한 종교 기념비적 승리와 신학의 건축학적 재현이라고 해도 과언이 아니다. 아직 그 연구가 더 필요하며 구체적인 사료와 증거가 요구되지만, 우리가 살펴보았듯이 사원 광장의 형상은 초기 비잔틴 도상학의 예수 얼굴을 상기시키기에 충분하다. 다시 말하여, 광장의 기하학적 구성은 3겹의 동심원이 차례로 확대된 구조 속에 들어가며 이 사원광장은 그런 의미에서 건축학 공간에서 말하는 "절대공간"이기도 하다.

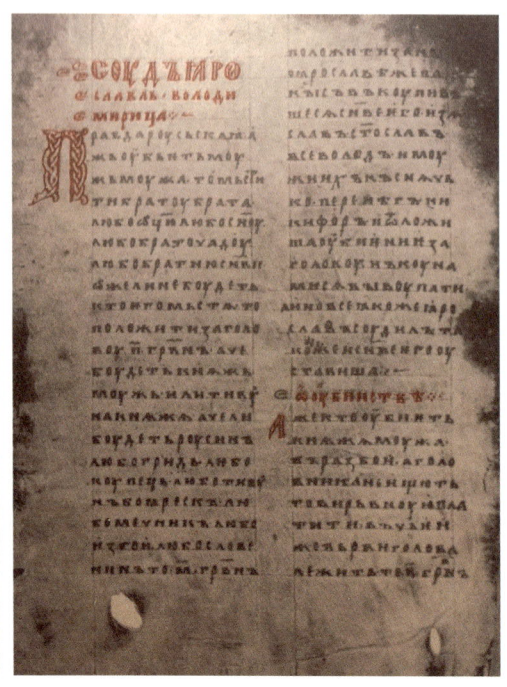

[삽도-198] (좌)이반 Ⅲ세 시절에 편찬된, 1497년 『수데브니크(Судебник)』 원본 사진
(우)18세기 말에 출판된 것으로, 신성종무원에서 보급판으로 인쇄한 법전의 일부 사진[10]

"일반적으로 테두리 안에 위치하며, 나름대로 의미를 지니는 정해진 형태(사각형, 곡선, 구, 삼각형 등)를 부여받는" 것이 절대공간이라고 할 때, 우스펜스키 사원이 형성하는 3겹의 원은 비잔틴 도상학과 무관하지 않다.[11] 마찬가지로, 사원 광장은 이런 의미에서 모스크바 공국의 종교적 위상과 정치적 승리를 상징적 공간으로 재현하고 표상한 가장 대표적인 시대 건축이라고도 하겠다.

우스펜스키 사원 내외부의 건축 구조상의 특징과 내부의 정교회 예술에서 드러나는 특징을 정리하여 보자. 이 같은 특징들을 요약하기에 앞서 우리가 한 가지 깨달아야 하는 것은 유럽에서든, 러시아에서든 "사원은 단지 보여지기 위한 건축의 형식이라기보다는 경험되어야 할 공간"이란 점이다. 이푸 투안이 매우 주의 깊고, 꼼꼼하게 들여

다봐야 할 '촘촘한 텍스트dense text'로 건축을 이해한 방식은 이런 점에서 전적으로 옳다고 할 수 있다.[12] 우리가 지금까지 살펴 본 우스펜스키의 종교적, 문화적, 역사적 의의는 이런 시각에서 일관되게 지켜온 필자의 텍스트 해석으로 달리 말하여도 좋겠다. 그리하여 단순한 조형물이나, 상징적인 텅빈 건축물이 아닌, 이콘과 각종 상징으로 가득 찬, 일종의 '종교·문화 텍스트'가 바로 우스펜스키 사원이라고 하겠다.

회화적 관점에서 우스펜스키 사원의 이콘은 무엇보다도 비슷한 시기 서유럽 르네상스의 인간화된 성모와 예수 얼굴과 사뭇 다르다. 순수 예술적 차원에서나, 교회 전통의 교리와 규범에서도 이콘은 동시대를 전후로 하여 서구의 회화와 상당한 차이를 보였다. 그리하여 하나의 예를 들어 보아도, 이탈리아와 네덜란드에서 나타나는 '인간의 이미지'가 투영된 성모와 예수의 그림은 파격적일 정도로 사실주의적이며 성스러운 분위기나 종교적 상징성이 많이 축소되어 있다. 신격화된 이미지보다는 '현실적 인간의 모습'에 가까운 이미지들이 르네상스 회화의 주류를 이루었다. 기독교의 신학적 범주와 신성의 울타리를 벗어나 '인간과 자연을 탐구하려는 욕구'가 르네상스에서부터 본격적으로 표출되었기 때문이다.

[삽도-199]는 미켈란젤로의 "성가족The Holy Family"(1506년경)과 라파엘로의 "의자에 앉은 성모Virgen de la silla"(1515년경)를 보여준다. 이미 설명한대로, 두 그림에는 성모와 아기 예수가 공통으로 등장한다. 하지만 두 주인공 모두 러시아의 이콘에서는 결코 찾아볼 수 없을 정도로 인간적이고 사실적으로 묘사되어 있다. 어떤 신학적인 해석을 요하는 함축적 메시지를 전달하기보다는 모녀의 관계가 강조된 듯한 인상을 보여준다. 아기와 어머니 그 관계 이상도 이하도 아닌, 그리하여 사실적인 미학적 효과를 초월하는 그 어떤 다른 인상도 만들어 보이지 않는 분위기이다.

성모 마리아의 수태고지를 주제로 한 그림에서도 이러한 화풍은 그대로 재현된다. 러시아식 성화의 분위기와 유럽식의 르네상스 화풍은 이 주제에서도 확연하게 구별된다. 아래의 그림에서 좌측은 르네상스 초기의 화가 주스토 데 메나부오이Giusto de Menabuoi,가 그린 "수태고지"(1378년경)이며, 우측의 그림은 프라 안젤리코Fra Angelico의

[삽도-199] (좌)미켈란젤로의 "성가족"과 라파엘로의 "의자에 앉은 성모" 두 그림은 각기 다른 시기에 그려졌음에도 르네상스 미술의 대표적인 특징을 보여준다. '인간화된 성경인물'이 그것이다. 신화적이고, 신격화된 그리하여 장엄하거나 신비한 분위기가 전혀 느껴지지 않는 이러한 새로운 화풍은 특히 르네상스 기독교 예술의 특징이었으며, 동시에 러시아의 이콘 화법과 확연하게 다른 차이점을 드러낸다.[13]

"수태고지"(1489년경)이다. 성모 마리아가 예수를 잉태할 운명이란 것을 알리는 성경의 내용을 소재로 한 그림으로 여기에서 성모는 오늘날의 기준에서 보더라도 너무도 사실적이고 현실적인 색감과 묘사로 처리되어 있다. 러시아 이콘식의 황금색과 노란색이 사용되어 있지도 않고, 근엄하고 성스러운 분위기 역시 찾아볼 수 없다. 신학적 소재의 성스러움은 지극히 회화적인 사실주의로 대체되어 있을 뿐이다. 이렇게 하여 수태고지를 모티프로 한 그림에서도 르네상스 시기 유럽의 기독교 예술과 같은 시기 러시아의 이콘 사이에는 현격한 차이가 존재한다.[14]

러시아 정교회 사원에서 발견되는 특징들은 서유럽의 중세 및 르네상스 건축술의 것과도 비교된다. 위에서 점검해 본 것 외에도 사원의 바탕에 새겨진 무늬는 이러한 차이점을 잘 보여준다. 이미 13세기 중반부터 나타나기 시작한 한 특징적 양상은 바로 성당 바닥 면에 성당 건축가와 건축주의 이름을 새겨 넣는 관행이다.

[삽도-200] (좌)주스토 데 메나부오이가 그린 "수태고지"와 (우)프라 안젤리코가 그린 같은 이름의 "수태고지" 그림[15] 두 그림 모두 이탈리아의 사원(파도바 세례당과 산마르코 수도원) 벽에 그려진 프레스코화이다. 특히 후자인 안젤리코의 그림은 도미니크회 소속 산마르코 수도원의 수도사들의 방 내부에 그렸던 연작 중 한 장면이다.

파리의 노트르-담 대성당이 그 대표적인 예인데, 아래의 사진([삽도-201])에서처럼 한 가운데에는 미로형 무늬가 새겨져 있다. 일명 미로labyrinth의 형상을 하고 있는 이러한 문양은 중세 유럽의 사원 여러 곳에서 나타난다. 그 밑의 프랑스 랭스 대성당 바닥 역시 미로형 문양이 깔려 있다. 노트르-담 대성당에 비해 보다 구체적인 인물을 상기하는 그림이 새겨져 있는데, 이는 정 가운데에 건축주, 사방의 네 꼭지점에 건축가들을 의미하는 것이다. 4방위에 위치한 건축가의 계보와 건축주인 대주교 오브리 드 웡베르가 이 무늬의 중심을 이루고 있다.[16]

바닥에 새겨진 미로 문양의 등장은 사회적 확산에 있었던 중세 건축 문화와 건축가들이 누렸던 대중적 명성의 한 단면을 보여준다.[17] 이것 역시 러시아 정교회 건축 문화 어디에서도 그 유래를 찾아볼 수 없는 측면이다. 러시아에서는 개인 건축가의 정체성이 이와 같이 드러나거나 기념비, 조각 등으로 알려지는 일은 없었다. 천지

[삽도-201] (상좌우)파리 노트르-담 대성당 바닥의 미로 문양
(하좌우)파리 랭스 대성당 바닥의 문양   가운데에는 건축주이자 이 사원의 대주교가 새겨져 있고, 4방위에는 네 명의 건축가들이 들어가 있다. 우측의 미로 역시 사원 내부 곳곳에서 보이는 것들 가운데 일부를 보여준다.[18]

창조주와 삼위일체, 성모, 지방의 주요 성자, 그 밖의 예수 제자들 외에 건축가나 장인의 이름이 사원에 그 실체를 남기는 일은 허용되지 않았다. 속세의 개인이 가질 수 있는 명성은 있을 수 있으나, 성스러운 사원 공간 내에서는 그 어떤 개별 인간의 존재적 표식이 잔존할 수 없었다. 이런 점에서 러시아 정교회와 서구 가톨릭은 현격한 차이를 보인다.

서유럽에서 성당의 건축가가 정확하게 누구인지를 구체적으로 밝히며 위와 같이 명시해 놓거나 건축물 내부에 어떤 형식으로든 재현해 놓았던 전통은 러시아의 경우와 크게 다르다. 러시아의 경우에는 이런 예가 매우 드물기 때문이다. 하지만 서유럽의 전통과 유사한, 한 가지 흥미로운 예가 상트 페테르부르크의 중심부에 있는 이삭 사원Исаакиевский собор에서 발견된다. 1818-1858년 기간의 40년 세월 동안 건축된 이삭 사원은 알렉산드르 I세 치하에서 건축되었으며, 도시 페테르부르크에서 가장 큰 위용을 자랑하고 있다. 모스크바의 우스펜스키 사원과 비교가 안 될 정도의 규모를 보여주는 이 사원의 높이는 101미터, 폭이 97미터이며, 총 72개에 달하는 열주가 늘어서 있는 웅장한 자태를 보여준다. 다소 소박하고 검소하기까지 해보이는 우스펜스키 사원에 비해 이삭 사원은 그 거대하고 웅대한 외관이 압권이다. 상부에는 전망대가 있어 관람객들의 발길을 끌고 있다.

아래의 사진에서처럼 이삭 사원은 프랑스의 궁정 건축가 오귀스트 몽페랑(1786-1858)이 설계, 제작한 것으로 잘 알려져 있다. 아래의 흉상 사진은

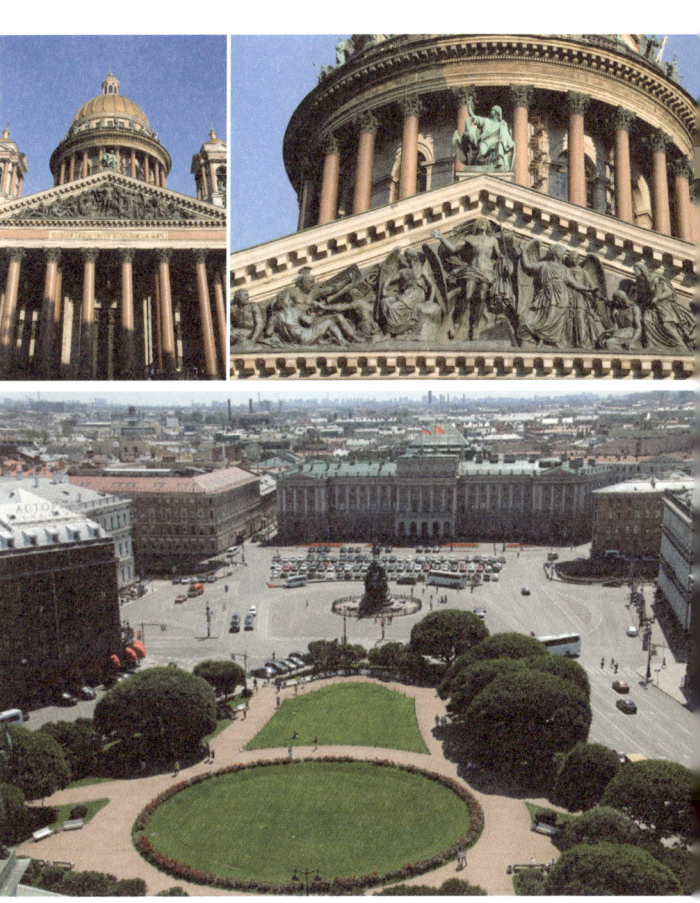

[삽도-202] (상)이삭 사원의 정면 파사드 (하)전망대에서 내려다 본 광경으로 정면 12시 방향에 니콜라이 I세 기마상이 세워져 있다.

결론 - 건축에서의 러시아성(Russianness)을 말하다 401

[삽도-203] (좌)상트 페테르부르크에 있는 이삭 사원의 외부 장관 (중)사원 내부에 있는 건축가 몽페랑의 흉상 사진 　필자 직접 촬영(2018.07.12.)

건축가 몽페랑의 것으로, 건축가의 실체가 조각물로 사원 내부 남문과 북문 근처에 두 개나 설치되어 있는 것을 보여주고 있다. 흉상 앞에는 몽페랑의 일대기를 알려주는 동판이 세워져 있다.

　지금까지 살펴보았던 사원 내부의 특징과 러시아적인 차별성 외에도 외부와 외관에서도 러시아 건축상의 혁신적 요소들이 발견된다. 사실 이점은 이탈리아 건축가 피에오라반티가 블라디미르와 수즈달의 고대 러시아 목조 건축 양식을 습득한 그 기초에서 형성된 것이란 것을 간과해서는 안 된다. 러시아의 짜르가 블라디미르 우스펜스키 사원을 먼저 철저하게 관찰한 후에 모스크바에 와서 건축을 하라고 권유한 이유가 바로 이것 이었을 것이다.

　앞서 언급했듯이, 크렘린 궁의 우스펜스키 사원이 보여주고 있는 가장 분명한 혁신이자 특징은 사원 형식에 대한 의미부여의 합리성рациональность과 규칙성 регулярность, 그리고 정확한 기하학적точность геометрии요소 등이다.[19] 이런 점에서 모스크바 공국 초기의 목조 건축이 보여주었던 예술적 구성원리와 우스펜스키 사원 간에는 다른 점이 나타난다. 본래 러시아 중세 목조 건축의 기본 특징은 각 부분들의 위계적 질서와 형식들에 저마다의 개별적 특성이 녹아있다. 하지만 모스크바의 우스펜스키는 구성 요소들 각각의 개성보다는 전체적 통일성과 앙상블의 조화에 더 큰 비중이 들어있다. 외관에서 나타나는 일관된 비율의 균일성, 규칙적인 분할의 원칙 등은 전체적인 조화와 일체성을 드러내는 기초 원리로 사용된다.

이렇게 하여 우스펜스키 사원은 종교적이고 정치적인 목적에서 크렘린 궁 내에 러시아 최초로 건축된 종교 기념비가 되었고, 이후 궁 내에 연속하여 지어진 여러 사원 '복합체 앙상블'의 핵심이 되었다. 중세 러시아 목재 건축술의 정점이자, 이에 기초하여 새로운 석조 모델을 창조해 낸 우스펜스키 사원은 이후 러시아 전역에 유사한 건축물이 나타나는 현상의 원인을 제공하게 된다. 로스토프 벨리키Ростов Великий, 야로슬라프Ярослв, 티흐빈Тихвин, 볼로그다Вологда, 노브고로드 인근의 후틴스키 수도원Хутынский монастырь, 세베르나야 드비나에 있는 시스키 수도원Сийский монастырь, 세르기예프 포사드의 성삼위일체 수도원Троице-Сергиева Лавра, 모스크바의 노보데비치 수도원Новодевичий Монастырь이 모두 우스펜스키 수도원을 모델로 지은 대표적인 예들이다.[20]

우스펜스키 사원 건축에서 나타난 이와 같은 혁신과 러시아적인 창조의 새 전통은 16세기 중반 불과 50여 년 만에 또 다른 건축학적 정수를 선보인다. 1553~1561년 사이에 건축이 진행된 성 바실리 사원이 바로 그 주인공이다. 몽고-타타르 제국의 마지막 한국이었던 카잔한국Казанская орда을 러시아 땅에서 물리친 1552년 10월 사건을 기념하기 위해 이반 IV세 치세기에 지어진 이 사원은 우스펜스키의 모델을 극복하고 완전히 러시아적인 창조정신을 드높인 대표적인 사례라고 하겠다.

동년 8월 2일에 세상을 떠난 성자 성 바실리란 이름과 이민족을 러시아 땅에서 몰아낸 두 역사적인 사건을 기념하기 위해 세워진 이 사원은 후에 정교회력의 10월 1일에 해당하는 성모축일День Покрова에 맞추어 성모에게 봉헌하였다. 성 바실리 사원이란 또 다른 이름으로 불리게 된 연유는 1588년부터 이 성 바실리의 유해가 이곳에 안치된 후부터이다. 아울러 성모와의 관련성에서 이 사원은 성모제 교회

Церковь Покрова Пресвятой Богородицы란 이름을 얻게 되었고, 성모제 사원Покровский Собор이란 별칭으로 불리게 되었다.[21] 현재는 국립 역사박물관으로 사용되고 있으며, 종종 여기에서 정교회 대주교가 미사를 집전하기도 한다.

"해자 위에 세워진 성삼위일체Троица, что на Рву"란 또 다른 이름으로도 불린 이 석조 사원은 붉은광장과 레닌묘, 역사박물관과 국영백화점이 몰려 있는 모스크바 한 중심에 우뚝 서 있으며, 크렘린의 우스펜스키 사원과 견주어질 수 있는 가장 러시아적인 건축의 기념비이자 러시아 중세를 상징하는 중요한 종교의 메카이다.

아래의 사진([삽도-204])이 잘 보여주고 있듯이, 지붕 5개의 우스펜스키와는 또 다른 형태를 보여준다. 여기에서 독특하게 나타나는 양식은 서로 그 모양과 크기가 다른 각각의 단일 건물이 모여 커다란 하나의 '앙상블'을 형성하고 있다는 점이다. 외관만 보더라도 우스펜스키 사원식의 둥근 천장과 대비되는 날카로운 텐트 모양의 건물이 처음으로 등장하고 있다. 일명 샤쬬르шатёр라고 불리는 이와 같은 고각도의 텐트 형식 외형이 추가됨으로써, 바실리 사원 시대부터는 중세 이탈리아의 르네상스 양식이 전면 부정되면서 전혀 새로운 양식이 탄생하게 된다.

각각의 건물, 즉 부속물이 딸리지 않은 독립된 한 채의 건물을 보통 쩨르코피 церковь, 곧 교회라고 부르는데, 성 바실리 사원은 이런 교회가 총 11개가 모여 연합체를 구성하고 있다. 아래의 [삽도-204]는 각각의 구조물이 연합하여 비록 8각형의 형상이나 마치 하나의 원과 같은 모양을 보여주고 있다는 점에서 러시아적인 문화요소, 즉 사보르노스찌를 구현하고 있음을 잘 보여준다. 이렇게 여러 채의 교회 건물들이 연합된 복합체를 '사보르'라 하고, 우리가 흔히 사원이라고 부르는 형태의 원형이 여기에서 시작된다. 그리하여 사보르는 서로가 서로에게 의지하여 하나의 복합체를 만들어내는, 조화와 균형, 통일의 상태를 은유적으로 부르는 추상어로도 사용되는 말이다. 4개의 사진으로 이뤄진 바로 아래의 그림은 성 바실리 사원의 다양한 측면을 훌륭하게 보여준다.

[삽도-204] 성 바실리 사원은 위의 그림에서와 같이 각기 다른 모양과 크기의 개별 교회가 연합하여 하나의 앙상블을 만들어내는 사보르 형태의 구조이다.   우스펜스키 사원에서 나타나는 둥근 천장과 5개의 돔 구조와는 확연하게 다르며, 우스펜스키 사원이 축조된 1479년에서 불과 80년이 채 되지 않은 상태에서 이와 같은 창조적이고 혁신적인 사원이 만들어지게 되었다. 필자 직접 촬영(2015.07.28.)

실내 구조에 있어서도 샤쪼르 방식의 사원은 우스펜스키 사원에서처럼 웅장하고 정사각형 모양의 이코노스타스를 찾아보기 힘들다. 대신 날카로운 이등변 삼각형 모양의 텐트 사원은 이에 적합한 다른 구조의 이코노스타스를 탄생시키고 있다. 그럼에도 각기 다른 모양의 교회 건물은 전체적으로 원에 가까운 둥근 외관의 사원을 구현해 내고, '연합의 정신'을 일컫는 사보르노스찌를 건축으로 창조해낸다. "개별 인간들의 정신적 통일духовное единение личностей"이란 철학적 뉘앙스로 확대되어 러시아인들의 단합과 하나 된 결합의 상태를 강조하는 메타포인 사보르노스찌가 바로 이러한 건축 외향에서 표현되고 있는 것이다.[22]

이렇게 우스펜스키 사원에서 비롯된 '러시아 정교회 세우기'의 정치적이고 종교적인 창조적인 움직임은 성 바실리 사원에서 그 정점을 이룬다. 이탈리아 르네상스 문화의 흔적이 사라지고, 대신 목재 건축 양식에서 시작된 러시아 고대 건축문화의 원형이 새로운 자태로 창조되어 나타나기 시작한 것이다.[23]

그렇다면 왜 러시아에서는 이렇게 이탈리아 르네상스식 양식이 매우 미흡하게나마 발견되거나, 깊은 영향력을 남기지 못한 채 빠른 시기 내에 사라지고 있었을까? 우스펜스키 사원 건축에 초대된 이탈리아 출신 건축의 거장 피에라반티의 역할도 사실은 매우 적었다는 것을 우리는 앞장에서 살펴보았다. 드리트리 리하초프 역시 '러시아에서의 르네상스' 현상을 다룬 적이 있다. 비록 건축 방면에서 자세하게 언급하고 있지는 않지만, 리하초프는 16세기 건축을 포함하여 모스크바에서 발견되는 일련의 문화 흐름을 함축적으로 이렇게 기술하고 있다.

> 여러 번 고대 러시아로 침투했던 르네상스적 문화도 특정한 양식을 형성하지 못했다. 서유럽의 경우 양식의 현상이었던 르네상스는 러시아의 경우 '**정신적인 경향으로서만**(Ренесанс...в России оставался только умственным течением)' 존재했다.[24] (강조는 필자의 것)

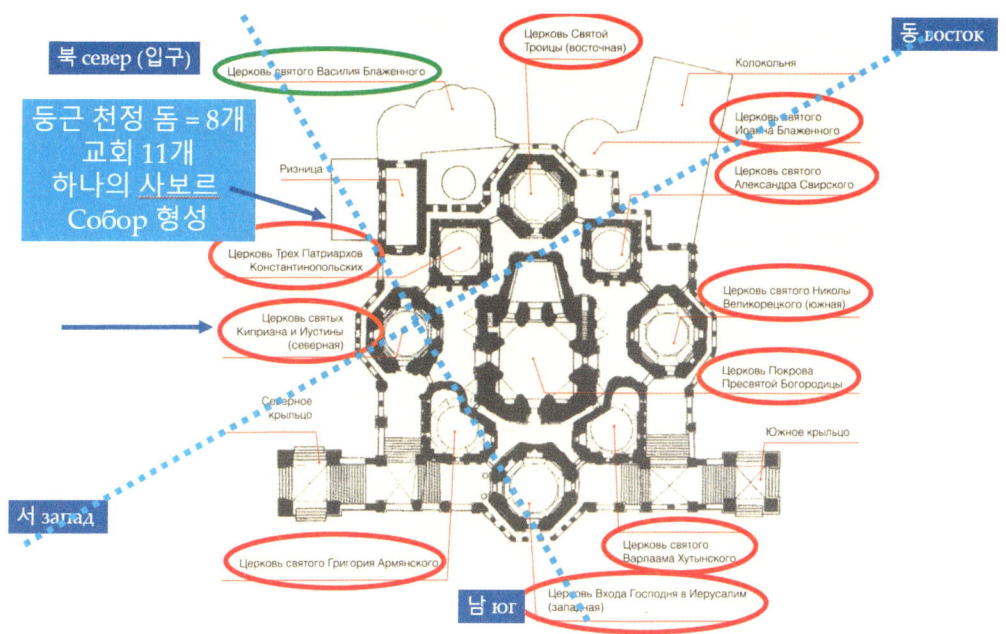

[삽도-205] 붉은 타원형 모양 안의 설명이 말해주듯, 성 바실리 사원은 총 11개의 작은 교회들이 모여 사보르를 형성하는 구조이다. 사원이 위치하여 있는 곳의 정 반대편, 즉 역사박물관에서 바라보면 바실리 사원은 11시~12시 방향 정 중간에 자리잡고 있어 향방의 원리에 따르면 정중앙에서 살짝 왼쪽으로 기울어진 동쪽을 향하고 있다. 러시아 정교회의 건축 원리인 동쪽에 제단과 이코노스타스가 위치하게 세우는 건축법이 여기에서도 드러나고 있음을 알 수 있다. 즉, 실내에서 동쪽이 신의 공간으로 구별되어 이곳을 제단으로 간주하고 있는 방식이 지금과 같이 광장이라는 외부 공간에서도 근본적인 향방의 원리가 적용된 것이라고 하겠다.[25]

결론 – 건축에서의 러시아성(Russianness)을 말하다 407

본인이 추가로 강조하였듯이, 리하초프가 말하고 있는 '정신적인 경향으로서만' 이라는 단서는 매우 중요하다. 서유럽에서 인문학적 취향과 예술사조로 거대한 문화 현상을 창출하였던 르네상스는 러시아에서 하나의 양식으로 뿌리내리지 못하였다. 다시 말하여, 러시아에 유입된, 그것도 아주 미약한 역할과 영향력은 정신적인 영역으로만 한정되었다는 것이고, 보편화된 양식화로의 단계는 찾아볼 수 없다는 의미이다. 러시아의 환경과는 맞지 않았다는 반증일 수도 있겠고, 러시아의 문화 예술 창조자들에 의해서 선호되지도 못했다는 말로 우리는 이해할 수 있다. 더불어 이는 러시아의 예술가들에 의해 적극적인 적용 대상으로 크게 부상하지 못했다는 말과 전혀 다르지 않을 것이다. 잠정적으로 이 러시아식 르네상스는 더 큰 주제라고 할 수 있는 '러시아적인 요소 창조'에 길을 내 주었던 것이다. 정신 개념이 들어가 있는, 그리하여 하나의 양식에 닫힌 보편적 문화 현상이 아니라 정신적인 측면으로 재현될 수 있는 새로운 러시아 문화가 창달되기를 러시아인은 강렬하게 원했을 것으로 우리는 해석한다. 이것이 바로 건축에서 가장 먼저 등장한 러시아식 건축 양식이자, 정신적인 측면에서는 사보르노스찌의 구현이었다.

앞서 우리가 이야기한 라틴 십자가형에서 그리스 십자가형 사원 건축으로의 전이는 비잔틴 제국 건축의 대표적인 양식이었던 중앙집중형 구조로 이어졌다. 우스펜스키 사원의 실내 구조, 즉 총 12개의 정사각형으로 균등하게 양분된 공간 분할이 9개를 기초로 한 그리스형 십자가 사원과 정확하게 일치하지는 않는다. 9개의 정사각형 구조는 실내 구조의 정중앙을 상기하고, 여기가 바로 성소가 위치하고 예배가 집중되는 공간으로 사용되었다. 이는 바실리카 양식에서처럼 성소의 자리가 별도로 생겨나면서 공간적 위계질서가 형성되기 시작한 기독교 초기 양식과는 상당히 다르다. 성직자들이 동쪽에 치우쳐진 자리가 아닌 정중앙의 자리에 서고, 여기에서 의식을 집전하는 중앙집중형 구조는 선형적 위계가 무너지고 '평등의 상징적 의미'를 내포하고도 있다고 하겠다. 비록 정사각형의 실내 구조가 아님에도, 총 9개의 균질된 공간 분할을 보이고 있지 않음에도 우스펜스키 사원은 비잔틴 양식의 전통 위에 기초하면서도 창조적인 건축술을 보여준다. 위에서 살핀 성 바실리 사원의 사보르노스찌 구현과 마찬가지로, 거의 사각형에 가까운 우스펜스키 사원은 사보르노스찌의 연합 정신, 통일된 하나의 정교회 정신, 곧 '심포니'를 상징적으로 구현하는 데에 손색이 없다고 하겠다.

로마네스크 양식 이후에 나타난 고딕식의 건축과 러시아의 우스펜스키가 확연하게 다른 양상은 또 찾아볼 수 있다. 위로 치솟은 외관에서부터, 길고 복잡하게 설계되어 있는 내부 역시 우스펜스키의 중앙집중형 구조와 상당한 차이를 보인다. 특히 고딕 양식이 특징으로 간직하고 있는 '다초점 운동성'이 우스펜스키에는 적용될 수 없다. 여기에서 '다초점 운동성'이라함은 아르놀트 하우저가 설명하고 있는 고딕 양식의 설명에서 필자가 고안해 낸 개념이다. 하우저는 "어느 쪽에서도 한눈에는 담을 수 없고, 어느 방향에서 바라보든 전체의 구조를 제시하는 완결되고 시선을 안정시켜 주는 그런 모습을 드러내는 일이 없으며, 오히려 감상자에게 끊임없이 그 위치를 바꿀 것을 강요하고, 하나의 운동 행동 재구성이라는 형태로서만 그 전체의 모습을 마음속에 떠올릴 수 있게 한다"는 근거로 고딕 양식의 특징을 설명하고 있다.[26]

이 같은 구조적 특징은 하늘과 맞닿을 정도로 높게 치솟은 첨탑의 구조물을 만들어냄으로써 시대적 종교심의 열망과 신학적 표현을 드러내 보였다. 그러나 그 내적 구조에서는 철저하게 평신도의 공간을 배려하지 않고 있고, 오로지 예배를 집전하는 종교 권위자의 동선과 위치를 강조한 내부 설계만을 보여주고 있다. 바로 이러한 측면에서 고딕 양식 역시 우스펜스키 사원의 사보르노스찌적 특징과 비교할 수 없을 뿐만 아니라, 러시아적인 종교철학 세계관에도 어울리지 않는다.

이로써 모스크바의 우스펜스키 사원은 비잔틴 양식의 전통을 계승하고 있으면서도 독창적이었고, 르네상스의 건축 양식이 부분적으로 도입되었어도 러시아적인 목조 건축 전통을 더욱 계승한 훌륭한 모범을 만들어 냈다.

성 바실리 사원이 보여주고 있는 양식상의 특징과 건축사적 측면에서 차지하는 의미를 보다 자세하게 살펴보자. 이를 위해서 우리는 프리젤이라는 부속 건물의 특징과 위치, 그리고 높은 각도의 텐트형 돔인 샤쬬르 양식을 먼저 이해해야 한다.

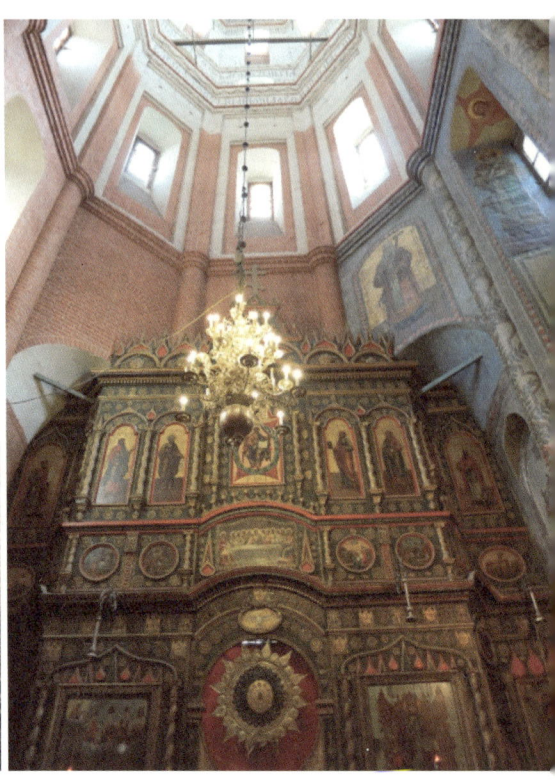

[삽도-206] 위의 그림은 바실리 사원의 외관과 실내를 모두 보여주는 것으로, 특히 날카로운 각도로 마치 텐트 모양의 탑을 연상케 하는 샤쪼르(붉은 원 안의 모양)가 잘 드러나 있다. 보통 양파 모양의 둥근 돔(우측 사진)과 달리 이 모양은 서유럽의 중세 및 근세 어디에서도 찾아볼 수 없는 러시아만의 독특한 양식으로 알려져 있다. 샤쪼르의 건축 양식에서는 실내에서 천장을 올려볼 때에도 위에서처럼 우스펜스키 사원에서의 둥근 천장 스보드를 찾아볼 수 없고, 대신 날카롭게 하늘을 찌르고 있는 모양새를 발견하게 된다. 따라서 웅장한 크기를 자랑하는 우스펜스키 사원 내의 이코노스타스 모양과 상당히 다른 그림을 연출한다.[27] 고각도의 텐트 형식을 갖춘 샤쪼르 건축술은 이후 17세기 중반에까지만 유지되고 이후로는 러시아 정교회 건축 양식에서 찾아볼 수 없게 되었다. 17세기 중반에 있었던 모스크바 총대주교 니콘의 종교개혁이 야기한 부정적인 결과 가운데 하나로서, 러시아 정교회에서 이 양식을 불허하였기 때문이다. 한편, 샤쪼르 양식은 고대 러시아의 목조 건축술 가운데 가장 오래된 기법이기도 한데, 이 양식이 사용된 현존하는 가장 대표적인 사원에는 콜로멘스코예 마을에 있는 성모승천교회(Церковь Вознесения в селе Коломенском, 1530-1532)가 있다.[28]

[삽도-207] 성변용교회(Карелия, Кижи, церковь Преображения Господня) 양파 모양의 돔은 일찍이 비잔틴식의 둥근 천장의 반구돔을 대체한 기법으로 러시아에서 새롭게 형성된 것이다. 북러시아의 카렐리아 키쥐 섬에 있는 성변용교회 (Карелия, Кижи, церковь Преображения Господня)의 22개짜리 돔 천장이 그 대표적인 양식으로 이는 '태양'을 의미한다. 못을 전혀 사용하지 않은 채로 이음새로만 건축한 이 교회는 고대 러시아의 목조 건축의 백미로 알려져 있다.[29]

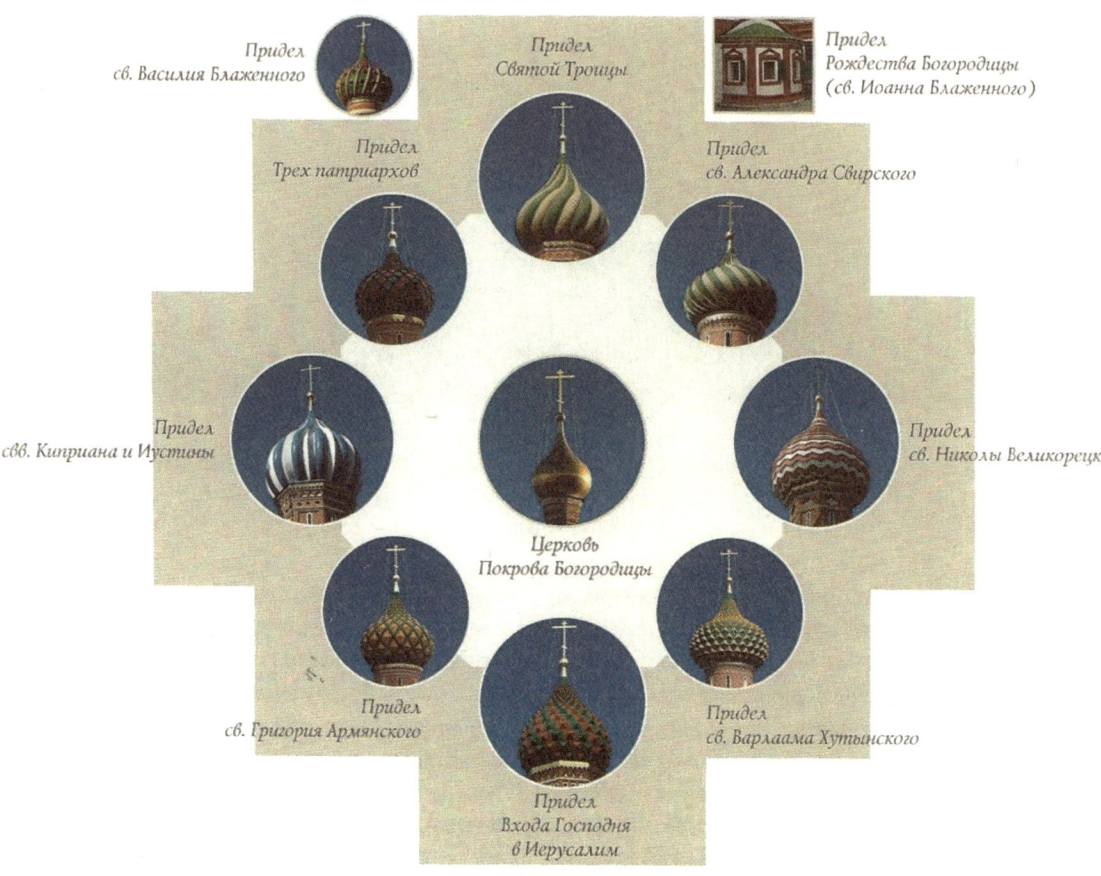

[삽도-208] 성 바실리 사원 외관상 총 10개의 양파돔 모양의 프리젤로 구성되어 있다. 우측 상단 네모칸 사진의 프리젤은 양파돔 모양을 하고 있지 않지만 이 역시 구조상 프리젤로 분류된다. 엄격하게 프리젤의 개수로 보면 총 11개가 되는 셈이다.[30]

이하 [삽도-209]와 [삽도-210]에 연달아 잘 나와 있듯이, 샤쬬르는 러시아의 전통 목재 건축양식의 대표적인 예이다. 사진 설명에서 부분적으로 다루고 있지만 이 고각도 텐트 모양의 샤쬬르 양식은 17세기 니콘의 종교개혁이 단행되고 있던 시절에는 용인되지 않기도 하였다. 본래 16세기 러시아 석조 건축에서 민족적 형태들이 그 토대를 확립해 나가던 과정에서 샤쬬르 양식의 목재 사원들은шатровые деревянные храмы 지대한 역할을 하였다. 사실 17세기 니콘의 종교 개혁이라고 하는 엄격하면서도 비러시아적인 바람이 불긴 하였지만, 당시 러시아에 들어와 기행하였거나 체류한 외국인들의 스케치와 인상기, 기록에 따르면 샤쬬르 양식의 목재 교회의 흔적들이 빈번하게 발견된다. 돔 5개 구조의 양식을 따르지 않는, 이른바 돔 1개 구조의 샤쬬르 형태는 니콘의 주도적인 종교개혁에 부합하지도, 순응하지도 않는 것으로 간주되었다. 그럼에도 이러한 샤쬬르 전통 양식은 18세기에 이르기까지 지속되었다. 본질적으로 중세 러시아의 통합된 사회구조적 형태가 뿌리를 내리던 시점에서 '중심된 구조물의 다기능성многофункциональность культовых построек'에 가장 이상적으로 부합하는 양식으로 자리잡은 것이 샤쬬르였다.[31]

다음 장의 또 다른 사진에서 우리는 샤쬬르 형태가 사용된 교회의 예를 발견한다. 이 가운데 모스크바 소재 성 니콜라이 사원Храм святителя Николая은 내부 공간까지 볼 수 있게 되어, 텐트 모양의 천장 모습이 뚜렷하게 보인다. 하단의 사진은 모두 수즈달에서 촬영한 것으로, 러시아 전통의 목재 교회가 그 원형을 잘 보존하고 있음을 볼 수 있다.

[삽도-209] 러시아 전통 목재 교회의 양식 가운데 하나인 샤쪼르 형태를 잘 보여주는 사진. 상부의 것은 모스크바 이즈마일로보 내 크렘린에 있는 성 니콜라이 사원(Храм спасителя Николая)으로, 옆의 사진은 실내에서 천장을 위로 보고 촬영한 것이다. 샤쪼르와 같은 고각도 텐트 양식을 내부에서 보면 사진과 같이 돔이 하나뿐이고, 중앙에 보통 샹들리에가 늘여져 내려와 있는 것을 알 수 있다. 하단의 사진 두 장은 모두 황금고리 유적지 가운데 수즈달에서 촬영한 것으로, 이 역시 목재 교회의 전형을 보여준다. 필자 직접 촬영(2015. 07. 16과 2018.07.).

[삽도-21] 위의 사진과 달리 고대 목조 건축 양식에서 발견되는 샤쬬르 이후, 석조 교회 양식에서도 이와 같은 샤쬬르 모티프가 재차 응용된다. 모스크바 콜로멘스코예에 있는 성모변형교회에서 발견되는 샤쬬르 양식은 매우 분명하고 그 규모도 대단하여 멀리서도 확연하게 보일 정도이다. 맨 마지막 사진은 사원 내부에서 천장을 위로 올려다보고 찍은 것으로 텐트형 사원의 내부에서는 이와 같이 돔이 하나이기 때문에 단출한 느낌을 준다. 그리고 내부는 프레스코화 등의 장식이 거의 없는 특징으로 보이기 때문에 흰 벽이 그대로 노출되어 있음을 알 수 있다. 필자 직접 촬영(2018.07.21.)

[삽도-211] 고대 러시아 목조 건축물의 기초이자 전통 양식이었던 샤쬬르의 여러 형태를 보여주는 사진 대체로 못을 사용하지 않고 이음매 방식으로 쌓아올리는 샤쬬르 양식은 풍부한 목재 자원이 확보되어 있던 북러시아 지방의 고유한 전통이었다.[32]

[표-10] 성 바실리 사원의 11개 구조물 해설과 분석

위치	봉헌자	건축유형	시기	의미
정 중앙	가장 신성한 테오토코스 (성모)	샤쬬르 tanted roof	1552년 10월 1일	카잔 한국에 대한 공격 개시
우측 3시 방향	예수의 예루살렘 입성	column		모스크바 군의 승리를 상징
우측 4시 방향	아르메니아의 성 그레고리	교차궁륭 groin vault 혹은 cross valut	1552년 9월 30일	카잔 한국 크렘린의 종탑 점령
6시 정면	성 시프리안과 유스티나	column	1552년 10월 2일	카잔 한국 크렘린 완전 정복
좌측 8시 방향	이집트 알렉산드리아의 총대주교 3인	교차궁륭	1552년 8월 30일	예판차 군대 격파
좌측 8-9시 방향	성 바실리	교차궁륭		모스크바 지방 숭배 성자 묘
좌측 9시 방향	성삼위일체	column		
좌측 10시 방향	성 알렉산드르 스비르스키	교차궁륭	1552년 8월 30일	예판차 군대 격파
정면 12시 방향	벨리카야 강 출신의 성 니콜라이	column		
우측 2시 방향	후틴의 성 바를라암	교차궁륭		짜르 바실리 III세
좌측 11시 방향	성모탄생 (모스크바의 성 요한)	교차궁륭		모스크바 지방 숭배 성자 묘

성 바실리 사원의 구조는 가운데 정 중앙에 가장 높게 솟아 있는 '테오토코스 교회'를 중심으로 서로 키와 외관의 돔 모양이 다른 8개의 프리젤이 에워싸고 있는 구조를 띠고 있다. 즉 위에서 내려다보면 8각형의 완벽한 모양을 보인다. 정 가운데의 성모 교회를 제외한 나머지 8개의 구조물은 그 명칭이 쩨르코피가 아닌, 프리젤이다. 프리젤은 엄밀하게 말하면 이보다 더 큰 구조물의 부속 건물로 한 측면에 딸린 공간을 말할 정도로 작은 것을 말한다. 따라서 성 바실리 사원은 멀리 떨어져 육안으로 볼 때, 쿠폴과 외관, 높이가 서로 다른 건물들의 앙상블로 '조화'를 이루는 형상을 띠고 있음을 알 수 있다. 건축 소재인 붉은 벽돌은 기본적으로 동일하나, 돔과 외벽 장식 색깔이 형형색색이라 더더욱 화려하고 빼어난 자태를 자랑한다. 이러한 다양한 외관의 조형성은 입체감을 자아내고, 다양함 속에서의 조화, 정중앙의 테오토코스 교회를 중심으로 연합되어 있는 '하나됨', 곧 사보르를 구현하고 있다고 하겠다.

러시아어로 러시아 및 러시아인들 자신의 고양되고 일치된 합일을 강조하기 위해 사용하는 개념인 사보르는 이렇게 조화와 균형, 그러면서도 하나로 결합되어 있는 상태를 드러내는 중요한 어휘이다. 그리고 이러한 철학적이고 사상적인 특징을 드러내는 추상명사 사보르노스찌는 우리말로 하면 '연합된 상태', 혹은 '하나된 정신'을 일컫는다.

나아가 이 사보르노스찌는 건축물의 구조에서도 보았듯이, 중심 외부에 부속으로 세워진 보다 작은 규모의 프리젤을 연합하며, 대칭구조를 전제로 할 때 가장 조형성이 뛰어난 상태를 만들어낸다. 혹자는 이를 종속의 구조로, 혹은 제국의 논리로까지 확대 해석할 수도 있을 것이다. 그러나 본인은 이러한 대칭 구조 속의 일치된 하모니를 정치적으로 해석하기보다는 결집과 통일의 아름다움으로 보고자 한다. 하나님의 어머니로서 성모를 기리는 러시아 정교회의 신학적 개념이 건축학적으로 재현된 아름다운 건축물로 보고자 하는 것이다.

우스펜스키 사원이 간직하고 있는 실내외적 특징과 전 시대와의 차별적 요소들은 이 사원이 이후의 정교회 건축 양식에 끼친 영향과도 밀접하게 연관되어 있다

[삽도-212] (상)왼쪽 사진은 오른쪽 도면에서 상단 우측의 프리젤을 촬영 오른쪽 도면에 기초하면 각 돔의 명칭이 프리젤이 아닌 쩨르코피(церковь), 즉 러시아어로 교회로 되어 있다. 정교회 건축학상으로 엄밀하게 말하면 이는 교회가 맞다. 쿠폴이 단수, 즉 하나이면서 독립체를 이루는 건물을 보통 교회라 하기 때문이다. 이러한 교회 10개가 조화를 이루어 하나의 독립된 또 하나의 '원형에 가까운 더 커다란 교회'를 이루는데, 이것이 바로 사보르이다. 때문에 성 바실리사원의 정식 명칭이 파크롭스키 사보르(Покровский собор)가 되는 이유가 바로 여기에 있다.
(하)우리가 흔히 붉은광장에서 바라보는 성 바실리 사원의 파사드는 출구계단 나무로 가려진 좌측이 입구가 된다. 필자 직접 촬영(2016.07.27.)

고 볼 수 있다. 16세기 러시아 문화의 한 커다란 특징으로서, "전형화 과정 속에 있는 거대한 계획들의 창조"가 바로 우스펜스키 사원의 역사적 의미이다. 드미트리 리하초프가 언급하고 있듯이, 우스펜스키 사원이 건축된 다음 16세기에 들어 가장 첨예한 문제는 문화적 보편화 작업культурные обобщение과 이와는 반대로 문화에서의 지방 분권 및 자치적 발전областничество에 대한 거부로 요약된다.[33]

즉, 15세기 말 우스펜스키 사원의 축조가 비잔틴 제국의 멸망과 더불어 마련된 러시아 정교의 도약과 종교적 승리의 메타포라면, 이제 16세기는 이 같은 시대적 건축 양식 및 종교 문화의 공고화라고 할 수 있겠다. 수도 모스크바를 중심으로 벌어진 러시아의 민족적 양식 창달의 움직임은 여러 교리적 차원에서도, 정신문화의 구현 속에서도 점차 분명해지게 되었다.

러시아 건축에서 생성된 이와 같은 급격한 방향전환과 혁신적 결과는 러시아 내부에서 자생적으로 시작되었다기보다는 외부적 요인, 즉 외국에서부터 기원한 요인이 훨씬 더 컸다.[34] 하지만 러시아 내부에서 전혀 새로운, 창조적인 것으로 구현되는 과정과 그 최종적 결과물은 우리가 관찰해 왔듯이 서구의 영향력에서 완전하게 벗어나 있는 것이었다. 외부에서 수용된 자극이 이제는 내부에서 완전하게 숙성되어 전혀 다른 완성품을 탄생시키는 촉매제 역할을 하게 된 것이다. 우스펜스키 사원은 바로 이러한 과정 속에서 탄생하여 서구의 문화로부터 러시아의 것을 보호하고, 러시아만의 정수를 구현한 종교적 상징물이자, 실질적인 건축물의 증거이다.

이런 역사적 전개 속에서 여러 지방에서 일어날 수 있는 저마다의 독자적인 문화보다는 이제 수도 모스크바에서 의도적으로 계획하는 문화에 복속하는 강력한 추진 세력이 나타나게 되었던 것이다. 때문에 위에서 우리가 예로 든 『스토글라프』나 『도모스트로이』는 모스크바 공국이 정치적으로나 종교적으로 서구로부터의 독립과 주체적인 목소리를 드러낸 표본이 되었던 것이다. 그리하여 최종적으로 우리가 내릴 수 있는 결론을 다음과 같이 요약해보자.

15세기 말, 건축에서 나타는 모스크바 정신의 종교상징적 구현이 우스펜스키 사원이라면, 이후 16세기 초부터 기타 문화에서 드러난 보편화 작업의 중심화는 우스펜스키 사원 건축이 만들어낸 시대 문화의 결과이다. 우스펜스키 사원 건축이 서구 문화로부터의 이탈이자 주체적 해방이라면, 동시에 이는 모스크바 공국이 보여주고자 했던 문화적 독립의 구현이다. 과거로부터의 단절과 극복은 이렇게 새로운 길을 열어 놓았고, 이는 다시 창조적인 문화를 형성하는데 크게 기여한다. 우스펜스키 사원의 건축 전후에서 나타난 일련의 역사적 전개는 15세기 말, 16세기 초 중세 러시아 시기의 모든 것을 총체적으로 읽을 수 있었던 미시적 증거였다. 반대로 사원의 건축이 빚어낸 긍정적인 결과는 이후의 미래 시대를 관측하고 예측할 수 있었던 등대이자 망원경이었다. 우스펜스키 사원의 건축을 둘러싼 시대정신과 문화적 부산물은 러시아의 부상을 예견하게 하는 가장 중요한 시금석이다. 그리하여 건축 이후 여러 새로운 추종과 창조의 실질적인 모델이 바로 우스펜스키 사원이었으며, 사원의 이같은 영향은 건축의 범위를 초월하는 것이었다.

우스펜스키 사원 건축 양식이 끼친 이와 같은 영향력은 18세기에도 식지 않아, 엘리자베타 여제의 치세기인 18세기 중반(1741-1761)에는 상트 페테르부르크의 사원 지붕에 일대 변화를 일으켰다. 18세기 초 본래 신생 도시 상트 페테르부르크에는 돔 1개짜리의 교회 양식이 주를 이루었으나, 여제 엘리자베타의 명령에 따라 우스펜스키 사원의 돔 5개짜리 양식이 모델의 원형이 되었다. 심지어 당시 상트 페테르부르크에 와서 여러 기념비 제작에 큰 공을 세우고 있었던 프랑스 조각가 라스트렐리조차 그의 대표적인 바로크 양식의 교회 건축에 우스펜스키 사원의 기본 형태들을 가미해야 했었다.[35]

우스펜스키 사원으로 비로소 시작된 역사적 전환과 새로운 혁신은 종국에 러시아의 새로운 정체성의 길을 열어 놓았다. 그 길은 당대 모스크바 공국 집권자의 '의지적 시도'이자, 이전 시대와의 차별화를 위한 '종교적 선포'였다. 여기에서 우스펜스키 사원의 등장은 하나의 건축양식의 창조에 그치지 않고, 이념과 역사철학의 새 노정을 동반하는 것이었다. 그것은 바로 서구 제국의 잔영으로부터의 해방이자 독립이었고, 스스로 부여한 정통성의 자존심 표출이었다. 물리적 기념비나 다름없었던 우스펜스키 사원은 이런 점에서 '시대정신의 종교적 표상물'이었다. 이런 총체적인 해석에서 우리는 모스크바 공국이 중세의 암흑을 벗고(1475-1479), 134년 후 로마노프 왕조 탄생(1613)으로 이어지는 이념적, 종교적, 역사적 발판을 사보르 광장에서부터 마련하였다는 점과 그 상징적 시초가 우스펜스키 사원이었음을 분명하게 보았다.

우스펜스키 사원이 건축되던 무렵 전후와 거의 같은 시기 서구 중세 유럽에서 형성되고 있던 문화 예술은 철저하게 '교권 우세의 형이상학적 세계관'이 지배하였다. 모든 것이 교회를 중심으로, 성직자 집단의 정신이 사회의 속세를 압도하던 시대였다.[36] 교리와 신학적 파당으로 인하여 교회 분열이 발생하였고, 이로부터 이탈하여 나온 동로마 제국과 이후의 비잔틴 제국은 중세 러시아에 적지 않은 영향을 미쳤다. 하지만 외래의 것에서 수용한 여러 이질적인 문화 예술 요소 속에서 러시아를 대표하는 모스크바 공국은 전혀 새로운 특징을 가진 러시아 건축 문화를 창조하였다.

이제 러시아 정교회 건축물 가운데 가장 대표적인 우스펜스키 사원을 예로 들어 그 긴 역사와 문화, 예술의 문제를 나눈 이 책의 대단원을 내릴 시간이다. 네덜란드의 중세사 학자이자, 세계적인 석학 요한 하위징아의 뛰어난 비유에 의지하여 우스펜스키 사원 등장의 맥락과 사원 건축의 예술을 이렇게 정리하고자 한다.

중세기 서유럽 문화에 만연하였던 상징과 알레고리가 후기에 들어 쇠퇴하면서 구체성과 지시적 재현의 속성을 띠는 과정으로 변모해 가던 모습을 그는 아래와 같이 훌륭하게 말하고 있다. 그 전문이 전하는 메시지의 울림은 실로 대단하여, 이 책의 대장정을 맺기에 어울려 보인다. 하위징아는 우선 신약성경의 [고린도전서] 13장 12절, "우리가 지금은 거울로 보는 것같이 희미하나 그때에는 얼굴과 얼굴을 대하여 볼 것이요..."란 말씀을 비유적으로 사용하면서 '상징의 쇠퇴' 장을 이렇게 마감한다.

"우리가 이제는 거울로 보는 것같이 희미하나(Videmus nunc per speculum in aenigmate)." 중세인들은 거울 속에 뭔가 신비한 것이 있다는 사실을 인식했다. 하지만 그들은 거울 속 이미지(상징)를 쳐다보면서, 그것을 다른 이미지(상징)로 설명하려 했고, 거울에 거울(상징)을 맞세우려 했다. 그리하여 온 세상이 독자적인 비유(상징) 속에 포섭되었다. 중세 후기는 활짝 핀 상징의 꽃이 너무 무르익어 이제 떨어지는 시대였다. 이 시대의 생각은 비유(상징)에 지나치게 의존했다. 중세 후기의 주된 특징인 시각적 경향은 이제 모든 것을 압도했다. 인간의 머리로 생각할 수 있는 모든 생각은 구체적이면서도 회화적인 것으로 대체되었다. 세상은 달빛 속에 잠긴 한적한 대성당("세상은 많은 상징의 관념들로 지어진 대성당")으로 인식되었고, 모든 생각은 그곳에 깃들어야 마땅했다.[37]

중세 후기 상징과 알레고리가 뚜렷하게 사라지면서 보다 구체적이고 가시적으로 재현되는 대성당들이 등장한 배경은 러시아의 모스크바 공국의 시대에 건축된 우스펜스키 사원의 역사와 결코 다르지도, 이질적이지도 않다. 너무도 유사한 흐름과 맥락이 중첩되어 우리는 크렘린의 축성과 우스펜스키 사원이 지어지는 과정을 위의 배경과 연결지어 상상해도 충분해 보인다.

이렇게 우스펜스키 사원은 중세 후기에 러시아땅 모스크바에 지어진 건축물로서 중세적 상징과 알레고리를 대체하였다. 무엇보다 그 내부에는 정치의례가 종교성을 띠면서 거행되었고, 국가성을 형성해 가던 시기의 모스크바의 종교적, 정치적, 문화적 상징을 담고 있었던 기념비였다. 그러나 중세 서유럽이 빠르게 잃어가던 상징과 알레고리에 반해 우스펜스키 사원 내부에는 보다 농축된 성경적 알레고리와 다층적 상징성이 겹겹이 들어가게 되었다. 사원의 내부와 외부 모두에서 우리는 성경의 신학적 재현과 건축공학적 구조의 완성을 함께 관찰할 수 있었다. 그리하여 필자는 우스펜스키 사원을 하나의 '건축된 성경'으로 정의한다.[38] 사원 자체가 한 권의 책이자 성경이고, 정치적 의례의 드라마가 펼쳐졌던 '종교적 극장'이기도 하였다. 이 모든 다층적 기능과 종교 상징적 역할이 우스펜스키 사원에 압축되어 녹아들어갔고, 이러한 배경에서 우스펜스키 사원은 러시아 정교회 건축물의 전범으로 등장한 최초의 모델이었다.

부록

1. 러시아 정교회의 주요 사원 목록 _ 전통과 혁신, 러시아성의 구현
2. 모스크바 크렘린 궁 내에 있는 사보르와 교회, 종루 사진과 목록

부록 01

러시아 정교회의 주요 사원 목록
_ 전통과 혁신, 러시아성의 구현

아래의 러시아 정교회 건물과 사진은 다음의 사이트를 참고하였음을 밝혀둔다. 아래의 캡쳐 사진에는 "정교회 건축 목록"이 좌측 상단에 새겨져 있다. 이 목록에는 러시아 전역에 있는 정교회 건축물의 사진과 정보가 들어 있다.

이하 [부록-2,3]에는 고대 및 중세 러시아의 사원, 서구의 르네상스에 해당하는 15세기 이후에서부터 18세기 전까지의 목조, 석조 사원 가운데 대표적인 것들을 소개한다. 아울러 여러 자료를 검토하는 중에, 사원건축의 주요 정보와 사진, 역사적 맥락을 위해서 다음의 사이트를 참고하였다. http://sobory.ru/ 참고.

러시아의 교회 및 사원 건축사에서 가장 오래된 예는 아래의 사진에서처럼 키예프에 있는 데샤티나교회Десятинная церковь(989-996)가 있다.

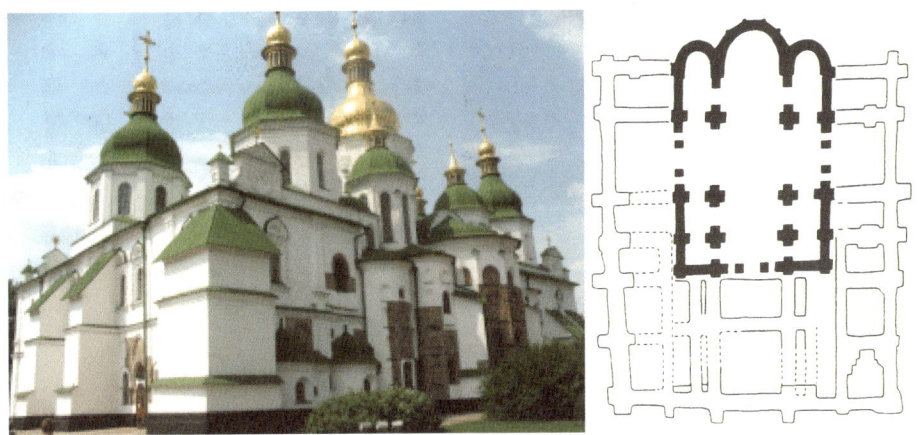

[삽도-213] 우크라이나의 키예프에 있는 데샤티나 교회와 평면도   데샤티나 교회는 고대 키예프 공국 시기에 가장 먼저 세워진 것으로 알려져 있으며, 성모승천교회라는 또 다른 이름으로 불린다.[1]

전통적으로 고대 러시아의 초기 건축양식은 대체로 아래의 [삽도-214] 평면도에서처럼 중심 공간이 5개의 복도로 분할되어 있다. 모스크바 크렘린의 우스펜스키 사원과 다른 점은 원통형 기둥도 아니고, 내부 공간도 답답하게 설계되어 있다는 점이다. 실내는 10각형 기둥과 4각형 기둥이 즐비하게 들어 차 있어 비좁고 시원한 느낌을 주지 않는다. 게다가 아래의 붉은 박스처럼 2-■-2 구조로 이뤄진 공간분할은 통일된 규칙도 없이, 가운데 공간만이 크게 만들어져 있다. 이는 동일한 공간 구성으로 넓게 시야가 트이도록 설계된 크렘린의 우스펜스키 사원과 여러 모로 다른 점으로 보이는 요소라고 하겠다. 키예프에 있는 소피야 사원은 1037년에 완공된 것으로 네를리 강변에 세워진 성모교회보다 더 이른 시기에 지어졌다.

키예프 루시 공국 시절(862-1240)은 비잔틴 문화의 강력한 영향 하에 있었다. 오늘날의 러시아가 초기 고대 국가 형태를 취하고 있던 시절을 키예프 루시라고 하는

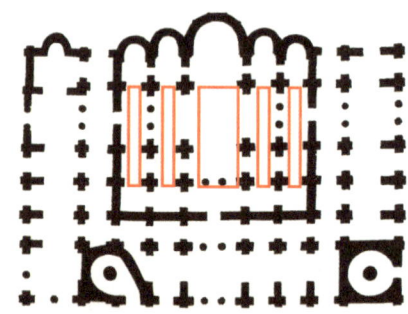

[삽도-214] 키예프에 있는 소피야 사원(Софийский собор, 1037년) 외관과 내부 평면도 사진[2]

데, 이 기간은 몽고 타타르의 침입으로 곳곳에서 분열과 위기의 상황에 놓이게 된다. 반면, 약 350년 동안 지속된 이 키예프 루시 시절에는 비잔틴 제국의 종교와 예술이 러시아 영토로 유입되어 영향을 끼치고 있었다. 오늘날 우크라이나 키예프에 있는 소피야 사원은 그 가장 대표적인 예로, 상단의 쿠폴 지지대인 바라반의 구조에서 로마 시대의 디테일을 읽을 수 있기 때문이다. 정교한 띠를 형성하고 있는 이 바라반의 구조는 모스크바 우스펜스키의 자코마르가 규칙적이고 일정한 패턴으로 형성되기 전의 단계를 이루는 것으로 서구 건축의 전통이 유입된 뚜렷한 증거이다.[3]

한편, 우스펜스키 사원이 러시아 곳곳에서 동일 이름으로 산재해 있듯이, 소피야 사원도 고대 러시아의 발상지 키예프 외에, 블라디미르, 노브고로드에도 있다. 모두 소피야란 이름에 봉헌된 교회로 위의 사진과 거의 동일한 구조를 띠고 있다. 이렇게 볼 때, 적어도 15세기 노브고로드와 프스코프에서 완전히 새로운 러시아 건축양식의 모델이 등장하기 전까지 러시아에서 이러한 장방형 사각형 기둥 구조의 평면은 상당히 일반적이었던 것으로 보인다.

상반부의 돔 역시 11세기 중반, 즉 1240년 몽고 타타르의 침입 이전에 이미 상단의 돔 형태가 오늘날 우리가 모스크바 크렘린 궁에서 발견하는 그 형태의 원형을 훌륭하게 유지하고 있었다. 즉, 11세기 초 이전의 노브고로드에 이르기 전까지는

[삽도-215] (상)키예프의 소피야 사원(1037년)과 노브고로드의 동명 사원(1045-1050)간의 돔 모양 비교
(하)노브고로드의 사원 전체 사진과 내부 인테리어 및 사각 기둥[4]

투구 모양이나 촛불 형태는 찾아볼 수 없다. 대신 그 이전의 돔은 아래의 사진에서처럼 돔의 상단부와 하단부가 각기 그 모양이 다르게, 각이 져있다. 매끄럽고 촛불 모양으로 이루어진 형태는 11세기 중반에야 등장한 러시아 고유의 쿠폴 양식인 것이다. 그 최초의 발상지가 위에서 살펴보았듯이, 노브고로드와 프스코프였다. 정 가운데 가장 큰 쿠폴이 있고, 이를 사방에서 포위하고 있는 보다 작은 크기의 쿠폴이 올라가 있는 구조 역시 아직 11세기 이전에는 찾아보기가 힘들다. 그리하여 11세기 중반 이후, 노브고로드와 프스코프를 기점으로 오늘날 우리가 보는 투구 및 촛불 모양의 원형 돔이 나타나기 시작한 것이다.

[삽도-216] 노브고로드의 소피야 사원과 모스크바 크렘린의 우스펜스키 사원 간의 쿠폴 비교 사진   약 300년의 시간 차이가 존재하나 양식 상의 변화, 특히 돔의 구조와 외형에는 큰 차이가 없음을 알 수 있다. 필자 직접 촬영(2017.07.21.)

  오늘날까지 보존되어 전해지는, 가장 오래된 목조 교회 건축물은 현재 무롬 지방에 있다. 무롬 수도원에 있는 나사로 승천 교회Церковь Воскрешения Лазаря в Муромском монастыре가 바로 그것인데, 이는 수도승 나사로가 1391년에 기초한 것으로 러시아 사원 건축의 원형으로 알려져 있다.[5] 러시아 건축의 역사에서 목조 건축이 차지하는 역할은 분명하다. 재료로 돌이 사용되기 전, 고대 루시 시기 전역, 특히 앞서 살핀 황금고리 일대의 주요 사적지인 블라디미르, 수즈달, 그리고 대 노브고로드와 트베리 등지에서는 숲이 토지의 대부분을 차지할 정도였다. 따라서 돌보다는 숲에서 쉽게 구할 수 있었던 나무가 건축의 주요한 소재로 사용되었던 것은 당연했을 것이다. 그리고 교회 건축에 나무가 본격적으로 사용되기 전, 나무는 다른 무엇보다도 실거주지 가옥жилые домы и хоромы의 주요 소재로 사용되었다.[6]

  14세기 후반의 시기는 몽고-타타르의 러시아 침입과 러시아에 대한 지배가 끝나기 거의 50년 전으로 러시아 건축에서 석조 교회의 발전이 잠정적으로 중단된 시기와 거의 일치한다. 러시아 전통의 목재 가옥 및 목재 사원 건축이 발전을 거듭하여 이미 석조 교회가 세워지던 전통은 이 기간 동안 그 발전이 중단되었다. 그럼에도

[삽도-217] 키쥐(Кижи) 섬에 있는 목조 사원   러시아 현존 최고(最古)의 사원으로 알려져 있다.[7]

이 당시 노브고로드, 프스코프, 모스크바 근교, 그리고 트베리의 여러 지역에 규모가 작은 석조 교회들이 생겨났다. 그러다가 모스크바와 인근의 공후 통치령에서 세워지기 시작한 석조 교회의 등장은 15세기 말에야 가능했다.[8] 우리가 지금까지 살펴본 모스크바 크렘린 궁 내의 우스펜스키 사원의 완공시기인 1479년도 바로 이러한 맥락에서 이해할 수 있을 것이다.

한편 1990년부터 시작되어 러시아의 정교회 문화재로서 가장 먼저 등재된 세계문화유산목록에는 자비의 구세주 포민 교회Фоминская церковь Спаса Всемилостивого 가 있다. 이 교회는 일명 코스트로마 슬로보다Костромкая слобода 특별보호구역 내에 보존되어 있는 것으로 목재 교회의 아름다움과, 특히 못을 사용하지 않은 22개 돔으로 세워진 건축물로 많이 알려져 있다.

[삽도-218] 코스트로마 지역에 있는 자비의 구세주 포민 교회[9]

[삽도-219]
드미트리옙스키 사원
파사드와 벽면의 부조[10]

부록 433

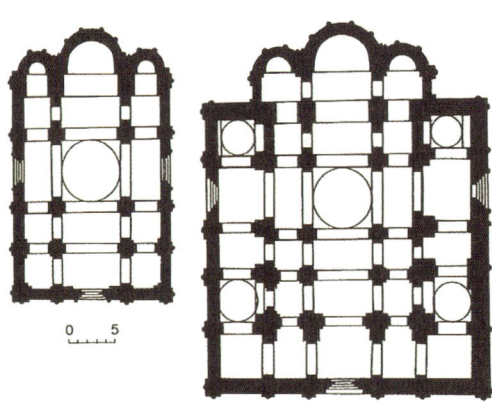

[삽도-220] 블라디미르에 있는 우스펜스키 사원 (1158-1189)과 평면도[11]

모스크바 크렘린 궁 내의 우스펜스키 사원은 위에서 우리가 살핀대로, 블라디미르에 있는 같은 이름의 사원에서 그 전통과 역사가 비롯되었다. 이탈리아 건축가 피에라반티가 우스펜스키를 건축하기 전 이곳에 들러 먼저 러시아의 사원 건축 전통을 연구한 배경에서 알 수 있듯이, 블라디미르 우스펜스키 사원(1158-1160, 재건축은 1186-1189)은 러시아적인 특징이 잘 구현된 가장 대표적인 예가 된다. 블라디미르 외에도 황금고리의 또 다른 고도 수즈달에도 오래된 사원이 있다. 그리하여 블라디미르-수즈달 학파의 건축 양식은 과거 키예프 및 노브고로드 공국 시절에서 유래한 여러 전통에 기초하여 있다. 비잔틴 시대의 요소들이 여전히 강하게 남아 있는 이 이 도시들의 사원들은 대체로 '흰돌 사원белокаменная архитектура' 건축으로 유명하다. 특히 블라디미르에 있는 드미트리옙스키 사원Дмитриевский собор во Владимире은 1194-1197년 혹은 이보다 이른 1191-1194년 사이에 건축된 것으로 기록은 전하고 있다.

블라디미르의 우스펜스키 건축과 거의 비슷한 시기의 것으로 네를리 강가에 있는 성모 교회Храм Покрова на Нерли(1165)는 단아한 외관으로 빼어난 자태가 압권이다. 흰돌로 지어진 이 사원 역시 초기 비잔틴 시대의 유산이 강력하게 남아 있는 것으로 흰 벽면의 여러 부조가 특징적이다. 1158년에 시작된 네를리 강의 성모 사원의 입구 문 위뿐만 아니라, 사방을 둘러싼 벽의 부조에서 특징적인 것은 동물 모양의 모티프가 발견된다는 점이다. 보통 로마네스크 미술에서 지배적인 이 동물 도상 모티프는 동방에서 서유럽으로 전래된 것으로 알려져 있다. 재고해 볼 만한 것은 왜 정교회 사원이 기괴하고 영적이지도 않으며, 성경적 인물 혹은 창조자 하나님과 하등의 관계가 없는 이러한 동물 이미지를 벽면에 많이 사용하고 있는가의 문제이다. 앞서 사원의 서문 상단에 주로 최후의 심판 주제의 그림이 묘사되어 있는 것과 너무도 다른 특징을 보여주는 이 현상을 어떻게 이해해야 할까? 혹자는 서문의 심판 모티프와 마찬가지로, "악마의 세계를 형상화해서 보여줌으로써 신앙심의 뿌리를 굳건히 해주고자 하는 목적이 앞섰을 것"으로 풀이한다.[12] 그 깊은 배경이 어떠하든, 초기 러시아 정교회 사원의 건축사에서 이 벽면 모티프는 매우 이색적인 것만큼은 분명하다.

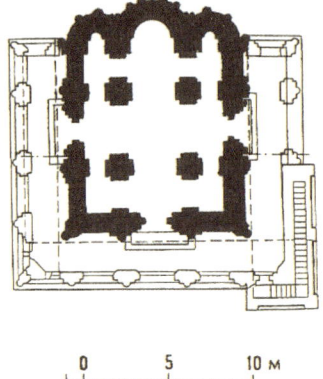

[삽도-221] 네를리 강가에 있는 성모교회의 여러 모습 한 가지 흥미로운 부조 모티프는 괴물상과 동물 형상이다. 로마네스크 미술에서 지배적으로 많이 나타나는 이 도상이 이 사원에 등장하는 이유에 어떤 연관관계가 있는지는 연구해 볼 만하다.[13]

 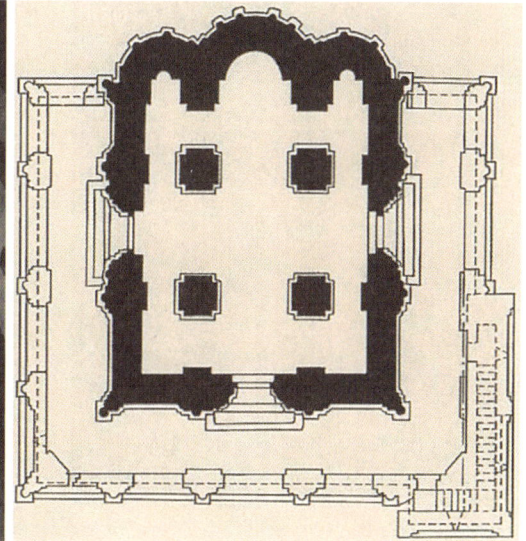

[삽도-222] 네를리 강변에 있는 성모교회의 내부 사진과 평면도[14]

위의 사진에서와 같이 네를리 강변의 성모교회는 러시아에 도입된 초기 비잔틴 양식의 건축문화가 그대로 배어 있다. 12세기 초의 네를리 교회와 15세기 후반의 모스크바 우스펜스키 사원 건축 사이에는 300년이 좀 넘는 시간 차이가 존재한다. 그 사이 내부 양식에도 상당한 변화가 발견되는 바, 우측의 평면도에서처럼 큐비트 모양의 내부는 원기둥도 아닌, 사각형의 기둥이 4개 서 있다. 6개가 들어 찬 우스펜스키 사원과는 공간 분할에서부터 규모에 있어서 모두 큰 차이를 보인다. 12시 방향의 전방이 동쪽이며, 앱스가 3개로 구성되어 있는 것은 크게 다를 바가 없다. 4개의 사각기둥 사이로 둥그런 쿠폴 1개가 높이 솟은 형태로 러시아에서 찾아볼 수 있는 가장 초기의 원형을 간직하고 있으며, 외관이 매우 수려하고 단아한 것이 특징이다. 더군다나 흰돌로 지어져서 그 단아함과 우아함이 극대화되어 있다. 주변엔 들판과 강 외에 구릉 조차 없기 때문에 직접 가서 보면 멀리 1킬로미터 떨어진 곳에서도 육안으로 식별이 가능할 정도로 아름답게 도드라져 보인다.

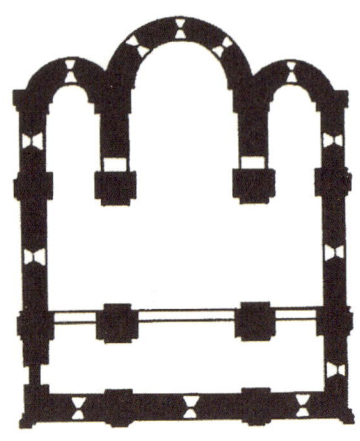

[삽도-223] 페레슬라블리-자볘스키에 있는 **성변용 사원**(Переславль-Залесский, Спасо-Преображенский собор, 1152-1157)**의 평면도**   모스크바 창건자인 유리 돌고루키가 세운 이 사원은 페레슬라블리-자볘스키에서 가장 오래된 석조 교회로 알려져 있다.[15]

거의 비슷한 시기에 축조된 성 보고륩스키 수도원Свято-Боголюбский монастырь 은 러시아에서 성스러운 대공으로 칭송받는 안드레이 유리예비치 보고륩스키가 1155-1157년에 만든 것으로 역사는 기록하고 있다. 비슷한 시기이나, 외관의 양식과 봉헌된 주인공에 얽힌 이야기는 전혀 다른 것이 이 두 사원의 특징이자 흥미 있는 내용이다.

안드레이 보고륩스키 대공(1111-1174)은 기독교를 받아들였던 블라디미르 대공의 사후 최초로 전 루시 땅의 통일을 위해 노력한 자로서, 블라디미르 모노마흐와 부친 유리 돌고루키의 여러 위업을 물려받은 역사적인 인물이기도 하다. 그를 기리는 의미에서 그 명칭이 붙여진 이 사원은 모스크바의 우스펜스키 사원 건축시기보다 거의 300년 이른 건축물이다.

[삽도-224] (좌)안드레이 보고륩스키 수도원에 위치한 본 사원의 동쪽 앱스 (우)반대편 서쪽 출입구   필자 직접 촬영 (2018.01.20.)

　　황금고리 유적지 가운데 하나인 블라디미르에 있는 것으로 이 수도원은 지붕 색깔이 푸른색인 것이 매우 이색적이다. 위의 사진([삽도-224])에서처럼 이 사원 역시 동쪽에 3개의 굴곡진 형태를 하고 있는 앱스가 위치하여 있고, 상단 지붕에는 쿠폴이 5개가 올라가 있는 것을 보여준다. 수도원의 구조에 걸맞게 부속 건물과 사제들의 숙소, 식당, 거주지, 종탑 등이 높다란 크렘린 벽 내부에 자리하고 있다. 몽고 타타르의 침공이 있기 약 90년 전에 지어진 건축물이나, 이후 아시아 유목민의 침입 과정과 정복 기간 중, 이 사원에서는 여러 피해와 일부 훼손이 있었던 것으로 전해진다. 위의 사진 뒷편에는 사원이 애초에 있었던 터의 밑기둥과 실제 내부가 고고학적 발굴물과 함께 보존되어 있는 박물관이 위치하여 있다[삽도-225] 참고).

[삽도-225]
(상좌)12세기에 지어졌던 성 안드레이 보고륩스키 사원의 발굴 터와 사원 기둥, 밑받침 등 고고학적 발굴물을 실제 그대로 전시해 놓은 박물관 건물
(상우)이 박물관 뒷 건물 2층엔 안드레이가 순교 당했던 당시, 자신이 사용 하였던 기도처(건물 꼭대기층)와 살해 현장을 그린 프레스코화가 묘사되어 있다.
(하)안드레이가 거처했던 당시의 방(1158-1165)을 안내하는 현판과 설명
필자 직접 촬영(2018.01.20.)

아래의 사진들은 12세기 말에서 14세기 말까지, 근 200년간의 기간 동안 고대 루시 시대 교회 건축의 발달 양상을 한 눈에 보여준다. 순서대로 1)부터 5)까지의 사원은 모두 노브고로드에 세워진 것들이며, 나머지 6)부터 8)까지는 프스코프에 그 위치를 두고 있다. 1)은 1198년도에 완공된 것으로, 네레지차에 세워진 구세주 교회Церковь Спаса на Нередице란 이름을 가지고 있고, 2)는 리프나에 세워진 니콜라이 교회Церковь Николы на Липне(1292), 3)은 루치야에 세워진 표도르 스트라티라트 사원 교회Церковь Федора Стратилата на Ручью(1361), 4)는 슬라프스코예 거리에 세워진 드미트리 솔룬스키 사원 교회Церковь Димитрия Солунского на Славскове улице (1463), 5)는 이보로바 거리에 세워진 클리멘타 사원Церковь Климента на Иворове улице(1520), 6)은 미로쥐스키 수도원의 구세주-변용 사원Спасо-Преображенский Собор Мирожского монастыря(1156), 7)은 스네타고르스키 수도원 사원Собор Снетогорского монастыря(1310), 8)은 성 삼위일체 사원Троицкий собор(1367)이다.

[삽도-226] (상)고대 루시 시기의 러시아 교회 건축 발달사를 한눈에 볼 수 있는 그림 12세기 말에서 14세기 말에 속해 있는 교회 건축물이다. (하)위의 도면에 기초한 실제 교회 사진[16]

이후 15-16세기 모스크바 공국 시절에 지어진 사원이 바로 우리가 앞서 살핀 모스크바 크렘린 궁 내의 여러 건축물이다. 사보르 광장에서 가장 먼저 세워진 우스펜스키 사원(1475-1479), 그 다음 순서대로 접견궁(1487-1491), 성수태고지 사원, 아르한겔스키 사원(1505-1508), 이반 뇌제의 종루 등이 있다. 현재의 붉은 광장에는 16세기 중반에 건축된 성 바실리 사원(1555-1561)이 있다. 시기를 달리하여 모스크바에서 떨어진 세르기예프 포사드에는 성삼위일체 세르기예프 우스펜스키 사원Успенский собор Троице-Сергиевой лавры(1559-1585)이 있다.

[삽도-227] 세르기예프 포사드에 있는 성삼위일체 우스펜스키 사원의 정면 입구 사진   필자 직접 촬영(2017.07.24.).

짜르스코예 셀로의 콜로멘스코예 성모승천교회Церковь Вознесения Господня в Коломенском는 1528-1532년 사이에 이탈리아 건축가 피에트로 프란체스코 한니발에 의해 건축되었다.

[삽도-228] 콜로멘스코예 소재 성모승천교회 모습[17)]

[삽도-229]
북러시아 지역, 카렐리아의 키쥐 섬에 있는 성변용교회
(Церковь Преображения Господня на острове Кижи, 1694-1714)[18]

지금까지 열거한 정교회 양식의 예를 쿠폴과 주변 상단 양식을 기준으로 하여 재정리하면 다음과 같이 요약된다. 가파른 각도의 샤쬬르와 쿠폴의 개수가 하나에서 5개로 점차 늘어가는 변천사가 그것이다.

가파른 각도의 천막형 샤쬬르는 본래 목조 교회 건축 양식에서 기원하였지만 1532년 콜로멘스코예의 주님 부활 교회 건축церквь Вознесения Господня에서부터는 석조로 변모하여 새로운 전통을 만들기 시작하였다. 일명 '석조 천막형 샤쬬르 사원 каменный шатровый храм'이란 새로운 양식이 러시아 정교회의 건축에서 나타났다. 건축사적으로 이 천막 사원 양식은 다른 어떤 나라에서도 유사한 예를 찾아볼 수 없을 정도로 러시아적인 스타일로 간주되고 있다.[19]

샤쬬르의 기원에 대해서는 다소 이견이 존재한다. 페르시아의 이민족 유목민의 것이라는 기원에서부터 독일식 저택에서 그 모델이 유래했다는 의견까지 다양하다. 노브고로드와 지리적으로 인접해 있던 독일의 뤼베크Lübeck에서 만들어졌던 타운 유형이 영향을 끼쳤다는 등의 학설도 있다. 이와 같이 이설이 어떠하든 간에, 한 가지 분명한 것은 샤쬬르의 형태가 처음 러시아에 등장하기 시작한 때가 노브고로드의 옛 교회 건축에서부터이며, 약 12세기 초로 거슬러 올라간다는 점이다. 몽고 타타르의 러시아 침입이 있었던 1240년, 즉 13세기 초 약 100년 전부터 이미 러시아 땅에 자생적으로 형성되었다고 보는 견해가 지배적이다.[20]

그리고 이로부터 발전되어 나타난 다음 단계의 모델이 바로 투구шлем 모양을 닮은 돔의 등장이다. 이미 우스펜스키 사원의 5개 돔 구조를 언급할 때 자세하게 다뤘듯이, 쉴렘 모양 역시 러시아에서 자생한 전통적 유형의 대표적인 예이다.

또한 이 양식의 역사적 의의는 사원 자체로 기념비가 된다는 점이다. 우스펜스키가 건축되고, 1511년 제3로마 개념도 이미 공표된 시점인 1532년에 제작된 이 양식은 이후 붉은광장의 성 바실리 사원 건축(1555-1561)의 모델 역할을 한 것이 분명해 보인다. 총 10개의 프리젤 혹은 단독의 작은 교회 돔이 연합하여 팔각형 앙상블을 창조해 낸 성 바실리 사원에 샤쬬르 양식의 형상이 들어 있기 때문이다.

[삽도-230] 키쥐(Кижи) 섬에 있는 성변용교회(Спасо-Преображенская церковь) 사진과 스케치 이 사진에서 샤죠르 양식이 분명하게 드러난다.[21]

446　러시아 정교회 건축과 예술

[삽도-231] 황금고리를 형성하는 고도시 가운데 수즈달에 있는 고대 목조 교회의 원형사진 우측 사진에서 샤쬬르 양식이 분명하게 확인된다. 못을 전혀 사용하지 않고 이음매로만 건축한 러시아 초기 목조 교회 양식의 전형을 보여준다. 필자 직접 촬영(2015.07.19.)

[삽도-232] 가장 러시아적인 양식이라고 불리는 샤쬬르형 사원 그 대표적인 모델로 손꼽히는 콜로멘스코예에 있는 주님승천교회(Церковь Вознесения Господня в Коломенском) 사진과 스케치[22]

부록 447

이로써 샤쬬르 건축 양식은 러시아적인 원형 창조에 가장 중요한 기틀을 놓았을 뿐만 아니라, 러시아 정교회의 새로운 권력과 정치적 독립의 함의를 건축적 양식으로 재현한 가장 전형적인 모델이라고 정리할 수 있겠다.[23]

16세기 러시아 건축사에서 이 승천교회가 이룩한 가장 중요한 혁신 가운데 하나는 바로 이 높은 각도의 단일 쿠폴을 자랑하는 건물 내부에 기둥이 전혀 없다는 사실이다.[24] 사원 내부에 기둥 하나 없이도 높은 샤쬬르를 쌓아올린 새 기술이야말로 이 사원의 자랑거리이다. 페르시아어에서 기원한 샤쬬르는 애초에 텐트 지붕을 의미하는 어휘로, 유목민의 삶과도 관련이 있다. 이러한 유형의 건축술이 형성될 수 있었던 배경에는 북러시아의 날씨 환경에서 찾을 수 있다. 눈이 많이 오는 관계로 적설량의 무게를 최대한 적게 감당하기 위해서는 눈이 자연스럽게 쓸려 내려가거나 적게 쌓이도록 지붕의 각도를 높여야 했을 것이다.[25] 지금까지 우리가 살펴왔던 우스펜스키 사원의 상징성과 마찬가지로, 콜로멘스코예 성모승천교회도 "짜르 권력의 상징이자, 모스크바가 수도였던 러시아의 강대함"을 드러낸 것으로 회자된다.[26]

콜로멘스코예 성모승천교회는 특징적인 외관으로도 유명한데, 아래의 사진에서처럼 마치 나뭇잎이 층층이 겹을 이루는 구조는 러시아 여인의 전통 복식을 연상시킨다.

[삽도-233] 러시아 전통 여자 머리장식 기구인 코코쉬니크кокошник 1479년 완공된 모스크바 우스펜스키 사원의 기도처 장식, 1532년에 완성된 콜로멘스코예 성모승천교회의 중간 장식 간에는 일치하는 문양 패턴이 존재한다. 러시아 전통의 여자 머리장식이 원용된 예이다. 우스펜스키 사원 내의 기도처는 사실 사원이 완공된 한참 후에 추가된 것으로 1551년에 완성된 것으로 기록되어 있다. 이로써 콜로멘스코예 사원이 축조된 19년 후에, 이 머리장식 문양이 최종 모스크바 우스펜스키 사원에 적용된 것으로 판단할 수 있다.[27]

러시아의 전통 머리장식 코코쉬니크에서 그 원형을 차용한 것을 보여주는 위 사진은 두 사원 건축에서 분명하게 드러난다. 귀족 여성이건 하층의 농민층 여성이건 전통 혼례식에서 신부가 머리 위에 쓰는 중요한 장식으로서 코코쉬니크는 여러 다른 모델이 존재한다. 사진처럼 삼각형 모양으로 높이 솟은 형태에서부터 좌우로 넓은 모양이 있는가하면, 머리띠에 해당하는 포바즈키, 머리에만 간단히 눌러 쓰는 포보이니크 등 다양한 장식이 있다. 이 삼각뿔 형태의 장식이 겹겹이 마치 나뭇잎처럼 장식된 형태에서 우리는 러시아 여인의 전통 머리 장식의 모델을 확인한다. 이 문양 분석을 통해 중요한 것은 이미 15, 16세기 러시아 건축양식에서 '러시아적인 요소'를 구현하려는 독자적 움직임이 형성되어 있었다는 점이다. 왜 여인의 머리장식 모양이 건축물에 원용되었는지, 그 과정과 수많은 예들을 통한 해석이 필요하지만, 이 자리에서 우리는 간단히 이 문양이 러시아 전통을 환기하고, 전통적 물질문화를 예술적으로 재현하려는 움직임 곳곳에서 애용되었던 대상이란 점을 기억해 두자.[28]

혼히 몽고 타타르 침입 이전 시기의 목조 건물 발전 단계는 두 가지 경향으로 나뉘는바, 첫째는 키예프 루시 시기의 건축이며, 다른 하나는 키예프 공국 해체 시기의 건축이다.

키예프 루시 시대에는 대부분의 석조 건축물이 반입된 그리스의 재료들에 의해서 형성된 것들이기 때문에, 민족적인 형식은 아직 발현되어있지 않았다. 따라서 건축에 있어서 러시아적인 양식이라고 칭하기엔 여전히 매우 미약한 상태에 놓여 있었다. 그럼에도 이 시기 사원들은 대체로 웅장하고 거대한 규모를 특징으로 하고 있었다. 그 대표적인 예로, 가장 오래된 석조 건축물로는 앞서 언급한, 10세기 말엽에 그리스에서 유입된 재료로 지어진 일명 데샤티나야Десятиная, 즉 키예프에 있는 성모 승천 교회церковь Успения Богородицы가 있다. 이 데샤티나 교회는 사원 건축 발전 단계에 매우 중대한 역할을 담당하였다. 키예프에 있는 키예프 소피야 교회가 세상에 드러나기 전, 데샤티나는 도시를 대표하는 카페드랄리나야 교회가 되었고, 이 안에는 대공의 관이 산재해 있었다. 건축 구조로 볼 때, 데샤티나 교회는 크지 않은 벽돌을 사용한 공법으로 지어졌으며, 세 개의 앱스를 지녔고, 십자가 돔 쿠폴을 지지하는 여섯 개의 스톨프를 가지고 있는 형태이다. 그러다가 1037년에 소피야 사보르Софийский собор가 착공되었고, 최종 완성은 1040년대로 연대기는 기록하고 있다.[29]

코코쉬니크 모티프로 해석한 러시아 건축물 구조에서 다소 벗어난 또 다른 견해도 주목할 만하다. 1877년 프랑스인 Viollet-le-Duc의 책 *L'Art russe: Ses origines, ses elements consitutifs, son apogee, son avenir*에서 시도한 러시아의 전통 건축구조에 대한 재조명에 따르면, 코코쉬니크는 아래의 사진에서와 같이 "중첩된 아크overlapping arches"로 인식된다. 아래 좌측의 사진은 모스크바 붉은광장에 있는 성 바실리 사원의 외관을, 우측의 사진은 좌측의 사진을 토대로 재구성한 중첩 아크의 도면이다. 러시아 전통 문양의 특색은 이렇게 색다른 해석과 논의의 소재를 제공하였는데, 그 배경은 러시아인을 포함한 총 3명의 프로젝트 구성원에 기원한다. 모스크바 산업미술 박물관장이었던 빅토르 부톱스키, 프랑스인 Eugene Emmanuel Viollet-le-Duc, 경제학자 Natalis Rondot가 마련한 러시아 예술 및 건축 프로젝트에 따르면, 당대 유럽에서 주목받던 러시아의 주요 건축물이 아시아적 요소, 유라시아적 영향 등 러시아 외적인 영향관계 속에서 집중적으로 연구된 바 있다.

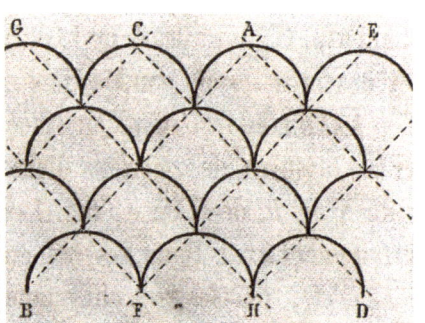

[삽도-234] 일명 "중첩된 아크"의 원리에 따라 성 바실리 사원을 재해석한 프랑스인 프로젝트에 실린 실제 도면과 그 설명[30]

아래의 [삽도-235]에서 총 4장의 사진은 코코쉬니크 문양을 찾아볼 수 있는 대표적인 교회들의 예이다. 먼저 상단의 사진 두 장은 모스크바에서 약 80킬로미터 떨어져 있는 세르기예프 포사드(정식 이름은 Свято-Троицкая Сергиева Лавра이며 1337년 창립) 대사원 내부 터에 있는 성 두호프스키 흐람(좌, Свято-Духовский храм)과 성삼위일체 사보르인 트로이츠키 사보르(우, Троицкий собор)를 보여준다. 특히 우측의 금장 돔 교회는 이 사원의 설립자이자 중세기 러시아의 가장 고명한 성자 반열의 인물 가운데 한 사람이었던 세르게이 라도네쥐스키Сергей Радонежский(1314-1392)의 유해가 안치되어 있는 장소로도 유명하다. 하단의 사진은 동일한 교회 건축물의 측면과 부분을 확대하여 찍은 것으로 모스크바 붉은광장 진입로에 있는 카잔사원의 돔 주변 드럼 부위를 보여준다. 이 사진 역시 코코쉬니크 양식을 장식의 주된 모티프로 사용하고 있다. 14세기 초인 1337년에 건축된 것으로, 성 세르게이 라도네쥐스키의 탄생해인 1314년을 고려할 때, 이 사원은 성자의 탄생일 기준으로 700년, 건축 완성의 해를 기준으로는 681년(이 책의 집필 완성 해인 2018년 기준)이나 되는 오래된 사원이다.

한편 붉은광장 진입로 한쪽 편에 있는 카잔 사원(정식 명칭은 Казанский собор на Красной площади)은 1625년 최초로 완공되었으나, 1990-1993년 사이 보수공사를 거친 후 재개원을 한 역사를 간직하고 있다. 세르기예프 포사드에 비해 거의 300년 후에 완공된 카잔 사원 역시 코코쉬니크 문양을 상기하기에 충분한, 뚜렷한 양식적 유사성을 보이고 있다. 한편 19세기 초, 중반의 작가 니콜라이 고골이 주일에 다녔다고 알려져 있는, 오늘날 노브이 아르바트 거리에서 볼 수 있는 시메온 스톨프니코프 교회Церковь Симеона Столпника на Поварской도 역시 카잔 사원에서 볼 수 있는 문양과 거의 흡사한 모티프를 보여주고 있다. 건축 완성 시기로 볼 때에도 두 건축물은 각기 1625년과 1679년에 지어져 서로 거의 동일한 양식이 사용되었다고 추정하기에 충분한 근거를 가지고 있다. 이외에도 모스크바 강변에 자리하고 있는 높이 108미터 규모의 성 구세주 사원Храм Христа Спасителя의 외관 역시 코코쉬니크 모티프가 원용되어 있다.

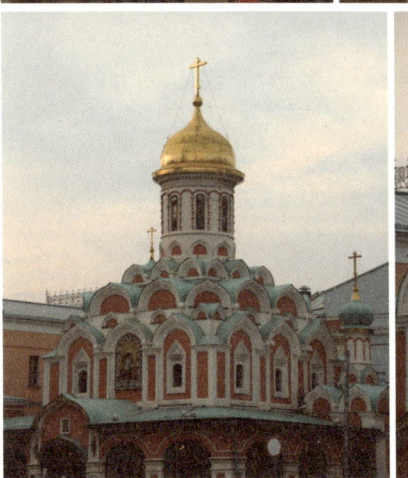

[삽도-235] (상)세르기예프 포사드에 있는 두 사원
(중)모스크바 붉은광장 진입로 측면에 있는 카잔 사원에 공통적으로 발견되는 코코쉬니크 모티프
(하-1)콜로멘스코예에 있는 성모변형교회의 외관 모습에서 나타나는 코코쉬니크 모티프 특히 이 성모변형교회는 고대 루시 최초로 석조 교회로 건축된 예로서 유명하다.
(하-2)모스크바 노브이 아르바트 거리 모퉁이에 있는 시메온 스톨프니코프 교회(Церковь Симеона Столпника на Поварской) 사진 1679년에 완공된 것으로, 붉은광장의 카잔 교회 건축 시기(1625년)와 같은 세기, 동일 양식으로 지어진 것을 알 수 있다. 코코쉬니크 문양의 반복적 활용이 가장 눈에 띈다. 특히 이곳에서 약 500미터 거리 내에 니콜라이 고골이 실제 살던 집이 박물관으로 꾸며져 있고, 그 내부 단지에 있는 고골의 기념비가 보인다.
필자 직접 촬영(2018.07.21.~22.)

[삽도-236] 모스크바 소재 성 구세주 사원의 드럼 구조 및 장식에서도 머리장식 모티프가 단연 커다랗게 도드라져 있음을 알 수 있다. 각각 노란색과 붉은색 네모 칸 안의 무늬가 바로 러시아 정교회 건축물에서 가장 빈번하게 등장하며 사용되는 으뜸 문양이다. 이 중에서 가장 맨 하단의 성 구세주 사원은 흔히 정통 러시아 양식에서 벗어난 '의사(疑似) 러시아 양식(псевдорусский стиль)'으로 분류되며, 2000년 보리스 옐친 대통령 재임기간에 완전히 새롭게 지어진 개축의 예에 해당한다. 1812년 러시아가 프랑스를 상대로 이긴 조국전쟁을 기념하기 위해 1883년에 건축되었지만, 스탈린 시기에 완파되었다가 소비에트 해체 이후 다시 지어진 것이다. 이와 같이 의사 러시아 양식의 건물에는 크렘린 대궁전(Большой Кремлевский дворец)과 국영백화점 굼(ГУМ)이 있다. 필자 직접 촬영(2018.07.21.~22.).

한편 건축물 구조에서 빼어놓을 수 없는 주요 구성요소로서 계단을 중심으로 관찰해 보면 러시아적인 요소를 쉽게 발견해 볼 수 있다. 바로 측면 계단에 해당하는 크릴리초крыльцо이다. 이는 고대 러시아의 목재 건축 양식에서 꼭 들어갔던 요소로 시작하여 16세기 석조 사원 건축에까지 그 맥이 이어진, 오랜 전통을 지니고 있다. 이 크릴리초 양식은 블라디미르와 모스크바보다 앞선 시기에 프스코프에서 처음으로 형성된 양식이다.[31]

순전히 특정 양식의 기원으로만 볼 때, 프스코프는 팀파눔tympanum의 최초 탄생 지역으로도 잘 알려져 있다. 아래의 사진에서처럼, 팀파눔은 모스크바의 우스펜스키 사원 문 구조에서 살펴대로 안쪽으로 기울어져 들어가게 만들어진, 주름장식을 말한다. 이 역시 프스코프에서 가장 먼저 시작되었다. 아래의 사진에서 살펴보자.

[삽도-237] 위의 사진들은 모두 고대 목조 건축 양식의 일부분으로서, 주택 및 쿠폴 1개의 사원 건축에서 공통으로 등장하는 측면 계단 '크릴리초'(крыльцо)를 보여준다.   주택의 측면 계단을 뜻하는 크릴리초는 보통 집 마당인 드보르를 지나 주거실 공간으로 들어가기 위해 만들어지며, 중상층 이상의 부유한 가정 혹은 2층 구조의 이즈바만에 있다. 계단 바로 우측에 문이 달린 공간은 세니(сени)라고 하는 곳으로, 식량을 저장해 두거나 간혹 가축을 몰아두기도 한다. 우리식으로 광에 해당하는데, 여기에서 손님을 맞이하기도 한다.[32]

[삽도-238] 상단 사진 역시 수즈달에서 필자가 직접 촬영한 것으로, 크릴리초가 잘 보인다. 고대 목조 건축물 어디에서나 지금처럼 단층 이상의 건물에서는 이와 같은 측면 계단이 반드시 구성요소로 들어가 있다. 이러한 요소가 석조 양식에서도 적용된 사례가 바로 아래의 사진에서 나타나는 성 바실리 사원이다. 연두색 칸 안의 부분이 바로 붉은광장으로 향해 있는 출구이다. 사진에서는 보이지 않는 북동쪽의 입구로 들어가서 지금의 출구 계단으로 나오게 되어 있는 사원의 구조는 목재 양식에서 나타나는 크릴리초가 응용되어 있다. 결국 고대 건축양식인 크릴리초가 16세기 석조 건축물에서도 그 전통이 이어지고 있는 것이며, 이는 서유럽 어디에서도 발견되지 않는 러시아만의 건축양식이자 전통이라 하겠다.

위에서 이야기한 바대로, 고대 러시아의 목조 건축물의 가장 큰 뚜렷한 특징 가운데 하나는 입구 서편 중심에 마련된 오르는 계단 구조 파페르티паперть이며, 측면에 난 크릴리초이다. 기능상 두 구조물 모두 동일한 역할을 하며, 파페르티는 정면 파사드 기준에서 볼 때 오르는 계단, 크릴리초는 측면 계단을 이르는 말이다. 특히 파페르티는 여러 다양한 크기의 단독 구조 교회 및 쿠폴 지지대를 하나의 중심으로 모아주는 역할을 하면서, 정면의 입구와 연결되어 있어 중앙집중형 구조의 핵심을 이룬다.[33]

아래 첫 사진은 모스크바 이즈마일로보 전통 재래 시장 뒤편에 있는 크렘린 내부에 있는 성 니콜라이 사원의 정면을 보여준다. 북러시아에서 건축 목재 원목을 직접 공수하여 이곳에 지은 것으로 파페르티의 구조를 재현해 내고 있다. 아래 두 번째 사진 역시 모스크바 콜로멘스코예에 있는 성모변형교회를 찍은 것으로 크릴리초가 분명하게 드러나 있다. 우측의 사진은 붉은 색 부분을 근접 촬영한 것이다.

[삽도-239] 고대 러시아 목조 건축의 특징인 정면 파사드와 사원 내부로 들어가는 입구로 연결되는 중앙 계단 구조인 파페르티와 측면 계단인 크릴리초를 보여준다. 필자의 직접 촬영 (2018.07.20.–21)

[삽도-240] 모스크바 우스펜스키 사원의 서문에 장식된 팀파눔을 찍은 사진
필자 직접 촬영(2017.07.21.)

 또한 프스코프는 러시아 최초로 종탑이 나타난 곳으로도 유명하다. 즉 종이 여러 개의 층으로 이루어져 탑 모양의 구조물 형식을 띠는데, 이 외관이 수평과 수직으로 하나 이상의 층을 이루는 구조를 종탑이라고 한다. 즈본니차звонница로 알려진 이 종탑은 아래의 사진([삽도-241])에서와 같이 여러 개의 종이 마치 걸려있는 모양을 하고 있고, 복수의 층을 형성하는 특징을 보인다. 영어로는 벨 코트bell cot라고 하는 이 양식은 17세기 무렵 러시아 전역으로 확산되었고, 아래의 예들은 그 대표적인 것들이다.

[삽도-241] 노브고로드 소재 성모제 교회(Церковь Покрова Пресвятой Богородицы)의 종탑 즈본니짜[34]

지금까지 논의된 러시아 건축사를 정리하면 다음과 같이 압축할 수 있다.

첫째, 러시아 건축의 새로운 단계는 15세기 중반, 모스크바 크렘린의 외벽 건축에서 비롯되었다.

둘째, 1460년대에 시작된 크렘린 궁 내의 여러 사원과 궁중 건축은 우스펜스키 사원을 시작으로 러시아 정교회의 독창적인 건축 양식을 드러내기 시작하였다. 이반 III세 시기(1485)는 붉은 벽돌을 사용한 크렘린 외벽 공사가 시작된 것을 계기로 나무와 석회암으로 지어졌던 벽이 돌로 교체됨으로써 건축의 새 단계로 진입해 들어갔다.

셋째, 석조 건축 양식이 본격적으로 시작된 16세기 초에는 콜로멘스코예의 성모승천교회에서부터, 붉은광장의 성 바실리사원에 이르기까지 블라디미르의 우스펜스키 사원 건축의 전통을 더욱 지속시켜 나갔다. 그리하여 이러한 건축 양식의 발전은 도시를 중심으로 도시 외곽의 요새 및 외벽을 구축하는 도시계획 사업으로 진척되었다. 예를 들어, 모스크바 주변의 키타이-고로드 크렘린 축조, 니줴고로드 크렘린 공사(1500-1515), 툴라의 도시 외벽 구축(1514-1521), 스몰렌스크 크렘린 축조(1597-1602), 솔로

베츠키 수도원의 외벽과 망루 구축(1584-1599) 등이 이에 해당하는 대표적인 사례였다.[35]

넷째, 측면 계단인 크릴리초는 순전히 러시아적인 요소로 고대 목조 건축 양식으로 황금고리 가운데 하나인 프스코프 지역에서 가장 먼저 시작되었고, 그 전통이 16세기 석조 건축 양식에까지 이어졌다. 지상층과 2층 이상의 구조물을 연결하는 계단으로 보통 출입구 용도로 사용되었는데, 이것만으로도 러시아 정교회 사원이 지상의 단층 구조 이상이었음을 보여준다고 하겠다.

다섯째, 건축 양식의 기원으로 볼 때, 프스코프는 러시아에서 가장 먼저 크릴리초와 종탑이 만들어진 지역으로 유명하다. 또한 12세기 초에 러시아에서 최초로 샤쬬르 양식이 등장한 곳도 프스코프에서였다. 이후 노브고로드와 블라디미르로 확산된 고대 목재 교회 양식이 모스크바의 우스펜스키 건축에까지 영향을 미친 것이다.

한편, 샤쬬르 양식 외에 지붕의 형태적 측면에서 관찰하면 러시아 정교회 건축의 역사는 또 다른 해석을 요한다. 앞서 살핀 네를리 강변의 성모교회(1165)를 예로 들어 보면 쿠폴의 수가 하나인 것을 알 수 있다. 거대한 1개의 쿠폴 밑에 3개의 균등 분할 벽 공간이 떠받치고 있는 형상이 이 교회의 외관이다.

이와 매우 흡사한 양식의 교회는 네를리 강변 교회보다 먼저 1152년에 세워진 페레슬라블리-자볠스키 성변용 사원Переславль-залесский Спасо преображенский собор이 있다. 1132년 키예프 공국의 봉건 체제가 붕괴되는 과정에서 발생한 이와 같은 단수 쿠폴 양식은 12세기 초로 거슬러 올라가며, 이는 러시아 정교회 건축 발달사에서 가장 이른 단계라고 할 수 있다.[36]

아울러 이 당시 사원의 기본 양상은 거대한 교회 연합체 성격의 사보르를 거느리지 않고 있었을 뿐만 아니라, 복합 건물 개념의 수도원도 아니었기 때문에 카페드랄느이 사보르Кафедральный собор란 명칭을 부여받지 못하였다. 이 양식의 사원은 대체로 아래의 사진과 같이 평원에 홀로 선 단일 건물의 교회 양식으로서 분할 공국 시기 지방 공후의 궁정 소속, 즉 궁에 부속된 작은 규모의 교회придворная функция로서의 역할을 하고 있었다.

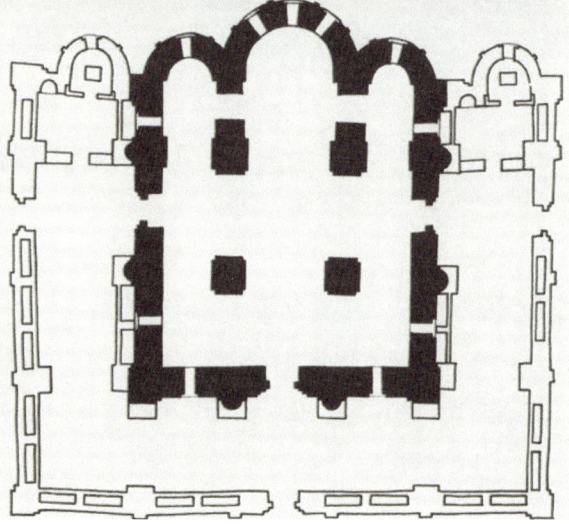

[삽도-242] 각기 14년 차이로 지어진, 12세기 초 쿠폴 1개 모양의 정교회 건축 초기 양식의 예
　　(상좌)페레슬라블리-자벨스키 성변용 사원
　　(상우)네를리 강변의 성모교회[37]
　　(하좌)스몰렌스크에 있는 신학자 요한 교회(Церковь Иоанна Богослова)
　　(하우)좌측 교회의 평면도 사진
　　쿠폴 1개에 사원 내부 기둥이 4개인 것이 확연하게 드러난다. 요한 교회 역시 12세기 후반으로 1173년, 몽고 타타르의 침입 이전에 건축된 대표적인 교회 양식을 보여준다.[38]

한편 모스크바 외곽 근교의 돈스코이 수도원을 빼놓을 수 없다. 돈스코이 수도원(돈스코이 스타브로피갈리니 무쉬스코이 모나스티리 Донской ставропигиальный мужской монастырь)은 모스크바 인근, 남서쪽으로 약 18킬로미터 떨어진 곳에 위치해 있고, 1593년에 문을 열었다. 본 수도원의 러시아어 명칭 가운데 '스타브로피갈리니'란 말의 의미는 15세 중반에서 16세기 후반까지, 즉 러시아에서 실질적으로 획득하였지만 후에 법적으로 '자체 수장의 지위를 보유한', 혹은 '독립 사원автофикефалия'을 차지하게 된 수도원을 지칭할 경우에 사용되는 말이다. 그리스어로 '스스로'란 의미의 '삼сам'과 '머리'를 의미하는 '페칼리아фекалия'가 결합된 합성어인 이 말은 곧 수도원의 영적인 성장과 평신도들이 점차 늘어가는 것을 고려하여 러시아 정교회 교단과 정부에서 공식 인정하여 붙여준 이름이다. 그런 후, 일명 러시아의 총대주교권 발현 시기라고 할 수 있던 1588년에서 1720년 사이에 전국적으로 총 55개에 달하는 수도원이 이 스타브로피갈리니의 자격을 얻게 되었다. 그러나 19세기 말경, 러시아 제국에서 이 자격을 취한 수도원은 모두 합하여 6개로 대폭 축소되었고, 이것들도 전부 남자 수도원이었다.

돈스코이 수도원은 1745년에 정식 스타브로피갈리니로 편입되었고, 18세기 후반부터는 모스크바 지성인들 사이에서 묘지로도 그 이름을 알리기 시작하였다. 이 수도원은 몽고 타타르의 후예이자 크림반도를 주축으로 활동하던 장수 카지 가레이Казы I Герай(1504-1524)로부터 모스크바를 구원(1591년)한 것으로 알려진, 기적의 수호자인 성모 마리아 돈스코이 이콘에 봉헌된 것으로 가장 잘 알려져 있다. 이 수도원은 러시아 군대가 몽고 군사들을 기다렸던 바로 그 터에 세워졌다. 이 장소에 작은 교회 한 채가 세워졌는데, 여기에서 적군과의 격전을 앞둔 짜르 표도르 요하노비치가 돈스코이 성모 이콘 형상 앞에서 조국 러시아에 승리를 안겨달라고 기도하였다고 한다.

이 수도원의 또 다른 특징은 원 내에 커다란 묘지가 조성되어 있는 점이다. 중세의 서유럽 분위기가 나는 이곳에는 모스크바에서 그 규모가 가장 큰 수도원 묘지

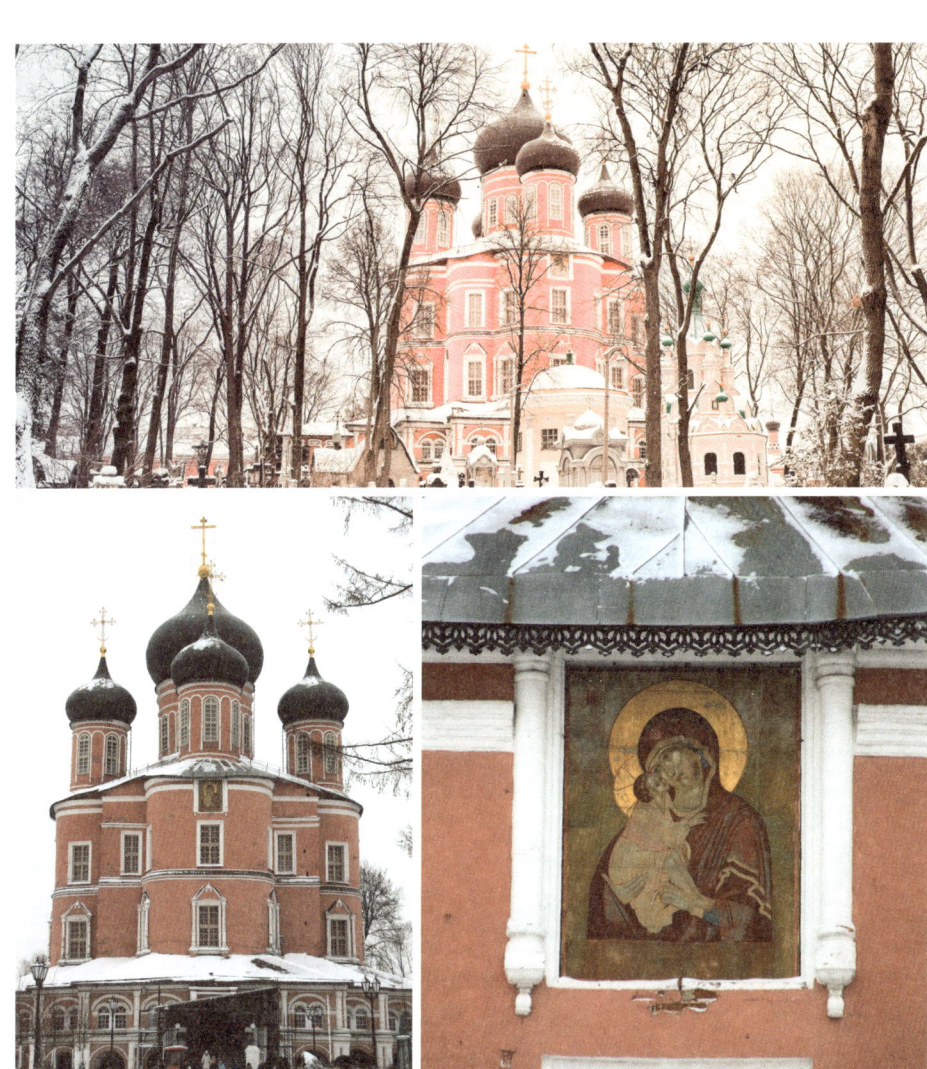

[삽도-243] (상)돈스코이 인터넷 사이트의 초기 화면 캡처
(하좌)서문을 통해 수도원 단지 내부로 들어가면 정면에 보이는 붉은 색 사원이 바로 본당에 해당하는 건물
(하우)서문 파사드 상단에 걸려있는 돈스코이 성모 이콘을 망원렌즈를 통해 찍은 사진 이 수도원이 설립된 이유이기도 한 기적의 성모 이콘이다. 필자 직접 촬영(2018.01.20.)

[삽도-244] (좌)수도원 내부로 들어가는 커다란 아치형 입구 좌우에는 이와 같은 동판이 걸려 있다. "1591년에 만들어졌으며, 16-19세기 건축 앙상블로서 정부의 보호 대상임"이란 문구가 새겨져 있다.
(우)서문에서 정면을 바라보고 입장하면 우편, 즉 남쪽 터에 조성되어 있는 것으로 묘지이다. 이곳은 사제직을 감당하다 선종한 여러 사제의 관이 매장되어 있는 곳이다. 필자 직접 촬영(2018.01.20.)

[삽도-245] 돈스코이 수도원의 정면 서문 파사드와 남문에 걸린 성모 이콘 사진 비교와 전경

가운데 하나로, 19세기의 철학자 차다예프, 작가 오도옙스키, 역사학자 바실리 클류쳅스키의 묘비가 있는 것으로도 유명하다. 아래 필자가 찍은 사진에서처럼 사원의 남문 앞, 원내 서문으로 들어갈 때 우측 3시 방향에 묘지가 마련되어 있다.[39]

위의 사진에서처럼 돈스코이 수도원은 성자의 유해뿐만 아니라, 성직자가 아닌 자들을 위한 묘역도 조성되어 있는 것이 특징이며, 이 터가 남쪽에 위치하여 있는 것을 볼 수 있다. 크렘린의 우스펜스키 사원과 마찬가지로, 평상시 서문은 성도들의 출입을 위해 늘 개방되어 있지만, 남문을 포함하여 북문 역시 굳게 잠겨 있다. 출입구 상단에는 여느 정교회 사원에서처럼 성모 마리아가 아기 예수를 안고 뺨을 대고 있는 형태의 '우밀레니에' 프레스코화가 벽을 장식하고 있다. 주황색 틀로 필자가 만들어 놓은 부분이 바로 성모 마리아 이콘이 들어간 자리를 보여준다. 사용된 색채와 만들어진 시기가 두 그림에서 차이가 나지만, 그 유형과 틀은 동일한 것을 알 수 있다.

부록 02

모스크바 크렘린 궁 내에 있는 사보르와 교회, 종루 사진과 목록

　크렘린 궁 내에는 사보르, 교회, 수도원, 종루와 같이 각기 다른 모습과 규모의 정교회 건축물이 세워져 있다. 거대한 높이와 둘레의 성벽과 조망탑이 둘러 있는 이 크렘린 궁 안에는 현재 정식 정교회 예배가 드러지면서 일반 시민들에게 공개되어 있는 다섯 개의 사보르와 교회가 있다. 이하의 리스트에 잘 나와 있듯이, 역사적으로는 존재했으나 이미 폐쇄되었거나 혹은 이름만이 잔존해 있고, 문을 닫아, 전례가 이루어지지는 않는 교회들이 도합 18개나 있다. 종루가 1개, 수도원이 2개 이렇게 하여 현재 방문해 들어가 볼 수 있는, 예배가 가능한 공간으로서의 사원Действующие церкви은 다섯 개이다. 과거의 역사 속에 살아있던 사원까지 다 합치면 크렘린 궁 내에는 무려 26개나 되는 종교 건축물이 들어 있는 셈이다.

　앞 장에서 여러 차례 언급하였듯이, 이 건물들은 우스펜스키 사원 건축을 시작으로 1479년, 즉 15세기 이후부터 형성되기 시작하여, 모스크바 공국의 정치 및 종교적 위엄을 창조해 나갔다. 한마디로, 모스크바의 크렘린은 러시아의 국가적 삶의 중심이자, 정신적 삶의 초점이다. 바로 이 자리에서 이반 칼리타의 시기로부터 '대주교의 터전митрополичный двор'이 마련되었다.[40]

　"모스크바 크렘린 박물관"이란 제목의 웹사이트에 기초하여 크렘린 궁에 있는 러시아 정교회 건물을 열거해 보자. 아래의 리스트 작성에 참고한 자료는 각권 500쪽이 넘는 방대한 량으로, 2004년에 총 4권으로 집대성된『정교회 사보르 40선Сорок сороков. Краткая иллюстрированная история всех московских храмов』에서 첫째 권『크렘린과 수도원Кремль и монастыри』이다.

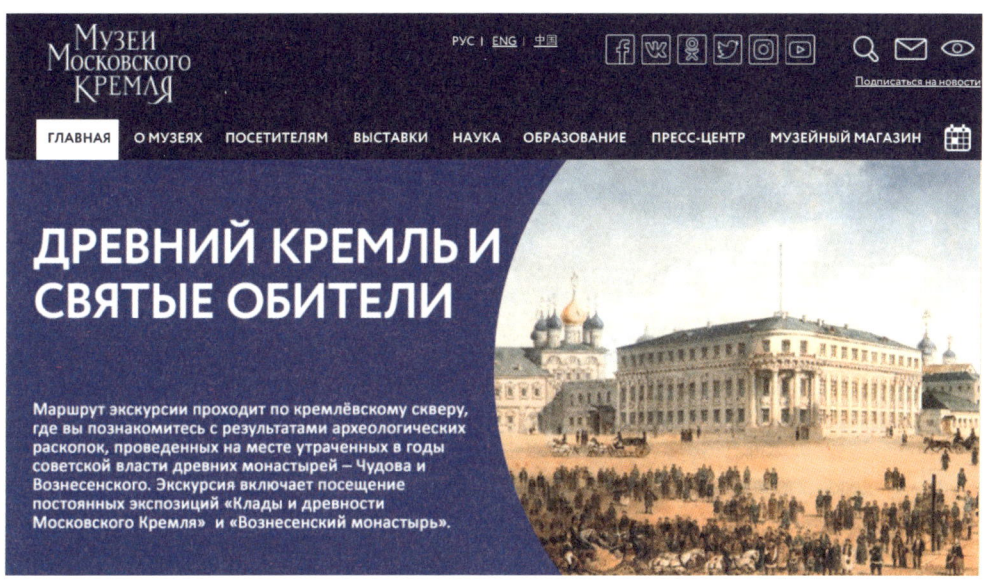

	면적	높이	둘레	탑
크렘린궁	27.7 헥타	최저 5미터~ 최고 19미터	2.35 킬로미터	20개
이반 종루		81미터		
구세주탑		71미터		
붉은광장				
성바실리사원		60미터		

[삽도-246] 크렘린 궁과 주변 건축물에 대한 정보를 담은 인포그래픽과 이에 기초하여 표로 재구성한 내용[41]

한편 이하의 캡쳐 사진은 크렘린 궁 내에서도 특별히 '사보르 광장'만을 조명하고 있는 사이트 초기 바탕화면을 보여준다. 앞 장에서도 여러 번 언급했듯이, 이 책의 중심인 우스펜스키 사원이 면하고 있는 이 광장에는 성수태고지 사원, 대천사 사원, 이반 뇌제의 종루가 둥그런 모양을 만들면서 하나의 '원형광장'을 이룬다. 우스펜스키 사원은 바로 여기에서 가장 먼저 지어진, 러시아 정교회 건축물의 대표적인 기념비라고 하겠다.

이 광장 내에 있는 사보르 이름을 클릭하면 아래의 무지개 색 안내문 링크가 개별적으로 열리며, 시대순으로 통사적 정보와 사진이 자세하게 탑재되어 있는 것을 알 수 있다. 대분류로는 각 사원의 건축 역사, 현대, 구소련 시기로, 소분류로는 19세기 제정 러시아 중심으로 19세기 중반의 대개혁시기, 니콜라이 I세, 알렉산드르 I세, 예카테리나 II세 순으로 소개되어 있다.

다음 장에서부터 꼼꼼하게 살펴보겠지만, 사보르 광장의 제작에서부터 우리는 '원의 조화' 곧 사보르노스찌를 발견한다. 사보르노스찌는 러시아 정교회 사원의 명칭인 사보르에서 나온 말로, 단독 건물 한 채를 뜻하는 교회 쩨르코피церковь가 여러 채 연합된 형태를 말하는 것으로 조화, 연합을 뜻한다. 때문에 우리가 흔히 말하는 교회란 영어 단어 처치church가 여러 개 모여 단지 혹은 연합체를 이루는 형태의 구조물을 보통 사보르라고 부른다. 단독 건물이 하나인 경우에도 사보르라고 칭하는데, 이때에는 건물 상단의 지붕, 즉 쿠폴이 하나 이상의 것이기 때문에 붙여질 수 있다. 그리하여 우리가 알고 있는 사보르 광장 내의 모든 건물 역시 모두 단독 건물이지만 그 지붕이 하나 이상을 가지고 있는 이유에서 이런 이름을 갖게 된 것이다.

크렘린 궁의 거대한 외벽 안에는 예배가 가능한 5개의 정교회 건축물뿐만 아니라, 의회 건물, 대규모 회의 장소, 무기고 등이 집합체로 들어가 있다. 중세 및 르네상스 시기 서유럽의 어느 나라에도 이와 같은 집합적 규모의 '자그마한 도시'를 상상할 수 없다. 하늘에서 내려다보면 커다란 5각형 형상의 이 크렘린에서 오른쪽 측면에 위치한 것이 사보르 광장이다. 방위 상 하늘나라의 공간이자 하나님이 임재해 있다고 상상하는 제단의 방향인 동쪽에 이 광장이 위치하여 있는 것이다. 이 광장을 중심으로 총 5개의 다양한 정교회 건축물이 연합, 즉 조화를 이루며 사보르노스찌를 건축학적으로, 물리적으로 구현하고 있다. 이것이 바로 러시아적인 정신의 외현이자 건축 형태로 본 러시아성Russianness(Русскость)의 단적인 예라 하겠다.

아래의 사보르 목록 가운데, 성 요한 레스트니치니크 교회Церковь святого Иоанна Лествичника는 이반 뇌제 종루와 나란하게 서 있는 건물로, 1320년에 처음 나무로 지어졌다. 현재 이 교회 안에는 고대 시기의 일부 이콘이 있는 것으로 유명하다.

[사보르] Действующие церкви / Соборы 5개

1. Успенский собор 우스펜스키 사보르 (성모 영면 사원)
2. Архангельский собор 아르한겔스키 사보르 (대천사 사원)
3. Благовещенский собор 블라고베쉔스키 사보르 (성수태고지 사원)
4. Церковь Двунадесяти Апостолов (12사도 교회)
5. Церковь Положения Ризы (성모수의교회)

[폐쇄된 교회] Закрытые церкви 9개

1. Церковь Апостола Филиппа (사제 필립 교회)
2. Церковь Иоанна Лествичника (요한 레스트니치니크 교회)
3. Церковь (собор) Николая Чудотворца Гостунского (기적의 창조자 니콜라이 고순스키 교회)
4. Церковь Воскрешения Лазаря (나사로 부활 교회)
5. Церковь Рождества Пресвятой Богородицы (성모탄생교회)
6. Верхоспасский собор (베르호스파스키 사보르)
7. Церковь Распятия (십자가책형 교회)
8. Церковь Воскресения Словущего (슬로부쉬이 부활 교회)
9. Церковь Екатерины Мученицы (순교자 예카테리나 교회)

[파괴된 교회] Разрушенные церкви 9개

1. Собор Спаса Преображения (성변용교회)
2. Церковь Благовещения Пресвятой Богородицы (성모 수태고지 교회)
3. Часовня Печерской иконы Божией Матери (페체르스키 성모 마리아 치소브냐)
4. Церковь Константина и Елены (콘스탄틴과 엘레나 교회)
5. Церковь Петра и Павла (베드로와 바울 교회)
6. Часовня Великого Совета Ангел (대천사 치소브냐)
7. Часовня Великого Совета Откровение (계시 치소브냐)
8. Часовня Александра Невского (알렉산드르 넵스키 치소브냐)
9. Часовня Николая Чудотворца (기적의 창조자 니콜라이 치소브냐)

[종루] 1개

1. Колокольня Ивана Великого (이반 뇌제의 종루)

[수도원] Кремлевские монастыри 2개

1. Чудов (기적의 수도원)
2. Вознесенкий (보즈네센스키 수도원)

크렘린 궁 내에 있는 사보르와 교회 사진 목록

성수태고지 사원

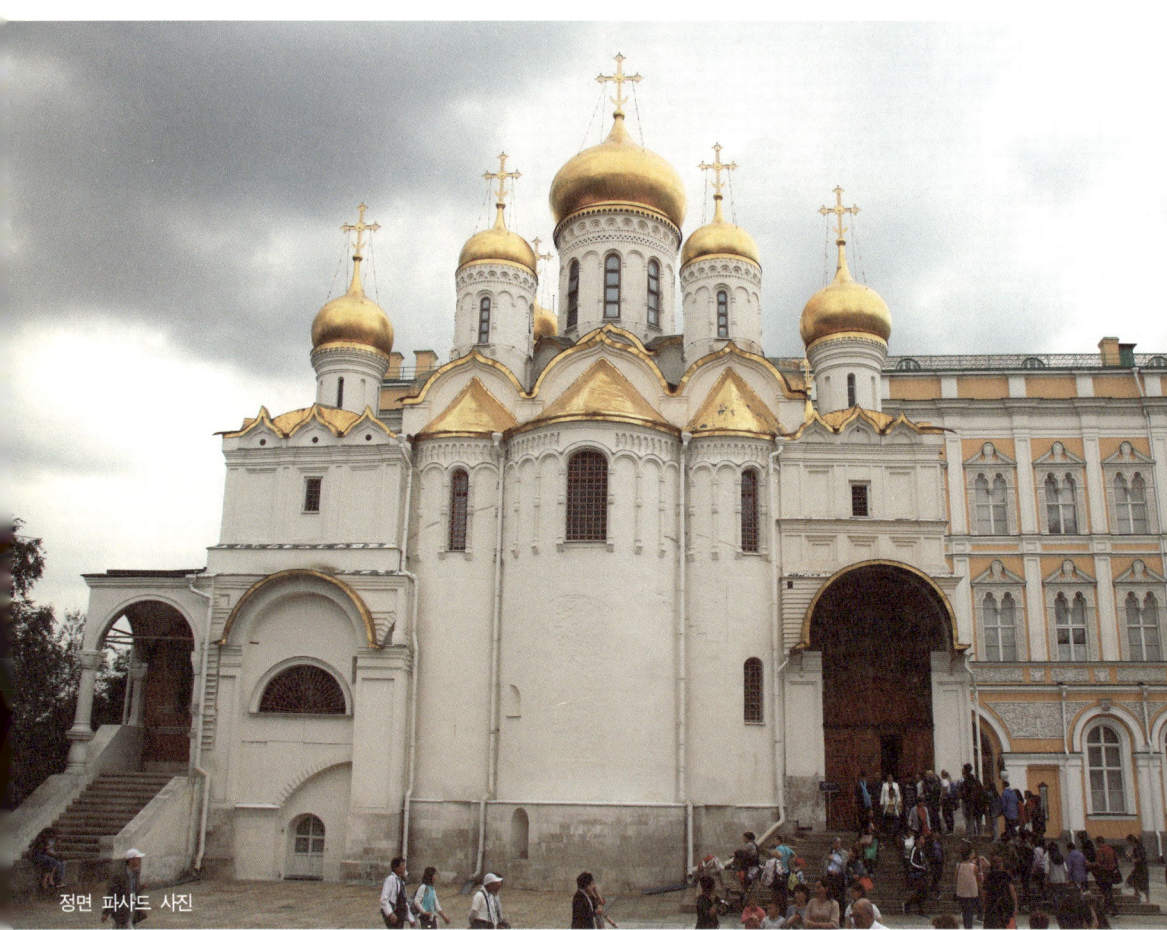

정면 파사드 사진

서문 출입구 상단 사진

아르한겔스키 사원

부록　477

우스펜스키 사원

열두 사도 교회

접견궁

이반 뇌제의 종루

머리말

1) 크리스토퍼 도슨, 『유럽의 형성』, 김석희 옮김, 경기 : 한길사, 2011, 19-20쪽.

2) 러시아의 석학이자 작고한 학술원 故 드미트리 리하초프가 남긴 말로, "문화의 가치"(Ценности культуры)에서 발췌한 문장이다. 원문은 다음과 같다. "История народов - это не история территорий, а история культуры. Ценности культуры не стареют." Д. С. Лихачев, *Русская культура*, Санкт-Петербург : Искусство-СПБ, 2007, с. 197.

3) 김상현, 『러시아 문화의 풍경들. 러시아성과 문화 텍스트』(서울 : 성균관대학교출판부, 2017), 12쪽. 본인이 사용하고 있는 '문화 텍스트'는 유리 로트만이 그의 저서 여러 곳에서 개념화하여 사용하기 시작한 용어와 상이하다는 점을 밝혀 둔다. 김수환의 연구에 의지하여 풀어 말하면, "문화 텍스트란 특정한 문화유형에 속하는 모든 텍스트를 위한 불변체로 기능하는 모종의 텍스트-구성체인데, 이는 해당 문화의 입장에서 파악된 현실의 가장 추상화된 모델"에 해당한다. 나아가 이 개념은 "해당 문화의 세계상"이라고도 할 수 있다. 특히 로트만에 의하면, 문화 텍스트는 필연적으로 '공간성의 특징'을 지닌다고 설명하고 있다. 김수환, 『사유하는 구조. 유리 로트만의 기호학 연구』, 서울 : 문학과 지성사, 2011, 127쪽. 본래 이 개념은 로트만의 논문에서 최초로 피력된바 있다. "문화를 유형학적으로 기술하기 위한 메타언어에 관하여(О метаязыке типологических описаний культуры, 1968)"이며, 이는 다시 김수환의 번역서에 소개되어 있다. 김수환, 『기호계』, 서울 : 문학과 지성사, 2008. 그러나 필자는 이 책에서 이러한 개념을 따르거나 구체적인 예를 로트만의 시각에 맞추어 분석하는 것은 결코 아님을 일러둔다. 다만, 로트만의 '문화 텍스트' 개념이 어떠한 담론적 특징 속에서 기술되고 있는 것과는 별개임을 밝혀둔다.

4) 김상현, 위의 책, 412쪽.

5) 토머스 마커스, 『권력과 건축공간』, 유우상 역, 서울 : Spacetime, 2006, 37쪽.

6) А. С. Щенков, *Архитектура русского православного храма*, Москва : Памятники исторической мысли, 2013, с. 5.

7) С. О. Шмит, *История Москвы и проблемы москвоведения*, Москва : Книжница-Русский путь, 2013, с. 145에서 재인용.

8) Андрей Хазин, ред. совет, *Символы Москвы*, Москва : Художественно-энциклопедический альбом, 2014, с. 7.

9) Yi-Fu Tuan, *Topophilia. A Study of Environmental Perception, Attitudes, and Values*, New York : Columbia University Press, 1974, p. 159.

10) Т. В. Толстая, *Успенский собор Московского кремля*, там же. с. 5.

11) 박흥순, 『지적 공감을 위한 서양 미술사』, 서울 : 마로니에북스, 2017, 139쪽.

12) 정교회는 크게 오리엔트 정교회와 앞서 언급한 동방정교회로 나뉜다. 전자는 주로 아시아와 아프리카 지역의 토착화된 기독교를 의미하고, 후자는 구소련, 즉 동유럽과 오늘날의 러시아에 확산한 이른바 비잔틴 제국에 속해있으면서 그리스의 문화적 영향이 강하게 남아 있는 교회를 지칭하는 용어이다. 황대현, 『서양 기독교 세계는 왜 분열되었을까?』, 서울 : 민음인, 2011, 25-26쪽.

13) 이 용어에 대한 해설은 다음의 책을 참고하였음. Н. В. Давыдова, *Православная культура* (Про-Пресс, 2008), с. 384. 한편 사보르의 개념에는 가장 기본적인 것으로 "큰 흐람(большой храм)"이란 의미가 포함되어 있으며, 카페드랄늬이 사보르는 한 도시를 대표하는 주요 사원(главный собор)을 일컫는 말이다.

14) Т. В. Толстая, *Успенский собор Московского кремля*, там же. с. 5.

15) П. Г. Паламарчук, *Сорок сороков : Краткая иллюстрированная история всех московских храмов в 4-х т. Т. 1 : Кремль и монастыри*, Москва : Астрель, 2004, с. 46.

16) 아래의 두 사진은 성 구세주 사원의 서로 다른 운명을 보여준다. 스탈린 시대였던 1931년 이 사원은 정조준 포격의 포탄을 맞고 전파된다. 그러다가 러시아 초대 대통령인 보리스 옐친 대통령 시절인 2000년에는 같은 터에 이 사원이 재건된다. 러시아 연방의 새로운 '정체성 정치학'을 보여주는 가장 대표적인 초기 사례이자 상징적인 장면이 아닐 수 없다. 이렇게 구소련과의 차별성 있는 정체성을 보여줌과 동시에 이를 위해 가장 유효하고 적절한 사업으로 '종교의 부활'을 강조하고 나선 러시아 정부는 러시아 정교의 부흥을 정치적으로 후원하고 있는 입장을 취하고 있다. 사진의 출처는 다음과 같다. *Russian Life*, July / August 2000, pp. 18-19.

17) James Billington, *The Face of Russia. Anguish, Aspiration, and Achievement in Russian Culture*, New York : TV Books, 1998, p. 65; П. Г. Паламарчук, там же. c. 47.

18) William Craft Brumfield, *A History of Russian Architecture*, Seattle and London : Univ. of Washington Press, 1993, p. 92.

19) 크리스토퍼 도슨, 앞의 책, 2006, 20쪽.

20) 에른스트 캇시러, 『국가의 신화』, 최명관 옮김, 서울 : 창, 2013, 63-64쪽. Ernst Cassier, *The Myth of the State*, New Haven : Yale University Press, 1946, p. 37.

21) 에른스트 캇시러, 위의 책, 76쪽.

22) 이 목록화를 위해 참고한 문헌은 다음과 같다. Н. В. Бицадзе, *Храмы неорусского стиля: илеи, проблемы, заказчики*, Москва: Научный мир, 2009; В. И. Пиляевский, А. А. Тиц, Ю. С. Ушаков, *История русской архитектуры*, Москва: Архитектура-С, 2015; В. И. Агронский, *Архитектура России*, Москва: Эксмо, 2017; Татьяна Ивашкова, *Шедевры русской архитектуры*, Москва: Абрис, 2017; Елена Крижевская, *Архитектурная Москва. Путеводитель по зданиям и стилям*, Москва: Бомбора, 2018.

서론 – 크렘린에 사원광장을 짓다

1) А. Л. Казин, *Уроки русского*, Санкт-Петербург : Алетейя, 2016, c. 72. 19세기 초반 동료이자 역사가인 폴레보이(Н. А. Полевой)의 『러시아 민중의 역사』(История русского народа)를 검열하고 난 시인 푸쉬킨이 남긴 말로 러시아 역사의 특징을 이해하는 데에 많이 인용되는 말이기도 하다.

2) 야코프 부르크하르트, 『세계 역사의 관찰』, 안인희 옮김, 서울 : 휴머니스트, 2008, 223쪽.

3) 야코프 부르크하르트, 위의 책, 214쪽.

4) 이런 관점에서 필자의 견해가 다음의 논문에서 간략하게 전개되었다. 본 연구서의 큰 틀은 다음의 두 논문에서 먼저 발표되었다. 김상현, 「우스펜스키 사보르를 읽는 정교회 건축술과 러시아 문화코드」, 『슬라브 학보』 제32권 4호. 김상현, 「우스펜스키 사보르의 건축술에 나타난 특징 : 내부 공간 구조를 중심으로」, 『노어노문학』 제29권 4호, 271-312쪽.

5) goo.gl/VwXreS(검색일 : 2017.09.29.). 한편 러시아 연방의 통계청 조사에 따르면, 2015년 기준 등록된 종교단체 수는 총 27,496개이며, 이 가운데 러시아 정교 16,076개(58.4%), 러시아 정교 구교도회 339개(1.23%), 이슬람교 4,998개(18.2%), 불교 246개(0.89%), 로마 가톨릭 226개(0.8%) 순으로 나타났다. goo.gl/XJ4G8A(검색일 : 2017.09.29.).

6) 현대 러시아 연방의 현실 속에서 정교회가 보여주는 활동과 그 상징적 의미는 이미 러시아 연구에서 큰 축을 이룰 정도이다. 국내외적으로 이러한 연구는 꾸준하게 이뤄지고 있고, 이 모든 이슈는

'러시아 정체성', 즉 구 소련과 차별되는 현대 러시아 연방이 새롭게 구축, 추구하는 이념적 색채와 매우 밀접한 관련을 맺고 있다. 따라서 정교회는 74년 소련 역사의 질곡을 견뎌왔으면서 동시에 현대 러시아 사회가 표방하는 전혀 다른 새로운 국가 이미지를 보여주기 위한 일련의 정책 가운데 가장 대표적인 소프트 파워이기도 하다.

7) 성모승천은 가톨릭교에서 정식 교리로 인정받아 반포(8세기)된 것으로, 인간인 마리아가 죽은 후에 하나님의 부름을 받아 하늘나라의 들어 올림을 받았다는 것을 말하며, 이 날을 기념하는 성모승천대축일(8월 15일)을 크게 기리고 있다. 역사적 기원을 살펴보면, 6세기 무렵 '도르미시오'(Dormition : 잠이나 죽음에 떨어짐)란 말로 불린 이 축일은 7세기에 와서는 동방 교회에서 거의 일반적으로 기념되었다. 8세기에 와서는 오늘날과 같이 최종적으로 8월 15일로 확정되었고, 이 명칭도 점차 도르미시오에서 '마리아의 승천'으로 변경되었다. 이기정, 『교리 · 전례 용어 해설』, 서울 : 가톨릭출판사, 2016, 259쪽.

8) Thomas Bremer, *Cross and Kremlin. A Brief History of the Orthodox Church un Russia*, Cambridge : William B. Eerdmans Publishing Company, 2007, p. 56.

9) 밀라노 칙령은 기독교만이 누린 공식적 자유권리가 결코 아니었다. 이미 언급한대로, 모든 종교에 대해서도 자유를 인정한 것이 가장 정확한 표현이겠다. 당시 서방에서는 콘스탄티누스 I세가, 동방에서는 리키나우스가 권력을 잡고 있었고, 313년에 두 황제가 만나 칙령을 반포한 것이었다. 당시의 '밀나노 칙령' 전문과 그 배경에 대해서는 최근의 문헌이 가장 도움이 된다. 김덕수, 『로마와 그리스도교』, 서울 : 홍성사, 2017, 276-278쪽.

10) 장궁선, 『이콘 신비의 미』, 서울 : 기쁜소식, 1993, 16쪽.

11) 크리스토퍼 바우머, 『실크로드 기독교. 동방교회의 역사』, 안경덕 옮김, 서울 : 일조각, 2016, 86쪽.

12) Мария Маханько, *Почитание и собирание древних икон в истории и культуре Московской Руси XVI века*, Москва : Музеи Московского Кремля, 2015, с. 28. А. Щенков, там же. с. 132.

13) goo.gl/rBnUxZ(검색일 : 2018.01.18.).

14) (상)goo.gl/cnqC3T (하)goo.gl/b4j8Lh (검색일 : 2017.09.21.).

15) Д. С. Лихачев, *Русская культура*, Санкт-Петербург : Искусство-СПБ, 2007, cc. 189-190.

16) 사원은 1475년 6월에 시작하여 1479년 8월 12일에 완공되었다. 비교적 매우 짧았던, 4년 2개월이 좀 넘는 기간 동안 이 사원이 건축된 것이다. 당시 건축을 책임진 이탈리아 출신 피오라반티는 완공 후인 1486년 모스크바에서 사망하나, 매장지는 알려져 있지 않다. Дмитрий Евдокимов, *Кремль и Красная площадь*, Москва : ИТРК, 2003, с. 91.

17) И. Л. Бусева-Давыдова, *Храмы московского кремля : святыни и древности*, Москва : МАИК Наука, 1997, с. 22.

18) Arthur Voyce, *The Moscow Kremlin. Its History, Architecture, and Art Treasures*, Berkeley and Los

Angeles : Univertsity of California Press, 1954, p. 33. 건축가 쟝 도르베에 의해서 1211-1275년에 걸쳐 완성된 것으로 대표적인 레이오닝 방식의 건축으로 알려져 있다. 프랑스 왕의 대관식장으로 사용되던 것으로, 우스펜스키 사원과 그 용도와 상징성이 유사하다. 프랑스 고딕 양식의 전형을 잘 간직하고 있는 가톨릭 성당이다. 정승진, 『서양건축사』, 서울 : 미세움, 2016, 206-207쪽.

19) Arthur Voyce, *The Art and Architecture of Medieval Russia*, Norman : University of Oklahoma Press, 1967, p. 155.

20) 알랭 에르랑드 브랑당뷔르, 『성당. 빛과 색이 있는 건축물』, 김택 옮김, 서울 : 시공사, 2011, 47쪽.

21) 임영방, 『중세 미술과 도상』, 서울 : 서울대학교출판부, 2006, 378쪽.

22) 쟈크 르 고프, 『서양 중세 문명』, 유희수 옮김, 서울 : 문학과 지성사, 2015, 145쪽.

23) goo.gl/6juvbu(검색일 : 2017.07.04.)

24) 정진국, 『제국과 낭만』, 서울 : 깊은 나무, 2017, 12쪽; H. W. 잰슨 & A. F. 잰슨, 『서양미술사』, 정점식 감수, 최기득 옮김, 서울 : 미진사, 2013, 185쪽.

25) 김덕수, 앞의 책, 2017, 366쪽.

26) William Brumfield, op. cit. 앞의 인터넷 기사 자료.

27) 김개천, 『미의 신화 : 세계의 위대한 명건축 24선』, 서울 : 컬쳐그라퍼, 2012, 101쪽.

Ⅰ. 러시아 정교회 사원과 건축술의 기초

1) В. О. Ключевский, *Курс русской истории от древности до эпохи Ивана Грозного*, Москва : Академический проект, 2015, с. 317.

2) 니콜라스 V. 랴자놉스키 · 마크 D. 스타인버그, 『러시아의 역사(상)』, 조호연 옮김, 서울 : 까치, 2011, 145쪽.

3) James Billington, *The Icon and Axe. An Interpretive History of Russian Culture*, New York : Vintage Books, 1970, p. 48.

4) 니콜라스 V. 랴자놉스키 · 마크 D. 스타인버그, 앞의 책, 2011, 148-153쪽.

5) 『서양미술사』, 정점식 감수, 최기득 옮김, 서울 : 미진사, 2013, 129쪽.

6) E. H. 곰브리치, 『서양미술사』, 백승길 · 이종숭 옮김, 서울 : 예경, 2012, 133쪽.

7) 임석재, 『서양건축사 2 : 기독교와 인간』, 경기 : 북하우스, 2007, 176쪽.

8) 정영철, 『서양건축사』, 서울 : 기문당, 2014, 189쪽. 위 사진에서처럼 중앙 공간이 길게 설계되어 있어서 많은 성도들의 예배 공간을 확보하고 있는 바실리카 양식의 교회는 로마 시대의 대형 공회

당으로 사용되었던 것이 그리스도교회의 새 모델로 부상한 것이다. 그러나 내부 공간이 넓고 채광이 좋은 바실리카 양식은 러시아 정교회의 사원과는 차이가 많이 난다. 바실리카의 장방형 평면도와 이에 대한 설명은 다음의 책을 참고. 이덕형, 『비잔티움, 빛의 모자이크』, 서울 : 성균관대학교출판부, 2010, 255-257쪽. 보통 바실리카 양식은 초기 기독교의 세로형 교회의 표본을 일컫는다. 양용기, 『본질을 이해하는 건축 이야기. 건축의 융복합』, 경기 : 도서출판 린, 2017, 162쪽.

9) 정시춘, 『교회건축의 이해』, 서울 : 발언, 2004, 105쪽.

10) goo.gl/MFWLnh(검색일 : 2017.10.16.).

11) 임석재, 앞의 책, 2007, 347쪽.

12) 아르놀트 하우저, 『문학과 예술의 사회사 1. 선사시대부터 중세까지』, 백낙청 옮김, 경기 : 창비, 2012, 195쪽.

13) 아르놀트 하우저, 위의 책, 195쪽.

14) 문자적으로 거룩하게 구별된 처소인 성소는 성경의 [시편] 150장 1절, "할렐루야 그의 성소에서 하나님을 찬양하며 그의 권능의 궁창에서 그를 찬양할지어다" 말씀에 등장한다. 이곳은 하나님께 예배 (제사)를 드리는 장소요, 하나님께서 택한 백성을 다스리시기 위해 임재하시던 지상 처소를 일컫기도 한다. 가스펠서브, 『성경 문화배경 사전』, 서울 : 생명의 말씀사, 2017, 571 · 582쪽.

15) 임석재, 앞의 책, 2007, 342쪽.

16) 임석재, 앞의 책, 2007, 342쪽.

17) 성소와 지성소는 구별되어야 한다. 지성소는 말 그대로 "지극히 거룩한 처소"(the most holy place)로서, 성막 혹은 성전 안쪽에 위치한 가장 끝 안쪽 내밀한 장소를 말한다. 그리하여 성경의 기록에 따르면, 이 지성소에는 하나님의 지상 임재 처소인 언약궤와 속죄소가 있었고, 그 안에는 십계명 두 돌판과 아론의 싹난 지팡이, 만나 담은 항아리가 놓여 있었다. 가스펠서브, 앞의 책, 2017, 584쪽.

18) 모스크바 크렘린 궁 내에 있는 우스펜스키 사원. 그림의 출처는 다음과 같다. И. Л. Бусева-Давыдова, Храмы московского кремля : святыни и древности, Москва : МАИК Наука, 1997, c. 23(블라디미르), 28(모스크바 크렘린). William Craft Brumfield, op. cit., p. 96.

19) 정시춘, 앞의 책, 2004, 106쪽.

20) goo.gl/iBn9Y1(검색일 : 2015.09.30.); goo.gl/LHw8z2(검색일 : 2017.07.15.).

21) 장긍선, 『이콘 신비의 미』, 서울 : 기쁜소식, 1993, 117쪽.

22) 앱스가 동쪽에 위치하여 있던 것에는 다른 견해가 없다. 다만, 이곳이 로마시대에는 재판소로 사용되었다가 기독교 시대의 사원에서는 성소가 자리하게 된 유래가 있다. Emily Cole, 『도판으로 이해하는 세계건축사』, 유우상 · 장지은 역, 서울 : 시공문화사, 2008, 148쪽.

23) 이덕형, 『비잔티움, 빛의 모자이크』, 서울 : 성균관대학교출판부, 2010, 278쪽.

24) 이덕형, 위의 책, 256쪽. 전례는 "거룩한 장소에서 규정에 따라 공적으로 수행되는 모든 일을 말한다. 초대교회 당시엔 성직자들의 신성한 직무를 가리켰으나 4세기에 들어오면서 주로 예배 (미사) 의식이나 성만찬, 교회 절기 의식" 등을 가리키는 말로 사용되었다. 가스펠서브, 『교회용어사전』, 서울 : 생명의 말씀사, 2013, 754쪽. 또 다른 문헌에서도 유사한 정의를 찾을 수 있는데, 그리스어의 "공적 의무" 또는 "공적인 일"을 뜻하는 말로서 전례란 교회의 머리인 구세주가 천상 아버지 하나님께 드리는 공적 예배를 의미한다. 마찬가지로, 그리스도를 믿는 신자들이 교회의 창시자와 함께 영원한 아버지에게 드리는 공적인 예배를 칭하는 말이다. 이기정, 『교리·전례 용어 해설』, 서울 : 가톨릭출판사, 2016, 203쪽.

25) 정영철, 앞의 책, 2014, 193쪽; 캐롤 스트릭랜드, 『클릭, 서양건축사 : 스톤헨지에서 해체주의 건축까지』, 양상현 외 옮김, 서울 : 예경, 2014, 65쪽; 움베르토 에코, 『야만인, 그리스도교도, 이슬람교도의 시대. 중세 I』, 김효정·최병진·차용구·박승찬 옮김, 서울 : 시공사, 2015, 694쪽.

26) Emily Cole, op. cit., p. 152.

27) 이덕형, 앞의 책, 2010, 278쪽.

28) goo.gl/G5VCwG (검색일 : 2018.01.27.)

29) goo.gl/mw4qJp (검색일 : 2018.01.27.)

30) (상좌)goo.gl/uisrsa (상우)goo.gl/8RkJgc (하좌)goo.gl/civNNu (하우)goo.gl/D4yuhj (검색일 : 2018.01.28.). 러시아에서 최근 출판된, 건축물 이해를 돕는 안내서들의 사진도 함께 참조하였다. Мария С. Яровая, *Как читать и понимать архитектуру : интенсивный курс*, Москва : АСТ, 2017, сс. 100-109.

31) Александр Дворкин, *Очерки по истории вселенской православной церкви*, 5-е изд., Нижний Новгород : Христианская библиотека, 2016, с. 883.

32) 당시 러시아 정교회가 속해 있던 동방정교회와 가톨릭교회, 즉 서방교회와 다른 점은 상당히 많다. 예법, 교회 조직, 성물 등 여러 측면에서 그 배경과 이유가 상이하다. 특히 교권과 직위, 서열의 면에서 가톨릭교회는 교회의 권위를 최고, 즉 신에 가까운 것으로 상정한다. 교황은 "동등한 자들 가운데 첫째로서 영예적인 우선권을 가진다"는 점을 들어서 바티칸의 교황을 정점으로 한 통일적인 교회 조직을 갖추고 있다. 반면 러시아 정교회에서는 이 같은 교황의 지위와 권위를 단호하게 거부한다. 한마디로 "기독교 교회 전체의 수장으로서 갖는 수위권(supremacy)을 거부한다." 황대현, 『서양 기독교 세계는 왜 분열되었을까?』, 서울 : 민음인, 2011, 27쪽.

33) 장긍선, 앞의 책, 1993, 17쪽.

34) 순전히 언어적인 측면에서도 동서 로마는 장벽이 워낙 높았다. 395년 로마제국이 동과 서로 분열되기 전부터 나타났었던 언어의 문제는 라틴어를 공용어로 사용하였던 서로마와 달리 동로마는 로마화가 좌절되었고, 여전히 그리스어와 그리스 문화가 지배적이었다. 더군다나 330년 콘스탄티누스 대제가 동방의 콘스탄티노플로 수도로 옮긴 것이 결과적으로 이러한 동서 로마 간의 이질화를 촉진하게 되었다. 게다가 476년 서로마 제국이 멸망한 사건은 동방의 비잔틴 제국이 점차 서로

마제국에 대한 통제권을 상실하게 됨을 의미하였다. 동서 로마의 분열과정에 대해서는 다음의 내용을 참고. 황대현, 앞의 책, 2011, 29-42쪽.

35) 임석재, 앞의 책, 2007, 299-301쪽.

36) 김향숙, 『서양 미술의 이해와 감상 1』, 서울 : 한양대학교 출판부, 2015, 109쪽.

37) 박홍순, 『사유와 매혹 1 : 서양철학과 미술의 역사』, 경기 : 서해문집, 2011, 584-585쪽.

38) 양정무, 앞의 책, 2017, 177쪽. 보다 자세하게 설명하면 "정사각형의 벽체 상단에 외접하는 반구형을 가정하고 네 벽에서 튀어나온 부분을 수직으로 잘라서 생긴 반원형 꼭대기를 수평으로 잘라 이루어진 원을 기초로 돔을 올리는 것"이 곧 팬던티브 돔 방식이다. "2단으로 올려진 돔 아래쪽 네 모서리의 삼각형"이 바로 팬던티브이다. 우측의 사진에서처럼 비잔틴 건축 양식의 정수는 이와 같은 팬던티브 돔을 주로 사용하였고, 대표적인 사원이 바로 하기아 소피아 사원으로 알려져 있다. "돔은 팬던티브를 이용한 4개의 아치에 의해서 지지되고 있으며, 이 돔의 주위에는 작은 돔들이 축조되어 돔의 압력을 분산"하고 있다. 비잔틴 제국이 이슬람 국가인 오스만 투르크 제국에 의해서 패망(1453년)하자, 이 사원은 터키인이 장악한 후에는 이슬람의 모스크가 되었고, 이슬람교식 첨탑인 미나레트(minaret)가 사원 사방 6곳에 세워져 새로운 모습을 띠게 되었다. 1934년 이후로는 박물관으로 지정되어 사용되고 있다. 정승진, 『서양건축사』, 서울 : 미세움, 2016, 165-167쪽.

39) 정영철, 앞의 책, 2014, 197쪽.

40) goo.gl/UnnS7l(검색일 : 2017.07.11.) Hagia Sophia Museum 사이트 사진.

41) 양정무, 『난생처음공부하는 미술이야기 3 : 초기 기독교 문명과 미술』, 서울 : 사회평론, 2017, 175-176쪽.

42) (상)정영철, 앞의 책, 2014, 197쪽 (하)goo.gl/t8g2p7(검색일 : 2017.07.11.)

43) 김개천, 『미의 신화 : 세계의 위대한 명건축 24선』, 서울 : 컬쳐그라퍼, 2012, 95쪽.

44) 헤더 손턴 맥레이, 『교회 예술과 건축』, 최지원 옮김, 서울 : 시그마북스, 2016, 15쪽. 『카이사르의 연대기』의 작가 프로코피우스의 기록에서도 이 이야기가 전해진다. 연대기에는 "공중에 매달려 있는 것처럼 보이도록!" 할 것을 당대의 황제 유스티아누스 I세가 건축가들에게 강력하게 명령하였다고 적고 있다. 시대역사연구소, 『그림으로 읽는 역사, 건축으로 읽는 세계사』, 서울 : 인, 2017, 118쪽.

45) 정영철, 앞의 책, 2014, 198쪽. 스테인드글라스의 기능과 의미에 대해서는 다음의 글이 매우 유용하다. 장록희, 「고딕 색유리창에서 빛의 기능」, 인천가톨릭대학교 조형예술대학교 편, 『빛』, 서울 : 학연문화사, 2010, 63-89쪽.

46) H. W. 젠슨 & A. F. 젠슨, 『서양미술사』, 정점식 감수, 최기득 옮김, 서울 : 미진사, 2013, 132쪽.

47) 김개천, 앞의 책, 2012, 96쪽.

48) Протоиерей Махаил Браверман, *Православное богослужение*, Москва : Никея, 2016, c. 66.

49) 설명은 필자의 것이며, 현장 방문을 통해 확인한 내용임을 밝혀 둔다. 도면의 출처는 다음과 같다. (좌)goo.gl/6XKUG6 (우)goo.gl/4FaHCG (검색일 : 2017.02.21.).

50) 파나요티스 A. 미헬리스, 『건축미학』, 김진현 옮김, 서울 : 까치, 2007, 204쪽의 도면을 필자가 재구성하였다.

51) "그리고 커다란 반구를 손에 쥘 수 없는 허공 속으로 올리고 교회는 찬란한 하늘처럼 모든 것들이 둘러쳐졌다."고 황제는 기록하고 있다. 양용기, 『음악, 미술 그리고 건축』, 서울 : 형설출판사, 2010, 162쪽.

52) 초기 바실리카 양식과 탄생의 배경에 대해서는 다음 책을 참고. 임석재, 앞의 책, 2007, 169-175쪽.

53) 윌 듀란트, 『문명이야기. 신앙의 시대 4-1』, 왕수민·박혜원 옮김, 서울 : 민음사, 2013, 259-261쪽.

54) Metropolitan Hilarion Alfeyev, *Orthodox Christianity. Volume II. The Architecture, Icons, and Music of the Orthodox Church*, New York: St. Vladimir's Seminary Press, 2014, pp. 49-52.

55) (상)존 로덴, 위의 책, 253쪽 (하좌우)goo.gl/YMWNJV (검색일 : 2017.09.26.).

56) (상좌)goo.gl/zTozNj (상우)goo.gl/Q1AoWB (하)goo.gl/Q1AoWB (검색일 : 2017.09.25.).

57) 모자이크화의 제작 방식과 순서에 대해서는 다음의 책을 참고. 존 로덴, 『초기 그리스도교와 비잔틴 미술』, 임산 옮김, 경기 : 한길아트, 1998, 256-259쪽.

58) 이정구, 『신학으로 건축하다. 교회건축의 이해』, 경기 : 한국학술정보, 2012, 57쪽. 그러나 초기 기독교의 교회 건축이 모두 정확하게 예루살렘을 향한 동쪽을 제단의 방향으로 짓지는 않았다. 콘스탄티누스 대제 당시에 지어진 일부 바실리카 양식의 사원들은 서쪽방향을 취하고 있다는 기록이 전해지기 때문이다. 김재원·김정락·윤인복, 『유럽의 그리스도교 미술사』, 경기 : 한국학술정보, 2014, 38쪽.

59) 정시춘, 앞의 책, 2004, 95쪽.

60) 이정구, 앞의 책, 2012, 69쪽.

61) А. М. Копировский, *Церковная архитектура и изобразительное искусство*, Москва : Свято-Филаретовский Православно-Христианский институт, 2015, сс. 34-35.

62) 정시춘, 앞의 책, 2004, 108쪽.

63) 움베르토 에코, 앞의 책, 2015, 759쪽.

64) 787년에 있었던 니케아 공회의에서는 성상 파괴 논쟁에 종지부를 찍을 만한 중요한 교회법 제정이 눈에 띈다. 이때 공표된 내용은 "그리스도는 하나님 아들의 성육신이므로 땅 위에 드러난 모습 그대로 묘사할 수 있다"는 성상옹호론자들의 논점이었다. 이는 공의회에서 결정된 6번째 사항으로, "그리스도의 성상을 만들어 그분이 행한 구속의 뜻을 기억하라는 하나님의 명을 따르고자 한다"고 적혀있다. 주디스 헤린, 『비잔티움』, 이순호 옮김, 경기 : 글항아리, 2010, 255-256쪽.

65) 에코의 설명에 따르면, 당시의 이론은 오늘날 우리가 보는 작은 사이즈의 패널화가 아니다. 벽화, 프레스코화, 모자이크와 같은 대규모 작품도 아우르는 것으로 "단순히 영성에 기여하는 신앙의 대

상으로서 소규모의 이미지가 아니었다." 움베르토 에코, 앞의 책, 2015, 684쪽. 이미지의 문화사를 연구한 대표적 학자 피터 버크의 설명에도 유사한 견해가 나타난다. 이미지의 필요성, 즉 도상학적 배경에서 이미지는 이미 그레고리우스 I세(540-604)가 남긴 유명한 말에서부터 연구되어 왔는데, 그의 말은 이렇다: "교회 안에 그림을 마련해 두는 것은 책을 읽지 못하는 사람들이 벽을 보고 '읽을 수' 있도록 하기 위한 것이다." Peter Burke, *Eyewitnessing. The Use of Images as Historical Evidence*, Ithaca : Cornell University Press, 2001, p. 48. 라틴어 원문은 다음과 같다 : "*in parietibus videndo legant quae legere in codicibus non valent.*"

66) Emily Cole, op. cit., pp. 184-199.

67) H. W. 잰슨 & A. F. 잰슨, 앞의 책, 2013, 167쪽.

68) 정시춘, 앞의 책, 2004, 111쪽.

69) 구본덕, 『건축의 이해』, 서울 : 문운당, 2015, 87쪽.

70) 정시춘, 앞의 책, 2004, 110쪽.

71) 사토 다쓰키, 『미와 공간의 계보 서양 건축의 역사』, 조민경 옮김, 서울 : 에이케이커뮤니케이션즈, 2015, 189쪽.

72) 박승찬, 『중세의 재발견』, 서울 : 길, 2017, 132-133쪽.

73) 구본덕, 앞의 책, 2015, 87쪽.

74) 박승찬, 앞의 책, 2017, 138쪽.

75) 김향숙, 앞의 책, 2015, 97쪽.

76) H. W. 잰슨 & A. F. 잰슨, 앞의 책, 2013, 182쪽.

77) Yi-Fu Tuan, *Topophilia. A Study of Environmental Perception, Attitudes, and Values*, New York : Columbia University Press, 1974, p. 137.

78) (상)goo.gl/sZa7bfcontent_copy(검색일 : 2017.12.01.) (하)goo.gl/vGvUKe(검색일 : 2017.12.01.)

79) 이연식, 『이연식의 서양 미술사 산책』, 서울 : 은행나무, 2017, 262쪽.

80) 앨리스터 맥그래스, 『한권으로 읽는 기독교』, 황을호 · 전의우 옮김, 서울 : 생명의 말씀사, 2017, 468쪽.

81) 윌 듀런트, 『문명이야기. 신앙의 시대 4-2』, 왕수민 · 박혜원, 서울 : 민음사, 2014, 517쪽.

82) 정시춘, 앞의 책, 2004, 121쪽.

83) 김재원 · 김정락 · 윤인복, 앞의 책, 2014, 119쪽.

84) 박승찬, 앞의 책, 2017, 134-136쪽.

85) 구본덕, 앞의 책, 2015, 89쪽; 현대건축관련용어편찬위원회 편, 『영한 건축용어사전』, 서울 : 성안당, 2017.

86) 최경철, 『유럽의 시간을 걷다』, 서울 : whale books, 2017, 132쪽. 스콜라철학에 앞서 교부철학(Patristic)은 성 아우구스티누스로 대표되는 철학으로 그 근간은 플라톤의 이원론적 세계관이다. 세계를 물질과 관념의 세계로 이등분한 플라톤에게 물질세계는 이데아라고 불리는 절대적인 관념의 세계, 초월적인 세계의 그림자로 인식된다. 이로부터 아우구스티누스는 영혼과 육체, 지상과 천상이라는 중세 기독교 철학의 기초를 다졌다. 이에 반하여 스콜라철학은 아리스토텔레스에 기초하였다. 플라톤의 철학과 정반대되는 아리스토텔레스에게 지각능력, 곧 이성은 절대적인 진리인 신을 파악할 수 있는 매개 역할을 한다. 이 두 입장을 건축 양식에 대입할 때, "교부철학이 추구한 절대적 신앙의 태도는 로마네스크 양식에서, 스콜라철학이 추구하는 신앙과 이성의 합리적 조화는 고딕 양식에서 발견"된다. 그 근거는 "로마네스크 미술이 고정된 틀을 벗어나지 않는 엄격한 분위기였다면 고딕 미술은 조금 더 자유로운 느낌"이 있다는 점이다. 최경철, 같은 책, 115-117쪽; 박홍순, 앞의 책, 2011, 542-681쪽. 한편 이것과 관련하여 당시에 기독교의 부흥은 교리를 철학적으로 확립할 필요성을 요구하게 되었다. 기독교적 신학과 세계관에 부합하는 철학으로 가장 적합한 것은 다름 아닌 플라톤의 이원론이었다. "오직 변치 않는 이데아만이 진정으로 존재하고 물질과 감각은 거짓에 불과하다고 본 이데아 실재론이야말로 기독교 교리와 그리스철학을 접합시켜 새로운 신학을 체계하려는 데 가장 적합한 무기였다." 박홍순, 같은 책, 551쪽.

87) 최경철, 위의 책, 95쪽.

88) H. W. 잰슨 & A. F. 잰슨, 앞의 책, 2013, 185쪽. 듀런트가 소개하고 있는 유럽 대성당의 규모를 가장 작은 순서대로 열거하면, 파리의 노트르-담 대성당이 65,000제곱피트(약 1,770평), 샤르트르 랭스 대성당은 65,000제곱피트(약 1,967평), 아미앵 대성당은 70,000제곱피트(약 1,826평), 콜로뉴 대성당은 90,000제곱피트(약 2,529평), 가장 큰 것은 성 베드로 대성당으로 100,000제곱피트로 약 2,810평에 이를 정도이다. 윌 듀런트, 앞의 책, 2014, 518쪽.

89) 양용기, 앞의 책, 2017, 105쪽.

90) (상)정시춘, 앞의 책, 2004, 117쪽 (하좌)goo.gl/rKe8ax (하우)goo.gl/DjE52a (검색일 : 2017.10.17.).

91) 사진 출처 : goo.gl/hirDx8(검색일 : 2017.12.13.). 고딕 양식의 깊이감에 대한 설명에 대해서는 다음의 책을 참고. 마쓰다 유키마사, 『눈의 황홀』, 송태욱 옮김, 서울 : 바다출판사, 2016, 61쪽.

92) 구본덕, 앞의 책, 2015, 89쪽.

93) 양용기, 앞의 책, 2017, 110-111쪽.

94) E. H. 곰브리치, 『서양미술사』, 백승길 · 이종숭 옮김, 서울 : 예경, 2012, 188-189쪽.

95) 양용기, 앞의 책, 2017, 107쪽에서 원저자의 그림을 수정하였음.

96) 박홍순, 앞의 책, 2011, 658-659쪽에서 재인용.

97) 폴 존슨, 『르네상스』, 한은경 옮김, 서울 : 을유문화사, 2013, 118쪽. 영국의 솔즈베리 성당이 그 예외이고, 첨탑은 무려 200년 후에야 첨가되었다. 게다가 독일의 쾰른 대성당은 근대에 이르기까지 미완성이었다.

98) goo.gl/ZvjR5V(검색일 : 2018.01.03.)

99) 최경철, 앞의 책, 2017, 231쪽.

100) 슈테파니 펭크 외, 『아틀라스 서양미술사』, 조이한・김정근 옮김, 서울 : 현암사, 2013, 158쪽.

101) 사토 다쓰키, 앞의 책, 2015, 98-99쪽.

102) 양용기, 앞의 책, 2017, 117-119쪽.

103) 최경철, 앞의 책, 2017, 230-231쪽.

104) 사토 다쓰키, 앞의 책, 2015, 100쪽.

105) 토비 레스터, 『다 빈치, 비트루비우스 인간을 그리다』, 오숙은 옮김, 서울 : 뿌리와 이파리, 2014, 29-30쪽.

106) 스피로 코스토프, 「중세의 건축가. 동과 서」, 스피로 코스토프 편저, 『아키텍트. 인류의 가장 오래된 직업, 건축가 5천 년의 이야기』, 우동선 옮김, 경기 : 효형출판사, 2011, 129쪽.

107) 최경철, 앞의 책, 2017, 232쪽.

108) 정시춘, 앞의 책, 2004, 129쪽.

109) (좌)goo.gl/rbFxCd (우)goo.gl/7VNWW1 (검색일 : 2017.10.17.).

110) 앨리스터 맥그래스, 앞의 책, 2017, 469-470쪽.

111) 아르놀트 하우저, 앞의 책, 2012, 177쪽.

II. 우스펜스키 사원의 건축 역사

1) 수좌대주교 필립 I세 시대의 러시아 정교회 역사에 대해서는 다음의 책이 매우 유용하였다. 이반 III세의 결혼식을 집전한 바 있는 그는 이듬해인 1473년 4월 5일 영면한다. Р. И. Авдеев, *История русской православной церкови в двух томах*, Москва : РОССПЭН, 2015, Том 1, cc. 332-341.

2) Борис В. Соколов, *Москва мистическая, Москва загадочная*, Москва : Алгоритм, 2016, c. 15.

3) 이런 관점에서 알렉세이 셴코프가 편집한 다음의 책은 매우 유용하다 : А. Щенков, *Архитектура русского православного храма*, Москва : Памятники исторический мысли, 2013, cc. 127-128.

4) 1453년 비잔틴 제국이 몰락하기 전인 1326년의 기록을 우리는 알아볼 필요가 있다. 당시 러시아 교회의 주도적인 인물이었던 블라디미르의 수좌대주교 표트르는 모스크바의 크렘린을 자신의 실질적인 거주지로 만들었다. 당시 병세의 악화로 블라디미르에서 모스크바로 거처를 옮겨온 수좌대주교 표트르는 모스크바가 블라디미르보다 더 편안하고 적합한 처소를 마련해 줄 것으로 생각하

였고, 실제로 이반 I세 칼리타는 그의 이주를 크게 배려하기도 하였다. 이렇게 하여 1326년 표트르 수좌대주교의 참여 하에 우스펜스키 사원의 기초가 만들어지게 되었고, 동년에 표트르는 자신이 직접 준비한 관에 들어감으로써 생을 맞이하게 되었다.

5) 러시아 정교회의 건축사를 연구하는 세계적인 석학 윌리엄 브룸필드의 우스펜스키 사원 건축사 글 참고. goo.gl/aBP37w(검색일 : 2017.07.07).

6) 마태복음 구절은 이렇게 기록되어 있다 : "나중 온 이 사람들은 한 시간밖에 일하지 아니하였거늘 그들은 종일 수고하여 더위를 견딘 우리와 같게 하였느리라." 이름하여 '포도원 품꾼'에 비유되어 있는 이 구절은 비록 포도농장 마감 시간 1시간 전에 늦게 왔음에도 아침 일찍부터 온 노동자들과 같은 임금을 받은 '선택받은 노동자'를 일컫는 말이다. 이 문맥에서 선택받은 노동자들은 바로 러시아를 지칭한다고 보는 것이다. 이렇게 러시아는 세계사의 흐름에 늦게 편입되었지만, 세계의 종교적 본산지로서 미래에 세계 종교, 특히 러시아 정교를 이끌고 갈 중요한 책임을 하늘로부터 떠맡았다는 자기 해석적 독트린을 천명하고 있다. 이 같은 비유에 대해서는 다음의 책을 참고. Томаш Шпидлик, *Русская идея. Иное видение человека*, Москва-Петербург : Олега Абышко, 2014, c. 195.

7) 김상현, 「모스크바-제3로마 개념의 역사적 기원과 문학적 변주」, 『슬라브학보』 제29권 1호, 2014, 39-40쪽; Л. В. Кошман, et al, *История русской культуры IX - XX веков*, Москва : Университет, 2011, 5-е изд., c. 68.

8) goo.gl/SYPSgC(검색일 : 2017.10.09.).

9) 필로페이가 바실리 III세에게 보낸 편지의 러시아어 원본은 다음을 참고 : goo.gl/mGec7N(검색일 : 2013.11.05). 김상현, 앞의 글, 2014, 44-45쪽.

10) 원문에는 이렇게 적혀 있다. "Так знай, боголюбец и христолюбец, что все христианские царства пришли к концу и сошлись в едином царстве нашего государя, согласно пророческим книгам, это и есть римское царство : ибо два Рима пали, а третий стоит, а четвертому не бывать." 모스크바 대주교 조시마의 언급은 1492년, 즉 필로페이의 서한보다 훨씬 이전에 나타난 바, 여기에서는 제3로마 개념이 이미 마련되고 구체적인 입장에서 논의되고 있다. 그도 그럴 것이 창세일을 5508년으로 잡고 있는 러시아 정교회 입장에서 7000년이 되는 1492년이 곧 세상의 종말이 될 것으로 예견되었기 때문이다. 이렇게 볼 때 8000년대가 시작되는 당대 모스크바에서는 종말론적 세계관과 함께 묵시적 분위기가 당연히 팽배하였을 것이고, 이런 종교적 배경 속에서 모스크바가 새로운 예루살렘이자 영원한 콘스탄티노플이 될 것이라는 야망은 그리 놀라운 것이 아닐 것이다. 임영상, 「러시아 민족과 러시아 정교회」, 임영상 편, 『소련과 동유럽의 종교와 민족주의』, 서울 : 한국외국어대학교 출판부, 1996, 47-48쪽. 15세기 말과 16세기 초에 이와 같은 종말론적인 분위기는 새롭다기보다는 상당히 보편화된 종교적 추세였다. 러시아 종교시를 채록하고 분석한 자로 정평이 나있는 20세기 초 종교사학자 게오르기 페도토프(Георгий Федотов)도 민중들 사이에서 회자된 종교적 내용의 구전을 예로 들면서 '성스러운 루시' 용어를 다음과 같이 인용하고 있다 : "…아름다운 태양이 / 천국을 비추었고 / 성스러운 러시아 땅에 드리웠노라 / 성모는 / 성스러운 루시 곳곳을 누볐고 / 성모의 아들 [예수]를 찾았노라."

(...Прекрасное солнце / В раю осветило / Святорусскую землю... / ...Ходила Дева / По Святой Руси / Искала сына своего...) Л. Г. Березовая и Н. П. Берлякова, *Введение в историю русской культуры*, Москва : ИМПЭ им. А. С. Грибоедова, 2002, с. 60; 김상현, 앞의 글, 2014, 44쪽.

11) 로트만・우스펜스키, 「표트르 대제의 이데올로기에 나타난 '모스크바－제3의 로마' 개념의 반향」, 『러시아 기호학의 이해』, 이인영 엮음, 서울 : 민음사, 1993, 263쪽; 김상현, 앞의 글, 2014, 46쪽.

12) T. G. Masaryk, *The Spirit of Russia : Studies in History, Literature and Philosophy*, translated by Eden Paul and Cedar Paul, London : George Allen & Unwin Ltd., 1968, 4th ed., vol. 1, p. 41. 사실, 서한에서 단초적으로 제시된 '러시아 정교의 우월적' 사상은 종교문건이나 정치적 문서보다는 위에서 살핀대로 문학텍스트에서 서한이 등장한 시기보다 훨씬 이전부터 분명하고 가치화되어 나타났다. 제3로마설에 관련된 문학적 변주, 즉 당대 이 독트린이 나온 후 중세 러시아 문학 텍스트에서 이 문제가 어떻게 재등장하면서 논의되고 있는지, 그 문학적 전개 양상에 대한 분석의 글로는 필자의 연구를 참고. 김상현, 앞의 글, 2014. 앞서 이야기한 황제 교황주의는 '정교합일주의'라고도 번역되어 알려져 있다. 이는 "세속적 권력과 종교적 권력이 한 사람의 전제군주 손에 집중되어 있는 형태"로, 황제가 교회 위에 군림하는 것을 지칭한다. 그리하여 아르놀트 하우저의 기록에 전적으로 의지하여 다시 말하면, 유스티아누스가 즐겨 사용한 말에 따르면, "황제는 적어도 지상에서의 신의 대리자"이며, "신의 대사제"가 된다. 서방에서 비잔틴만큼 제정일치가 분명했던 나라는 없었고, 근세사에서도 군주에 대한 봉사가 신에 대한 봉사의 본질적인 부분을 이루고 있는 점에서 비잔틴에 버금가는 국가는 없었다. 아르놀트 하우저, 『문학과 예술의 사회사 1. 선사시대부터 중세까지』, 백낙청 옮김, 경기 : 창비, 2012, 189쪽.

13) 김덕수, 『로마와 그리스도교』, 서울 : 홍성사, 2017, 382쪽.

14) Дьячок Георгий Малков, *Русь святая. Очерк истории Православия в России*, Симферополь : Родное Слово, 2009, с. 219.

15) "Повесть о новгородском белом клобуке", *Памятники литературы древней руси середина XVI века*, Москва : Художественная литература, 1985, с. 225. 강조는 필자의 것.

16) "Повесть о новгородском белом клобуке", ibid, 강조는 필자의 것.

17) 김상현, 앞의 글, 2014, 51-53쪽.

18) 게오르기 플로롭스키, 『러시아 신학의 여정 1』, 허선화 옮김, 서울 : 지만지, 2016, 32쪽.

19) 게오르기 플로롭스키, 위의 책, 33쪽.

20) 게오르기 플로롭스키, 위의 책, 33쪽.

21) 게오르기 플로롭스키, 위의 책, 34쪽.

22) Дьячок Георгий Малков, там же. с. 220.

23) Альфредо Традиго, *Иконы православной церкови. Образы Сюжеты Сиволы*, Москва :

Омега, 2008, сс. 277-278.

24) (하좌)goo.gl/LGdJ2c (하우)goo.gl/LGdJ2c (검색일 : 2017.10.09.). С. А. Амелёхина, *Венчания на царство и коронация в Московском Кремле. Часть 2 XVIII – XIX века*, Москва : Музей Московского Кремля, 2013, с. 136, 205.

25) Dmitry Shvidkovsky, *Russian Architecture and the West*, New Haven and London : Yale University Press, 2007, p. 74.

26) Dmitry Shvidkovsky, ibid., p. 75. 그러나 엄밀하게 말하면 러시아에서는 딱히 서유럽 식의 중세 개념과 르네상스가 없었기 때문에 좀 더 정교하게 구분할 필요가 있다. 드미트리 리하초프가 언급하고 있듯이, 러시아에서는 前 르네상스와 원(原) 르네상스를 구별해야 한다. 또한 우리가 알고 있는 고딕 시대는 원 르네상스와 르네상스 사이에 위치한다. 이렇게 볼 때, 러시아에서 전 르네상스는 르네상스와 근본적으로 구별되는 후기 고딕에 가깝다. Д. С. Лихачев, *Поэтика древнерусской литературы*, Ленинград : Наука, 1967, с. 38.

27) 1472년 이반 III세와 소피야와의 국제결혼이 있은 후인 1474년에는 우스펜스키 사원의 건축사에서 빼놓을 수 없는 재앙이 있었다. 이전에 지어진 사원이 번개를 맞고 붕괴되는 사건이 있었던 것이다. 당시 소피야 황후는 남편 이반 III세에게 조언하기를 자신이 알고 있는 개인 특사를 이탈리아에 보내 이 붕괴된 사원의 건축을 책임질 건축가를 초빙해 오자고 하였다. 이렇게 하여 해외에서 초빙된 사원 건축가가 바로 피에라반티였다. 러시아로 오면서 이탈리아 출신의 건축가가 받은 명령에 가까운 임무는 러시아 정교회 사원의 건축술의 전통들 중에서 독창적인 것을 찾아볼 것과 최첨단 건축기법을 사용해 볼 것 두 가지였다. 러시아 정교회 공식 웹사이트 참고 : goo.gl/rBnUxZ (검색일 : 2017.07.07.).

28) Д. С. Лихачев, *Избранные работы в трёх томах. Том 1 : Развитие русской литературы X – XVII веков. Поэтика древнерусской литературы*, Ленинград : Художественная литература, 1987, с. 24.

29) 조엘 코트킨, 『도시, 역사를 바꾸다』, 윤철희 옮김, 서울 : 을유문화사, 2015, 31쪽.

30) Nicolas Berdyaev, *The Russian Idea*, New York : The Macmillan Company, 1948, pp. 3-4.

31) Dmitry Shvidkovsky, op. cit., p. 73.

32) А. В. Иконников, *Тысяча лет русской архитектуры. Развитие традиций*, Москва : Искусство, 1990, с. 154.

33) П. Г. Паламарчук, там же. с. 39.

34) 우스펜스키 사원을 건축한 이탈리아 건축가 피에라반티가 모스크바에 입성하기 전에 당시 모스크바와 수즈달과 같은 도시에는 여러 장인들이 작업을 하고 있었던 것으로 기록은 전하고 있다. 예를 들어 1476년, 이탈리아 베네치아에서 온 외교관인 암브로조 콘타리니는 "이곳에는 피에브란티 외에 여러 장인들이 많이 와서 일하고 있다"고 자신의 수기에서 적고 있으며, 이탈리아에서만 온 건축가들도 여럿 있었던 것으로 전해진다. В. И. Агронский, *Архитектура России*, Москва

: Эксмо, 2017, с. 51.

35) 본래 대관식 의례는 절대권력의 기본 이념을 상징하는 것으로, 용어 "венец"(왕관)이란 단어는 동사 "вить" 또는 "соплетать"에서 파생하였다. 이 의미는 연합을 의미하는 동사 "соедтнять"를 문자적으로 일컫는다. Оксана Захарова, *Государственный церемониал. Программа власти*, Москва : Центрполиграф, 2014, с. 153. 한편 각종 의례와 대관식이 있은 후, 관례상 축연(피르 пир)이 거행되는 장소는 크렘린 궁 내의 그라노비타야 팔라타(Грановитая палата)였다. там же. с. 163. 역대 짜르 정권에 따라 새롭게 연구되고 적용된 의례 방식이 상이한데, 처음에 러시아 짜르가 참고하였던 각국의 의례는 주로 프랑스, 스웨덴, 성스러운 로마제국, 덴마크 등의 것이었다. Оксана Захарова, там же. с. 166.

36) 어떤 기록에 따르면, 짜르 니콜라이 II세의 이날 대관식은 5시간이 소요된 의례였다고 한다. W. Bruce Lincoln, *Between Heaven and Hell. The Story of a Thousand Years of Artistic Life in Russia*, New York : Vikings, 1998, p. 10.

37) И. Л. Бусева-Давыдова, *Храмы московского кремля : святыни и древности*, Москва : МАИК Наука, 1997, с. 13.

38) http://www.pravoslavie.ru/3571.html(검색일 : 2017.07.07.). 이 드미트롭스키 사원은 러시아를 보호하는 수호 전사이자 성지였던 드미트리 솔룬스키(Дмитрий Солунский)에게 봉헌된 정교회로 알려져 있다.

39) Татьяна Д. Панова, *Историческая и социальная топография московского кремля в середине XII - первой трети XVI века*, Москва : ТАУС, 2013, с. 213.

40) Татьяна Д. Панова, там же. с. 219.

41) (좌)goo.gl/PC29qT (검색일 : 2017.10.04.) (우)Т. В. Толстая, *Иконы Успенского собора Московского Кремля. Вторая половина XV – XVI века. Каталог*, Москва : Московский музей, 2016, с. 11.

42) (상좌)goo.gl/KqjdSm (상우)goo.gl/KqjdSm (하좌)goo.gl/zyJ4Dy (하우)goo.gl/xmq (검색일 : 2018. 01.26.).

43) Н. И. Баторевич и Т. Д. Кожицева, *Малая архитектурная энциклопедия*, Санкт-Петербург : Дмитрий Буланин, 2016, с. 450-451.

44) П. Г. Паламарчук, там же. с. 38.

45) Р. И. Авдеев, там же. с. 345.

46) Arthur Voyce, *The Moscow Kremlin. Its History, Architecture, and Art Treasures*, Berkeley and Los Angeles : Univertsity of California Press, 1954, p. 35. 그러나 12세기 고대 루시 시기는 아직 비잔틴의 양식이 없어지기보다는 여전히 강력하게 남아 있던 때였다. 이에 대한 증거들은 결코 적지 않은데, 당대에는 로마식의 조형예술의 흔적이 옅게나마 블라디미르와 노브고로드에서 발견되었다. 그러나 이런 증거들이 루시의 여러 지방에서 발견되는 건축양식의 본질을 뒤흔들지는 못

하는 것이었다. 다시 말하여, 비잔틴의 전통이 제국의 유산을 여전히 보존하고 있었던 것이다. Д. В. Сарабьянов, *Россия и Запад. Историко-художественные связи XVIII - начало XX века*, Москва : Искусство XXI век, 2003, с. 19.

47) Р. И. Авдеев, там же. с. 345.

48) А. В. Иконников, там же. с. 161.

49) Д. В. Сарабьянов, там же. с. 25.

50) Д. В. Сарабьянов, там же. с. 19, 24.

51) (좌)필자 직접 촬영(2015.07.20) (우)goo.gl/znUrXD (하)정면으로 들어가는 문 앞에서 촬영(검색일 : 2017.07.14.). 1158년 블라디미르-수즈달 공국 시절, 공후 안드레이 보고류봅스키(Андрей Боголюбский)가 클랴지마 강 인근에 세운 성모승천사원이 바로 러시아 전역에 세워진 우스펜스키 사원의 모태이다. 사진에서와 같이 흰돌로 지어졌으며, 모스크바의 크렘린보다 더 높은 고지에 위치해 있는 것이 특징이다.

52) Дмимрий Евдокимов, там же. с. 95.

53) М. П. Фабрициус, *Кремль в москве*, Москва : АСТ, 2008, с. 279.

54) П. Г. Паламарчук, там же. с. 41.

55) 정영철, 『서양건축사』, 서울 : 기문당, 2014, 197쪽.

56) Дмимрий Евдокимов, там же. с. 72. 1485에서부터 1516년에 걸쳐 진행된 모스크바 크렘린 외벽 공사는 이렇게 석회암벽에서 벽돌 구조로 전면 교체되었다. 그 길이는 약 2.3킬로미터에 이르며 성벽의 두께는 3.5~6.5미터에 달한다. 벽돌의 무게는 가장 무거운 것을 기준으로 무려 8킬로그램에 육박한다. 성벽의 높이는 낮게는 8미터, 가장 높은 것은 9미터에 이르기도 한다. 총 20개에 달하는 탑 가운데 특히 가장 높고 화려하게 장식된 것들은 모두 크렘린 궁 내부로 들어오는 관문소 위치에 세워져 있다. William Craft Brumfield, op. cit., p. 99.

57) goo.gl/KDGuFi(검색일 : 2017.02.11.). 한편 크렘린 궁 벽의 붉은 벽돌의 기원에 대한 여러 이설이 흥미롭다. 여러 이설이 존재하는데, 혹자는 18세기 초기까지 크렘린 궁의 외벽이 흰색이었다고 하고, 또 다른 이는 17세기 3/4분기까지도 벽의 색이 온통 흰색은 아니었다고 주장한다. 또한 1947년 전까지 크렘린 벽이 흰색이었지만, 이후부터 스탈린의 명령에 따라 붉은색이라고 부르기 시작했다는 설도 있다. 어쨌든 간에 오늘날 우리가 보는 크렘린 궁은 15세기 말 이탈리아인들에 의해서 건축되었고, 물론 이들은 벽을 흰색으로 칠하지도 않았다. 본래 요새로서의 크렘린은 붉은 벽돌의 색깔을 유지하였고, 이탈리아에서 이와 가장 유사한 예는 이탈리아 밀라노에 세워진 밀라노 성당(프란체스코 스포르차 공작이 지배하던 시기에 그의 이름을 따서 스포르차 성당, замок Сфорца в Милане이라고도 불림)이 이에 해당한다. 또한 당시 요새의 벽을 희게 칠하는 것 자체가 위험한 일이기도 하였다. 이유는 대포알이 벽에 명중하게 되면 벽돌이 훼손되는 것과 동시에 칠해진 회반죽이 떼어져 나가는 것은 당연하고, 때문에 최대한 신속하게 벽을 붕괴시키기 위해서는 눈에 잘 띠는 벽을 재조준 하여 대포를 쏠 필요가 있기 때문이었다. goo.gl/5TPQrQ(검색일 : 2017.02.11.).

김상현, 『레닌묘 : 상징의 건축, 기억의 정치』, 서울 : 민속원, 2017, 81쪽에서 재인용.

58) П. Г. Паламарчук, там же. с. 38.

59) В. И. Агронский, там же. с. 51.

60) Dmitry Shvidkovsky, op. cit., pp. 77-78.

61) Dmitry Shvidkovsky, ibid., p. 78.

62) Dmitry Shvidkovsky, ibid., p. 78.

63) Dmitry Shvidkovsky, ibid., pp. 78-79. 문헌에 따르면, 당시 모스크바를 벗어날 수 있는 자유는 아예 이탈리아 출신의 건축가들에게 보장되지 않았다. 딱 한 사람만이 러시아를 탈출할 수 있었다고 하는데, 그는 피에트로 안니발(Pietro Annibale)로 콜로멘스코예(Коломенское)에 있는 성모승천 교회를 제작한 자였다. 당시 이탈리아에서 온 외교관 지오반니 테발디(Giovanni Tebaldi)가 짜르 이반 IV세에게 자신의 나라에서 온 장인들을 방면에 달라는 요청에 짜르는 이렇게 답변했다고 한다. "만약 이탈리아로 돌아갈 경우, 다시는 모스크바로 오지 않을 것이기 때문이오." Dmitry Shvidkovsky, ibid., p. 78.

64) Евгений Анисимов, *Правители России*, Санкт-Петербург : Золотой лев, 2012 참고.

65) goo.gl/stuijH(검색일 : 2017.10.06.).

66) (상)goo.gl/SL2jjL (하)goo.gl/bqMe5c (검색일 : 2017.10.06.).

67) И. А. Бобровницкая, "Венчание на царство в Московской Руси в XVI – XVII века // В. А. Дмитриев, *Венчания на царство и коронация в Московском Кремле. Часть 1 XVI – XVII века*, Москва : Музей Московского Кремля, 2013, с. 13.

68) И. А. Бобровницкая, там же. с. 13.

69) 대관식의 순서와 기본 내용에 대해서는 다음의 문헌에 자세하게 소개되어 있다.
И. А. Бобровницкая, там же. с. 11.

70) И. А. Бобровницкая, там же. с. 18.

71) goo.gl/PPG5b7(검색일 : 2017.10.06.).

72) goo.gl/stuijH(검색일 : 2017.10.06.).

73) (좌)goo.gl/X675am (우)goo.gl/o2GE41 (검색일 : 2017.10.06.).

74) 필자가 현지 조사에서 구한 우스펜스키 안내 책자 정리. 2016.07. Оксана Захарова, там же. cc. 152-188. 역대 짜르 즉위식(венчание на царство)의 연표를 시대순으로 정리하면 다음과 같다 : 이반 IV세(1547), Симеон Бекбулатович(1575), Фёдор Иоаннович(1584), Борис Годунов(1598), Лжедмитрий I(1605), Марина Мнишек(1606) 폴란드 귀족의 딸로, 참칭자 드미트리. Василий Шуйский(1606), Михаил Фёдорович(1613), Алексей Михайлович(1645), Фёдор Алексеевич(1676), Иван V и Пётр I(1682), Екатерина Алексеевна(1724),

Пётр II(1728), Анна Иоанновна(1730), Елизавета Петровна(1742), Екатерина II(1762), Павел I и Мария Фёдоровна(1797), Александр I и Елизавета Алексеевна(1801), Николай I и Александра Фёдоровна(1826), Николай I и Александра Фёдоровна(1829), Александр II и Мария Александровна(1856), Александр III и Мария Фёдоровна(1883), Николай II и Александра Фёдоровна(1896). 그리고 이후에 등장한 짜르들, 즉 Фёдор II Борисович, Владислав Сигизмундович, Екатерина I, Иоанн Антонович, Пётр III들은 대관식을 치르지 않았던 인물이었다. William Craft Brumfield, op. cit., pp. 94-98.

75) goo.gl/stuijH(검색일 : 2017.10.06.).

76) И. А. Бобровницкая, там же. с. 11.

77) 한편 이반 알렉세예비치와 표트르 알렉세예비치의 짜르 대관식 때에는 모노마흐의 왕관(шапка Мономаха)과 그 복사품이 사용되었다. 이 용품을 사용한 것은 로마노프가 류리크 왕조로부터 권력을 계승했음이 강조된 것을 말해준다. Оксана Захарова, там же. сс. 164-165.

78) Оксана Захарова, там же. с. 171.

79) 자신의 신념을 확고하게 하는 표식의 하나로 서약, 혹은 맹세의 의미로 성스러운 십자가에 입을 맞추는 행위를 말한다(присяга, при к. утверждающие слово свое клятвою всенародно напоследок целуют святой крест). goo.gl/1Zh4vt (검색일 : 2017.10.06.).

80) goo.gl/stuijH(검색일 : 2017.10.06.).

81) И. А. Бобровницкая, Часть 1, там же. с. 71.

82) С. А. Амелёхина, *Венчания на царство и коронация в Московском Кремле. Часть 2*, там же. с. 7.

83) goo.gl/stuijH(검색일 : 2017.10.06.).

84) 린지 휴스, 『표트드 대제』, 김혜란 옮김, 서울 : 모노그래프, 2017, 422쪽.

85) 두 그림 모두 И. А. Бобровницкая, Часть 2, там же. с. 50, 235.

86) Richard S. Wortman, *Scenarios of Powers. Myth and Ceremony in Russian Monarchy from Peter the Great to the Abdication of Nicholas II*, Princeton : Princeton University Press, 2006, p. 46 · 48.

87) Richard S. Wortman, ibid., p. 44.

88) goo.gl/stuijH(검색일 : 2017.10.06.).

89) И. А. Бобровницкая, Часть 2, там же. с. 194.

90) И. Н. Слюнькова, *Проекты оформления коронационных торжеств в россии XIX века*, Москва : Буксмарт, 2013, с. 27.

91) И. Н. Слюнькова, там же. с. 91.

92) goo.gl/bmcpn1(검색일 : 2017.05.27.)

93) goo.gl/EiH6n5(검색일 : 2017.10.07.).

94) И. Н. Слюнькова, там же. с. 69.

95) И. А. Бобровницкая, Часть 2, там же. с. 237.

96) goo.gl/8ghTRb(검색일 : 2017.10.07.).

97) 두 그림 모두 И. А. Бобровницкая, Часть 2, там же. с. 32, 264.

98) 네덜란드 출신의 중세 사학자이자 대석학인 요한 하위징아의 연구에 따르면, 이와 거의 비슷한 시기인 프랑스에서 1461년 루이 11세가 랭스(Reims)사원에서 대관식을 올렸다. 또한 중세 서유럽 국가에서는 왕실의 모든 주요 행사에 일반대중이 필수 참여자였다. 요한 하위징아, 『중세의 가을』, 이종인 옮김, 경기 : 연암서가, 2016, 113쪽. 이는 러시아의 경우와 다소 다르다고 하겠다. 당대의 기록이나 그림 묘사에 보면 일반 백성, 즉 나로드에 대한 언급이 거의 없어 보이기 때문이다.

99) M. 엘리아데, 『신화와 현실』, 이은봉 옮김, 경기 : 한길사, 2015, 103쪽.

100) 캐서린 벨, 『의례의 이해. 의례를 보는 관점들과 의례의 차원들』, 류성민 옮김, 서울 : 한신대학교 출판부, 2007, 257-258쪽.

101) 요한 하위징아, 앞의 책, 2016, 99쪽.

102) goo.gl/rXcdei(검색일 : 2017.07.05.)

103) 『도모스트로이』에 대한 문화사적 의미와 구체적인 내용 분석은 국내에서 필자에 의해 본격적으로 연구되었고, 이후 본인의 단행본에서는 이 중에서 '결혼 장'만을 완역하여 해제를 달아 놓았다. 다음의 자료를 참고 : 김상현, 「러시아 전통 혼례의 역사적 기원과 변천」, 『슬라브학보』 제24권 3호, 2009; 김상현, 「러시아 문화코드 어떻게 읽을 것인가? : 『도모스뜨로이』 해독과 문화접점을 중심으로」, 『슬라브 연구』 Vol. 29. No. 2, 2013; 김상현, 『러시아의 전통혼례 문화와 민속』, 서울 : 성균관대학교 출판부, 2014.

104) 반면 농민들의 결혼은 계절의 순환 및 농월력과 밀접한 관련 속에서 선택되었다. 뿐만 아니라, 니콜스키의 교회사 사료를 보더라도 15세기까지도 농촌에 교회가 존재하지 않았고, 그나마 있던 교회들마저 대귀족 보야르와 공작들의 대저택이라고 할 수 있는 영지 내에 있었다. 이로부터 우리가 알 수 있는 것은 교회에서의 결혼식 문화를 보여주는 농촌 공동체의 전통 혼례는 결국 적어도 15세기 이후란 점이다. 아래의 그림이 증명해 주듯, 세밀화 혹은 각종 그림의 삽화로 등장하는 혼례식의 문화는 14-15세기에 완성되었지만, 여러 연구들이 공통적으로 기록하고 있는바 혼례식에 대한 완벽한 구현으로서의 제시는 충분하게 이루어지지 않았다. 김상현, 위의 글, 2009, 4-5쪽.

105) goo.gl/Biuf9t(검색일 : 2017.10.05.).

106) С. В. Девятов, *Древние дворцы и палаты Московского Кремля*, Москва : ПЛАНЕТА, 2014, cc. 26-28. 그러나 이 접견궁이란 이름의 그라노비타야 팔라타는 러시아어로 "반듯하고 평평하게 깎여진 면으로 이뤄진 방"이란 이름의 기원을 갖는다. 사방이 정사각형 큐브의 외관을 형성하고 있다는 이유에서 붙여진 이 같은 명칭은 이 건물에 부여된 여러 실용적 목적에서 별칭이

많이 생겨난 것이다.

107) goo.gl/HTzzPU(검색일 : 2017.10.05.).

108) goo.gl/Biuf9t(검색일 : 2017.10.05.).

109) 한편 이반 알렉세예비치와 표트르 알렉세예비치의 짜르 대관식 때에는 모노마흐의 왕관(шапка Мономаха)과 그 복사품이 사용되었다. 이 용품을 사용한 것은 로마노프가 류리크 왕조로부터 권력을 계승했음이 강조된 것을 말해준다. Оксана Захарова, там же. сс. 164-165.

110) (상좌)goo.gl/9PiMLS (상우)goo.gl/oQhEgu (검색일 : 2017.10.05.). (하)В. А. Дмитриев, *Венчания на царство и коронация в Московском Кремле. Часть 1 XVI – XVII века*, там же. с. 39.

111) (좌)goo.gl/LUAhV1 (우)goo.gl/ntuKhf (검색일 : 2017.10.05.).

112) goo.gl/P9bXkR(검색일 : 2017.10.05.).

113) goo.gl/P9bXkR(검색일 : 2017.10.05.).

114) goo.gl/P9bXkR(검색일 : 2017.10.05.).

115) А. А. Балатов, "Успенский собор Московского Кремля в сакральной топографии Москвы", *Московский Кремль XV столетия. Древние святыни и исторические памятники I*, Москва : Арт-Волхонка, 2011, с. 66.

116) А. А. Балатов, "Успенский собор Московского Кремля в сакральной топографии Москвы," там же. с. 67.

117) 로이 라파포트, 『인류를 만든 의례와 종교』, 강대훈 옮김, 서울 : 황소걸음, 2017, 420쪽.

Ⅲ. 우스펜스키 사원의 구조

1) Д. С. Лихачев, *Поэтика древнерусской литературы*, Ленинград : Наука, 1967, с. 38.

2) 양용기, 『본질을 이해하는 건축 이야기. 건축의 융복합』, 경기 : 린, 2017, 248쪽.

3) 이 5개 쿠폴 양식이 적용되었던 전통은 약 400년 후인 19세기 초, 니콜라이 I세의 치세기(1825-1855)에 가장 두드러진 특징이기도 하였다. 러시아 건축술에서 "러시아의 민족적 양식"(national style)이 처음으로 등장하기 시작한 시기로 평가받는 19세기 초의 30년간은 동시대 서유럽의 건축 양식과 구별되는 것을 추구했던 짜르 니콜라이를 빼고 이야기할 수 없을 정도이다. 게다가 당시 세르게이 우바로프가 천명한 관제 이데올로기(전제정권, 정교회, 민족성)는 '러시아적인 풍토' 혹은 '러시아적인 속성'이 사회의 여러 방면에서 드러나기를 갈망했던 짜르의 정부 차원적 계획의 결과이기도 하였다. 이러한 관점에서 러시아 건축사를 일별하고 있는 다음의 글은 유용하다. Richard Wortman, *Visual Texts, Ceremonial Texts, Texts of Exploration. Collected Articles on the*

Representation of Russian Monarchy, Boston : Academic Studies Press, 2014, pp. 208-237.

4) 최경철, 『유럽의 시간을 걷다』, 서울 : whale books, 2017, 133쪽.

5) goo.gl/q1JmXB(검색일 : 2017.07.5.)

6) 임석재, 『서양건축사 1 : 땅과 인간』, 서울 : 북하우스, 2011, 375쪽.

7) 임석재, 위의 책, 393쪽.

8) Arthur Voyce, *The Art and Architecture of Medieval Russia*, Norman : University of Oklahoma Press, 1967, p. 156.

9) Arthur Voyce, ibid., pp. 156-157.

10) И. Л. Бусева-Давыдова, *Храмы московского кремля : святыни и древности*, Москва : МАИК Наука, 1997, с. 31.

11) goo.gl/bmcpn1(검색일 : 2017.06.03).

12) И. Л. Бусева-Давыдова, там же. с. 31.

13) goo.gl/XyS1oh(검색일 : 2017.10.04.).

14) И. Л. Бусева-Давыдова, там же. с. 23.

15) Arthur Voyce, op. cit., p. 156.

16) goo.gl/QxQ2HL(검색일 : 2017.07.05.). И. Л. Бусева-Давыдова, там же. сс. 40-41. 이 중에서 표트르, 키프리안, 포티, 요나 대주교의 유해(мощи)는 본래 블라디미르에 있던 것을 새롭게 지어진 모스크바 우스펜스키 사원으로 옮겨온 것이다. И. Л. Бусева-Давыдова, там же. с. 23.

17) 키프리안은 키에프 루시 시대의 대주교직을 맡았던 인물로 1406년에 세상을 떠났다. 그의 권한은 남슬라브 지역에까지 미쳤으며, 알렉세이가 죽고(1378), 1380년부터는 소러시아, 즉 오늘날 우크라이나와 리트비아에서도 대주교 직분을 이행하였다. 1381년 이미 모스크바의 대주교직으로 자리를 옮긴 바 있는 키프리안은 1389년부터는 전 루시의 대주교 위치에 올랐다. 한편 1408년에 대주교의 자리에 포티 역시 키에프 루시 및 전 루시 시대의 대주교였으며 사망한 해는 1473년이다. 가장 늦은 1473년에 세상을 뜬 필립은 이미 1455년에 수즈달 지방의 주교 직분에 올랐다. 1464년에는 대주교의 위치에 올랐고, 1470년대에는 노브고로드에서 폴란드와 리투아니아와의 전투에 참여하는 등 큰 영향력을 행사하였다. 1472년에는 이반 III세와 비잔틴 제국 마지막 황제의 질녀인 소피야

18) 팔레올로그와의 혼례를 주관한 사제로 우리에게 잘 알려져 있다. 위에서 언급한 3인의 러시아 성자를 그린 이콘화로 다음의 그림이 유명하다. 위의 세 성자들은 1472년 5월 27일, 새 우스펜스키 사원이 건축되던 무렵이던 이반 III세 치세기에 우스펜스키 사원에 안장되었다. Государственный исторический музей, Образы русских святых в собрании исторического музея, Москва : Исторический музей, 2015, cc. 100-101.

18) 초기 기독교 시절 성직자들의 관이 위치한 장소는 우스펜스키 사원의 경우와 전혀 달랐다. 구조적으로 앱스, 즉 교회의 4방위 중 동쪽 부분의 살짝 둥글게 튀어나오게 설계된 부분의 지하에 초기 기독교회의 성자들이 매장되곤 하였다. 바로 이 위치가 성경적인 의미에서도 '머리'에 해당하는 부분이기 때문이다. 즉, 초기 교회에서는 지하(Crypt)에 성인들의 무덤을 두었으며, 대개 제단이 이 위에 지어졌다. 김재원 · 김정락 · 윤인복, 『유럽의 그리스도교 미술사』, 경기 : 한국학술정보, 2014, 39쪽.

19) T. B. Толстая, Успенский собор Московского кремля, Москва : Музей Московского Кремля, 2009, б с. 6.

20) 월 듀런트, 『문명이야기. 신앙의 시대 4-2』, 왕수민 · 박혜원, 서울 : 민음사, 2014, 329-331쪽.

21) 페트릭 J. 기어리, 『거룩한 도둑질. 중세 성유골 도둑 이야기』, 유희수 옮김, 서울 : 길, 2010, 5쪽.

22) 슈테파니 펭크 외, 『아틀라스 서양미술사』. 조이한 · 김정근 옮김, 서울 : 현암사, 2013, 110쪽.

23) 김덕수, 『로마와 그리스도교』, 서울 : 홍성사, 2017, 353쪽.

24) 김덕수, 위의 책, 355-357쪽.

25) 박정세, 『기독교 미술의 원형과 토착화』, 서울 : 연세대학교출판부, 2011, 19쪽.

26) T. B. Толстая, Иконы Успенского собора Московского Кремля. Вторая половина XV – XVI века. Каталог, там же. c. 65.

27) 서구 역사에서 나타난 성인과 성인의 유골에 대한 숭배 문화 전통에 대해서는 다음의 책을 참고. 피터 브라운, 『성인 숭배』, 정기문 옮김, 서울 : 새물결, 2002.

28) 요한 하위징아, 『중세의 가을』, 이종인 옮김, 경기 : 연암서가, 2016, 320-323쪽.

29) 페트릭 J. 기어리, 앞의 책, 2010, 8쪽. 이 책을 번역한 유희수는 책의 해제에서 '수호성인 숭배'와 유골 도둑질 현상이 약화 또는 결정적 위기를 맞게 된 사회적 배경과 원인을 다섯 가지로 요약하고 있다.

30) (좌)goo.gl/uompeY (우)goo.gl/RaH5Y1 (검색일 : 2017.10.09.).

31) goo.gl/ifYwTD(검색일 : 2017.10.09.).

32) goo.gl/3w7Szg(검색일 : 2018.01.27.).

33) goo.gl/CdTy4Q(검색일 : 2018.01.27.).

34) T. B. Толстая, Успенский собор Московского кремля, там же. c. 15.

35) https://www.pravmir.ru/svyatitel-nikolaj-19-dekabrya-201/ (검색일: 2018.07.01)

36) https://ria.ru/religion/20170713/1498463188.html?inj=1 (검색일: 2018.07.01)

37) 우측 흑백사진의 출처는 다음과 같다.
И. С. Пармузина, *Московский кремль после артиллерийского обстрела 1917 года*, Москва : Государственный историко-культурный музей-заповедник 《Московский Кремль》, 2017, с. 5.

38) И. С. Пармузина, там же. с. 27, 41, 67.

39) И. С. Пармузина, там же. сс. 29-30.

40) Вера Шевцова, *Православие в России накануне 1917 г.*, Санкт-Петербург: Дмирий Буланин, 2009, сс. 171-172. 인구대비 숫자는 필자가 계산하여 추가 작업한 것임.

41) 토머스 F. 매튜스, 『비잔틴 미술』, 김이순 옮김, 서울 : 예경, 2006, 49쪽. 이교도의 기원은 약 6세기보다 훨씬 이전으로 거슬러 올라간다. 매튜스의 기록에 따르면, "구약에서 우상 숭배를 금지했지만, 외경(外經)인 『요한행전』(Acts of John)에 의하면, 일찍이 200년부터 사람들은 복음서 저자인 성요한의 이콘에 촛불을 밝히고 화환을 바쳐 개인적으로 숭배했다고 한다. 이 같은 의식은 이교도 관행을 받아들인 것이라 하여 애초부터 문제가 되었다." 성상을 둘러싼 성상숭배파와 성상숭배 금지, 즉 성상파괴주의파가 서로 치열한 교리 싸움을 벌였기 때문이다. 토머스 F. 매튜스, 같은 책, 50-51쪽.

42) 임철규, 『눈의 역사 눈의 미학』, 경기 : 한길사, 2009, 243-244쪽.

43) 이연식, 『이연식의 서양 미술사 산책』, 서울 : 은행나무, 2017, 259쪽.

44) 장실, 『이콘과 문학』, 서울 : 한국외국어대학교출판부, 2010, 20쪽에서 재인용.

45) (좌)goo.gl/apasPN(검색일 : 2017.12.02.) (우)goo.gl/yc9UL3

46) 카레아 수도원, 『이콘을 아십니까?』, 요한 박용범 옮김, 서울 : 정교회출판사, 2017, 14-18쪽.

47) 카레아 수도원, 위의 책, 18쪽.

48) 성상화 이콘에는 성인들의 초상화가 그 범주에 들어간다. 즉, 성인들의 초상화가 허용된 것은 구약성경의 [신명기] 제5장 8절에 나오는 10계명 "너는 자기를 위하여 새긴 우상을 섬기지 말고 위로 하늘에 있는 것이나 아래로 땅에 있는 것이나 땅 밑 물속에 있는 것의 어떤 형상도 만들지 말며"를 환기시킨다. 성경에 엄격하게 기반하면 성상화 제작은 곧 성경 십계명의 명백한 위반이다. 그러나 또 다른 논리로 볼 때 정당화되기도 한다. 즉 하위징아가 설명하고 있듯이, "초상화의 금지는 성육신 이전에만 필요했던 것이다. 당시에는 하나님이 오로지 정신으로만 존재했기 때문이다. 하지만 그리스도의 출현은 그 오래된 계명을 취소시켰다." 다시 말하여 성상 이미지는 경배의 대상이 되어서는 안 되지만, 그 이미지 속에 묘사된 이, 하나님 혹은 그분을 섬기는 성자는 존중하고 경배한다는 취지가 성상을 허용하는 문화로 정착된 근본일 것이다. "이미지들은 성경을 잘 모르는 순박한 사람들에게 무엇을 믿어야할지 가르쳐주는 의도로 제작되었다"는 것이 가장 바른 설명일 것이며, 하이징하는 이를 다음과 같이 함축적으로 정리하고 있다: "이미지들은 마음이 단순한 사람들을 위한 책이었다." 요한 하위징아, 앞의 책, 2016, 318쪽.

49) Thomas Bremer, *Cross and Kremlin. A Brief History of the Orthodox Church in Russia*, Cambridge : William B. Eerdmans Publishing Company, 2007, pp. 126-127.

50) В. Н. Лосский, *Очерк мистического богословия восточной церкви догматическое богословие*, Москва : Свято-Троицкая Сергиева Лавра, 2013, с. 12.

51) В. В. Бычков, *Феномен иконы. История. Богословие. Эстетика. Искусство*, Москва : Ладомир, 2009, с. 135.

52) 손호현, 『아름다움과 악 1. 신학적 미학 서설』, 서울 : 한들출판사, 2009, 141-145쪽.

53) 진정으로 비잔틴 기독교의 전통이자 고대 루시 시기에는 찾아볼 수 없는 것이 바로 헤시카즘이었다. 그러나 역설적이게도, 이 새로운 전통은 몽고-타타르의 러시아 강점기 이후, 급속하게 러시아에 전파되어 확산했고, 오히려 러시아적인 종교문화로 성장해 갔다. А. Щенков, там же. сс. 87-90.

54) В. Н. Лосский, там же. с. 316.

55) James Billington, *The Icon and Axe. An Interpretive History of Russian Culture*, New York : Vintage Books, 1970, p. 51.

56) James Billington, *The Face of Russia. Anguish, Aspiration, and Achievement in Russian Culture*, New York : TV Books, 1998, p. 48.

57) 교황 베네딕토 16세, 『전례의 정신』, 정종휴 옮김, 서울 : 성바오로보급소, 2014, 135쪽.

58) 교황 베네딕토 16세, 위의 책, 133쪽.

59) James Billington, op. cit., p. 31.

60) 레오니드 우스펜스키, 『정교회의 이콘신학』, 박노양 옮김, 서울 : 정교회출판사, 2012, 188쪽.

61) 레오니드 우스펜스키, 위의 책, 189쪽.

62) 대니얼 B. 클린데닌, 『동방정교회 신학』, 주승민 옮김, 서울 : 은성, 2012, 44쪽.

63) 대니얼 B. 클린데닌, 위의 책, 46-47쪽.

64) H. W. 잰슨 & A. F. 잰슨, 『서양미술사』, 정점식 감수, 최기득 옮김, 서울 : 미진사, 2013, 143쪽.

65) 대니얼 B. 클린데닌, 앞의 책, 2012, 47쪽.

66) James Billington, op. cit., p. 65 참고.

67) 이정구, 『신학으로 건축하다. 교회건축의 이해』, 경기 : 한국학술정보, 2012, 118쪽.

68) 이정구, 위의 책, 119쪽.

69) 크리스토퍼 도슨, 『유럽의 형성』, 김석희 옮김, 경기 : 한길사, 2011, 219-221쪽.

70) George P. Fedotov, *The Russian Religious Mind (I). Kievan Christianity. The 10th to the 13th Centuries*, Massachusetts : Nordland Publishing Company, 1975, p. 51. 순전히 전례에만 초점을 맞

추면 사실 정교회와 가톨릭은 매우 유사한 점이 있는데, 여기에서 핵심은 예배형식이 '고정'되어 있고, '중앙에서 결정'한다는 점에 있을 것이다. 이는 "교회가 기도하고 예배하는 방식과 교회가 믿는 내용이 분리될 수 없다는 확신"을 반영하는 것으로 라틴어의 표현, 즉 "렉스 오란디 렉스 크레덴디(lex orandi lex credendi)에서 발현된 믿음의 실천을 의미하는 것이다. 앨리스터 맥그래스, 『한권으로 읽는 기독교』, 황을호·전의우 옮김, 서울 : 생명의 말씀사, 2017, 363쪽.

71) Д. С. Лихачев, всту. статья и прия., *Повесть временных лет*, Петрозаводск : Карелия, 1991, с. 78.

72) 박홍순, 『사유와 매혹 1 : 서양철학과 미술의 역사』, 경기 : 서해문집, 2011, 144쪽 참고.

73) 호이징가, 『중세의 가을』, 최홍숙 역, 서울 : 문학과 지성사, 1992, 183쪽.

74) 손호현, 『아름다움과 악 1. 신학적 미학 서설』, 서울 : 한들출판사, 2009, 136쪽.

75) 이진선·김민숙·빈정아, 「마리아 유형의 성립과 그 유형」, 인천가톨릭대학교 조형예술대학 편, 『성모 마리아』, 서울 : 학연문화사, 2009, 50-51쪽.

76) 김상현, 『러시아 전통혼례 문화와 민속』, 서울 : 성균관대학교 출판부, 2014, 368쪽.

77) 이기정, 『교리·전례 용어 해설』, 서울 : 가톨릭출판사, 2016, 255쪽; 박도식, 『가톨릭 교리사전』, 서울 : 가톨릭출판사, 2013, 79쪽. 이 무염시태 교리는 1854년에 로마 가톨릭 교회에서 정의되었고, 마리아가 그의 어머니인 성 안나(St. Anne)에 의해 잉태되는 순간부터 "원죄의 모든 흔적"이 없었다고 주장한다. 칼리스토스 웨어, 『정교회의 길』, 엄성옥 옮김, 서울 : 은성출판사, 2011, 131쪽.

78) 칼리스토스 웨어, 『정교회의 길』, 엄성옥 옮김, 서울 : 은성출판사, 2011, 121쪽.

79) 칼리스토스 웨어, 위의 책, 121쪽.

80) 가톨릭교회와 정교회에서 오랜 전통으로 남아 있는 성모 마리아 숭배에 대한 역사와 비판적 논쟁은 다음의 책을 참고. 서한규, 『가톨릭 교회!와 개신교?』, 서울 : 게쎄마니, 2007, 503-562쪽. 흔히 서구에서는 마리아가 동정녀 마리아로 알려져 있는 데에 반하여 비잔틴 제국에서는 431년 에페소스 공의회를 통해서 규정된 칭호, 테오토코스로 불렸다. 이와 같은 성모 숭배의 전통은 곧바로 교회력에 큰 영향을 주어, 교회력은 성모를 기리기 위한 축제일로 채워졌고, 성모에게 봉헌된 교회는 비잔틴 제국의 수도였던 콘스탄티노플에만 136군데가 있었던 것으로 기록은 전하고 있다. 토머스 F. 매튜스, 앞의 책, 2006, 80-81쪽.

81) 윌 듀런트, 앞의 책, 2014, 333쪽.

82) M. 엘리아데, 『신화와 현실』, 이은봉 옮김, 경기 : 한길사, 2015, 229쪽. 이 같은 양상을 보이는 이교적 결합 형태에는 용을 퇴치하는 신이나 영웅이 성 게오르기로 둔갑한 일, 폭풍의 신이 성 일리야로 변형된 일을 포함한다.

83) M. 엘리아데, 위의 책, 230쪽.

84) 앙드레 그라바, 『기독교 도상학의 이해』, 박성은 옮김, 서울 : 이화여자대학교 출판부, 2008, 237쪽.

85) 이진선·김민숙·빈정아, 앞의 글, 2009, 53쪽.

86) (상)goo.gl/wXYPdH (좌)goo.gl/wSaLfA (우)goo.gl/6f4LBm

87) (좌)goo.gl/Ksbqra (중)goo.gl/R35dHL (우)goo.gl/R35dHL (검색일: 2017.09.29.).

88) 대주교 디오니시는 짜르의 대관식 때 역사상 최초로 "짜르의 손에 스키페트르(скифетр), 즉 짜르 최고권좌의 상징이었던 홀(笏)을 손에 건네준" 인물로 기록되어 있다. Оксана Захарова, там же. с. 156. / goo.gl/stuijH(검색일: 2017.10.06.).

89) William Craft Brumfield, *A History of Russian Architecture*, Seattle and London: University of Washington Press, 1993, p. 541.

90) goo.gl/bmcpn1(검색일: 2017.06.03).

91) 사원 내부의 벽은 프레스코화로 장식되어 있는데, 미하일 I세의 칙령에 따라 1642년 5월, 무려 150명의 이콘 화가들이 여러 지방에서 동원되었다. 황금고리 도시들 가운데 코스트로마, 야로슬라블, 로스토프, 수즈달, 노브고로드, 볼로그다, 벨리키 유스쥬그, 랴잔, 카잔, 니즈니 노브고로드 등지에서 온 화가들에는 이반 파세인(Иван Пасеин)과 시도르 포스페에프(Сидор Поспеев), 바젠 사빈(Бажен Савин), 마르크 마트베에프(Марк Матвеев), 보리스 바이세이나(Борис Паисеина), 스테판 에피메예프(Степан Ефимьев), 시몬 우샤코프(Симон Ушаков) 등이 들어 있었다. 이들이 그린 벽면 성화, 즉 프레스코화는 약 250개에 이르며, 둥근 아치 스보드에 새겨진 이 그림들은 대체로 12개의 주요 교회력 축일들을 그린 것들이다. 최상단 지붕에 그려진 그림은 예수 그리스도의 일생을 보여준다. 그 다음 두 번째와 세 번째 층위의 프레스코화는 성모 마리아의 일생과 성모 마리아를 기리기 위해 찬송가를 부르는 장면을 묘사하고 있다. 가장 낮은 층의 프레스코화는 7개의 세계공회(Ecumenical Council)를 묘사하고 있다. 서쪽 방면의 벽은 최후의 심판 내용을 그린 프레스코화들이 하다. Т. В. Толстая, *Успенский собор*, Москва: Музей Московского Кремля, 2009, с. 51.

92) 레오니드 우스펜스키, 앞의 책, 2012, 40-41쪽.

93) Е. Ю. Гагарина, *Иконы успенского собора московского кремля. Вторая половина XV – XVI век: Каталог*, Москва: Московский кремль, 2016, с. 137, 141.

94) (상좌)goo.gl/441JkY (상우)goo.gl/ZuXnuZ (하좌)goo.gl/7tm4CZ (하우)goo.gl/uJG9aP (검색일: 2017.10.05.).

95) Дмитрий Евдокимов, там же. с. 93.

96) 가스펠서브, 『교회용어사전』, 서울: 생명의 말씀사, 2013, 136쪽.

97) И. Л. Бусева-Давыдова, там же. с. 42.

98) И. Л. Бусева-Давыдова, там же. с. 42.

99) 사진의 출처는 다음과 같다: Т. В. Толстая, *Успенский собор*, там же. сс. 78-79.

100) И. Л. Бусева-Давыдова, там же. с. 39. 여기에서 8개의 끝은 사바오프 형상 뒤편에 가려져 있고, 7개의 나머지 끝점은 창조주 하나님이 곧 인류의 지상 생명을 700년 동안 다스렸다는 것을

의미한다고 여겨진다. 성 피사니에의 견해에 따르면, 인류는 7천 년 동안 존속하는 것으로 되어 있으므로, 볼 수 없는 8번째 끝은 미래의 삶, 곧 800년의 삶을 예견하고 있다.

101) Митрополит Иларион Алфеев, там же. с. 90.

102) Pavel Flolensky, *Iconostasis*, New York : St. Vladimit Seminary Press, 1996, p. 62. А. В. Иконников, там же. с. 154.

103) Т. В. Толстая, *Успенский собор*, там же. сс. 52-53.

104) (좌)goo.gl/yc9UL3 (우)goo.gl/eBxf1C (검색일 : 2017.10.10.).

105) 헤더 손턴 맥레이,『교회 예술과 건축』, 최지원 옮김, 서울 : 시그마북스, 2016, 98쪽.

106) 토머스 F. 매튜스, 앞의 책, 2006, 133-134쪽. 이에 반해 서유럽에서는 판크라토르에 대응하는 마에스타스 도미니(Maiestas Domini = 왕중의 왕)라는 표현이 선호되었다. 그리스도는 옥좌에 앉아 타원형 후광(만돌라, Mandola)에 둘러싸인 모습으로 등장한다. 후방 밖에는 일반적으로 4복음서 저자들이 그 상징물들이 들러서 배치되어 있다. 김재원 · 김정락 · 윤인복, 앞의 책, 2014, 65쪽.

107) И. Л. Бусева-Давыдова, там же. с. 39.

108) С. Алексеев, *Чудотворные иконы Пресвятой Богородицы*, Москва - Санкт-Петербург, Библиополис, 2016, сс. 92-93.

109) goo.gl/FMHSSK(검색일 : 2017.07.16.).

110) (상) http://spb.ros-spravka.ru/catalog/temples_churches_monasteries/Kazanskiy_sobor/
(하) http://status-piter.ru/strany_baltii/kazansky/ (검색일 : 2018.07.11.)

111) Н. П. Феофанова, *Казанский кафедаральный собор*, Санкт-Петербург: Арт Деко, 2011, с. 3.

112) Альфредо Традиго, *Иконы православной церкови. Образы Сюжеты Сиволы*, Москва : Омега, 2008, с. 172.

113) (좌)goo.gl/bEpRcC (우)goo.gl/9LHtMw (검색일 : 2017.10.07.).

114) Т. В. Толстая, *Успенский собор*, там же. сс. 56-57.

115) Т. В. Толстая, *Успенский собор*, там же. сс. 58-59.

116) http://ruvera.ru/dvunadesyat(검색일 : 2017.10.03.).

117) 이 표는 다음의 자료를 참고하였음. http://ruvera.ru/dvunadesyat(검색일 : 2017.10.03.). 한편, "Great Feasts of the Orthodox Church"란 제목의 이 기사에서 12절기의 영어 이름은 다음을 참고. goo.gl/KedxRW

118) George P. Fedotov, op. cit., pp. 34-35.

119) 니콜라스 V. 랴자놉스키, 마르 D. 스타인버그,『러시아의 역사 상』, 조호연 옮김, 서울 : 까치, 2011, 296쪽.

120) goo.gl/M5bgi7(검색일 : 2018.02.10.).

121) James Billington, op. cit., p. 54.

122) А. Шелаева, *Праздник и знаменательные даты православного и народного календаря*, Санкт-Петербург : Кольна, 1996, с. 179.

123) Альфредо Традиго, там же. с. 175.

124) Митрополит Иларион Алфеев, там же. с. 131.

125) 장긍선, 『이콘 신비의 미』, 서울 : 기쁜소식, 1993, 119쪽.

126) 쟈크 르 고프, 『서양중세문명』, 유희수 옮김, 서울 : 문학과 지성사, 1992, 300-304쪽.

127) 주현절은 공현절(公現節)이라고도 달리 불린다. 예수가 사람들 앞에 공적으로 그 모습을 드러냈다는 의미이다. 예수의 공적 생애는 요한으로부터 요르단 강에서 세례를 받은 일로써 시작되었는데, 주현절은 바로 이 사건을 기념하는 것이며, 1월 6일로 정해 놓았다. 주현절은 교회력에 있어서 가장 오래되고 커다란 축일로 간주된다. 이기정, 앞의 책, 2016, 219쪽; А. Шелаева, там же. с. 39.

128) Митрополит Иларион Алфеев, там же. с. 130. 이 표에서의 국문 번역어는 장긍선 신부의 책을 참고 하였다. 장긍선, 앞의 책, 1993, 119쪽.

129) Митрополит Иларион Алфеев, там же. с. 130.

130) http://ruvera.ru/dvunadesyat(검색일 : 2017.10.03.).

131) С. В. Ямщиков, почетный председатель, *Шедевры русской иконописы XIV – XVI веков из частных собраний. Каталог*, Москва : Частный музей русской иконы, 2009, с. 497.

132) С. В. Ямщиков, там же. с. 119.

133) 김영숙, 『성화, 그림이 된 성서』, 서울 : 후마니타스, 2015, 180쪽.

134) 임영방, 『중세 미술과 도상』, 서울 : 서울대학교출판부, 2006, 264쪽.

135) http://www.holybible.or.kr/(검색일 : 2017.10.27.).

136) James Billington, op. cit., p. 32.

137) goo.gl/kZ2zSY(검색일 : 2017.10.20.).

138) С. В. Ямщиков, там же. с. 115.

139) С. В. Ямщиков, там же. с. 183.

140) С. В. Ямщиков, там же. с. 413.

141) 장긍선, 앞의 책, 1993, 59쪽.

142) С. В. Ямщиков, там же. с. 299.

143) Arthur Voyce, op. cit., pp. 157-158.

144) Т. В. Толстая, *Иконы Успенского собора Московского Кремля XI - начало XV века. Каталог*, там же. с. 36, 40.

145) Elzbieta Przybyt, "The Trail of Russian Miraculous Icons of Our Lady," *Peregrinus Cracoviensis*, no. 10, 2000, p. 178.

146) Митрополит Иларион Алфеев, там же. сс. 52-56.

147) Metropolitan Hilarion Alfeyev, *Orthodox Christianity. Volume II. The Architecture, Icons, and Music of the Orthodox Church*, New York : St. Vladimir's Seminary Press, 2014, p. 56.

148) 맨 하단의 이코노스타스 사진 출처는 다음과 같다: Николай Нагорский, *Главный иконостас Исаакиевского собора*, Санкт-Петербург: ГМП Исаакиевский собор, 2008, с. 60.

149) А. Щенков, там же. с. 113.

150) 카시러와 신화적 지리의 기본 개념에 대한 보다 자세한 정보는 다음의 책을 참고. 오토 프리드리히 볼노, 『인간과 공간』, 이기숙 옮김, 서울 : 에코리브르, 2011, 81-84쪽.

151) Шпидлик, Томаш. там же. с. 333.

152) Шпидлик, Томаш. там же. с. 333.

153) (상좌)goo.gl/WSan6L (상우)goo.gl/CifegN (하좌)goo.gl/VQHwHe (하우)goo.gl/jcR33Q (검색일 : 2017.10.02.).

154) goo.gl/RVNC5R(검색일 : 2017.02.21.).

155) Протоиерей Махаил Браверман, там же. с. 83.

156) 장궁선, 앞의 책, 1993, 121쪽.

157) 장궁선, 앞의 책, 1993, 121쪽.

158) Т. В. Толстая, *Успенский собор*, там же. сс. 92-93.

159) И. Л. Бусева-Давыдова, там же. сс. 46-47.

160) И. Л. Бусева-Давыдова, там же. с. 48.

161) 장궁선, 앞의 책, 1993, 120쪽.

162) 장궁선, 앞의 책, 1993, 121쪽.

163) И. Л. Бусева-Давыдова, там же. с. 48.

164) И. Л. Бусева-Давыдова, там же. с. 48.

165) 1654년 짜르 알렉세이가 참석한 교회 회의에서 니콘은 종교 개혁의 모델을 제안하고 이것이 가결된다. 이 개혁의 핵심은 당시 이미 러시아에서 형성되어 있던 전통 러시아 정교회식 예배 양식을 그리스식으로 되돌리자는 것이며, 이를 실현하기 위해 매우 구체적으로 예법을 전면 교체하는 것

이었다. 그리하여 1) 모든 교회서적을 그리스어 원본으로 재번역하자는 안건, 2) 전례서 및 표기 단어 역시 전부 그리스어로 대체하자는 것, 3) 예배에서 성호를 그을 때, 두 손가락이 아닌 세 손가락으로 하자는 것, 4) 기도문 텍스트에서도 예수를 칭하는 철자를 이시스(Isys)에서 이이수스(Iisus)로 교체하자는 것, 5) 알렐루야 복창을 두 번에서 세 번으로 하자는 것 등이다. 당시 사제장 아바쿰을 비롯한 구교도들은 니콘의 너무 급진적인 개혁을 반대하여 스스로 니콘파를 신교, 자신들을 구교(старообрядцы, 영어로는 Old Believers)로 차별함으로써 니콘의 개혁 노선을 반대하였다. 아바쿰을 위시한 구교도들은 모스크바-제3로마 이념의 신봉자들로서 제3로마이자 새로운 예루살렘인 모스크바가 새로운 메시아적 사명을 진 것으로 받아들였다. 이런 시각에서 니콘의 종교개혁은 러시아의 전통과 정통성을 마치 부정하는 것으로 비쳤고, 자연스럽게 반서구적 분위기가 조성되기 시작하였다. 구교도의 입장에서 보다 본질적인 문제는 니콘의 개혁이 그리스적 전통과도 거리가 멀고, 오히려 로마 가톨릭의 교황제, 즉 자신의 총대주교 권위를 황제 짜르보다 우위에 두려는 야심을 드러냈다는 점에 있었다. 때문에 니콘은 개혁 제안 이후 짜르로부터 파면당하여 페라폰트로 유배되었고, 설상가상으로 1666년에는 모스크바에서 사제장 아바쿰과 니콘 모두 파면과 직위가 박탈당하는 일이 있었다. 아바쿰은 결국 1682년에 화형에 처해지기까지 하였다. 17세기 후반의 이 같은 종교 개혁 사건이 몰고 온 결과는 '분리파'(раскол, 영어로는 schism)라는 종교 대분열이었고, 이는 종국에 러시아 정교회에 악영향을 끼칠 뿐이었다. 한마디로 정교회의 교권이 짜르의 속권 밑으로 복속되는 빌미가 되었고, 짜르는 이제 공공연하게 교권의 머리 위에서 사제직의 신성성을 부정하는 결과를 낳았다. 이렇게 하여 구교도들은 정부의 박해와 감독을 피하기 위해 북러시아와 시베리아로 숨어 들어가기 시작하였고, 짜르의 정교회 탄압과 감독은 날로 심해져갔다.

166) Илья Путятин, *Образ русского храма и эпоха просвещения*, Москва : Гнозис MMIX, 2009, с. 152.

167) И. Л. Бусева-Давыдова, там же. с. 158.

168) goo.gl/6wyPg5(검색일 : 2017.09.24.).

169) И. Л. Бусева-Давыдова, там же. с. 47.

170) И. Л. Бусева-Давыдова, там же. с. 50.

171) (좌)goo.gl/YnHRXA (우)goo.gl/CXePMm (검색일 : 2017.09.24.).

172) 좌측 사진의 출처는 다음과 같다. 본래 우스펜스키 사원 내부는 촬영이 엄격하게 금지되어 있다. goo.gl/foTY4u(검색일 : 2017.09.25.).

173) Т. В. Толстая, *Успенский собор*, там же. с. 107.

174) Arthur Voyce, op. cit., p. 159.

175) М. В. Вилкова и другие, *Царский храм. Святыни Благовещенского Собора в Кремле*, Москва : Дом Максима Светланова, 2003, сс. 11-13.

176) 두 이콘 모두 출처는 다음가 같다. Т. В. Толстая, *Иконы Успенского собора Московского Кремля. Вторая половина XV – XVI века. Каталог*, там же. с. 97, 99, 234, 236.

177) 리하초프, 『고대 러시아 문학의 시학』, 김희숙 · 변현태 옮김, 경기 : 한길사, 2017, 244쪽.

178) 카레아 수도원, 앞의 책, 2017, 18쪽.

179) В. А. Дмитриев, там же. с. 34.

180) 확실한 기록보다는 구전으로 전해지는 전설에 따르면, 가장 최초의 기도처는 블라디미르 모노마흐를 위하여 제작되었고, 이후 이반 칼리타의 치세에 키예프에서 모스크바 공국으로 이 장소가 이전되었다고 한다. 그러나 대부분의 러시아 사학자들은 애초의 기도처 공간은 1551년 이반 뇌제를 위하여 제작되었다는 점에 대부분 동의한다. 이 같은 해석에 공감하는 이유는 동란의 시기 동안 이 기도처가 일부 손상되었고, 짜르 미하일 표도로비치를 위해 다시 만들어졌던 역사를 근거로 들고 있다. Arthur Voyce, op. cit., p. 160.

181) 사진과 설명에 대해서는 다음의 책을 참고. В. А. Дмитриев, там же. 38.

182) В. А. Дмитриев, там же. 34.

183) (좌)goo.gl/EUqCRQ (중)goo.gl/EeuCiB (우)goo.gl/iasDyL (검색일 : 2017.07.05.)

184) Э. С. Смирнова, Успенский собор московского кремля. Материалы и исследования, Москва : Наука, 1985, с. 28.

185) (좌)goo.gl/Rcnn2g (우)goo.gl/k7N3TC (검색일 : 2017.10.06.).

186) goo.gl/q1JmXB(검색일 : 2017.07.05.)

187) Arthur Voyce, op. cit., pp. 160-161.

188) goo.gl/Rcnn2g(검색일 : 2017.07.05.)

189) Arthur Voyce, op. cit., p. 161.

190) William Craft Brumfield, op. cit., p. 95.

191) William Craft Brumfield, *Landmarks of Russian Architecture. A Photographic Survey*, Amsterdam : Gordon and Breach Publishers, 1997, p. 71.

192) goo.gl/znenrx(검색일 : 2017.05.27.)

193) goo.gl/Ti5QHH(검색일 : 2017.10.10.). 헤더 손턴 맥레이, 앞의 책, 2016, 105쪽.

194) В. И. Агронский, там же. сс. 43-44.

195) goo.gl/bmcpn1(검색일 : 2017.06.03).

196) goo.gl/Rcnn2g(검색일 : 2017.07.05.)

197) 고대 러시아어로 '코마라'란 단어는 "스보드(свод)" 곧 궁륭, 아치, 꼭대기 등의 의미로 사용되었다. И. Л. Бусева-Давыдова, там же. с. 36.

198) Arthur Voyce, op. cit., p. 34.

199) William Craft Brumfield, op. cit., 1997, p. 98 · 542.

200) (좌)블라디미르에 있는 우스펜스키 사원 (우)모스크바 크렘린 궁 내에 있는 우스펜스키 사원. 전자는 1158년에, 후자는 1479년에 완공되어 두 사원은 서로 321년간의 건축 공백이 있다. 그림의 출처는 다음과 같다. И. Л. Бусева-Давыдова, там же. с. 23(블라디미르), 28(모스크바 크렘린). William Craft Brumfield, op. cit., 1997, p. 96.

201) William Craft Brumfield, ibid., p. 98.

202) 파나요티스 A. 미헬리스, 『건축미학』, 김진현 옮김, 서울 : 까치, 2007, 127쪽.

203) Протоиерей Махаил Браверман, там же. с. 70.

204) goo.gl/VsVq6T (검색일 : 2017.07.08.). 5지붕 사진의 출처는 다음과 같다 : С. В. Девятов, *Древние дворцы и палаты Московского Кремля*, Москва : ПЛАНЕТА, 2014, с. 24.

205) goo.gl/rdhv3g(검색일 : 2017.10.09.).

206) Протоиерей Махаил Браверман, там же. с. 70.

207) Metropolitan Hilarion Alfeyev, *Orthodox Christianity. Volume II. The Architecture, Icons, and Music of the Orthodox Church*, New York: St. Vladimir's Seminary Press, 2014, p. 57.

208) Дмитрий Евдокимов, там же. с. 92.

209) И. Л. Бусева-Давыдова, там же. с. 38.

210) goo.gl/kMWjiK(검색일 : 2017. 06.04). И. Л. Бусева-Давыдова, там же. с. 30.

211) Dmitry Shvidkovsky, op. cit., p. 89.

212) Оксана Захарова, там же. с. 32.

213) 앙드레 그라바, 앞의 책, 2008, 238쪽.

214) (좌)goo.gl/A1BVkM (우)goo.gl/pjJBKV (검색일 : 2017.07.15.).

215) Т. В. Толстая, *Успенский собор*, там же. с. 28.

216) С. Алексеев, там же. с. 46.

217) James Billington, op. cit., pp. 40-41, p. 130.

218) С. Алексеев, там же. с. 46.

219) [요한복음] 15:10, [요한복음] 20:19-23의 경우에서처럼, 예수는 아버지 하나님의 뜻을 수행하기 위해 이 땅에 내려온 것이며, 아버지의 사명을 다하기 위해 역시 하늘나라를 버리고 내려온 것으로 기록되어 있기 때문이다. 개역개정 번역에 따르면, 예수는 "내가 아버지의 계명을 지켜 그의 사랑 안에 거하는 것같이..."(15장 10절) 이 인간 세상에 내려온 곳으로 등장한다. 20장 19절 이하 말씀에는 제자에게 나타난 예수의 이야기가 소개되는데, 21절 말씀에는 15장의 예에서와 똑같이, 예수 자신이 하늘에서 내려왔음을 들려준다: "예수께서 이르시되 너희에게 평강이 있을 지어다. 아버지

께서 나를 보내신 것같이 나도 너희를 보내노라." 게다가 '마리아의 순결성'은 "예수가 다른 인간들처럼 죄의 본성을 지니고 있지 않았음을 의미"하기도 하여, 성모마리아가 러시아 정교회에서 얼마나 중요한 위치를 차지하고 있는지를 이해하는 것은 그리 어려운 일이 아닐 것이다. 브루스 데메레스트 & 키스 매슈스, 『Everyday 신학사전』, 김성중 옮김, 서울 : 죠이선교회, 2013, 165쪽.

220) Т. В. Толстая, *Успенский собор*, там же. с. 36.

221) goo.gl/bmcpn1(검색일 : 2017.06.03).

222) Екатерина Гладышева и Дмитрий Суховерков, *Богоматерь Владимирская*, Москва : Гос. Третьяковская галерея, 2016, с. 24.

223) Т. В. Толстая, *Успенский собор*, там же. с. 37.

224) И. Л. Бусева-Давыдова, там же. с. 37.

225) 조지 래드, 『종말론 강의』, 이승구 옮김, 경기 : 이레서원, 2017, 140-141쪽.

226) 여기에서 중보란 또 다른 용어로 '전구'(轉求, intercessio)라고 한다. 전구란 사람들을 대신하여 하나님께 기도하는 행위로, "중간에 끼어서 간섭하다," "구한 것을 이전시킨다"란 뜻이다. 그리하여 가톨릭교회에서는 성모 마리아 외에도 성인을 통하여 우리가 바라는 바를 간접적으로 하나님께 전달하는 기도를 하며, 보통 "저희를 위하여 빌어 주소서"라는 형식을 취한다. 김덕수, 앞의 책, 2017, 358쪽.

227) 임영방, 앞의 책, 2006, 300-301쪽.

228) 임석재, 『광야와 도시 - 건축가가 본 기독교 미술』, 경기 : 태학사, 2017, 260쪽. 움베르토 에코가 정의하고 있듯이, 알레고리란 말은 그리스어 'allos'(다른)와 'agoreuein'(시장의 광장인 아고라에서 공개적으로 말하다)을 합친 말로 '다른 것을 말하다'라는 의미를 갖는다. 주로 수사적인 표현을 말하며, "상징적 혹은 비유적 이미지를 통해 '말하는 또 다른 방식'을 의미한다." 이미 "중세인들에게 알레고리와 상징은 동의어다"고 말하는 에코는 알레고리가 중세에 필요하였고, 상징주의 역할을 대신하였던 가장 유용한 수사법으로 소개한다. 움베르토 에코, 『야만인, 그리스도교도, 이슬람교도의 시대. 중세 I』, 김효정·최병진·차용구·박수찬 옮김, 서울 : 시공사, 2015, 596쪽.

229) 인용된 성경 구절은 다음의 사이트에서 하였음 : http://www.holybible.or.kr/(검색일 : 2017.12.07.) 모든 인용문은 개정개정판 번역을 기준으로 하였음.

230) Н. С. Владимирская, *Благовещенский собор Московского Кремля. Материалы и исследования*, Москва : Прогресс, 1999, с. 31.

231) 가스펠서브, 앞의 책, 2013, 277쪽; 가스펠서브, 『성경 문화배경 사전』, 서울 : 생명의 말씀사, 2017, 632쪽.

232) 렐런드 라이켄, 제임스 C. 윌호잇, 트럼퍼 롱렌 III 편집, 『성경이미지사전』, 홍성희·노진준·임승환·이은순 역, 서울 : 기독교문서선교회, 2008, 1131쪽.

233) Т. В. Толстая, *Успенский собор*, там же. с. 121.

234) (좌)goo.gl/dFgpZG(검색일 : 2017.10.07.) (우)Н. С. Владимирская, там же. с. 32.

235) goo.gl/FXDXDb(검색일 : 2018.01.08.)

236) 앙드레 그라바, 앞의 책, 2008, 256쪽. 이 그림이 확립된 대표적인 사원의 예로는 테살로니키에 있는 칼키스인 성모 교회의 벽화, 시나이 산에 있는 두 이콘, 파리 희랍어판 74의 두 세밀화와 같은 11세기 회화를 통해서였다.

237) 정은진, 『미술과 성서』, 서울 : 예경, 2013, 330쪽. 파리의 국립도서관에 소장되어 있는 것으로 1050-1075년도 제작 추정의 <최후의 심판>과 토르첼로의 산타마리아 아순타 대성당(베네치아 근처의 섬)에 있는 모자이크화 <최후의 심판>이 11세기 비잔틴에서 제작된 복음서 삽화의 대표적인 예들이다. 정은진, 같은 책, 331쪽.

238) 슈테파니 펭크 외, 앞의 책, 2013, 98-103쪽. 하나님의 영광(Mejestas Domini)은 주로 전신이 후광에 감싸여 있는 그리스도가 둥근 지구 위나 무지개 위에 앉아 있고, 신약성경을 쓴 네 명의 사도가 사람의 모습이나 상징의 형태로 그리스도를 둘러싸고 있다.

239) 쟈크 르 고프, 앞의 책, 1992, 198-199쪽. 아울러 시간에 대한 중세, 근대적 이해에 대한 훌륭한 요약은 다음을 참고. 이진경, 『근대적 시·공간의 탄생』, 서울 : 그린비, 2010, 19-70쪽.

240) 앨리스터 맥그래스, 앞의 책, 2017, 465쪽.

241) 앨리스터 맥그래스, 앞의 책, 2017, 465쪽.

242) 슈테파니 펭크 외, 앞의 책, 2013, 126-127쪽.

243) 개역개정 번역으로 인용하였음. goo.gl/hcdez(검색일 : 2017.12.07.).

244) 앨리스터 맥그래스, 앞의 책, 2017, 466쪽. 상당히 의미심장하게도 이 부분에 대해서 맥그래스의 해석은 탁월하다. 그는 교회의 입구에 보통 위치하여 있는 '세례반'의 물리적 위치를 해석하면서 교회 출입구의 '촉각적 위치'가 세례반의 위치를 통해 시각적으로 강화된다고 설명한다. 즉 "천국에 들어가는 것은 세례와 연관되는 것"으로 파악하면서 베네딕트회 교회 입구에 새겨진 글에 주목한다 : "나는 영원한 문이다 / 믿는 자여, 나를 통해 들어가라 / 나는 생명의 샘이다 / 포도주보다 나를 더 갈망하라." 앨리스터 맥그래스, 같은 책, 466쪽.

245) Mircea Eliade, *The Sacred and the Profane. The Nature of Religion*, New York : A Harvest Book, 1959, p. 61.

246) 김재원·김정락·윤인복, 앞의 책, 2014, 38쪽.

247) 렐란드 라이켄, 제임스 C. 월호잇, 트럼퍼 롱렌 III 편집, 앞의 책, 2008, 701쪽.

248) 교황 베네딕토 16세, 앞의 책, 2014, 82쪽.

249) 교황 베네딕토 16세, 위의 책, 83쪽.

250) 리하초프, 『고대 러시아 문학의 시학』, 김희숙·변현태, 경기 : 한길사, 2017, 272-273쪽. 리하초프의 원문에는 다음과 같이 적혀 있다 : "Весь мир полон символов, и каждое явление имеет

двойной смысл. Зима символизирует собою время, предшествующее крещению Христа весна это время крещения, обновляющего человека на пороге его жизни кроме того, весна символизирует воскресение Христа. Лето символ вечной жизни. Осень символ последнего суда это время жатвы, которую соберет Христос в последние дни мира, когда кажды человек пожнет то, что он посеял." Д. С. Лихачёв, *Избранные работы в трёх томах. Том 1 : Развитие русской литературы X – XVII веков. Поэтика древнерусской литературы*, Ленинград : Художественная литература, 1987, с. 438.

251) Yi-Fu Tuan, *Topophilia. A Study of Environmental Perception, Attitudes, and Values*, New York : Columbia University Press, 1974, p. 18.

252) В. В. Колесов, Д. В. Колесова, и А. А. Харитонов, *Словарь русской ментальности*, Санкт-Петербург : Златоуст, 2014, с. 469, том II.

253) 류신, 『색의 제국. 트라클 시의 색채미학』, 서울 : 서강대학교출판부, 2016, 193쪽.

254) 류신, 위의 책, 193-194쪽.

255) goo.gl/yZefFH(검색일 : 2017.12.30.).

256) 이진숙, 『러시아 미술사』, 서울 : 황금가지, 2007, 55쪽.

257) 미셸 파스투로, 『파랑의 역사』, 고봉만 옮김, 서울 : 민음사, 2017, 65-70쪽.

258) 박영수, 『색채의 상징, 색채의 심리』, 경기 : 살림, 2016, 77쪽.

259) 필리프 아리에스, 『죽음의 역사』, 이종민 옮김, 서울 : 동문선, 2016, 41-42쪽.

260) 조지 비슬리 머레이, 「요한계시록」, J. A. 모티어 외, 『IVP 성경주석』, 서울 : 한국기독학생회출판부, 2016, 1950쪽.

261) С. А. Беляев и И. А. Воротникова, сост. ответ. ред., *Московский Кремль XV столетия. Древние святыни и исторические памятники*, Москва : Арт-Волхонка, 2011, с. 145.

262) 정은진, 앞의 책, 2013, 330-343쪽.

263) 브루스 밀른, 『기독교 교리 핸드북』, 안종희 옮김, 서울 : 한국기독교학생회출판부, 2017, 542-543쪽.

264) 그렌트 R. 오스본, 「최근 요한계시록 연구 동향」, 크레이크 L. 블룸버그 외, 『현대 신양성서 연구』, 송일 옮김, 서울 : 새물결플러스, 2018, 869쪽.

265) 그렌트 R. 오스본, 위의 책, 869쪽.

266) 미셸 파스투로, 앞의 책, 2017, 70쪽, 160쪽.

267) 미셸 파스투로, 위의 책, 173쪽.

268) В. Н. Лосский, там же. с. 339.

269) В. Н. Лосский, там же. с. 338.

270) В. В. Колесов, Д. В. Колесова, и А. А. Харитонов, там же. с. 216.

271) 석영중, 『러시아 정교. 역사 · 신학 · 예술』, 서울 : 고려대학교출판부, 2007, 246쪽.

272) 석영중, 위의 책, 246쪽.

273) 석영중, 위의 책, 246쪽.

274) 쟈크 르 고프, 앞의 책, 1992, 296쪽.

275) В. В. Колесов, Д. В. Колесова, и А. А. Харитонов, там же. с. 216.

276) 이런 의미에서 13세기에 빛을 연구하는 광학이 크게 각광을 받았다는 점, 13세기 말에 안경이 발명되었다는 점 역시 중세기 빛에 대한 사람들의 관심과 열정을 보여주는 예라 하겠다. 또한 빛은 중세 성인들에 대한 보조적 모티프로 주요하게 등장하여, 이들에 대한 초상과 묘사에서 빛은 매우 중대한 숭고한 소재로 인식되었다. 쟈크 르 고프, 앞의 책, 1992, 553-554쪽.

277) 메리 커닝엄, 『비잔틴 제국의 신앙. 콘스탄티노플에서 꽃피운 그리스도교』, 이종인 옮김, 서울 : 예경, 2006, 155쪽. 그림의 출처 : goo.gl/fFPA5y(검색일 : 2017.12.09.).

278) (좌)goo.gl/3xEyoz (중)goo.gl/nDXShBcontent_copy (우)goo.gl/vdG1WLcontent_copy (검색일 : 2017.10.10.). 헤더 손턴 맥레이, 앞의 책, 2016, 127 · 146쪽; H. W. 잰슨 & A. F. 잰슨, 앞의 책, 2013, 189쪽. 스테인드글라스는 교회 전체의 창에 장식되기도 하지만, 대체로 지성소 영역에 나 있는 창문에 집중되어 있거나 익랑 측면에 주로 자리한 장미창에는 필수적인 요소였다. 김재원 · 김정락 · 윤인복, 앞의 책, 2014, 125쪽.

279) 박승찬, 『중세의 재발견』, 서울 : 길, 2017, 134-136쪽.

280) 에르빈 파노프스키, 『시각예술의 의미』, 임산 옮김, 경기 : 민음사, 2013, 8쪽.

281) 그림의 해설에 대한 것은 다음의 책이 매우 유용하였다. 김현화, 『성서 미술을 만나다』, 경기 : 한길사, 2008, 37-64쪽.

282) goo.gl/yw9uAq(검색일 : 2017.12.14.).

283) 박홍순, 앞의 책, 2011, 720-721쪽에서 그림 해석 참고.

284) 김영숙, 『바티칸 미술관에서 꼭 봐야 할 그림』, 서울 : 휴머니스트, 2016, 158-159쪽.

Ⅳ. 우스펜스키 사원의 상징적 의미

1) 이정구, 『교회건축의 이해』, 경기 : 한국학술정보, 2012, 178쪽.

2) И. Л. Бусева-Давыдова, *Храмы московского кремля : святыни и древности*, Москва : МАИК Наука, 1997, с. 15.

3) 마이크 브릴, 「장소 만들기를 위한 '생태적 언어'로서의 원형」, 캐런 프랭크 · 린다 쉬니클로스, 『공간의 유형학. 건축과 디자인에서 유형의 연구와 활용 1』, 한필원 옮김, 경기 : 나남, 2012, 129쪽.

4) Е. Н. Крючкова, *Московский кремль. От княжеской крепости до царской резиденции*, Москва : Московский Кремль, 2015, с. 2.

5) 순전히 성경적 배경에서 이반 뇌제의 종류(Колокольня Ивана Великого, 1508)를 만들게 된 이유 역시 의미심장하다. 신약성서의 요한계시록에 등장하는 '최후의 심판', 즉 하나님의 최후의 심판을 사람들에게 알리기 위해 울리는 '천국의 나팔'이 곧 종루의 메타포이자 은유적 메시지인 것이다. 우스펜스키가 가장 먼저 사보르 광장에 건축됨으로써 종교 이념의 기초를 세웠다면, 시계 반대방향으로 가장 나중에 건축된 이반 뇌제의 종루는 이러한 새 예루살렘의 종교적 환기를 마감하는 '상징적 감시자', 혹은 '천국의 계시가 이 땅에 들려주는 묵시적 경고'이기도 할 것이다. 다음의 문헌에서 좋은 아이디어를 취했음을 밝혀둔다. James Billington, *The Face of Russia. Anguish, Aspiration, and Achievement in Russian Culture*, New York : TV Books, 1998, pp. 55-56.

6) 장소에 구현된 신화적 주제로서의 원형과 장소 만들기 개념에 대해서는 마이크 브릴의 글이 상당히 유용하였음. 마이크 브릴, 앞의 책, 2012, 130쪽.

7) goo.gl/jyNTve(검색일 : 2017.09.21.)

8) 에르빈 파노프스키, 『시각예술의 의미』, 임산 옮김, 경기 : 민음사, 2013, 135-139쪽.

9) 에르빈 파노프스키, 위의 책, 136쪽.

10) 파노프스키는 이런 관점에서 초기 비잔틴 도상에서 발견되는 일관된 패턴을 해석한 바 있으며, 그 기초를 '3원 고식'으로 정의하고 있다. 에르빈 파노프스키, 위의 책, 128-141쪽.

11) И. Л. Бусева-Давыдова, там же. с. 172.

12) И. Л. Бусева-Давыдова, там же. с. 173.

13) Елена Крижевская, *Архитектурная Москва. Путеводитель по зданиям и стилям*, Москва: Бомбора, 2018, с. 89.

14) 폴 골드버거, 『건축은 왜 중요한가』, 윤길순 옮김, 경기 : 미메시스, 2011, 241쪽.

15) Konstantin Akinsha, Grigorij Kozlov, and Slyvia Hochfield, *The Holy Place. Architecture, Ideology, and History in Russia*, London and New Haven : Yale University Press, 2007, p. 90.

16) Елена Крижевская, *Архитектурная Москва. Путеводитель по зданиям и стилям*, Москва: Бомбора, 2018, с. 198.

17) goo.gl/4MxFmS(검색일 : 2017.09.26.). 사진과 지도만을 이용하였고, 향방의 원리 및 이에 대한 해석은 전적으로 필자의 것임을 밝혀둔다.

18) Г. В. Макаревич, *Памятники архитектуры Москвы. Замоскворечье*, Москва : Искусство, 1994.

19) Arthur Voyce, *Moscow and the Roots of Russian Culture*, Norman : University of Oklahoma Press, 1964, pp. 41-42. 필자의 또 다른 연구서에도 이 정보는 자세하게 나온다. 김상현, 『레닌묘 : 상징의 건축, 기억의 정치』, 서울 : 민속원, 2017.

20) Г. И. Ведерникова, *Планы Москвы и карты Моковии из коллекции Музея истории Москвы часть первая XVI - XVIII вв.*, Москва : Музей истории Москвы, 2006, с. 21; 김상현, 위의 책, 32쪽.

21) И. А. Воротникова и В. М. Неделин, *Кремли, крепости и укрепленные монастыри русского государства XV – XVII веков. Крепости центральной россии*, Москва : Буксмарт, 2013, с. 468.

22) А. В. Иконников, *Тысяча лет русской архитектуры. Развитие традиций*, Москва : Искусство, 1990, с. 116.

23) И. А. Бондаренко, *Древнерусское градостроительство. Традиции и идеалы*, Москва : ДЕНАНД, 2017, сс. 70-71.

24) https://wikiway.com/russia/tula/tulskiy-kreml/(검색일: 2018.07.17.).
툴라 현의 크렘린 조감도 및 설계도면은 다음의 책을 인용하였음. В. И. Пилявский, А. А. Тиц, и Ю. С. Ушаков, *История русской архитектуры*, Москва: Архитектрура-С, 2015, с. 199.

25) 파나요티스 A. 미헬리스, 『건축미학』, 김진현 옮김, 서울 : 까치, 2007, 287쪽.

26) 박성대, 『풍수로 공간을 읽다』, 서울 : 푸른길, 2017, 17쪽.

27) 니콜라스 V. 랴자놉스키, 마르 D. 스타인버그, 『러시아의 역사 (상)』, 조호연 옮김, 서울 : 까치, 2011, 164쪽.

28) https://rg.ru/2018/07/28/putin-nazval-kreshchenie-rusi-povorotnym-etapom-istorii.html과 타스통신사가 발표한 사진 참고 https://sputnik-ossetia.ru/world/20180728/6837911.html (검색일: 2018.07.31)

29) Е. Н. Крючкова, там же. с. 2. 필자의 책에서는 이 향방의 원리와 함께 붉은광장의 레닌묘, 크렘린 궁의 구조, 성 바실리 사원의 위치 및 풍수 원리를 분석하고 있다. 김상현, 앞의 책, 2017, 151쪽.

30) (상)В. М. Неделин, "Орловская крепость XVII века(история, архитектура и перспективы воссоздания)", А. Б. Бодэ, *Деревянное зодчество. Выпуск II. Новые мастериалы и отрытия*, Москва-Санкт-Петербург : Коло, 2011, с. 82.
(하)1) 사진의 출처는 다음과 같으며, 이 스캔 파일에 기초하여 해자와 사원 위치는 본인이 수정, 표기하였다. Arthur Voyce, *The Moscow Kremlin. Its History, Architecture, and Art Treasures*, Berkeley and Los Angeles : Univertsity of California Press, 1954, p. 4.

31) (상)goo.gl/gjD6Lg(검색일 : 2017.02.21.) (하)goo.gl/9FHnjU. 김상현, 앞의 책, 2017, 92쪽.

32) Yi-Fu Tuan, *Topophilia. A Study of Environmental Perception, Attitudes, and Values*, New York : Columbia University Press, 1974, p. 183.

33) 도시의 경관을 정치 기호학적 견지에서 분석한 예와 특히 광장과 공공장소에 세워진 기념비들이 함축하고 있는 문화적 상징의 문제들에 대해 참고할 만한 연구는 다음을 참고 : 민유기, 「19세기 파리 동쪽 광장들의 기념물과 도시의 정치기호학」, 『기호학연구』 제23권, 2008, 515-546쪽; 오장근, 「광장의 언어. 지테(Sitte)의 시선에서 바라본 광장의 구조와 의미 이해하기」, 『기호학연구』 제40권, 2014, 189-206쪽. 러시아의 붉은광장과 수도 모스크바에 대한 문헌으로는 라승도, 「공간의 문화정치학. 포스트소비에트 시대 모스크바 재건의 문화적 함의」, 『슬라브연구』 제22권 2호, 2006, 165-186쪽.

결론 – 건축에서의 러시아성(Russianness)을 말하다

1) 폴 골드버거, 『건축은 왜 중요한가』, 윤길순 옮김, 경기 : 미메시스, 2011, 10쪽.

2) В. В. Колесов, Д. В. Колесова, и А. А. Харитонов, *Словарь русской ментальности в 2-х т.*, Санкт-Петербург : Златоуст, 2014, Том. 2, с. 282.

3) Г. П. Федотов, *Святые Древней Руси*, Москва : Московский рабочий, 1990, с. 196.

4) 이미지의 문화사를 연구한 탁월한 학자 피터 버커가 말하고 있듯이, 원문은 다음과 같이 기록되어 있다 : "...for the iconographers, paintings are not simply to be looked at : they are to be 'read'." Peter Burke, *Eyewitnessing. The Use of Images as Historical Evidence*, Ithaca : Cornell University Press, 2001, p. 35.

5) 움베르토 에코, 『야만인, 그리스도교도, 이슬람교도의 시대. 중세 I』, 김효정 · 최병진 · 차용구 · 박승찬 옮김, 서울 : 시공사, 2015, 544쪽.

6) А. С. Щенков, *Архитектура русского православного храма*, Москва : Памятники исторической мысли, 2013, с. 136.

7) А. С. Щенков, там же. с. 136.

8) 니콜라스 V. 랴자놉스키, 마르 D. 스타인버그, 『러시아의 역사 상』, 조호연 옮김, 서울 : 까치, 2011, 161쪽.

9) Д. С. Лихачев, *Поэтика древнерусской литературы*, Ленинград : Наука, 1967, с. 33.

10) (좌)goo.gl/hNV3L8 (우)goo.gl/yvRr4m (검색일 : 2017.12.15.).

11) 보통 '사적 공간'을 배제하고 있는 특징을 보이는 절대공간은 '정치적 공간'을 포함한다. 앙리 르페브르, 『공간의 생산』, 양영란 옮김, 서울 : 에코 리브르, 2014, 355쪽. 이와는 별도로 "기념물 공간(space monumental)"은 레닌묘를 상기시키기에 충분하며, 필자의 해석에도 '집단거울'에 해당하는

11) 기념물 공간의 기본 특성은 레닌묘의 해석에 더 가까워 보인다. 필자의 저서 참고. 김상현, 『레닌묘 : 상징의 건축, 기념의 정치』, 서울 : 민속원, 2017.

12) Yi-Fu Tuan, *Topophilia. A Study of Environmental Perception, Attitudes, and Values*, New York : Columbia University Press, 1974, p. 137.

13) 사진의 출처는 다음과 같다. (좌)goo.gl/bND8Er (우)goo.gl/FcmMtp (검색일 : 2017.09.25.).

14) 이 진술은 과연 러시아에 르네상스 예술 문화의 유산이 존재하는가의 문제와 연관되어 있다. 이미 20세기 중반부터 러시아 학자들 사이에서 논의가 시작된 'Ренессанс в России' 이슈는 여러 학술적인 논쟁을 야기하였지만 현재까지 요약할 수 있는 정리된 담론은 안드레이 루블료프와 디오니시 등이 남긴 이콘의 화풍을 예로 들어 부분적인 요소들을 인정하고 있다. 그리하여 "이탈리아식 패러랠(итальянская параллель)"을 이 두 이콘화가들이 창조하고 있다는 점에 일부 동의하고 있는 실정이다. 그러나 이러한 견해 역시 그리 강하게 주장되고 있지는 않다. 본질적인 측면에서 문제는 고대 루시의 이콘화와 프레스코화 모두 점차 러시아의 독자적인 창조성을 확보해 나갔다는 점과 14-15세기에는 이미 러시아적인 정수의 반열에 도달했다는 사실이다. 이에 러시아 토양에서의 르네상스 흔적을 규명하려는 움직임은 상술한 러시아적인 창조의 예가 전 세계의 예술사에서 그 전례를 찾아보기 힘들 정도로 매우 드문 것과 마찬가지로 큰 호응을 얻지는 못하고 있다. 다음의 책을 참고. Д. В. Сарабьянов, *Россия и Запад. Историко-художественные связи XVIII - начало XX века*, Москва : Искусство XXI век, 2003, сс. 22-23.

15) 사진의 출처는 다음과 같다. (좌)goo.gl/qpdD7B (우)goo.gl/zQoLmG (검색일 : 2017.09.25.).
그림 설명은 박홍순, 『사유와 매혹 1 : 서양철학과 미술의 역사』, 경기 : 서해문집, 2011, 170-171쪽 참조.

16) 성당 바닥에 새겨진 문양에 대한 개략은 다음의 책을 참고. 알랭 에르랑드 브랑당뷔르, 『성당, 빛과 색이 있는 건축물』, 김택 옮김, 서울 : 시공사, 2011, 65-66쪽.

17) 스피로 코스토프 편저, 『아키텍스트 : 인류의 가장 오래된 직업, 건축가 5천 년의 이야기』, 우동선 옮김, 서울 : 효형출판사, 2011, 119쪽.

18) (상좌)goo.gl/KMea1G (상우)goo.gl/FT1A5T (하)goo.gl/2bfFS8 (검색일 : 2018.0102).

19) А. В. Иконников, *Тысяча лет русской архитектуры. Развитие традиций*, Москва : Искусство, 1990, с. 157.

20) А. В. Иконников, там же. с. 161. Д. В. Сарабьянов, там же. с. 25.

21) 김상현, 앞의 책, 2017, 85-86쪽.

22) 2014년에 발간된 『러시아인의 정신구조 백과사전』에는 우리가 논한 러시아적인 정신 상태 사보르노스찌의 어원적 기원과 현대적 쓰임새의 방대한 용례가 잘 소개되어 있다. В. В. Колесов, Д. В. Колесова, и А. А. Харитонов, там же. с. 280.

23) 특히 이 두 사원 간의 실내 및 외관 비교에 따른 혁신의 문제는 다음의 문헌에서 간략하게 피력되

미주 525

어 있다. Д. В. Сарабьянов, там же. сс. 26-32.

24) Д. С. Лихачев, там же. с. 39.

25) 사진의 출처는 Т. Г. Сарачева и М. Ю. Галкина, *Покровский собор. Храм Василия Блаженного на Красной площади*, Москва : Исторический музей, 2014; 김상현, 앞의 책, 2017, 88쪽.

26) 아르놀트 하우저, 『문학과 예술의 사회사 1. 선사시대부터 중세까지』, 백낙청 옮김, 경기 : 창비, 2012, 323쪽.

27) goo.gl/Jq26M4content_copy(검색일 : 2017.09.30.).

28) Дьячок Георгий Малков, *Русь святая. Очерк истории Православия в России*, Симферополь : Родное Слово, 2009, с. 217. 각이 깊고 높은 텐트 양식인 샤쪼르를 기후 환경적 조건이 만들어낸 특징으로 보는 견해 역시 존재한다. 제임스 빌링턴은 북러시아와 같이 혹한에 폭설이 많은 환경에서 탑과 사원의 종과 같은 높은 위치의 건축물은 눈을 장시간 간직할 수 없기 때문에 눈이 빨리 아래로 쓸려 내려가도록 고안된 것이 바로 텐트식 건축 기법이라고 설명한다. 덧붙여 빌링턴은 샤쪼르 양식을 상징적이고 종교적인 의미로 해석하기도 한다. 어원상 샤쪼르는 페르시아어에서 기원하며, 신비하고 장엄한 분위기를 함축한다고 단정한다. 구약성경에 등장하는 모세가 거쳐했던 텐트를 상기시키면서 빌링턴은 출애굽의 여정에서 이스라엘 사람들을 위해 마련한 애초의 '성스러운 공간' 개념으로 샤쪼르를 연관시키기도 한다. 그리하여 빌링턴은 결론적으로 모스크바 공국에서의 이동 혹은 발걸음은 일종의 위험을 감수한 '순례'일 수밖에 없었음을 강조하면서, 멀리에서도 쉽게 눈에 띠는 구조가 바로 샤쪼르의 발생 기원으로 확대 해석한다. 이로써 빌링턴은 러시아 시골 구석 곳곳에서 볼 수 있는 이와 같은 텐트 양식의 교회를 "사막의 오아시스처럼 신성한 공간"이자, 러시아 사람들에게 안심 혹은 안정감을 부여한다고 인식한다. James Billington, *The Face of Russia. Anguish, Aspiration, and Achievement in Russian Culture*, New York : TV Books, 1998, p. 82.

29) (상좌)goo.gl/nFE72x (상우, 하좌우)goo.gl/kPDr1M (검색일 : 2017.10.09.). 제임스 빌링턴의 언급에 따르면, 러시아어로 양파돔에 해당하는 루카비짜(луковица)란 어휘는 성모와 관련된 전설을 상기시킨다면서 러시아 정교회의 양파 모양의 돔의 성경적 모티브를 강조한다. 전설에 따르면 성모가 지옥에서 죄인을 잡아당겨 구출하기 위해 양파를 내려 두었다고 전해진다. James Billington, ibid., p. 82.

30) Е. М. Юхименко, *Покровский собор (Храм Василия Блаженного на Красной площвди)*, Москва : Интербук-бизнес, 2011, с. 28.

31) В. И. Пилявский, А. А. Тиц, и Ю. С. Ушаков, *История русской архитектуры*, Москва: Архитектура-С, 2015, с. 39.

32) А. А. Сущиков, *Лексика крестьянского деревянного строительства*, Санкт-Петербург : Филологический факультет СПбГУ, 2006, сс. 128-129.

33) Д. В. Сарабьянов, там же. с. 149 참고.

34) 사실 이러한 해석과 관점은 그리 새롭지는 않다. 대체로 러시아의 문화가 독자적인 노선을 걷기 시작하기 전까지는 외래, 즉 서방의 자극과 동기부여, 그리고 실질적이고 분명한 요소들이 러시아에 영향을 끼쳤다는 점은 거의 일반적으로 받아들여지고 있는 견해이다. Dmitry Shvidkovsky, *Russian Architecture and the West*, New Haven and London : Yale University Press, 2007, p. 73.

35) Arthur Voyce, *The Art and Architecture of Medieval Russia*, Norman : University of Oklahoma Press, 1967, p. 158.

36) 아르놀트 하우저, 앞의 책, 2012, 178쪽.

37) 요한 하위징아, 『중세의 가을』, 이종인 옮김, 경기 : 연암서가, 2016, 405쪽.

38) 20세기 초반의 프랑스 도상학자인 에밀 말(E. Male) 역시 필자와 유사한 견해를 보이면서 유럽의 대성당을 정의내린 바 있다. 그에게 대성당은 "글을 모르는 자들을 위한 방대한 책(성서)이며, 그곳의 모든 도상들은 개인 기도서나 미사집을 갖지 못한 평신도들에게 그리스도교의 가르침을 전해주기 위한 것"이었다. 장록희, 「고딕 색유리창에서 빛의 기능」, 인천가톨릭대학교 조형예술대학교 편, 『빛』, 서울 : 학연문화사, 2010, 63쪽.

부록

1) goo.gl/YY4r3N(검색일 : 2018.02.29.).

2) (좌)goo.gl/ZoKfPk (우)Dmitry Shvidkovsky, *Russian Architecture and the West*, New Haven and London : Yale University Press, 2007, p. 18.

3) Д. В. Сарабьянов, *Россия и Запад. Историко-художественные связи XVIII - начало XX века*, Москва : Искусство XXI век, 2003, с. 16.

4) goo.gl/MDWJt9(검색일 : 2018.02.29.).

5) В. И. Агронский, *Архитектура России*, Москва : Эксмо, 2017, с. 13.

6) В. И. Пилявский, А. А. Тиц, и Ю. С. Ушаков, *История русской архитектуры*, Москва : Архитектрура-С, 2015, сс. 7-15.

7) (상)goo.gl/VyG7dG (하)goo.gl/Aeph4N (검색일 : 2018.01.07.)

8) Т. В. Толстая, *Успенский собор Московского кремля*, Москва : Искусство, 1979, с. 8.

9) goo.gl/3CEVUZ(검색일 : 2018.01.07.)

10) (상)goo.gl/gXdAUo (하)goo.gl/4kLFc5 (검색일 : 2018.01.07.)

11) Dmitry Shvidkovsky, *Russian Architecture and the West*, New Haven and London : Yale University Press, 2007, p. 32.

12) 임영방, 『중세 미술과 도상』, 서울 : 서울대학교출판부, 2006, 297-298쪽.

13) (좌상)goo.gl/NVMuTS (좌하)goo.gl/4hwta6 (우)필자 직접 촬영(2017.07.22.). 임영방, 위의 책, 286쪽. 평면도의 출처 : Dmitry Shvidkovsky, op. cit., p. 32.

14) А. В. Иконников, *Тысяча лет русской архитектуры. Развитие традиций*, Москва : Искусство, 1990, с. 80.

15) (좌)goo.gl/g4RsDA(검색일 : 2018.01.13.) (우)Dmitry Shvidkovsky, op. cit., p. 29.

16) В. И. Пилявский, А. А. Тиц, Ю. С. Ушаков, *История русской архитектуры*, Москва : Архитектура-С, 2015, с. 168.

17) (좌 상하)goo.gl/37ACbF (우)goo.gl/7T3tUD (검색일 : 2018.01.07.)

18) (좌)goo.gl/yTv7cG (우)goo.gl/CVc7TS (중)goo.gl/p5ALAC (하)goo.gl/Rt9x4V (검색일 : 2018.01.13.)

19) Ю. Ю. Булычев и Ю. А. Рябов, *Духовные основы истории русской культуры от крещения Руси до середины XIX века*, Санкт-Петербург : Знание, 2006, с. 106.

20) David Roden Buxton, *Russian Medieval Architecture with an Account of the Transcaucasian Styles and Their Influence in the West*, Cambridge : Cambridge University Press, 1934, p. 20.

21) (상)goo.gl/aEkXWC (하)goo.gl/3ymLEi

22) goo.gl/EhMgfC(검색일 : 2018.01.30.).

23) 러시아 최초의 석재 샤쬬르 양식의 출현과 유형에 대해서는 다음의 글을 참고 : 학술원 자그라옙스키(С.В.Заграевский), "ПЕРВЫЙ КАМЕННЫЙ ШАТРОВЫЙ ХРАМ И ПРОИСХОЖДЕНИЕ ШАТРОВОГО ЗОДЧЕСТВА," goo.gl/LmtDFt(검색일 : 2018.01.30.).

24) Л. Д. Шестаковская, *Жемчужины московской архитектуры*, Москва : Крафт, 2017, с. 71.

25) James Billington, *The Face of Russia. Anguish, Aspiration, and Achievement in Russian Culture*, New York : TV Books, 1998, p. 81.

26) Л. Д. Шестаковская, *Жемчужины московской архитектуры*, Москва : Крафт, 2017, с. 72.

27) 사진출처 : (좌상)goo.gl/26m8ey (좌하)goo.gl/au7vNm (우)А. В. Иконников, *Тысяча лет русской архитектуры. Развитие традиций*, Москва : Искусство, 1990, сс. 166-167.

28) 이런 맥락에서 본인의 졸저, 『러시아 전통혼례 문화와 민속』에서는 농민들의 전통 혼례 양식을 통해 드러나는 러시아적인 요소를 분석히면서 어떻게 이 혼례 의례가 러시아인들의 정신적 의식 구

조를 반영하고 있는지, 이들의 일상에서는 어떻게 발현되어 나타나는지를 규명하였다.

29) О. В. Семенов, *История отечественной культуры. Конец X – XVII века*, Москва : ФЛИНТА, 2018, сс. 12-13.

30) Lauren M. O'Connell, "Constructing the Russian Other. Viollet-le-Duc and the Politics of an Asiatic Past", in James Cracraft and Daniel Rowland, ed., *Architectures of Russian Identity 1500 to the Present*, Ithaca and London : Cornell University Press, 2003, pp. 95-96.

31) David Roden Buxton, *Russian Medieval Architecture with an Account of the Transcaucasian Styles and Their Influence in the West*, Cambridge : Cambridge University Press, 1934, p. 21.

32) 상단의 사진 출처는 다음과 같다 : А. В. Ополовников, *Русское деревянное зодчество*, Москва : Искусство, 1983, с. 82, 253. 하단의 두 사진은 모두 필자가 황금고리 도시 가운데 수즈달에서 직접 촬영한 것이다(2015.07.29.).

33) В. И. Пилявский, А. А. Тиц, и Ю. С. Ушаков, *История русской архитектуры*, Москва: Архитектрура-С, 2015, с. 63.

34) (좌)goo.gl/zjg2bZ (우)goo.gl/1KR.

35) К. Э. Разлогов, *Историческая культурология. Серия энциклопедия культурологии*, Москва : Академический проект, 2015, сс. 216-217; 김상현, 『레닌묘 : 상징의 건축, 기억의 정치』, 서울 : 민속원, 2017, 81쪽.

36) Г. К. Вангер, *Искусство древней руси*, Москва : Искусство, 1993, сс. 63-64.

37) (좌)goo.gl/piHJrc (우)goo.gl/4APML8 (검색일 : 2018.01.31.)

38) (좌)goo.gl/GvbPjn (우)goo.gl/QsygwT (검색일 : 2018.01.31.)

39) 러시아 정교회 및 돈스코이 수도원의 공식 웹사이트에서의 설명 참고 : goo.gl/QDvtpS/ http://donskoi.org/(검색일 : 2018.01.23.). Е. В. Каршилов, *Донской монастырь*, Москва : Донской ставропигиальный мужской монастырь, 2012.

40) М. П. Фабрициус, *Кремль в Москве*, Москва : АСТ, 2008, с. 275.

41) goo.gl/KDGuFi(검색일 : 2017.02.11.). 한편 이 그림에 대한 자세한 설명은 필자의 연구서에 이미 기재된 바 있다. 김상현, 앞의 책, 2017, 50-51쪽.

참고문헌

가스펠서브, 『성경 문화배경 사전』, 서울 : 생명의 말씀사, 2017.
골드버거, 폴, 『건축은 왜 중요한가』, 윤길순 옮김, 경기 : 미메시스, 2011.
곰브리치, E. H., 『서양미술사』, 백승길 · 이종숭 옮김, 서울 : 예경, 2012.
교황 베네딕토 16세, 『전례의 정신』, 정종휴 옮김, 서울 : 성바오로 보급소, 2014.
구본덕, 『건축의 이해』, 서울 : 문운당, 2015.
그라바, 앙드레, 『기독교 도상학의 이해』, 박성은 옮김, 서울 : 이화여자대학교 출판부, 2008.
기어리, 페트릭 J., 『거룩한 도둑질, 중세 성유골 도둑 이야기』, 유희수 옮김, 서울 : 길, 2010.
김개천, 『미의 신화 : 세계의 위대한 명건축 24선』, 서울 : 컬쳐그라퍼, 2012.
김덕수, 『로마와 그리스도교』, 서울 : 홍성사, 2017.
김상현, 「러시아 전통 혼례의 역사적 기원과 변천」, 『슬라브학보』 제24권 3호, 2009.
_____, 「러시아 문화코드 어떻게 읽을 것인가? : 『도모스뜨로이』 해독과 문화접점을 중심으로」, 『슬라브
　　　연구』 제29권 2호, 2013.
_____, 「모스크바-제3로마 개념의 역사적 기원과 문학적 변주」, 『슬라브학보』 제29권, 1호 2014.
_____, 『러시아 전통혼례 문화와 민속』, 서울 : 성균관대학교 출판부, 2014.
_____, 『레닌묘 : 상징의 건축, 기억의 정치』, 서울 : 민속원, 2017.
김영숙, 『성화, 그림이 된 성서』, 서울 : 후마니타스, 2015.
_____, 『바티칸 미술관에서 꼭 봐야 할 그림』, 서울 : 휴머니스트, 2016.
김재원 · 김정락 · 윤인복, 『유럽의 그리스도교 미술사』, 경기 : 한국학술정보, 2014.
김향숙, 『서양 미술의 이해와 감상 1』, 서울 : 한양대학교 출판부, 2015.
김현화, 『성서 미술을 만나다』, 경기 : 한길사, 2008.
다쓰키, 사토, 『미와 공간의 계보 서양 건축의 역사』, 조민경 옮김, 서울 : 에이케이커뮤니케이션즈, 2015.
데메레스트, 브루스 & 키스 매슈스, 『Everyday 신학사전』, 김성중 옮김, 서울 : 죠이선교회, 2013.

도슨, 크리스토퍼, 『유럽의 형성』, 김석희 옮김, 경기 : 한길사, 2011.
듀란트, 윌, 『문명이야기. 신앙의 시대 4-1』, 왕수민・박혜원 옮김, 서울 : 민음사, 2013.
_____, 『문명이야기. 신앙의 시대 4-2』, 왕수민・박혜원 옮김, 서울 : 민음사, 2014.
라파포트, 로이, 『인류를 만든 의례와 종교』, 강대훈 옮김, 서울 : 황소걸음, 2017.
래드, 조지, 『종말론 강의』, 이승구 옮김, 경기 : 이레서원, 2017.
랴자놉스키, 니콜라스 V. 마르 D. 스타인버그, 『러시아의 역사 (상)』, 조호연 옮김, 서울 : 까치, 2011.
레스터, 토비, 『다 빈치, 비트루비우스 인간을 그리다』, 오숙은 옮김, 서울 : 뿌리와 이파리, 2014.
로덴, 존, 『초기 그리스도교와 비잔틴 미술』, 임산 옮김, 경기 : 한길아트, 1998.
로트만・우스펜스키, 「표트르 대제의 이데올로기에 나타난 '모스크바-제 3의 로마' 개념의 반향」, 『러시아 기호학의 이해』, 이인영 엮음, 서울 : 민음사, 1993.
류신, 『색의 제국. 트라클 시의 색채미학』, 서울 : 서강대학교출판부, 2016.
르 고프, 쟈크, 『서양중세문명』, 유희수 옮김, 서울 : 문학과 지성사, 1992, 2015.
르페브르, 앙리, 『공간의 생산』, 양영란 옮김, 서울 : 에코 리브르, 2014.
리하쵸프, 드미트리, 『고대 러시아 문학의 시학』, 김희숙・변현태, 경기 : 한길사, 2017.
마커스, 토머스, 『권력과 건축공간』, 유우상 역, 서울 : Spacetime, 2006.
매튜스, 토머스 F, 『비잔틴 미술』, 김이순 옮김, 서울 : 예경, 2006.
맥그래스, 앨리스터, 『한권으로 읽는 기독교』, 황을호・전의우 옮김, 서울 : 생명의 말씀사, 2017.
맥레이, 헤더 손턴, 『교회 예술과 건축』, 최지원 옮김, 서울 : 시그마북스, 2016.
머레이, 조지 비슬리, 「요한계시록」, J. A. 모티어 외, 『IVP 성경주석』, 서울 : 한국기독학생회출판부, 2016.
미헬리스, 파나요티스 A, 『건축미학』, 김진현 옮김, 서울 : 까치, 2007.
밀른, 브루스, 『기독교 교리 핸드북』, 안종희 옮김, 서울 : 한국기독학생회출판부, 2017.
바우머, 크리스토퍼, 『실크로드 기독교. 동방교회의 역사』, 안경덕 옮김, 서울 : 일조각, 2016.
바전, 자크, 『새벽에서 황혼까지 1500-2000. 서양 문화사 500년』 1권, 이희재 옮김, 서울 : 민음사, 2012.
박성대, 『풍수로 공간을 읽다』, 서울 : 푸른길, 2017.
박승찬, 『중세의 거울』, 서울 : 길, 2017.
박영수, 『색채의 상징, 색채의 심리』, 경기 : 살림, 2016.
박정세, 『기독교 미술의 원형과 토착화』, 서울 : 연세대학교출판부, 2011.
박홍순, 『사유와 매혹 1 : 서양철학과 미술의 역사』, 경기 : 서해문집, 2011.
_____, 『지적 공감을 위한 서양 미술사』, 서울 : 마로니에북스, 2017.
벨, 캐서린, 『의례의 이해. 의례를 보는 관점들과 의례의 차원들』, 류성민 옮김, 서울 : 한신대학교 출판부, 2007.
볼노, 오토 프리드리히, 『인간과 공간』, 이기숙 옮김, 서울 : 에코리브르, 2011.
부르크하르트, 야코프, 『세계 역사의 관찰』, 안인희 옮김, 서울 : 휴머니스트, 2008.
브라운, 피터, 『성인 숭배』, 정기문 옮김, 서울 : 새물결, 2002.

브랑당뷔르, 알랭 에르랑드, 『성당. 빛과 색이 있는 건축물』, 김택 옮김, 서울 : 시공사, 2011.
브릴, 마이크, 「장소 만들기를 위한 '생래적 언어'로서의 원형」, 캐런 프랭크·린다 쉬니클로스, 『공간의 유형학. 건축과 디자인에서 유형의 연구와 활용 1』, 한필원 옮김, 경기 : 나남, 2012.
서한규, 『가톨릭 교회!와 개신교?』, 서울 : 게쎄마니, 2007.
석영중, 『러시아 정교. 역사·신학·예술』, 서울 : 고려대학교출판부, 2007.
손호현, 『아름다움과 악 1. 신학적 미학 서설』, 서울 : 한들출판사, 2009.
스트릭랜드, 캐롤, 『클릭, 서양건축사 : 스톤헨지에서 해체주의 건축까지』, 양상현 외 옮김, 서울 : 예경, 2014.
아리에스, 필리프, 『죽음의 역사』, 이종민 옮김, 서울 : 동문선, 2016.
양용기, 『음악, 미술 그리고 건축』, 서울 : 형설출판사, 2010.
_____, 『본질을 이해하는 건축 이야기. 건축의 융복합』, 경기 : 도서출판 린, 2017.
양정무, 『난생처음공부하는 미술이야기 3 : 초기 기독교 문명과 미술』, 서울 : 사회평론, 2017.
에코, 움베르토, 『야만인, 그리스도교도, 이슬람교도의 시대. 중세 I』, 김효정·최병진·차용구·박승찬 옮김, 서울 : 시공사, 2015.
엘리아데, M, 『신화와 현실』, 이은봉 옮김, 경기 : 한길사, 2015.
오스본, 그렌트 R., 「최근 요한계시록 연구 동향」, 크레이크 L. 블롬버그 외, 『현대 신양성서 연구』, 송일 옮김, 서울 : 새물결플러스, 2018.
우스펜스키, 레오니드, 『정교회의 이콘신학』, 박노양 옮김, 서울 : 정교회출판사, 2012.
웨어, 칼리스토스, 『정교회의 길』, 엄성옥 옮김, 서울 : 은성출판사, 2011.
유키마사, 마쓰다, 『눈의 황홀』, 송태욱 옮김, 서울 : 바다출판사, 2016.
이기정, 『교리·전례 용어 해설』, 서울 : 가톨릭출판사, 2016.
이덕형, 『비잔티움, 빛의 모자이크』, 서울 : 성균관대학교출판부, 2010.
이연식, 『이연식의 서양 미술사 산책』, 서울 : 은행나무, 2017.
이정구, 『신학으로 건축하다. 교회건축의 이해』, 경기 : 한국학술정보, 2012.
이진경, 『근대적 시·공간의 탄생』, 서울 : 그린비, 2010.
이진선·김민숙·빈정아, 「마리아 유형의 성립과 그 유형」, 인천가톨릭대학교 조형예술대학 편, 『성모 마리아』, 서울 : 학연문화사, 2009.
이진숙, 『러시아 미술사』, 서울 : 황금가지, 2007.
임석재, 『서양건축사 1 : 땅과 인간』, 경기 : 북하우스, 2011.
_____, 『서양건축사 2 : 기독교와 인간』, 경기 : 북하우스, 2007.
_____, 『광야와 도시-건축가가 본 기독교 미술』, 경기 : 태학사, 2017.
임영방, 『중세 미술과 도상』, 서울 : 서울대학교출판부, 2006.
임철규, 『눈의 역사 눈의 미학』, 경기 : 한길사, 2009.
장긍선, 『이콘 신비의 미』, 서울 : 기쁜소식, 1993.

장록희,「고딕 색유리창에서 빛의 기능」, 인천가톨릭대학교 조형예술대학교 편,『빛』, 서울 : 학연문화사, 2010.
장실,『이콘과 문학』, 서울 : 한국외국어대학교출판부, 2010.
정승진,『서양건축사』, 서울 : 미세움, 2016.
정시춘,『교회건축의 이해』, 서울 : 발언, 2004.
정영철,『서양건축사』, 서울 : 기문당, 2014.
정은진,『미술과 성서』, 서울 : 예경, 2013.
정진국,『제국과 낭만』, 서울 : 깊은 나무, 2017.
존슨, 폴,『르네상스』, 한은경 옮김, 서울 : 을유문화사, 2013.
최경철,『유럽의 시간을 걷다』, 서울 : whale books, 2017.
카레아 수도원,『이콘을 아십니까?』, 요한 박용범 옮김, 서울 : 정교회출판사, 2017.
캇시러, 에른스트,『국가의 신화』, 최명관 옮김, 서울 : 창, 2013.
커닝엄, 메리,『비잔틴 제국의 신앙. 콘스탄티노플에서 꽃피운 그리스도교』, 이종인 옮김, 서울 : 예경, 2006.
코스토프, 스피로 편저,『아키텍트. 인류의 가장 오래된 직업, 건축가 5천 년의 이야기』, 우동선 옮김, 경기 : 효형출판사, 2011.
코트킨, 조엘,『도시, 역사를 바꾸다』, 윤철희 옮김, 서울 : 을유문화사, 2015.
콜, 에밀리,『도판으로 이해하는 세계건축사』, 유우상 · 장지을 역, 서울 : 시공문화사, 2008.
클린데닌, 대니얼 B,『동방정교회 신학』, 주승민 옮김, 서울 : 은성, 2012.
파노프스키, 에르빈,『시각예술의 의미』, 임산 옮김, 경기 : 민음사, 2013.
펭크, 슈테파니 외,『아틀라스 서양미술사』, 조이한 · 김정근 옮김, 서울 : 현암사, 2013.
플로롭스키, 게오르기,『러시아 신학의 여정 1』, 허선화 옮김, 서울 : 지만지, 2016.
하우저, 아르놀트,『문학과 예술의 사회사 1. 선사시대부터 중세까지』, 백낙청 옮김, 경기 : 창비, 2012.
하위징아, 요한,『중세의 가을』, 이종인 옮김, 경기 : 연암서가, 2016.
헤린, 주디스,『비잔티움』, 이순호 옮김, 경기 : 글항아리, 2010.
현대건축관련용어편찬위원회 편,『영한 건축용어사전』, 서울 : 성안당, 2017.
황대현,『서양 기독교 세계는 왜 분열되었을까?』, 서울 : 민음인, 2011.

Akinsha, Konstantin, Grigorij Kozlov, and Slyvia Hochfield, *The Holy Place. Architecture, Ideology, and History in Russia*, London and New Haven : Yale University Press, 2007.
Berdyaev, Nicolas, *The Russian Idea*, New York : The Macmillan Company, 1948.
Billington, James, *The Icon and the Axe. An Interpretive History of Russian Culture*, New York : Vintage Books, 1970.
_____, *The Face of Russia. Anguish, Aspiration, and Achievement in Russian Culture*, New York : TV Books, 1998.

Bremer, Thomas, *Cross and Kremlin. A Brief History of the Orthodox Church in Russia*, Cambridge : William B. Eerdmans Publishing Company, 2007.

Brumfield, William Craft, *A History of Russian Architecture*, Seattle and London : University of Washington Press, 1993.

_____, *Landmarks of Russian Architecture. A Photographic Survey*, Amsterdam : Gordon and Breach Publishers, 1997.

Burke, Peter, *Eyewitnessing. The Use of Images as Historical Evidence*, Ithaca : Cornell University Press, 2001.

Buxton, David Roden, *Russian Medieval Architecture with an Account of the Transcaucasian Styles and Their Influence in the West*, Cambridge : Cambridge University Press, 1934.

Eliade, Mircea, *The Sacred and the Profane. The Nature of Religion*, New York : A Harvest Book, 1959.

Fedotov, George P., *The Russian Religious Mind (I). Kievan Christianity. The 10th to the 13th Centuries*, Massachusetts : Nordland Publishing Company, 1975.

Lincoln, W. Bruce, *Between Heaven and Hell. The Story of a Thousand Years of Artistic Life in Russia*, New York : Vikings, 1998.

Masaryk, T. G., *The Spirit of Russia : Studies in History, Literature and Philosophy*, translated by Eden Paul and Cedar Paul. London : George Allen & Unwin Ltd., 1968.

Przybyt, Elzbieta, "The Trail of Russian Miraculous Icons of Our Lady", *Peregrinus Cracoviensis* No. 10, 2000.

Shvidkovsky, Dmitry, *Russian Architecture and the West*, New Haven and London : Yale University Press, 2007.

Tuan, Yi-Fu, *Topophilia. A Study of Environmental Perception, Attitudes, and Values*, New York : Columbia University Press, 1974.

Voyce, Arthur, *The Moscow Kremlin. Its History, Architecture, and Art Treasures*, Berkeley and Los Angeles : California University Press, 1954.

_____, *Moscow and the Roots of Russian Culture*, Norman : University of Oklahoma Press, 1964.

_____, *The Art and Architecture of Medieval Russia*, Norman : University of Oklahoma Press, 1967.

William, Robert C., *Artists in Revolution. Portraits of the Russian Avant-garde, 1905-1925*, Bloomington : Indiana University Press, 1977.

Wortman, Richard, *Visual Texts, Ceremonial Texts, Texts of Exploration. Collected Articles on the Representation of Russian Monarchy*, Boston : Academic Studies Press, 2014.

Авдеев, Р. И., *История русской православной церкови в двух томах*, Москва : РОССПЭН, 2015.

Агронский, В. И., *Архитектура России*, Москва : Эксмо, 2017.

Алексеев, С., *Чудотворные иконы Пресвятой Богородицы*, Москва - Санкт-Петербург : Библиополис, 2016.

Анисимов, Евгений, *Правители России*, Санкт-Петербург : Золотой лев, 2012.

Антипов, И. В., *Древнерусская архитектура второй половины XIII - первой трети XIV в. Каталог памятников*, Санкт-Петербург : СПУ, 2000.

Балатов, А. А., "Успенский собор Московского Кремля в сакральной топографии Москвы", *Московский Кремль XV столетия. Древние святыни и исторические памятники I*, Москва : Арт-Волхонка, 2011.

Баторевич, Н. И. и Т. Д. Кожицева, *Малая архитектурная энциклопедия*, Санкт-Петербург : Дмитрий Буланин, 2016.

Беляев С. А. и И. А. Воротникова, сост. ответ. ред., *Московский Кремль XV столетия. Древние святыни и исторические памятники*, Москва : Арт-Волхонка, 2011.

Бондаренко, И. А., *Древнерусское градостроительство. Традиции и идеалы*, Москва : ДЕНАНД, 2017.

Борисова, Т. С., "О датировке древнейшей из сохранившихся описей Успенского собора", *Успенский собор Московского кремля*, Москва : Музей Московского Кремля, 1985.

Бобровницкая, И. А., "Венчание на царство в Московской Руси в XVI – XVII века", В. А. Дмитриев, *Венчания на царство и коронация в Московском Кремле. Часть 1 XVI – XVII века*, Москва : Музей Московского Кремля, 2013.

Браверман, Протоиерей Махаил, *Православное богослужение*, Москва : Никея, 2016.

Брюсова, В. Г. Композиция, "Новозаветной Троицы в стенописи Успенского собора", *Успенский собор Московского кремля*, Москва : Музей Московского Кремля, 1985.

Булычев, Ю. Ю. и Ю. А. Рябов, *Духовные основы истории русской культуры от крещения Руси до середины XIX века*, Санкт-Петербург : Знание, 2006.

Бусева-Давыдова, И. Л., *Храмы московского кремля : святыни и древности*, Москва : МАИК Наука, 1997.

Вангер, Г. К., *Искусство древней руси*, Москва : Искусство, 1993.

Ведерникова, Г. И., *Планы Москвы и карты Моковии из коллекции Музея истории Москвы часть первая XVI - XVIII вв*, Москва : Музей истории Москвы, 2006.

Вилкова М. В. и другие, *Царский храм. Святыни Благовещенского Собора в Кремле*, Москва : Дом Максима Светланова, 2003.

Воротникова, И. А. и В. М. Неделин, *Кремли, крепости и укрепленные монастыри русского* государства XV – XVII веков. Крепости центральной россии, Москва : Буксмарт, 2013.

Гагарина, Е. Ю., *Иконы успенского собора московского кремля. Вторая половина XV – XVI век : Каталог*, Москва : Музей Московского Кремля, 2016.

Гладышева, Екатерина и Дмитрий Суховерков, *Богоматерь Владимирская*, Москва : Гос. Третьяковская галерея, 2016.

Государственный исторический музей, *Образы русских святых в собрании исторического музея*, Москва : Исторический музей, 2015.

Дворкин, Александр, *Очерки по истории вселенской православной церкви*, 5-е изд. Нижний Новгород : Христианская библиотека, 2016.

Девятов, С. В., *Древние дворцы и палаты Московского Кремля*, Москва : ПЛАНЕТА, 2014.

Евдокимов, Дмитрий, *Кремль и Красная площадь*, Москва : ИТРК, 2003.

Захарова, Оксана, *Государственный церемониал. Программа власти*, Москва : Центрполиграф, 2014.

Иконников, А. В., *Тысяча лет русской архитектуры. Развитие традиций*, Москва : Искусство, 1990.

Кавельмахер, В. В., "вопросу о первоначальном облике Успенского собора Московского Кремля", *Архитектурное наследство*, вып. 38, Москва, 1995.

Казин, А. Л., *Уроки русского*, Санкт-Петербург : Алетейя, 2016.

Каршилов, Е. В., *Донской монастырь*, Москва : Донской ставропигиальный мужской монастырь, 2012.

Клосс, Б. М. и В. Д. Назаров, "Летописные источники XV века о строительстве Московского Успенского собора", *История и реставрация памятников московского Кремля. Государственные музеи Московского Кремля*, вып. VI. Москва : Музей Московского Кремля, 1989.

Ключевский, В. О., *Курс русской истории от древности до эпохи Ивана Грозного*, Москва : Академический проект, 2015.

Колесов, В. В. Д. В. Колесова, и А. А., Харитоновю *Словарь русской ментальности в 2-х т*, Сантк-Петербург : Златоуст, 2014. Том II.

Корецкий, В. И., "Успенский собор как памятник идейно-политической жизни Москвы конца XV - начала XVII века", *Государственные музеи Московского Кремля. Материалы и исследования*, Вып. VI. Москва : Музей Московского Кремля, 1989.

Крючкова, Е. Н. Московский кремль, *От княжеской крепости до царской резиденции*, Москва : Московский Кремль, 2015.

Лихачев, Д. С., *Поэтика древнерусской литературы*, Ленинград : Наука, 1967.

_____, всту. статья и прия, *Повесть временных лет*, Петрозаводск : Карелия, 1991.

_____, *Русская культура*, Санкт-Петербург : Искусство-СПБ, 2007.

Лихачёв, Д. С., *Избранные работы в трёх томах. Том 1 : Развитие русской литературы X – XVII веков. Поэтика древнерусской литературы*, Ленинград : Художественная литература, 1987.

Лосский, В. Н., *Очерк мистического богословия восточной церкви догматическое богословие*, Москва : Свято-Троицкая Сергиева Лавра, 2013.

Малков, Дьячок Георгий, *Русь святая. Очерк истории Православия в России*, Симферополь : Родное Слово, 2009.

Макаревич, Г. В., *Памятники архитектуры Москвы. Замоскворечье*, Москва : Искусство, 1994.

Маханько, Мария, *Почитание и собирание древних икон в истории и культуре Московской Руси XVI века*, Москва : Музеи Московского Кремля, 2015.

Неделин, В. М., "Орловская крепость XVII века (история, архитектура и перспективы воссоздания)", А. Б. Бодэ, *Деревянное зодчество*, Выпуск II. Новые материалы и отрытия, Москва-Санкт-Петербург : Коло, 2011.

Ополовников, А. В., *Русское деревянное зодчество*, Москва : Искусство, 1983.

Паламарчук, П. Г., *Сорок сороков : Краткая иллюстрированная история всех московских храмов в 4-х т. Т. 1 : Кремль и монастыри*, Москва : Астрель, 2004.

Панова, Татьяна Д., *Историческая и социальная топография московского кремля в середине XII - первой трети XVI века*, Москва : ТАУС, 2013.

Памятники архитектуры Москвы. Кремль. Китай-город. Центральные площади, Москва : Искусство, 1983.

Путятин, Илья., *Образ русского храма и эпоха просвещения*, Москва : Гнозис MMIX, 2009.

Разлогов, К. Э., *Историческая культурология. Серия энциклопедия культурологии*, Москва : Академический проект, 2015.

Слюнькова, И. Н., *Проекты оформления коронационных торжеств в россии XIX века*, Москва : Буксмарт, 2013.

Сарабьянов, Д. В., *Россия и Запад. Историко-художественные связи XVIII - начало XX века*, Москва : Искусство XXI век, 2003.

Сарачева, Т. Г., и М. Ю. Галкина, *Покровский собор. Храм Василия Блаженного на Красной площади*, Москва : Исторический музей, 2014.

Смирнова, Э. С., *Успенский собор московского кремля. Материалы и исследования*, Москва : Наука, 1985.

Соколов, Борис В., *Москва мистическая, Москва загадочная*, Москва : Алгоритм, 2016.

Толстая, Т. В., Музей "'Успенский собор' Московского Кремля. Страницы истории", *Государственный историко-культурный музей-заповедник "Московский Кремль". Материалы и исследования*, Вып. XIV. Сокровищница России, Страницы исторической биографии музеев Московского Кремля, Москва : Музей Московского Кремля, 2002.

Толстая, Т. В., *Успенский собор Московского кремля*, Москва : Искусство, 1979.

_____, *Успенский собор*, Москва : Музей Московского Кремля, 2009.

Традиго, Альфредо, *Иконы православной церкви. Образы Сюжеты Сиволы*, Москва : Омега, 2008.

Фабрициус, М. П., *Кремль в москве*, Москва : АСТ, 2008.

Федоров, В. И., "Успенский собор : исследование и проблемы сохранения памятника", *Успенский собор Московского кремля*, Москва, 1985.

_____, *Святые Древней Руси*, Москва : Московский рабочий, 1990.

Хазин, Андрей ред. совет, *Сиволы Моквы*, Москва : Художественно-энциклопедический альбом, 2014.

Шелаева, А., *Праздник и знаменательные даты православного и народного календаря*, Санкт-Петербург : Кольна, 1996.

Шестаковская, Л. Д., *Жемчужины московской архитектуры*, Москва : Крафт, 2017.

Шмит, С. О., *История Москвы и проблемы москововедения*, Москва : Книжница-Русский путь, 2013.

Щенков, А. С., "Реставрация Успенского собора Московского Кремля в конце XIX - начале XX вв", *Реставрация и архитектурная археология. Новые материалы и исследования*, А. Л. Баталов, ред. Москва : ВНИИТАГ, 1991.

Щенков, А., *Архитектура русского православного храма*, Москва : Памятники исторической мысли, 2013.

Шпидлик, Томаш, *Русская идея. Иное видение человека*, Москва-Петербург : Олега Абышко, 2014.

Юхименко, Е. М., *Покровский собор (Храм Василия Блаженного на Красной площди)*, Москва : Интербук-бизнес, 2011.

Яковенко, И. Г., *Познание россии. Цивилизационный анализ*, Москва : Знание, 2017.

Ямщиков, С. В., *Почетный председатель. Шедевры русской иконописи XIV – XVI веков из частных собраний. Каталог*, Москва : Частный музей русской иконы, 2009.

Яровая, Мария С., *Как читать и понимать архитектуру : интенсивный курс*, Москва : АСТ, 2017.

찾아보기

인물

ㄱ

게오르기 페도토프George Fedotov(Георгий Федотов) 208, 394, 497
게오르기 플로롭스키Георгий Флоровский 98
곰브리치Ernst H. Gombrich 82
그리고리 세도프Григорий Седов 154

ㄴ

나폴레옹 10, 11, 37, 116
니콘Патриарх Никон 235, 236, 237, 260, 263, 268, 514, 515

ㄷ

다니일 쵸르니Даниил Чёрный 277
대주교 성 예르모겐 180
대주교 요나Иона 176, 311
대주교 표트르 10
대주교 필립 113
드미트리 돈스코이Дмитрий Донской 43, 116
드미트리 리하초프 31, 103, 162, 329, 485, 499
디오니시Дионисий 218, 220, 221, 274, 283, 525

ㄹ

라파엘로Raffaello 245, 247, 248, 397, 398
레닌 11, 182
레오 III세 72
레오나르도 다 빈치 85
로버트 웨버Robert Weber 47, 48, 70, 71, 74
리차드 워르트만Richard Wortman 134

ㅁ

마누엘 콤닌 268
마르코 포스사리니Marco Foscarini 120
므이쉬킨Мышкин 113
미리암 180
미켈란젤로 86, 355, 356, 357, 397, 398
미하일 표도르 180

ㅂ

바시안Вассиан 311
바실리 III세 106, 118, 128, 151, 416, 497
바실리우스Basilius of Caesarea 201
베르쟈예프 104
부르크하르트Burckhardt 26, 27, 84
블라디미르 210, 285, 286
블라디미르 솔로비요프 99
비트루비우스 85

ㅅ

성 게오르기   100, 101, 274, 510
성구소   48
세르게이 라도네쥐스키Сергей Радонежский   156, 179, 256, 309
수좌대주교 요나Иона   173, 311
수좌대주교 요한   228, 229
수좌대주교 조시마Митрополит Зосима   94, 497
수좌대주교 페오그노스트   110, 174
수좌대주교 페오도시   132
수좌대주교 표트르Митрополит Петр   107, 108, 109, 110, 112, 173, 174, 218, 283, 496
수좌대주교 필립Филипп   92, 93, 151, 173, 272, 496
스탈린   11, 12, 183, 486, 501
시몬 우샤코프Симон Ушаков   237, 238, 511

ㅇ

아르놀트 하우저Arnold Hauser   48, 89, 409, 498
아바스Аббас   180
아바쿰Аввакум   237, 270, 515
안드레이 루블료프   274, 277, 332, 333, 525
알렉산드르 I세   10, 106, 471
알렉산드르 III세   129, 133, 135, 139, 140
알렉세이 I세   106
야로슬라프 무드리이Ярослв Мудрый   107
엘리아데Mircea Eliade   15, 143, 215, 326
엘리자베타 페트로브나   128, 134, 135
예카테리나 I세   132
예카테리나 II세   116, 129, 132, 135, 182, 471
예카테리나 여제   106, 133
오귀스트 몽페랑   401, 402
요한 III세   106
요한 하위징아John Huizinga   144, 178, 421, 504
움베르토 에코   72, 393, 493, 518
월터 델리우스Walter Delius   213
윌 듀런트   77
윌리엄 브룸필드William Brumfield   13, 38, 497
유리 돌고루키   42, 228, 307, 438

유스티아누스 황제   55
이반 III세   9, 44, 92, 93, 99, 102, 112, 113, 123, 128, 148, 149, 151, 156, 311, 387, 396, 461, 496, 499, 506
이반 IV세 = 이반 뇌제   9, 28, 55, 56, 106, 121, 125, 126, 128, 129, 149, 151, 152, 156, 157, 268, 284, 285, 286, 300, 370, 403, 442, 471, 472, 502, 516, 522
이반 보고륩스키   228
이반 칼리타 = 이반 I세   43, 107, 108, 110, 122, 128, 157, 237, 370, 468, 497, 516

ㅈ

쟈크 르 고프   489, 513, 521
제임스 빌링턴James Billington   42, 202, 203, 247, 526
조야 팔레올로그Зоя Палеолог   92
지기스문트 헤르베르쉬타인Sigismund Herberstein   120, 121
짜르 알렉시스   237
찌혼 필라티예프   274

ㅋ

캇시러Ernst Cassirer   15, 16, 487
콘스탄티누스 황제   9, 30, 57
크리스토퍼 도슨Christopher Dawson   13, 207, 485, 509
크리프초프Кривцов   113
키릴과 메포디   381, 382, 383

ㅌ

테오도시우스 I세   30, 55
토마스 아퀴나스Aquinas   78
톨스토이   11, 131, 141, 182

ㅍ

파벨 페트로비치   129, 135
파벨 플로렌스키П. Флоренский   224
포드야폴스키С. С. Подьяпольский   105
표도르 이바노비치   125, 126, 129, 149
표도르 이오나노비치   157
표트르 알렉세예비치   128, 129, 503, 505
푸쉬킨Пушкин   26
피에라반티Aristotele Fieravanti   102, 105, 112, 113, 119, 120, 121, 128, 167, 292, 297, 367, 406, 435, 499
피오판   132
필로페이Филофей   94, 95, 97, 98, 497

용어

ㄱ

강대상аналой   125
거룩한 도둑질furta sacra   175, 507
건축 문법   371
건축 코드   360
고딕Gothic(양식)   36, 37, 44, 75, 77, 78, 79, 80, 81, 86, 163, 263, 340, 354, 409, 489, 495
관상기도   201, 203, 329
교구교회приходская церковь   194, 195
교회 대분열   72, 75
구球(держава)   125
구세주예수그리스도사원(보통 베르호스파스키 사보르 Верхоспасский собор)   28
국가 의례   7, 9, 105, 128, 131
국가성   39, 94, 96, 363, 394, 395, 422
그리스 십자가Greek Cross   47, 49, 408
기독교 도상학   366, 367
기적을 일으키는 성 니콜라이Николай Чудотворец   183

ㄴ

나르텍스narthex   51, 164, 287
남문南門   33, 34, 54, 125, 137, 145, 146, 173, 287, 297, 301, 305, 306, 309, 312, 313, 329, 330, 360, 368, 370, 378, 466, 467
네를리   427, 435, 436, 437, 462, 463
네이브nave   45, 51, 66, 70, 81
노브고로드   43, 56, 97, 98, 100, 108, 113, 128, 155, 228, 229, 236, 268, 272, 274, 302, 309, 378, 403, 428, 429, 430, 432, 435, 445, 461, 462, 500, 506, 511
노트르-담 대성당Norte-Dame Cathedral   36, 37, 80, 399, 400, 495

찾아보기   543

니케아 공의회   30, 251, 493
니콜스카야 바쉬냐Никольская Башня   189

ㄷ

대관식   7, 9, 36, 37, 39, 105, 106, 123, 124, 125, 126, 127, 128, 129, 130, 131, 132, 133, 134, 135, 137, 138, 140, 142, 143, 144, 145, 146, 151, 152, 157, 158, 284, 286, 305, 500, 502, 503, 504, 505, 511
대지모   213, 214
대천사 사원(아르한겔스키 사원)   28, 114, 157, 178, 370, 471
데샤티나야Десятиная   449
데이시스   262, 263, 265, 266, 336
데카브리스트 반란   135
돈스코이 수도원   163, 178, 180, 222, 349, 464, 466, 467, 529
동로마   9, 55, 57, 58, 59, 92, 94, 97, 174, 198, 421, 491
동방정교회Eastern Orthodox Church   9, 27, 57, 58, 88, 92, 97, 212, 216, 285, 361, 486, 491
드미트롭스키 사원Дмитровский собор   107, 500

ㄹ

라스콜раскол   236
라틴 십자가Latin Cross   46, 47, 408
랭스Reims 대성당   37, 325, 399, 400, 495
러시아 정교회   4, 5, 6, 8, 9, 11, 12, 13, 26, 27, 28, 31, 36, 37, 38, 39, 44, 45, 49, 50, 51, 53, 55, 57, 59, 62, 63, 64, 66, 67, 88, 92, 93, 94, 96, 106, 107, 128, 129, 135, 146, 162, 165, 175, 182, 203, 206, 207, 208, 211, 213, 216, 219, 222, 235, 236, 237, 241, 259, 284, 296, 298, 309, 322, 326, 336, 338, 339, 341, 351, 367, 385, 392, 393, 394, 398, 399, 400, 407, 410, 417, 421, 423, 426, 435, 445, 448, 461, 462, 464, 469, 471, 490, 491, 496, 497, 499, 514, 515, 518, 526, 529
러시아성Russianness   14, 392, 426, 472
레갈리아регалия   126
레즈니차резница   173
로드род   214
로마네스크Roman-esque 양식   36, 44, 72, 73, 74, 75, 78, 79, 82, 83, 85, 409, 495
로마노프 왕조   127, 128, 144, 151, 153, 157, 237, 421
로브노예 메스토   363
로스토프роспись   107, 113, 219, 309, 311, 378, 511
로파트키лопатки   54, 55, 296
루스코스티Русскость   14
르네상스   38, 83, 84, 85, 86, 88, 89, 102, 104, 105, 120, 121, 196, 397, 398, 406, 408, 409, 426, 471, 495, 499, 525
르네상스 양식   44, 299, 404
리즈니차   272
리체보이 스보드лицевой свод   134, 395

ㅁ

마르티리움martyrium   51
마우솔레움mausoleum   51
마찌-쓰이라 젬랴мать - земля сыра   213
모스크바 공국   8, 9, 13, 30, 31, 57, 67, 92, 93, 94, 97, 99, 103, 104, 105, 107, 108, 116, 142, 144, 149, 158, 237, 300, 309, 311, 363, 394, 395, 396, 402, 419, 420, 421, 422, 442, 468, 516, 526
모스크바 제3로마Москва - Третий Рим   31
모자이크мозаика   9, 38, 59, 61, 62, 63, 66, 68, 69, 70, 81, 196, 198, 207, 208, 210, 211, 216, 217, 219, 340, 341, 493
모코쉬мокошь   214
무롬   228, 430
무서운 심판Страшный Суд   222
무염시태immaculate conception   214, 334, 510
묵시록   263, 319, 320, 321, 322, 323, 354
문화 텍스트   5, 6, 397, 485

문화코드 5, 371
미나레트minaret 38, 492
밀라노 칙령Edict of Milano 8, 30, 488
바간코프 공동묘지Ваганьковском Кладбище 141

ㅂ

바라반барабан 54, 163, 428
바르프이бармы 124, 125, 129
바실리카 양식 44, 45, 46, 47, 48, 49, 51, 65, 66, 74, 408, 489, 490, 493
방위 64, 65, 171, 256, 326, 328, 329, 331, 472
배랑 45
변동 축일 239
보야르 7, 125, 155, 504
볼셰비키 11, 182
볼트vault 74, 128, 165, 292
북문 111, 173, 287, 295, 309, 310, 311, 312, 313, 315, 330, 467
분리파교도 237
불변동 축일 239
비잔틴 양식 47, 49, 57, 65, 85, 207, 218, 292, 299, 408, 409, 437
비잔틴 제국 8, 9, 14, 30, 38, 44, 46, 47, 57, 59, 65, 67, 92, 93, 96, 97, 98, 99, 101, 102, 103, 108, 123, 124, 129, 149, 151, 156, 197, 198, 211, 226, 285, 307, 408, 419, 421, 428, 486, 491, 492, 496, 506, 510
빛свет 9, 61, 62, 64, 78, 81, 165, 198, 202, 203, 207, 208, 210, 211, 229, 254, 329, 330, 331, 332, 335, 339, 340, 341, 344, 351, 356, 521

ㅅ

사보르 광장соборная площадь 7, 13, 28, 29, 31, 32, 113, 114, 118, 125, 146, 147, 305, 360, 363, 364, 365, 366, 367, 368, 369, 370, 372, 373, 385, 386, 421, 442, 471, 472, 522
사보르노스찌соборность 370, 392, 394, 404, 406, 408, 409, 417, 471, 472, 525
사원 무덤храм-усыпальница 174
산타클로스 187
상트 페테르부르크 4, 7, 8, 31, 63, 100, 129, 131, 257, 348, 420
색채 상징 331, 332
샤르트르 대성당 294, 295, 320, 354, 355
샤쬬르шатёр 54, 55, 404, 409, 445, 446, 448, 528
샤프카шапка 123, 124, 125, 128, 129, 132, 285
서문 125, 173, 287, 295, 305, 311, 313, 315, 316, 317, 320, 324, 328, 329, 330, 336, 338, 339, 340, 342, 351, 353, 354, 355, 385, 435, 460, 465, 466, 467
서방정교회 96
성 구세주 사원Храм Христа Спасителя 12, 372, 373, 486
성 두호프스키 흐람Свято-Духовский храм 451
성 베드로 성당St. Peter's Cathedral 86, 87
성 이삭 사원Исаакиевский собор 63, 372
성경 70, 94, 135, 162, 175, 196, 200, 203, 204, 211, 219, 222, 226, 235, 236, 242, 247, 256, 259, 260, 262, 263, 268, 274, 299, 305, 317, 318, 319, 320, 323, 324, 325, 326, 327, 328, 331, 332, 337, 338, 351, 392, 393, 398, 423, 490, 508
성경 낭송чтение Евангелия 135
성모 59, 69, 106, 108, 109, 110, 205, 206, 214, 216, 217, 218, 219, 220, 224, 228, 229, 232, 235, 237, 238, 239, 261, 266, 271, 274, 276, 305, 306, 307, 308, 309, 317, 386, 397, 398, 400, 403, 416, 417, 435, 510, 526
성모 마리아의 수의риза Господня 180
성모 즈나메니예Богоматерь Знамение 224, 225, 229
성모수의교회Ризоположенская церковь 28, 113, 353
성모승천교회 56, 410, 427, 443, 448, 461, 502
성모승천사원 6, 28, 501
성모영면사원 6, 28, 64
성모제 238
성모탄생교회Церковь Рождества Богородицы на Сенях

찾아보기 545

28, 473
성변용교회Собор Спаса Преображения　179, 233, 411, 444, 446, 473
성삼위일체Троица　235, 256, 270, 271, 274, 277, 299, 331, 332, 333, 404, 416, 442
성삼위일체 수도원Свято-Троицкая Сергиева Лавра 63, 156, 166, 403
성상 파괴 논쟁　72, 307, 493
성서священное писание　198, 219, 260, 392, 527
성소sanctuary　48, 51, 73, 408, 490
성수태고지사원(블라고베셴스키 사보르 Благовещенский собор)　28, 64, 364
성유식　123, 124, 125, 128
성인 숭배　175, 176, 178
성자 무덤 숭배　175
세르게이 성삼위일체 사원　165
세르기예프 포사드　63, 113, 156, 166, 178, 179, 256, 403, 442
솔로베츠키 수도원　461, 462
수즈달　42, 43, 105, 119, 228, 295, 298, 305, 378, 402, 435, 447, 456, 499, 501, 506, 511, 529
스몰느이 사원Смольный Собор　19, 347
스몰렌스크　43, 107, 165, 228, 461, 463
스보드свод　66, 109, 119, 134, 152, 222, 224, 225, 226, 227, 235, 395, 410, 511, 516
스콜라철학Scholasticism　78, 495
스키페트르скіфетр　125, 128, 142, 511
스타로오브랴드찌старообрядцы　237
스테인드글라스stained glass　78, 83, 320, 334, 340, 354, 492, 521
시메온 스톨프니코프 교회Церковь Симеона Столпника на Поварской　451, 453
시스티나 성당Sistine Cathedral　356, 357
신년의례　143
신정정치theocracy　96, 236
신플라톤주의　201
신화　7, 15, 16, 134, 143, 219, 388
십자군 전쟁　74
쌍두독수리двуглавный орёл　93, 99, 101, 128

ㅇ

아미앵 대성당Amiens Cathedral　36, 77, 80, 495
아트리움atrium　45, 74
아포칼립스　319
알레고리　70, 135, 237, 318, 325, 330, 421, 422
앱스apse(апсида)　49, 50, 51, 65, 66, 69, 112, 167, 169, 171, 293, 295, 299, 301, 313, 314, 315, 329, 437, 439, 490, 507
야로슬라블리　113, 377
양　318, 319, 325, 326
에페소스 공의회　37, 510
엑테니에ектение　135
엘레우사Елеуса　273, 306, 307, 317
오클라드оклад　266
요새　43, 79, 377, 381, 389, 461, 501
요한계시록　75, 83, 262, 295, 315, 316, 317, 318, 319, 320, 324, 331, 335, 337, 338, 339, 351, 354, 522
우밀레니에Умиление　306, 467
우스펜스키 사원　6, 7, 8, 9, 10, 11, 12, 13, 14, 15, 16, 21, 28, 30, 31, 34, 36, 37, 38, 39, 43, 44, 48, 49, 54, 55, 59, 62, 63, 64, 65, 69, 86, 87, 88, 89, 92, 93, 102, 103, 104, 105, 106, 107, 108, 109, 110, 111, 112, 113, 114, 115, 116, 118, 119, 121, 123, 125, 128, 129, 131, 133, 134, 137, 138, 140, 142, 143, 145, 146, 149, 150, 151, 152, 153, 155, 156, 157, 158, 163, 164, 165, 166, 167, 168, 169, 170, 171, 172, 173, 174, 176, 178, 179, 180, 181, 182, 183, 198, 206, 207, 208, 218, 222, 224, 227, 235, 253, 256, 257, 259, 260, 264, 265, 269, 273, 274, 276, 284, 287, 290, 292, 294, 295, 296, 297, 298, 299, 300, 301, 302, 305, 306, 307, 308, 309, 310, 311, 312, 313, 315, 317, 319, 320, 321, 322, 326, 329, 330, 341, 344, 349, 351, 353, 354, 355, 356, 360, 361, 363, 364, 365, 368, 369, 370, 371, 372, 373, 375, 377, 378, 380, 381, 382, 385, 386, 393, 394, 395, 396, 397, 402, 403, 404, 405, 406, 408, 409,

410, 419, 420, 421, 422, 423, 427, 428, 430, 432, 434, 435, 437, 438, 442, 445, 448, 454, 460, 461, 467, 468, 471, 489, 490, 497, 499, 501, 506, 507, 515, 517

유골   51, 174, 175, 176, 215, 239, 507

유골 숭배   176

유프키юбки   343

이반 뇌제의 종루Колокольня Ивана Великого   473, 522

이삭 사원Исаакиевский собор   19, 208, 209, 401, 402

이코노스타스иконостас   11, 32, 49, 50, 63, 64, 70, 71, 72, 81, 88, 111, 112, 163, 164, 167, 170, 171, 173, 181, 207, 218, 222, 224, 235, 239, 247, 253, 254, 256, 257, 258, 259, 260, 262, 263, 264, 265, 266, 270, 274, 287, 288, 298, 305, 330, 342, 349, 367, 378, 385, 406, 407, 410

이콘икона(icon)   9, 11, 12, 59, 69, 72, 100, 112, 116, 123, 146, 156, 167, 179, 196, 198, 199, 200, 201, 202, 203, 204, 205, 206, 207, 211, 212, 213, 214, 216, 218, 219, 220, 221, 228, 229, 232, 233, 235, 237, 238, 242, 243, 244, 245, 247, 250, 251, 253, 256, 259, 260, 261, 262, 265, 266, 268, 269, 270, 272, 273, 274, 276, 277, 281, 283, 284, 307, 308, 309, 319, 320, 321, 322, 329, 331, 333, 334, 335, 336, 341, 343, 352, 393, 397, 398, 464, 465, 466, 467, 472, 493, 508, 511, 519, 525

익랑   45, 47, 50, 66, 171, 521

ㅈ

자코마르закомар   54, 55, 295, 297, 428

전례典禮(liturgy)   48, 51, 105, 124, 146, 201, 204, 208, 235, 236, 241, 259, 263, 268, 292, 296, 328, 329, 468, 491, 509, 525

접견궁Грановитая Палата   28, 138, 146, 149, 150, 151, 155, 156, 442, 504

정교식 기도법   201

정교회력   135, 235, 239, 240, 241, 309, 403

정치의례   144, 422

제3로마 이념   95, 96, 103, 395, 515

제단алтарь(altar)   33, 36, 45, 47, 48, 49, 50, 54, 62, 63, 64, 65, 70, 72, 74, 88, 163, 167, 170, 174, 175, 179, 180, 181, 182, 211, 218, 222, 224, 253, 254, 256, 259, 272, 287, 293, 297, 298, 299, 305, 327, 329, 341, 342, 351, 378, 472, 493, 507

제의 연표   239

젬스카야 두마   182

젬스키 사보르Земский собор   157

조국전쟁   10, 11, 106, 116, 262, 372

종루колокольня   4, 28, 55, 56, 368, 370, 442, 468, 471, 472, 473, 522

주현절Крещение   10, 235, 240, 513

중첩된 아크overlapping arches   450

즈보나리звонарь   54

즈본니차звонница   460

지성소sanctuary   49, 50, 51, 490, 521

지오멘시geomency   38

쩨르코피церковь   28, 404, 417, 418, 471

ㅊ

채플chapel   36, 48

처형못подлинный гвоздь Господень   180

초свечи   302, 340, 341, 342, 343, 348, 349, 351

초생달 십자가   304

촛불   302, 329, 340, 342, 343, 349, 429, 508

최후의 심판   95, 256, 262, 316, 317, 318, 320, 322, 323, 324, 326, 328, 329, 330, 335, 336, 338, 339, 351, 354, 355, 356, 435, 511, 519, 522

측랑測廊   45, 74

치소브냐часовня   193, 194, 195, 473

ㅋ

카잔 사원   348

카잔의 성모Казанская Богоматерь　230, 232
카잔의 성모 이콘　230, 231, 232
카타콤　59, 176, 178
카페드랄느이 사보르Кафедральный собор　9, 232, 462
칼케돈 공의회　30, 214
캄파넬라campanile　45
케노시스kenosis　205
코드(화)　13, 27, 57, 58, 104, 211, 298, 367, 368, 370
코브체크ковчег　182
코코쉬니크кокошник　286, 289, 448, 449
콘스탄티노플　30, 49, 55, 57, 65, 67, 94, 97, 109, 110, 215, 227, 238, 285, 298, 307, 354, 491, 497, 510, 521
콘타키온kontakion　205
콜로멘스코예Коломенское　18, 56, 254, 410, 415, 443, 445, 447, 448, 461, 502
콜로콜니АKолокольня　28, 54, 55
쿠폴купола　163, 165, 167, 222, 224, 225, 235, 292, 295, 297, 299, 301, 302, 342, 417, 428, 429, 430, 437, 439, 445, 448, 455, 462, 463, 471, 505
쿨리코보 전투Куликовская битва　179, 308
크렘린Кремль　7, 8, 12, 26, 31, 43, 48, 56, 93, 107, 108, 110, 116, 118, 119, 121, 129, 149, 157, 166, 167, 170, 171, 181, 237, 269, 292, 319, 363, 372, 374, 375, 376, 377, 378, 381, 385, 386, 387, 404, 416, 422, 427, 430, 439, 461, 467, 468, 469, 471, 490, 496, 501, 517
크렘린 궁　6, 7, 8, 10, 11, 12, 21, 28, 29, 34, 37, 42, 44, 64, 106, 112, 114, 116, 117, 118, 119, 120, 131, 146, 149, 155, 157, 167, 169, 171, 182, 257, 274, 308, 315, 360, 364, 366, 372, 373, 377, 380, 381, 382, 383, 385, 386, 387, 388, 389, 402, 403, 428, 432, 435, 442, 461, 468, 470, 471, 474, 490, 500, 501, 517, 523
크론쉬타트　20, 347
크릴리초крыльцо　454, 455, 456, 462
키예프　43, 67, 68, 69, 106, 107, 108, 285, 307, 378, 381, 427, 428, 429, 435, 462, 506, 516
키예프-페체르스키 동굴 수도원Киево-Печерский монастырь　106
키오트киот　173, 253, 272, 311
키쥐Кижи　233, 411, 431, 444, 446
키타이-고로드Китай-Город　374, 375, 461

ㅌ
테렘　290
테오토코스theotokos　37, 69, 70, 205, 215, 216, 416, 417, 510
투구шлем　299, 300, 301, 302, 429, 445
툴라 크렘린Тульский кремль　378, 379
트라페자трапеза　55
트랜셉트trancept　45, 47, 73, 79
트레치야코프 미술관　112, 220, 237, 265, 266, 269, 277, 307, 308, 333
트로파리тропарь　135
트론　129, 140
팀파눔tympanum　294, 295, 322, 324, 355, 454, 460

ㅍ
파레미아паремия　135
파스하Пасха　239
파크롭　238
파페르티паперть　457
판토크라토르Pantocrator　68, 69, 198, 199, 224, 225, 226, 227, 262, 265
팔라타　313, 315, 500, 504
팬던티브pendantive　59, 61, 299, 357, 492
페칼리아фекалия　464
포탈портал　54, 274
풍수지리　378, 380
프레스코화　11, 12, 62, 116, 128, 140, 162, 196, 207, 211, 212, 218, 219, 222, 226, 227, 234, 253, 272, 284, 305, 309, 311, 315, 316, 317, 319, 320, 338, 341, 355, 357, 399, 440, 467,

493, 511, 525

프레파도브니преподобный   202

프리젤придел   107, 108, 110, 111, 112, 173, 272, 409, 412, 417, 418, 445

프리즈фриз   66, 306, 311, 328, 338

프스코프   94, 113, 114, 292, 298, 377, 395, 428, 429, 432, 454, 460, 462

플라토크платок   343, 346

피라미드   388

피의 구세주 사원Спас на Крови   208, 209, 257, 347

3원 도식   366, 367

4방위   33, 50, 171, 219, 263, 284, 297, 326, 327, 328, 329, 331, 386, 399, 400, 507

ㅎ

하기아 소피야 사원Hagia Sophia Cathedral   38, 49, 55, 59, 60, 61, 62, 63, 65, 66, 207, 226, 298

해상 니콜라이 사원Морской Никольский Собор   347

해자垓字   389

헤시카즘исихазм   201, 202, 509

호딘카Ходынка   141

호딘크 벌판Ходынское поле   135, 141

혼례свадебный чин   9, 36, 93, 105, 106, 112, 144, 148, 149, 151, 155, 156, 158, 254, 305, 504, 507, 529

황금고리   105, 119, 295, 376, 377, 378, 435, 439, 447, 462, 511, 529

황제Caesar   7, 9, 30, 65, 93, 94, 95, 96, 103, 105, 112, 120, 121, 123, 125, 126, 127, 128, 129, 132, 142, 149, 153, 156, 266, 268, 269, 273, 284, 285, 286, 488, 493, 498

황제 계보서   395

황제교황주의caesaropapism   96

황제의 기도처чертожное место   128, 129, 132, 140, 286

회중석неф   45, 47, 48, 50, 51, 59, 66, 70, 72, 74, 79, 88, 163, 167, 170, 254, 298, 299, 342

123

12사도교회   28

찾아보기   549

작품 및 주요 도서

ㄱ
『건축 10서De Architectura』 85
『고대 러시아 문학의 시학Поэтика древней русской литературы』 284, 329
『국가의 신화The Myth of the State』 15
『권력의 시나리오. 러시아 군주의 신화와 대관식 Scenarios of Powers. Myth and Cereemony in Russian Monarchy』 134

ㄷ
『도모스트로이Домострой』 148, 395, 419

ㄹ
『러시아 신학의 여정Пути русского богословия』 98
『러시아 정교회 사원의 건축Архитектура русского православного храма』 6
『루스카야 프라브다Русская Правда』 395

ㅁ
『문명이야기』 77

ㅂ
『블라디미르 성모 이콘 이야기Сказание об иконе Владимирской Богоматери』 309

ㅅ
『삽화가 들어간 그림 역사서Лицевой летописный свод』 109, 152

『서양미술사The Story of Art』 82
『세계 역사의 관찰』 26
『수데브니크Судебник』 395, 396
『스테펜나야 크니가степенная книга』 395
『스토글라프』 395, 419

ㅇ
『이콘과 도끼The Icon and Axe』 42
『이콘의 신학Theology of Icon』 204

ㅈ
『중세의 가을』 178
『지난 세월의 이야기Повесть временных лет』 210

ㅋ
『클림 삼긴의 생애Жизнь Клима Самгина』 141

ㅎ
『흰 두건 이야기Повесть о белом клобуке』 97

러시아 정교회 건축과 예술

초판1쇄 발행 2018년 8월 31일

지은이 김상현
펴낸이 홍기원

총괄 홍종화
편집주간 박호원
편집·디자인 오경희·조정화·오성현·신나래·박선주
　　　　　 김윤희·이상재·이상민·최아현
관리 박정대·최기엽

펴낸곳 민속원
출판등록 제1990-000045호
주소 서울 마포구 토정로 25길 41(대흥동 337-25)
전화 02) 804-3320, 805-3320, 806-3320(代)
팩스 02) 802-3346
이메일 minsok1@chollian.net, minsokwon@naver.com
홈페이지 www.minsokwon.com

ISBN 978-89-285-1213-3
S E T 978-89-285-0359-9   94380

ⓒ 김상현, 2018
ⓒ 민속원, 2018, Printed in Seoul, Korea

저작권법에 의해 한국 내에서 보호를 받는 저작물이므로 부단전재와 복제를 금합니다.
이 책 내용의 전부 또는 일부를 이용하려면 반드시 저작권자와 민속원의 서면동의를 받아야 합니다.
이 도서의 국립중앙도서관 출판시도서목록(CIP)은 서지정보유통지원시스템 홈페이지(http://seoji.nl.go.kr)와
국가자료공동목록시스템(http://www.nl.go.kr/kolisnet)에서 이용하실 수 있습니다. (CIP제어번호 : CIP2018028317)

책 값은 뒤표지에 있습니다.
잘못된 책은 바꾸어 드립니다.